KB169483

한국 국제정치학, 미래 백년의 설계

한국 국제정치학, 미래 백년의 설계

2018년 6월 20일 초판 1쇄 인쇄
2018년 6월 27일 초판 1쇄 발행

지은이 강동국·박성우·김봉진·김준석·조동준·신범식·신욱희·손 열·김수암·남기정·김용직
       이옥연·손병권·김상배

편집 김천희
디자인 김진운
마케팅 남궁경민

펴낸이 윤철호·김천희
펴낸곳 ㈜사회평론아카데미
등록번호 2013-000247(2013년 8월 23일)
전화 02-2191-1133 팩스 02-326-1626
주소 03978 서울특별시 마포구 월드컵북로12길 17

이메일 academy@sapyoung.com
홈페이지 www.sapyoung.com
ISBN 979-11-88108-69-5 93340

사전 동의 없는 무단 전재 및 복제를 금합니다.
잘못 만들어진 책은 바꾸어드립니다.

이 저서는 2016-17년도 서울대학교 국제문제연구소의 지원으로 연구를 수행하였음; 이 저서는
2016년 대한민국 교육부와 한국연구재단의 지원을 받아 수행된 연구임(NRF-2016S1A3A2924409).

한국 국제정치학, 미래 백년의 설계

서울대학교 국제문제연구소 엮음

사회평론아카데미

책머리에

이 책은 2017년 10월 27-28일에 개최된 특별학술회의 〈한국 국제정치학, 미래 백년의 설계〉에서 발표된 논문들을 모아낸 글모음이다. 서울대학교 국제문제연구소는, 한국 국제정치학의 태두(泰斗)로 평가되는 동주(東洲) 이용희(李用熙)의 탄생 100주년을 맞이하여 특별학술회의를 개최하였다. 당일 발표된 논문들은 동서양 정치사상, 근대 국제정치론, 권력론과 전파이론, 외교사, 민족주의론, 미래 세계정치론 등에 이르기까지 동주 국제정치학의 다양한 주제를 다루었으며, 그 중에서 14편의 논문을 추려서 이 책에 실었다. 이 책은 동주 탄생 100주년을 기념해서 출판된 『동주 이용희 전집』 전10권(연암서가, 2018)과 동주 전집에 실린 주요 저작들을 권별로 해제한, 『장소와 의미: 동주 이용희의 학문과 사상』(연암서가, 2017)과 짝을 맞추어 기획되었다.

이 책은 동주 국제정치학의 '텍스트(text)' 자체에 대한 단순한 분석을 넘어서, 동주의 문제제기가 딛고 선 당시의 '상황(context)'에 대한 이해와 함께, 과거와 현재, 그리고 미래의 '간(間)텍스트적(inter-textual)' 시각에서 동주 국제정치학을 되새겨봄으로써, 후학들이 이어갈 연구의 방향을 찾고자 했다. 다시 말해, 당시 동주가 제기한 논제들이 이후 학계의 연구에 어떻게 투영되어 진화해 왔으며, 그러한 동주의 논의로부터 여전히 추출할 수 있는 요소는 무엇이고, 또 다른 한편으로 극복해야 할 과제는 무엇인가를 성찰해 보았다. 궁극적으로 필자들의 관심사는 탄생 100주년을 맞은 동주의 국제정치학으로부터 향후 백년을 꾸려나갈 한국 국제정치학의 설계도를 그려보는 것이었다. 〈한국 국제정치학, 미래 백년의 설계〉라는 다소 거창하게 들리는 제목은 이러한 취지에서 붙여졌다.

이러한 문제의식을 바탕으로 이 책의 필자들은 2016년 11월에 첫모임을 시작하여 2017년 1학기 네 차례에 걸쳐 중간발표를 겸한 준비 세미나를 진행하면서 논문의 구상을 가다듬었다. 자신들의 연구 분야와 동주 국제정치학이 만나는 지점에 놓인 동주의 '텍스트'들을 함께 읽고 분석하면서, 동주 국제정치학이 생성된 '상황'을 이해하고 해석했으며, 궁극적으로 한국 국제정치학이 나아갈 미래를 성찰하는 '간(間)텍스트적' 대화의 작업을 펼쳤다. 준비 세미나의 진행과정은 '말로만 듣던' 동주를 알아가는 과정이었으며, '미처 인식하지 못했던' 필자들의 학적 기원을 찾아가는 과정이기도 했다. 이러한 지적·학적 탐구의 흔적은 2017년 10월말 이틀에 걸친 특별학술회의의 장에서 발표되었으며, 그 이후 수정과 보완의 작업을 거쳐서 이제 세상에 나오게 되었다.

이 책이 나오기까지 많은 분들의 도움을 얻었다. 무엇보다도 이 책의 집필을 위한 지적 협업에 기꺼이 동참해 주신 필자 선생님들께 감사드린다. 직접 집필에 참여하진 않았지만 준비기간 동안 개최된 세미나에서 토론에 참여하며 큰 도움을 주신 여러 선생님들께도 감사의 말씀을 전한다. 특히 바쁘신 와중에도 2017년 10월말 특별학술회에 참가하시어 귀중한 회고담과 코멘트를 들려주신 여러 선생님들께도 무한한 감사의 말씀을 올린다. 이 책과 특별학술회의를 기획하고 개최하는 데 도움을 준 서울대학교 정치외교학부의 박성우 교수와 조동준 교수의 성원에도 감사한다. 이 책의 작업이 진행되는 동안 간사를 맡아준 서울대학교 정치외교학부 대학원 박사과정 김지훈의 수고에도 고마움을 표한다. 또한 성심껏 이 책의 출판 작업을 맡아준 사회평론아카데미의 관계자 선생님들께도 감사한다.

2018년 6월 8일
서울대학교 국제문제연구소장
김상배

차례

책머리에 **5**

제1부 동주의 국제정치학·정치사상

제1장 국제정치학자 이용희의 탄생 강동국
    I. 서론 **17**
    II. 예비적 고찰: 제국 일본의 지식/인쇄 문화권과 식민지 조선/만주국 **18**
    III. 유년기(1917-29): 제국 일본의 지식/인쇄 문화권의 영향 **27**
    IV. 고등보통학교와 낭인시기(1929-35): 세 지식/인쇄 문화권의 정립 **30**
    V. 연희전문학교 시절(1936-1940): 다양한 연구의 전개 **38**
    VI. 만주시절(1940-1945): 국제정치학자의 탄생 **45**
    VII. 결론 **59**

제2장 동주의 서양정치사상 이해에 대한 비판적 검토와 21세기 (국제)정치사상을
    위한 우리의 자세 박성우
    I. 동주에게 서양정치사상의 의미: 제한적 관점에서 **65**
    II. 동주의 서양정치사상사 저술의 특성 **72**
    III. 동주는, 아니 우리는 왜 (서양)정치사상을 공부하는가? **81**
    IV. 동주의 유산과 우리의 과제 **93**

제3장 사대(事大)의 재해석 – 동주의 사대론, 사대주의론을 계기로 김봉진
    I. 머리말: 사대론, 사대주의론 **103**
    II. 사대의 허상과 실상 **108**
    III. 사대의 본뜻 **116**
    III. 주권과 위계, 질서 **123**
    IV. 맺음말 **132**

제2부 동주의 근대 국제정치론

제4장 동주의 근대국가론과 '유럽 발흥'의 역사사회학 김준석
    I. 들어가며 **143**
    II. 동주의 근대국가론 **144**
    III. '대분기(大分岐, Great Divergence)' 논쟁: '뒤늦은' 혹은 '우연한' 서양의
    발흥? **155**
    IV. 유럽의 발흥과 근대국가 **160**
    V. 마치며 **170**

제5장 동주의 전쟁관 조동준
    I. 들어가며 **177**
    II. 근대 전쟁의 자기파멸적 전개 **179**
    III. 현대 전쟁의 자기당착 **186**
    IV. 나가며 **195**

제3부 동주의 권역론과 전파이론

제6장 비교지역연구 서설 – 동주 이용희의 '국제정치권' 논의의 발전적 검토 신범식
    I. 문제 제기 **203**
    II. 동주의 '국제정치 권역' 논의 **206**
    III. 국제정치권, 국제사회, 문명 **212**
    IV. 국제정치와 지역 **219**
    V. 변화하는 세계 인식의 수단으로서 비교지역연구의 과제 **225**
    VI. 맺음말 **230**

제7장 동주, 루만, 보즈만: 세계사회와 비교지역질서 신욱희
    I. 서론 **239**
    II. 동주의 권역/전파이론 **240**
    III. 권역 간 커뮤니케이션과 복합적 권역 **244**

IV. 다양한 유럽의 존재와 세계사회 **247**

V. 열려진 진화 과정과 비교지역질서 **256**

VI. 결론 **259**

제8장 전파(傳播)와 심상(心像)의 국제정치 – '한일관계의 정신사적 문제'가 던지는

문제 손열

I. 들어가며 **265**

II. 권역개념과 전파이론 **267**

III. 한일관계의 정신사적 문제 **271**

IV. 이론적·실천적 함의와 동아시아의 미래 **277**

제4부 동주의 외교사·민족주의론

제9장 동주의 국제정치 질서 해석과 19세기 한국외교사 김수암

I. 들어가며 **287**

II. 동주의 국제정치권 및 전파이론 **288**

III. 국제정치권 및 전파 이론과 19세기 한국외교사 **295**

IV. 나오며 **310**

제10장 이용희의 국제정치학 체계와 냉전인식 – 냉전과 분단 기원에 대한 인식을

중심으로 남기정

I. '이용희 국제정치학'과 냉전 **315**

II. 박기준과의 '전쟁과 평화' 논쟁: 「전쟁으로 가는 길」과 「평화로 가는 길」

318

III. 평론에서 체계로: '정세로서의 평화' 대 '체제로서의 전쟁' **329**

IV. 조효원과의 '우연과 필연' 논쟁: 「38선은 누가 획정?」 대 「38선 획정의

시비」 **335**

V. 이용희의 냉전인식과 한국의 위치 **342**

제11장 동주 이용희의 민족주의론 재고찰 - 근대국가와 민족주의의 국제정치학을
　　찾아서　김용직
　　　　I. 서　**351**
　　　　II. 근대국가의 등장과 민족주의의 등장　**353**
　　　　III. 서구 근대국가의 변형과 민족주의의 변형　**357**
　　　　IV. 현대민족주의의 전개와 한국의 대응: 전진민족주의론　**368**
　　　　V. 21세기 민족주의의 전망과 한국민족주의의 과제　**375**
　　　　VI. 결　**379**

제5부 동주의 미래 세계정치론

제12장 미래 국가모델과 유럽연합의 실험　이옥연
　　　　I. 유럽의 정체에 관하여　**389**
　　　　II. "하나의 유럽"을 둘러싼 논의　**392**
　　　　III. 유럽연합의 정체성 공론　**398**
　　　　IV. 영국의 탈(脫)유럽연합 실험　**404**
　　　　V. 미래국가모델로서 유럽연합　**413**

제13장 미국 연방국가의 궤적과 미래의 변화상　손병권
　　　　I. 서론　**423**
　　　　II. 1990년대 권한이양 이전까지의 미국 연방제도의 역사적 발전　**429**
　　　　III. 1990년대 중반 권한이양과 그 결과　**439**
　　　　IV. 현재와 미래의 미국 연방제도　**448**
　　　　V. 결론　**453**

제14장 사이버 공간의 국가변환과 세계정치 - 동주 국제정치학의 탈근대적 지평
　　김상배
　　　　I. 머리말　**465**
　　　　II. 동주의 국가변환론과 미래 세계정치론　**469**
　　　　III. 국가변환론과 미래 세계정치론의 진화　**478**

IV. 사이버 공간의 국가변환과 세계정치 **487**
V. 맺음말: 중견국 한국의 미래 국가모델 **496**

찾아보기 **501**
저자약력 **506**

제1부

동주의 국제정치학·정치사상

제1장

국제정치학자 이용희의 탄생

강동국(나고야대학교)

본고에서는 이용희의 현실 경험과 학문의 기초가 되었던 지식/인쇄문화권에 주목하면서 국제정치학의 형성과정을 재구성했다. 이용희는 고등보통학교와 낭인시기에 제국 일본에 의해 소외된 자신에 대한 인식을 심화하고, 외국어 공부를 통해 조선, 제국 일본, 세계라는 세 지식/인쇄문화권을 동시에 접촉하게 된다. 이어 연희전문학교 시절에 다양한 분야를 섭렵하였는데, 제국주의 국가들의 정치학이 식민지 조선의 정치 현실을 설명하지 못함에 실망하고 정치학에는 흥미를 잃었다. 이어지는 만주시절에 관찰자의 입장에서 일본 제국주의와 중국인의 정치적 관계를 관찰하게 되었는데, 이 과정에서 얻은 만주의 정치적 현실 이해는 식민지 조선의 통치와 저항을 둘러싼 정치, 그리고 정치학에의 재음미로 이어졌다. 그 과정에서 이용희는 카(E. H. Carr) 등을 통해 처음으로 국제정치학에 관심을 가지게 되었고 이어서 제국주의 문제를 다룬 문(P. T. Moon)의 저서를 통해 국제정치학 이해를 심화했다. 그는 제국주의에 대한 국제정치학적 접근을 통해, 첫째, 세계 차원의 지식/인쇄문화권과 식민지 조선의 지식/인쇄문화권의 지식을 결합시킬 수 있게 되었고, 둘째, 민족주의와 제국주의의 대립이라는 식민지 조선의 국제정치 현실에 대한 학문적 이해를 획득하였다. 그 결과 이론과 현실의 두 측면에서 한국의 문제를 보편사적 맥락에서 파악하는 이용희 특유의 국제정치학이 탄생하였던 것이다.

I. 서론

이용희의 주된 학문적 기여가 "우리의 문제를 단순히 국지적 문제가 아니라 보편사적 맥락에서 다룰 수 있게 하는 논의의 틀을 마련한 데에서 찾을 수 있다"라는『이용희 저작집 1 한국과 국제정치』발간사의 주장은 그의 국제정치학에 대한 이해를 시도하는 연구자들 사이에서 넓은 공감대를 형성해왔다(이용희 1987). 필자 역시 이러한 이해에 공감한다. 따라서 주로 이 관점으로 이루어져 온 이용희 국제정치학 해석에 본질적인 오류가 있다고 생각하지 않는다. 그러나 그의 국제정치학의 보다 심화된 이해를 위해서는 공유된 관점이 옳음을 지지해줄 다양한 사실집적이 필요하나, 이 작업은 충분히 전개되고 있지 못하다. 이러한 연구의 공백 중에서도 특히 눈에 띄는 점은 이용희가 남긴 텍스트에 대한 학문적 고찰에 비해, 이용희라는 인간에 대한 전기적 연구가 압도적으로 부족하다는 점이다.[1]

물론 학문 분야나 학자 개인의 개성 때문에, 전기적 연구가 연구자의 학문 이해를 위해서 그다지 중요치 않은 경우도 있다. 하지만, 이용희의 사례는 이러한 경우와 대척점에 놓여 있다. 주지하다시피 이용희는 누군가의 학맥을 잇지 않고 스스로 자신의 학문 세계를 형성한 창조적인 지식인이자 연구자였다. 즉, 기존의 학문, 특히 주류적 학문의 컨텍스트 속에서 연구자로서 자아를 형성했던 후대의 많은 연구자들과 달리 이용희는 기존의 학계와 동떨어진 공간에서 자발적으로 전개했던 거칠고도 다양한 지적 편력을 통해서 자신의 독특한 학문을 형성했다. 그 결과 이용희 국제정치학의 이해를

....

1   이용희의 전기적 부분을 포함한 선행연구로는 하영선(2011, 251-303)과 옥창준(2017, 89-131)을 참조.

위해서는 자발적 지식의 습득과정과 함께 그 과정에 끊임없이 관여했었을 그의 삶에도 주목할 필요가 있다. 이 삶의 요소는 그의 국제정치학에도 다양한 흔적을 남겼을 것이기 때문이다. 따라서, 이용희의 삶에 대한 이해에 기초한 지적 편력에 대한 고찰은 그의 국제정치학, 특히 이용희다움을 나타내는 독특한 학문적 개성에 대한 심도 있는 이해를 위해서 필수적인 작업이다.

이러한 문제의식에서 출발하여, 본고는 이용희의 개인사에 주목하면서 국제정치학의 형성과정을 재구성한다. 청년기에 이르기까지 이용희를 둘러싼 현실적 상황과 지적인 배경을 이해한 위에, 그 속에서 전개된 국제정치학이라는 도달점을 향한 그의 여정을 명확히 하는 작업을 통해서 그 개성적이고도 수준 높은 국제정치학의 특성의 시원을 규명하는 것이 이 연구의 목적이다. 구체적으로는 이용희가 국제정치학을 본격적으로 연구하게 되는 시기—1943년 전후—까지 그가 현실을 어떻게 이해하였는가, 어떠한 지식을 접하고 취사선택하였는가, 그리고 이러한 어떻게 창조성을 발휘하여 이용희다운 국제정치학을 형성하여 갔는가를 그가 남긴 텍스트, 그 중에서도 「독서연대기로 돌아본 젊은 정신의 회억」(이용희 1987, 473-513)—이하 「회억」으로 줄임—을 주된 자료로 하여 재구성하는 작업을 전개할 것이다.

II. 예비적 고찰: 제국 일본의 지식/인쇄 문화권과 식민지 조선/만주국

이용희는 「회억」에서 인쇄문화권, 지식문화권 등의 개념을 반복하여 사용했다. 그리 일반적이지 않은 이들 개념을 사용할 수밖에 없었다는 것은 이용희가 자신의 지적 편력을 시계열적으로 설명함에 있어 이 개념이 표현하는 사실이 매우 중요했다는 점을 암시한다. 앞서 살펴본 대로 이용희는 연구자를 양성하는 전문 교육기관에서 속하여 특정한 학맥 속에서 길러진 학자가 아니었기 때문에 자신이 어떠한 지식과 정보에 접할 수 있는가라는 지식/인쇄와 관련된 조건은, 그의 지적 작업의 전개에 있어서 어떤 현실적 요청에 의해 지식을 추구하는가라는 신념의 측면에 필적하는 중요 요소로 볼 수 있을 것이다. 이후에 고찰하는 바와 같이, 실제로 오랜 기간 동안 젊은 이용희에게 인쇄된 서적을 통해서 어떤 지식을 입수할 수 있는가라는 조건은 무엇인가를 알고 싶다라는 열정을 가로막는 거대한 장벽이었고 실제로 그는 이 장벽 앞에서 반복하여 좌절하였다. 따라서, 청년 이용희의 삶과 앎을 통해서 그의 국제정치학을 이해하는 작업을 전개하기에 앞서 그의 앎의 가능성을 일차적으로 규정했던 요소였던 지식/인쇄 문화권에 대한 최소한의 고찰이 필요할 것이다. 더구나, 현재 한국을 살아가는 우리에게 식민지 청년 이용희가 처해 있던 상황이 너무나 낯설다는 점은 이러한 예비적 고찰의 중요성을 더해준다.

우선 지식/인쇄 문화권에 대한 정의가 필요할 것이다. 본고에는 이 개념을 "특정한 언어와 문화적 내용이 통용됨으로써 다른 권역과 구분되는 지역적 실체"로 정의하기로 한다. 이용희가 특별한 정의 없이 유사한 개념을 번갈아 사용하고 있기 때문에, 문화권에 대한 그 자신의 논의를 기초로 하면서 개념이 사용되는 컨텍스트를 고려하여 설정한 이와 같은 정의는 이용희 자신의 이해와 크게 다르지 않고 따라서 「회억」이라는 텍스트를 이해함에 문제를 일으키지 않을 것으로 기대된다.

본격적으로 제국 일본의 지식/인쇄 문화권에 접근하기에 앞서 논의의 범위를 정할 필요가 있을 것이다. 제국 일본과 아시아 간의 헤게모니 관계는 강상중의 지적대로 "전방위에 걸친 집약적인 방사형의 식민지 제국구조"였다(姜尙中 1996, 86). 이러한 관계성의 원리는 제국 일본의 지식과 정보망에 있어서도 구현되었다. 이용희는 이 방사형의 구조에서 제국과의 관계에서는 주변이면서 동시에 주변의 타 지역과의 관계에서는 중심인 네 도시—경성, 대련, 장춘, 하얼빈—에서 지적인 성장과정을 겪었다.[2] 이들 도시

....

2 당시 경성이 가졌던 중앙과 지방의 양면적 특성에 대해서는 신승모·오태영(2010, 123-135)을

에 존재하던 지식/인쇄 문화권의 전체상을 파악하기 위해서는 관련된 다양한 정신적, 그리고 물질적 요인—법령, 매체, 기관 등등—에 대한 종합적 분석이 필요할 것인데 이러한 작업은 현재의 필자에게는 가능하지 않다. 그런데, 청년기까지의 이용희의 학문과 연관된 지식/인쇄 문화권의 주요한 요소는 무척 한정적인 것이었는데 그것은 서적을 통한 지식/정보의 획득의 문제였다. 따라서 이 들 도시에서 서적, 그 중에서도 이용희의 관심과 관련된 서적이 어떻게 유통, 집적, 제공되고 있었는가에 대한 설명이 제공된다면 본고의 제한된 목표를 달성함에는 부족치 않을 것이다. 이하에서 이용희의 지적 성장의 배경을 이루는 제국 일본의 지식/인쇄 문화권에 대하여, 지리적으로는 이용희의 지적 성장의 배경이 되는 조선과 만주국의 주요 도시들에 초점을 맞추면서, 대상으로는 도서관과 서점을 중핵으로 하는 서적의 네트워크를 중심으로 고찰해본다.

1. 제국 일본의 지식/인쇄 문화권의 구성

1) 공적

우선 제국 일본의 대규모 도서관부터 일별해 보자. 제국의 중심인 도쿄에 제국도서관이 존재했다. 이 도서관은 러일전쟁 승리 이후 일류국가 일본의 지적 중심지로 구상되어 설립되었으며 현재의 국립국회도서관으로 이어졌다. 또한, 도쿄제국대학을 정점으로 1945년까지 일본 내지에 7개의 제국대학을 설립하였는데 이들 제국 대학은 교육기관이자 동시에 연구기관으로 이 대학의 도서관은 각 지역 중심지에서 지적 허브 역할을 수행하였다. 그런데, 1920년대 중반까지 식민지 조선의 관점에서 보면 일본 본토에 존재하는 이 들 도서관은 일본 유학생을 중심으로 한 예외적인 존재에만 실질적인 의미를 가짐에 그쳤다.

....

참조.

    그런데, 문화통치의 귀결로 1920년대 중반 이후에 식민지 경성에서도 대규모 도서관이 등장했다. 첫째, 1923년에 조선총독부도서관이 설립되었다. 총독부도서관은 총독의 직할기관이며 그 장은 천황의 임명대권의 위임이라는 형태로 내각총리가 임명하는 주임관(奏任官)이었다. 현재 국립중앙도서관에서 보관하고 있는 당시의 총독부 도서관의 도서는 상당한 규모이기는 했지만 모든 분야에 걸친데다가 일반 이용을 고려하였기 때문에 전문 연구를 위한 도서관으로서는—비록 조선의 한적(漢籍) 등 몇 가지 분야에서는 독보적인 콜렉션이 있었지만—본질적으로 한계를 가진 것이었다. 이러한 한계는 도서관의 네 가지 사명의 필두가 "특히 조선 통치의 주의방침에 기초한 사상의 선도, 교육의 보급, 산업의 진흥에 관한 신구의 참고도서를 갖추는 것"이었다는 점에서 제국 일본이 의도한 결과였다(東條文規等 2005, 202). 둘째, 경성제국대학은 1924년에 예과를, 26년에는 법문학부와 의학부를 설립하였는데 그 부속시설로 도서관이 설치되었다. 일본의 식민지에서는 최초로 설립된 이 제국대학의 도서관은 초기 3년간 경성제대 전체 예산의 약 20퍼센트를 투입하여 서적, 특히 양서를 집중적으로 구비하여 급속한 성장을 이루어냈다(정근식 2010, 39-85). 더욱이 1928년과 30년에는 총독부 학무국에서 관리하던 규장각도서가 이관되며 한국학 연구에서 독보적인 위치를 점하게 되었다. 그러나, 경성제대 학생들에게도 관외대출이 제한되고, 학외 인사는 규장각 도서에 접근할 수 없었던 것에 드러나듯이 일본인으로 구성된 교원 이외의 이용자에게는 폐쇄적인 운영으로 활용이 어려웠다. 이와 같은 대규모의 도서관 이외에 각 지방 차원의 도서관—예를 들면 경성부립도서관—, 각급 학교의 도서관 등이 존재했는데 이들은 기본적으로 제국일본의 이념 전파를 위한 교화의 중심으로 기능하였다.

    만주국의 도서관도 식민지 조선의 경우와 유사한 구조로 구성되었다고 볼 수 있는데 그 중 주목할 특징은 러일전쟁으로부터 본격화되는 제국 일본의 중국동북지방 침략의 역사가 남긴 독특한 측면이었다(岡村敬二 1994). 주지하듯이 남만주철도주식회사는 포츠머스 조약을 통해 러시아로부터 할양

받은 동청철도의 남만주지선, 즉 대련-장춘 구간을 운영하기 위하여 1906년에 설립된 반관반민의 특수회사였다. 대만총독부 민정국장으로 대만통치의 기반을 닦은 고토 신페(後藤新平)가 초대총재가 되면서 강조했던 "문장적무비"가 회사의 지향을 규정하였고, 그 결과 만철조사부로 대표되는 조사기능은 항시 만철의 주요 임무 중 하나였다. 이에 따라 조사활동을 가능케 하는 자료 수집활동도 강조되었는데 만철의 도서관들이 우여곡절을 겪으면서도 지속적으로 성장한 것은 이러한 필요성에 기인한 것이었다. 이 필요에 따라 1907년 본사가 있던 대련에 조사부 도서실이 설치되었고 이 시설이 이후 업무를 위한 참고도서관인 대련도서관으로 발전했다. 또한 동북지역의 정치 중심지였던 봉천에도 만철 도서관이 있었는데 이 시설은 1920년에 간이도서관에서 참고도서관으로 승격했다. 더하여 1923년에는 하얼빈도서관이 설립되어 1935년에 세 번째 참고도서관이 되었다. 1937년에 만철이 가지고 있던 철도부속지를 만주국에 이양하면서 만철부속지에서 운영하던 도서관 등의 공공시설도 만주국에 이관되었던 결과 "마을의 서재" 역할을 하던 만철연선의 중소규모 도서관은 만철도서관에서 제외되어, 사업참고도서관인 대련, 봉천, 하얼빈 도서관과 사원의 복지를 위한 몇 개의 도서관만이 남게 되었다. 이들 도서관이 이용희가 만주에 도착한 1940년 당시의 만철도서관이었으며 그 중에서도 그의 연구와 관련된 도서관은 대련, 봉천, 하얼빈의 사업참고도서관이었다.

2) 사적

제국 일본의 압도적인 권력이 뒷받침하는 공적인 도서관 시설이 지식/인쇄 문화권의 구조를 압도적으로 규정했지만 이 제국의 권력으로부터 상대적으로 자유로웠던 사립도서관이 전혀 없던 것은 아니다. 식민지 조선의 그 대표적인 사립도서관은 경성도서관이었다. 3·1운동으로 옥고를 치루었던 윤익선이 출소하여 1920년 11월 가회동의 취운정에 사립도서관인 경성도서관을 설립하였다(이용재 2013, 132-140). 그러나 이 도서관은 곧 재정난을 겪게 되는데 1922년에 이범승이 종로에 도서관을 새롭게 세우면서 이 경성도서관을 인수하여 종로 시설을 경성도서관 본관, 가회동 시설을 경성도서관 분관으로 정리하였다(이용재 2013, 141-151). 이후 경성도서관은 조선 관계 자료의 수집은 물론 활발한 사회교육과 독서운동을 벌이는 등 식민지 조선인에 의한 지적 네트워크의 중심적 역할을 담지하게 되었다. 그러나, 이범승의 경성도서관도 재정난에 빠져 도서관 시설은 1926년에 경성부에 인계되고 결국에는 경성부립도서관에 흡수되어 그 분관이 된다. 경성도서관은 경성부립도서관 분관이 된 이후에도 도서관 직원으로 한국인만을 고용하여 운영하는 등 나름의 민족적인 흐름도 이어졌다는 점은 기억되어야 할 것이지만, 이러한 좌절의 역사는 압도적인 자원을 가진 식민당국에서 자립하려는 식민지 조선의 문화운동이 얼마나 어려웠던가를 보여준다. 그 결과 식민지 경성에서 한국의 지식/인쇄 문화권을 뒷받침하는 도서관은 지속적인 열세를 면치 못하였다.

도서관 이외에 서적의 유통을 담당하는 서점도 중요한 지식/인쇄 문화권의 구성주체였다. 일본어 서적을 취급하는 서점으로는 부산의 박문당(博文堂)과 함께 한반도 3대 일본서점으로 불리던 일한서방, 오사카야고서점 경성지점이 경성에 있었다. 또한 여러 헌책방이 경성 곳곳에 나타났는데 특히 일본인들이 모여 살던 충무로와 명동 주변에 집중되어 있었다.[3] 이처럼 세력을 키워가던 일본어 서적 네트워크는 공적 도서관 등과 협력하면서 제국 일본의 헤게모니에 봉사하는 지식과 정보를 유통시키는 경향이 강했는데 대련, 봉천, 하얼빈 서점가의 상황도 대동소이했다.[4]

그런데 경성에서는 한편에서는 이들과 경쟁하고 때로는 대립하는 내용의 지식과 정보를 담은 서점의 네트워크도 성장하였다. 그 중에서도 인사동의 한남서점이나 문광서림 등에는 조선의 한적은 물론 중국의 근간본 등도

....

3   식민지 조선에 존재했던 일본 서점의 개관에 대해서는 沖田信悦(2007, 59-99)를 참조.
4   만주 일대의 일본 서점의 개관에 내해서는 沖田信悦(2007, 101-129)를 참조.

유입되어 한자와 한글로 구성된 조선의 일국 차원은 물론 한자와 백화문으로 구성된 또 다른 지역의 지적 네트워크로서 기능했던 점은 특기할 만하다.

또한, 제국 일본의 외부, 그 중에서도 서양의 서적이 들어오는 경로도 나타났다. 제국 일본을 대표하는 양서 중심의 서점인 마루젠(丸善)은 경성제대의 개교와 함께 대학구내에 출장소를 개설하고 경성제대에 서양 서적을 제공하는 업무를 중심으로 사업을 시작하였다. 1936년에는 본사의 대규모 증자에 따라, 일본 본토의 고베나 삿뽀로 등과 마찬가지로 경성의 출장소를 지점으로 승격시켜 혼마치—현재의 충무로—로 이전하였다(丸善株式会社 1980, 1018). 마루젠은 일반인들에게도 주문을 받아 양서를 구입하고 제공했기 때문에 식민지 조선의 개인이 제국 일본을 넘어서 서양 인쇄/지식 문화권과 직접 연결될 가능성을 열어주었다.

2. 제국 일본의 지식/인쇄 문화권 속의 두 가지 방향성

일본 지식/인쇄 문화권의 공적 권력을 독점하고 있는 주체는 제국 일본이라는 지역차원의 정치체였다. 따라서 제국 일본은 자신의 이해관계를 기초로 이 문화권의 정치적 성격을 상당 부분 규정하였다. 예를 들면 제국 내에서 어떠한 지식이 생산되어 유통될 수 있는가에 대하여 규정하고 이를 집행할 권력을 가지고 있었다. 식민지 조선에서 1926년의 총독부 도서과가 설치되고 1920년대 전반기 한반도를 대표했던 잡지 『개벽』이 폐간된 것은 이러한 권능이 실제로 작동했음을 보여준다. 하지만 한편으로 식민지 조선에서 세대를 불문하고 제국 일본을 부정하는 독립운동가가 등장했던 것은 이러한 권능이 명확한 한계를 가지고 있었다는 것을 확인시킨다. 이하에서 제국 일본 지식/인쇄 문화권의 정치적 작용과 그에 대한 반작용을 복종/동화와 저항/이탈이라는 두 가지 방향성을 통해서 확인해 보자.

1) 복종/동화의 방향

제국 일본은 지식/인쇄 문화권을 제국의 이익에 부합하는 방향으로 구성하려는 의지를 가지고 지속적으로 간섭하였다. 구체적으로는 첫째, 제국 일본의 권력은 지식/인쇄 문화권 내부에서 자신의 이익을 뒷받침하는 지식 생산(연구의 중심)과 생산된 지식의 확산(교화의 중심)을 위한 기구와 제도를 마련하고 시행하였다. 둘째, 제국 일본의 권력은 일본 지식/인쇄 문화권이 외부세계와 어떠한 관계를 가질 것인가도 규정하였다. 제국 일본의 권력은 세계에서 수입되는 지식/정보의 상당 부분에 대하여 취사선택을 할 수 있었고 혹, 자신들의 눈을 피해 수입된 지식 정보 중에서 제국 내부에서 통용될 수 있는 것과 없는 것을 규정하고 강제하였다. 도서관 관계자나 제국 대학의 연구자가 어떠한 서양 책을 비치하고 연구의 참고자료로 할 것인가를 결정하는 행위나 경찰권력이 검열을 통해서 지식과 정보를 통제하는 행위는 이러한 권력을 통한 간여의 구체적인 발현이었다(정근식·최경희 2006, 103-169). 메이지 14년의 정변의 결과 중 하나가 제국대학의 법학의 교육과 연구를 독일법 중심으로 재편하는 것이었다는 것은 메이지 국가의 형성기부터 정치와 지식/인쇄 문화권의 관계가 얼마나 밀접했는가를 나타내는데, 제국 일본이 제공하는 공교육의 체계 속에서 일본어로 교육을 받은 다수 일본신민들이 제국의 유지와 팽창에 자발적, 때로는 열광적으로 참여했다는 것은 이러한 방향의 간섭이 상당히 성공적이었음을 보여준다.

2) 저항/이탈의 방향

위의 성공이 제국 일본의 지식/인쇄 문화권에 속해 있던 모든 행위자들이 제국의 권력에 일방적으로 규정되도록 운명지울 만큼 철저했는가 하면 그렇지는 않았다. 창조적이고 때로는 파괴적인 신념을 가진 식민지 지식인들이 끊임없이 등장했다는 것은 저항과 이탈의 방향성도 존재했다는 것을 방증한다.

우선, 저항/이탈이 얼마나 어려웠는가를 보자. 제국 일본과 그 안의 행위자 사이에는 압도적인 힘과 능력의 차이가 존재했다. 공권력을 통한 폭압이 구조화되어 있었음을 물론이지만 공권력의 적극적이 개입이 없더라도 개인이나 집단이 제국의 권력이 만들어낸 기제에 경쟁할 수 있는 활동을 전개하는 것도 또한 지난한 일이었다 예를 들어 앞서 본 대로 경성도서관은 설립자들의 헌신적인 노력과 식민지 조선인들의 지지에도 불구하고 재정적 곤란으로 겨우 6년 만에 자립성을 상실했다. 더욱이, 이 시설은 경성부에 양여되어 경성부립도서관의 분관이 됨으로써 결과적으로 공권력의 기제를 더욱 강화시켜주고 말았다. 그 결과 식민지 경성은 자립적인 지식/인쇄의 중심을 유지할 수 없었다. 이러한 상황에서 한편으로는 억압하며 다른 한편으로는 회유하는 제국의 지적 헤게모니에 대해 한 개인이 심정적인 반항을 넘어 의미 있는 수준을 갖춘 지적 저항을 전개하는 것은 쉽지 않은 일이었다.

그런데, 식민지 조선에서 이 쉽지 않은 과제를 가능하게 하는 방법은 두 가지가 있었다. 첫째는 민족에 대한 인식의 심화를 통하여 제국이 규정한 자아상에서 벗어나는 것이었다. 즉, 식민지의 저항적 지식의 생산과 확산을 통해 일본이 만들어낸 일본적 오리엔탈리즘의 조선상의 허구성을 폭로함으로써 제국 일본의 지적 헤게모니를 부분적으로, 즉 타자에 의한 자아상의 강제라는 측면에서만큼은 극복할 가능성이 있었다. 이 극복의 지적 실천을 위한 학문적 축적을 위해서는 자신들의 언어로 구성되고 자신들이 지식생산의 주체가 되는 지식/인쇄 문화권의 구성과 활성화가 필수적이었다. 둘째로 일본 제국의 외부와의 연계를 통해 지적 지평을 확대하는 것이었다. 제국 일본이 행하고 있는 취사선택을 경유하지 않고 제국 밖의 타자와 직접적으로 연결됨을 통해 지식/정보를 획득함으로써 제국이 설정한 인식의 한계를 돌파할 가능성이 있었다. 이러한 가능성을 제공하는 타자로 식민지 조선에 있어서 실질적으로 의미가 있었던 존재는 한자문화권의 적지 않은 유산을 공유하면서 당시 국제질서 속에서 유사한 처지에 놓여 있던 중국, 그리고 당시인들에게 인류 역사 발전의 선두에 서 있다고 널리 믿어지고 있었던 서양이었다.

실제로 젊은 날의 이용희는 지리적으로는 제국 일본의 영향권을 한 번도 벗어나지 못했음에도 불구하고 위의 두 가지의 방법을 이용한 지적 저항을 전개하여 제국 일본의 지식/인쇄 문화권이 정한 한계를 무력화시키고 끝내 돌파한 무척 예외적인 인물이었고 국제정치학은 그의 이러한 치열한 지적 전개 과정의 마지막 단계에 만나게 된 운명적인 분야였다. 다음 장부터 이용희의 이러한 예외적인 지적 전개의 실상의 재구성을 통해 국제정치학자 이용희의 탄생 과정을 명확히 하려 한다.

III. 유년기(1917-29): 제국 일본의 지식/인쇄 문화권의 영향

이용희가 기억하는 자신의 독서 생활의 시작은 보통학교 시절이었다. 그는 아래와 같이 당시를 회상하였다.

> 부립도서관 아동도서실이 집에서 지척이 되는 거리에 있었기 때문에, 거기서 거의 살다시피 했어요. ……보통학교 때 읽은 아동도서실 책에 크게 영향을 받았어요. ……기타 아동용으로 편집된 동서명작을 보았는데 이것들이 내 독서생활에 두고두고 영향을 주었던 것같아요(이용희 1987, 474).

당시 이용희의 독서를 이해하기 위해서는 경성도서관이 경성부립도서관 분관으로 포섭되었다는 것을 고려하여 그가 이용했다는 경성부립도서관이 본관, 혹은 분관 어느 쪽이었던가는 살펴볼 필요가 있을 것이다. 전술한 바와 같이 경성도서관은 부립도서관 계열로 편입된 이후에도 한국인만을 고용하여 운영하는 등 어느 정도의 민족적인 흐름도 이어졌기 때문에, 제국 일본 측의 지식/인쇄 문화권의 핵심적 기제의 하나였던 부립도서관을 이용했다하더라도 저항/이탈의 방향성의 획득도 고려해 볼 수 있기 때문이다. 이용희는 자신이 이용했던 부립도서관 자리를 "옛 공화당 당사 자리"로 회고했는데(이용희 1987, 473), 공화당 당사 자리이기도 했고 부립도서관도 위치한 적이 있는 장소는 소공동의 대관정(大觀亭) 터가 유일하다. 즉, 경성부립도서관은 1922년 10월에 명동의 구 한성병원 건물을 도서관으로 개수하여 개관하였다가, 1927년 5월에 대한제국 시기 영빈관으로 사용되었던 대관정으로 이전하였는데, 이 건물은 1962년부터 72년 사이에 민주공화당사로 사용되었다. 따라서 이용희는 조선총독부가 처음부터 만든 경성부립도서관, 그 중에서도 충순한 미래의 식민지 백성을 길러내기 위하여 제국 일본이 식민지 아동에게 제공했던 시설인 아동도서실에서 지적인 삶을 출발했던 것이다.

1920년대 후반 당시에 총독부 도서과는 조선인 발행의 계속출판물의 경우 신문지법이 규정한 허가제를 통하여 정치시사적인 문제를 다룰 수 있는 잡지의 허가를 억제하였는데 검열관들은 특히 소년용 잡지에 어떤 색채가 주입될까 세심하게 주의를 기울이고 있었다고 전해지고 있을 정도로 제국 일본 측은 식민지 조선의 아동 출판물에 신경을 쓰고 있었다. 식민지 조선의 아동에 대한 포섭과 억압의 최전선에 있던 경성부립도서관 아동도서실이 이용희의 지적 출발점이었기 때문에 제국의 인식이 어린 그에게 강력한 영향을 미쳤을 가능성은 충분히 있었다.

이러한 부정적 가능성은 그가 읽었을 수 있는 텍스트의 성격에서도 확인할 수 있다. 1930년대 당시 서양어에서 한국어로 직접 번역된 체계적인 아동전집류가 등장하지 않았다는 점을 고려하면이 이 시기 이용희가 섭렵했다고 하는 아동용 동서명작은, 일본어본, 혹은 일본어로부터 한국어로의 중역본이 다수였을 것이다. 이러한 아동용 도서의 일본에 대한 종속적 상황은 1960년대 한국에서 아동문학전집이 본격적으로 보급될 당시에도 전전의 일본의 아동문학전집의 중역이 주류였다는 점에서 알 수 있듯이 해방 이후에도 상당 기간 지속되었다(부길만 2015, 78). 일본에서는 1920년대 후반에 해당되는 쇼와시대 초기가 아동문학 대중화의 시대였는데, 이 시기에 아르스사의 일본아동문고(전76권)과 홍문사/문예춘추사의 소학생전집(전88권)

은 치열한 선전과 판매전을 전개했던 대표적인 아동전집류였다. 이 중 문학의 비중이 더 높았던 후자를 당시 아동을 대상으로 한 동서문학전집의 전형으로 볼 수 있다. 1927년부터 29년 사이에 출판된 이 전집에는 우선 『소공자』, 『피터팬』, 『로빈슨 크루소』, 『안데르센 동화』, 『플란더스의 개』 등 서양의 동화와 소설이 포함되어 있었다. 이러한 서양의 텍스트는 주로 17세기에서 19세기의 유럽에서 생산된 것으로 그 속에는 제국주의적 심성이 숨겨져 있다는 비판이 가능할 것인데, 이들과 함께 포함되어 있던 제국 일본의 텍스트들에서는 상황이 더욱 심각했다. 전집에는 일본식 충성을 체현하는 『추신구라(忠臣蔵 31권)』, 임진왜란을 일으킨 도요토미 히데요시의 전기인 『다이코키이야기(太閤記物語 40권)』, 메이지 유신으로 만들어진 제국 일본을 상징하는 메이지텐노의 전기인 『메이지다이테(明治大帝 39권)』 등이 포함되어 있었다. 이용희가 교육칙어로 제시된 제국 일본의 신민을 만드는 과정을 구체화하였다고 이해되는 이들 텍스트를 읽었는지는 확인할 수 없으나 당시의 일본의 지식/인쇄 문화권의 다른 아동용 텍스트의 구성도 대동소이했던 것을 고려하면 독서광이었던 어린 이용희가 부립도서관에서 제국의 권력이 규정하는 지적 환경에 지속적으로 노출되었던 것은 틀림없었다.

그런데, 이용희 자신의 당시의 독서에 대한 회상은 "가령 중국이나 서역 또 이슬람 것에 대한 뒷날의 관심은 거기서 읽었던 삼국지, 서유기, 아라비안 나이트에 연유된 것 같습니다"라는 등(이용희 1987, 474), 긍정적인 영향에 한정되어 있다. 어린 자신이 제국 일본의 지식/인쇄 문화권의 포섭되었을 가능성을 내비치는 어떠한 언급도 찾을 수 없다. 그렇다면 혹시, 이때의 독서가 가진 제국주의적 특징이 이용희 자신도 의식하지 못하는 사이에 그의 인식 속에 침투하여 이후에도 남아 있었을 가능성은 없었을까? 그의 무의식에 대한 의미 있는 비판적 분석은 더 많은 연구의 축적 이후에나 가능할 것으로 생각되나, 필자는 이용희의 회상을 문자 그대로 받아들여도 큰 무리가 없다고 판단한다. 이 난문에 대하여 무의식적인 포섭은 거의 없었다, 혹은 포섭이 있었어도 이후에 극복되었다라는 대답이 돌아올 가능성이 높다고 보기 때문이다. 전자에 대해서는 이용희가 "보통학교 때는 계몽적인 소년 운동이 일고 있었고 이에 따라 동네마다 민족적 세계관과 역사관을 주제로 한 모임이 열렸는데 이를 따라 다녔던 탓인지 쉽게 그 분위기에 잠길 수 있었어요"라고 회상한 것에 주목할 필요가 있다(이용희 1987, 476). 경성 부립도서관에서 독서에 열중하던 보통학교학생 이용희는 동시에 제국 일본이 헤게모니에 반항하는 식민지 조선의 풀뿌리의 움직임에도 젖어 있었다. 이용희가 식민지 측의 아래로부터의 저항을 경험하고 있다는 점은 일본에서 성장한 결과 리버럴한 정치의식을 가지면서도 무의식의 면에서는 식민지에 대한 오리엔탈리즘을 극복하지 못하고 있는 일본 전후 지식인들의 전형에서 벗어나 있을 가능성을 높인다. 또한, 후자에 대해서도, 보통학교 시절에 제국 일본의 헤게모니에 끌렸다고 하더라도 고등보통학교로의 진학과 그곳에서의 학습을 통해 제국 일본의 지식/인쇄 문화권에 대한 본격적인 상대화를 이룬 결과 그 주술에서 벗어났을 가능성이 높았다고 주장할 근거가 충분히 있다. 이 시기의 이용희의 지적 전개가 다음 장의 주제이다.

IV. 고등보통학교와 낭인시기(1929-35): 세 지식/인쇄 문화권의 정립

1. 피억압자로서의 각성

1929년에 이용희는 중앙고등보통학교에 진학하는데, 사립보통학교에서 사립고등보통학교로의 진학은 당시로서는 일반적이지 않았다. 이 진학의 경험에 대한 성찰은 그의 자의식과 지식의 전개 방향에 있어서 결정적으로 중요했다. 이용희는 아래와 같이 회고하였다.

　　졸업 후 고등보통학교에 들어갈 때가 돼서야 공립에 못 들어가고 사립국민학교에 다니게 된 이유를 알게 되었지요. 그 이후로 나라는 사람은 공립의 세계에는 어울리지 않는 집안의 자식인 것을 알게 되었습니다(이용희 1987, 474).

당시 경성에서는 경성제일고등보통학교—이후, 경기중고등학교—를 정점으로 하는 명확한 학교 서열이 갖추어져 있었고 우수한 학생들은 명문 공립보통학교로로 진학하는 것이 당연시되었다. 이용희는 자신이 이러한 일반적 코스에서 배제된 존재임을 고등보통학교 진학을 전후하여 인식하였다. 이 배제의 이유는 그가 공립의 세계에 어울리지 않는 집안, 즉 독립운동에 관련된 불순한 조선인—당시의 용어로는 불령선인—을 가장으로 둔 집안 출신이라는 것이었다. 제국대학 출신의 관료로 상징되듯이 교육과 국가기구가 밀접한 관련을 맺고 있던 제국 일본, 그리고 식민지 조선의 출세 시스템에서 이용희는 자신의 잘못이 아닌 이유로 이미 소외되었던 것이다. 그런데 제국 일본이 사춘기의 이용희에게 주는 압력은 이와 같은 소외에 그치지 않았다. 이용희는 "우리집에는 가친이 상해에 계셨으므로 무슨 연락이 있나 하고 일본형사들이 1주일에 한 번씩 수색을 하여 나의 의식에 많은 작용을 주었던 것이 사실입니다"라고 회상한 적이 있다(이용희 1987, 475). 제국 일본의 권력은 청소년기의 이용희를 적극적인 감시하에 두었을 뿐만 아니라 반복적인 수색 등으로 그 사실을 일깨우며 억압했던 것이다.

이 시기의 권력에 의한 소외와 억압, 그리고 경제적 곤궁의 부수적인 효과로 현실도피적 성향이 등장하였고 열정적인, 혹은 병적인 독서가 시작되었다.

고보때 가정의 경제형편이 아주 나빠서 학교시간 외에는 일을 해야 했기 때문에 친구를 사귈 시간이 없었고 또 일종의 자기환경에 대한 고독감, 열등감이 깊었습니다. 그에 대한 반발로 고독을 면하려고 책을 읽었으며 왜 내 환경이 이런 것인가를 의식하면서 읽었으니까 남과 좀 다른 입장에서 독서를 시작한 셈이지요(이용희 1987, 475).

지금 생각해 봐도 연전 때까지는 개인적으로 불우한 입장에 있었고, 현실
이 또 너무 참혹해서인지 현실도피적인 면이 있었던 것같아요(이용희 1987,
500).

즉, 이용희에게 독서는 두 가지 면에서 현실과 연관된 행위였다. 독서
는 한편으로 참혹하고 열등감을 안겨주는 현실에서 도피하는 수단이었지만
동시에 내가 왜 이러한 현실에 처하게 되었는가를 알기 위한 수단, 즉 현실
과 대면하는 수단이이기도 하였다. 전자는 이용희를 둘러싼 현실이 바뀌면
서—예를 들면 해방—그 의미가 사라지지만, 후자의 측면은 이후 학자 이용
희를 규정하는 중요한 하나의 특징의 출발로 기억할 필요가 있다.

2. 제국의 지식/인쇄 문화권과 거리두기

이용희는 중앙보고 진학에 대한 회상 중에서 "결과적으로 당시 우리 사
회를 지배하다시피 한 일본어세계에서 약간 일탈할 수 있었던 좋은 기회가
됐어요. 사학에서 사학으로 다닐 수밖에 없었다는 사실이 남과는 좀 예외적
인 면이겠지요"라고 이 시기에 나타난 일본어세계에서의 일탈을 언급했다
(이용희 1987, 474). 실제, 중앙고보 시절에 이용희는 자신의 지적 활동 속에
서 두 가지 방향에서 제국 일본의 지식/인쇄 문화권을 상대화시키기 시작
했다.

첫째, 조선 민족에 대한 인식의 심화를 통해서 제국 일본의 지적 헤게모
니를 벗어나기 시작했다. 우선, 그가 중앙고보를 다니던 시절의 식민지 조선
의 지적인 흐름을 살펴보자. 이 시기는 식민지기 중에 자기자신을 대상으로
한 한국인의 학문적 전개가 가장 활발했던 시기였다. 1931년에 이순신 묘소
위토 문제 운동이 확산되고 이광수가 장편소설 『이순신』을 연재하기 시작

했다. 이어 1934년 정약용 탄신 99주년과 다음 해 100주년을 전후하여 국학 연구와 논의는 정점을 향하였고 이들의 활동은 『조선일보』와 『동아일보』를 중심으로 식민지 조선 전역에 발신되었다. 신조본 『여유당전서』 154권 76책이 1934년에서 1938년 사이에 출판된 것은 이러한 움직임이 지적 성과의 생산으로 이어지고 있음을 보여준다.[5]

이용희가 다니던 중앙고보에는 이러한 식민지 조선의 지식/인쇄 문화권을 지배하던 저항적 움직임이 자연스럽게 전달되고 있었다. 이러한 학계와 학교의 소통의 주요 담지자는 중앙고보에서 교편을 잡고 있던 국학계의 교사들이었다. 이용희 자신이 언급하고 있는 역사학의 권덕규, 국어학의 이윤재 등이 그 대표였다(이용희 1987, 475).

그런데, 중앙고보에서 공유되던 국학적 흐름은 당시의 외부의 지적 움직임의 반영만은 아니었다는 점도 상기할 필요가 있다. 이용희는 "그 해(고등보통학교에 진학한 해: 필자)가 아마 광주학생사건이 일어났던 1929년이었을 거예요. 따라서 사학에 들어가서 졸업할 때까지 열대여섯 번 스트라이크가 일어났는데 그 모든 것이 반제(反帝)운동인 정치적이고 사상적인 사건들이었습니다. ……그래서 사학의 민족적 분위기를 나 자신도 모를 사이에 익히게 되었지요"라고 회고하였다(이용희 1987, 474). 당시 중앙고보를 비롯한 여러 사학들은 자발적인 반제 학생운동을 통해 민족주의 운동의 한 축을 형성하고 있었고, 이들의 반제적인 지적 흐름은 이용희가 기억했던 것처럼 민족적인 혹은 사회주의적인 독서 지도 등을 통해 선배에서 후배로 이어지고 있었다(이용희 1987, 476).

식민지 조선의 학계, 그리고 중앙고보를 휩쓸고 있던 이와 같은 민족적인 지적, 그리고 정치적 분위기 속에서 이용희는 국학과 관련된 독서를 심화시켜나갔다. 그는 "역시 국학적 분위기랄까, 그런 것이 있었기 때문에 민족적인 국사관에 관심을 가졌지요"라고 회상했다(이용희 1987, 476). 조선의

....

5   1930년대의 조선학 운동에 대한 최근 연구로는 민세안재홍선생기념사업회(2015)를 참조.

지식/인쇄 문화권에의 포섭이 자연스럽게 제국 일본의 지식/인쇄 문화권의 상대화—예를 들어, 제국 일본의 식민사학이 아닌 민족적인 국사의 관점 습득—로 이어지고 있었던 것이다.

둘째, 같은 시기에 일본 제국의 외부와의 연계를 통한 지적 지평의 확대 움직임도 나타났다. 이용희는 "고보 3학년 이후 어학에 흥미를 갖기 시작해서 잘 모르는 대로 영어, 독어, 프랑스어 등을 공부했고 단편적으로나마 지식을 얻었으며 라틴어, 그리스어에도 관심을 가졌습니다"라고 회고하였다(이용희 1987, 476). 이 시기 이용희는 스승도 없는 상황에서 자습과 라디오 강좌 등을 통해 학습한 수 개의 외국어를 나름대로 사용할 수 있게 되었다는, 후일의 자신도 의문을 감추지 못한 천재적인 어학적 성취를 이루었다(이용희 1987, 478). 이러한 어학 능력의 구비와 더불어 제국 외부의 지적 세계와 연결되기 위해 필요한 또 하나의 요소인 텍스트에의 직접적인 접근도 다양하게 시도되었다. 이 시도를 위해서 이용희는 부립도서관에서 리보(Ribot)의 심리학 책을 읽은 등 공적인 기제도 이용했지만(이용희 1987, 479), 주된 경로는 마루젠(丸善) 출장소를 통한 영·불·독의 원서에의 접근이었다. 마루젠에서 에브리맨즈 라이브러리(Everyman's Library), 레클람(Reclams Universal Biblothek), 가르니에본(Classiques Garnier) 등의 문고본들을 주로 서서 읽고 가끔씩 구입하는 식의 독서가 이어졌는데 이러한 지적 접촉을 통해서 언어학, 문학, 심리학, 인류학 등에 다양한 분야에 대한 넓고 깊은 관심을 가지게 되었다.

이용희는 이러한 서양 각국의 지식/인쇄 문화권과의 직접적 접촉이 가져온 제국 일본의 지식/인쇄 문화권과의 관계 변화에 대하여 아래와 같이 회고하였다.

지식문화나 인쇄문화 등은 완전히 일본권 안에 있었으니까 그 굴레를 빠져나가기는 어려웠습니다. 해외사상의 유행이나 그러한 사회사상에 대한 조류는 거의 동경에서 있었던 것이 얼마 뒤에 이쪽에서도 관심의 대상이 된다는 불가피한 연관성을 가지고 있었습니다. 나도 그 큰 테두리 속에서 다람쥐 쳇바퀴 돌 듯 돌지 않으면 안되었지만 다행스럽게도 내가 어학에 관심을 갖게 된 다음부터는 마루젠 출장소를 통해 약간 거기서 떠날 수 있었읍니다(이용희 1987, 484).

이런 책들을 접하면서 일본인쇄 문화권에 속했던 시절인데도 내 나름대로 해외문화와 교류하는 바늘구멍 같은 출구를 만든 셈이지요(이용희 1987, 480).

이와 같이 이용희는 중앙고보 3년 이후 그리고 연전 진학 사이의 2년의 낭인 생활 동안에 서양으로 대표되는 제국 일본 외부의 지식/인쇄 문화권과 접촉을 통해서도 제국 일본의 그것을 상대화 할 수 있었다.

3. 세 지식/인쇄 문화권의 관계 설정

이상과 같은 지적 전개를 통해 이용희는 각기 다른 성격과 내용을 가진 세 가지 층위—식민지 조선, 제국 일본, 서양—의 지식/인쇄 문화권들과 접촉하게 되었다. 이러한 지적 생활의 삼중 구성은 대다수의 식민지 조선의 지식인들이 하나, 기껏해야 두 개의 지식/인쇄 문화권에 압도적인 영향을 받고 있던 것과 구별되는 것이있다. 이러한 자이는 단순히 남들보다 더 다양한 지식을 획득할 수 있게 된다는 양적인 의미만이 아니라 문화권들 사이에서 발생하는 여러 문제를 인식할 수 있게 되는 등의 질적인 의미도 가지고 있었다. 예를 들어 이용희가 세 종류의 문화권과 연결된 결과, 자신의 지적 활동 내부에서 병립하게 된 식민지 조선과 서양의 지식/인쇄 문화권 사이의 관계 설정이라는 극히 중요한 문제가 등장하게 되었다. 즉, 식민지 조선과 제국 일본—예를 들어 정인보—혹은 제국 일본과 서양—예를 들어 김양수—이라는 두 개의 문화권 사이의 문제가 많은 지식인들에게 공유되었음에도 불구하고 한문·한글, 일본어, 그리고 복수의 서양어를 구사할 수 있고 또한 이들 언어로 지식을 축적했기 때문에 제국 일본을 뛰어넘어 조선과 서양 지식/인쇄 문화권 사이의 관계성에 대해서 깊은 성찰을 하는 지식인은 극히 소수에 지나지 않았다. 일례로 중앙보고 시절의 이용희에게 이 문제는 아래와 같은 모양으로 다가왔다.

> 애국적인 국사관에 선 밝안족설 자체에 대한 불안이라기보다는 어렴풋이나마 언어학 방법론을 읽었던 때라 그 스토리라이즈된 역사서술이나 〈밝〉, 〈汗〉 기타에 대한 언어분석이 너무 소박한 것 같아서 매우 불안한 느낌을 얻었고 읽는 것을 중단했어요. 그런 느낌이 뒷날 역사와 국학 면의 연구에 대해 내리 계속됩니다. 그 정신에 감동하고 깊이 존경을 느끼면서도 그 방법에 대해서는 이러한 정도의 수준으로 될까하는 의문이 생겼지요. 그 의문이 어디에 근거했느냐를 알 수 있을 정도는 못 되지만 당시 『인도·게르만어족에 대한 비교연구』 같은 것을 조금씩 봤던 인상에서 어딘가 좀 황당하지 않았나 하는 생각이었어요(이용희 1987, 476-477).

중앙고보 학생 이용희는 국학의 정신에는 변함 없는 감동과 존경을 느끼고 있지만 그들의 연구 수준에 대해서 이미 조숙한 회의를 느끼고 있었다. 위의 예에서 보이는 것처럼 최남선은 그의 불함문화론을 비롯한 역사서술에서 한글 음운을 대상으로 한 유추를 핵심적인 방법으로 사용하고 있었다. 이러한 방법론은 최남선에 그치지 않고 정인보나 안재홍 같은 1930년대의 국학운동의 지도적 인물의 연구에서도 보이는 것으로 당시 국학 연구에서는 주류적인 방법론이었다고 볼 수 있다. 그런데 이용희는 당대의 세계적인 비교언어학의 성과의 관점에서 보면 이들의 음운에 대한 이해, 그리고 그 이해에 기반한 역사 서술이 적잖은 문제점을 가지고 있는 것으로 느꼈다. 그 결과 국학의 정신에 대한 존경과 수준에 대한 회의가 공존하게 되었던 것이다. 이용희는 연전시절에 겪은 유사한 문제에 대해서 아래와 같이 더욱 구체적으로 회상했다.

> 당시 일본학자들의 영향인지 『삼국사기』, 『삼국유사』의 지명·관명의 한
> 음(漢音)을 우리말에 적당히 비정하는 것이 대유행이었어요. 그러나 본래는
> 어사(語史)의 가능한 재구성, 음운체계의 역사적 변화를 우선 규명해야 된다
> 는 인도·구라파어 연구사의 교훈이 전연 무시되고 있는 것이 내게는 불안스
> 러웠어요(이용희 1987, 488).

이 문장에서 이용희의 의문이 최남선이라는 개인의 학문에 한정되지 않
고 당시 국학에서 유행하던 방법론에 대한 서양 학문의 성과에 기초한 비판
이었음이 명확히 드러난다. 이용희는 식민지 조선에서 민족의 지식/인쇄 문
화권과 서양의 지식/인쇄 문화권을 동시에 관찰한 결과, 이 둘 사이의 틈이
발생하는 상황을 이해하는 소수의 입장에 서게 되었다. 이러한 입장에 서면
이 과제의 해결을 위한 시대적 요청도 자연히 인식하게 되는데, 이용희는
이러한 요청에 응전하려는 구상까지 가지게 된 듯하다. 그는 위의 문장에
이어 다음과 같이 덧붙였다.

> 그래서 일시는 『사기』나 『유사』에 나와 있는 지명 인명 관직 같은 것을
> 연구하는 전제로서 어사 연구를 생각해 본 적도 있어요. 그래서 자연 소위 향
> 가에도 관심을 갖고 또 자매어로서의 청어 여진 거란 몽고어 일본고어 등에
> 관심을 갖게 되었죠(이용희 1987, 488).

이용희는 중앙고보 시절부터 세 층의 지식/인쇄 문화권과 접촉하기 시
작한 결과 많은 이들이 보지 못하는 중차대한 문제를 인식하게 되었고 점차
이들 문제의 해결책을 찾아내기 위한 시도로 향해 갔음을 알 수 있다.

이용희를 둘러싼 지식/인쇄 문화권의 이와 같은 구조와 작동을 이해하
게 되면 서론에서 언급했던 그의 학문의 기여, 즉 "우리의 문제를 단순히 국

지적 문제가 아니라 보편사적 맥락에서 다룰 수 있게 하는 논의의 틀을 마련한" 것도 동일한 구조에서 발생하는 도전에 대한 응전임을 알 수 있다. 즉, 민족과 서양의 지식/인쇄 문화권을 둘러싼 문제적 틀에 정치학의 내용을 투입하면 그의 일생의 과제와 기여로 자연스럽게 이어지는 것이다. 이용희가 어떠한 분야를 선택하더라도 핵심적인 과제를 제시할 틀은 이와 같이 만들어져 있었기 때문에 이용희 국제정치학의 기저에도 이 틀이 작동하고 있음을 기억할 필요가 있다. 이러한 전제 위에 이어지는 두 개의 장에서 더 구체적인 층위에 존재하는 다음 문제, 즉 이용희와 정치학의 복잡다난한 만남의 과정을 고찰해 보자.

V. 연희전문학교 시절(1936-1940): 다양한 연구의 전개

1936년에 이용희는 경주 이씨 종중의 도움으로, 중앙보고 졸업 이후의 2년 낭인 생활을 끝내고 역시 사립인 연희전문학교 문과에 입학하여 4년간 학업을 지속하게 된다. 앞 장에서 설명한대로 이용희의 지식/인쇄 문화권과의 관계성은 이미 중앙고보 시절에 완성되었기 때문에, 이 시기에 문화권과 관련된 본질적인—부분적인 것인 중국과의 연결에 대해서는 후술—변화는 나타나지 않았다. 하지만 이러한 문화권과의 관계의 연속성이 그의 지적 전개에 아무런 변화와 발전이 없었다는 것을 의미하지는 않는다. 이 시기에 나타난 주요한 변화를 첫째, 심정의 측면에서 저항적 지식의 심화와 국제화, 둘째, 지식의 측면에서 관심 분야의 복잡한 변화로 나누어서 살펴보자. 이어서 이 시기에 나타난 이용희와 정치학의 짧은 첫 만남의 양상에 대해서도 고찰할 것이다.

1. 조선에 관한 지식의 심화와 국제화

중앙고보 시절에 명확해진 이용희의 저항적 심정과 연관된 학문적 지향은 연희전문학교 문과 시절에 개별 학문 분야에서 심화되었고 한편으로 지역적으로 확장되었다.

첫째, 이 시기 이용희의 조선에 대한 이해는 한층 심화되었다. 이용희가 재학하던 시절의 연희전문학교는 제2차 조선교육령하의 전문학교로서 기본적으로 제국대학과 같은 종합적 편제를 가질 수 없었다. 그럼에도 불구하고 연희전문학교는 경성제국대학을 모델이자 라이벌로 의식하여 문과를 설치함을 통해 그와 유사한 체제를 갖추어 학문적 저항을 시도하였다.[6] 이용희는 연희전문의 진학에 대하여 "그땐 상과, 문과, 이과밖에 없었는데 자연히 나의 계통이 그러니까 문과를 택하게 되었지요"라고 당시 연전의 체계와 자신의 선택을 회고하였다(이용희 1987, 480). 이렇게 입학한 당시의 연전 문과에는 민족적 학문의 전통이 여전히 이어지고 있었는데 그의 재학 중에 제국 일본의 폭압으로 인해 이 전통은 잠복하게 된다. 그 결과 이용희는 정인보와 최현배에 2년간 사사하는 등 당대를 대표하는 국사학과 국어학의 성과를 비판적으로 수용하여 한국에 대한 이해를 심화시킬 수 있었다.

둘째, 이용희는 자신의 국학적 지식의 지평을 지역 범위로도 넓혔다. 이용희는 이 시기의 자신의 국학 관련 공부의 일단에 대해서 아래와 같이 회상하였다.

인사동 한남서림에 자주 드나들게 되었죠. 한남서림, 또 문광서림 등 …… 중국의 근간본이 조금씩 들어와서 그곳에서 볼 수 있었다는 것입니다. 주로 상해에서 온 상무인서관의 사원(辭源)이나 국학기본총서의 몇 권, 우리나라에서 인기 있던 양계초집, 장태염의 문집 등인데 나에겐 보는 것만으로도

----

6   연희전문대학 문과와 경성제국대학 모델에 관해서는 신주백(2016, 161-177)을 참조.

마음이 뿌듯했죠(이용희 1987, 484).

당시에도 제국 일본이 만든 지식/인쇄 문화권과 구별되는 중국을 중심으로 하는 문화권이 존재하고 있었고 식민지 조선과도 관련을 유지하고 있었다. 중국은 조선시대에 있어서 유일하게 의미 있는 문화권의 핵심이었으며 애국계몽기에는 대한제국의 지식인들이 제국주의에 저항하기 위한 지식을 제공하는 주요 통로였다. 후자의 작업을 거의 혼자서 담당했던 중국 지식인이 양계초였는데 그는 이후 청화대학의 교수로서 전신하여 중국의 국학연구의 대가로 추앙받았다. 이용희는 자신이 『양계초집』 등을 보고 왜 마음이 뿌듯했는지에 대해서는 설명하지 않고 있으므로 그의 감정의 정확한 이유를 특정할 수 없지만 국학에 관심을 가진 당시의 젊은 지식인의 관점에서 보면 양계초와 장태염은 애국계몽 시기에 활약했던 민족주의적 선배들을 열광시켰던 인물이었다는 점이 이 감정과 관련되어 있을 것이다. 특히, 이 시기의 이용희 개인에게 있어서 양계초는 조금 더 특별한 존재였다. 즉, 그가 사사하고 존경해마지 않았던 정인보는 1930년대에 신채호의 역사학을 식민지 조선에 열렬하게 소개했으며 그 자신의 학문도 신채호에게 결정적인 영향을 입고 있었다. 그 신채호는 많은 애국계몽기의 지식인들이 그러했듯이 서양에 대한 정보와 중국의 대응을 명쾌한 한문 문장으로 전달해주었던 양계초의 논의에 결정적인 영향을 받았다. 그 결과 이용희에게 있어서 양계초는 자신이 깊은 영향을 받은 학문적 흐름의 시조에 가까운 인물이었다. 이러한 학문적 연관성도 하나의 배경이 되어 이 시기 정인보는 중국과 연결된 서점 네트워크를 통해서 국학적인 지식을 지역적으로 확대할 수 있었던 것으로 보인다.

2. 관심 분야의 소장(消長)

앞서 본 대로 연희전문으로의 진학으로 인해 국학에 대한 연구에 지속과 심화가 보이는 한편 국학 이외의 여러 관심 분야에 있어서 다양한 변화가 나타났는데 아래에서 설명하는 바와 같이 이러한 소장의 몇몇은 국학 연구의 지속과 심화의 결과이기도 하였다.

첫째, 이용희는 서양 문학방면에서 취미를 잃었다. 연희전문학교에서 그는 한국 문학사에 족적을 남기는 기라성 같은 인물들—김광균, 신백수, 서정주 등—과 문학을 매개로 교류하였고 평론 분야에서 나름대로 자부심을 가지고 있지만 문학, 특히 서양문학에 대한 그의 관심은 곧 급속히 식어갔다. 그 이유에 대하여 이용희는 아래와 같이 설명하였다.

> 일언으로 폐지해서 감상력에 자신을 잃었던 것 같아요. …… 내가 과연 그런 것을 따질 만큼 영, 독, 불, 그리스, 라틴, 일어 등의 어감, 작품의 표현을 감상, 이해할 수 있는가를 생각해 보니 어림도 없거든(이용희 1987, 486-487).

외국어로 문학을 감상하는 것의 한계를 절실히 느낀 결과 그의 서양문학에 대한 관심은 이 시기에 거의 사라져버렸다.

둘째, 대조적으로 언어학에 대한 관심은 계속되고 있었다. 서양의 언어학이론에 대한 관심은 지속되어 새롭게 소쉬르(Ferdinand de Saussure) 등을 읽은 기록을 남기고 있다. 한편으로, 관심의 대상이 되는 언어가 청, 여진, 거란어로 향한다는 변화도 나타났다. 이러한 변화의 원인이 된 것은 전기한 바와 같이 국학의 영향과 국학 연구의 필요였다(이용희 1987, 488-489).

셋째, 미술이론에 대한 관심도 등장했다. 이 변화에 대해서 이용희는 한 미술사에 대한 강연에서 아래와 같은 회고를 남겼다.

> 일인들에 의하면, 첫째로 한국 그림은 보잘것이 없다. 중국 것의 부속같아서 독자성이 없다. 둘째로 그나마 한국 것 중에는 중국의 송·원나라 풍이

있다는 안견 정도 다시 말해 조선 초 것밖에 볼 것이 없다. 셋째, 중국 그림도 송·원을 절정으로 해서 시대가 후대로 갈수록 가치가 떨어진다. 넷째, 전반적으로 동양미술은 유럽미술에 비해 떨어진다 하는 것이었죠. 그런데 흄의 책 중의 한 논문을 읽으니까, 독일에 보링거(W. Worringer: 1881-1965)라는 미술사학자가 있는데, 그 사람에 따르면 반(反)생명적인 미술이 있으며 문화가 다르면 미의 성격이 다르다는 것입니다. 미라는 기준은 여러 개가 있을 수 있다고 느껴서는 쾌재를 부르고 부지런히 보링거의『추상과 감정이입』(1908)이라는 조그마한 책을 구입했습니다(이동주 1988, 13).

연전 시절 국학에 대한 관심과 정인보 등의 영향으로 이미 조선의 고적에 대해서 관심을 가지고 있었던 이용희는 이 보링거의 미술이론과의 만남을 통해 자신이 찾던 미술에 대한 이해의 틀을 획득했다. 즉, 보링거 미술이론이 반생명적 미술에 주목하여 감정이입만이 아닌 추상이라는 원리를 도입하여 이전에 원시적이라고 평가되던 비유럽권의 예술을 인류의 예술의 정당한 부분으로 편입시키고 미라는 기준이 여러 개 있을 수 있다고 주장했다고 이해하고 이를 통해 제국 일본의 지식/인쇄 문화권이 강요하던 식민지 조선의 미술에 대한 비하에서 벗어나는 길을 발견했던 것이다.

넷째, 사회과학에 대한 관심이 새롭게 등장했다. 사회과학에 대한 관심의 배경은 윤치호의 좌옹문고에 소장되어 있던 독일어 사회과학관계 서적에 대한 접근이 가능해졌던 것이 결정적이었다(이용희 1987, 489). 그가 이 시기의 사회과학 공부에 대한 회상에서 베버(M. Weber)와 함께 뒤르켐(David Émile Durkheim), 말리노프스키(Bronisław Kasper Malinowski) 등을 언급하는 것으로 보아 사회학과 인류학 등이 주요 관심 분야였던 듯하다.

3. 정치학 연구의 시도와 좌절

사회과학 중에서도 이용희가 의식적으로 접근을 시도했지만 여전히 관

심을 느끼지 못한 분야도 있었는데 그 대표가 정치학이었다. 이용희는 이 시기 일본, 영미, 독일의 정치학 관련 문헌을 읽었다. 라스키(H. Laski)의 *Grammar of Politics*나 로야마 마사미치(蠟山政道)의 『정치학의 임무와 대상: 정치학이론의 비판적 연구(政治学の任務と対象: 政治学理論の批判的研究)』 등을 언급하고 있는데 당시에는 전혀 흥미를 못 느꼈다고 한다. 이용희는 이와 같은 정치학과의 엇갈림에 대해 아래와 같이 회상했다.

> (일본 문헌에: 필자) 처음엔 정치의 진상이 적혀 있는 줄 알고 읽었다 실망했죠. 왜 민족이나 내 집안이 고생하느냐 하는 괴로운 현실과는 동떨어진 내용이거든. …… 라스키 것은 우리 같은 식민지 백성에겐 당치도 않은 얘기였다는 인상이었습니다. 당시 일본서는 독일의 국가학계통이 한창이라 그건 것도 읽어봤으나 우리에겐 인연이 먼 얘기로밖에 보이지 않았어요(이용희 1987, 498).

우선 로야마가 전전 일본의 국제정치학의 발생과정을 대표하는 학자였고 위에 언급된 저서에는 일본 국제정치학 연구의 선구적 업적으로 평가되는 「국제정치의 의의 및 발달(國際政治の意義及び發達)」이라는 장이 포함되어 있다는 점에서 후일의 국제정치학자 이용희를 알고 있는 입장에서 볼 때 이 무관심은 의외로 보일지 모른다(蠟山政道 1925, 487-542).

그런데, 젊은 이용희의 지적 관심에 주목하면 이 무관심은 충분히 이해할 수 있다. 그는 정치학자들의 논의가 식민지 백성인 우리의 현실과 거리가 먼 것이었기 때문에 흥미를 잃었다고 토로하고 있는데 이 장의 그 내용은 확실히 식민지 조선의 괴로운 현실과는 거리가 멀었다. 이 장은 「국제정치의 의의」, 「국제정치의 발달」, 「국민국가의 대립관계」, 「국제정치와 그 사회적 기초」라는 네 절로 구성되어 있는데, 절의 제목에서 이미 식민지 조선의 현실과 거리가 있을 것임을 짐작할 수 있다. 구체적으로 보면 첫째, 연구의 성격에서 볼 때 로야마의 기술은 이론적인 면에 치우쳐 있었다. 이 논문이 실려 있는 저서의 부제가 「정치학이론의 비판적 연구」였다는 점에서 드러나듯이 로야마의 논의는 기본적으로 이론적이었고 따라서 추상적이었다. 국가본위와 국가중심의 구별과 같은 극히 원론적인 내용이 주로 다루어진 반면 구체적인 현실에 대한 설명은 거의 제공되지 않았던 결과, 이용희가 갈망하던 식민지 조선의 정치에 대한 이해에 큰 도움이 되지 못했다. 둘째, 국제정치를 바라보는 관점에 보면 로야마는 어디까지나 주권국가를 전제로 논의를 전개하였다. 이 장에서 식민지는 국제관계의 시대구분에 대한 서술에서 제국주의의 대상, 즉 타자로 등장함에 그치고 있다. 로야마의 서술은 기본적으로 제국주의를 실행하는 측에 서 있었기 때문에 식민지의 입장에서 정치를 바라보는 이용희의 관점과 교차되는 부분은 극히 제한적이었다. 셋째는 연구 대상으로 상정하는 정치의 역사적 성격에도 차이가 있었다. 로야마는 「국가개념의 다의성」이라고 이름붙인 제6장에서 국제정치학의 논의에서도 전제가 되는 국가 개념에 대한 이론적 검토를 행한다(蠟山政道 1925, 168-237). 그는 이 장에서 그린(T. H. Green), 보산케(B. Bosanquet), 홉하우스(L. T. Hobhouse) 등의 이론에 대한 비판적 검토를 통해 영국의 신이상주의에서 다원주의로의 흐름을 기술하고 그에 대한 비평을 통해 자신의 정치학을 구상하였는데 이 과정에서 사회는 국가의 절대성을 극복하고 새롭게 정치를 설명함에 있어서 핵심적인 개념이었다. 사회에의 주목이라는 점에서 본다면 이용희가 로야마와 함께 언급하고 있는 라스키의 논의도 공통점을 가지는데, 로야마의 저서가 영국 정치학의 흐름의 연장선 위에 있었다는 점을 고려하면 이 공통점은 자연스러운 것으로 이해될 수 있다. 그러나, 영국과 일본의 지식인들에게 논의의 전제가 되었던 주권국가의 단일성에 대한 회의와 사회의 발견이라는 역사적 과정을 공유하지 못한 식민지 조선의 이용희에게 있어서 라스키와 로야마의 이러한 특성은 두 논의의 비현실성을 강화하는 공통된 원인에 지나지 않았다.

이상과 같이 연희전문 시기 이용희의 관심 분야는 다양하게 변화했는데 이후의 지적 전개와 관련되어 주목해야 할 정치학에 대한 관심의 특징에 대해 환기하는 것으로 이 장을 마무리하려 한다. 앞서 살펴보았듯이 이용희에게 독서란 현실도피와 현실이해의 두 가지 성격을 가진 행위였다. 그런데 그가 정치학을 논의하면서 보이는 태도는 압도적으로 현실에 대한 문제제기였으며, 현실도피가 아닌 현실이해의 강렬한 열망과 연결되었다. 이용희는 정치학에 대한 탐구를 기타의 여러 학문 분야에서 반복적으로 보이는 지적인 열기가 아닌 괴로운 현실과의 강한 연관성 속에서 추구하는 경향을 보였던 것이다. 이런 점에 보면 그 출발에서부터 정치학은 이용희의 지적 구성에서 한 극단의 위치에 있었다고 볼 수 있다. 그런데 이 특수성은 연전 시절에는 정치학자 이용희의 등장을 필연적으로 만들기는 커녕 정치학에의 접근을 방해하고 있었다. 당시에 그랬던 것처럼 이용희가 겪고 있는 정치 현실과 그에게 제공되는 정치학 논의 사이에 거대한 간극이 지속된다면 정치학은 어느 학문 분야보다도 강하게 배척당하는 분야에 그칠 운명이었다. 만일 이용희가 현실이해에 대한 전망을 잃게 된다면 현실도피가 그의 학문을 지배하는 상황이 벌어질 수도 있었다. 따라서 국제정치학자 이용희의 탄생을 위해서는 정치 현실과 그 현실에 대한 이해의 변화, 혹은/그리고 접하게 되는 정치학의 변화를 통해서 현실과 정치학이 밀접하게 관계를 맺는 과정이 필요하게 된다. 이러한 과정은 다음 장에서 고찰하듯이 1940년대의 만주라는 새로운 시공간에서 이루어지게 된다.

VI. 만주시절(1940-1945): 국제정치학자의 탄생

이용희는 연희전문학교를 졸업하고 만주로 향하여 해방 전후시기까지 그곳을 기반으로 하여 생활했다. 이 시기의 만주야말로 국제정치학자 이용희를 탄생시킨 시공간이었다. 「회억」에서 "정치학자로서의 형성은 역시 만주시대부터였습니까"라는 노재봉의 질문에 이용희는 "그때가 결정적인 것이지. 결정적이었어요"라고 대답했다(이용희 1987, 502).

이용희의 만주행의 계기는 제국 일본의 어용단체—아마도 만주국협화회—에의 취직이었다. 그는 만주행 직후의 행적 대하여 거의 언급을 하지 않고 있어서 이 단체를 정확히 언제 그만두었는지도 아직 명확하지 않을 정도로, 이 시기의 행적에 대한 역사적 사실의 재구성에는 어려움이 남아 있다. 만주시절이 국제정치학자 이용희 탄생에 결정적으로 중요성을 가지는 것을 고려하면, 이러한 공백의 존재는 본 연구에 있어서 중대한 장애로 보일지도 모른다. 그러나, 앞으로 살펴보는 바와 같이 이 공백의 시기의 이전과 이후에 이용희의 학문 전반에 특별한 변화가 없었다는 것이 확인될 뿐 아니라, 정치학에 대한 입장의 극적인 변화의 과정은 이 단체를 그만둔 이후의 만주시기에서 발생하는 것이 명확하므로, 이러한 공백이 본 연구의 전개를 가로막을 만큼의 장벽이 되지는 않는다. 다만, 앞으로의 전기적 연구 결과의 진전에 따라 이 공백의 시간이 본고가 인식하지 못하고 있는 의미에서 이용희 국제정치학에 있어서 중요성을 가질 가능성은 여전히 존재함은 언급해둘 필요가 있을 것이다.

1. 만주라는 장(場)

　　이용희가 머물던 시기의 만주라는 시공간은 어떤 성격을 가지고 있었을까? 그의 개인사뿐 아니라 한국 현대사에 있어서도 결정적인 중요성을 가지는 이 문제에 대하여 필자의 과문으로 포괄적인 대답을 제공할 수는 없는 관계로, 이 절에서는 본 연구의 문제관심인 이용희의 국제정치학의 형성이라는 관점에서 중요한 만주의 몇 가지 특징을 지식과 현실의 두 가지 측면에서 간단히 확인해 본다.

1) 지식-만철도서관

　　이용희는 만주국에서의 연구 전개에 대하여 설명할 때에 학문적 성과를 가능하게 했던 지적 인프라로서 만철도서관이 가지는 결정적인 중요성에 대해서 반복적으로 언급했다.

> 본격적인 공부는 언제나 시설과 관계가 됩니다. 당시 만주에는 대련과 봉천, 하르빈에 소위 만철도서관이 있었습니다. 하르빈의 것은 러시아의 동지철도도서관을 인계한 것인데 시베리아관계 문헌을 중심으로 북만관계의 서양 문헌이 가득했죠. 봉천도서관은 청나라 때 문삭각의 장서와 기타 한적이 풍부할 뿐 아니라 구주동양관계의 저술, 잡지가 조직적으로 수입되어 있었습니다. ······ 한창 몽청사와 몽청어 학술사에 열을 올린 때는 자연 이 봉천도서관을 제일 많이 이용하게 됐죠. ······ 말하자면 연구적이 됐죠. ······ 지금 생각하면 만철도서관은 연구용 도서관이고 우리네 것은 일반독서용이라 정도와 목적이 달랐다는 인상이에요(이용희 1987, 496-497).

이용희는 이와 같이 만철도서관에 대해서 극히 높은 평가를 하고 있는데 이러한 평가가 일반적인 것이었는가에 대해서는 의문의 여지가 있다. 예를 들어 이용희보다도 더 자유롭게 만철도서관을 이용할 수 있었던 만철조사부의 직원들 사이에서는 대련의 만철도서관에 대해서도 전문적인 자료가 수집되어 있지 않다는 불만에 찬 평가도 있었다고 한다. 이러한 상반된 평가의 원인은 무엇일까?

첫째, 비교대상이 되는 도서관의 차이라는 요인이 있었다. 만철조사부 직원은 대부분 제국대학 출신의 엘리트들이었다.[7] 따라서 이들은 제국의 지적 중심에서 지식과 정보를 얻은 경험을 가지고 있었고, 만철도서관의 비교대상은 이들이 일본에서 이용했던 다른 도서관—특히, 제국대학의 도서관—이었을 것이다. 반면에 앞서 살펴본 대로 이용희는 제국 일본의 지적 중심에서 지속적으로 소외되어 왔다. 이용희는 연희전문시절에 대한 회고에서 "내 경우 2년간의 칩거생활 끝에 연전에 들어가 연전 도서관을 이용한다

....
7   만철조사부의 조직과 인사에 대한 개괄적 설명으로서는 野々村一雄(1986, 25-90)를 참조.

하지만 한 방면에 약간 높은 수준을 기하게 되면 곧 시설—도서시설의 빈약이 눈에 띄었습니다"라고 실망감을 표현했고(이용희 1987, 490), 제국대학도서관 이용에 대해서는 "경성제대, 그러니까 지금 서울대학도서관에 약간 있었지만 그때는 접근이 안되었죠"라며 아쉬움을 나타냈다(이용희 1987, 490). 이용희는 제국의 중심인 일본 유학생이나 제국대학인 경성제국대학 학생은 물론, 식민지 조선의 언론인들—예를 들어『조선일본』에「사외이문」을 연재하며 경성제대도서관을 이용하고 있었던 동시대의 문일평—보다도 주변적인 지식인이었다.[8] 이러한 이용희의 입장에서 보면 만철도서관은 처음으로 본격적으로 접한 제국 일본의 지적 중심이었기 때문의 그의 평가는 상대적으로 높을 수밖에 없었을 것이다.

둘째, 관심 영역의 차이도 판단 차이에서 중요한 요소였을 것이다. 불만을 표한 만철 조사부 직원의 관심 영역은 확실치 않지만 만주에 도착한 후에도 이용희의 주된 문제 관심은 동아시아와 북아시아 관계의 언어, 역사, 문화였다. 이 영역에 한정한다면 그가 위의 회상에서 지적하고 있는 바와 같은 나름의 특색을 가지고 있는 만철도서관의 콜렉션은 제국 일본 내에서는 물론 세계적으로도 손색이 없는 것이었다.

이와 같이 이용희는 만주에서 본격적인 연구를 가능케 해주는 지적인 인프라와 조우하였던 것이다.

2) 만주국의 정치 현실

이용희가 만주에 오기 전에 그에게 정치의 현실이라는 것은 말할 것도 없이 제국 일본과 조선총독부의 권력으로 상징되는 식민지 조선의 정치였다. 만주는 제국 일본으로부터 일방적으로 영향을 받는다는 점에서 보면 거시적으로 식민지 조선과 같은 정치적 상황에 처했다고 할 수 있다. 근대국가의 기본적 논리인 주권의 관점에서 볼 때, 주권국가의 형식을 띠면서도

....
8   1934년 경성에서 문일평이 행한 역사 관련 자료 수집의 실상에 대해서는 문일평(2008)을 참조.

소위 내면지도를 통해 제국 일본에 의해 거의 완벽하게 지배당하고 있었기 때문에 그 처지는 식민지 조선과 그리 다르지 않았다.

그러나 이와 같은 형식적인 분류를 벗어나 양국의 정치사를 내재적으로 관찰하면 긴 역사를 가진 단일민족의 식민지 조선의 정치와 단기간에 만들어진 다민족의 만주국의 정치에는 적지 않은 차이가 있을 수밖에 없었다. 이 신생 다민족국가의 정치를 관통하는 특징은 모순이었다. 만주국은 새로운 국가를 만들 수 있게 하는 현실적인 힘과 새로운 국가를 구상하는 이상적인 이념이 분출하여 복잡한 관계를 맺는 과정을 겪으며 현실화했다. 즉, 한편에는 만몽특수권익으로 표현되는 지정학적 요청이라는 현실 국제정치에 대한 이성적 계산과 이와 관련된 권력의 움직임이 있었고, 다른 한편에서는 오족협화의 이상낙토의 건설을 꿈꾸는 타치바나 시라키(橘樸) 등의 열정적 지식인의 담론과 행동이 존재했다. 전자 중에도 이시와라 칸지(石原莞爾)의 세계최종전쟁이라는 강한 종교색을 띤 망상의 측면이 들어 있었고, 후자에도 만주청년동맹 등의 젊은 이상주의자들의 정치 운동이 존재했던 것에 보이듯이 이 두 요인은 무척 복잡하게 얽히기도 하였다. 그러나 권력과 이념은 궁극적으로 독립적인 움직임을 보였고 이 두 요소가 모두 역동적인 이 신생국의 정치는 현실과 이상의 무리한 결합이 가져오는 구조적인 긴장을 노정했다. 이 긴장이 만주국이 존재했던 전 시기—13년 정도에 지나지 않지만—동안 그 정치를 기초에서 규정하는 핵심적인 요소였던 것이다. 한 연구자가 만주국의 이러한 기괴함을 키메라(Chimaera)에 비유한 것은 여전히 설득력을 가진다(山室信一 1993).

이용희가 만주에 간 1940년을 전후한 시기는 이러한 구조적 긴장이 결국 다양한 방식으로 표면화되던 시기였다. 예를 들어 1939년에 만주국의 공적인 기층조직이었던 만주국협화회의 방침이 정예주의에서 대중노선으로 변화하며 급격한 조직 팽창이 나타나는 한편 관동군은 일본의 신도를 국교화하는 등 오족협화와 본질적으로 모순되는 이데올로기적 동원을 시작하였다. 이념의 측면이 무질서하게 폭주하는 속에서, 제국 일본의 권력이 이러한 움직임을 어렵사리 제어하는 상황이 이어졌다. 그러나 태평양전쟁 전황 악화로 관동군이 대규모로 전출되는 1943년 이후부터 현실의 권력이 이념적 움직임을 제어하여 정치적 균형을 유지하는 것이 더 이상 불가능한 상황이 벌어졌다. 그 결과 만주국의 정치 질서가 내부에서부터 급속히 붕괴되기 시작했는데, 구체적으로는 관동군과 만주국에 대한 민간인의 저항이나 군대 내의 하극상 등이 빈발하는 현상이 나타났다. 1945년 8월의 소련군의 침입으로 마무리되는 이 붕괴의 과정에서 권력과 이념의 기괴한 결합이 해체되어 그 민낯이 만천하에 드러나게 되었는데, 이용희는 이 정치학적 장관을 현지에서 직접 관찰할 기회를 가졌던 것이다.

2. 만주에서의 학문의 전개

1) 만주시기 전기: 동아시아 언어와 역사 연구의 부활

이용희는 만철도서관을 통해서 연구도서관에 접근할 수 있지만 이러한 접근성이 그를 자동적으로 정치학으로 이끄는 원인이 된 것은 결코 아니다. 이용희의 회고에 의하면 그는 장서를 모두 처분하고 아무것도 없이 만주로 떠났는데, 그때 다시는 실생활에 도움이 안되고 주위환경에 맞지 않는 것은 하지 않기로 정했다고 한다(이용희 1987, 495). 그랬던 그가 만주의 어용단체를 그만두고 생활에 여유가 생기자 다시 연구를 시작하게 되는데, 그 분야는 이용희 자신의 표현에 의하면 "연전 이래 관심"이 있던 학문 분야였다(이용희 1987, 496). 주로 북아시아―거란, 몽골, 만주―언어 연구, 그리고 몽청사와 서역사 같은 역사연구를 전개하였는데 연구의 재개와 그 전개 과정에서 같은 관심을 가진 하얼빈의 백계러시아의 연구자들 등 "연구하는 동지"와의 교류도 나타났다. 즉, 이용희의 만주 생활의 전반기의 학문은 동아시아와 북아시아의 문화 연구에 집중되어 있어 정치학에 대해서 관심을 환기하게 된 등의 변화는 여전히 드러나지 않았다.

2) 전환의 계기: 현실에 대한 새로운 인식

앞 장에서 본 바와 같이 연전 시절의 정치학에 대한 실망은 결국 기존의 정치학 텍스트가 이용희에게 절실했던 식민지 조선의 정치적 현실에 대한 이해를 제공하지 못했다는 점에 있었다. 만주에서 이용희는 정치 현실에 대해서 새로운 이해에 도달하면서 이 간극은 급속히 좁혀지게 된다.

> 만주에 있어 보니까—알다시피 한국사람도 많았지만—절대적으로 다수인 피지배자는 중국사람이죠. 중국인들이 만주국이라는 괴뢰를 통해 일본에 지배받고 있었지. 그러한 지배와 피지배관계를 옆에서 보고 있노라니 그 지배의 방식과 성격이 잘 보이더군요. 그래서 다시 정치의 성격에 대해 흥미를 일으켰습니다. …… 이 방면의 책으로 우선 정치의 내용을 조직적으로 알아보려 했죠. …… 본시 만주의 한국인은 독립군과 일제앞잡이를 빼놓으면 대개 주변적 인간(Marginal Man)들이었죠. 그때문에 방관적으로 볼 수도 있었고 또 보기 쉬운 위치였어요. …… 지금 생각해 봐도 연전 때까지는 개인적으로 불우한 입장에 있었고, 현실이 너무 참혹해서인지 현실도피적인 면이 있었던 것 같아요. 만주에 있을 때 비로소 현실도피가 아닌 그것을 직시해야 한다는 감회가 일어나지요. 만주 자체에 대한 일본의 통치형태에 관심을 갖게 됐고 따라서 조선총독부의 문제나 한국에서 있었던 운동의 성격을 다시 음미하게 됐습니다(이용희 1987, 498-500).

앞서 본 대로 이용희는 제국 일본의 직접적인 억압을 받아왔고 이러한 상황에서 자신이 처한 정치적 현실과 거리를 두고 객관적으로 본다는 것은 적어도 식민지 조선에서는 가능하지 않았다. 그가 연전 시절에 경험했던 정치학과의 첫만남은 이러한 억압의 현실에 대한 주관적 경험에 기초해 있었는데 이 경험은 한편으로는 정치 이해에의 열정을 가져왔지만 다른 한편으로는 쉬운 좌절을 통한 현실도피의 중요한 요인이 되었던 것이다. 그런데 만주에서 이용희는 직접적으로 억압당하는 존재가 아니라 현실과 거리를 둔 방관자일 수 있었고 그 결과 일본 제국주의와 중국인의 정치적 관계를 보다 객관적인 위치에서 관찰할 수 있었다. 이 시공간에서 벌어진 정치에 대한 그의 관찰 태도는 도피에서 직시로 바뀌었고, 이 관찰을 통해서 얻은 만주의 정치적 현실에 이해는 식민지 조선의 통치와 저항을 둘러싼 정치에 대한 재음미로 이어지고 있었던 것이다.

이용희는 아직 서울대에서 강의를 시작하기 2년 전인 1946년 11월에 「두 개의 중국과 한국의 장래」라는 국제정세 관련 문장을 발표하는데 그 말미에 "일시 탕탕한 일본의 천황주의가 횡행함에 그 실지와 주의가 대단히 상이함을 한국민족은 깊이 관찰할 기회를 가졌다. 주의주장이 하상 무엇인고 그 실지를! 정치이념이 하상 무엇인고 그 정책을! 이러한 입장에서는 이념으로 장래를 추상하는 것은 때로는 어마어마하게 비현실적인 경우도 있다"라는 열렬한 주장을 펼쳤다(이용희 1987, 118). 이 글에 보이는 제국 일본의 실지와 주의, 바꿔 말하면 현실과 이념의 상이가 그가 만주의 관찰을 통해 얻은 제국 일본의 정치에 대한 이해의 주된 내용으로 보인다. 이용희가 만주에서 권력이 무너지자 그 권력에 의해서 뒷받침되던 이념이 급속히 붕괴되는 상황을 직접 관찰했고 그 관찰이 그의 정치학으로의 복귀를 가져온 원체험이었던 점을 고려하면 그가 해방 직후의 한국에서 주의주장이나 이념에 대해서 그 비현실성을 경고하고 실지와 정책을 내세우게 되는 전개는 극히 자연스러운 것이었다. 이러한 이념에 대한 회의와 현실에 대한 강조는 이후 정치학을 바라보는 그의 기본적인 태도가 되는데 "사회과학의 대부분, 특히 정치학은 넓은 의미에서 프로퍼갠더의 세계 같아요"라는 반복되는 발언은 이러한 신념의 전형적인 표현이었다(이용희 1987, 511).

3. 정치학 관심의 부활과 국제정치학에의 길

만주에서의 관찰을 통한 정치에 대한 새로운 관심의 고양의 결과 이용희는 정치학 관련 저작을 다시 읽기 시작했다. 그러나 그는 다시 한번 실망하고 좌절했던 듯하다. 이용희는 이 시기의 정치학 저작의 독서에 대해서 "연전 때 경멸하던 영미 정치학이나 독일 국가학을 다시 읽어봤죠. 정말 실감이 안 나고 따분했어요"라고 회고했다(이용희 1987, 499). 따분했던 이유는 역시 실감의 문제였다. 즉, 이용희로 하여금 정치에 대하여 관심을 환기시켰던 새로운 정치 현실이 눈 앞에 있는데, 그가 보기에 당시 세계 학계를 이끌던 두 지적 중심—즉, 영미와 독오—에서 생산된 정치학의 최신 성과들은 이 정치 현실과도 완전히 동떨어진 논의를 전개하고 있었던 것이다. 그런데 이러한 좌절은 어쩌면 당연한 것이었다. 이용희는 만주 정치에 대한 관찰에서 현실과 이념의 관계라는 측면에 대한 생생한 이해를 획득했지만, 만주국의 정치적 현실의 구조적 특징은 연전 시절에 그가 처했던 식민지 조선의 현실과 근본적으로 동일한 제국—식민지의 정치였다. 이러한 상황에서 연전시대에 읽었던 라스키나 국가학과 동일한 지적 맥락에 있는 정치학 논의를 다시 읽어봐야 정치를 둘러싼 현실과 학문의 여전한 격차는 좁혀질 수 없는 것이었다.

이러한 또 한 번의 좌절의 시기를 전후하여 국제정세가 급변함에 따라 이용희는 이번에는 국제정치 현실에 본격적인 관심을 가지게 된다. 그는 1943년경의 새로운 관심에 대하여 아래와 같이 회고했다.

> 그때는 독소전의 추세에 따라 만주도 아주 불안한 상태에 들어갔었고, 일본패망설이 조금씩 나다닐 때였습니다. 그런 분위기라 또 군사학 방면도 열심히 공부했죠. …… 사회과학·정치학을 보기 시작한 것은 어딘가 설명이 잘 안 되면서 마음에 누적되는 착잡한 감회가 현실의 절실한 문제와 연결되었기 때문이지요. 따라서 그 열도는 대단히 높았습니다(이용희 1987, 499-500).

당시 거주하던 만주, 그리고 제국 일본 더 나아가 식민지 조선의 운명을 좌우할 현실 변화를 파악하려는 절절한 요구 속에서 이용희는 1943년에 드디어 본격적으로 국제정치학과의 조우하게 된다. 이 해에 그는 대련에서 카(E. H. Carr)의 『20년의 위기(*The Twenty Years' Crisis: 1919–1939: An Introduction to the Study of International Relations*)』와 샤프와 커크(Sharp and Kirk)의 『현대국제정치론(*Contemporary International Politics*)』을 사서 보고 상당히 흥분하였다고 한다. 이용희는 당시의 상황에 대하여 아래와 같이 회고하였다.

> 국제정치라는 학문의 분야보다는 당시 국제정세를 정리하지 못하고 혼미에 빠져 있었던 내게 영미의 국제정세관을 전하여 주었다는 점에서 그 영향이 컸지. ……『현대국제정치론』은 1940년 간(刊)이라 내가 구한 것이 3년 뒤이기는 하지만 그 환경에서는 최신 것이나 마찬가지라 몇 번 읽었는지 몰라요. 그렇다고 무슨 학문적 관심은 아니었죠(이용희 1987, 499).

이용희를 국제정치학으로 이끌었던 두 책이 국제정치학계에서 차지하는 위상은 상이하다. 주지하듯이 카의 저서는 현실주의의 선구적 저작일 뿐 아니라 국제정치학 전체의 고전으로 부동의 지위를 유지하고 있는 반면 샤프와 커크의 저작은 특정 시기에 사용되던 교과서류의 텍스트로 현재는 거의 잊혀진 듯하다. 실제 이용희 자신도 훗날 『국제정치원론』이나 『일반국제정치학(상)』과 같은 주저작에서 국제정치학의 전개를 논하면서 『20년의 위기』를 국제정치학의 핵심으로 권력을 도입한 획기적 저작으로 중시하는 반면 『현대국제정치론』은 언급하지 않았다. 그런데, 1943년 상황에 대한 이용희의 회상을 보면 고전의 반열에 오르게 되는 카보다도 벌써 잊혀진 샤프와 커크에 더욱 빠져든 것과 같은 느낌을 받는다. 이러한 의외성은 당시 이용희가 국제정치학을 필요로 했던 이유가 학문적 관심에서가 아니라 현실의 절실한 요청이었다는 점을 고려하면 이해할 수 있을 것이다. 샤프와 커크의 저서는 지리, 인구, 인종, 민족주의, 기술, 정부라는 연관된 요소들에 대한 기능적 해석으로 국제정치를 설명하였는데, 이 설명은 각종 지도와 통계자료를 포함한 800페이지가 넘는 풍부한 내용을 통해 뒷받침되었다. 이 최신의 저술은 확실히 국제정치학의 초심자들에게 국제정세를 보는 여러 관점과 충분한 정보를 제공하는 역할을 수행할 수 있었을 듯하다(Sharp and Kirk 1940). 그런 점에서 보면 외교관 출신인 카의 책도 이상주의와 현실주의의 원형에 해당하는 추상적인 분석틀을 제시하면서도 동시에 위기에 처한 당대 국제정치의 현실에 대한 분석과 예측을 풍부하게 제공하고 있었다는 점에서 당시의 그에게 의미가 있었던 듯하다.

앞서 설명했듯이 이용희가 연전 시절에 읽었던 로먀아의 국제정치론에 대해 전혀 흥미를 느끼지 못했던 하나의 이유가 논의가 추상에 머물고 있어서 현실을 설명해주지 못한 점이었는데, 그에게 흥분과 열의를 선사한 국제정치학 텍스트는 추상적인 논의와 함께 현실에 대한 구체적인 분석도 제공되고 있었다는 점에서 차이가 있었다. 이와 같이 이용희는 정치학에 대한 두 번의 좌절 이후에 눈앞에 전개되는 국제정치의 현실을 이해하기 위한 방편으로 국제정치학에 빠져들었던 것이다.

이와 같이 이용희는 대련의 서점에서 우연히 카 등의 저작을 입수한 것이 계기가 되어 국제정치학에 입문하였지만 이 시기에 카의 저작을 통하여 국제정치학에 접근한다는 경로는 제국 일본 내부의 지식인으로서는 특이하다기 보다는 평범한 것이었다. 카는 40년대 일본에서 예외적으로 널리 읽히고 있던 영국인이었다.[9] 예를 들어 도쿄대 교수이자 일본해군의 브레인이던 야베 테지(矢部貞治)는 1943년 정월에 『평화의 조건(*Conditions of Peace*)』을 읽고 감격하여 동년 4월에 연구회에서 발표를 행하였고,[10] 전후 일본 정치학을 이끄는 마루야마 마사오(丸山眞男)는 1945년에 군 생활 중이던 히로시마의 한 헌책방에서 역시 카의 『평화의 조건』 원서 해적판을 구입하여 읽고 큰 영향을 받았다고 전해진다(丸山眞男 1997, 67-74). 이용희의가 세계로

....

9   제국 일본에 의한 카의 수용에 관해서는 西村邦行(2014, 41-55)을 참조.
10   야베의 관련 활동에 대한 연대기적 정보에 관해서는 관련 웹사이트(矢部貞治関係文書目録 http://www.grips.ac.jp/main/lib/yabe/yabe/page/28/)를 참조. 2017년10월21일 검색.

향해 있는 창을 통해 당시 영미권을 대표하는 카의 국제정치학을 흡수했다는 면에서는 식민지 조선에서는 소수일지 모르나 제국 일본의 지식/인쇄 문화권에서는 이 수용은 전혀 특별하지 않았다. 이용희의 우연을 가능케 했던, 대련의 책방에 카의 저작이 놓여져 있었다는 상황 자체가 이 과정이 그리 특별하지 않다는 것을 상징한다.

제국 일본에서 카가 이같이 중요한 위치를 차지하게 된 경위는 1930년대 이래의 국제정치학의 전개 과정을 통해서 이해할 수 있다. 제1차 대전 이후 국제사회에서 군림하고 있었던 국제법학이 가진 정태성의 한계를 극복하려는 과정에서 일본 학계는 서양 학계와 마찬가지로 켈젠(H. Kelsen)을 넘어서기 위해 슈미트(C. Schmitt)의 방향과 마르크스(K. Marx)의 방향을 탐색하고 있었다. 당시 서양에서 전자의 학문적 흐름을 대표하는 인물이 모겐소(H. Morgenthau)였고 후자의 학문적 흐름을 대표하는 인물이 바로 카였기 때문에(酒井哲哉 2007, 23-41), 일본 국제정치학계에서 그는 적극적으로 받아들여지게 되었던 것이다. 이러한 제국 일본의 지식/인쇄 문화권에서의 카의 중요성에 의해서 가능해진 측면이 있는 이용희의 국제정치학 입문 과정을 보면 그의 국제정치학에의 관심이 결국 제국 일본의 이론적 흐름에 포섭된 결과로 보일 수도 있을 것이다.

그러나, 국제정치학과의 만남이 이용희다운 학문의 기초에 의한 것이었다는 점은 뒤이은 국제정치학 전개에서 곧 명확해지기 시작했다. 이용희는 카 등을 통해 국제정치학에 관심을 가진 "바로 그 다음에 문(P. T. Moon)의 『제국주의와 세계정치(*Imperialism and World Politics*)』를 읽어서 전에 읽었던 레닌(V. Lenin)이나 바르가(E. Varga)와는 다른 역사적 서술을 대하게 되어 시야가 넓어졌지요"라고 하여 관심의 전개과정을 설명했다(이용희 1987, 499). 1926년에 출판된 문의 저서는 제국주의가 세계정치에서 차지하는 중요성을 전제로 제국주의 일반에 대한 설명과 함께 당시 전 세계적 차원에서 전개되고 있던 제국주의와 그 식민지의 구체적 현상을 망라한 대저였다. 이 책은 1943년 당시에 이미 18년 전에 출판된 것으로 샤프와 커크의 책이 이용희를 열광시킨 특징이던 최신의 성과가 이미 아니었다. 그럼에도 불구하고 그가 「회억」에서 카 그리고 샤프와 커크를 통한 국제정치학에의 관심 환기 이후 유일하게 거론하고 있는 연구가 이 책이었다는 것은 그 자신의 국제정치학 전개에 있어서 이 책이 기억해야 할 의미를 가졌다는 것을 암시한다.

그렇다면 문의 저서가 가진 중요성은 무엇이었을까? 앞서 인용한 대로 이용희는 레닌이나 바르가와의 차이를 통해서 이 책을 평가했다. 즉, 그에게 이 저서는 제국주의라는 주제를 이들의 마르크주의적 접근과는 다른 방식으로 다뤘다는 점, 즉 제국주의라는 주제에 대한 정치학적 접근을 가능케 해주었다는 점에서 의미를 가지고 있었다. 이 책이 제공하는 이러한 접근의 가능성은 두 가지 면에서 당시 이용희에게 중요했다.

첫째로 이 접근 가능성을 통해 그가 새롭게 관심을 가지게 된 세계 정세 이해와 식민지 조선의 현실을 결합시킬 수 있게 되었다. 이용희가 중앙보고 시절부터 민족의 지식/인쇄 문화권과 서양의 지식/인쇄 문화권에 모두 접속하게 된 결과 이 둘의 간극을 채우는 과제를 짊어지게 되는 운명에 처했고 이 과업을 행하기 위한 시도를 반복했음은 앞서 지적했다. 이와 마찬가지로 서양의 지식/인쇄 문화권을 통해서 들어온 국제정치에 대한 지식도 역시 민족의 지식/인쇄 문화권의 관련 내용과 연결될 필요성이 등장한다. 그 과정에서 한국과 서양의 국제정치를 연결하는 기제가 필요한데 당시의 상황에서 그 핵심적 기제는 서양국가와 일본이 추진하였고 조선이 희생자가 된 제국주의였던 것이다. 이러한 제국주의에 대한 정치학적 접근을 매개로 하여 서양의 담론과 식민지 조선의 담론은 연결될 수 있었던 것이다.

둘째로 이 접근 가능성을 통해 이용희는 궁극적으로 식민지 조선의 현실에 대한 학문적 이해를 획득할 수 있었다. 아프리카에서 아시아에 이르는 전 세계의 식민지 상황을 망라하는 문의 저서에는 당연히 일본 제국주의(Japanese Imperailism)에 대한 서술이 보이는데 그 중에서 식민지 조선은 상당히 중요하게 다루어졌다. 예를 들어 3·1 운동에 대해서 아래와 같이 서술되었다.

> 한국 민족주의자들의 시위는 세계대전의 막바지에 타올랐는데 그때 그 나라 전국에서 자결을 요구하였다. 그러나 반란자에 대한 무자비한 탄압과 혐의자의 투옥을 통하여 일본은 운동을 일단 제압하였다. 조선은 윤택한 식민지인데, 한국 민족주의에 직면하여 일본은 이 나라를 영원히 보유할 수 있을 것인가?(Moon 1926, 362)

식민지 조선의 지식인이 세계에 독립을 호소할 때 사용할 것 같은 표현이 반복되는 이 서술을 통해서, 문은 조선에서 벌어졌던 반제국주의 정치운동에 대하여 소개하며 식민지 조선을 둘러싼 국제정치의 장래를 식민지 측의 민족주의와 제국주의 측의 권력의 대항관계로 제시했다. 이용희 개인으로서는 자신의 삶을 근본적으로 결정하다시피 했던 정치적 사건과 학문을 통해서 재회한 것이지만, 그 자신이 이에 대해서 별다른 감상을 남기고 있지 않으므로 그의 개인사적 의미에 대한 추론은 큰 의미가 없을 것이다.

하지만, 지금까지 살펴온 이용희의 지적 행보에서 볼 때 문의 3·1운동의 설명에서 보이는 두 가지 특징, 즉 식민지를 정치적 행위자로 보는 관점과 민족주의와 제국주의의 대립이라는 틀은 그의 국제정치학 연구를 향한 여정에서 결정적인 의미를 가진 것으로 이해할 수 있을 것이다. 앞선 장에서 이용희가 로야마로 대표되는 제국 일본의 국제정치학에 흥미를 느끼지 못했던 원인을 세 가지 들었는데, 이미 지적힌 대로 세계 정세와 식민지 조선의 결합으로 학문과 현실과의 연결문제는 이미 해결되었다고 할 수 있다. 그러나 이러한 현실 이해에서 더 나아가 학문으로서의 국제정치학을 지향하기 위해서는 학문과 연관된 나머지 두 문제, 즉 제국이 아닌 식민지라는 연구의 관점의 문제와 식민지적 정치를 설명하기 위한 변수의 설정이라는 문제가 남아 있었다. 그런데, 문의 저서는 식민지를 정치적 주체로 파악하고 그들의 민족주의와 제국주의의 관계라는 변수를 통해 세계정치를 이해하는 길을 제시했는데 앞서 인용한 3·1운동을 둘러싼 기술은 그 전형적인 것이었다. 이용희가 이후의 국제정치학 저작에서 문의 저작을 반복적으로 인용하고 있고—예를 들면 『국제정치원론』 357쪽과 『일반국제정치학(상)』 218쪽 등—그의 국제정치학에서 특징적으로 보이는 식민지의 관점과 요인—예를 들면 『일반국제정치학(상)』의 식민지 국가—의 주목, 그리고 민족주의의—예를 들면 『한국민족주의』—의 강조가 문이 제시한 연구 관점과 이론적 틀에 합치하는 것은, 이용희가 국제정치학이라는 학문에 시작함에 있어서 문의 저서가 가졌던 결정적인 중요성을 고려하면 자연스러운 일이다.

결국, 이용희의 국제정치학에의 지향은 제국 일본 국제정치학의 비주체적 추수가 아님은 물론 서양 국제정치학의 일방적인 수용도 아니었다. 그는 자신의 지적 체계에 확고하게 자리 잡고 있던 지식/인쇄 문화권의 구조가 발생시키는 간극의 문제에 대한 해결을 통해 학문으로서의 국제정치학과 조우했으며 지속적으로 고민했던 식민지 조선의 정치 현실의 관점에서 이 분야를 자기화했던 것이다. 따라서 1940년대 전반의 만주에서 벌어진 이 과정은 한편으로는 식민지 지식인 이용희가 서양 국제정치학을 받아들인 사건이기도 했지만, 다른 한편으로는 식민지 조선의 경험을 흡수하는 과정을 통해 새로운 국제정치학이 생성된 사건이기도 했다. 이런 의미에서 국제정치학자 이용희의 탄생은 곧 이용희 국제정치학의 탄생이었다.

VII. 결론

해방 이후 귀국한 이용희는 이미 나름의 개성을 가진 국제정치학 이해를 가지고 있었고 잡지 등에 국제정치 관련 저술을 발표하고 있었음에도 불구하고 직업으로서의 학문을 희망하지는 않았다. 그런데, 도서관을 이용하고 싶어서 1948년 2학기부터 서울대학교에서 교편을 잡게 되고, 결국은 정치외교학과 소속 연구가 되어 이후 25년 이상 이어지는 대학에 적을 둔 연구자/교육자의 길을 걷게 된다. 앞서 살펴본 바와 같이 식민지 조선 학계, 그 중에서도 정치학계와 거의 아무런 접점을 가지지 않은 채 나름의 공부를 축적해 온 이용희였기 때문에 이때부터 본격적으로 접하게 된 대학에서의 연구 생활은 낯선 것이었다. 그 낯섦은 학계에 대한 비판과 스스로에 대한 변화의 필요성을 만들어 내었다.

첫째, 이용희는 해방 이후의 서울대학교를 대표로 하는 한국 대학의 현실, 그 중에서도 국제문화의 수용에 관련된 학문적 자세라는 문제에 대해 반복적으로 비판했다. 이용희는 "국제문화 수용의 문제였어요. …… 그 당시 사회과학은 거의 일본이 수용한 국제지식이 일본적으로 왜곡된 것을 다시 좁혀서 전하는 것이었어요. …… 그 이전에는 그 문제가 그토록 심하게 머리에 떠오르지는 않았어요. 일단 들어가 보니 아주 눈에 띄었어요"라고 서울대 부임 초기를 회고하였다(이용희 1987, 503).

둘째, 이용희는 직업적인 연구자로서 거듭나기 위한 노력을 전개하였다. 이용희는 "내가 제 나름대로 아무렇게나 해온 것에 좋은 점과 나쁜 점을 느꼈어요. 나쁜 점은 그런 의미에서 균형이 안 잡힌 면이 있었다는 것이지요. 대학에 와서 가장 노력한 것은 소위 전문하겠다는 학문에 있어서는 빨리 균형을 찾아야 된다는 것이었어요. 다시 말해서 일단 직업으로서의 학문으로 가기 위한 균형을 찾아야 한다는 점에서 상당히 노력한 셈이지요"라고 회상하였다(이용희 1987, 503-504).

이용희의 비판의 기저에는 제국이 강요하는 지식/인쇄 문화권을 벗어나기 위해 갖은 노력을 다해온 자신의 경험에서 볼 때, 해방된 한국의 새로운 지적 중심이 여전히 제국의 저주에서 벗어나지 못하는 상황에 대한 불만과 초조함이 있었던 듯하다. 이러한 대학의 현실에 대해 그는 무척 실망했지만 이러한 문제적 상황과 대비되는 성격을 가진 그의 학문은 좋은 의미로 특수할 수 있었다. 그가 자신이 해 왔던 학문에서 좋은 점이라고 언급한 점은 아마도 이러한 특수함에 대한 나름의 자부심의 표현이었을 것이다. 그렇기 때문에 그가 학계에 적응하기 위해 극복해야 했던 자신의 나쁜 점은 불균형에 지나지 않았다. 이용희는 이전까지의 자신의 학문적 성과를 부정할 필요를 느끼지 못했고 불가피하게 발생한 불균형을 시정하는 것으로 충분하다고 생각하였던 것이다.

만주에서 탄생한 이용희의 국제정치학은 이와 같이 해방 후 한국이라는 시공간 속에서 본질적 연속성을 담지할 수 있었고 이후 새로운 현실, 그리고 지식과 상호작용하면서 학문적 전개를 이루게 된다.

참고문헌

문일평. 2008. 『문일평 1934년: 식민지 시대 한 지식인의 일기』. 살림.

민세안재홍선생기념사업회. 2015. 『1930년대 조선학운동 심층연구』. 선인.

부길만. 2015. 『한국출판역사』. 커뮤니케이션북스.

신승모·오태영. 2010. "식민지시기 '경성(京城)'의 문화지정학적 위상에 관한 연구." 『서울학연구』 38.

신주백. 2016. 『한국 역사학의 기원』. 휴머니스트.

옥창준. 2017. "이용희의 지식 체계 형성과 한국 국제정치학의 재구성." 『사이間SAI』 제22호.

이동주. 1988. "미술사와 미술사학: 나의 한국 전통회화 연구와 관련하여." 『우리나라의 옛 그림』. 학고재.

이용재. 2013. 『도서관인물평전: 도서관사상의 궤적』. 산지니.

이용희. 1987. 『이용희 저작집 1: 한국과 국제정치』. 민음사.

정근식. 2010. "경성제국대학 부속도서관의 형성과 운영." 『사회와 역사』 87.

정근식·최경희. 2006. "도서과의 설치와 일제 식민지출판경찰의 체계화, 1926-1929." 『한국문학연구』 30.

하영선. 2011. 『역사 속의 젊은 그들』. 을유문화사.

岡村敬二. 1994. 『遺された蔵書: 満鉄図書館·海外日本図書館の歴史』. 阿吽社.

沖田信悦. 2007. 『植民地時代の古本屋たち: 樺太·朝鮮·台湾·満洲·中華民国—空白の庶民史』. 寿郎社.

姜尚中. 1996. 『オリエンタリズムの彼方へ 近代文化批判』. 岩波書店.

酒井哲哉. 2007. 『近代日本の国際秩序論』. 岩波書店.

東條文規等. 2005. 『日本の植民地図書館: アジアにおける日本近代図書館史』. 社会評論社.

西村邦行. 2014. 「日本の国際政治学形成における理論の〈輸入〉: E·H·カーの初期の受容から」 『国際政治』 175.

野々村一雄. 1986. 『回想 満鉄調査部』. 勁草書房.

丸善株式会社. 1980. 『丸善百年史: 日本近代化のあゆみと共に』. 丸善.

丸山眞男. 1997. 『丸山眞男集 (第12巻), 1982-1987』. 岩波書店.

山室信一. 1993. 『キメラ: 満州国の肖像』. 中公新書.

蝋山政道. 1925. 『政治学の任務と対象: 政治学理論の批判的研究』. 巌松堂書店.

Moon, P. T. 1926. *Imperialism and World Politics*, The Macmillan Company.

Sharp, Walter R. and Grayson Kirk. 1940. *Contemporary International Politics*, Farrar & Rinehart, Inc.

矢部貞治関係文書目録(http://www.grips.ac.jp/main/lib/yabe/yabe/page/28/ 2017년 10월 21일 검색).

제2장

동주의 서양정치사상 이해에 대한 비판적 검토와 21세기 (국제)정치사상을 위한 우리의 자세[*]

[*]이 글은 민병원·조인수 외, 『장소와 의미: 동주 이용희의 학문과 사상』(서울: 연암서가, 2017)의 7장에 실린 졸고, "동주의 정치, 동주의 정치사상"의 일부 내용을 수정하여 편집한 것입니다. 이 글은 또한 서울대 국제문제연구소 학술회의(2017년 10월 27일)에서 발표된 바 있습니다. 이때 받은 논평은 글의 내용을 발전시키는 데 큰 도움이 됐습니다. 이 자리에 참석해 귀중한 조언을 해 주신 노재봉 선생님, 최상룡 선생님, 하영선 선생님, 유홍림 교수님께 감사드립니다.

명실상부 하게 한국 국제정치학의 태두로 평가받고 있는 동주 이용희의 국제정치학에서 정치사상 특히 서양정치사상은 어떤 위상을 차지하는가? 그의 국제정치학에 비해 그의 정치사상에 대한 학문적 관심은 비교적 저조하다. 그러나 동주의 국제정치학이 좁은 의미의 국제정치현상에만 국한된 것이 아니라 국내외의 모든 정치현상 및 사회현상을 대상으로 하는 포괄적이고 종합적인 학문이었다는 점을 고려하면, 그의 정치사상을 이해하는 것은 그의 국제정치학을 이해하는 데 필수적이다. 이 글은 이러한 문제의식을 바탕으로 동주의 정치사상 특히 그의 서양정치사상에 대한 이해를 검토하였다. 특히 그가 남긴 정치사상에 대한 주요 저작을 중심으로 동주는 고대, 중세, 근세의 정치사상을 어떻게 이해하고 있고, 어떤 특징적인 요소를 짚어내고 있는가를 점검하였다. 이 글의 첫 번째 목표가 동주의 국제정치학 안에서 그의 정치사상에 대한 이해를 자리매김하는 것이라면, 이 글의 두 번째 목표는 정치사상에 대한 동주의 학문적 유산을 비판적으로 성찰하고, 앞으로 우리가 추구해야 할 정치사상 연구의 목표와 방향을 설정하는 것이다. (국제)정치사상은 그 속성상 특정한 맥락에 한정된 현재적 유용성을 추구할 뿐 아니라, 인류의 보편적 가치를 추구한다. 지극히 한국적 문제의식을 가졌지만, 동시에 학문적 엄밀성을 겸비한 동주의 정치사상은 끊임없이 보편성과 특수성의 균형을 추구해야 하는 우리의 정치사상 연구의 소중한 자산이자 강력한 도전이다.

I. 동주에게 서양정치사상의 의미: 제한적 관점에서

동주 이용희(이하 동주로 표기)는 명실상부하게 한국 국제정치학의 태두로 평가받고 있다. 그에게 서양정치사상은 어떤 의미를 지니는가? 또 그의 국제정치학에서 정치사상은 어떤 위상을 차지하는가? 주지하는 바와 같이 동주에게 국제정치학이란 요즘처럼 정치학의 하위 영역이 아니다. 그에게 국제정치학은 국내외의 모든 정치 및 사회 현상을 아우르는 종합적이고 포괄적인 학문 그 자체였다. 이런 점을 고려하면, 그의 (국제)정치사상은[1] 종합적이고 포괄적인 학문으로서의 국제정치학의 토대가 되는 이념과 사상이라고 할 수 있다. 따라서 동주의 국제정치학에서 정치사상이 차지한 위상을 확인하기 위해서는 그의 저작 전체에 광범위하게 펼쳐져 있는 정치사상에 대한 그의 견해를 검토해야 한다. 유감스럽게도 이런 방식으로 동주의 정치사상을 검토하는 것은 필자의 능력을 벗어난다. 종합적인 학문으로서의 동주의 "국제정치학"에 대한 이해가 선행해야 하는데 필자는 현재 그런 이해에 도달하지 못했다.[2] 이런 상황에서 필자가 시도할 수 있는 것은 동주가 정치사상 특히 서양정치사상에 대해 명시적으로 다룬 저작을 중심으로 서양정치사상과 넓은 의미의 정치이론에 대한 동주의 견해를 오늘날의 관점에서 비판적으로 검토하는 것이다.

이처럼 제한된 자료만으로 동주의 정치사상을 평가하는 것은 그의 입

....

1 국가의 "안과 밖"에서 벌어지는 정치현상을 따로 떨어진 것이 아니라, 하나의 연결된 정치현상으로 보는 동주의 시각에서 정치사상과 국제정치사상의 구분은 사실상 무의미하다.

2 이 편집본이 종합적 학문으로서의 동주의 국제정치학에 대한 이해도를 높이는 계기가 될 것으로 확신한다. 향후 이를 바탕으로 보다 포괄적인 맥락에서 정치사상가로서의 동주를 재검토해 볼 것을 기약해 본다.

장에서 보면 부당한 것일 수 있다. 그러나 이 글은 동주의 내면적 의도를 재현하는 것에 목적을 두고 있지 않다. 그보다는 정치사상에 대한 동주의 학문적 유산을 되돌아봄으로써, 앞으로 우리가 추구해야 할 (국제)정치사상의 향방을 정하는 것에 궁극적 목적이 있다. 주지하는 바와 같이 국제정치학 전반에 남긴 동주의 학문적 유산은 비교적 잘 알려져 있음에 비해, (국제)정치사상 분야에 남긴 동주의 영향력에 대해서는 논의된 바가 거의 없다. 이제 정치사상, 특히 서양정치사상에 대한 동주의 이해 방식을 비판적으로 검토하고, 아울러 동주의 학문적 유산이 21세기 (국제)정치사상 연구자에게 시사하는 바가 무엇인가를 살펴보고자 한다.

동주는 기본적으로 정치를 "사람이 사람을 지배하는 현상"으로 파악한다. 또 지배는 한편으론 "병력과 경찰력과 같은 물리적 강제력"에 의해서, 다른 한편으론 그것이 "정당하다는 의식을 가져오는 권위"에 의해서 유지된다고 봤다. 따라서 동주에게, 정치를 이해한다는 것은 "강제력과 아울러 집단적 권위 개념의 내용과 성격"을 파악하는 것을 의미한다(이용희 1987, 259). 정치를 이렇게 정의한다면, 정치사상이란 무엇인가? 동주에게 정치사상은 "정치적 권위에 대한 복종과 항거의 관념"이다. 특정 시대의 정치사상이란 그 시대에 존재하는 복종과 항거의 관념의 "집단적 표출"이라고 할 수 있다. 자연스럽게 정치사상사(史)란 시간의 흐름에 따라 나타난 이러한 정치 관념의 흐름을 의미한다(이용희 1987, 259). 요컨대 동주에 따르면, 인간이 정치공동체를 이루고 사는 한, 지배와 피지배라는 정치현상은 불가피하고 이때 정당성 획득 여부에 따라 복종과 항거가 이뤄지는바 정치사상은 바로 이 정당성의 근거를 제공해 주는 이론적 관념이라는 것이다. 정치와 정치사상에 대한 이러한 이해는 오늘날 정치학을 공부하는 우리들에게도 낯설지 않다. 그러나 이러한 이해가 정치사상사(史)에서 발견되는 유일한 입장은 아니라는 것을 상기할 필요가 있다. 뒤에 좀 더 설명하겠지만, 정치사상사에는 동주의 입장과 대조적이면서도 동시에 설득력 있는 정치사상에 대한 개념이 존재한다. 동주는 스스로 의식했든 의식하지 않았든 정치사상이란 무엇이고 그것이 어떤 의의를 지니는가에 대해 특정한 입장을 채택하고 있는 셈이다. 동주가 왜 이러한 입장을 취하게 됐는지, 그리고 그 한계가 무엇인지에 대해서는 잠시 뒤에 알아보기로 하고, 우선 동주의 정치사상에 대한 이해가 어떤 특징을 지니는지부터 좀 더 살펴보자.

우선 정치를 단순히 지배 현상으로 파악하고, 정치사상을 지배와 복종 그리고 항거의 관념으로 간주하는 것은 다분히 현실주의적인 세계관의 반영이라는 점을 지적할 수 있다. 지배, 복종, 항거는 분명 주요한 정치 현상이다. 그러나 이러한 현실주의적인 정치현상만을 다루는 것이 정치사상의 존재 이유라고 할 수 없다. 예컨대, 정치의 본질은 "지배"가 아니라 "좋은 삶"에 있고, 정치사상의 목적은 좋은 삶의 추구를 가능케 하는 가장 이상적인 정체를 규명하고 그 실현가능성을 모색하는 것이라는 입장이 존재한다(ex. 플라톤, 아리스토텔레스, 키케로 등). 동주는 이와 같은 이상적이고 규범적인 차원의 정치사상을 의식적으로 배제했다. 적어도 외견상 동주에게 정치사상은 복종을 합리화하고 지배를 정당화하는 관념, 즉 이데올로기와 동일시된다.

정치와 정치사상에 대해 현실주의적 세계관을 적용하는 동주의 입장은 자연스럽게 역사주의(historicism)와 친화력을 갖는다. 기본적으로 지배를 정당화하는 관념으로서의 이데올로기는 특정 시대에 한정될 가능성이 높다. 동주에게 정치사상이란 지배와 복종의 정당성에 관한 관념이지만, 이는 "시내에 따라 달리 나타난나"라는 꼬리표를 달고 있다. 이런 맥락에서 동주는 정치사상사(史)를 과거 정치사상가들의 관념을 나열한 죽은 기록이 아니라, 특정 시대의 정치적 문제를 반영한 살아있는 기록이 되어야 한다고 말한다. 동주는 역사적 맥락에서 벗어난, 구체적인 정치현상과 결부되어 있지 않은 정치사상은 죽은 사상으로 간주한다. 이러한 동주의 입장은 다분히 역사주의적 해석에 기초해 있다. 그러나 정치사상에 대한 역사주의적 해석은 정치사상을 이해하는 데 있어서 하나의 입장에 불과하다는 사실을 주목해야 한다. 역사주의와는 대조적으로, 정치사상이란 정치의 본질에 대한 보편적 사유로서 좋은 삶과 이상적인 정체에 대한 시대를 초월한 대화로 간주하는 입장도 존재한다.[3] 역사주의를 비판하는 이들은 역사주의가 말하는 "살아있는" 사상이란 그 시대에만 살아있는 것이지 그 시대를 벗어나면 "죽은" 사상이 된다는 것을 경계한다. 동주가 얼마나 결정적으로 역사주의에 경도되어 있었는가는 단정할 수 없다. 하지만 동주가 역사주의적 태도를 지향하는 만큼, 시대를 초월하는 보편적 사유를 통해 철학적 지혜를 추구하는, 정치사상의 또 다른 전통을 정당하게 평가하지 못했다는 비판을 면하기 어렵다.

정치사상에 대한 역사주의적 접근의 가장 큰 문제는 그것이 자칫 극단적인 도덕적 상대주의나 지적(知的) 회의주의에 빠질 위험을 초래한다는 것이다. 다행히 동주는 역사주의에 경도되어 있으면서도 그러한 오류에 빠지지 않았다. 동주는 과거의 관념이 "오늘날의 우리를 현시점에 이르게" 한 토대라는 인식을 강하게 갖고 있었다. 과거의 관념은 과거에만 머물러 있는 것이 아니라, 오늘날 우리의 현실에 영향을 미치고 우리의 존재를 결정한다는 동주의 인식이 그를 극단적 상대주의나 회의주의로부터 구해준 듯하다.[4] 동주는 과거의 정치사상을 시대와 장소에 따라 그저 이러저러하게 나타나는 다양한 관념으로 본 것이 아니라, "오늘을 오늘로서 있게 한 바 세계사적 조류에 이바지한 정치사상"이라고 여겼다.

기본적으로 동주에게 정치사상사는 현재적 관점에서 어떤 유용한 교훈을 줄 수 있다는 점에서 연구될 가치를 갖는다. 그런데 이 현재적 유용성이

....

3   사실 이러한 해석이 역사주의가 등장하기 이전 서양정치사상사 전체의 본류라고 할 수 있다. 이러한 입장은 서양정치사상사 연구의 한 축을 형성하는 레오 스트라우스에 의해서 대표적으로 발견된다(Strauss 1953), Ch. 1. 참조. 비슷한 맥락에서 플라톤 연구에 있어서 역사주의적 접근의 한계를 지적한 한 예로 박성우(2015)를 참조. 역사주의적 접근이나, 스트라우스적 접근과 구분되는 포스트모던적 접근도 존재한다(cf. Klosko 2011, Chs. 1-3).

4   이러한 동주의 태도는, 과거의 정치사상을 현재의 해석자들이 어떻게 이해하고 해석하는가에 따라서 과거의 사상이 재해석되고, 현재 해석자의 정체성이 재구성된다는 해석학적/포스트모던 접근법과 유사하지만, 이와 관련된 서술이 매우 제한적이라서 동주가 과연 해석학적 문제의식에 접근하고 있는가는 확신하기 어렵다.

란 무엇이며, 어떻게 얻어질 수 있는가? 연구자의 주관적이고 독자적인 재량을 통해서 얻어지는 것인가, 아니면 정치사상사에 등장하는 저명한 사상가의 의도를 정확히 포착함으로써 얻어지는 것인가? 만약 전자라면, 정치사상사 연구의 의의는 현재의 연구자가 통찰력을 발휘할 수 있게 하는 자극제 역할에 한정될 것이며, 이러한 목적을 달성하기 위해서는 과거의 정치사상 텍스트를 가급적 융통성 있게 해석하고, 때로는 어느 정도 자의적인 해석까지도 허용해야 할지 모른다. 이와 반대로, 만약 사상가의 의도를 정확히 파악하는 것이 현재적 유용성을 획득할 수 있는 길이라면, 정치사상 연구는 되도록 연구자가 속한 시대적 맥락에서 벗어나 정치사상가의 의도(이 사상가의 의도가 자신의 시대에만 국한된 것인가 아니면 보편적인 의도를 가진 것인가는 또 다른 문제이다)를 정확히 파악하는 것을 목표로 해야 한다. 동주는 이에 대해 분명한 견해를 밝히지 않은 채, 고대, 중세, 근세의 동서양 정치사상사를 소개하고 있다. 지금까지 파악한 바에 따르면, 동주의 정치사상 저술에 배어있는 전체적인 분위기는 개별 사상가의 의도를 엄밀하게 파헤치는 것을 목표로 하기보다는, 연구자로서 동주 자신이 처해있는 현재적 관점에서의 유용성을 강조하고 있다. 앞서 살펴본 바와 같이 동주는 기본적으로 정치사상가가 보편적 사유의 맥락에서 철학적 지혜를 추구했다고 보지 않는다. 자연스럽게 동주에게 정치사상 연구는 연구자가 처한 시대로부터 부여받은 문제의식을 반영하는 것으로부터 출발하고 있으며, 다분히 애매하게 규정된 현재적 유용성을 목표로 하고 있다.

정치사상 연구에 있어서 현재적 유용성만을 강조했을 때의 문제는 왜 특정 정치사상가에 대한 연구가 다른 사상가 혹은 저술가에 대한 연구보다 가치 있는 것인지에 대해 설명하기 어렵다는 것이다. 현재적 유용성만을 따진다면, 플라톤 연구가 데모스테네스의 연설문을 분석하는 것보다 정치철학적으로 가치 있다고 말하기 어려우며, 홉스 연구가 밀턴 연구보다 정치사상적으로 유의미하다고 단정하기 어렵다. 현재적 유용성은 연구 대상으로 삼은 사상가의 사상적 깊이보다 연구자의 식견과 통찰력에 의해서 좌우

될 수 있기 때문이다. 궁극적으로 이러한 접근법의 가장 큰 문제는 연구자 자신의 주관적 가치가 개입될 가능성이 높아서 정치사상가를 해석할 때 학술적 엄밀성을 담보하기 어렵다는 것이다. 그러나 이러한 우려는 동주에게 는 해당하지 않는다. 서양정치사상에 대한 동주의 이해는 당시의 기준으로 볼 때 놀라운 수준의 학술적 엄밀성을 유지하고 있다. 다음 장에 소개될 동주의 정치사상사 관련 저술을 조금만 들춰 보더라도 우리는 당시 국내 수준 에서는 거의 신경 쓰지 않았던 세심한 학술적 전거(典據)가 제시되고 있음을 관찰할 수 있다. 물론 오늘날과 같이 일정한 형식을 갖춘 서지 정보를 주고 있지 않지만, 동주의 정치사상 저술에는 정치사상가에 대한 연구자의 자의적인 해석을 경계하고 학술적 엄밀성을 추구하고자 한 흔적이 역력히 발견된다. 결국 동주의 정치사상 저술을 어떻게 평가할 것인가는 동주가 정치사상의 현재적 유용성과 학문적 엄밀성 사이에서 어떤 균형점을 찾고 있었는가에 의해 판가름 날 것으로 여겨진다.

동주가 파악한 서양정치사상사는 지배와 피지배 관계를 정당화하는 하나의 거대한 이데올로기의 흐름이다. 이러한 서양정치사상에 대한 이해는 자연스럽게 관념을 이데올로기의 시대적 변용으로 간주하는 역사주의를 수용하는 태도로 이어졌다. 동주의 결정적인 한계는 역사주의가 다분히 헤겔주의의 결과이며 19세기의 유산이라는 사실을 간과한 것이다. 다시 말해 역사주의 역시 역사의 산물이었다는 사실을 충분히 의식하지 않은 것이다. 하지만 동주는 역사주의적 태도가 범하기 쉬운 극단적 상대주의나 극단적 회의주의의 오류에 빠지지 않았다.

동주가 얼마나 의식적으로 이러한 오류를 경계하고 있었는지는 단정하기 어렵다. 다만 확실한 것은 적어도 동주는 모든 사상이나 관념을 역사적 맥락에 환원시키는 태도와는 별도로 정치사상가의 원전 텍스트를 매우 존중하는 태도를 지녔다는 것이다. 텍스트에 대한 존중은 지나칠 경우 텍스트가 아닌 책을 물신화하는 위험을 낳기도 하지만,[5] 동시에 사상과 관념이 갖는 초역사성, 사상가의 실존적 구속으로부터의 자율성을 인정하는 통로가 되기도 한다. 원전 텍스트를 존중했던 동주의 태도는 그가 역사주의를 받아들이면서도 동시에 역사주의가 초래할 수 있는 극단적 오류를 경계할 수 있었던 최후의 보루 역할을 한 듯하다. 헤겔은 역사주의를 관념적으로 제시한 장본인이지만, 헤겔 자신은 역사주의의 오류에 빠지지 않았다. 그의 역사철학이 한 사람 한 사람의 사상가가 갖는 사상적 독자성을 충분히 인정했기 때문이다.[6] 마찬가지로 정치사상가의 원전 텍스트에 충실했던 동주는 자신이 명시적으로 선언한 바와는 달리 사실상 정치사상가의 시대를 초월한 의도, 나아가 보편적 사유를 들여다봤다고 할 수 있다. 이제 다음 장에서는 고대, 중세, 근세, 현대로 나뉘는 동주의 정치사상 서술을 개략적으로 살펴보면서 동주가 기본적으로 정치사회적이고 역사주의적 태도를 견지하고 있지만, 동시에 원전 텍스트를 존중하는 태도를 가짐으로써 전통적인 정치사상가와 보편적 사유를 공유하는 측면이 있음을 살펴볼 것이다.

....

5   1970년대까지만 해도 여전히 책은 귀했고, 이 시절 책의 물신화 경향은 더욱 강하게 나타났을 것이라고 짐작할 수 있다. 이 시절에 서울대 외교학과에서 책의 소유나 구입과 관련된 일화들은 아직도 회자되는 것들이 있다.

6   일반적으로 헤겔이 "역사철학"(philosophy of history)을 강의한 것(1822년, 1828년, 1830년에 베를린 대학에서 강의함. 이 강의록은 1837년 *Vorlesungen über die Philosophie der Welt-geschichte*라는 제목으로 헤겔 사후 출판됨)은 우리에게 잘 알려진 반면, 그가 철학사(history of philosophy)를 가장 열렬하게 지속적으로 강의한 것(1805-6년 예나에서 한 번, 1816-17, 1817-18년 하이델베르크에서 두 번, 1819-30 사이에 베를린에서 여섯 번, 1831년에 열 번째 강의를 하다가 사망으로 멈춤)은 덜 알려져 있다. 1840년 헤겔의 제자 Michelet가 두 번째 edition을 편집해 출판했고(*Vorlesungen über die Geschichte der Philosophie*), 영문 번역은 이 에디션에 기초해 있다(Hegel 1995).

II. 동주의 서양정치사상사 저술의 특성

1. 고대정치사상

동주의 정치사상 저술 가운데 〈고대〉 부분은 정치사상이 기본적으로 지배의 정당성을 획득하기 위한 관념이라는 동주의 기본 입장을 잘 드러낸다. 동주는 〈고대〉 정치사상에 "신화적 지배의 세계"라는 부제를 붙였다. 동주가 정치사상을 지배의 정당성이 획득되는 과정으로 이해하고 있음을 여실히 드러내는 대목이다. 이런 맥락에서 고대정치를 바라보는 동주의 초점은, 비합리적인 신화에 사로잡힌 고대인들의 비합리성이 아니라 신화를 통해 지배의 정당성을 획득한 신정(神政)정치의 정치사회학적 기능에 맞춰져 있다. 따라서 동주는 신관계급이 정치적 정당성을 획득하는 데 어떤 역할을 했는지, 즉 신정정치가 특정한 장소에서 어떻게 정치권력의 정통성을 획득했는가를 주목한다(이용희 1987, 262). 나아가 동주는 세속적 관료계급과 군인계급은 어떻게 신관계급으로부터 분화했는지, 그리고 노예의 존재는 정치공동체의 유지에 어떤 기능을 했는지 등을 파악한다. 요컨대, 동주의 고대 서양정치사상 이해는 다분히 "정치사회학적"이라고 할 수 있다.

고대정치사상에 대한 동주의 식견이 두드러지게 나타나는 부분은 〈고대〉의 3절 〈힘과 정의〉라는 장이다. 여기서 우리는 동주의 국제정치관을 엿볼 수 있다. 동주는 여기서 기원전 8세기부터 기원전 4세기경에 이르러 중국과 그리스가 대강 비슷한 형태의 전란(戰亂)을 경험하게 되는 국제정치적 상황을 맞이한다고 주장한다. 이 과정에서 동주가 강조하고 있는 두 가지 특징이 있는데, 하나는 문명 의식의 탄생이고 두 번째는 권력과 정의로 요약될 수 있는 현실정치와 이상정치 사이의 괴리이다(이용희 1987, 266).

동주에 따르면, 고대 그리스인들은 어느 시점에 이르러 각각의 나라를 초월하는 "우리 의식"을 가졌고, 이에 따라 국제적 문화 의식이 성립됐다는 것이다. 즉 그리스인들 사이에서 희랍(헬라스)이라는 통합된 공동체 의식이 생겼으며, 이와 동시에 폴리스의 차원을 넘는 그리스 세계라는 공동 의식을 갖게 됐다는 것이다(이용희 1987, 267). 동주는 이러한 문명권의 공동 의식이 정치사상에 중대한 영향을 미쳤다고 봤다. 우선 현실적인 영향력으로서 공동 의식은 페르시아 전쟁 이후에 그리스 전체가 하나의 세계라고 주장하는 것을 가능케 했다는 것이다. 이보다 더욱 중요하게 "초국가적인 문명권 사상의 결과 앞서 내려오던 씨족적이며 국가적이었던 신화적 정치사상이나 또는 여러 정치사회의 차이에서 나오는 지역적인 사상의 차이가 마침내 보편적이며 세계적인 정치사상의 양식으로 바뀌게"되는 정치사상적 영향력이 생겼다는 것이다.[7] 이러한 동주의 고대정치사상의 이해는 우리의 관점에서 자못 큰 의의를 지닌다. 동주가 보편성을 지향하는 정치사상의 내적 잠재력을 인식했다는 증거가 되기 때문이다. 고대 중국과 고대 그리스의 예를 동시에 들고 있는 것을 보면, 동주가 정치사상이 지향하는 보편성을 어느 정도 의식하고 있었다고 할 수 있다.

그럼에도 불구하고 동주 정치사상의 가장 큰 특징은 정치사상에 대한 정치사회학적 접근이라는 것을 부인할 수 없다. 고대정치에서의 보편적 요소에 대한 관찰도 시대에 국한된 하나의 역사사회학적 현상으로서 파악한 것이지, 시공을 초월하는 고유한 특성으로 간주한 것은 아니다. 동주의 정치사상에 정치사회학적 특성이 있다는 것은 그의 정치사상이 권력(힘)에 대한 분석에 집중되어 있고, 권력의 중심에 군사력과 재정력을 두고 있다는 것에서 잘 드러난다(이용희 1987, 269). 동주는 바로 이러한 정치사회학적 이해를 기초로 정치사상사 전체를 받아들인다. 같은 맥락에서 동주는 경세(經

....

7   동주는 이러한 문명권의 보편적 세계사적 정치사상은 동서양을 막론하고 성립한다고 본다. 이런 맥락에서 동주는 다음과 같이 적고 있다. "춘추전국 시대는 〈천하〉라는 초국가관념과 국가관념이 서로 교착하여 사상에 작용하는 예로서 제자백가의 설도 이러한 〈천하〉에 보편적으로 타당하다는 양식을 취하였다." "가령 그리스에서 보면, 소피스트나, 플라톤, 아리스토텔레스의 정치사상은 비록 그것이 폴리스라는 독특한 정치체제를 중심한 사상이기는 하나, 그리스 안의 수백의 폴리스에 보편적으로 타당한 일반적인 것으로, 따라서 그 내용은 지역적 특수성을 어느 정도 초월하는 면이 있었다"(이용희 1987: 268).

世)의 관점에서 정치사상을 이해한다. 동주에게 정치사상가들은 소피스트와 같은 세속적 사상가들이거나 "정치의 윤리화"를 시도하여 정의를 정치에 대입시키려는 헛된 시도를 하는 이들(아마 플라톤이나 아리스토텔레스를 염두에 두고 있는 듯하다)이다. 이런 맥락에서 동주는 고대 그리스 정치철학과 중국 전국시대의 정치사상을 일괄하는데, 동주가 공통으로 지적하고 있는 것은 동서양을 구분할 것 없이 이들이 저층 계급과 유리되고 경세의 측면에서 지배자를 대상으로 '정치의 윤리화'를 헛되게 추구하고 있다는 것이다(이용희 1987, 274).

동주가 파악하는 정치사상가들은 전국시대를 벗어나 평화시대를 되찾기 위해 정의를 정치에 적용하고, 이를 위해서 위정자들을 설득시키려는 전략을 가졌다고 평가한다. 이에 대한 동주의 평가는 두 가지로 나뉜다. 첫 번째는 이들이 순진하다는 것이다. 이들은 위정자들을 설득시키는 것을 목적으로 하지만, 사실 정치는 지배와 피지배의 복합체이기에, 다수에 대한 진정한 설득 없이 정치적 이상의 실현은 불가능하다는 것이다. 둘째, 정치사상이 지배층의 권위를 업고 이상을 실현하고자 하면서, 지배층에 권위감을 주기 위해 추상적인 이론을 전개한다는 것이다(이용희 1987, 275). 여기에도 동주의 정치사회학적 기본 입장이 그대로 드러난다. 동주는 추상적인 사상 자체를 좇는 것을 어리석다고 보고, 정치사회학적 접근을 통해서 소위 '포괄적인' 이해를 해야 한다고 주장한다.

그런데 이러한 동주의 태도는 정치사상 텍스트가 기본적으로 추상적일 수밖에 없다는 사실을 간과한 것이다. 정치사상 텍스트가 담고 있는 정치이념이 현실적으로 효력을 발휘하기 위해서라도, 정치사상 텍스트는 시대적 정치상황에 의해 검열당하고 핍박받을 수 있는 당파성에서 벗어나 추상적이며 보편적 관념을 기술하는 수밖에 없다.[8] 이런 맥락에서 동주는 정치사상 텍스트 자체가 정치사회학적 기능을 수행할 수 있음을 충분히 인식하지

....

8   철학에 대한 정치적 핍박에 대해서는 Strauss(1952) 특히 chs. 1, 2를 참조.

못한 듯하다. 정치사상을 추상적인 관념에 불과하다고 단정하고, 텍스트 밖에서 펼쳐지는 정치사회적 요소만을 강조하는 것은 정치사상 텍스트의 내적 복합성을 충분히 파악하지 못한 결과일 수 있다. 추상적으로 보이는 텍스트 안에는 정치현실의 미묘한 요소가 내재해 있다. 예컨대, 동주가 냉소적으로 대하는 "정치의 윤리화"는 단지 정치사상가들만의 헛된 외침이 아니다. 정치사상가들의 저술은 현실과 유리된 규범적 선언만을 되풀이 하는 것으로 보일지 모르지만, 정치사상가들은 자신의 의도를 현실에 반영시키기 위해 텍스트 안에 복잡한 장치를 장착했을 수도 있다. 다만 정치사상가들의 궁극적 의도가 그들이 텍스트에서 표면적으로 주장하는 바와는 다를 수 있다는 점을 받아들여야 한다.

이렇게 볼 때, 정치사상가들의 의도를 파악하기 위해서는 오로지 원전 텍스트에 대한 면밀한 분석이 선행되어야 한다. 플라톤이 "헛된 외침"인지 알면서 순진하게 철인왕을 주장한 것은 아니다. 동주가 어떤 정치사상가도 그저 지배자의 구미에 맞게 지배의 정당성을 제공해 주는 역할을 할 뿐이라고 파악할지 몰라도, 사실 정치사상가는 자신이 속한 시대적 상황과 조건에 의해 부과되는 역할과는 별도로 보편적인 정치사상적 아젠다를 가질 수 있다. 동주는 이러한 정치사상가의 독자적 영역을 인정해 주는 데 인색했다. 더욱 안타까운 점은 동주 자신이 취한 정치사상에 대한 독특한 접근법—즉 텍스트 내의 역동성보다, 텍스트 밖의 관념과 현실의 정치사회학적 역동성을 주목하는 것—이 정치사상 연구의 유일한 방법론이라는 인상을 강하게 남겼다는 것이다. 동주 자신은 당시의 기준으로 보면 누구보다도 원전 텍스트의 중요성을 잘 인식했으면서도, 정치사상에 대한 그의 전반적인 태도는 텍스트의 독자적 가치를 경시하는 학계의 풍조를 만드는 데 일조했음을 부정할 수 없다.

2. 중세정치사상

중세 정치사상 역시 동주의 정치사회학적 접근이 강조되고 있음을 확인할 수 있다. 동주는 중세를 떠받치고 있는 것은 한편으론 기독교적 신앙에 기초한 지배의 정당성이며, 다른 한편으로는 일반 대중 특히 농민들의 숙명적인 빈곤이라고 파악한다(이용희 1987, 287). 동주는 또한 중세에는 한 종류의 신앙 혹은 하나의 문명의식을 통해서 각자 일종의 국제사회를 형성하게 됐다고 파악한다. 예컨대 유럽은 기독교 신앙을 통해서, 이슬람권은 회교 신앙과 샤리아에 의해서, 중국은 "예교관념"에 의해서 각 정치세력들이 하나의 세계에 속해 있음을 의식했다고 한다. 이런 맥락에서 동주는 비록 매우 간략한 서술이긴 하지만, 이슬람권, 기독교권, 그리고 유교권을 각기 나름의 정치질서를 갖는 국제사회로 파악하고 이러한 사정에 대한 설명을 국제정치사상으로 이해한다(이용희 1987, 288).

동주가 "국제정치사상"이란 표현을 처음으로 적용한 시기가 중세인 것은, 중세에 개별 정치공동체를 초월하는 어떤 보편적 세계의 원리로서의 정치현상이 두드러지게 나타났다고 이해했기 때문이다. 동주는 국제정치사상의 태동이 특정 정치공동체의 구성원들이 그들이 추종하는 가치보다 상위의 것이 존재한다는 사실을 깨달을 때 이뤄진다는 것을 잘 알고 있었다. 이런 맥락에서 동주는 중세의 문화권이 각각 긴밀히 통합되어 있는 국제사회로서 존재한다는 사실을 주목한다. 이슬람권이 "개별적인 왕국의 상위에 이슬람 국제사회를 존치시키고, 이를 모함멧트 시대의 움마(신앙공동체)의 확대"로 여기고 있음을 지적한다(이용희 1987, 288-9). 또 기독교는 "로마세계의 보편적인 종교로서" 이른바 기독교 평화의 세계(Pax Christana) 안에서 "개개의 나라는 초국가적인 권위 아래 하위 단위로 존재하며, 교회법과 로마법이론의 지배적인 영향력이 중세를 주도"했음을 지적한다(이용희 1987, 290). 중국문화권 역시 예외 없이 정권, 정체, 법제 등의 공통성을 뚜렷이 가졌으며, 이때 유교적인 예교(禮敎)사상이 개별 국가를 초월하는 정치의 명분이 됐음을 지적한다.

개별국가의 범주를 초월하는 상위의 국제사회의 존재가 국제정치사상을 태동시켰다는 동주의 이해는 동주가 국제정치사상의 존재이유를 제대로 파악하고 있음을 보여 주는 대목이다. 그러나 중세정치사상에 대한 동주의 이해는 세 지역에서 각각 국제사회의 존재를 당연한 것으로 받아들였던 정치사회학적 기능에만 주목함으로써 중세 사상이 갖는 보다 보편적 특징을 드러내는 데에는 미치지 못했다.[9] 중세정치사상 서술에 있어서도 동주는 여전히 정치사회학적 접근을 견지하고 있었기 때문이다. 동주는 중세에 이르러 국제정치사상이 태동했음을 잘 인식하고 있었지만, 그것이 어디에 존재하느냐라는 물음에 대해서는 정치사상의 독자성이나 정치사상가의 독립성, 텍스트의 내적 역동성보다 그 사상가가 속한 시대의 정치사회학적 역동성만을 주목하는 한계를 가졌다.

3. 근세정치사상

동주는 고대와 중세 시기의 세계사가 비교적 유사한 양상을 보이다가 근세에 이르러 소위 "세계사의 근세적 분열"이 일어났다고 주장한다. 서양에서만 국가주권사상에 입각한 국민주의적인 정치의식이라는 독특한 현상이 나타났음을 주목한다(이용희 1987, 299). 어째서 서양에서만 이런 독특한 현상이 나타났는가는 따로 설명하고 있지 않지만, 동주는 서양에만 14세기 이래 다수의 정치 세력이 경쟁적으로 쟁탈을 벌이는 현상이 나타났으며 이

....

9 기독교사상이 기독교 세계를 하나로 묶어 주는 기능을 한 것은 사실이지만, 그것 자체가 기독교 사상의 내적 한계를 드러내는 것이라고 보기는 어렵다. 여느 종교와 마찬가지로 기독교도 문화적인 편견과 한계가 있었던 것은 사실이다. 그러나 기독교 사상이 지향했던 보편적 주장은 기독교 세계에만 한정된 것이 아니라, 적어도 그들이 알고 있던 바, 세계 "전체"를 대상으로 했다. 이런 맥락에서 근대 초 기독교 사상이 새로운 비유럽의 세계를 만났을 때에도 그들은 기독교 세계관의 우월성을 자신의 힘의 우위에서 찾았던 것이 아니라, 그들의 세계관이 세계 "전체"를 대상으로 한 보편성을 담지하고 있었다는 데에서 찾았던 것이다.

를 통해 서양은 기존의 질서와는 전혀 다른 정치사상, 즉 한편으로는 전제
군주사상, 다른 한편으론 국민국가 의식을 갖게 됐다고 분석한다.

　동주는 서양의 전제군주사상이 마키아벨리로부터 출발하였고, 장 보댕
에게서 주권자는 법에 의해 구속받지 않는다는 절대주권론을 발견할 수 있
다고 서술한다. 동주는 또한 폭군론을 상대로 하는 민중의 저항 의식과 관
념이 존재했음을 주목하는데, 이를 설명하는 과정에서 또다시 정치사상 해
석에 있어서의 정치사회적 성향을 강하게 드러낸다(이용희 1987, 304-305).
동주는 폭군론과 저항론이 세 개의 방향으로 전개될 수 있음을 지적한다.
세 방향의 폭군론이란 하나는 "도시의 자치권을 빼앗긴 이태리의 폭군론으
로 그 목적은 시민의 자유를 추구하는 것"이고, 두 번째는, 신교측이 구교
군주의 압박에 반항하는 이론을 제시하는 것이며, 세 번째는 반대로 구교측
이 신교 군주의 압제를 규탄하는 것을 의미한다. 그런데 이를 상대로 한 폭
군방벌론(暴君放伐論)으로서, 동주는 일반적인 정치사상사가 서술하듯이 자
연권론이나 사회계약론을 제시하지 않는다. 대신 동주는 신구교의 정치세
력 간의 투쟁의 모습을 그리는데 주력한다. 동주는 폭군론과 폭군방벌론을
절대군주론과 인민주권론이라는 보편적 관념의 대립으로서가 아니라, 전형
적인 정치사회학적 갈등으로 이해한 것이다(이용희 1987, 306).

　근세 편에서 동주가 상당한 분량을 할애한 것은 근대국가사상의 등장,
즉 근대 주권사상의 등장에 관한 것이다. 동주는 절대주권사상이 기본적으
로 현실 문제를 극복하기 위한 수단이었음을 강조한다. 군주가 절대 권력을
주장하기 위해서 그 절대성의 근거를 제시해야 하는 어려움에 처해 있었다
는 것이다(이용희 1987, 316). 중세의 신앙론은 신적인 권위에 힘입어 그 절
대성의 근거를 마련할 수 있었다. 근세에 이르러 군주는 이러한 "편안한" 방
식의 정당화를 사용할 수 없게 됐고, 절대 권력을 정당화할 수 있는 보다 독
창적인 근거를 찾아야 했는데, 그것이 곧 주권 사상의 기원이 됐다는 것이
다. 주권사상이 주를 이루는 근대정치사상은 이러한 정치사회학적 요인에
의해 형성됐다는 것이 동주가 근대정치사상을 해석하는 요지이다. 이 때문

에 동주는 주권사상의 발전에 어느 정도 지식인이(쟝 보댕, 이탈리아 법학자들) 독자적인 역할을 담당했음을 인정하지만, 이보다는 각국이 처한 독특한 정치사회학적 맥락이 주권론의 형성에 결정적으로 영향을 미쳤다고 주장한다. 예컨대, 동주는 프랑스가 주권의 절대성을 옹호하는 방식으로 주권론이 발전했다면, 영국은 주권의 소재 문제를 두고 주권론이 발전했다고 주장하는데 이는 모두 각국이 처한 정치사회적 환경에 의해 결정된다는 것을 강조한 것이다(이용희 1987, 320-321).

이어서 동주는 근대 주권이론의 사상적 토대가 되는 자연법사상을 다루고 있다. 주지하듯이 자연법사상은 다분히 보편적 관념으로서의 성격을 지닌다. 그러나 여기서도 동주는 자연법사상의 이론적 계보나 보편적 타당성을 검토하기보다는, 그것이 "관념과 사상에만 그치는 것이 아니라" 국민과 영토라는 현실적 토대와 연결되어 있음을 강조한다.[10] 즉 동주는 근대국제정치사상의 구성요소로 개별 국가의 주권사상을 기초로 하는 국민사상(동주는 이것을 내 나라, 내 민족을 정치공동체의 단위로 파악하는 일종의 공동체 의식이라고 일컫는다)과 이러한 공동체의 물적 토대가 되는 영토사상을 주목하였다. 이러한 이해를 바탕으로 동주는 근대국제정치사상이 형성됐다고 본다. 즉 근대 국가는 자신과 타자를 구분하고, "〈내 나라〉의 존재와 목적은 모든 나라의 목적에 우선한다는 관점에서 대외관례를 조절"한다는 것이고, 근대 국제법은 이러한 대외관계를 실질적으로 규율하기 위해 구상되었다는 것이다.[11]

....

10 전통적으로 자연법사상의 계보를 따지려면, 키케로의 세계시민주의, 중세의 자연법사상(아퀴나스, 비토리아 등)을 주목하는 것이 더 일반적이다.

11 동주는 〈근세전편〉 마지막 단락에서 근대국가의 정치사상을 다음과 같이 요약하고 있는데, 이 것이 동주의 근대정치사상 이해를 가장 축약적으로 보여주고 있다. "근대국가 사상은 그 전기에 있어서 주권사상, 국민사상(민족사상), 영토사상이라는 鼎足 위에 서게 되었다. 그리고 이것을 밑받치는 국제정치사상은 피아의 관계를 적측과 아측으로 분명히 구별하고, 〈내나라〉의 존재와 목적은 모든 나라의 목적에 우선한다는 관념에서 대외관계를 조절하려는 것이었다. 그러면서도 이러한 주권국가가 복수적으로 공존하는 것을 공인하고 그 관계를 실정적으로 규율하는 것으로

동주는 〈근세후편〉 정치사상을 개괄하면서, 근대서구 국가는 보편적 합리주의와 진보에 대한 믿음을 바탕으로 한 계몽주의사상에 기초해 있었으며, 구체적인 정치현실에서는 입헌주의와 계몽군주사상 나아가 민주주의 사상을 발전시켰다고 서술한다. 특히 동주는 근대 서구의 민주주의 사상이 처음에는 자유주의를 실현하기 위한 일종의 "수행자" 노릇을 하다가 점차 민주주의 사상 자체가 이데올로기로서의 힘을 얻게 되면서, 자칭 민주주의론자들이 자신들의 요구 사항을 실현하기 위한 구호로서의 성격을 강화하게 됐다고 지적한다. 이 부분 역시 동주의 정치사회학적 시각이 발휘되는 대목이라고 할 수 있다. 동주는 민주주의의 이데올로기적 힘이 처음에는 자유주의적 부르주아의 세력 확장에 활용되었음을 주목한다. 그래서 동주는 "근대민주주의는 표면상 인민주권, 인권보장, 입헌주의의 아름다운 보편적 이념으로 장식되어 있어서 그 형식으로 대의제와 입법부의 우위를 내걸고 있어서 사상의 체제로서는 만민에게 혜택을 주는 곱다란 모습을 지녔으나, 그 사상의 밑바닥에서는 선거권의 제한을 통하여 부유층의 합법적인 정권 독점이 기도되었다."라고 지적한다(이용희 1987, 349).

　　그러나 동주는 이러한 "표어로서의 민주주의"가 자유주의적 부르주아의 이데올로기적 성격을 넘어서 사회주의적 평등사상에까지 확장되어 왔으며, 그것이 결국에는 사유재산을 타파하는 과격한 사회주의 사상에 이르게 했다고 서술한다. 이러한 논의의 연장선에서 동주가 18세기 후반부터 19세기 중반에 이르는 시기의 사회주의 사상의 발전을 포괄적으로 다루고 있다는 점은 특기할만하다. 동주는 여기서 마르크스와 엥겔스는 물론이거니와, 생시몽, 오웬, 프리에, 프루동 등의 사상을 소개함으로써 사회주의 사상의 계보를 비교적 상세히 다루고 있다. 마지막으로 동주는 사회주의가 마르크스주의에 이르러 "비로소 자연법적인 인류사상과 관념적 요소를 청산하고, 프롤레타이아의 해방과 독재라는 면이 전면에 나오게 되고, 그것을 밑받치

....

서 근대국제법을 구상하였던 것이다." (이용희 1987, 334)

는 유물사관과 변증법으로써 질서정연한 세계관을 내세우게 되었다"고 평가한다. 유물론적 세계관은 프롤레타리아에 의한 사회변동을 필연적인 것으로 본다. 동주의 표현대로 여기에는 "아무런 인정, 우연, 도덕 따위의 요소가 개입되지 않고, 다만 냉혹한 생산력 발전의 법칙이 역사적인 논리로서의 변증법적 과정을 통하게"되어 있다(이용희 1987, 368).

여기서 동주는 이러한 사회주의 세계관이 초래한 국제정치사상의 근본문제를 예리하게 지적한다. 프롤레타리아의 국제적 연대성을 내세운다는 것은 곧 "나라의 관념을 무시하는 것이 되고, 또 근대국가의 배후에 놓여 있는 민족 관념을 무시하는 것이 된다"는 것이다. 즉 사회주의 세계관은 모든 근대정치사상의 근저이며 여전히 현실정치를 지배하는 가장 핵심적인 요소인 근대국가의 존재를 전면적으로 부인하는 결과를 초래했다는 것이다(이용희 1987, 370). 동주에게 사회주의 정치사상이 자본주의 정치사상에 비해 열등한 이유가 있다면, 사회주의 사상이 관념적으로 불완전하기 때문이 아니라, 그것이 정치사회학적으로 불거질 수밖에 없는 현실을 외면하고 있기 때문이다.

III. 동주는, 아니 우리는 왜 (서양)정치사상을 공부하는가?

앞서 확인한 바와 같이, 동주는 정치사상을 시대에 따라 다른 양상으로 나타나는 이데올로기라고 이해했다. 동주는 또한 모든 정치사상은 지배와 저항의 정치사회학적 역동성 안에 놓여 있다고 여겼다. 정치사상을 이와 같이 정치사회학적 현상으로 파악하는 것은 분명 동주 정치사상의 가장 특징적인 요소이다. 그러나 동주의 정치사상이 이처럼 현상적 수준에만 머물러 있었다고 보기 어렵다. 동주의 정치사상에서 서양정치사상 본연의 전통, 즉 보편적 규범성을 지향하는 전통과 어느 정도 연결되는 지점이 발견된다. 보다 정확히 말하자면, 필자는 그러한 연결 지점을 찾으려고 노력했다. 이러한 노력은 어쩌면 동주에 대한 "공정한" 평가를 잠시 유보하더라도, 오늘날의 정치사상 혹은 정치사상 연구가 현상적 수준에서 벗어나 우리 공동체의 규범적 방향성을 제시할 필요가 있다는 문제의식에 기인한다고 할 수 있다. 현상적 수준에 머물러 있는 정치사상은 정치현상에 대한 인과적 설명, 혹은 미래 예측의 기능만을 담당하게 될 것이다. 우리는 정치사상이 근본적인 사회적 갈등, 근원적인 가치들 간의 갈등을 해소할 수 있는 객관적인 기준을 제시해 주기를 기대한다. 이러한 기대가 타당한 것이라면, 이제 우리는 동주에게 그가 서양정치사상을 어떻게 이해했는가를 물어야 할 뿐 아니라, 그가 정치사상 특히 서양정치사상을 공부한 근원적 동기 혹은 궁극적인 목적이 무엇이었는가를 물어야 할 것이다. 동주에게 이러한 문제를 제기하는 것은 결국 우리는 왜 서양정치사상을 공부하고 있는가 하는 우리들 자신의 문제에 이르게 할 것이다.

동주가 정치사상을 공부한 근본적인 목적은 무엇인가? 동주는 〈정치학이라는 학문: 그 현상에 관한 짧은 에세이〉에서 "과연 정치학을 공부만 하면 정치의 내용과 본질은 알아지는 것인가"라는 질문을 던지고, 이에 대해서 "그것이 그런 것 같지 않다"고 대답한다(이용희 1987, 391). 하영선 교수에 따르면, 이러한 동주의 진술은 서양 정치학은 (정치사상보다 좀 더 넓은 범주이긴 하지만) 결코 "우리는 어째서 이렇게 못 사는가?"라는 문제를 근본적으로 해결해 줄 수 없다는 것을 지적하기 위함이라고 한다(하영선 2011, 255). 동주는 당시에 가장 선진적이고 영향력 있는 정치학과 정치사상이 서양의 것임을 인정했지만, 그것을 그대로 우리의 상황에 적용하는 것은 맞지 않는 옷을 억지로 끼워 맞추는 것이라고 여겼다. 즉 동주에게 정치학 내지 정치사상 공부의 궁극적 목적은 우리의 실존적 문제를 해결하기 위함이었다. 따라서 동주의 서양정치사상은 실존적인 문제를 해결하기 위한 수단 이상의 의미를 갖지 않았을 것이다. 오늘날 우리의 처지는 어떠한가? 우리도 동주와 마찬가지로 우리들 자신의 실존적 문제의 해결을 위해서 서양정치사상을 공부하는가? 만약 그렇다면, 우리의 실존적인 문제는 동주의 그것과 동일한가? 서양정치사상은 이렇듯 우리의 것이 아닌 서양의 것이라는 이유에서 수단적인 가치만을 갖는가? 이러한 문제에 답하기 전에 먼저 물어야 할 것이 있다. 즉 우리가 과연 서양정치사상을 근본적으로 이해할 수 있는가 하는 점이다.

비서구인으로서 서양정치사상이 우리에 맞는 옷이 아니라면, 애초에 그것을 "이해"한다는 것은 가능한 일인가? 서양정치사상을 "이해"한다는 것은 무엇을 의미하는가? 서양정치사상, 혹은 사상가의 생경한 용어나 개념을 소개하거나 해설한다고 해서 서양정치사상을 이해했다고 할 수 있는가? 이러한 시도가 무지의 상태에서 벗어나기 위한 첫걸음인 것은 맞지만, 그것만으로 서양정치사상의 이해에 도달했다고 보기 어렵다. 동주도 특정한 관점 없이 단순히 서양정치사상을 개념적으로 소개하는 것은 공허한 일이라고 비판할 것이다. 그러면 서양정치사상을 "진정으로" 이해하기 위해서는 어떤 관점을 적용해야 하는가? 서양정치사상이 궁극적으로는 우리의 실존적 문제를 해결하기 위한 수단이 되어야 한다는 취지에 동의하더라도, 적어도 "이해"의 단계에서는 우리의 관점이 아닌 "그들의" 관점을 적용하는 것이 타당하다. 우리의 시각에 포착되는 것만으로 서양정치사상을 이해하려고 든다면, 편견과 오류에 빠질 가능성이 크고, 그렇게 되면 수단적 가치도 상실할 것이다.

그러나 "우리"와 "그들" 간에는 존재의 양식이나 인식의 방식에 있어서 근원적인 차이가 존재한다. 그렇다면 우리가 "그들"의 정치사상을 이해한다는 것은 처음부터 불가능한 일인가? 이 문제를 잠시 미루고, 우선 정치사상의 이해가 갖는 근본적인 문제에 대해서 먼저 얘기하고자 한다. 사실 어떤 정치사상가의 사상을 이해한다는 것을 서양 내부적으로도 해석학적 난제에 직면해 있다. 예컨대, 우리는 일반적으로 제퍼슨(Thomas Jefferson)과 매디슨(James Madison)이 로크(John Locke)의 자유주의 전통이나 키케로의 공화주의 전통을 계승하여 미국을 건국했다고 해석한다. 그런데 제퍼슨과 매디슨은 100여전의 로크의 정치사상, 1800여년 전의 키케로의 정치사상을

"진정으로" 이해했다고 할 수 있을까? 또 20세기 전체주의의 기원을 플라톤을 위시한 절대주의 사조에서 찾고 있는 포퍼(Karl Popper)가 플라톤 정치사상을 "진정으로" 이해했다고 할 수 있을까? 요컨대 서양 문명 내부적으로도 "그들이" 그들 자신의 전통을 얼마나 잘 이해했는가는 여전히 논란의 대상이라는 것이다. 사정이 이러할진대, 서양정치사상은 서양의 것이기 때문에 우리의 실존적 문제를 푸는 데 유용하지 않다는 동주의 경계의식은 매우 성급한 우려에 해당한다. "우리"와 "그들" 사이의 간극뿐 아니라, 서양정치사상사 내부의 간극도 해결되지 않았기 때문이다. "우리"와 "그들"의 문제를 접근하기에 앞서 우리는 "그들이" "그들을" 어떻게 이해해 왔는가를 검토할 수밖에 없다. 이런 맥락에서 서양정치사상에 대한 이해는 서양정치사상사(史)에 대한 연구가 선행될 수밖에 없다. 주지하는 바와 같이 서양정치사상사는 고대 그리스 철학에서부터, 중세 유럽의 스콜라철학, 근대의 사회계약론과 자연법론, 칸트, 헤겔의 관념론과 마르크스, 엥겔스의 유물론에 이르기까지 매우 폭넓은 시간 속에서 복잡한 방식으로 표출되어 왔다. 그럼 서양정치사상이 이처럼 시대적으로 다른 양상을 보인다는 것은 무엇을 의미하는가?

앞서 확인한 동주의 입장처럼, 시대에 따라 변천을 겪는 서양정치사상이란 시대에 따라 다른 양상으로 나타나는 정치 현실의 반영물인가? 만일 그렇다면, 정치사상사(史)란 사상가들 간의 내적 연속성을 가진 역사가 아니라 시대적으로 표출된 분절된 정치사상(들)이라고 할 수 있다. 서양정치사상은 각 시대 혹은 특정 지역의 역사적 맥락(정치적/사회적/경제적/문화적/지적 맥락)을 반영한 것인가? 정치사상가(家)가 자신이 속한 시대의 문제의식을 반영하여 시대구속적인 사상을 제시하는 것은 자연스런 일이다. 그러나 이와 동시에 정치사상가들은 정치의 본질에 대한 보편적 사유(思惟)를 전개하기 위해 시대를 초월한 대화를 전개한다. 마키아벨리에게 이태리 통일이 주요한 문제의식이었던 것은 분명하지만, 정치사상적으로는 이태리 문제와 무관하게 고대적 맥락의 공화주의의 원리를 근대적으로 전환하려는 문제의식을 갖고 있었다. 더욱 근본적으로는 정치의 본질에 대한 새로운 해석을 제시하기 위해 천년 이상의 전통과 대적하고 있었다. 어떤 사상가보다도 당면한 현실적인 문제에 치중해 있었다고 여겨지는 그로티우스 역시 국제법의 근원을 자연법과의 관련성에서 밝히는 과정에서 고대 그리스의 회의주의자 카르네아데스(Carneades)에서부터 아퀴나스의 정치사상과 대화한다. 다시 말해, 정치사상은 각 시대의 정치현실과 관련된 실천적 진단과 처방일 수도 있지만, 이와 동시에 정치의 본질에 관한 시대를 초월한 보편적 사유의 혁신적 전개일 수도 있다.

사실 서양정치사상 전통의 지배적인 경향은 정치의 본질에 관한 보편적 사유 체계로 이어져 왔다고 할 수 있다. 정치사상이 시대에 따라 다른 양상으로 나타나긴 하지만, 그것은 정치현실의 시대적 반영에 따른 것이 아니라 사상가에 따라 정치의 본질을 달리 해석했기 때문이라는 것이다. 이런 입장에 따르면, 서양정치사상 연구의 관건은 특정 정치사상이 속한 특수한 역사적 맥락을 얼마나 잘 반영하는가가 아니라, 그것이 정치의 본질이라는 보편적 문제를 얼마나 잘 규명했는가에 달려 있다. 이 경우 해당 정치사상(가)의 역사적 맥락에 대한 이해는 부차적이고 보충적인 것에 불과하다(대표적으로 Strauss & Cropsey 1987). 이와는 대조적으로 정치사상이 그것이 속해 있는 특수한 역사적 맥락으로부터 결정적인 영향을 받는다고 보는 경우, 정치사상 연구는 특정 정치사상이 역사적 맥락 안에서 정치현실을 어떻게 정당화하거나 비판했는가를 검토하는 것을 목적으로 한다(대표적으로 Skinner 1979). 현재는 두 방법론이 공존하고 있지만, 플라톤 이래 서양정치사상사 전체의 전통에서 정치사상을 역사적 맥락으로 환원시켜 접근한 것은 비교적 최근의 일이다. 사실 고전의 범주에 속해 있는 어떤 사상가도 자신의 작업을 스스로 역사적 맥락과 결부된 문제를 해결하기 위한 것이라고 파악한 이는 없다. 이들은 모두 "정치란 무엇이며, 무엇이 바람직한 정치공동체이고, 이를 실현하기 위해서는 어떤 조치가 필요한가"라는 보편적 질문에 대한 각각의 창의적인 답을 내놓는다고 생각했다. 물론 이 과정에서 자신이 속한 역사적 맥락이 거론되거나 역사적 사례를 활용하긴 하지만, 그것이 정치사상을 역사적 맥락에서의 특수한 문제를 해결하기 위한 작업이라고 볼 근거가 되진 않는다.[12]

이와 같이 서양정치사상 전체를 하나의 연속된 보편적 사유의 체계로 묶고 그 과정을 진보 혹은 퇴보로 간주하는 것을 전형적인 "서구중심주의"라고 비판받을 수 있다. 서구중심주의를 비판하는 이들은 서구의 사상을 "보편적"인 것으로 간주할 때, 오랫동안 "중심"에서 벗어나 있었던 우리들은 결코 "중심"에 들어 갈 수 없다는 열등의식에 빠질 수밖에 없는데, 이는 서구중심주의라는 마력에서 벗어나지 못했기 때문이라고 말한다. 보편적이라고 믿어 온 서구의 사상은 우리의 문제를 근본적으로 해결해 주지 못하며, 애초부터 우리와 무관한 사상이라는 것이다. 서양정치사상 자체를 보편적인 것으로 간주하여 어디에도 적용할 수 있는 만병통치의 해법으로 여기는 것이 서구중심주의라면, 위와 같은 서구중심주의에 대한 비판은 서양정치사상의 도구적 가치만을 인정하는 동주의 의견과 크게 다르지 않다. 그러나 "서양정치사상 자체를 보편적으로 적용될 수 있는가"라는 문제와 "서양정치사상이 정치의 본질과 관련된 보편적인 문제를 다루고 있는가"라는 문제는 별개의 것이다. 서구중심주의 비판이 전자의 문제라면 동주도 오늘날 서양정치사상을 공부하는 우리도 반대할 이유가 없다. 그러나 서구중심주의 비판이 후자와 관련된 것이라면, 좀 더 생각해야 할 문제를 남긴다. 처

....

12 이런 맥락에서, 정치의 본질에 대한 사유는 반드시 시간의 흐름에 따라 개선된다고 보기 어렵다. 정치의 본질은 종종 변화무쌍하고 복잡한 현실에 의해 가려진다. 따라서 외면적 현상에 현혹되지 않고, 정치의 본질에 보다 잘 접근한 정치사상은 시대적 순서에 비례해서 나타나지 않는다. 크게 고대, 중세, 근대 정치사상으로 구분되는 서양정치사상의 흐름 속에서 어느 시대의 어떤 사상가가 정치의 본질에 관해 보다 보편적 사유에 도달했는가는 여전히 논란의 대상이다. 이런 맥락에서 서양정치사상 전체가 때로는 진보의 과정으로 때로는 퇴보의 과정으로 파악되기도 한다. 예컨대, 계몽주의는 중세에서 근대를 진보로, 르네상스는 고대에서 중세를 퇴화로 그러나 고대에서 근대는 진보로 파악한다. 그러나 스트라우스는 고대와 중세를 정치철학의 관점에서 하나의 시대로 묶고, 마키아벨리부터 시작하는 근대를 줄곧 하나의 퇴락의 과정으로 파악한다. 이러한 해석을 바탕으로 스트라우스는 고전정치사상으로의 회귀를 주장한다(Strauss 1959).

음부터 정치적으로 보편적인 문제란 존재하지 않는다는 과격한 주장을 하지 않는 한—그러려면 인간은 정치적 동물이라는 공통 기반을 부정해야 한다—그것이 서양정치사상이든 동양정치사상이든 보편적 문제를 다룬 사상이라면 그것에 주목하는 것은 의의를 갖는다. 물론 그것이 서양의 것이라면, 비서구인으로서 어느 정도 한계를 갖는다는 것은 부정할 수 없다. 그러나 그 한계는 언어의 장벽이나 풍습의 차이와 같은 부차적인 것이지, 보편적인 문제를 사유함에 있어서의 근본적인 한계라고 할 수 없다. 앞에서 우리는 서구 문명 내부적으로도 서로의 사상을 이해하는데 한계가 있음을 주목한 바 있다. 그러나 이 문제는 "그들도 그들 자신을 이해하지 못하는데 우리가 어떻게 그들을 이해할 수 있는가"로 접근할 것이 아니다. 정치사상의 이해도는 얼마나 같은 맥락에 속해 있느냐에 의해서 결정되는 것이 아니라, 얼마나 보편적 문제에 대한 사유를 공유하고 있는가에 달려 있기 때문이다. 투키디데스에 대한 이해는 적어도 보편적 문제의 사유에 있어서 투키디데스의 동시대인들보다 홉스가 더 우월했다고 할 수 있다. 보편적 문제의 사유에 있어서는 특수한 맥락이 중요하지 않다는 얘기다. 이런 관점에서 비서구인이라고 하더라도 서양정치사상의 보편적 문제에 접근하고, 사상가들과의 초역사적인 대화를 하지 못할 이유가 없다.[13]

우리도 정치사상의 보편적인 문제를 공유한다는 측면에서 서양정치사상의 "이해"가 가능하다고 할 수 있다. 그러면, 이러한 이해는 동주가 제기한 우리의 실존적 문제의 해결과 어떤 관계에 있는가? 동주에게 가장 실존적 문제는 "우리는 왜 이렇게 가난하게 사느냐"는 것이었다. 식민지 시대의

....

13 물론 우리의 고유한 사상으로부터 보편적 문제에 접근할 가능성도 있으나 이 문제는 이 글의 검토 범위를 벗어나는 것 같다. 이런 맥락에서 최근 강정인 교수의 서구중심주의(강정인 2004)에 대한 심각한 문제제기를 한 김경만 교수의 책(김경만 2015)은 주목할 만하다. 이 주장에 전적으로 동의하는 것은 아니지만, 적어도 서구중심주의를 극복해야 한다는 테제가, 서구의 사상에 들어갈 필요가 없다거나, 서구사상에 들어가는 것이 위험하다는 "신포도"로서의 서구사상이 되어서는 안 된다는 취지는 필자도 공감한다.

지식인으로서, 그리고 해방 이후 여전히 저개발국의 지위를 벗어나지 못한 동주가 처해 있던 시대 상황을 고려하면, 동주가 왜 부국(富國)의 문제에 그토록 집착했는가를 이해할 수 있다. 그러나 이러한 동주의 문제의식이 오늘날에도 동일하게 적용될 수는 없다. 오늘날 정치사상 연구자가 실존적으로 직면하고 있는 "정치적 문제"는 무엇인가? 여전히 분단된 현실에서 북핵 문제를 포함한 남북문제의 해소, 갈수록 해결의 실마리가 보이지 않는 경제적 불평등의 심화, 동북아에서 미국과 중국의 위상의 변화와 한국의 대응, 민주화 이후에 민주주의에 대한 상이한 이해와 이에 따른 사회적 갈등과 마찰 등 우리의 "정치적 문제"는 산적해 있다. 그런데 이 중에서 정치사상적으로 해결해야 할 가장 중요한 "정치적 문제"는 무엇인가? 서양정치사상을 공부하는 궁극적인 목적은 "우리의" 문제를 해결하는 데 필요한 지혜를 얻기 위함이라고 할 수 있다. 정치철학 연구자의 한 사람으로서 필자는 우리의 정치적인 문제는 상이한 층위를 갖고 있으며, 이러한 층위에 상응하는 지혜가 존재한다고 주장하고자 한다.

기본적으로 "우리의 정치적 문제"란 세 층위로 나눠 생각해 볼 수 있다. 첫째, 현 시점의 우리들만 직면하고 있는 특수한 정치적 문제가 있다. 둘째, 현대 국가 대부분이 공유하는 일반적인 정치이론의 문제가 있다. 마지막으로, 공동체를 이루고 사는 인간사회라면 늘 잠재해 있지만 아직까지 명료하게 해명되지 않은 초역사적인 문제가 있다. 세 층위의 정치적 문제는 각각 1) 정책적/실무적 지혜, 2) 실천적 지혜, 3) 관조적/철학적 지혜를 요청한다고 할 수 있다.[14] 그렇다면 서양정치사상의 연구를 통해 "우리는" 어떤 지혜를 얻기를 바라는가? 정책적 지혜를 추구거나, 실천적 지혜를 추구할 때, 혹은 관조적/철학적 지혜를 추구할 때, "그들"과 "우리" 사이에 존재하는 인식

....

14 지혜가 이처럼 세 층위로 나뉠 수 있다는 것은 상식적이지만, 실천적 지혜(phronesis)와 관조적/철학적 지혜(episteme)의 구분은 다분히 아리스토텔레스를 따른 것이다. 그에 따르면, 실천적 지혜는 정책적 지혜에 비해서 추상적이지만, 여전히 정치적 삶을 통해서 발휘될 수 있는 지혜이다. 반면, 관조적/철학적 지혜는 정치와 거리를 둔 관조적/철학적 삶을 통해서 달성될 수 있다.

론적·존재론적 간극을 우리는 어떻게 메울 수 있는가? 편의상 우리가 세 층위의 지혜를 모두 추구한다고 가정해 보자.

먼저, 우리가 서양정치사상 연구를 통해서 정책적/실무적 지혜를 추구한다고 가정해 보자. 이때 우리는 이미 몇 가지 가정을 받아들이고 있음을 상기할 필요가 있다. 즉 서양정치사상은 특수한 역사적 맥락의 반영물이고, 특정 시공간의 정치현실과 그것을 반영한 사상(이때는 사상보다 이념 내지 이데올로기라고 부르는 것이 합당하겠다!)이 어떤 관계에 있는가를 파악함으로써, 연구자가 자신의 특수한 맥락에서 적실성 있는 정책적 지혜를 얻을 수 있다고 하는 가정이다. 이러한 정치사상 연구는 주로 연구자의 개인적인 경륜과 덕성에 따라서 지혜를 얻을 수 있을지 여부가 결정된다. 이 경우, 연구자는 정치가(statesman) 혹은 그의 조언자이어야 하며, 고대정치사상에서 근대정치사상에 이르는 다양한 고전으로부터 정책적/실무적 지혜를 이끌어 낼 수 있는 영감이나 통찰력을 필요로 한다. 예컨대, 키신저가 자신의 오랜 실무적 경험을 바탕으로 정치사상의 고전에서 실무적 교훈을 얻는 방식이라고 할 수 있다.

다음으로 실천적 지혜를 얻고자 서양정치사상을 연구한다고 가정해 보자. 이때 우리는 우리에게 실천적으로 유용하다고 파악하는 정도까지 우리의 정치현실을 일반화한 후(예컨대 우리는 현재 주권국가에 살고 있고, 기본권을 향유한다), 동일한 일반화의 수준이 나타나는 서양정치사상으로부터 그에 상응하는 지혜를 추구할 것이다. 이 경우, 고대정치사상은 우리에게 직접적으로 지혜를 주기 어렵다. 우리 정치공동체의 특성을 아무리 일반화하더라도, 유용성이 가능한 수준에서 고대정치와 유사성을 발견하기 어렵기 때문이다.[15]

마지막으로 관조적/철학적 지혜를 얻고자, 정치의 본질에 관한 보편적

....

15 앞서 언급한 바와 같이 실천적 지혜는 다분히 아리스토텔레스의 '실천적 지혜(프로네시스)'와 관련이 있지만, 정확하게 아리스토텔레스의 용례와 일치하진 않는 부분도 있다.

사유로서의 서양정치사상을 연구한다고 가정해 보자. 주목할 만한 것은, 이 경우 "그들"과 "우리"의 경계가 무뎌진다는 것이다. 정치의 본질에 관한 보편적 사유는 결국 인간본성은 어떠하며, 이를 바탕으로 한 이상적 정체는 무엇인가에 관한 것이다. 이러한 문제에 관한 천착이 서양정치사상에 두드러지게 나타난다고 해서, 그것이 "서양"의 문제로만 간주될 일은 아니다. 정치의 본질에 관한 보편적 사유는, 인간은 누구나 나름대로 "좋은 삶"을 추구하며[16] 이 좋은 삶은 불가피하게 정치공동체 안에서 추구되어야 한다는 사실에서 출발한다. 그런데 좋은 삶을 결정하는 "좋음"(the Good)이란 객관적이고 절대적이어야 한다. 좋음이 주관적이고 상대적이라면, 좋음을 추구하는 것과 좋음을 추구하지 않는 것 사이의 차별성이 인정될 수 없기 때문이다.

그렇다면 객관적이고 절대적인 의미의 "좋음"은 어떻게 (어떤 맥락에서) 규정될 수 있는가? 개별 정치공동체는 각기 다른 방식으로 좋음의 의미를 부여하는 경향이 있다. 예컨대 자본주의 국가는 정직한 상거래를 통해 개인의 물질적 이득을 극대화하는 것을 좋은 삶으로 규정한다. 자유주의 국가는 개인에게 각자 정한 삶의 방식을 인정하지만, 공적 영역에서 법을 준수하고, 자유와 평등의 가치를 추구하는 것을 좋은 삶의 기준으로 제시한다. 종교국가는 국가의 명령에 절대적으로 복종함으로써 개인은 종교적 신념을 확인할 수 있고, 아울러 좋은 삶을 성취할 수 있다고 가르친다. 이와 같이 다양한 방식으로 "좋음"이 부과될 수 있다. 그러나 만일 우리가 보다 객관적이고 절대적인 기준으로 좋은 삶을 영위하고자 한다면, 역사적으로 생성되고 소멸되는 정치공동체보다 상위 차원에서 좋음의 정의(定義)를 구해야 할 것이다. 예컨대, 우리는 좋음의 정의(定義)를 세계, 자연, 코스모스, 포괄적 의

....

16 무엇이 좋은 삶인가에 대해서 견해차가 있을 수 있지만, 누구나 나름대로 좋은 삶을 바란다는 것, 좋은 삶을 추구한다는 것을 부정할 수 있을까? 아리스토텔레스와 칸트에 따르면, 인간은 누구나 좋은 삶을 "추구해야" 한다. 절대적 의미의 좋은 삶을 부정하는 니체조차 좋은 삶에 대한 지배적인 권위에 도전하고 "자기 자신의 삶"으로 돌아오는 것을 좋은 삶으로 규정한다.

미의 "전체"(The Whole) 혹은 시공적으로 처음과 끝을 모두 관할할 수 있는 "신(神)"에서 찾기를 바란다. 세계, 자연, 코스모스, 신의 카테고리들은 모두 정치공동체보다 훨씬 상위에 존재하는 것들이다.

이처럼 우리는 "좋음"을 규정함에 있어서 되도록 절대적이며 무한한 카테고리를 선호한다. 문제는 우리의 삶은 유한하고, 개별적이며 구체적이라는 데 있다. 절대적이고 무한한 카테고리를 지향하는 좋음과, 유한하고 개별적인 삶은 어떻게 결합될 수 있는가? 정치사상은 그 결합의 지점을 다름 아닌 정치공동체로 설정하고 있다. 좋음의 규정을 바탕으로 정치공동체가 출현해야 하고, 이러한 정치공동체를 토대로 개개인의 좋은 삶이 영위되어야 한다는 것이다. 이것을 모두 만족시키는 가장 이상적인 이론은 무엇인지(무엇이 과연 좋은 삶에 부합하는 정체인가?), 또 이러한 이상적인 이론을 현실적으로 실현하고자 할 때 불거지는 정치철학적 문제(예컨대, 이상적 이론을 바로 이해하지 못하는 대부분의 구성원들에게 어떻게 설득시키고, 만일 설득이 안 되면 어느 수준에서 타협할 것인지)를 어떻게 해결할 것인지를 제시하는 것이 관조적(철학적) 지혜에 해당한다.

이러한 관조적/철학적 지혜를 추구하는 정치사상은 서양에 기원을 두고 있지만(동양사상에도 이러한 정치사상의 기원이 존재할지 모르지만, 필자가 과문한 탓에 아직 확인하지 못했다), 더 이상 특정 시대, 특정 지역의 정치사상으로 치부할 수 없다. 이러한 정치사상에 시대의 구분이나, 문명의 구분은 무의미하나. 시간적 차이나 공간적 구분보다, "공동체 안에서의 좋은 삶의 추구"라는 "보편적 문제"에 얼마나 깊이 있게 관여했는가가 관건이다. 공동체 안에서 좋은 삶을 추구하는 것이 하나의 심각한 "문제"가 될 수밖에 없는 이유는, 앞서 언급한 바와 같이 좋음의 추구가 철학이라는 절대적인 영역에 놓여 있는 반면, 삶은 구체적이고 상대적인 정치의 영역에 놓여 있기 때문이다. 관조적/철학적 지혜를 추구하는 과정에서, 철학과 정치의 근본적인 갈등은 정도의 차이는 있을지 모르지만, 어느 시대 어디에서나 나타날 수 있는 보편적인 문제이다(ex. 아테네를 초월하는 보편적인 좋은 삶을 촉구하다가 결국 아테네인들에 의해 사형당한 소크라테스). 이러한 보편적인 문제는 철학자의 은둔, 혹은 철학의 기만(ex. 철학적 지혜의 추구가 정치와 마찰하지 않는 것처럼 보이게 했던 아리스토텔레스)으로 가려지기도 하고, 종교와 정치가 결합하여 철학을 핍박함으로써 정치와 철학의 갈등을 억누르기도 한다(ex. 중세의 이슬람 종교가 국가권력과 결탁하여 철학을 억압하는 사례). 또한 철학과 종교의 결합으로 철학이 정치를 굴복시키기도 하고(ex. 중세 기독교), 정치와 철학이 서로 무시하고 배제함으로써 갈등이 봉합된 것처럼 착각을 일으키기도 한다(ex. 자유주의의 관용의 원칙, 이 경우 정치도 철학도 진정한 의미를 지녔다고 볼 수 없다!).

따라서 관조적/철학적 지혜를 추구하는 정치사상은 정치와 철학의 갈등을 중심으로 시대와 장소를 초월한 보편적 문제에 직면해 있다. 예컨대, 정치와 신학의 갈등, 철학자에 대한 종교적, 정치적 핍박 문제, 정치공동체에서 철학의 역할, 특히 정치공동체에서 근본적으로 심판관 역할을 할 사람이 없음을 전제할 때, 사회의 객관적 기준을 제공하는 역할과 정치적 삶과는 한 발 물러서 있는 철학적 사유 활동 사이의 희생 등이 문제의 내용이 될 수 있다. 물론 이런 문제들에 대한 정치사상적 해결방식은 시대와 장소에 따라 다소 차이를 보인다. 이슬람권은 신권정치를 통해서, 기독교권은 근대적 해결과 고대적 해결에 차이를 보인다. 그러나 이러한 역사적 변형에도 불구하고, 이러한 정치사상이 직면하고 있는 "정치적 문제"가 기본적으로 시대와 장소를 초월하는 보편적인 문제라는 점은 결코 부인할 수 없다. 이 영역에서 "우리"와 "그들"의 문제가 따로 있을 수 없다. 좋은 삶을 둘러싼, 인간본성과 정치의 본질에 대한 이해는 근본적으로 보편적인 문제이기 때문이다.

오늘날 우리는 서양정치사상 연구의 궁극적 목적을 어떻게 설정하고 있는가? 서양의 전통에 비해 상대적으로 관조적(철학적) 지혜보다는 의당 실천적 지혜나, 정책적 지혜를 연구의 목적으로 설정하는 경향이 있다. 그런데 이러한 사실은 한국을 포함한 동양의 역사적 경험과 무관하지 않은 듯하다.

한국을 포함한 동양권에는 서구 국가로부터의 강탈, 편입, 추격의 역사가 진하게 용해되어 있다. 따라서 서구 국가와 서양 정치권력의 토대라고 할 수 있는 서양정치사상 연구를 통해서, 이들 세력에 적절히 대응할 수 있는 정책적/실무적 지혜를 취득하는 것을 정치사상 연구의 목적으로 삼는 것은 자연스런 일이다. 서양정치사상 연구가 우리의 정책적/실무적 이해를 도모하기 위한 도구적인 방편으로 간주되는 것이다. 혹은 서양정치사상 연구는 기껏해야 일반화된 이론을 만들기 위한, 실천적 지혜를 얻기 위한 예비적 지식으로 간주되기도 한다. 안타깝게도 정치사상 연구의 가장 '고상한' 목적이라고 할 수 있는, 보편적 사유를 중심으로 한 관조적/철학적 지혜의 추구는 매우 제한적으로 이뤄지고 있다.

IV. 동주의 유산과 우리의 과제

이제 앞선 논의에 기대어 동주에게 서양정치사상이란 어떤 의미가 있었는가라는 애초의 질문으로 되돌아 가보자. 앞서 살펴본 바와 같이 동주의 서양정치사상의 이해는 특수한 역사적 맥락 안에서 이뤄지고 있다. 적어도 표면적으로 동주는 서양정치사상 안에 어떤 보편적 사유, 혹은 절대적 진리가 담겨 있다고 생각하지 않는다. 동주에게 서양정치사상은 철저하게 서양의 특수한 역사적 맥락을 이념적으로 반영한 결과물이다. 동주의 서양정치사상에 대한 이해가 이러하다면, 서양정치사상 연구를 통해서 그가 추구한 지혜는 정책적/실무적 지혜에 국한될 가능성이 크다. 그러나 동주의 서양정치사상 이해에는 특정하기는 어렵지만 얼핏얼핏 실천적 지혜나 관조적/철학적 지혜를 추구한 흔적도 드러난다.

"그것이 그런 것 같지 않다"라는 동주의 언술이 "정책적/실무적 지혜"를 제공하지 못한다는 불만이라고 해석할 수도 있지만, 동주의 의중이 반드시 그런 것이었는가는 좀 더 생각해 볼 여지가 있다. 다시 말해 정치학 혹은 정치사상이 현실적인 정치현상 그리고 현실을 움직이는 정치이념을 주도하는 것은 아니지만, 그렇다고 정치사상 혹은 정치학이 정치의 내용과 본질과 무관하다는 것을 의미하는 것은 아닐 수도 있기 때문이다. 정치학이 정치현상의 가이드 역할만 하는 것이 아니라면, 정치학 혹은 넓은 의미의 정치사상은 그럼 어떤 역할을 해야 하는가? 정치현상의 현실적인 가이드 역할을 넘어 정치의 본질에 관해 정치학과 정치사상이 일정한 견해를 제시해야 한다는 것이 동주의 생각이 아닐까? 만일 이것이 동주의 의도에서 크게 벗어나지 않는다면, 동주의 사유 방식 속에는 정치의 본질에 관한 보편적 사유와 관조적/철학적 지혜의 추구가 어느 정도 자리 잡고 있었다는 것이 무리한 해석은 아닐 것이다.

마지막으로 정치의 본질에 관한 동주의 의중을 살펴보면서 글을 맺고자 한다. 동주 생애의 후반기에 그의 시야에 가장 큰 "문제"로 떠올랐던 것은 소위 과학성을 내세운 정치학이었다. 동주는 정치학의 과학성에 대해 근본적인 회의(懷疑)를 가졌다. 그는 "정치학이 자연과학과 같이 현실에 존재하는 내재적 법칙을 발견하는 것인가? 만약 그렇다면, 정치학은 이런 수준의 법칙을 발견한 바가 있는가?"라고 자문하고, 소위 정치학을 공부하는 이들이 이런 법칙이 존재한다는 희망을 가질 만한 아무런 증거가 보이지 않는다고 답한다. 이에 대한 증거로 동주는 당시로서는 가장 최근에 유행하고 있었던 행태주의(동주는 행위론(behaviorism)이라고 번역한다)가 정치학에서의 과학적 법칙을 찾아내려는 노력을 전개하고 있지만, 그 결과가 성공적이라고는 할 수 없다고 지적한다(이용희 1987, 392).

그러면서 동주는 정치학이 과학적 서술의 대상으로 삼는 것이 자연과학과 같은 객관적 사실뿐 아니라, 주관적 사실, 즉 "감관적 사실과 심리적 사실"이라는 점을 지적한다. 이러한 지적은 사회과학의 목적이 기본적으로 인간 행위에 대한 객관적 서술에 있지만, 인간 행위는 불가피하게 주관적 감성과 판단의 요소를 포함하고 있으므로 무엇을 분석의 대상으로 삼아야 하는가가 사회과학 방법론의 핵심 쟁점에 해당함을 보여준다. 사실 사회과학의 대상에 대한 논의에는 보다 세부적으로는 사회과학의 대상이 객관화된 인간 행위에만 국한될 것인지(인간 행위의 대부분은 객관화되지 못하거나, 실증화되지 않는, 즉 비이성적인 요소들은 포함하니까), 애초에 주관적 가치 판단이 전제되어 있는 인간 행위를 객관화 시키는 것이 가능한 일인지, 인간 행위에 있어서 객관성이 존재한다고 하더라도 그것을 주관적인 가치 판단을 배제할 수 없는 연구자라는 또 다른 행위자가 객관적으로 서술, 분석하는 것이 가능한지 등의 문제가 제기될 수 있다.

흥미로운 것은 동주는 무엇이 사회과학의 대상이 되어야 하는가라는 문제에 대해서는 비교적 문제제기 차원에서 논의를 그치는 반면, 사회과학을 진행하는 연구자의 관점에서 제기되는 방법론적 문제에 대해서는 보다 심도 있게 문제를 분석한다는 것이다(이용희 1987, 394-5). 객관적 사실이라고 하더라도 연구자는 무엇을 연구의 대상으로 할 것이며, 무엇을 소위 사회현상의 이상형과 인과관계로 삼을 것인지를 정해야 한다는 것이다. 뿐만 아니라, 동주는 이러한 사회과학 연구가 결과적으로 사회현상 자체에 영향을 미치게 되어, 사실상 객관적 현상에 대한 연구와 현실 개입을 도모하려는 조언과의 구분이 모호해진다는 입장에서, 정치의 영역에서는 정치학과 정책의 전통적인 구분이 사실상 무의미하다는 것을 지적한다(이용희 1987, 394). 이러한 동주의 지적은 동주의 정치학이 얼마나 실천성을 강조한 정치학인가를 다시 한 번 확인시켜 준다. 그러나 동주가 염두에 두고 있는 사회과학, 정치학, 정치과학에서의 실천성은 책략가에게 마음대로 현실을 좌지우지할 수 있는 자유를 부여하거나 마음대로 현실을 구현할 수 있다는 과장을 허용하는 것이 아니라, 사회과학으로서 객관적인 과학성의 구속을 받을 수밖에 없다는 정치학자로서의 자기검열적 구속을 전제하고 있다.

동주가 경계의 대상으로 삼는 것은 정치학과 정책을 구분하지 않고, 사회현상을 분석하고 또 사회의 변혁에 개입하려는 이들이 아니라, 오히려 마치 정치학이라는 학문이 보편적인 진리를 추구하는 것인 양 착각하여, 정치학이 보편타당성을 빙자하여 어용물이 되거나 반항의 근거가 될 수 있다는 사실을 의식조차 하지 못하는 상태이다. 이런 정도까지 동주는 정치학이 사회과학으로서 갖는 과학성의 한계와 동시에 불가피한 실천성을 강조한 정치학자이자 정치사상가다.

보편적 진리나 가치를 추구하고 있다고 과신이나 자위하는 것이 정치적으로 부정적인 결과를 초래할 수 있다고 경고하는 것은 의의가 있다. 정치학이 보편타당성을 무기로 폭력성을 가질 수 있다는 지적 또한 적절하다. 그러나 동주가 경계의 대상으로 삼고 있는 정치이론은 정치의 본질과 인간 본성에 대한 이해를 목표로 하는 서양정치사상 본래의 양태가 아니다. 동주가 자연과학과 비교하는 대목에서 드러나는 바와 같이, 동주가 경계하고 있는 보편성 주장은, 관조적/철학적 지혜가 아니라 실천적 지혜의 범주에 해당한다.[17] 실천적 지혜가 정책적/실무적 지혜를 압도하려는 시도를 경계하는 동주의 태도는 정당하다. 그러나 실천적 지혜의 유용성을 인정하면서도 그것의 남용을 막을 방법은 관조적/철학적 지혜의 존재를 인정함으로써 가능하다. 관조적/철학적 지혜는 인간본성과 정치공동체의 위상을 인간이 완벽하게 파악하지 못하는 상위의 카테고리에 위치 지워, 보편적 타당성을 강압적으로 주입하는 것이 아니라 실천적 지혜에 대해서도 스스로 회의적(懷疑的) 태도를 견지할 수 있게 한다. 관조적/철학적 지혜의 가능성을 충분히 의식하지 못한 동주에게 실천적 지혜의 보편성을 주장하는 정치학/정치사상은 분명 위험한 것으로 비쳤을 것이다. 이 때문에 동주는 실천적 지혜보다 상위에 존재하는, 정치사상의 가장 고상한 목적에 해당하는 보편적 사유 자체를 무시하는 유산을 남겼다.

동주는 처음부터 끝까지 철저하게 정치가의 입장, 정책적/실무적 지혜의 추구의 입장에서 정치사상을 바라봤다. 이 때문에 정치사상과 실천의 관

....

17 예컨대, 동주는 라스키의 정치학이 대단히 추상적인 이론이면서, 전혀 우리에게 적실성이 없다고 봤다(이용희 1987: 498). 그런데 이런 동주의 비판은 타당하지만, 라스키의 이론이 최고의 지혜를 추구하는 보편적 문제를 탐구한 것이라고 볼 수 없다.

계를 도구적으로 파악할 수밖에 없었다. 그의 정치사상 서술이 정치사회학적이며, 역사주의적인 특징을 갖게 된 것 역시 정치사상을 실천의 도구로 파악한 동주의 사고틀에서 유래한다. 그러나 서양정치사상은 줄곧 사상과 실천에서 사상의 우위를, 관조와 철학의 우위를 변함없이 지탱해 왔다. 실천성을 우선시 했던 동주는 보편적으로 타당한 규범성을 확보하고, 이를 실현하는 과정에서 나타나는 실천적 난점을 해소하는 것을 목적으로 하는 정치사상의 본래의 목적을 경시했다. 이 때문에 서양정치사상이 함유하고 있는 정치사상에서 보편적 사유의 의의, 관조적/철학적 지혜의 가치를 충분히 평가하지 못했다.

그럼에도 불구하고 동주의 정치사상 이해의 가장 큰 의의는 극단적 역사주의의 오류에 빠지지는 않았다는 점이다. 동주가 극단적 역사주의의 오류에 빠지지 않았다는 가장 중요한 증거는 그의 실증주의 비판에서 찾아 볼 수 있다. 사실 역사주의와 실증주의는 동전의 양면이다. 동주가 얼마나 실증주의와 역사주의의 이론적 친화성을 의식하고 있었는지 확인되진 않지만, 동주가 실증주의를 비판하고 있다는 것은 적어도 역사주의가 초래할 수 있는 오류에서 벗어날 수 있는 좋은 기제를 마련한 셈이다. 앞에서 언급하진 않았지만, 동주가 극단적 역사주의에 빠지지 않았던 또 다른 요인은 그의 지적 허영이 긍정적으로 작용했기 때문이다.[18] 동주의 지적 허영이란 남에게 보이기 위한 것이 아니라 자신이 설정해 놓은 높은 학문적 엄밀성에 기초했다. 이러한 남다른 지적 허영을 채우기 위해서 동주는 끊임없이 세계적 수준의 학문적 업적을 탐색했고, 이 과정에서 동주는 서양정치사상의 현재적 유용성만을 따지는 것이 아니라 자연스럽게 서양정치사상이 내재하고 있었던 보편성을 무의식적으로 내재화하는 경험을 했다고 할 수 있다. 다

....

18 연희전문에 입학하기 이전부터 시작된 동주의 남다른 독서편력은 동주와 노재봉 교수가 나눈 대담(처음에 〈서울논평〉에 1974년 9월~11월에 석 달에 걸쳐 게재되었고 나중에 이용희(1987)에 "독서연대기로 돌아보는 젊은 精神의 回憶"이라는 제목으로 재편집됐다(이용희 1987: 473-513).

시 말해, 동주의 열정적인 지적 호기심이 서양정치사상의 이해에 관한 도구적 단계를 뛰어넘게 했고, 서양정치사상 본연의 보편적 사유로서의 관조적/철학적 지혜의 추구를 일정 정도 가능하게 했다는 것이다. 한국적 특수성을 강조하면서도, 남다른 지적 호기심으로 서양정치사상의 보편적 사유 방식을 공유할 수 있었던 동주의 정치사상은 여전히 비슷한 처지에 놓여 있는 후학들에게 소중한 자산이자 강력한 도전이 아닐 수 없다.

참고문헌

김경만. 2015.『글로벌 지식장과 상징폭력: 한국사회과학에 대한 비판적 성찰』. 파주: 문학동네.

강정인. 2004.『서구중심주의를 넘어서』. 서울: 아카넷.

하영선. 2011.『역사 속의 젊은 그들』. 서울: 을유문화사.

박성우. 2015. "플라톤 정치철학 연구에 있어서 비역사주의적 접근과 새로운 플라톤 읽기의 예비적 고찰."『한국정치연구』 24집 1호.

이용희. 1987.『이용희저작집1: 한국과 세계정치』. 서울: 민음사.

Hegel, G.W.F. 1995. *Lectures on the History of Philosophy 3 Vols(v.1 Greek Philosophy to Plato; v. 2 Plato and the Platonists; v.3 Medieval and Modern Philosophy)*. trans. E. S. Haldane. Lincoln: University of Nebraska Press.

Klosko, George. ed. 2011. *The Oxford Handbook of the History of Political Philosophy*. Oxford: Oxford University Press.

Skinner, Quentin. 1979. *The Foundations of Modern Political Thought 2 vols*. Cambridge: Cambridge University Press.

Strauss, Leo. 1959. *What is Political Philosophy and Other Studies*. Chicago: University of Chicago Press.

_____. 1952. *Persecution and Art of Writing*. Chicago: University of Chicago.

_____. 1953. *Natural Right and History*. Chicago: University of Chicago Press.

Strauss, Leo & Joseph Cropsey. 1987. *History of Political Philosophy*. Chicago: University of Chicago Press.

제3장

사대(事大)의 재해석
- 동주의 사대론, 사대주의론을 계기로 -

김봉진(기타큐슈시립대학)

약 50년 전 이용희는 '사대, 사대주의'라는 용어와 그 해석을 둘러싼 혼란을 바로잡는다는 취지로 대담했던 적이 있다. 이를 통해 '사대는 나쁘다'라는 고정관념과 '사대주의, 사대주의적'이란 용어를 문제 삼고 그 속의 오류, 허상 등을 지적했다. 과연 '사대는 나쁘다'란 근대 일본에서 발명된 언설로서 사대의 실상을 곡해한 허상이다. 달리 말해 사대의 본뜻을 벗어난 오류이다. 특히 '사대주의'는 1880년대부터 일본인이 발명해 쓰기 시작한 화제한어(和製漢語)로서 근대 이래의 일본 중심주의, 일본형 근대주의나 오리엔탈리즘과 이에 기초한 오해, 왜곡, 편견을 담고 있다.

먼저 사대의 허상과 실상을 밝힌다. 이와 함께 '사대 vs. 자주(주권)'의 오류를 거론한다. 둘째로 사대의 본뜻을 밝힌다. 이때 사대의 다양한 모습, 성격 등을 살펴보고 또한 '사대 vs. 자주'의 오류를 상세히 검토한다. 셋째로 주권과 위계, 질서의 개념을 재해석한다. 이를 통해 근대적 주권, 원칙의 허구성을 내파한 다음 전통적 주권, 위계의 실상을 해설한다. 그리고 위계와 질서에 관한 통념을 해체하고 '위계 없이 질서 없다'라는 명제를 이끈다. 끝으로 근대주의적 시점을 지양할 '아시아로부터의 시점'의 필요성을 제의한다. 그 필요성은 이용희 역시 인지하고 있었다. 아울러 그는 유교 전통을 함부로 버리지 말고 시대에 걸맞게 개념화, 이론화, 제도화해 나가라는 과제를 던져 주었다.

I. 머리말: 사대론, 사대주의론

약 50년 전 동주(東洲) 이용희(李用熙, 1917-97)와 신일철(申一澈, 1931-2006) 두 선생은 '사대주의와 사대'라는 용어, 개념과 그 해석을 둘러싼 혼란을 바로잡는다는 취지로 대담했던 적이 있다.[1] 그 첫머리에서 신일철은 다음과 같이 문제를 제기한다.

> 사대주의 문제는 지금까지 우리가, 여러 가지로 개념의 혼란을 일으켜 왔고, 또 사실상 우리 한국사 인식 문제와도 깊이 관련되는 문제가 아닌가 생각됩니다. 먼저 통념상(通念上)으로 적지 않은 혼란이 있는 것은, 사대는 무조건 나쁘다는 고정관념도 문제려니와 그 대개념(對槪念)은 자주(自主)다, 그러니까 사대냐 자주냐 하는 너무 단순화한 대개념도 문제이겠습니다. 우리가 역사적으로 사대라는 관념[개념]과 사대주의를 어떻게 이해하고 평가하느냐의 문제는 아직 결착(決着)되지 않은 듯합니다. (136)

위 인용문의 첫 문장은 '사대주의'라는 용어가 '개념 혼란'과 '한국사 인식'의 문제를 일으켜 왔음을 지적한다. 이때 '개념 혼란'이란 '사대주의와 사대라는 용어/개념을 구별 없이 혼동함, 혼용함'을 함의할 수 있다. 단, 둘째 문장을 보면 그것은 '사대 개념의 혼란'을 뜻한다. 달리 말해 사대의 본뜻(原義)이나 실상을 어긋나게 만드는 혼란을 일으켜 왔다. 그 때문에 또한 '통념

....

[1] 「事大主義—그 現代的 解釋을 중심으로—」, 『知性』(1972년 2, 3월호). 이 대담 기록은 이용희 저/노재봉 편(1977)에 실려 있다. 본 논문은 후자를 인용한다. 문장은 필요하면 현대 어법에 맞추어 적절히 수정한다. 인용문 페이지는 숫자만 표기한다. 이하, 같은 요령.

상 혼란'도 있다는 것이다. 이용희의 대답은 이렇다.

'사대'라는 말에서 '줏대가 없다'는 뜻으로 '사대적'이라는 말이 나오고, 또 '사대주의'에서는 사대주의적 인간형, 곧 권력을 상전(上典)으로 우러러보고 따라다니는 하잘것없는 인간의 형으로까지 쓰이지 않습니까. 그것은 그렇다고 하고, 한편 역사학계에서 보면 일제(日帝) 시대에는 한국사의 특징을 사대주의로 보던 총독부 어용(御用)의 일본인 학자들도 있지 않았습니까. 그들의 의도야 명백한 것이 아니겠어요. (137)

먼저 '사대는 나쁘다'라는 고정관념에서 파생된 '사대적, 즉 줏대가 없다'라는 말을 문제 삼는다. 앞의 고정관념은 후술하듯 사대의 본뜻을 벗어난 오류이다. 또한 근대 일본에서 '발명'된 언설로서 사대의 실상을 곡해한 허상, 허구이기도 하다.[2] 이로부터 파생된 '사대적'이란 용어 역시 오류나 허구성을 내포할 수 있다. 사대의 본뜻을 벗어나거나 그 실상을 곡해한 탓이다. 따라서 '사대적'이란 용어를 섣불리 사용하면 안 된다. 혹시라도 사용하고 싶다면 사대의 본뜻에 맞추거나 아니면 납득할 만한 이유를 제시할 필요가 있다. 그러지 않고 습관적으로 무심하게 사용하는 잘못을 범하면 안 된다.

다음으로 '사대주의, 사대주의적'이란 용어를 문제 삼는다. 이들 용어가 '권력을 우러러보고 따라다님', 즉 권력추종의 뜻으로 변형/왜곡되어 쓰인다고 지적한다. 또한 '한국사의 특징을 사대주의로 보던 어용 일본인 학자들도 있었다'고 지적한다. 이런 지적은 비판적 풍자(諷刺)를 담고 있다. 한국인에게는 어용이란 '줏대 없는, 권력추종적' 기질을 뜻하기 때문이다. 이런 기질이 강한 (일본) 사람은 자기 기만(欺瞞)하듯 사대를 곡해하기 쉬울 것이다. 그래서 사대주의와 같은 용어를 발명하거나 쓰기 좋아하는 성향에 빠질 것이다. 이용희의 대답에 화응(和應)하여 신일철은 다음과 같이 말한다.

....

2   여기서 발명이란 '창안(創案), 날조(捏造), 조작(造作)' 등을 함의한다.

'사대'라고 하는 말에 대해 우리가 나쁜 의미로 통념화해서 통용해 왔다기보다는 다만, 일제 관학자(官學者)들이 한국사를 사대주의적 성격을 가졌다고 왜곡하기 위해서 사용한 역사 해석상의 가장 대표적인 개념 규정이었기 때문이 아니었나 하는 생각이 우선 듭니다. 그네들 나름대로 식민지사관적인 관점을 정당화하기 위한 도구로서 사용한 사대주의 위주의 한국사 해석의 틀을, 우리도 별로 반성이나 재검토 없이 답습(踏襲)해 왔다는 것이 지금까지의 통설 중의 대표적인 것 같습니다. (137)

그 취지는 이렇다. '사대는 나쁘다'라는 고정관념을 '우리', 즉 한국인 일반의 통념이라고 볼 수는 없다. 다만 '우리'의 일부가 공유하고 있긴 하다. 그 이유는 일제 관학자들이 식민지사관의 정당화를 위해 왜곡했던 '사대주의 위주의 한국사 해석틀'을 답습해 왔기 때문이다. 이에 대한 반성과 재검토가 필요하다는 것이다. 따라서 '사대주의(적)'이란 용어 역시 섣불리 사용하면 안 된다. 그것이 권력추종의 뜻을 담고 있는 까닭이다.

여기서 미리 검토하고 넘어가야 할 것이 있다. 이용희는 사대주의를 둘로 구별하고 있다는 점이다. 하나는 "나쁜 의미"(139), 즉 '권력추종'이란 뜻의 사대주의이다. 다른 하나는 그런 뜻과 전혀 상관 없는 사대주의이다. 그의 용어를 빌리면 "역사의 문맥에서" 보는 "역사적 가치관"의 사대주의이다(140). 또는 "가치관으로 전개된 '사대의 예(禮)' 혹은 역사적인 사대주의"이다(145). 한마디로 '사대의 예라는 가치관'을 사대주의라고 표현한 것이다. 후자는 전자에 빗댄 것으로서 써도 '좋은 의미'의 사대주의인 셈이다.

이들 전자와 후자는 같은 용어의 사대주의이긴 하나 그 내포된 뜻은 전혀 다르다. 서로 상반되거나 상극하는 뜻이다. 전자는 뒤에서 밝히듯 사대의 본뜻과는 완전히 어긋나는 개념이다. 이와 달리 후자는 사대의 본뜻에 맞는 개념이라고 볼 수 있다. 따라서 (이용희가 그랬듯) 양자의 구별을 표명한 다음 사대주의라는 용어를 쓴다면 허용될 수 있다. 그럴지라도 신중하게 써야한다. 자칫 '개념 혼란'이 끼어들 우려가 있기 때문이 다. 특히 사대주의라는 용어는 본디 변형/왜곡을 담은 채 발명된 것이란 점에서 심각한 문제가 딸려 있기 때문이다.

먼저 지적할 것은 사대주의와 그 유사어는 1880년대 이래—특히 1884년 12월 갑신정변의 실패를 계기로—일본인이 발명해 쓰기 시작한 화제한어(和製漢語)라는 점이다.[3] 더 심각한 것은 그 의도에 있다. 첫째로 당시 조선 내외의 불운한 정치 상황을 폄하(貶下), 왜곡하기 위함이다. 그 시대에 어쩌다 만난 불운의 요인을 제멋대로 발명한 사대주의에 환원시킴으로써 폄하, 왜곡한 것이다. 둘째는 불운의 책임을 조선에게만 돌리기 위함이다. 그 책임이 대부분 근대 일본의 대외 정책과 제국주의(=일제)에 있었음을 감추고자 한 것이다. 그 뒤에는 자기 기만과 책임 전가(轉嫁)가 숨어 있다.

이후 일본은 조선(1392~1910; 1897~1910 대한제국)에게 식민지화라는 불행을 안겨 주었다.[4] 그 불행의 책임 역시 일제에 있다. 그래서 자기 기만과 책임 전가를 도모했다. 이를 위해 한국 역사, 전통을 폄하, 왜곡 대상으로 삼았다.[5] 거기엔 오해, 편견에 바탕을 둔 곡해가 따른다. 그럼에도 그런지조차 모르거나 알면서 모르는 척한다. 어느덧 몸과 마음 속에 침투해 각종 병리

....

3   그 선구자는 후쿠자와 유키치(福澤諭吉, 1835-1901)이다. 그는 자신의 소유인 『時事新報』(1882년 3월 1일에 창간한 일간 신문)의 여러 사설을 통하여 스스로 발명한 '사대주의, 사대당(事大黨)'이란 용어를 퍼뜨려 나간다. 그 첫 사례인 1884년 12월 15일자의 '조선사변(朝鮮事變)'에서 한 곳만 인용해 보자. "[사대당은] 앞다투어 이웃나라에 아첨하고 (중략) 대국 정부를 섬기지 않을 수 없다고 말하면서 이를 사대의 주의라고 칭한다." 이 사설은 다른 한편 '독립당, 독립의 주의'를 대립시켜 논하고 있다. 그러나 이러한 대립 도식은 점차 형해화되어 간다. 즉 사대주의란 '일부 사대당의 속성'이라고 한정되었던 것이 서서히 '조선인 전체의 속성'으로 확대되어 나갔던 것이다.

4   본 논문에서는 조선이나 대한 제국 등 원래의 명칭을 통괄적으로 한국이라 표기하기도 한다.

5   예컨대 '당파성, 정체성(停滯性), 타율성' 등을 한국 역사, 전통의 특성으로 삼고 또 다양한 방법으로 논의했다. 그리하여 식민지 사관을 만들었다. 그 잔재(殘滓)는 오늘날에도 남아 있다. 특히 일본에서는 마치 격세유전(隔世遺傳)을 거듭하듯 때때로 옷을 갈아 입고 출몰한다. '혐한론(嫌韓論)'은 대표적 예이다. 거기에는 변태된 식민지 사관이 짙게 배어 있다. 그리고 병리적인 자기 만족과 타자 혐오가 가득하다. 간혹 납득할 만한 비판이 담겨 있긴 하나 대부분은 가련할 만큼 불건전한 비판이다.

현상을 일으켜 왔다. 이에 대한 (자기) 비판과 성찰이 필요함은 물론이다. 그런데 주의할 것은 비슷한 병리 현상이 한국에도 퍼져 있다는 점이다.

또 지적할 것은 사대주의라는 용어에는 일본의 정치 문화의 일면이 '거울 속 자기' 보듯 투영되어 있다는 점이다. 그 일면이란 일본 전통과 사회 속에 뿌리깊게 퍼져 있는 오카미(お上) 신앙이다.[6] 오카미란 권력, 권력자, 관(官), 국가, 강대국 또는 힘센 것, 큰 것, 웃사람, 상사(上司) 등을 표상한다. 오카미 신앙은 권력추종적 성향에 다름 아니다.[7] 이를테면 일본형 사대주의인 셈이다. 그렇다면 왜 일본에서 사대주의라는 용어가 발명, 사용되었는지 그 까닭을 이해할 수 있을 것이다.

이해를 돕기 위해 기존의 '거울 이론'의 변형 이론을 이끌어 보자.[8] '타자를 자기에게 투영함'과 동시에 '자기를 타자에게 투영하는' 이중 거울에 입각한 이론이다. 그 초점은 후자의 행위와 성향에 있다. 그런 행위와 성향에는 아마 복잡한 심리나 병리가 딸려 있을 것이다. 예컨대 자기 기만, 책임 전가를 비롯하여 자기 풍자, 혐오를 들 수 있다. 거기엔 독선, 위선과 함께 본말 전도(顚倒)가 따른다. 또한 자기 모순, 궤변(詭辯), 논리 바꿔치기 등도 수반될 것이다. 사대주의란 그런 '거울 속 자기'의 하나인 셈이다.

나아가 사대주의에는 근대 이래의 일본중심주의, 일본형 근대주의나 오

....

6   오카미의 본뜻은 ① 천황, 조정 ② 주군(主君), 주인, 그 아내 ③ 신민(臣民)에 대한 정부, 관청 등 이다.

7   그 쉬운 예의 하나로 현대 일본 보수의 대미(對美) 추종주의나 그 성향을 들 수 있다.

8   '거울 이론'으로 유명한 것은 쿨리(Charles H. Cooley, 1864-1927)의 '거울 자아(looking-glass self)' 이론이다. 거울 자아란 타자가 자기를 어떻게 보는가를 지각, 성찰하면서 형성된 자기 이미지를 가리킨다. 이를 발전시킨 것이 미드(George H. Mead, 1863-1931)의 '자아 이론'이다. 그에 따르면 자아 형성 과정은 주체인 나(I)와 객체인 나(me) 사이의 변증법을 통해 이루어진다. 그 과정에는 타자와 '의미 있는 타자(significant others)'가 개입한다. 이를 통해 자기는 '일반화된 타자(generalized other)'가 된 채 '사회적 자기(the social self)와 자기정체성(self-identity)'을 형성한다는 것이다. 한편 라캉(Jacques Lacan, 1901-81)의 '거울 단계 이론(the mirror stage theory)'도 있다. 이들 이론은 '타자를 자기에게 투영함'에 쏠려 있다. 그러나 한 걸음 나아가 '자기를 타자에게 투영함'의 거울 이론도 이끌 수 있을 것이다.

리엔탈리즘과 이에 기초한 오해, 왜곡, 편견이 담겨 있다. 주의를 환기하면 일본은 고대, 중세의 일부 시기를 예외로 치면 중화권의 예적 질서나 책봉 (册封)-조공(朝貢) 체제(약칭, 조공 체제)에 참가하고 있지 않았다.[9] 그 참가 조차 짧고 엉성하며 불안정했다. 그래서 중화권 밖의 멀리 떨어진 지역, 즉 절역(絶域) 내지 이적(夷狄)의 나라로 여겨졌다.[10] 따라서 사대 경험이 거의 없다. 그런 만큼 사대의 본뜻, 실상에 어긋난 편견, 곡해에 빠지기 쉬우리라. 이런 성향이 '근대'를 만나자 이에 편승하여 활보해 나갔다.[11] 그리고 다종다 양한 허상을 발명해 나갔다. 사대의 진정성(authenticity)을 변형/왜곡한 '사 대주의'는 그 하나에 속한다.

II. 사대의 허상과 실상

앞서 인용한 대담 첫머리의 일부를 거듭 이끌어 본다. "먼저 통념상으 로 적지 않은 혼란이 있는 것은, 사대는 무조건 나쁘다는 고정관념도 문제 려니와 그 대개념은 자주다, 그러니까 사대냐 자주냐 하는 너무 단순화한 대개념도 문제이겠습니다"라는 부분이다. 여기서 신일철은 '사대 개념의 혼 란'에서 비롯된 두 가지 문제를 제기한다. '사대는 나쁘다'라는 고정관념과 '사대와 자주는 대개념'이라는 단순화가 그것이다. 이들 문제를 비판적으로

....

9 이를 두고 일본은 '자주적, 독립적'이었던 반면 중화권의 나라들은 '비자주, 종속적'이었다는 언 설이 뿌리 깊게 퍼져 있다. 이는 근대 이후에 발명된 언설일 것이나 심각한 편견, 곡해를 담고 있 다.

10 일본(인)에게도 중화란 '뛰어남, 좋음' 또는 '중화'를 자칭할 만큼 '부러움'의 상징이었다. 그러나 중화권 밖에 있었던 일본의 현실은 비틀린 성향을 키우는 온상이 되기도 했다. 이를테면 중화를 이솝 우화 속 '여우의 신포도'처럼 부럽지만 탓하거나 멸시하고픈 대상으로 만드는 성향이다. 이 런 성향은 편견, 곡해의 온상이 될 수 있다.

11 여기서 '근대'란 서양 근대(문명)의 '부(負)'를 상징한다. 그것은 제국주의(식민지주의), 서양중 심주의, 근대주의, 오리엔탈리즘 등을 포함한다.

검토해 보자.

먼저 '사대는 나쁘다'란 고정관념이기 앞서 이미 지적했듯 오류이자 허상이다. 이는 근대 일본에서 사대주의라는 용어와 함께 발명된 것이다. 거기엔 일본중심주의, 일본형 근대주의, 오리엔탈리즘과 이에 따른 왜곡, 편견이 담겨 있다. 이렇듯 곡해된 허상이 근대 이래 지금껏 일본 사회에 퍼져 나간 것이다. 동시에 허상임을 은폐하고 기만한 채 왜곡, 편견이 담긴 고정관념을 생산해 온 것이다. 이에 대한 비판과 반성이 필요하나 여전히 요원하다. 그런데 문제는 일본에만 머물러 있지 않다.

이 같은 고정관념이 식민지 시대 이래 한국에도 수입되어 퍼져 나간 것이다. 그것이 허상임을 모르는 채 말이다. 그 이유는 무엇보다 식민지 상황에서 사육(飼育)된 탓이다. 또한 한국인 스스로 만든 탓도 있다. 식민지화는 한국인에게는 망국이자 굴욕에 다름 아니다. 그래서 망국의 한(恨)을 새기고 굴욕의 역사를 탓한다. 그 화살은 외부의 일제를 향해 있다. 그러나 다른 한편 내부 예컨대 자국 역사나 전통을 향하기도 한다. 이때 문제가 생긴다. 문제를 언급하기 앞서 주의를 환기할 것이 있다. 모든 나라의 역사, 전통은 '정(正), 부(負)' 양면을 지닌다는 사실이다. 한국의 그것 역시 마찬가지이다.

문제는 한국인의 한이나 탓함이 자국 역사나 전통의 '정, 부' 어느 쪽을 향해 있는가에 있다. 그것이 '부'를 향해 있고 또 올바른 자기 비판으로 이어진다면 별 문제 없을 것이다. 하지만 '정'을 향한 채 잘못되거나 어긋난 자기 비판으로 이어지면 문제가 생긴다. 거기에 곡해와 왜곡, 편견이 끼어들 수 있기 때문이다. 이와 함께 한국형 근대주의, 오리엔탈리즘이 끼어들면 문제는 커질 것이다. '근대의 주박(呪縛, 홀림과 묶임)'이라는 문제가 더해지기 때문이다.[12]

....

12 '근대의 주박'이란 근대의 '부'에 홀린 채 묶여 있음을 뜻한다. 그 주박의 구성요소는 서양 중심적 근대주의, 오리엔탈리즘, 식민지주의, 그리고 민족주의의 '부'의 측면인 자기/자국 중심주의 등이다. '근대의 주박'과 그 초극(超克)에 관해서는 金鳳珍(2009년 4월), 제2절 참조.

이렇듯 문제의 뿌리는 깊고도 심각하다. 게다가 문제를 혼란시키는 것이 있다. 식민지 상황을 극복하려 했던 사람들 특히 항일 투사의 일부가 특히 민족사학을 제창하는 과정에서 '사대는 나쁘다'라는 허상의 확산을 주도하기도 했다는 사실이다. 그 대표적 사례가 단재(丹齋) 신채호(1880-1936)의 민족사학이다. 이용희는 "민족사학은 비록 외형적으로는 국수적(國粹的)이고 한국사의 민족적인 고유 성격을 모색해서 크게 사회에 영향을 주었지만, 그 발상은 근대 유럽의 내셔널리즘"이라면서 이렇게 비평한다.

> 이러한 각도에서 한국사를 다시 보고, 우리를 다시 보려고 한 점은 그 역사적 의의가 큰 것이죠. 그러나 동시에 민족사학의 한계도 여기에 있는 게 아니겠어요? 더구나 그분들의 사대주의[사대]에 대한 해석은 그야말로 근대 유럽적이어서, 이 대담 서두에 전제한 대로 어감이 나쁜, 고약한 권력에 아첨하는 타력의존의 뜻인 것은 말할 것도 없죠. (183)

이 비평의 요점은 이렇다. 민족사학은 내셔널리즘과 서양중심적 근대주의에 기인한다. 이로부터 민족사학의 한계도 생긴다. 게다가 그 한계는 민족사학의 저항 대상이어야 할 식민사학의 일본중심적 근대주의의 오해나 왜곡을 공유하거나 수용하는 역설적인 자기 모순에 빠지기도 한다. 이러한 문제점의 일례가 사대주의(사대)의 진정성을 왜곡한 해석, 즉 '사대는 나쁘다'라는 허상이다. 그 문제점을 다음과 같이 풀어 볼 수도 있다.

망국의 한은 적개심과 타자 비판을 키운다. 그러나 동시에 자책심과 자기 비판도 키운다. 다른 한편 자존 의식과 자국중심주의도 키운다. 이에 따라 이원(二元) 사고 특히 이항대립(dichotomy) 사고 내지 대립 성향이 커진다.[13] 그리하여 비판 대상을 찾는다. 그 대상은 자기 안에도 있다. 이때 망국

....

13 그렇게 된 주된 요인은 '근대의 주박'에 있다고 본다. 그 구성 요소의 하나인 근대주의의 바탕에는 이원 사고와 이항대립 사고가 짙게 깔려 있다.

의 한에 의한 자기 비판이 지나치거나 단순화되면 자기 안의 대상을 그르칠 수 있다. 실제로 그르친 대상의 하나가 사대(주의)이다. '사대가 자주 독립을 잃게 했다. 따라서 나쁘다'라는 어긋난 비판의 허상에 빠져든 것이다. 이는 망국의 한이 허상에 빠진 채 실상을 가린 예의 하나이다.

'사대는 나쁘다'라는 허상은 두 번째 문제인 '사대와 자주는 대개념'이라는 단순화와 연관된다. 이때 대개념이란 대립 개념(opposite concepts) 내지 반대어(opposites)를 뜻한다. 따라서 '사대와 자주는 대개념'의 뜻은 '사대 vs. 자주: 서로 대립한다'라는 것이다. 이것을 신일철은 단순화의 문제로 본다. 그러나 문제 이전 오류이다. 앞으로 밝히겠지만 개념의 혼란을 담고 있는 오류이다. 이용희는 다음과 같이 대답한다.

> 사대와 자주를 대립시키는 것은 아예, 사대는 타력의존(他力依存)의 나쁜 것으로 규정하고 그에 대하여 자주 독립이다, 하는 식의 발상인데……, 우리가 이제까지 취급한 사대의 명분은 그러한 대치(對峙)를 무의미하게 하는, 말하자면 전연 다른 카테고리의 얘기죠. (중략) 사대와 자주라는 대립을 생각하는 것은 의미가 없죠. (181-182)

사대와 자주는 대치(대립)하기는 커녕 양립한다.[14] 오히려 짝을 이룬다. 그런 뜻에서 짝개념(das Begriffspaar, a pair of concepts) 내지 상관 개념에 해당한다.[15] 이들 양자의 관계 속에서는 '자주 없이 사대 없고, 사대 없이 자주 없다'라는 명제가 성립한다. 이때 사대란 동아시아 지역사를 넘어서 동서양 역사 일반으로 보편화시킨 개념임을 미리 말해 둔다. 그 일반화, 보편

....

14   이와 관련하여 '존화(尊華)/모화(慕華)와 자존/소중화'나 그 의식도 양립한다. 주의를 환기하면 존화, 모화의 화란 중국, 나라만을 뜻하지 않는다. 오히려 중화 문명, 유교 문화나 도덕을 뜻한다. 한편 소중화란 작은 중화만 아니라 '중화 문명, 유교 문화나 도덕의 맥, 정통을 갖고 있음'을 뜻한다.

15   사대의 참된 짝개념 내지 상관 개념은 사소(事小)이다.

화의 오류를 무릅쓰고 시야를 넓힐 필요가 있다고 보기 때문이다.

우선 '사대 없이 자주 없다'라는 명제부터 살펴보자. 현실에는 상대적인 소국과 대국이 존재한다. 이들 국가가 서로 관계를 맺는 한 그 관계 안의 소국은 어떤 형식이든 어느 정도든 대국을 섬긴다. 즉 모든 소국은 일반적 내지 보편적으로 각종 사대 관계를 맺는다. 그 목적이나 이유는 다양할 것이다. 단, 최상의 목적은 자주를 지키기 위함이다. 궁극의 이유는 사대 없이 자주 없기 때문이다. 그래서 사대는 동서양을 막론하고 보편적으로 존재한다. 그 형식, 정도가 다를 뿐이다. 그런 뜻에서 사대란 인류 역사 일반의 보편 개념에 속한다. 그렇다면 물어야 할 것은 '사대인가 아닌가'라는 문제가 아니다. '어떤 (유형의) 사대인가'를 물어야 한다.

하긴 사대하지 않는 소국이 있을 수 있다. 하지만 그런 소국은 스스로 대국이 되거나 다른 대국을 섬기지 않는 한 언젠가는 자주를 잃고 사라질 것이다. 그것이 인류 역사의 보편적이자 엄연한 현실 아닌가! 예컨대 동아시아 역사를 훑어 보라. 사대 없이 자주를 지켜낸 나라(왕조)가 언제, 어디, 얼마나 있었던가! 하긴 때때로 예외가 있었다. 대표적 예가 중화권 밖의 이적(夷狄) 나라들이다. 그 가운데 중국 등 다른 나라와 사대/사소가 아니라 '적대(敵對)' 관계를 맺은 나라도 있었다. 중국에 진입해 왕조를 세운 나라도 있었다. 그러나 거의 모두 중국 역사 속으로 사라졌다.[16] 자주는 커녕 나라가 없어졌다.[17] 그런 뜻에서 사대는 중화권 안이든 밖이든 소국의 자주를 지키는 도, 예(禮)이자 방편, 전략이었다.

다음으로 '자주 없이 사대 없다'라는 명제를 살펴보자. 이는 소국의 군

....

16 일본은 거의 유일한 예외인 셈인 나라이다. 그 주된 이유는 전술했듯 중화권 밖의 절역에서 일종의 탈아 상태에 있었기 때문이라고 말할 수 있다.

17 이용희는 대담 끝부분에서 한국이 "이렇게 변두리의 번국(藩國)으로 남았다는 것이 실은 오늘 보면 민족사가 형성될 수 있는 근거인지 모르죠. 아이러닉하지만…… 선진(先秦)의 초(楚) 나라, 오(吳)·월(越)은 물론이요, 요(遼)·금(金)·원(元)·청(淸)에 이르기까지 방대한 중국을 지배하면서 역으로 자기의 고유성, 자기의 역사는 잃게 되고 중국 역사로만 남게 되었죠"(186-187)라고 말한다.

주(sovereign)나 존재 이유(raison d'être)가 없다면 사대 역시 없다는 뜻이다. 이때 군주란 주권자로서 곧 '자주＝주권(sovereignty)'을 표상한다.[18] 존재 이유란 '내치/외교 자주'의 원리(원칙)를 표상한다. 이때 어느 정도의 자주인가 또는 어떤 형태의 주권을 얼마나 보유하고 있는가라는 문제가 생긴다. 이는 주권 개념을 어떻게 해석하는가라는 문제와 연관된다. 이들 문제는 앞으로 서서히 풀어 나갈 것이다. 미리 말하면 서양 근대의 발명인 '근대적 주권'만 주권이라는 근대주의적 시점을 버린다. 그 대신 어떤 군주/국가이든 그 나름의 주권을 보유한다는 보편주의적 시점을 취한다.

소국 없이 '소국의 대국 섬기기＝사대'는 없다. 소국은 자국 군주와 자주＝주권을 보유한다. 따라서 '소국의 자주＝주권 없이 사대 없다'라는 명제가 성립한다. 이는 동서양 어디서나 언제나 적용되는 보편 명제이다. 이에 동아시아 전통 지역 질서의 소국을 대입해도 좋다. 근대 이전 동아시아 국가들은 각각 고유한(endemic) 주권을 보유하고 있었다. 그 주권은 대소 국가 간 위계(位階, hierarchy)를 구성하는 '조직 원리(organizing principle)'의 하나였다.[19] 또는 중화권의 예적 질서나 조공 체제를 구성하는 원리/원칙의 하나였다. 이를 '전통적 주권'이라고 표기하기로 한다.

전통적 주권과 근대적 주권은 각각 원칙이 다르다. 전자는 불평등, 후자는 평등을 원칙으로 삼는다. 원칙이 다르면 서로 대립할 수 있다. 단, 그 대립이란 '원칙 간의 대립'이지 '주권 자체의 대립'은 아니다. 여기서 미리 주의할 것이 있다. 근대적 주권의 평등이란 원칙일 뿐 실은 허구라는 점이다. 즉 근대적 주권도 현실적으로는 불평등하다. 따라서 전통적 주권과 근대적 주권은 현실에서는 양립할 수 있다. 이때 전통적 주권에 그 원칙인 사대/사소를 대입해도 좋다. 따라서 사대/사소와 근대적 주권은 양립할 수 있다.

....

18 후술하나 '자주, 자주지권, 주권'은 모두 'sovereignty'의 한역어이다. 즉 주권은 자주지권의 준말이다. 따라서 자주와 주권은 본디 같은 뜻이다.
19 '주권의 조직 원리'에 관해서는 Reus-Smit (1999) 특히 Chapter 2 참조.

실제로 근대 국제법은 양립한다고 해석한다. 예컨대 근대 국제법의 첫 한역서인 『만국공법(萬國公法)』(전 4권, 同治3[1864]년; 약칭 『공법』)의 해석을 보자.[20] 그 권1 제2장의 제목은 「논방국자치자주지권(論邦國自治自主之權 Nations and Sovereign States)」이다(14-a). 'Sovereign'을 '자치자주'라고 한역한 것이다. 같은 장 제5절은 'sovereignty'를 '주권'이라 한역한다(15-b). 제13절에는 '반주지국(半主之國, semi-sovereign or dependent States)'의 한 예로 '번속(藩屬, vassal State)'이 나온다(24-b). 번속, 즉 가신국(家臣國), 부용국(附庸國)을 '반주권, 종속' 국가로 분류한 것이다. 제14절은 '진공지국병번방(進貢之国並藩邦, Tributary States, and having a feudal relations)'을 '자립자주지권(自立自主之權, the sovereignty and independence)' 국가로 분류한다(25-a).[21]

이렇듯 『공법』은 'sovereign, sovereignty'를 '자주, 주권, 자주지권' 등으로 한역한다. 여기서 주목할 것이 있다. 『공법』은 'independence'를 '자립'이라 한역한다는 점이다. 이와 달리 근대 일본에서는 '독립'이라는 화제한어(和製漢語)로 번역한다. 이에 얽힌 번역의 문제는 후술하기로 한다(제3절).

번속과 진공지국(번방)은 중국의 책봉-조공국(약칭, 조공국)을 가리킨다. 또는 중국에 사대하는 나라를 가리킨다. 이들 양자는 각각 주권을 보유한다고 『공법』은 해석한다. 단, 주권의 자립도는 다르다. 번속은 자립도가

....

20 미국인 선교사 마틴(William Martin, 丁韙良, 1827-1916)은1862년에 휘튼(Henry Wheaton, 1785-1848)의 *Elements of International Law*를 한역하기 시작했다. 그후 총리각국사무아문(總理各國事務衙門, 1861년 설치; 약칭, 총서[總署])의 지원을 얻어 『만국공법』을 출판한 것이 1864년의 일이다. 이듬해 1865년에 그는 통서 산하의 동문관(同文館) 영문 교습에 임명된다. 이후 수십년을 교육에 종사하는 한편 『성초지장(星軺指掌)』(1876), 『공법편람(公法便覽)』(1877), 『공법회통(公法會通)』(1880) 등 한역에도 종사했다. 그 상세는 佐藤慎一(1996) 제1장 제2절, 傅德元(2013). 『만국공법』은 京都崇實館 存板(1864), 휘튼의 원저는 1866 Edition of Richard Henry Dana, Jr.를 이용한다.

21 제14절의 제목은 「進貢藩屬所存主権」으로 되어 있으나 그 '번속'은 '번방'의 오자(誤字)이다.

낮고, 진공지국은 자립도가 높다는 것이 다. 그래도 양자가 주권을 보유함은 같다. 달리 말해 책봉-조공국 내지 사대하는 나라는 주권을 보유한다. 이렇듯 『공법』은 전통적 주권의 존재를 인정하고 그것을 근대적 주권과 양립시킨다. 즉 '사대와 근대적 주권은 양립한다'고 해석한 셈이다.

그렇다면 실제는 어땠을까? 동아시아 근대사를 보면 조공 체제와 근대 국제 체제(=조약 체제)가 한동안 병존하고 있었음을 알 수 있다. 그 동안 사대와 근대적 자주는 양립하고 있었던 셈이다. 사대 관계 특히 조선과 청국의 그것은 청일전쟁(1894-95)에 이르기까지 지속되었다. 그러나 그 병존/양립은 불안정했다. 무엇보다 제국주의 열강이 경쟁적으로 사대-조공국들의 자주를 침탈해 나갔기 때문이다. 이에 대항하여 청국은 1880년대부터 '조선=속국, 속방(屬邦)'의 비호(庇護)를 내걸고 양국 간의 조공 관계를 '근대적으로' 개편해 나갔다.[22] 이 과정에서 조선의 전통적 자주가 침해되고 사대는 변질된다. 그리하여 '변질'된 사대와 조선의 근대적 자주가 '대립'하는 현상이 발생했던 것이다.

단, 주의할 것은 조선의 근대적 자주와 '대립'했던 것은 사대 자체가 아니라 그 '변질'이라는 사실이다. 게다가 그 변질과 대립을 발생시킨 근본 원인은 제국주의였다. 그리고 열강과 청국 간의 세력 경쟁이었다. 아무튼 '사대의 변질 vs. 근대적 자주'의 대립 도식은 성립한다고 보아도 좋다. 실제로 '대립'하는 현상이 발생했던 까닭이다. 그러나 '사대 vs. 근대적 자주'의 대립 도식은 성립한다고 볼 수 없다.

가령 '사대 vs. 근대적 자주'라면, 전자의 타파란 후자의 확립을 뜻할 것이다. 논리상 서로 대립하던 한쪽이 타파되면 다른 쪽은 확립될 것이기 때문이다. 그런데 그리되지 않았다. 역설이라고나 할까? 사대 타파 이후 조선은 근대적 자주를 확립하기는 커녕 침탈의 위험에 빠졌고 결국 약 10년 뒤

....

22 이를 위해 청국은 1860년대부터 발명하기 시작했던 '조선=속국, 속방 자주'론을 재편하여 표방한다. 거기에 얽힌 문제에 관해서는 金鳳珍(2018), 「朝鮮=屬國, 屬邦」論考'(근간) 참조.

에 상실했다. 그 원인은 이미 사라진 사대일 수 없다.[23] 일본 제국주의(약칭, 일제)임은 명백하다. 그것은 일제에게는 불편한 진실로서 어떻게든 기만하고 싶은 사실이었다. 방법은 무엇이든 좋다. 책임 전가는 그 하나이다. 대상 역시 무엇이든 좋다. 사대는 그 하나일 뿐이다. 그래서 '사대가 자주를 잃게 했다'라는 곡해나 '사대 vs. 자주'라는 오류와 더불어 사대주의론을 발명하여 퍼뜨린 것이다.

사대는 대소 국가 간 관계를 규율하는 원리 내지 원칙의 하나였다. 어떤 원리/원칙이든 현실과의 어긋남을 수반한다. 더욱이 잘못 변질되면 현실의 무엇이든 침해한다. 사대의 변질과 이로 인한 자주 침해는 하나의 예일 뿐이다. 다른 예로 서양 근대의 주권 평등의 원칙을 들어 보자. 이 또한 잘못 변질되면 자주를 침해하긴 마찬가지일 것이다. 실제로는 약소국의 자주를 보증하기는 커녕 오히려 자주 침해, 침탈을 방임하기 일쑤였다. 이런 역사를 근대주의의 색안경을 벗고 직시할 필요가 있다. 그럼에도 주권 평등의 원칙을 맹신한 채 사대만 비난한다면 그야말로 '나쁜 의미'의 사대주의 아닐까?

III. 사대의 본뜻

이제 사대의 본뜻을 밝혀 보자. 그러면 '사대 vs. 자주'의 오류가 더 명백해진다. 전술했듯(주 15) 사대의 진정한 짝개념은 사소이다. '사대 없이 사소 없고, 사소 없이 사대 없다.' 둘은 상관되어 상응, 조화한다. 서로 불즉불리(不卽不離)의 상보(相補) 내지 차연(差延) 관계에 있다. 달리 말해 '일이이(一而二) 이이일(二而一), 불일불이(不一不二)' 관계를 구성한다. 상호의존적이자 횡단매개적(transversal)이다. 그 사이를 매개하는 것이 예(禮)라는 개

....
23   사대의 '변질'은 간접적이긴 하나 조선의 자주 상실을 초래한 원인이 될 수 있다. 그런 뜻에서 사대는 '자주 상실'에 대한 일정 정도의 책임을 면할 수 없다고 말해도 좋을지 모른다.

넘이다. 예란 도덕적 질서를 규율하는 원리, 법칙, 법도(法度)를 뜻한다. 이로써 사대-사소-예라는 삼원 구조가 성립한다. 서로 상보 관계에 있다. 이 관계를 이해하거나 해석하려면 이원 사고를 포함하면서 지양하는 삼원 사고와 그 논리가 필요하다.[24]

'사대 없이 사소 없다'와 '사대 없이 자주 없다'의 두 언설은 상통한다. 앞서 밝혔듯 사대와 자주는 병립한다. 사대와 사소 역시 마찬가지다. 한쪽 없으면 다른 쪽도 없다. 사대와 사소는 상관적으로 보아야 한다. 또한 둘과 상관된 예의 차원까지 보아야 한다.

사대란 문자 그대로 '큰 것 내지 큰 나라를 섬김(事)'이란 뜻이다.[25] 일반적으로 '큰 것'은 양적으로 '크고 힘센 것, 많은 것'이나 질적으로 '우월한 능력, 소질 있음'을 뜻한다. 이러한 큰 것을 섬기는 사대 행위는 인간 세계의 언제나 어디서나 볼 수 있는 현상이다. 사대란 인류의 보편 개념인 셈이다.[26] 그런데 유교의 원리, 규범인 사대는 또 다른 조건을 큰 것에게 요구한다. 먼저 '큰 것다운 덕목을 갖춤'이다. 쉽게 말해 '큰 것다운 품격, 자격'을 요구한다. 다음으로 '작은 것(나라)을 섬김'이다. 즉 사소할 것을 요구한다. 사소(의 예)를 제대로 하지 않는 (대국답지 않은) 대국은 소국의 비판이나 사대 폐기를 포함한 저항을 받는다. 이처럼 상호의존적이자 횡단매개적인 조건을 충족할 때 진정한 사대가 성립한다. 이것이 사대의 본뜻이다.

사대라는 용어는 『주례(周禮)』 『춘추좌전(春秋左傳)』 『맹자』 등 유교 경전(經典)의 곳곳에 나온다. 먼저 『주례』 하관(夏官) 형방씨(形方氏)를 보면 "소국은 대국을 섬기고 대국은 소국을 나란히 한다(小國事大國, 大國比小國)" 라고 한다. 여기서 '비(比): 나란히 함'은 정현(鄭玄, 127-200)의 주에 의하면

....

24 삼원 사고에 관해서는 김상일 등 공저(2009)의 졸고 참조.
25 영어로는 'serving the big' 또는 'respecting the superior'로 번역된다. 그런데 '섬김'이란 용어는 규범적 가치를 함의한다. 그리고 예적, 위계적 관계를 내포한다. 즉 가치함축적인 용어이다. 그래서 마음에 들지 않는다면 '다루기, 부리기(=事)'라는 용어로 바꾸어 보아도 좋을 것이다.
26 따라서 사대라는 용어를 '편견 없이' 바라보고 '냉철하게' 고찰하는 자세가 필요하다.

'친(親): 가까이 보살핌'의 뜻이다. '비소'는 사소의 동의어이다. 또한 하관의 대사마(大司馬)에서는 "[대소를] 고르게 하고 평칙[=공평한 원리]을 지켜 뭇 나라를 평안하게 한다. [대국은] 비소하고 [소국은] 사대해서 뭇 나라가 화합하게 한다(均守平則以安邦國. 比小事大以和邦國)"라고 한다. 이때 '균, 평'은 유교의 예적 질서를 이해하기 위하여 주목할 개념이다(후술).

다음으로 『춘추좌전』 소공(昭公) 30년조를 보면 "예란 작은 것이 큰 것을 섬김, 큰 것은 작은 것을 보살핌을 말한다(禮者小事大, 大字小之謂)"라고 한다. 또 애공(哀公) 7년조에서는 "작은 것이 큰 것을 섬김은 신(信) 때문이고, 큰 것이 작은 것을 보호함은 인(仁) 때문이다. 대국을 배반함은 신을 저버림이고, 소국을 정벌함은 인을 저버림이다(小所以 事大信也, 大所以保 小仁也. 背大國不信, 伐小國不仁)"라고 한다. 여기서 '자소(字小), 보소(保小)'는 사소의 유사어이다. 주목할 것은 사대든 사소든 그 자체로 예이자 도라는 점이다. 그래서 덕목를 쌍방에 요구한다. 대국의 '인'과 소국의 '신'이 그것이다.

마지막으로 『맹자』 양혜왕장구하(梁惠王章句下)의 한 구절을 보자.

제나라 선왕이 '이웃나라와 사귀는 도가 있는가'라고 물었다. 맹자는 '있다'면서 '오직 인자(仁者)만이 큰 것으로 작은 것을 섬길 수 있다. (중략) 오직 지자(智者)만 작은 것으로 큰 것을 섬길 수 있다. (중략) 큰 것으로 작은 것을 섬기는 자는 하늘을 즐기는 자이며, 작은 것으로 큰 것을 섬기는 자는 하늘을 두려워하는 자이다. 하늘을 즐기는 자는 천하를 보전하며, 하늘을 두려워하는 자는 그 나라를 보전한다'라고 말했다. (齊宣王問曰'交隣國有道乎.' 孟子對曰 '有, 惟仁者爲能以大事小. […] 惟智者爲能以小事大. […] 以大事小者樂天者, 以小事大者畏天者也. 樂天者保天下, 畏天者保其國.')

그 취지는 앞서 본 『주례』 『춘추좌전』의 그것과 기본적으로 같다. 대국의 덕목은 '인'으로서 『춘추좌전』의 그것과 같다. 다만 소국의 덕목은 다르다. 이를 『춘추좌전』은 '신'이라 하고, 맹자는 '지(智)'라고 한다.

맹자는 교린의 도를 사대와 사소로 나눈다. 이를테면 대소 관계의 위계만을 논한 셈이다. 그 이유는 맹자가 국가 간 현실적 불평등(=위계)을 직시했기 때문이라고 본다. 단, 그대로 두려하지 않는다. 불평등을 교린의 도에 기초한 규범으로 규율함으로써 '너그러운(benign)' 위계로 바꾸려 한다. 이때 규범이란 대국의 '인'과 소국의 '지'라는 덕목을 가리킨다. 이렇듯 각각의 덕목에 차이를 둔 의도와 목적은 명백하다. 그 의도는 대국의 의무가 소국의 그것보다 커야 함이다. 인은 유교의 오상(五常), 즉 '인, 의, 예, 지, 신'을 통섭(統攝)하는 최고 덕목인 까닭이다. 그 목적은 국가 간 불평등을 '균, 평'하게 조화함으로써 규율하고자 함이다. 이를 통해 '공평한(fair)' 위계 질서를 세우고자 한 것이다.

여기서 맹자가 소국에게 '사대는 보국(保國)의 도'임을 가르치고 있다는 점에 주목해 보자. 보국이란 즉 소국의 자주(=주권)의 보전을 뜻한다. 이를 위한 사대를 가르친 것이다. 그 가르침의 뜻을 수사 어법으로 표현하면 이렇다. '자주에 의한, 자주를 위한, 자주의 사대.' 이것이 또한 사대의 본뜻이다. 따라서 '사대 vs. 자주'란 오류이다. 아니, 어불성설(語不成說)이다. 이는 '사대 vs. 근대적 자주'에도 적용될 수 있다.

가령 맹자가 근대에 재림했다면 '사대 vs. 근대적 자주'라고 보고 소국에게 '사대하지 말라'고 가르쳤을까? 대국에게는 '사소하지 말라'고 가르쳤을까? 아니다. 이렇게 가르쳤을 것이다. '교린의 도를 견지하라. 단, 근대적 자주와 조화하도록 변통(變通)하라.' 변통하되 '잘못된 변질은 피하라'는 충고도 곁들였을 것이다. 또한 왕도(王道)로써 패도(覇道)의 현실과 현실주의를, 예로써 국제법의 결함과 국제 정치의 비도덕을 비판했을 것이다. 나아가 제국주의에 저항했을 것이다.

사대(사소)의 원칙 뒤에는 물론 현실의 권력, 실리 등이 깔려 있다. 그렇긴 해도 사대의 본뜻은 예라는 규범에 있다. 즉 사대는 본디 규범적 원리, 원칙이다. 그러나 동시에 현실적 방편, 전략일 수 있다. 단, 유교 경전은 후자를 명시하지 않는다. 그 이유는 이렇게 유추된다. 명시하면 방편, 전략을 앞세우는 풍조가 생길 우려가 있기 때문이다. 그리하여 국가 간에는 권력 추종과 실리 추구의 현실(주의)과 이로 인한 무질서가 출현할 것이다. 실제로 중국의 춘추전국 시대가 그랬다.[27] 바로 그런 시대의 현실을 겪고 있던 맹자 등 유가(儒家)는 이를 바로잡고자 했다. 그들의 슬기가 '사대, 사소'에 담긴 것이다.

거듭 말하나 사대는 규범(예)이자 현실적 방편, 전략이다. 따라서 규범적(예적) 사대와 현실적 사대의 두 개념이 생긴다. 전자가 이상형이라면 후자는 현실태라고 볼 수 있다. 사대는 규범적이든 현실적이든 실리를 추구한다. 이로써 실리적 사대라는 개념이 생긴다. 사대에는 명분(名分)의 유무가 따른다. 있다면 명분적 사대, 없다면 무명분의 사대가 된다. 이렇듯 사대는 다의적(多義的)인 개념이다. 따라서 규범(원리), 현실, 실리, 명분 등 요소의 조합에 따라 여러 형태의 사대로 분류될 수 있다.

사대와 사소는 대소 국가 간 상호주의에 입각한다.[28] 특히 규범적 사대는 대소 국가가 유교 규범을 공유한 채 서로 지킬 때 성립한다. 그러면 소국은 사대의 예를, 대국은 사소의 예를 갖춘다. 이를테면 소국의 '지성(至誠) 사대'와 대국의 '인애(仁愛) 사소'가 짝을 이룬다. 대국은 소국보다 현실적으로 큰 권리(주권)를 지닌다. 그러나 규범적으로는 대국답게 소국보다 큰 의무를 진다. 이로써 대소 국가는 각각 상응하는 명분과 실리를 얻는다. 명분은 각각의 마땅한 도리(道理), 본분(本分)을 뜻한다. 또는 춘추대의(春秋大義), 절의(節義)를 뜻한다.

대소 국가는 사대와 사소를 통해—조공 체제를 활용하여—실리를 얻을 수 있다. 일반적으로 사대의 실리는 사소의 그것보다 많다. 사대의 실리는

....

27 춘추전국 시대의 '국제' 질서와 사대/사소에 관한 설명은 이춘식(1997)의 IV, 김한규(2005)의 제1부.

28 사대와 사소는 상대적 개념이며 서로 중층적으로 얽혀 있다. 대국이란 어떤 소국에 비해 상대적으로 큰 나라를 일컫는다. 그런데 소국은 더 작은 나라에 대해서는 대국이 된다. 따라서 더 작은 나라를 사소로 상대할 수도 있다. 그 소국을 더 작은 나라는 사대로 상대할 수도 있다.

정치, 외교, 안보, 무역, 문화 등 여러 분야에 걸쳐 있다. 이용희는 '국가 간 신의, 나라의 위신, 무역의 실리'(160), '안정, 협조'(162), '원군(援軍), 중재 요청, 명분'(163) 등을 들고 있다. 아울러 소국은 중화 세계의 문화, 문물을 습득함과 함께 주변 정세를 파악할 수 있다.[29] 이들 실리는 여러 개념 또는 규범에 의해 뒷받침된다. 예컨대 앞서 본 '도, 예, 오상, 균, 평' 외에도 '공천 하(公天下), 공(公), 공(共), 리(理), 화(和)' 등이 있다.[30] 그 구체적인 일례로서 『중용(中庸)』 20장 11절에 나오는 '천하국가의 구경(九經)'을 인용해 보자.

> 무릇 천하국가를 다스리는 아홉 가지의 원리적 규범들이 있다. '몸을 수
> 양하기, 슬기로운 자를 존중하기, 친족과 친하기, 대신(大臣)을 우러르기, 신하
> 를 제 몸처럼 여기기, 서민을 자식처럼 사랑하기, 백공(百工)이 모여들게 만들
> 기, 먼곳 사람을 부드럽게 대접하기, 제후(諸侯)를 따뜻하게 품기' 등이다. (凡
> 爲天下國家有九經. 曰修身也, 尊賢也, 親親也, 敬大臣也, 體君臣也, 子庶民也, 來
> 百工也, 柔遠人也, 懷諸侯也.)

인용문의 '유원인(柔遠人), 회제후(懷諸侯)'란 국가 간 관계와 관련된 규 범이다.[31] '원인'은 타국에서 온 사신(使臣), 손님, 여행객, 상인 등 외국인을 함의한다. '제후'는 주변국의 군주를 표상한다. 그들을 '부드럽게 대접하고 따뜻하게 품는다'면 당연히 그들은 많은 실리를 얻게 될 것이다. 한편 이렇 게 '천하국가'를 다스리는 나라, 즉 대국은 다음과 같은 실리를 얻을 수 있 다. "柔遠人則四方歸之, 懷諸侯則天下畏之."(12절) '동서남북 사방과 천하의 나라와 사람이 귀의(歸依)하고, 감복(感服)한다'는 것이다.

'유원인'과 '회제후'라는 (대국의) 규범을 13절은 이렇게 설명한다.

....

29 이를테면 오늘날의 세계화를 추진하면서 글로벌 스탠더드에 접근할 수 있는 셈이다.
30 이들 개념/규범의 일부에 관한 필자의 해석은 Bongjin, Kim (June 2017)을 참조하기 바란다.
31 이로부터 '회유'라는 말이 생긴다. '유원인'은 영어로는 'cherishing from afar'라고 번역된다.

가는 사람을 보내고 오는 사람을 맞이하며, 착함을 기리고 못함을 가엽게 여긴다. 유원인하는 까닭이다. 대 끊임을 이어 주고 없어진 나라 세워 주며, 어지러움을 다스려서 위기의 나라 지탱해 준다. 조빙(朝聘)을 때때로 하게 하되, 돌아갈 때는 [回賜를] 후하게 하고 찾아올 때는 [貢物을] 가볍게 한다. 회제후하는 까닭이다. (送往迎來, 嘉善而矜不能. 所以柔遠人也. 繼絶世, 擧廢國, 治亂持危. 朝聘以時, 厚往而薄來. 所以懷諸侯也.)

인용문의 '조빙'이란 제후가 천자를, 신하가 군주를 뵙는 일(朝)과 사신 보내는 일(聘)을 뜻한다.[32] 이때 제후, 신하는 공물(貢物), 예물을 바친다. 그 답례로 천자, 군주는 회사(回賜)를 한다. '후왕박래(厚往薄來)'는 이러한 '외교, 교류' 관계를 규율하는 규범의 하나이다.[33] 이것이 일반화하여 손님이나 사람을 접대하는 관례, 습속, 미풍(美風)이 된다.

이렇듯 사대는 규범에 입각한 행위이다. 결코 굴종이나 '줏대 없음'이 아니다.[34] 오히려 '줏대 있음'이다. 그 줏대를 뒷받침하는 것이 바로 규범 또는 사대의 예, 도이다. 사대하는 소국은 대국에게 대국다운 규범을 요구한다. 그리고 이를 어기면 저항한다. 무엇보다 규범은 그 자체로 도덕적 힘/기능(virtue, L: virtus)을 가진다. 그것이 비록 무형일지라도 실질적 힘이 될 수 있다. 특히 소국에게는 대국을 견제하는 현실적 수단으로 활용될 수 있다. 이를테면 규범주의가 곧 현실주의인 셈이다.

규범적 사대는 대소 국가 간 신뢰, 실리의 비율이나 공존, 평화, 안정의 확률을 높일 것이다. 반면 (규범 없는) 현실적 사대는 그 비율과 확률을 낮

....

32 '빙'은 또한 조정(朝廷)에서 인재를 등용하는 일(=聘用)을 뜻하기도 한다.

33 '후왕박래'의 말뜻은 영어로 'When one receives the gifts of the other, the former must pay more to the latter from afar'라고 번역할 수 있다. 또는 간결히 'offering more and taking less'라고 표현할 수 있다.

34 이용희는 "사대가 비굴하였다면, 사대의 비굴한 것과 강국 정치 체제 아래 발생하는 경제·정치·문화의 식민지적 양상은 과연 사대의 비굴보다는 나은 것일까?"(172)라고 시니컬하게 반문한다.

출 것이다. 그런 점에서 전자는 후자보다 슬기로운 시대인 셈이다. 그럼에도 후자가 마치 슬기로운 것처럼 착각하는 경향이 있다. 주로 근대주의적 시각 또는 근대주의의 색안경 탓이라 여겨진다. 그 탓에 선현(先賢)의 슬기와 조상의 지혜를 어리석음으로 바꾸면 안 될 것이다.

III. 주권과 위계, 질서

근대적 주권, 원칙의 허구성 보댕(Jean Bodin, 1530-96)은 『국가론 *Les six livers de la République*』(1576)에서 "주권은 최고, 절대적, 영구적 권력 (Majesty or sovereignty is the most high, absolute, and perpetual power)" 이라고 정의한다. 주권은 자연법이나 신법에 의해서만 제한을 받는다. 단, 그 제한은 이념에 가깝다. 따라서 주권은 거의 무제한의 권력이다. 그래서 '최고, 절대적, 영구적'이자 '양도불가능(inalienable), 불가분(indivisible)'의 속성을 지닌다는 것이다.

그러나 실제로는 '최고, 절대적, 영구적'이란 주권의 속성이 될 수 없다. 원칙이나 이념이 될 수 있을 뿐 현실에는 없는 허구이다. 현실의 주권은 '절 대적, 영구적'이 아니기 때문이다. 주권만 아니다. 현실의 어떤 사/물도 절대적이거나 영구적인 것은 없다. 주권은 '대내 최고성(supremacy)'을 지닌다고 여겨져 왔다. 하지만 반드시 그렇다고는 볼 수 없다. 현실적으로 그 최고성의 작동은 제약을 받기 때문이다. 따라서 제한적이다. 게다가 주권의 소재가 군주(=통치자), 국민, 인민 등 어느 쪽이냐에 따라 최고성의 자리는 바뀐다. 그 어느 쪽이라 해도 최고성의 작동은 제한적이다.[35]

주권의 '양도불가능, 불가분' 역시 원칙, 이념이 될 수 있을 뿐 허구이다.

....

35 예컨대 현대 민주주의 국가는 국민 주권을 원칙으로 삼는다. 그렇지만 그 최고성이 실제로 작동하는 것은 선거를 통해서만 가능하다. 하긴 그것조차 제대로 작동하지 않는 민주주의 국가도 있다.

현실에는 양도 불가능, 불가분의 사/물은 없다. 주권도 마찬가지다. 주권은 부분이든 전체이든 양도 가능하다. 자의적 양도는 물론 타의적 양도(=타국에 의한 주권 침해, 침탈)도 가능하다. 현대에는 주권의 타의적 양도는 원칙상 부정되나 자의적 양도는 긍정된다. 실제로 현대 국가는 타국이나 국제기관과의 조약, 협약 등을 통하여 자국 주권의 일부를 양도하고 있다. 그래서 레이크(David Lake)는 말한다. "주권은 나눌 수 있고, 나뉜다(Sovereignty can be—and is—divisible.)(Lake 2009, 7)."

근대 이래 주권 독립이라는 원칙이 생겼다. 그러나 그것은 현실에는 없는 허구이다. 주권은 '국가 간 관계 안'에 존재하기 때문이다. 류스미트(Christian Reus-Smit)는 말한다. "주권은 결코 독립적 내지 자기준거적(自己準據的, self-referential) 가치였던 적이 없다(Reus-Smit 1999, 7)." 주권은 독립하여 존재할 수 없다는 뜻이다. 그런데 주권뿐만 아니다. 일반적으로 현실의 모든 사/물은 독립하여 존재할 수 없다. 관계 없이 존재하는 사/물은 없다. 어떤 방식이나 형태이든 상호의존 관계 속에 존재한다. 독립이란 개념은 그 자체가 허구이다.

허긴 현실의 모든 관계를 끊고 홀로 서기, 즉 독립한 상태를 가정해 볼 수는 있다. 예컨대 누군가 그런 상태에 돌입했다면 그는 어떻게 될까? 필경 현실적 위험에 빠질 것이다. 그가 강자이든 약자이든 마찬가지다. 특히 약자라면 그 위험은 크다. 이렇듯 독립은 현실적 위험을 수반한다. 그런 점에서 독립은 '위험한' 허구인 셈이다.

여기서 'independence'에 얽힌 번역의 문제를 풀어 보자. 전술했듯 그 번역어인 독립은 화제한어의 하나이다. 근대 일본은 번역어의 산실이었다. 그리하여 수많은 화제한어가 한국, 중국 등 여러 나라로 퍼져 나갔다. 특기할 것은 화제한어에는 서양 근대와 함께 일본 전통, 근대의 요소가 투영되어 있다는 점이다. 독립은 그 전형적인 예라고 볼 수 있다. 그 어감상 근대적 개인주의나 자기중심주의 또는 자국중심주의의 성향을 강하게 띠고 있기 때문이다. 특히 일본은 인종, 지리에 기초한 자국중심주의의 성향이 강한 전통을 가지고 있다. 그 성향은 근대 이래 더욱 강화되어 나갔다.

그런데 'independence'를 『공법』은 자립이라 한역한다. 주목할 것은 화제한어의 독립과 한어의 자립에 담긴 어감이 자못 다르다는 점이다. 거듭 말하나 전자는 개인주의나 자국중심주의 성향을 강하게 띠고 있다. 반면 후자는 그 성향이 약한 느낌이다. 또한 전자는 현실의 상호의존 관계를 부정하는 뜻이 강하다. 그러나 후자는 긍정하는 뜻이 강하다. 상호의존과 스스로 서기, 즉 자립은 양립 가능한 까닭이다. 따라서 자립은 현실과 조화 가능한 개념이다. 그런 뜻에서 자립은 허구가 아니라 현실과의 양립, 조화가 가능한 실상이라고 말해도 좋다. 실은 영어의 'independence'와 'interdependence' 역시 양립, 조화가 가능하다고 볼 수 있다. 그렇다면 자립은 독립보다 더 나은 번역어인 셈이다.

이유는 다르나 평등이란 개념 역시 원칙이 될 수 있을 뿐 허구이다. 평등은 '같음'을 뜻한다. 그러나 현실의 사/물은 서로 다르다. 이때 다름이란 불평등을 함의한다. 당연히 주권, 국가 평등도 허구이다. 모든 국가는 각각 크기, 인구, 국력 등이 다르다. 각국이 보유하는 무엇이든 다르다. 각국의 주권 역시 다르다. 즉 불평등하거나 위계적이다. 따라서 주권과 위계는 양립, 조화가 가능하다. 레이크의 말을 빌리면 주권과 위계는 '타협 못할 지위(all-or-nothing status)'에 있지 않다(Lake 2009, 7). 양립할 수 있거나 실제로 양립하고 있다.

평등 개념은 두 개의 이념형으로 나눌 수 있다. 하나는 적대적 평등이다. 적대란 상대를 '적 또는 적수(rival)로 여김'을 뜻한다. 거기에는 일정 정도 평등 관념이 담겨 있다. 단, 이때 평등이란 위계 질서가 없는 상태를 상징한다. 동아시아 전통에 입각하면 예적 질서가 없는 상태를 상징한다.[39] 그 현실은 무질서, 불안정이다. 따라서 타파 극복되어야 할 상태이다. 다른 하나는 우호적 평등이다. 이것을 원칙으로 삼는다면 무질서, 불안정을 회피할 확률은 커질 것이다. 그럴지라도 질서를 세울 수는 없다. 또한 언제 적대적 평등으로 바뀔지도 알 수 없다. 결국 평등만으로는 무질서, 불안정을 막지 못한다. 오히려 그런 현실을 초래하거나 방치할 수 있다. 근대 국제 관계의 현실은 그 전형이다.

주의를 환기하자면 평등이란 본디 불교 용어(개념)이다.[37] 그것을 'equal, equality'의 번역어로 삼았던 것은 근대 일본이다. 이를테면 평등은 화제한어의 하나로 재발명된 셈이다. 그런데 『공법』은 'equal, equality'를 '평행(平行)'이라고 한역하고 있다(22-b, 29-a, b). 또는 '균평(均平)'이라고도 한다(29-b). 그 어감은 평등의 그것과는 다르다. 평행, 균평이란 (평등의 '같음'과 달리) '공평하게 행함, 고르게 함'을 뜻한다. 따라서 현실에서 실천가능함의 뜻을 담고 있다. 그런 뜻에서 평행, 균평은 평등과 달리 현실의 실상이 될 수 있다. 그 허구성이 작은 셈이다.

주권의 원칙들은 허구이거나 허구성을 지닌다. 그래서 국가 간 관계의 현실과 어긋나기 일쑤이다. 이런 사실을 밝히고자 크래스너(Stephen Krasner)는 '조직화된 위선(organized hypocrisy)'이라는 개념을 제시한다. 그는 주권을 '국제법적 주권, 베스트팔렌 주권, 국내 주권, 상호의존 주권'의 네 종류로 분류한다. 국제법적 주권은 상호 승인과 독립을, 베스트팔렌 주권은 대외 배타성을, 국내 주권은 자국 관할의 정치적 권위를, 상호 의존 주권은 국가 간 교류의 통제를 위한 공적 권위를 각각 상징한다(Krasner 1999, Chapter 1). 특히 앞의 두 주권을 이렇게 설명한다.

이들 두 주권은 적절성 논리(logics of appropriateness)를 지니고 있기는 하나 그 결과 논리(logic of consequences)와는 수시로 어긋난다(inconsistent). 권위적 제도가 없는 힘의 비대칭성 속에서 통치자들은 적절성 논리를 거부하고 결과 논리만 따를 수 있기 때문이다. 그래서 원칙은 존속하지만

....

36 거의 무례(無禮) 상태이긴 하나 거기에도 적례(敵禮, 적대적 평등의 예)가 있을 수는 있다.
37 불교의 평등은 '오도(悟道)나 해탈(解脫)'의 경지에서 얻어질 뿐이다. 이 역시 현실에 없는 허구이다.

동시에 파기되어(violated) 왔다(Krasner 1999, 40).

주권 원칙의 파기는 주로 강제, 억압에 의한 타국 주권의 간섭, 침해로 이루어진다. 또는 조약, 협약 등 자발적 행위에 의한 상호 제약으로 이루어지기도 한다. 여기서 적절성 논리란 주권 원칙에 근거한다. 한편 결과 논리란 힘이나 국가 이익을 따르는 국제 관계의 현실이나 현실주의를 표상한다고 볼 수 있다. 이들 두 논리는 수시로 어긋난다. 그 때문에 원칙의 파기를 초래한다.

그래서 주권 원칙은 '조직화된 위선'이라는 것이다. 즉 위선적 성격을 띤다는 것이다. 그 위선적 성격은 주권 원칙의 허구성에서 기인한다. 단, 그 허구성을 크래스너는 명시하고 있지는 않다. 그러나 '조직화된 위선'이라는 개념은 주권 원칙이 허구임을 시사한다. 여기서 주의를 환기할 것이 있다. 주권 원칙만 아니라 실은 모든 원칙이 허구라는 사실이다. 사대, 사소의 예라는 원칙도 마찬가지다. 이용희는 이렇게 말한다.

세력 균형이 전제하는 국가 평등만 하여도 그것은 법적인 힘의 평등은 아니고, 따라서 18세기부터 일류국(一流國), 이류·삼류·사류국으로 나누어 생각하고, 그 등급에 따라 외교 사절의 급도 결정하는 것이 통례가 되었어요. 그러니까 힘[현실]의 입장에서 보면 국가 평등은 허구죠. 마찬가지로 사대의 명분이라고 하여도 과연 신과 인의 자소사대(字小事大)로서 상하의 양극이 서로 대하게 되느냐 하면, 실지에는 강약 관계와 상하의 명분 관계가 어긋나는 수가 있어서 사대의 예와는 다른[=어긋나는] 경우가 많았습니다. (127)

그리고 국가 주권 평등과 사대 사소의 예는 '원칙이나 가치관'이어서 "그대로 현실인 경우는 오히려 많지 않았을지 모릅니다"(127)라고 지적한다.

단, 허구라고 해서 가치가 없는 것은 아니다. 오히려 추구할 가치가 있다. 비록 허구일지라도 원칙은 현실을 바로잡는 규범적 '힘, 기능'을 가질 수 있기 때문이다. 이로써 현실적 혜택, 이익을 가져올 수 있기 때문이다. 그럼에도 원칙은 현실과의 어긋남을 크든 작든 피할 수 없다. 그래서 다음과 같은 질문을 던져야 한다. 어떤 원칙인가? 그 원칙이 어떻게 운용되는가? 현실과의 어긋남을 어떻게 극복하고자 하는가?

전통적 주권과 위계 주권 평등의 원칙은 대소 국가 간 현실적 불평등을 바로잡는 힘을 가질 수 있다. 비록 현실과의 어긋남이 크긴 하지만 그것을 일정 정도 극복하는 기능을 가질 수 있다. 단, 그 힘과 기능은 본질적 한계를 가질 수밖에 없다. 그 원칙이 현실에 없는 허구의 평등에 입각하고 있기 때문이다. 그래서 현실을 왜곡한 위선이나 기만에 빠질 수 있다. 또는 가상의 비현실을 현실로 착각하게 만들 수 있다.[38] 현실을 외면한 채 지배-복종의 '너그럽지 못한, 악한(malign)' 위계를 방치하거나 정당화할 수 있다. 그 결과 국가 간 대립, 불안정, 또는 전쟁을 초래할 것이다.

그렇다면 차라리 사대/사소와 같은 불평등 원칙이 낫다고 볼 수 있지 않을까? 현실과의 어긋남이 상대적으로 작기 때문이다. 이로써 현실을 직시하고 국가 간 불평등을 공평하게 규율하면 '너그러운' 위계 질서를 세울 수 있기 때문이다. 그리하면 공존 관계의 평화, 안정의 확률을 높일 수 있기 때문이다. 라이드(Anthony Reid)는 이렇게 말한다(Reid and Zheng eds. 2009, 2-3).

"베스트팔렌" 주권 평등은 결코 평화를 보증하지 않는다. 오히려 그 반대의 경우가 수월할 [평화를 보증할] 듯하다. [대소 국가들] 서로가 인정했을 (accepted) 때 역사적으로 불평등 내지 비대칭 관계가 보다 안정적이었다.

근대적 주권의 평등 원칙은 수시로 파기되었던 탓에 국가 간 평화를 보증하지 못했다는 뜻이다. 오히려 불평등 관계를 인정하는 대소 국가 간 위

....

38 그렇다면 '현실주의는 때로 비현실적일 수 있다'라는 역설을 안게 될 것이다.

계 질서가 보다 안정적이었고 평화를 보증했다는 뜻이다. 실례로 사대, 사소의 원칙에 입각한 조공 체제가 그랬다.

전통적 주권은 전술했듯 대소 국가 간 위계 질서를 구성하는 조직 원리이다. 대국의 주권은 크고 소국의 주권은 작다. 즉 위계적이다. 현실적 불평등 관계를 서로 인정한다. 그래서 불평등을 주권의 원칙으로 삼는다. 주권은 늘거나 줄기도 한다. 즉 신축적(elastic)이다. 대국이든 소국이든 때로 주권 일부를 타국에게 양도/기탁한다. 물론 조공 체제하에서는 소국이 대국에게 양도 기탁하는 경우가 대부분이다. 그렇긴 하나 반대 경우도 있다. 예만으로는 통제하기 어려운 '강한' 소국이 등장할 경우 대국은 회유나 기미(羈縻) 정책을 펴기도 한다. 또한 그 소국과 화친(和親), 맹약(盟約)을 맺고 인질을 보내거나 조공을 바치기도 한다. 이 경우 대국 주권은 소국에게 양도되거나 기탁되는 셈이다.

전통적 주권의 불평등 원칙은 어떻게 운용되는가? 앞서 보았듯 그 원칙을 뒷받침하는 규범에 의해 운용된다. 그 대표적인 규범이 사대, 사소의 예(도)이다. 이것은 대국의 '인'과 소국의 '지, 신'이라는 덕목의 차이를 둔다. 즉 대국은 소국보다 '의무가 큼'을 뜻한다. 이로써 대소 불평등을 '균, 평'하게 규율하여 '너그러운, 공평한' 위계 질서를 세우려 한 것이다. 여기서 '균, 평' 개념의 뜻을 간결히 해석해 보자. 이와 함께 『공법』이 'equal, equality'를 '평행, 균평'이라고 한역하고 있음을 다시금 음미해 보면 좋을 것이다.

'균, 평'은 유교 문헌에 자주 등장한다. 그것은 '균분(均分), 제(齊)'라는 개념과 상통한다. 유교는 사/물과 각각의 분(分, lot)이 '고르지 않음(不均), 가지런하지 않음(不齊)'을 주목한다. 그러함이 자연이자 현실임을 직시한다. 사/물 간에는 불평등, 위계가 생김을 인정한다.[39] 그러나 '그대로 내버려둘 것'을 주장하지 않는다. 작위(作爲)의 규범, 원칙에 의해 '올바로 규율할 것'

....

39 도교 역시 마찬가지다. 단, 도교는 '그대로 내버려둘 것', 즉 무위(無爲)나 무위의 위(爲)를 주장한다.

을 주장한다. 그 목표는 인간 '세계, 관계'의 '조화, 공존'에 있다. 즉 인간과 그 구성체인 가족, 사회, 국가 등과 이들 관계의 '조화, 공존'에 있다. 이들 각각의 분에 의한, 분을 위한, 분의 '공평한 분배'에 있다.

유교의 규범, 원칙은 이렇게 구성된다. 유교는 사/물과 각각의 분이 '고르지 않음, 가지런하지 않음'에도 불구하고 '조화함, 공존함'을 주목한다. 그러함 역시 자연이자 현실임을 직시한다. 이로부터 자연의 원리와 사/물의 법칙을 이끌어낸다. 이를 근거로 현실에 맞도록 구성된 것이 유교의 규범, 원칙이다.[40] 그것은 예, 도, 리(理) 등으로 표상된다. 또는 오상의 덕목으로 표현된다. 이들 규범, 원칙은 인간 '세계, 관계'의 '조화, 공존'과 '공평한 분배'를 추구한다. 또한 현실적 불평등, 위계를 '올바로 규율할 것'을 추구한다. 이런 목표와 실천을 뒷받침하거나 매개하는 개념이 '균, 평'이다.

위계와 질서 (동아시아) 전통 지역 질서는 위계 질서이다. 반면 (서양) 근대 국제 질서는 평등 질서라고 한다. 실제로 평등 질서인가? 아니다. 전술했듯 평등이란 개념, 관념이자 이념, 원칙이 될 수 있을 뿐 실은 허구이기 때문이다. 평등 질서 역시 마찬가지다. 근대 국제 질서 역시 현실에서는 위계 질서이다. 따라서 '전통=위계 질서 v. 근대=평등 질서'라는 이항대립 도식은 폐기되어야 마땅하다.[41] 거창하게 말하면 문명론적인 오류, 편견, 왜곡과 함께 기만, 위선, 모순 등 허물을 담고 있기 때문이다. 그럼에도 이러한 도식이 여전히 지배적이다. 그 허물을 벗기고 비판적으로 성찰해야 마땅하다.

모든 질서는 필연적으로 위계를 수반한다. '위계 없이 질서 없다.'[42] 현실 어디에도 평등 질서는 없다. 따라서 위계 질서냐 평등 질서냐를 따지면 안 된다. 따져야 할 것은 '어떤 위계' 내지 '어느 정도의 위계' 질서인가이다. 그리고 그것을 '규율하는 원칙, 규범이 무엇'인가 또는 '구성하는 요소나 방

....

40   그런 까닭에 유교의 규범/원칙은 자연 또는 현실과의 어긋남이 작다고 말할 수 있다.
41   아니면 각각의 이념, 원칙을 알고난 다음 신중하게 쓰거나 차라리 현실에 맞게 교정해야 한다.
42   그런 뜻에서 위계 질서란 동어반복인 셈이다.

식이 무엇'인가이다. 레이크는 이렇게 서술한다(Lake 2009, x).

> 국가 간 위계는 [베스트팔렌 조약이 체결된] 1648년에도, (중략) 유럽의
> 해외 제국들이 없어진 제2차 세계대전 이후에도 사라지지 않았다. 근대 이래
> 국가 간 위계의 핵심적인 특색(feature)은 종종 경시되긴 해도 지금껏 남아
> 있다.

근대 이래 현대에 이르기까지 국가 간 위계는 늘 존재해 왔다는 뜻이다.
또한 "국가 간 관계가 무정부상태(anarchy)"임에도 불구하고 세계 어디에
든 "국가 간 위계들(hierarchies)은 전면적으로 퍼져 있다"(Lake 2009, 1-2)
라고 서술하기도 한다. 그렇지만 레이크의 다음 서술에는 수정해야 할 곳과
검토할 문제가 있다고 본다.

> 헤들리 불(Hedley Bull)에 따르면 국가들의 사회는 무정부상태 밑에 있
> 음에도 [국가 간의] 초보적인(rudimentary) 질서를 산출한다.[43] 일련의 연구
> 가 밝혔듯 국가 간이든 국가 안이 든 형식적으로(formally) 평등한 행위자 간
> 의 협력은 분명히 가능하다. [따라서] 위계는 정치 질서의 필수조건(prereq-
> uisite)은 아니다. 그렇다 해도 일반적으로 위계는 질서를 산출하기 위한 <u>보다
> 유효한</u> 메커니즘이다(Lake 2009, 29; 밑줄 필자).

예컨대 위의 '보다 유효한'을 '필수적인'으로, '필수조건은 아니다'를 '필
수조건이다'로 수정해야 한다. 그의 말과 달리 '위계 없는 (정치) 질서가 산
출될 가능성'은 없기 때문이다. 거듭 말하나 '위계 없이 질서 없다.' 다음으
로 검토할 문제는 두 가지이다.
　하나는 '**형식적으로** 평등한 행위자 간의 협력이 가능하다'라는 레이크

....
43　Bull(1977) 참조.

의 말이다.[44] 옳은 말이긴 하나 이를 근거로 '위계는 정치 질서의 필수조건이 아니다'라는 말을 이끌어 낼 수는 없다. 왜냐면 '행위자 간의 협력'이 곧 '질서'는 아니기 때문이다. 그 '협력'은 어디까지나 행위자 간에 공유된 어떤 원칙, 규범과 그것으로 구성된 어떤 질서가 이미 주어져 있어야 가능하다. 게다가 그 질서의 위계 내지 권위를 행위자가 함께 인정하고 있어야 비로소 가능하다. 즉 위계 질서가 앞서 존재하고 있는 까닭에 '행위자 간의 협력'이 가능한 것이다.

또 하나는 '무정부상태(＝무정부 사회, anarchical society)하의 초보적 질서의 산출'이라는 불의 말이다. 이때 '초보적 질서'란 그것을 규율하는 원칙, 규범이 '불충분한, 미발달한 질서'를 뜻하는 듯하다. 어쨌든 '초보적'일지라도 질서라면 곧 위계이다. 그것은 이를테면 '느슨한 위계'이겠지만 말이다. 이와 함께 특기할 것은 국가 간 무정부상태가 초보적 질서만 산출하는 것은 아니라는 점이다. 무정부상태 밑에서도 국가 간에는 그와 다른 차원의 위계 질서가 산출될 수 있다. 왜냐면 무정부상태의 반대어는 위계가 아니기 때문이다. 그 반대어는 archy(정부, 통치)이다. 따라서 무정부상태와 위계는 각각 별개의 범주로서 병립할 수 있다. 즉 국가들의 사회가 무정부상태일지라도 그 밑에서는 국가 간의 위계 질서가 얼마든지 산출될 수 있고 또 실제로 존재한다.[45]

IV. 맺음말

사대뿐만 아니라 (동)아시아 전통의 개념을 해석할 때는 그 오해나 곡

....

44 **실질적으로** 평등한 행위자는 현실에는 없음을 레이크는 인지하고 있다고 판단된다.
45 근대 국제 체제의 무정부상태 밑에서 산출된 다양한 제국(주의)의 위계 질서는 그 대표적 예이다.

해를 피하기 위해서 치밀한 분석과 신중한 주의가 필요하다. 거기에 서양형이나 일본형 근대주의나 오리엔탈리즘이 끼어들 수 있기 때문이다. 또한 자국형 근대주의도 오리엔탈리즘도 끼어들 수 있기 때문이다. 그런 까닭에 근대주의적 시점을 지양할 수 있는 '아시아로부터의 시점'을 세워 나가는 일이 필요하다.[46] 그 필요성을 이용희는 인지하고 있었다.

『경국대전(經國大典)』 등에서 보듯이 사대의 절차를 국내법으로 규정합니다.[47] 이런 점에서도 사대[-조공] 체제의 국제주의 · 협조주의가 엿보이지 않아요? (171)

조선 왕조의 기본 법전인 『경국대전』 예전(禮典) 61 조목 중 하나가 〈사대〉이다.[48] 즉 사대의 예를 국내법으로 규정(=법제화)한 것이다. 이를 바탕으로 조선은 중국(=명, 청)의 책봉을 받고 조공과 사대를 기본적으로 성실하게 행했다. 그리하여 중국의 조공 체제를 구성하는 최상위의 조공국이자 가장 '국제 · 협조'적인 나라가 되었다. 조선은 독자적인 사대 체제를 구성하고 있었던 셈이다. 이 체제의 '국제 · 협조주의'를 이용희는 평가한 것이다. 그의 평가는 '아시아로부터의 시점'에 입각해 있다고 볼 수 있다.

덧붙이면 『경국대전』에는 〈사대〉와 대비될 〈사소〉의 조목은 따로 없다. 이어지는 조목은 〈대사객(待使客)〉이다. 그 첫 문단은 중국 사신의 영접, 송별에 관한 '의범(儀範)'을 규정한다. 둘째 문단은 '일본 국왕[=幕府將軍], 유

....

46 이와 함께 '문명론적 시점'도 필요하다고 본다. 金鳳珍(2004), 5-6쪽 참조.

47 성종16(1485)년 완성된 『경국대전』은 이(吏), 호(戶), 예(禮), 병(兵), 형(刑), 공(工)의 6전으로 구성된다. 태조 6(1397)년에 간행된 『경제육전(經濟六典)』과 여러 속전(續典), 그리고 각종 법령을 종합하여 만든 기본 법전이다. 이후 약 400여 년 동안 『속대전(續大典)』(영조 22년, 1746년), 『대전통편 (大典通編)』(정조9년, 1785년), 『대전회통(大典會通)』(고종2년, 1865년) 등이 수정, 증보되었다.

48 「사대」의 내용은 '사대 문서' 작성, '예물(禮物)' 준비, '사(使; 正使), 부사(副使), 서장관(書狀官)' 즉 조공 사절의 삼사(三使)와 수행원의 선정, 그리고 '물화(物貨) 매매' 등 절차로 구성된다.

구(琉球) 국왕'을 비롯하여 일본의 '거추(巨酋[=大名])'나 '대마도주(對馬島主),' 그 밖의 '왜인(倭人), 야인(野人[=女眞族])' 등과의 다양한 '왕래[=외교]'를 위계적으로 구분하여 규정한다. 거기에는 조선이 교린의 도 내지 사소의 예를 바탕으로 '국제·협조'를 이끌고자 하는 의지가 담겨 있다고 본다.

위의 인용문에 이어서 이용희는 다음과 같이 말한다.

> 세력 균형은 근대 국가의 군사주의와 관련이 있어서 협조보다도 대립·견제주의에 서죠. (중략) 그런데 좀 심각하게 생각하면 이런 문제가 나오지 않을까요? (중략) 우리는 과거의 선인(先人)의 행적을 자주적으로 비판한다 하면서, 과거의 체제와는 물과 불의 관계에 있는 유럽의 가치관과 입장에서 보는 일이 많지 않을까[?] (171)

즉 세력 균형의 대립·견제주의를 지적함으로써 서양 국제 체제의 '부(負)'를 지적한 다음 '유럽의 가치관과 입장에서 보는' 근대주의적 시점에 대한 비판 의식을 표명한 것이다. 거기엔 '전통'에 대한 그릇된 비판을 삼가라는 뜻이 담겨 있다.

이용희는 사대(-조공) 체제의 장·단점을 다각도로 검토한다. 예컨대 '(규범적) 권위가 물리적 힘보다 우세했던 점에서 평화가 오래 유지되었다'라는 각도에서 보면 이것은 장점인 반면, 그 기반에는 "왕조 체제의 현상 유지책이 숨겨 있었다"라고 보면 그것은 '역사 발전을 가로막은' 단점이라는 것이다(175). 이런 단점과 함께 이미 역사적 조건이 달라졌기 때문에 "오늘날 채택할 여지가 없는 것"이라고 말한다(177). 사대 체제는 구시대의 유물이라는 것이다. 하지만 그 체제의 국가 관념은 '채택할 여지가 있는' 전통 유산임을 그는 이렇게 시사(示唆)하고 있다.

> 너·나를 그 개별성에서 초월해서 포섭하면서 국제 질서를 유지하는 국가 관념에는 기본적으로 근대 국가 관념과 유(類)를 달리하는 것이 있는데,

장차 도래할 세계 평화를 지향하는 국제주의 사회를 상정하는 경우에 암시하는 바가 없지 않은 것 같아요. (177)

즉 사대 체제의 전통적 국가 관념은 '근대 국가류의 개별성과 달리 이를 초월해서 포섭하는 국가 간 관계성(=상호의존)을 규율함으로써 세계 평화를 지향하는 국제주의의 원리, 규범을 담고 있다'는 것이다. 이를테면 개별성을 초월/포섭하는 '관계성'을 중시한 셈이다.[49] 거기에는 근대 국가의 개별성에 대한 비판 의식이 담겨 있다. 그의 개별성이란 '독립, 자국중심주의'나 이에 기초한 '힘, 이익 추구, 현실주의'를 함의한다고 본다.

그리하여 이용희는 '근대형' 국가 역시 "시대착오적인 요소"와 "모순"을 드러내고 있음을 지적한다(177). 그런 다음 "사대의 예라는 가치관의 의미를 그냥 과거의 것"으로 돌리지 말고 "거기서 건질 것은 건지라"고 제의한다(178).[50] 이로부터 '사대 체제를 구성 규율했던 원리 규범을 그냥 버리지 말라. 그 속의 정(正)을 건져서 재생시켜라. 나아가 시대에 걸맞게 개념화, 이론화, 제도화하라'는 사상과 실천의 과제를 이끌어낼 수 있다.

그는 다음과 같은 말로 대담을 마무리한다.

그것[사대 체제]이 지닌 [구]시대적 특징만을 버린다면, 혹은 근대 국가 체제와 그것을 구성 요소로 하는 세력 균형의 국제 정치로부터 소국이 강국

....

49 근년 중국에서는 서양 국제관계 이론의 소비자를 벗어나 생산자가 되고자 하는 일군의 학자가 속속 나타나고 있는 중이다. 이른바 '중국 학파 Chinese school'가 그들이다. 그들의 이론은 다양하다. 그러나 거의 모두가 공유하고 있는 특징은 크든 작든 전통적 내지 유교적 '관계성'을 중시한다는 점이다. 과연 한국에서도 자국의 전통 내지 유교의 재해석을 바탕 삼아 특색 있는 국제관계 이론을 생산하는 학자들, 즉 '한국 학파'가 나타날 수 있을까? 두고 볼 일이다.

50 근대사의 결과론이나 '사대의 예'를 비롯한 유교 전통은 근대의 '힘, 이익 추구, 현실주의' 앞에 짓밟혔던 경험이 있다. 그랬던 경험이 망국의 한(恨)이나 트라우마가 되어 유교와 그 규범, 도덕에 대한 시니시즘과 함께 오해, 곡해를 방치하는 성향을 만들어 왔다. 이에 대한 비판적 성찰이 필요함을 이용희는 인지하고 있었다고 본다.

정치에 휘말리지 않고, 따라서 '나라'라는 명목 아래 정권이 대중의 희생 위에 재미를 보는 일이 없는 본래의 정치상을 그리려는 데에 도움이 될지도 모르죠."(187)

이용희가 그리려는 '본래의 정치상'은 어떤 모습일까? 국제 정치상 국가의 힘, 이익만 좇는 모습이 아님은 분명하다. 국내 정치상 정권의 권력, 사익(私益)을 위해 대중(국민)을 억누르는 모습이 아님도 분명하다. 이를테면 현실주의에 치우친 정치의 모습은 아닌 셈이다. 그렇다면 현실을 직시하되 규범, 도덕을 아우르는 정치가 그 모습이리라. 거기에는 현실주의적 규범주의 내지 이상주의가 담겨 있다고 볼 수 있다.

이용희의 정치상은 일정 정도 유교의 예치(禮治), 덕치(德治)라는 규범, 도덕 정치의 전통을 잇고 있는 모습인 셈이다. 하긴 그는 규범, 도덕이 때로 힘, 이익 앞에 짓밟힐 수 있다는 약점을 뼈저리게 체험한 세대의 한 사람이다. 그럼에도 그것은 약점일 뿐 결코 '부'일 수는 없다. 오히려 '부'는 규범, 도덕을 짓밟는 힘, 이익이나 그 추종자, 추종주의라고 본 셈이다. 그렇긴 하나 약점의 지구책, 보완책은 필요하다. 예컨대 규범, 도덕의 물신화(物神化), 고착화와 이로 인한 독선, 위선을 경계해야 한다. 이때 『논어』 선진(先進) 편의 '과유불급(過猶不及, 지나침은 오히려 미치지 못함)'을 교훈 삼을 필요가 있다. 또한 규범, 도덕의 융통성 있는 운용이 필요하다. 나아가 규범, 도덕을 짓밟는 힘, 이익에 대항할 수 있는 (또 다른) 힘, 이익을 겸비할 필요가 있다. 이를 위해 현실주의와 규범주의의 조화가 요구되는 것이다.

또한 이용희의 정치상은 근대주의적 시점을 지양할 수 있는 '아시아로부터의 시점'을 세워 나가는 일이 필요함을 시사하고 있다. 이를 통해 유교 전통의 의미를 시대에 걸맞게 개념화, 이론화, 제도화해 나가라는 과제를 던지고 있는 셈이다.[51] 하지만 돌이켜보면 그의 시사는 제대로 음미되거나 계

....

51   실은 그가 던진 과제는 무시되어 왔다고 볼 수 없다. 현대 한국 정치의 곳곳에는 크든 작든, 의식

승되지 못한 듯하다. 그가 던진 과제는 지당하나 이를 달성해 나가는 길은 험난할 듯하다. 하긴 근년에는 근대주의적 시점을 넘어 보려는 시도가 곳곳에 퍼져 있다.[52] 단, 이를 뒷받침할 '아시아로부터의 시점'을 세우기는 미흡하다. 여전히 전통에 대한 오해, 곡해는 곳곳에 뿌리깊게 존속한다. 전통의 비판적 성찰을 통한 '정'의 재생, 개념화, 이론화, 제도화는 갈 길이 멀고 힘든 과제로 남겨져 있다. 그렇다 해도 가볼 만한 가치와 해야 할 필요가 있는 과제임에 틀림 없을 것이다.

....

하든 못하든 유교 전통이 살아 있으며 또 퍼져 있다고 보기 때문이다. 다만 그 의미를 '얼마나, 어떻게' 시대에 걸맞게 개념화, 이론화, 제도화하고 있는지 분석 검토하는 능력, 노력이 미흡함은 스스로의 비판과 성찰이 필요하다고 본다.

52 그 가운데 주목하고 싶은 것은 김상준의 두 저작이다. 김상준(2011)은 '근대성의 역사적 중층 구성론(중층근대성론)'을 제기한다. 이것은 필자가 제시한 '문명론적 시점'과 상통하며 광대무변의 가능성을 지닌 이론이라고 본다. 단, 그의 '원형 근대성'이란 개념은 보정(補正), 보완이 필요하다고 본다. 그리하여 '(서양) 근대의 정(正)과 부(負)'나 '전통 안의 근대성, 반근대의 근대(성)' 등을 함께 보는 방법론, 이론을 계발할 수 있기를 희망한다. 김상준(2014)은 '유교의 정치적 무의식'이라는 문제를 제기한다. 또한 '유교의 윤리성과 비판성'을 각성시키면서 그것이 '21세기 문명 재편의 한 축'이 될 수 있음을 시사한다. 그러자면 그의 말대로 '유교의 전위(轉位)와 변형'이 필요하다. 달리 말해 '유교 전통이 지닌 정의 유산을 시대에 걸맞게 개념화, 이론화, 제도화해 나가는 일'이 필요할 것이다.

참고문헌

『經國大典』『周禮』『春秋左傳』『孟子』『中庸』『論語』『時事新報』

『萬國公法』, 京都崇實館存版, 1864年刊 (*Elements of International Law*, 1886 Edition of Richard
  Henry Dana, Jr., in *The Classics of International Law*, edited by James Brown Scott, Oxford:
  The Clarendon Press, 1936.)

김상일 등. 2009. 『한류와 한사상』. 서울: 도서출판 모시는 사람들.

김상준. 2011. 『맹자의 땀 성왕의 피』. 서울: 아카넷.

_____. 2014. 『유교의 정치적 무의식』. 서울: 글항아리.

김한식. 2005. 『天下國家: 전통 시대 동아시아 세계 질서』. 서울: 소나무.

이용희. 1997. 노재봉 편. 『韓國民族主義』. 서울: 瑞文堂.

이춘식. 1997. 『事大主義』. 고려대학교 출판부.

Bongjin, Kim. 2017. "Rethinking the Traditional East Asian Regional Order: The Tribute System
  as a set of Principles, Norms, and Practices," in *Taiwan Journal of East Asian Studies*, Vol.
  14, No. 1. pp. 119-170.

Bull, Hedley. 1977. *The Anarchical Society: A Study of Order in World Politics*, New York:
  Columbia University Press.

Krasner, Stephen. 1999. *Sovereignty: Organized Hypocracy*, Princeton, NJ: Princeton University
  Press.

Lake, David A. 2009. *Hierarchy in International Relations*, Ithaca and London: Cornell University
  Press.

Reid A. and Yangwen Zheng eds. 2009. *Negotiating Asymmetry: China's Place in Asia*,
  Singapore: National University of Singapore Press.

Reus-Smit, Christian. 1999. *The Moral Purpose of the State: Culture, Social Identity, and
  Institutional Rationality in International Relations*, Princeton, NJ: Princeton University
  Press.

傅德元(푸더위엔). 2013. 『丁韙良與近代中西文化交流』. 臺北: 臺灣大學出版中心.

金鳳珍. 2004. 『東アジア「開明」知識人の思惟空間: 鄭觀應·福澤諭吉·兪吉濬の比較研究』
  九州大學出版會.

_____. 2009. '韓日共通の共通課題', 『翰林日本学』 제14집, 한림대학교 일본 연구소.

_____. 2018. 「朝鮮＝屬國, 屬邦」論考'. 臺灣學術發展委員會編. 『文化交流與觀照想像』. 臺北: 中央研究
  院中國文哲研究所(근간).

佐藤慎一(사토 신이치). 1996. 『近代中国の知識人と文明』. 東京: 東京大學出版會.

제2부

동주의 근대 국제정치론

동주의 근대국가론과
'유럽 발흥'의 역사사회학

김준석(가톨릭대학교)

동주의

근대국가론은 『일반국제정치학(상)』의 제4장 '근대 국가의 국제정치사적 여건'과 『미래의 국제정치』 제1 강 '근대국가의 새로운 변화'에서 주로 확인된다. 『일반국제정치학(상)』에서 동주는 책이 출판될 당시의 한국에서 낯선 분야였던 국제정치학을 독립적인 학문 분과로 정착시키기 위한 기초 작업의 일환으로 국제정치의 기본 단위로서의 근대국가를 다룬다. 하지만 이러한 목적 외에도 동주는 근대국가의 유럽의 발흥에 대한 기여에도 관심을 가졌는데, 다음에서는 이러한 측면에서 그의 근대국가론을 살펴보고자 한다. 특히 최근 들어 서구학계에서 '유럽의 발흥'과 '비유럽의 쇠락'에 관해 기존 견해와 다른, 따라서 동주의 견해와도 차이를 보이는, 해석이 각광을 받기 시작했다는 점에 주목하고, 이의 관점에서 동주의 근대국가론을 이해하고자 한다. 이 새로운 해석에 따르면 유럽과 비유럽의 발흥과 쇠락은 불가항력적인 것과는 거리가 멀었다. 대신 우연적이라고 부를 수밖에 없는 요인들이 큰 영향을 미쳤고, 발흥과 쇠락의 엇갈림도 흔히 생각되는 것보다 훨씬 뒤늦게 시작되었다. 그러한 분기의 효과가 본격적으로 나타나기 이전까지 유럽과 비유럽은 정치적, 경제적, 문화적으로 대등한 지위에 있었다. 이러한 해석이 일정한 타당성을 갖는다면 우리는 유럽이 부상하고 비유럽이 쇠퇴하는 과정에서 근대국가가 담당한 역할 역시 재고할 필요가 있다. 다음에서는 유럽의 발흥에 관한 새로운 해석을 소개하고, 이 해석의 타당성을 둘러싼 논쟁의 맥락에서 유럽이 앞서 나가는 과정에서 근대국가가 행한 역할에 관한 다양한 견해를 검토하고 평가한다.

I. 들어가며

동주의 근대국가에 관한 견해는 『일반국제정치학(상)』의 제4장 '근대국가의 국제정치사적 여건'에서 주로 제시된다. 그밖에도 『미래의 국제정치』 제1강 '근대국가의 새로운 변화'에서도 그 일단을 확인할 수 있다. 『일반국제정치학(상)』에서 제시된 근대국가론은 그 자체가 목적이 아니다. 동주가 근대국가를 다루는 일차적인 이유는 그것이 국제정치의 기본 단위이기 때문이다. 『일반국제정치학(상)』이 출판된 당시 아직은 낯선 분야였던 국제정치학을 독립적인 학문 분과로 정착시키기 위한 기초 작업의 일환으로 근대국가를 다룬 것으로 보인다. 다만 동주는 근대국가의 일반 이론을 제시하는 대신 철두철미하게 역사적인 관점에서 이에 접근한다. 그는 근대국가가 '근대'라는 특정한 시기에 '유럽'이라는 특정 지역에서 만들어졌음을 강조한다.

이 글은 '그와 같은 기초 작업이 동주가 근대국가론을 통해 말하고자 한 전부였을까?'라는 의문에서 출발한다. 근대국가는 국제정치의 기본 단위이기 전에 동주와 그와 동시대를 산 이들에게는 삶의 현실이었다. 동주는 근대국가로의 변신에 실패한 결과 나라를 잃은 한반도에서 태어나 성장했다. 동주가 『일반국제정치학(상)』을 십필하던 1950년대와 1960년대 독립을 쟁취했으나 얼마 지나지 않아 전쟁의 참화를 겪어야 했던 한국은 근대국가로의 변신을 위해 안간힘을 쓰고 있었다. 동주 역시 학자이자 지식인으로서 이에 힘을 보탤 방법을 고민했을 것이다. 만일 동주가 근대국가에 대한 현실적인 고민을 품지 않았다면 오히려 이상한 상황이었다. 이러한 고민이 동주로 하여금 국제정치의 기본단위에 대한 설명으로는 긴 분량의 근대국가론을 쓰도록 했을 것이다.

보다 구체적으로 동주는 근대국가와 관련하여 다음과 같은 의문을 가졌을 것이다. 어떤 이유에서 한국을 비롯한 아시아의 여러 나라들은 근대국가라는 강력하고도 효율적인 제도를 만들지 못했는가? 유럽 국가들이 이러한 제도를 만들 수 있었던 이유는 무엇인가? 지금이라도 한국이 근대국가를 가지기 위해서는 무엇이 필요한가? 유럽의 경험은 한국에 어떤 교훈을 줄 수 있는가? 요컨대 근대국가는 과거의 실패 이유이자 미래의 성공을 위한 열쇠였다. 실패한 이유를 알아내고 성공의 열쇠를 손에 넣기 위해서는 과거에 한국을 비롯한 아시아의 전통국가들이 어떤 문제점과 한계를 가졌는지, 이에 반해 유럽의 근대국가는 어떤 장점을 가졌는지 살펴볼 필요가 있다.

이러한 점에서 동주의 근대국가론을 '유럽의 발흥에 대한 근대국가의 기여'의 관점에서 살펴보는 것은 일정한 의미를 가질 수 있을 것이다. 다음에서는 근대 유럽의 '발흥'에 관해 비교적 최근에 벌어진 논쟁을 살펴보고, 이러한 관점에서 동주의 근대국가론을 새롭게 조명할 수 있는 기회를 모색해 보고자 한다.

II. 동주의 근대국가론

근대국가에 관한 동주의 설명은 근대국가가 지리적으로 "유럽이라는 특정한 사회"에서 처음 등장했음을 강조하면서 시작된다. 이후 유럽의 제도와 관습과 규범이 전 세계적으로 확산되면서 '국가'는 곧 '근대국가'라는 공식이 널리 받아들여지게 되었지만 근대국가가 그 기원에서 '유럽제(製)'라는 사실에는 변함이 없다(이용희 2013, 124-25). 동주는 또한 근대국가가 시기적으로 유럽사에서 '근대'로 불리는 시기에 "중세적인 국가 유형"으로부터 "이탈 또는 탈출"하면서 등장했음을 강조한다. 유럽의 중세국가는 교황으로 대표되는 교권(敎勸)과 신성로마제국 황제로 대표되는 속권(俗權)이 서로에 대한 우위를 주장한 이원주의와 "인류적이며 계층적"인 정치구조, 그리고 권력의 극단적인 분산이라는 특징을 지녔다. 대략 1500년을 전후하여 유럽 일부 지역에서 본격적으로 모습을 갖추기 시작한 근대국가는 교회의 권한을 제약함으로써 권력의 이원적 성격을 극복하고, 자신의 권력을 "지상(至上), 지고(至高), 무제한, 불가분, 불가류(不可謬), 독립의 주권"으로 정의하는 한편, 국가와 국민의 관계를 사적인 관계가 아닌 "공적 관계"로 규정하고, "중앙집권적 관료조직, 강제장치로서의 군대"를 기반으로 권력을 한데 모으는데 성공했다. 동주는 근대국가를 "일정한 영역에 있어서 압도적인 물리적 강제력에 의하여 이루어진 직접적이며 절대적인 지배관계를 공권력(혹은 주권)이라는 개념을 매개로 하여 합법화하고 단체력(團體力)으로까지 통합한 그러한 독점적이며 안정적인 권력 질서"로 정의한다(이용희 2013, 129-30).

유럽사에서 근대국가의 또 하나의 중요한 특징은 각각의 국가가 다른 국가에 대해 배타적이고 경쟁적인 "우적(友敵) 관계"에 선다는 것이다. 이는 정부와 정부 사이의 관계에 국한된 현상이 아니다. 근대국가의 국민들 역시 "내·남이라는 예리한 차별의식"에 바탕을 두고 다른 나라를 바라보기 시작했고, 공동의 적에 맞서 "사회'아(我)'적인 애국심"을 발휘하는 것을 중요한 의무로 간주하게 되었다. 그 결과 중세의 유럽인들이 지녔던 "'우리' 세계적인 기독교 사회의식"은 자취를 감추고, "국가권력 대 국가권력의 대립과 전쟁"이 국제관계의 본질처럼 여겨지게 되었다(이용희 2013, 131). 이와 같이 근대국가 사이의 관계가 경쟁적이고 대립적인 성격을 지니게 됨에 따라 17세기에 들어서면 여러 국가가 어느 하나로 흡수되거나 통합되지 않고 공존하는 것이 정당하고 정상적인 상태로 공인되었다(이용희 2013, 136-37).

동주는 근대국가의 기본 성격을 이상과 같이 정리한 뒤 동주는 그 기능과 역할에 따라 이를 다시 '군사국가', '경제국가', '식민지국가'로 분류한다. 물론 이는 어디까지나 이론상의 분류일 뿐 현실의 근대국가는 많고 적음의 차이는 있을지언정 거의 모든 경우에 세 가지 측면을 모두 포함한다. 각각의 측면을 간략히 살펴보면, 먼저 군사국가로서의 근대국가는 "군사적 목적과 필요를 구현하기 위한 군사정책이 다른 것에 우선되어 있으며, 이에 따라 사회구조, 국가재정, 국가정책에 이러한 목적과 필요가 반영되어 있는 국가"로 정의된다(이용희 2013, 138). 즉 군사국가는 전쟁 혹은 전쟁의 위협에 대처하는 일의 엄중함이 국가의 다른 모든 업무에 앞설 뿐만 아니라 국가재정부터 사회구조에 이르기까지 국가의 일반적으로 이러한 목표를 달성하는 데 맞추어져 있는 국가로 이해될 수 있다. 예컨대 근대국가에서 국부(國富)는 그 자체로서 가치 있는 것으로 간주되지 않고, 거의 언제나 군사력의 기반으로 이해되었다. 군사력으로 치환되지 않는 부는 국가의 허약성을 의미할 뿐이었다. "부국강병이란 두 개 아닌 단일개(單一個)의 구호"였다(이용희 2013, 147).

유럽에서 국가의 군사적인 측면이 이와 같이 두드러지게 된 이유는 무엇인가? 우선 사상적인 차원에서는 '자존권(自存權)' 이론, 즉 국가의 존재를 유지하는 것이 다른 모든 것에 우선하는 권리라는 이론에서 그 이유를 찾아볼 수 있다. 군사력은 국가의 자존(自存)에 필수불가결한 요소이다(이용희 2013, 139). 그렇다면 이와 같은 자존권 이론이 널리 받아들여지게 된 현실적인 이유는 무엇인가? 이는 세계 다른 어떤 지역에서보다 근대 유럽에서 전쟁이 빈번하게 발발했기 때문이다. 동주는 여러 수치를 인용하여 이러한 사실을 입증하려 시도하는데, 이에 따르면 근대사를 통틀어 유럽의 근대 국가들은 대략 2년 중 1년은 전쟁 중에 있었다. 이에 비해 한반도의 역사에서 지난 400년 간 전쟁이 발발했던 기간이 26년, 대략 100년 중 6년 반, 근대 유럽의 10분의 1에 불과했다. "유럽근대사가 그 얼마나 전진(戰塵)에 가득 찬 전쟁의 역사"였는지 알 수 있다(이용희 2013, 146-47). 우리는 여기에서 한 발 더 나아가 어떤 이유에서 유독 근대 유럽에서 이와 같이 전쟁이 빈번하게 발발했는지 질문을 던져 볼 수 있다. 동주는 세 가지 정도의 이유를 제시한다. 첫째, 중세국가의 근대국가로의 전환을 주도한 세력이 국가와 통치자의 권력과 위신을 전쟁에서의 승리를 통해 제고하고자 하는 '군국주의적'인 성향을 띠었다는 점을 들 수 있다. 둘째, "다른 대륙에 비하여 비좁은 유럽의 한구텅이"에 다수의 국가들이 국경을 접하여 공존해야 했다는 사실 역시 중요하다. 셋째, 도덕률에 얽매이지 않고 가용한 모든 수단을 동원하여 국가 이익을 추구하는 것의 정당성을 옹호하는 이탈리아 '국가이성사상'의 전 유럽으로의 확산 역시 한몫을 한 것을 보인다(이용희 2013, 142-45).

다음으로 근대국가의 경제국가로서의 측면은 국가가 "명시적이며 또 의식적으로 부의 추구와 상공정책에 치중"하는 현상을 가리킨다(이용희 2013, 167). 동주는 경제학이 별개의 학문분야로 독립한 이후로 경제는 "'부' 또는 '재화'의 현상"으로 이해되었지만, 학문이 아닌 현실세계에서 "경제는 언제나 '나라'를 매개하고 있었으며 따라서 재화는 나라의 재화이며 부는 국부"였다는 점을 강조한다(이용희 2013, 175). 경제학이 원래 정치경제학으로 불리었던 이유가 여기에 있다. 역사적으로 근대국가의 형성은 국가 전체를 단위시장으로 하는 국가경제의 성립을 수반했다. 예컨대 프랑스의 경우 16~17세기 통일적인 근대국가의 등장과 함께 물품의 자유로운 거래를 가로막는 영토 내의 여러 봉건적 잔재 중 각종 관세, 통행세, 선세(船稅), 시세(市稅), 잡세 등이 정리되고, 봉건법과 도시법이 정비 내지는 폐지되었으며, 직인 신분이 전국적으로 통일되었다(이용희 2013, 170-72). 오늘날의 경제학 용어를 빌리면 근대국가의 등장으로 경제활동을 위한 '거래비용(transaction cost)'이 대폭 축소되었다.

적어도 19세기 이전까지 유럽의 거의 모든 근대국가는 경제활동공간을 단일화하는데 그치지 않고 국가의 부를 확대하기 위해 경제에 적극적이고 의도적으로 관여하는 중상주의 정책을 추진했다. 중상주의를 굳이 원어를 차음하여 '머컨틸리즘'으로 표기하기를 고집하는 동주는 이에 관한 설명에 상당한 분량을 할애한다. 중상주의는 국부가 국력의 가장 중요한 원천이라는 믿음에 기반을 둔 경제정책이다. 이 정책을 지지한 이들은 나라의 부가 증가하면 늘어난 조세수입으로 인해 국가의 재정력과 국방력이 확대될 것이고, 이는 궁극적으로 다른 나라와의 경쟁에서 유리한 위치를 차지하는데 기여할 것으로 믿었다. 결국 근대 유럽에서 중상주의 정책을 추동한 가장 중요한 요인은 국가들 간에 벌어진 치열한 대립과 전쟁이었다. 때로는 중상주의 정책 자체가 전쟁의 원인을 제공하기도 했다. 더 많은 부의 원천을 확보하려는 국가들 사이의 치열한 경쟁은 심심치 않게 대규모 무력 충돌로 이어지곤 했다. 스웨덴은 북해를 상업적으로 지배하려는 야심에서 30년 전쟁에 참전하기로 결정했고, 두 차례에 걸친 영국-네덜란드 전쟁, 네덜란드-포르투갈 전쟁, 1672년의 영국-프랑스-네덜란드 전쟁, 1656~59년의 영국-스페인 전쟁, 1689년~97년의 9년 전쟁, 1700~21년의 대북방전쟁, 1702~14년의 스페인왕위계승전쟁, 1739~48년의 영국-스페인 전쟁, 1756~63년 7년 전쟁 등도 정도의 차이는 있지만 모두 부분적으로 경제적 이해관계의 충돌로 인해 발발했다(이용희 2013, 175-93).

군사국가, 경제국가로서의 유럽 근대국가는 또한 식민지 국가로 규정될 수 있다. 동주도 인정하듯이 러시아를 제외하면 주로 서유럽에 위치한 스페인, 포르투갈, 네덜란드, 영국, 프랑스 등만이 적극적으로 식민지개척에 나섰기 때문에 식민지 국가를 모든 근대국가에 일반적인 현상으로 간주할 수 있을지 의구심이 들 수도 있을 것이다. 동주는 이에 대해 동주는 "설령 식민지를 실제로 획득하지 못하였던 시기와 경우에도 근대국가의 성향은 식민지국가의 그것"이었다고 지적한다(이용희 2013, 209). 예컨대 19세기와 20세기 초의 오스트리아-헝가리 이중왕국과 같은 나라는 실제로 식민지를 획득하거나 보유한 경험을 가지지 않았지만 여전히 식민지 국가로서의 성격을 지녔던 것으로 이해할 수 있다. 동주는 또한 식민지를 가능한 한 포괄적으로 정의할 것을 제안한다. 동주는 본국민들이 이주해서 정착하거나 식민모국의 영토에 정식으로 편입된 지역만을 식민지로 간주하는 대신 "일정한 지역과 그 주민이 정치·경제에 있어서 차별적으로 예속되어 있거나 또 예속되어 있는 것과 같은 지위에 빠진 경우" 그러한 지역 역시 사실상의 식민지로 분류할 필요가 있다고 지적한다(이용희 2013, 209-10). 이러한 정의에 따를 경우 이주나 영토편입이 일어나지는 않았지만 서구 열강에 의해 다양한 형태의 정치적, 경제적 착취와 예속을 겪어야 했던 여러 지역들, 대표적으로 19세기 말~20세기 초의 중국과 같은 지역 역시 식민지로 분류된다.

유럽 근대국가의 식민지 개척은 "황금·상리(商利)·재욕(財慾) 외에 종교·정치피난·전도" 등 다양한 동기에 의해 촉발되었고, "상항(商港, emporia), 기항지, 경작 및 농원경영지(plantation), 정복지, 합병지" 등 다양한 형태를 취했다. 그럼에도 식민지 국가의 가장 중요한 목적은 거의 예외 없이 경제적인 이익의 증진에 맞추어졌다. 군사기지나 기항지의 확보 등을 목적으로 식민지를 획득하기도 했지만 그러한 경우는 소수에 그쳤다. 하지만 앞서 지적했듯이 근대 유럽에서 부는 국부로 이해되었고, 근대국가의 관점에서 경제적 이익은 그 자체로 중요한 것이 아니라 거의 언제나 정치·군사적인 이익에 "저초(底礎)"되었다는 점을 고려할 필요가 있다. 식민주의 정책은 표면적으로는 "경제이익으로 의식되고 선전"되었지만, 현실적으로는 "군국적이고 경제적인 것이 서로 때로는 수단·방법 또 때로는 동기·목적으로 서로 매개"되는 것이 일반적이었다(이용희 2013, 233-35). 근대국가의 식민주의는 근대 유럽에 고유한 "국가권력 대 국가권력의 대립과 경쟁"을 도외시하고는 정확하게 이해되기 어렵다. 식민주의는 "유럽 정치가 지니고 있는 군사주의, 경제주의의 역사적 표현"이었다(이용희 2013, 246)

이와 같이 정치·군사적이고 경제적인 이유에서 비롯된 근대국가의 식민주의는 애초에 의도하지 않았던 결과 한 가지를 가져왔다. 유럽식 국제정치가 전 지구적인 차원으로 확대된 것이다. 동주는 "본래 유럽 국제정치는 유럽에서 발생한 근대국가라는 특정한 나라의 형태를 중심하여 이룩된 국제정치였건민 유럽국가의 식민시 경영 및 식민수의 정책의 확대로 말미암아 전지표가 유럽정치의 권내에 들어오게 되었다. 설령 독립을 유지하는 동양국가에 있어서도 전후좌우에 파도와 같이 닥쳐오는 유럽정치에 영향을 아니 받을 도리가 없게 되었다."고 쓰고 있다(이용희 2013, 235).

유럽 국제정치의 비유럽 '권역'으로의 '전파'는 세 가지 중요한 변화를 초래했다. 먼저 영토 및 국경 관념이 변화했다. 유럽의 식민주의가 본격화되기 이전에 유교권이나 이슬람권의 국경관념은 "대등한 피아(彼我)의 팽창력이 부딪혀 중화(中和)된 계선(界線)"의 형태를 취한 유럽의 국경관념과는 달리 "계역(界域), 계면(界面), 계변(界邊)"의 형태를 취했다. 하지만 유럽인들의 식민활동이 개시되면서 비유럽 지역의 국가들은 자신들의 영토관념을 준용하기를 요구하는 유럽 국가들의 압력에 굴복할 수밖에 없었다. 다음으로 유럽 국제정치의 팽창은 "정체(政體)·법체·경제의 유럽화"를 가져왔다. 일찍이 영국의 엘리자베스 1세는 1584년 부여한 식민특허장에서 "식민지에서 집행되는 법령은 본국의 법·제정법·정치·정책에 부합되어야 한다고 규정"한 바 있거니와, 이후 대부분의 유럽 식민지국가들은 식민지에 자국의 법과 관습의 수용을 강요했다. 조선에서 갑오개혁 이후에 전통법과 관습법 대부분이 폐기된 것도 유사한 맥락에서 이해될 수 있다. 마지막으로 유럽 국제정치의 확대는 비유럽 지역이 "일국주의·민족주의·군국주의" 등 유럽의 정치이념에 "감염"되는 결과를, 종국에는 "온 세계를 '너'와 '나'의 대립적 관계 그리고 우적(友敵)의 관계로 일변"시키는 결과를 가져왔다(이용희 2013, 248-46).

『일반국제정치학(상)』에서 제시된 동주의 근대국가론은 이 주제에 관한 최근의 연구 성과와 비교해도 전혀 손색이 없다. 오히려 유럽 정치사, 국제정치사, 정치사상사에 관한 방대한 자료와 문헌에 바탕을 둔 동주의 연구는 방법론적, 이론적 엄밀성에 매몰되어 '뼈대만 앙상하게 두드러질 뿐인' 최근 연구에 비해 구체적이고 풍부한 내용으로 이루어져 있다는 장점을 지닌다. 동주가 근대국가의 역할과 기능을 군사국가, 경제국가, 식민지 국가로 분류하고 세 측면모두를 동등하게 다룬 것, 그러면서도 이들 사이의 연관성에 주의를 환기시킨 것 역시 장점으로 꼽힐 수 있다. 다만 근대국가에 관한 최근 연구에서는 55년 전의 동주가 미처 충분히 고려하지 못한 요인들이 국가형성과정에 끼친 영향이 강조되었음을 지적할 수 있다. 예를 들면 필폿(Daniel Philpott 2001)과 고르스키(Philip S. Gorski 2003) 등은 종교개혁과 종교전쟁이 근대국가와 국제정치에 미친 영향을 강조했고, 스프류트(Hendrik Spruyt 1994)와 넥슨(Daniel Nexon 2009) 등은 중세국가로부터 근대국가로의 이행이 특정 시기를 전후하여 급격하게 그리고 일방적으로 일어나지 않았으며, 근대 유럽에서 양자의 특징을 동시에 지닌 다양한 형태의 정치체들이 상당 기간 존속했음을 지적한 바 있다. 다우닝(Brian M. Downing 1993)과 어트먼(Thomas Ertman 1997)과 같은 이들은 근대국가를 정치구조나 행정체제의 성격에 따라 여러 유형으로 구분하여 고려할 필요가 있음을 주장하기도 했다. 예컨대 입헌주의 국가와 절대주의 국가를 구분하고, 가산제 국가와 관료제 국가를 구분할 필요가 있다.

물론 유럽 근대국가 형성과정의 이와 같은 측면들을 적극적으로 고려하지 않았다는 사실이 동주 근대국가론의 의의와 가치를 손상시키는 것은 아니다. 또한 동주가 이러한 측면들에 무지했거나 전혀 관심을 기울이지 않았던 것도 아니다. 동주는 최근 연구들이 제기한 이슈들을 부분적으로나마 다루고 있다. 예컨대 동주는 중세국가로부터 근대국가로의 이행이 급격하고 일방적으로 이루어지지 않았다는 점을 비록 각주에서기는 하지만 다음과 같이 적어도 두 번에 걸쳐 밝힌다.[1]

"물론 이러한 중세유럽의 근대화는 역사적으로 일시에 된 일도 없고 또 유럽 전 지역에 일매지게 진전된다는 것은 있을 수 없었다. … 독일 같은 유럽 중의 정치 후진은 말할 것도 없고, 프랑스 같은 선진에 있어서도 프랑스 혁명 시기까지를—곧 근대 전기의 전기(全期)를 통하여 봉록지제(封祿地制)가 잔존하였다는 것은 놀랄만한 일이다. … 프랑스 같은 데서도 가령 웨스트팔리아조약(1648년)에서 프랑스 왕국에 편입된 알자스(Alsace) 따위는 합스부르크 집안에서 받은 봉신(封臣)의 봉권적 특권이 그대로 유지되고, 새로 프랑스 왕을 봉주로 하였을 따름이지 그 봉권 특권을 완전히 잃지 않았다"(이용희 2013, 131-32, 각주 9).

....
1   이 부분은 동주의 근대국가론이 유럽 역사에 관한 놀랄 만큼 해박한 지식에 근거하고 있음을 특히 잘 보여주기 때문에 다소 길게 인용하고자 한다.

"유럽제국(帝國)이라고 할 수 있는 사태는 일찍이 카롤링거 왕조의 쇠망으로 끝났던 것이나 그러나 로마 제국과 통일 교권(敎勸)에의 회상에서 오는 통일유럽사상은 단체의 『신곡』, 『군국론』은 물론이오, 신성로마황제라는 합스부르크 제왕 명칭에서도 볼 수 있듯이 그 잔상을 남기었다. 일방 유럽 제국은 아니라도 통일유럽 사상은 14세기 듀보아의 『성지회복론』(De Recuperatione Terra Sanctae)으로부터 현금(現今)의 유럽연합론에 이르기까지 맥맥히 이어 내려오는 것은 주지의 사실이다"(이용희 2013, 136, 각주 4).

여기서 우리는 구체적으로 무엇이 동주로 하여금 유럽 근대국가의 문제에 관심을 가지게 했는지 질문을 던져볼 필요가 있다. 일단 '국제정치'라는 새로운 현상을 "그것이 형성되어온 고장·시기에서 우선 고찰"하는 목표로 하는 이 책에서 유럽 국제정치의 기본단위인 근대국가가 역사적으로 형성되어온 과정을 살펴보는 것은 논리적으로 당연히 필요한 작업이었다(이용희 2013, 20). 동주 근대국가론의 일차적인 목표는 국제정치학에 대한 관심과 지식이 아직 일천한 한국에서 국제정치의 기본개념을 정립하는데 맞추어졌을 것이다. 하지만 이것이 동주가 근대국가에 많은 관심을 기울인 유일한 이유였던 것 같지는 않다. 동주의 근대국가론은 보다 "실천적인 역무(役務)" 역시 지녔는데, 필자의 견해로는 동주는 근대국가의 문제가 '유럽의 발흥'과 '비유럽의 쇠락'이라는 문제와 밀접한 관련성을 지니는 것으로 이해했던 것으로 보인다. 이는 다음과 같은 이유에서 그러하다.

우선 동주가 유럽 이외 지역의 국가들과 그 국민들이 유럽 열강의 제국주의적 침탈이 극에 달한 상황에서 근대국가를 어쩔 수 없이, "타율적"으로 받아들여야만 했음을 강조한다는 점을 기억할 필요가 있다(이용희 2013, 243-44). 지난 19세기와 20세기 동안 유럽 근대국가의 생소한 규칙과 제도들이 비유럽 국가와 지역에 강제적 혹은 반강제적으로 이식되었다. 한국인을 포함한 대다수 비유럽인들에게 근대국가는 폭력적으로 강요된 현실이었다. 하지만 이와 동시에 비유럽인들에게 근대국가는 스스로의 독립을 지키고 부유해지고 강력해지기 위해 반드시 필요한 수단으로 받아들여졌다. 근대국가는 유럽인들이 그토록 압도적인 힘을 축적할 수 있었던 '비결'로 여겨졌다. 이들에 맞서 스스로를 지키기 위해서는 이 비결을 자기 것으로 만들어야 했다.

한마디로 비유럽인의 입장에서 근대국가는 '아픈 기억'인 동시에 '최선의 대안' 혹은 '유용한 수단'이었다. 그저 학문적 대상으로, 중립적인 관점에서 다루어질 수 있는 성격의 것이 아니었다. 동주의 이러한 문제의식은 1994년에 출판된 『미래의 세계정치』에서 잘 확인된다. 유럽통합을 주제로 다루는 이 책에서 동주는 유럽통합이 제시하는 새로운 정치모델이 근대국가를 기본단위로 하는 근대국제정치의 성격을 완전히 뒤바꿀 수 있는 잠재력을 지니고 있음을 주장한다. 동주는 앞으로 불과 "몇 십 년도 못 돼서" 유럽 국가들이 개척한 새로운 정치 모델이 전 세계로 '전파'될 것으로 보았다. "과거에도 실제상 세계를 지배한 국가는 10여 나라에 불과했고 그 나라들이 바로 다른 나라들의 모델이 되어 그 모델이 세계로 전파"되었는데, "향후에도 그렇게 될 가능성이 농후"하다는 것이다. 동주는 이 모델을 선도하는 나라가 장차 세계를 "지배"하는 나라가 될 것으로 예측한다(이용희 1994, 300). 동주는 한국을 비롯한 동아시아 국가들이 유럽통합 모델의 확산과 전파를 통해 야기될 국제정치의 새로운 흐름으로부터 뒤처질 가능성에 대해 깊은 우려를 표명한다. 19세기 말부터 동아시아 국가들은 유럽으로부터 근대국가와 근대국제정치 모델을 수입하여 모방해 왔고, 이제는 이의 가장 열렬한 옹호자가 되었다. 그런데 그 모델의 창안자이자 전파자인 유럽 국가들이 이의 한계를 절감하고 새로운 대안을 모색하기 시작한 것이다. 동주에 따르면 현재 한국을 비롯한 동아시아 국가들은 자칫 하다가는 다시 한 번 "역사의 뒷바퀴"로 갈지도 모르는 상황에 처해 있다(이용희 2014, 26, 300).

동주의 이와 같은 주장에서 우리는 그가 근대사에서 유럽이 비유럽에 비해 결정적인 우위를 차지할 수 있었던 이유, 근대 유럽이 '역사의 앞바퀴'로 갈 수 있었던 이유를 근대국가에서 찾았다는 사실을 알 수 있다. 유럽인들은 근대국가라는 효율적인 정치제도를 만듦으로써 세계를 지배하는데 성공했다. 이에 반해 그렇게 우수한 제도를 가지지 못했던 비유럽인들은 "역사의 뒷바퀴"로 가는 대가를 치러야 했다. 동주는 유럽통합이라는 새로운 정치모델을 통해 유럽이 다시 한 번 '앞서 나갈' 동력을 확보했다고 믿었고, 동아시아를 비롯한 비유럽이 과거의 과오를 되풀이하지 않도록, 즉 다시 한 번 뒤처지지 않도록, 관심과 분발을 촉구한다.

결국, 동주에 따르면, 우리는 '유럽의 발흥'과 '비유럽의 쇠락'이라는 역사적 맥락 속에서 근대국가를 이해할 필요가 있다. 잘 알려져 있다시피 지난 500여 년의 역사는 그 이전까지 서로 독립적이었던 문명권들이 서서히 연결되고 통합되는 가운데 한때 중국이나 인도, 이슬람 제국에 비해 정치적, 경제적, 문화적으로 뒤처졌던 혹은 뒤처졌다고 여겨졌던 유럽이 이들 모두를 압도하는 힘을 키우는데 성공하고 이를 바탕으로 세계를 사실상 지배하게 된 역사였다. 이 '대역전극'의 한가운데에 근대국가가 있었다. 물론 근대국가가 유럽 발흥의 유일한 혹은 가장 중요한 요인이었다고 하기는 어렵다. 하지만 결정적인 요인들 중 하나였다는 데에는 이의심의 여지가 없다.

여기서 이 문세에 관한 최근의 연구 동향과 관련하여 한 가지 흥미로운 사실을 지적할 수 있다. 그것은 근래 들어 서구 역사학계에서 '유럽의 발흥'과 '비유럽의 쇠락'에 관해 기존 견해와 사뭇 다른, 따라서 동주의 견해와도 차이를 보이는, 해석이 각광을 받기 시작했다는 점이다. 이 새로운 해석에 따르면 유럽과 비유럽의 발흥과 쇠락은 불가항력적인 것과는 거리가 멀었다. 대신 우연적이라고 부를 수밖에 없는 요인들이 큰 영향을 미쳤고, 발흥과 쇠락의 엇갈림, 즉 '분기(分岐)'도 흔히 생각되는 것보다 훨씬 뒤늦게 시작되었다. 그리고 그러한 분기의 효과가 본격적으로 나타나기 이전까지 유럽과 비유럽은 정치적, 경제적, 문화적으로 대등한 지위에 있었다. 이러한 해석이 일정한 타당성을 갖는다면 우리는 유럽이 부상하고 비유럽이 쇠퇴하는 과정에서 근대국가가 담당한 역할 역시 재고할 필요가 있다. 단순히 비중을 축소해야 한다는 뜻이 아니라 그 역할의 의의를 재정립할 필요가 있다는 것이다. 다음에서는 유럽의 발흥에 관한 새로운 해석을 소개하고, 이 해석의 타당성을 둘러싼 논쟁의 맥락에서 유럽이 앞서나가는 과정에서 근대국가가 행한 역할에 관한 다양한 견해를 검토하고 평가하고자 한다.

III. '대분기(大分岐, Great Divergence)' 논쟁: '뒤늦은' 혹은 '우연한' 서양의 발흥?

유럽의 발흥에 관한 서구 역사학계의 새로운 해석, 일반적으로 '수정주의'로 통칭되는 일련의 연구는 1990년대부터 본격적으로 등장하기 시작했다. 블라우트(James M. Blaut, 1993), 프랑크(Andre Gunder Frank, 1998), 골드스톤(Jack A. Goldstone, 2002, 2007), 웡(R. Bin Wong, 1997, 2002), 포메란츠(Kenneth Pomeranz, 2000, 2006), 홉슨(John A. Hobson, 2004) 등의 연구가 대표적이라 할 수 있다.[2] 이들 수정주의자들이 유럽의 발흥과 이에 따른 세계지배라는 사실 자체를 부정하는 것은 아니다. 이들은 영국을 비롯한 유럽의 여러 국가들이 경제를 '산업화'하는데 성공한 결과 이전에는 상상하지도 못했을 만큼의 엄청난 부를 쌓을 수 있었고, 이를 바탕으로 전 세계를 거의 모든 방면에 걸쳐 실질적으로 지배했다는데 동의한다. 즉 유럽이 '발흥'했다는 사실 자체에 대해서는 별다른 이의를 제기하지 않는다. 대신 이들은 유럽의 발흥이 오랜 기간에 걸쳐 지속되고 역사 속에 깊숙이 각인된 유럽의 비유럽에 대한 우월성에 기인한다는 견해를 강력하게 비판한다. 이러한 견해에서 유럽의 우월성은 정치적, 경제적 차원에 그치지 않고, 문화적, 종교적, 심리적 차원으로까지 확대된다. 예컨대 이러한 견해의 가장 잘 알려진 주창자인 막스 베버를 좇아 랜즈(David S. Landes 2006, 9-10)

....

2   한국 학계에서도 수정주의에 대한 관심이 상당히 높아 지난 10여 년 동안 이를 소개하는 저작들이 다수 출판되었다. 이 중 가장 대표적인 연구로 양동휴(2014), 박지향(2017)을 들 수 있다.

는 유럽에서 과학기술 상의 혁신이 일어난 것은 육체노동을 중시하고 자연을 인간의 필요에 종속시키며, 단선적인 시간관을 가진 유대교-기독교 전통에 기인한바 크다고 주장한다. 블라우트에 따르면 유럽중심 역사관을 가진 이들은 유럽이 진보적이고 역사적인 성격을 지니게 된 근본 원인으로 "창조성, 상상력, 발명, 혁신, 합리성 그리고 명예나 윤리적인 감각으로 이끄는 어떤 지적이거나 정신적인 요소"를 지목하는 반면, 이러한 지적, 정신적 요소의 부재가 비유럽을 정체되고 불변하는, 비역사적인 사회로 만들었다고 주장한다(Blaut 1993, 14-15).

이와 같이 뿌리깊이 자리 잡은 '유럽의 구조적인 우월성과 이에 기초한 유럽의 발흥'이라는 견해를 가장 효과적으로 반박한 이는 케네스 포메란츠(Kenneth Pomeranz)인데, 지난 2000년에 출판된 그의 저서 『대분기: 중국, 유럽, 근대세계경제의 형성(Great Divergence: China, Europe, and the Making of the Modern World Economy)』는 수정주의를 질적으로 한 단계 도약시킨 것으로 평가받는다. 산업혁명 이전 유럽에서 경제적으로 가장 발전된 지역이었던 영국과 중국에서 가장 발전된 지역이었던 양쯔 강 하류의 경제직 싱횡을 체계적으로 비교한 이 책에서 포메란츠는 유럽의 발흥과 관련하여 세 가지 주장을 펼친다. 첫째, 적어도 1750년 이전에 인구 일인당 평균소득이나 기대수명, 농업생산의 효율성이나 시장에서의 자유로운 상업 활동의 정도, 원산업화(proto-industrialization)의 수준 등의 지표에서 두 지역은 "놀랍도록 유사"했다(Pomeranz 2000, 8-9).[3] 즉 산업혁명의 효과가 본격적으로 나타나기 이전까지 영국과 중국의 경제발전 수준에는 큰 차이가 없었다. 둘째, 첫 번째 주장의 논리적 귀결로서, 영국과 중국 사이에 경제 수준

....

3   단적인 예로 포메란츠는 18세기 중국의 성인 남성 일인당 하루 칼로리 섭취량은 2,651 칼로리로 이는 19세기 중후반의 영국과 비슷한 수준이었다고 지적한다(Pomeranz 2000, 39). 이는 1700년부터 1800년 사이에 중국의 인구가 크게 늘어났는데, 그 증가 규모가 1700년경 당시 유럽 전체 인구의 두 배 정도였다는 사실을 감안하면 더욱 놀라운 수치이다. 인구의 급격한 증가가 생활 수준의 하락을 수반하지 않았기 때문이다(Goldstone 2002, 351).

의 격차가 현저하게 나타나기 시작한 것은 1800년대 이후의 일이다. 유럽과 비유럽의 '대분기'는 흔히 생각되는 것보다 훨씬 뒤늦게 시작되었다. 유럽의 시대는 1500년경이 아니라 1800년경에 열렸다. 셋째, 유럽과 비유럽 사이의 '분기'를 초래한 영국의 산업혁명은 석탄과 아메리카 식민지 덕분에 가능했다. 자본의 규모나 경제제도의 효율성 등 영국 경제 자체에 내재한 요인들만으로는 왜 중국이 아닌 영국에서 최초의 산업화가 일어났는지 설명하기 어렵다. 영국의 산업화는 경제 외적인 요인들의 존재로 인해 '우연하게' 시작되었다(Pomeranz 2000, 16).

포메란츠의 이와 같은 세 가지 주장은 수정주의 연구 전반의 핵심 주장으로 간주될 수 있다. 물론 연구자에 따라 조금씩 서로 다른 입장을 취한다. 이 중 프랑크와 골드스톤의 견해를 잠시 살펴보면 다음과 같다. 우선 수정주의자들 중에서도 가장 '급진적'인 축에 속하는 프랑크는 유럽과 아시아의 경제적 수준이 엇비슷했다고 주장하는 수준을 넘어 1400~1800년 사이에 세계경제의 중심은 아시아였다고 단언한다. 유럽은 아시아가 주도하는 생산, 시장, 무역에 간신히 "끼어들었는데", 그것도 거의 전적으로 신대륙에서 우연히 발견한 은(銀) 덕택이었다. 이 기간을 통틀어 유럽의 대아시아 수출품 중 금과 은이 차지하는 비중이 3분의 2 이하였던 적이 한 번도 없었다. 이 시기에 유럽이 경제적으로 발전했다면 이는 어디까지나 아시아를 중심으로 하는 세계경제가 발전했기 때문이다. 1800년 이전 유럽의 '근대화'는 지기 힘으로 이루어낸 것이라 할 수 없다(Frank 1998, 59-63, 157, 409).

포메란츠와 유사하게 1830년이 지나서야 영국과 중국 간 경제발전의 격차가 두드러지기 시작했다고 보는 골드스톤은 영국이 석탄과 식민지 덕분에 산업화에 성공했다는 그의 주장에는 찬성하지 않는다. 석탄의 경우 포메란츠는 석탄의 주매장지와 경제중심지가 지리적으로 상당히 떨어져 있던 중국과 달리 양자가 인접해 있던 영국에서 산업혁명이 시작되었다는 점을 강조하지만 골드스톤은 만약 영국이 뉴캐슬이 아니라 바다 건너 프랑스의 브르타뉴로부터 석탄을 수입해야 했더라도 영국은 산업경제로의 이행에 성공했을 것이라 주장한다(Goldstone 2002, 360-61). 이는 오직 영국에서 산업화에 필수적인 과학기술 상의 혁신이 일어났기 때문이다. 하지만 골드스톤은 이 혁신이 앞서 언급했던 "창조성, 상상력, 발명, 혁신, 합리성"을 강조하는 유럽 문화의 오래된 특징에서 기인했다는 견해를 거부한다.[4] 대신 그는 영국 특유의 '엔진 과학(engine science)'이 산업화에 결정적으로 기여했음을 지적한다. 골드스톤은 영국에서 이와 같은 지식체계가 발전한 것은 영국에 고유한 "특수하고도 매우 우연적인 상황" 때문이었다는 점을 강조한다. 예컨대 만약 1688년 네덜란드의 빌렘 공이 이끈 군대가 영국 해안에 무사히 상륙하여 제임스 2세를 왕위에서 몰아내지 못했다면, 그 결과 루이 14세와 영국 내 가톨릭교도의 지지를 등에 업은 제임스 2세가 자신이 원하는 대로 영국을 통치했더라면 영국에서 그러한 과학기술 상의 혁신이 아예 일어나지 않았을 수도 있다(Goldstone 2002, 366-77; Goldstone 2006).

이와 같이 유럽이 '뒤늦게' 그리고 '우연하게' 발흥했다는 수정주의자들의 주장에 대해 여러 차원에서 비판이 제기되었다. "유럽 중심주의는 서구인들에게도 해로울 뿐 아니라 세계에 끼칠 해악이 지대하니 가급적 피하는 게 낫다"고 주장하는 이들에 대해 "그렇게 생각하는 이들은 뜻대로 하시라. 나는 원만함을 위한 배려보다는 진실을 선호하며, 그럼으로써 내 입장에 더 한층 깊은 확신을 느낀다."고 단호하게 반박할 만큼 유럽의 발흥에 관한 전통적인 견해를 고집스럽게 고수하는 랜즈와 같은 이도 있고(Landes 1998, 21), 수정주의자들이 문제의 한 측면을 지나치게 과장하거나 반드시 고려해야 할 부분을 무시한다는 비판을 제기하는 이도 있다.[5] 또 수정주의자들

....

4   예를 들면 "전체의 약 80퍼센트에 달하는 과학혁명의 업적이 글래스고, 코펜하겐, 크라쿠프, 나폴리, 마르세유, 플리머스로 둘러싸인 육각형 지역 안에서 발생했으며, 나머지 20퍼센트가 이 지역으로부터 약 160킬로미터 안에서 발생"했음에 반해 같은 기간 오스만제국에서는 과학적 진보가 전혀 일어나지 않았음을 지적하는 퍼거슨(Niall Ferguson)은 "성직자들의 영향력 아래 고대 철학 연구가 축소되고 책은 불태워졌으며, 소위 자유사상가라는 사람들은 박해"를 받은 이슬람권 문화와 뉴턴이 사망하자 "두 명의 공작과 세 명의 백작, 한 명의 대법관"이 그의 관을 운구한 영국 문화를 대비하여 언급한다(Ferguson 2011, 134-139).

이 자신의 주장을 입증하기 위해 활용하는 자료, 특히 중국에 관련된 자료를 다룰 때 드러나는 편향성을 비판하는 이도 있다(Bryant 2006, 421; 김두얼 2016).

여기에서 수정주의의 타당성을 둘러싸고 지난 20여 년 동안 벌어진 논쟁을 상세하게 살펴볼 필요는 없을 것이다. 여러 비판에도 불구하고 수정주의는 근대 이후 유럽의 발흥이 유럽인, 유럽문화에 고유한 특성 때문이며, 이에 반해 아시아를 비롯한 비유럽 사회에서는 유럽이 걸어간 길을 갈 수 없게 만든 구조적인 장애물이 존재했다는 오래된 믿음에 균열을 내는 데 성공했다. 수정주의의 등장으로 유럽과 비유럽을 보다 균형 잡힌 시각에서 바라보는 것이 이전보다 용이해졌다. 다만 수정주의자들은, 아마도 전통적인 견해의 벽이 그만큼 두터웠기 때문이었겠지만, 종종 자신들의 견해를 지나치게 일방적으로 밀고 나갔다. 그 결과 유럽 발흥의 장기적인 측면을 무시하고, 브라이언트(Joseph M. Bryant 2006, 435-37)의 표현을 빌리면 "오랜 기간 누적된 경로의존적인 인과성의 체계와 두터운 상호의존의 맥락"을 간과하고, 유럽이 어느 순간 갑작스럽게 외재적인 요인에 의해 우연하게 부상했다는 주장을 펼친다는 인상을 받도록 만든 것도 사실이다. 유럽의 발흥에는 일정한 "준비과정"이 필요했다(Bryant 2006, 411). 이 준비과정에 도덕적인 의미를 부가하거나 어떤 필연성을 부여할 필요는 없다. 유사한 준비과정을 거치지 못한 비유럽 사회를 비판하거나 격하할 필요도 없다. 하지만 이 준비과정을 객관적으로 분석하고 대분기와의 인과관계를 논리적으로 따져보는 것은 매우 필요하고 중요한 일이다.

수정주의의 부상과 이의 타당성을 둘러싼 논쟁은 유럽이 부상하는 과정

---

5 전자의 예로는 유럽 경제에서 아시아와의 무역이 차지하는 비중은 프랑크가 주장하는 것만큼 크지 않았다는 비판을 들 수 있고(Vries 2010, 735), 후자의 예로는 포메란츠가 중국에서 농업생산이 영국에 비해 훨씬 토지집약적, 노동집약적이었다는 사실, 따라서 이미 한계치에 달한 농업생산성을 더 이상 증가시키거나 다른 분야에 종사할 수 있는 여분의 노동력을 확보하는 것이 사실상 불가능했다는 사실을 간과했다는 비판을 들 수 있다(Huang 2002).

에서 근대국가가 행한 역할에 관한 견해에도 일정하게 영향을 미쳤다. 다음 장에서는 이에 관해 살펴본다.

IV. 유럽의 발흥과 근대국가

유럽의 발흥에서 근대국가가 담당한 역할은 크게 두 부분으로 나누어 생각해 볼 수 있다. 먼저 유럽의 경제발전에서 근대국가가 행한 역할을, 다음으로 유럽이 군사적으로 부상하는 과정에서 근대국가의 역할을 검토할 필요가 있다.

1. 유럽의 경제발전과 근대국가

첫 번째 문제부터 살펴보자. 이 문제에 접근하는 데 있어서 유럽의 발흥에 관해 전통적인 견해를 지지하는 이들은 1500년 이후 오스만제국, 무굴제국, 명·청 등 기대한 제국의 지배를 받았던 비유럽과 달리 유럽에서는 이들에 비하면 중소 규모에 불과한 국가들이 여럿 공존하는 다국체제가 유지되었다는 사실을 가장 먼저 고려한다. 존스(E. L. Jones 1987)에 따르면 유럽에서 복수국가들이 경쟁하면서 공존하는 체제가 성립된 것은 유럽의 발흥에 결정적인 요인이었다. 어떤 이유에서 인도나 중국에서와는 달리 근대 이후 유럽 대륙에서 제국이 등장하지 않았는지는 확실치 않다. 존스는 다수의 하천과 산맥이 존재하는 유럽의 지리적 환경을 이유로 들지만(Jones 1987, 106-107), 대륙의 상당 부분을 아울렀던 로마 제국의 수 세기에 걸친 존재는 이러한 설명의 설득력을 떨어뜨린다(Rosenthal & Wong 2011, 12-17). 이민족의 침입에 이은 1,000여년에 걸친 중세 시기의 극단적인 정치적 분열이 다국체제의 등장과 일정한 관련성을 가지는 것으로 보이지만 이마저도 확실하지는 않다. 그 원인이 어디에 있건 존스는 유럽의 근대국가가 "최적의 크기"를 유지했다고 주장한다. 규모의 경제가 주는 혜택을 누릴 수 있을 만큼은 컸지만 정치권력이 한군데 집중됨으로 인해 발생하는 폐해를 피할 수 있을 만큼 작았다는 의미이다. 여기에 더해서 유럽인들은 문화적으로 동질적이었고, 국가 간 활발한 교역으로 인해 국경선을 초월하여 사실상의 단일시장이 유지됨으로써 규모의 경제의 한계를 넘어설 수 있었다 (Jones 1987, 109-117).

크지도 작지도 않은 적당한 크기의 국가들로 이루어진 다국체제는 또한 "경제적, 기술적 정체에 대한 보험"으로써의 역할을 담당했다(Jones 1987, 119). 타국과의 치열한 생존경쟁은 국가로 하여금 끊임없이 혁신하고 변화하도록 만들었다. 주로 서유럽 국가들이 주도하기는 했지만 16, 17세기의 경쟁적인 해외탐험과 시장개척 역시 다국체제의 존재로부터 동력을 얻은 바가 크다(Ferguson 2011, 91). 통치자들은 아시아와 아메리카에서 벌어들인 부를 유럽 내에서 유리한 위치를 점하는데 활용하고자 했다. 이에 반해 중국과 중동, 인도의 거대 제국들은 대부분의 기간 동안 경쟁의 압력을 거의 받지 않았기 때문에 변화와 혁신의 유인이 그만큼 약했다. 결과는 안정적이지만 정체된, 역동성을 결여한 사회였다. 1580년에서 1650년 사이에 잇따른 내란과 전쟁, 전염병 등으로 중국에서 인구가 40퍼센트 가까이 감소했다는 사실을 지적하면서 퍼거슨은 "도대체 무엇이 잘못되었을까"라고 묻는다. 그는 "내부에만 집중하다보니 치명적인 문제가 야기되었다"고 답한다. 중국은 "외관상으로는 안정적이고 부유했지만 속은 매우 무른" 사회였다. 요컨대 "혁신이 정지된 정체된 사회"였다(Ferguson 2011, 99). 15세기 초 정화(鄭和)가 이끈 대규모 해외원정이 "대규모 항해를 계획하고 실행하는 환관들을 혐오"한 황제에 의해 급작스럽게 중단되었다는 이야기는 중국의 폐쇄성을 강조하는 이들의 단골메뉴이다(Landes 1998, 163; Ferguson 2011, 77-83).

유럽의 근대국가가 경제발전에 기여한 두 번째 방식은 사유재산권의 보호를 통해서였다. 잘 알려져 있다시피 사유재산권을 법적, 제도적으로 보장하는 것, 특히 폭력을 독점한 국가의 횡포로부터 이를 보호하는 것이 경제 발전에 필수적이라는 점은 노스(Douglass C. North 1981; North & Wein-gast 1989)로 대표되는 제도주의 경제학의 핵심 주장이지만,[6] 사실 이는 경제학이론을 굳이 참조하지 않더라도 어렵지 않게 알 수 있는 상식적인 견해에 속한다. 인간은 사유재산권이 보장되는 경우에만 열심히 일하고 기꺼이 투자하고자 할 것이다. 어렵게 얻은 성과를 빼앗기거나 남는 것이 없을 정도로 세금으로 낸다면 아무도 생산하거나 투자하고자 하지 않을 것이다 (Acemoglu & Robinson 2012, 119). 영국에서 산업혁명이 일어난 이유 혹은 경제가 다른 나라에 비해 빠른 속도로 발전할 수 있었던 이유 중에는 명예혁명을 통해 수립된 입헌주의 정부가 사유재산권을 보다 확실하게 보장한 것을 비롯하여 자의적 과세를 중단하고 법질서를 수호하는 등의 조치를 취함으로써 사회 전반에서 "투자와 거래, 혁신을 꾀할만한 인센티브"가 활성화되었다는 점이 포함될 수 있다(Acemoglu & Robinson 2012, 156-57, 267-307; North & Weingast 1989).

다만 19세기 이전에 유럽 모든 나라에서 사유재산권이 동등하게 보호되었다고 하기는 어렵다. 즉 국가들 사이에 상당한 편차가 존재했으며, 영국이나 네덜란드와 같이 권리를 철두철미하게 보호하는 나라는 오히려 예외에 속했다. 또한 무엇이 유럽 국가들로 하여금 다른 지역에 비해 사유재산을 더 철저하게 존중하도록 했는지에 관해서도 확실한 결론을 내리기 어렵다. 랜즈는 다국체제의 존재로 인해 유럽의 통치자들은 자국 백성이 다른 나라로 이주 혹은 도주하는 것을 막기 위해 여러 특권을 부여해야 했다

....

6 "국가의 존재는 경제성장에 필수적이지만 인간이 초래하는 경제 쇠퇴의 원천이기도 하다"라는 전제에서 논의를 시작하는 노스는 국가가 행하는 가장 중요한 서비스는 "근본적인 게임의 규칙"을 제공하는 데 있다고 지적한다. 국가의 입장에서 이 규칙은 두 가지 목표를 지니는데, 한 가지는 통치자에게 귀속되는 지대를 극대화하는 방향으로 재산권을 규정하는 것이고, 다른 한 가지는 거래비용을 최소화하여 사회 전체의 경제성장을 촉진함으로써 조세수입을 극대화하는 것이다. 이 두 가지 목표는 서로 충돌할 수밖에 없는데, 첫 번째 목표를 추구하려는 통치자를 제약하여 두 번째 목표를 추구하도록 유인하는 것이 경제성장에 필수적이다(North 1981, 20-32).

는 점을 강조하고, 노스 역시 비슷한 견해를 제시한다(Landes 1998, 76-78; North 1981, 27). 하지만 이러한 설명의 설득력이 그리 크지는 않다. 다국체제만으로는 국가 간 편차를 설명하기도 어렵고, 주민의 이주나 이탈을 막을 목적이라면 '당근'이 아니라 '채찍'을 드는 것이, 즉 강압적인 제도를 채택하는 것이 보다 효과적일 수 있기 때문이다. 이러한 문제점이 존재하기는 하지만 유럽의 발흥에 관해 전통적인 견해를 지지하는 이들은 전반적으로 볼 때 비유럽의 거대 제국과 비교하면 유럽의 근대국가는 매우 효과적으로 사유재산권을 보호했다고 결론짓는다. 이에 반해 통치자가 전제적인 권력을 행사한 거대 제국에서는 재산권이 그때그때의 필요에 따라 자의적으로 침범되곤 했다. 이는 생산과 투자의 인센티브를 제약했고, 경제의 활력과 성장 가능성을 축소시켰다.

근대국가와 경제발전의 관련성에 관한 이상과 같은 견해를 수정주의자들은 다음과 같이 반박한다. 우선, 포메란츠를 비롯한 여러 수정주의자들의 저작에서 지적되듯이 1800년 이전 유럽과 중국을 비롯한 비유럽 지역 사이에 경제 수준에서 큰 차이가 존재하지 않았다면 다국체제에서 비롯된 국제경쟁이나 사유재산권의 보호를 두 지역 간 경제발전 격차의 원인으로 지목하는 견해는 의미를 상실하게 된다. 다음으로, 다른 나라와 끊임없이 경쟁해야 했던 유럽 국가들은 경제적인 혁신과 발전의 인센티브를 부여받은 반면, 비유럽 거대제국들은 그러한 경쟁에 직면하지 않았다는 견해 역시 재고할 필요가 있다. 먼저, 골드스톤(Goldstone 2007, 192-196)에 따르면, 1600년경의 아시아 지도를 보면 유럽과 마찬가지로 다국체제가 존재했음을 어렵지 않게 알 수 있다. 유럽과의 차이는 이 다국체제를 구성하는 정치단위들이 평균적인 유럽 국가보다 훨씬 컸다는 것이다. 유럽과 마찬가지로 이 아시아의 다국체제에서는 전쟁이 빈번하게 발발했다. 명나라와 몽골족의 전쟁, 역시 명과 만주족의 전쟁, 무굴제국과 페르시아와의 전쟁, 페르시아와 오스만 제국과의 전쟁 등이 끊이지 않고 이어졌다.[7] 이와 함께 과연 유럽에서 벌어진 치열한 국제경쟁이 경제 발전으로 곧바로 이어졌는지 의문을 제기할 수 있다. 치열한 경쟁으로 인해 더 많은 수입원을 확보하는 데 혈안이 된 유럽 국가의 통치자는 종종 특정 상품의 생산과 유통, 특정 지역과의 무역을 독점할 수 있는 권한을 '판매'하곤 했다. 경쟁을 통한 혁신을 부추긴 것이 아니라 오히려 이를 제약하는 방향으로의 조치를 취했던 것이다. 프랑스 등에서 주로 전비를 마련하기 위해서 새로운 관직을 만들어 판매했던 관행 역시 더 생산적인 부문에 투입될 수 있는 자금을 끌어들임으로써 경제발전에 악영향을 끼쳤다(Vries 2002, 71).

수정주의자들에 의하면 사유재산의 보호 문제에서 유럽의 근대국가와 비유럽의 거대 제국이 보인 차이에 관한 전통적인 견해 역시 재고되어야 한다. "이제는 전제군주를 땅에 묻어야 할 때"라고 주장하는 로즌솔과 웡(Rosenthal & Wong 2011, 168)"은 일반의 예상과는 달리 중국의 조세부담률이 유럽에 비해 훨씬 낮았음을 강조한다. 세금을 덜 거두어 들였다는 것은 단순히 주민이 져야 하는 부담이 크지 않았다는 것을 넘어 사유재산이 그만큼 잘 보호되었다는 뜻이기도 하다. 18세기 중국에서 조세부담률이 가장 높았던 지역의 경우에도 GDP의 약 7퍼센트를 세금으로 거두어들였던 프랑스에는 한참 미치지 못했다. 그런데 프랑스의 조세부담률은 유럽에서 세금을 가장 무겁게 징수한 두 나라인 영국과 네덜란드의 조세부담률을 훨씬 밑돌았다. 여기에 더해서 대부분의 유럽 국가가 조세수입의 70퍼센트에서 90퍼센트를 전비 내지는 군사비로 지출한데 반해 중국은 50퍼센트 정도만을 지출했다는 점, 유럽 국가들은 국내 공공재에 수입의 일부를 지출할 여력이 거의 없었던데 반해 중국 정부는 수로정비, 관개사업, 구휼사업을 위한 곡물저장고의 건설 등에 상당한 액수를 지출했다는 점 역시 기억할 필요가 있다(Rosenthal & Wong 2011, 174-86; Vries 2002, 94-97).

물론 세금을 적게 걷고 공공재에 수입의 상당 부분을 지출하면서도 사

....

7   골드스톤의 이러한 주장은 역사적 상황에 대한 정확한 해석에 근거하고 있다고 보기 어렵다. 이
     에 대해서는 다음 절에서 논의한다.

유재산권 보호에는 상대적으로 부주의할 수 있다. 실제로 중국에서는 이에 관한 논의가 유럽처럼 활발하지 않았다. 중국에는 로크에 필적할 만한 소유권 이론가가 부재했다(Ferguson 2011, 198). 하지만 재산권 보호에 대해 엄격한 입장을 취하지 않았다고 해서 중국정부가 상업 활동에 자의적으로 개입한 것도 아니다. 전통적으로 중국 정부는 민간의 상업 활동에는 가능한 한 개입하지 않는다는 기조를 유지했다. 예컨대 중국에는 통행세나 국내 관세와 같은 것이 거의 없었다. 중국 경제의 활력 없음을 지적하는 이들은 해외진출과 무역에 대한 규제를 들어 중국에서 국가의 전제적인 권력행사가 경제적으로 저성장과 비효율을 초래했다고 비판한다. 하지만 중국은 굳이 무역에 의존하지 않고도 큰 부를 쌓을 수 있을 만큼 거대한 국내시장을 보유했다는 점을 잊어서는 안 된다(Rosenthal & Wong 2011, 174; Vries 2002, 85).

유럽의 경제적 발흥에서 근대국가가 행한 역할에 관한 논의는 워낙 방대하고 복잡한 이슈들을 포함하기 때문에 이를 한마디로 평가하기는 어렵다. 다만 우리는 '진취적'이고 '경쟁지향적'인 유럽 근대국가가 경제발전에 시종일관 긍정적인 영향력을 발휘한 것과는 대조적으로 '전제적'이고 '어떠한 혁신도 바라지 않는' 동양의 거대제국은 경제를 질곡에 빠뜨렸다는 식의 이분법으로부터 일정하게 거리를 둘 필요가 있다는 결론을 내릴 수 있다.

2. 유럽의 군사적 부상과 근대국가

다음으로 유럽의 군사적 부상에서 근대국가의 역할에 관해 살펴보기 전에 일단 유럽의 발흥에 대한 관심이 주로 경제발전의 문제에 집중되었기 때문에 이 측면에 관한 논의가 아주 활발하지는 않다는 점을 언급해둘 필요가 있다. 혹자는 유럽의 군사적 부상이 경제성장을 바탕으로 했기 때문에 굳이 이 둘을 분리해서 고려할 필요가 없다고 지적할 것이다. 하지만 수정주의자들이 주장한대로 대분기가 본격적으로 일어난 시점을 1800년 이후로 잡아야 한다면 그보다 훨씬 이전부터 두드러지기 시작한 유럽의 비유럽에 대한 군사적 우위를 우월한 경제력 탓으로 돌릴 수는 없다.

주지하다시피 15세기 말과 16세기 초부터 포르투갈과 스페인을 필두로 네덜란드, 영국, 프랑스 등의 유럽 국가들이 아시아와 신대륙으로 진출하기 시작했다. 이른바 '대항해의 시대'가 열렸다. 유럽인들은 당시의 기준으로는 놀랄 만큼 짧은 기간 내에 아메리카 대륙 전역을 장악하고, 인도와 동남아시아에 다수의 무역거점을 확보했으며, 급기야는 중국과 일본으로까지 진출했다. 유럽인들이 이와 같이 비교적 소수의 인원만으로 지리적으로 멀리 떨어진 지역으로 진출할 수 있었던 것은 우수한 항해술 때문이지만 그에 못지않게 결정적이었던 것은 이들이 본국에서 갈고 닦은 싸움의 기술이었다. 포르투갈과 스페인이 신대륙과 인도, 동남아시아에 처음 진출할 당시 이미 유럽인은 세계 최고 수준의 화약무기 제조 및 활용능력을 보유했고, 1550-1660년의 '군사혁명'을 거치면서 요새축성술, 엄격한 기율 유지를 목표로 하는 훈련법, 그리고 이에 바탕을 둔 전술, 전략과 같은 분야에서도 많은 혁신을 이루었다. 1683년 빈 공성의 실패 이후 합스부르크 오스트리아가 오스만제국으로부터 발칸 반도의 상당 부분을 획득한 것, 러시아가 역시 오스만제국과의 여러 차례에 걸친 전쟁에서 잇따른 승리를 거두어 마침내 흑해 연안까지 진출한 것 역시 우월한 군사기술 덕분에 가능했다. 파커(Geoffrey Parker 1996, 154)는 "유럽 국가들이 육상과 해상에서 전쟁을 벌이는 일에 오랜 기간 집중한 결과 마침내 상당한 보상을 받게 되었다. 다른 무엇보다도 16세기와 17세기의 군사혁명에 기초한 우월한 군사력으로 인해 서구 국가들은 역사상 최초로 전 지구적인 패권을 장악하게 되었다"고 주장한다.

이러한 견해에 대해서 다음의 두 가지 사항을 고려할 필요가 있다. 먼저, 1500년에서 1800년까지의 약 3세기 동안 비유럽에 대한 유럽의 군사적 우위가 결코 절대적이지 않았으며, 이 시기에 유럽인들이 아시아와 신대륙에서 놀랄만한 성과를 거둔 것은 군사적인 우수성과 다른 요인들이 함께 작용했기 때문이라는 견해가 있다. 톰슨(Thompson 1999, 175-177)은 세 가지 요인을 지목한다. 첫째, 유럽인들은 공격대상의 취약점을 활용하는 데 탁월함을 보였다. 예를 들면 인도의 벵골 지역으로 진출한 영국 동인도회사는 이 지역이 무굴제국의 중심부로부터 상대적으로 멀리 떨어져 있고, 제국정부가 얼마 안 되는 영국인을 쫓아내는 것보다 오랜 기간 적대적인 관계에 있던 마라타 연맹과의 싸움에 훨씬 큰 관심을 기울여야 했다는 점을 십분활용했다. 둘째, 유럽인들은 공략하고자 하는 대상과 적대적인 관계에 있는 정치세력과 적극적으로 협력했다. 벵골에 진출한 영국인들은 이민족, 타종교 국가인 무굴 제국에 적개심을 가진 지역 토후들의 도움을 받았다. 셋째, 이 시기에 특히 아시아에서 유럽인들의 목표는 무역로를 장악하는 데 있었지 영토를 점령하여 통치하는 데 있지 않았기 때문에 전면전을 감행할 필요는 없었다.

다음으로 1800년 이전 아시아 국가들이 유럽에 비해 만만치 않은 군사력을 지녔다는 점을 언급할 수 있다. 특히 중국이 그러했다. 잘 알려져 있듯이 화약무기를 처음 개발한 나라는 중국이다. 중국은 화약무기를 사용하여 역사상 최초로 근대적인 전쟁을 치렀다. 12세기와 13세기에 송나라의 잘 조직되고 잘 훈련된, 화약무기로 무장한 수십만 명의 병사가 여진족과 몽골족에 맞서 싸웠다. 그 모습은 두어 세기 후에 유럽에서 치러질 전쟁의 모습과 크게 다르지 않았다(Lorge 2008, 1-2). 다만 그 동안에 중국으로부터 화약무기 제조기술을 받아들인 유럽은 이를 뛰어넘는 성능의 무기를 만들어내는 데 성공했다. 무엇이 이러한 차이를 낳았는지 확실하게 설명하기는 어렵다. 체이스(Chase 2003, 22-23)는 기동성이 뛰어난 기병을 주축으로 하는 유목민과 주로 전투를 치러야 했던 중국에게 화약무기의 효용이 제한적이었기 때문이 아니었을까 추측한다. 그 이유가 어디에 있건 대략 1450년부터 1550년 사이에 화약무기 제조기술에서 유럽과 중국 사이에 수준 차이가 두드러지기 시작했다. 안드레드(Tonio Andrade 2016, 4-5)는 이를 군사력에서의 '소분기(小分岐)'로 부르기를 제안한다. 하지만 이 격차는 곧 줄어들었다. 1550년경부터 1683년까지 중국이 크고 작은 전쟁의 소용돌이 빠져들었기 때문이다. 이 시기에 일본의 조선 침략으로 중국과 일본이 한반도에서 격돌한 것을 비롯하여 명·청 교체를 가져온 명과 만주족 사이의 긴 전쟁, 청나라가 들어선 이후에도 계속된 몽골족과의 싸움, 그리고 정성공이 이끄는 명 잔존세력의 저항, 삼번의 난 등 전쟁이 끊이지 않았다. 전쟁은 고성능 무기에 대한 관심을 불러일으켰고, 포르투갈 상인을 통해 유럽의 화약무기를 들여온 중국 정부는 곧 이를 모방한 화포와 소총을 제작하기 시작했다. 하지만 일단 위기가 지나가고 평화가 찾아오자 중국의 군사력은 다시 약화되었다. 특히 18세기 중반부터 1839년 제1차 아편전쟁이 발발하기까지 동아시아에서 유례없이 평화로운 시기가 계속되었다. 아편전쟁에서의 처참한 패배는 유럽과 중국 간 군사력 격차를 여실히 드러냈다. 군사력의 '대분기'가 일어난 것이다(Andrade 2016, 239).

이러한 두 가지 점을 고려하더라도 유럽의 비유럽에 대한 군사적 우위는 1800년 훨씬 이전부터 움직일 수 없는 사실이 된 것으로 보인다. 유럽의 우위는 군사기술상의 우위에 그치지 않았다. 유럽의 국가는 대단히 효율적인 '전쟁기계'로 작동했다. 앞서 잠시 지적했듯이 그리고 동주도 여러 통계를 들어가며 입증하듯이 유럽 국가들은 중국 등과 비교할 때 경제수준 대비 엄청나게 많은 액수의 세금을 징수했다. 한 통계에 따르면 19세기 초반 영국인 일인당 조세부담률은 같은 시기 중국인 일인당 조세부담률의 15배에 이르렀다. 이와 같이 높은 조세부담률에도 불구하고 영국 정부는 18세기 동안 추가적으로 전체 예산의 약 30퍼센트 정도를 추가적으로 채무를 통해 조달해야 했다(Vries 2016, 98, 206). 1688년부터 1783년 사이에 영국은 이렇게 거두어들인 조세수입의 75퍼센트에서 85퍼센트를 군사비로 지출했다. 채무상환에 쓰인 액수를 제하더라도 61퍼센트에서 76퍼센트에 달했다. 18세기 초에 영국에서 규모가 큰 편에 속하는 기업의 자본금은 1만 파운드를 좀처럼 넘지 않았다. 같은 시기에 영국 해군은 최상급 전함 한 척을 건조하는 데 3만 3천 파운드에서 3만 9천 파운드, 그보다 한 급 낮은 전함을 건조하는 데 2만 4천에서 2만 7천 파운드를 지출했다(Brewer 1988, 36-40).

1760년대에서 1820년대 사이에 영국의 일인당 군사비 지출액은 중국의 10배 정도에 달했다(Vries 2016, 190). 물론 영국은 유럽 국가들 중에서도 조세 부담률이나 재정에서 군사비가 차지하는 비중이 가장 높은 국가에 속했다. 하지만 여타 유럽 국가들도 영국에는 미치지 못하되 중국과 비교하면 국민 일인당 세금을 훨씬 많이 거두어들이고, 그중 훨씬 많은 부분을 군사비로 지출했다.

중요한 사실은 이와 같이 경제규모 대비 엄청난 액수를 세금으로 거두어들이고 또 채무를 통해 추가적으로 자금을 확보해야 했던 영국을 비롯한 유럽 국가들이 비교적 성공적으로 재정을 운용했고, 그 결과 수많은 전쟁을 치러냈다는 점이다.[8] 18세기 말 프랑스의 예에서 확인되듯이 모든 국가가 이에 성공한 것은 아니다. 하지만 비유럽의 거대제국에 비하면 유럽의 근대 국가들은 전쟁을 위해 사회의 자원을 동원하고 이를 조직하는 능력에서 매우 탁월했다고 할 수 있다. 유럽 국가들은 산업혁명의 경제적인 효과가 본격적으로 드러나기 훨씬 이전에 이러한 능력을 획득했다.[9]

그렇다면 무엇이 유럽의 군사적 부상을 가져왔는가? 이에 대한 해답은 역시 다국체제에서 빈번하게 그리고 치열하게 발발했던 전쟁에서 찾을 수밖에 없다(Hoffman 2015). 앞서 아시아에도 유럽과 마찬가지로 다국체제가 존재했다는 골드스톤의 주장을 소개한 바 있다. 퍼듀(Peter C. Perdue 2005, 524-32)는 17세기와 18세기 중앙아시아에서 벌어진 청나라와 러시아, 몽골족의 일파인 준가르 사이의 경쟁에 관한 자신의 저서에서 아시아에 유럽과 크게 다르지 않은 다국체제가 존재했다는 보는 것이 타당하다는 견해를 제시하기도 했다. 하지만 아시아의 어느 지역에서도 유럽에서와 같이 대등한 국가들 사이에서 전쟁이 빈번하게 발발하지 않았다.[10] 동주도 지적하듯이

....

8   브루어(Brewer 1988)는 근대국가의 이러한 측면을 '군사-재정국가(fiscal-military state)'로 명명했고, 이는 애초에는 영국 한 나라만을 지칭하는 용어로 의도되었지만 곧 학자들에 널리 채택되어 근대국가의 전쟁수행 능력 일반을 가리키는 용어로 확대되었다.

9   심지어는 1839년의 아편전쟁 역시 산업혁명의 효과가 본격화되기 전에 치러졌다고 볼 수 있다.

유럽근대사는 "전진(戰塵)에 가득 찬 전쟁의 역사"였다. 유럽과 아시아 모두에 역사적으로 다국체제가 존재했다고 이야기하는 것은 가능하겠지만 양자 사이에 질적인 차이가 없었다고 결론내리는 것은 어떤 의미에서도 타당하지 않다.

정리하면, 1500-1800년에 유럽이 비유럽에 대해 군사적으로 우위를 점하게 되었다는 데에는 별다른 의심의 여지가 없어 보인다. 군사기술상의 혁신이 중요한 역할을 했고, 또 유럽 국가의 탁월한 전쟁 동원 및 조직 능력 역시 한몫을 했다. 중요한 사실은 군사적인 부상이 경제발전과 독립적으로 이루어졌다는 점이다. 다른 무엇보다도 유럽 다국체제 내에서 빈번하게 발생한 전쟁이 결정적인 역할을 한 것으로 보인다. 수정주의자들이 혹은 수정주의 성향의 연구자들이 보다 복잡한 그림을 그리려 시도했고, 이들의 주장에도 주의를 기울일 필요가 있다. 하지만 적어도 현재까지는 이들의 주장이 기존 견해, 예를 들면 파커의 견해를 완전히 재고하게끔 만드는 정도에 이른 것 같지는 않다.

V. 마치며

지금까지 동주의 근대국가론을 살펴본 후, 이에 대한 그의 관심이 이론적인 차원에 머물지 않고 유럽의 발흥에서 근대국가가 담당한 역할에 대한 문제의식에서 비롯되었다는 가정 하에 이에 관한 최근 논의를 검토했다. 수정주의로 불리는 최근의 연구 동향은 산업화가 충분히 진행되기 전까지 유럽의 발흥은 자명한 사실이 아니었다는 점을 강조한다. 수정주의자들은 근

....

10   중국의 경우 송나라와 거란족, 여진족, 몽골족이 서로 경쟁하던 시기에 유럽식 다국체제와 가장 유사한 체제가 존재했다고 할 수도 있다. 하지만 몽골족에 의한 중국 통일 이후에는 하나의 거대 제국이 훨씬 작은 규모의 주변국들 혹은 유목인들과 공존하는 역사가 계속 이어졌다.

대국가에 대해서도 특히 경제발전과 관련하여 역할의 한계가 명백했음을 인정할 것을 권고한다. 군사적인 능력도 긍정적으로만 바라볼 수는 없다. 유럽의 근대국가는 엄청난 세금을 걷어 군사비로 지출하는데 특화된 '전쟁기계'였기 때문이다. 이에 반해 수정주의자들은 중국을 비롯한 비유럽의 거대 제국에 대해서는 비교적 호의적인 평가를 내린다. 이들은 적어도 '동양적 전제주의'의 '망령'에서 벗어날 것을 촉구한다.

동주는 『미래의 세계정치』에서 유럽이 국가들 사이의 통합이라는 전대미문의 사업을 통해 다시 한 번 앞서 나갈 채비를 하고 있음을 경고하며 동아시아 제국의 분발을 촉구한다. 이러한 주장을 제기하면서 동주는 '유럽의 발흥' 혹은 '서구의 발흥'이 여전히 현재진행형이라고 믿는 것 같다. 일제 치하에서 젊은 시절을 보내면서 부국강병의 근대국가를 건설하는 데 실패한 대가를 몸소 체험한 동주가 오늘날의 수정주의 논쟁을 직접 접했다면 어떤 반응을 보였을지 궁금하다.

참고문헌

김두얼. 2016. 「"오렌지와 오렌지"? 아니면 "오렌지와 사과"?: 『대분기: 중국과 유럽, 그리고 근대세계
　　경제의 형성』에 대한 서평」『경제사학』40(3), pp. 521-545.
박지향. 2017. 『근대로의 길: 유럽의 교훈』서울: 세창출판사.
양동휴. 2014. 『유럽의 발흥: 비교경제사연구』서울: 서울대출판문화원.
이용희. 1994. 『미래의 세계정치』서울: 민음사.
_____. 2013. 『일반국제정치학(상)』서울: 이조사.

Acemoglu, Daron & James A. Robinson. 2012. *Why Nations Fail: The Origins of Power, Prosperity
　　and Poverty*. London: Crown. 최완규 옮김. 『국가는 왜 실패하는가』서울: 시공사.
Andrade, Tonio. 2016. *The Gunpowder Age: China, Military Innovation, and the Rise of the West
　　in World History*. Princeton: Princeton University Press.
Blaut, James M. 1993. *The Colonizer's Model of the World: Geographical Diffusionism and
　　Eurocentric History*. New York: Guilford Press.
Brewer, John. 1988. *The Sinews of Power: War, Money and the English State, 1688-1783*.
　　Cambridge, MA: Harvard University Press.
Bryant, Joseph M. 2006. "The West and the Rest Revisited: Debating Capitalist Origins, European
　　Colonialism, and the Advent of Modernity." *Canadian Journal of Sociology*, Vol. 31, No. 4,
　　pp. 403-444.
Chase, Kenneth. 2003. *Firearms: A Global History to 1700*. Cambridge: Cambridge University
　　Press.
Darwin, John. 2008. *After Tamerlane: The Rise and Fall of Global Empires, 1400-2000*. New
　　York: Bloomsbury Press.
Downing Brian M. 1993. *The Military Revolution and Political Change: Origins of Democracy
　　and Autocracy in Early Modern Europe*. Princeton: Princeton University Press.
Ertman, Thomas. 1997. *Birth of the Leviathan: Building States and Regimes in Medieval and
　　Early Modern Europe*. Cambridge: Cambridge University Press.
Ferguson, Niall. 2011. *Civilization: The West and the Rest*. New York & London: Penguin Press.
　　구세희, 김정희 옮김. 『시빌라이제이션: 서양과 나머지 세계』파주: 21세기북스.
Frank, Andre Gunder. 1998. *Reorient: Global Economy in the Asian Age*. Berkeley & Los
　　Angeles: The University of California Press. 이희재 옮김. 『리오리엔트』서울: 이산.
Goldstone, Jack A. 2002. "Efflorescences and Economic Growth in World History: Rethinking the
　　"Rise of the West" and the Industrial Revolution." *Journal of World History*, Vol. 13, No. 2,
　　pp. 323-389.
_____. 2006. "Europe's Peculiar Path: Would the World be "Modern" if William III's Invasion
　　of England in 1688 Had Failed?" P. E. Tetlock, R. N. Lebow & G. Parker, eds. *Unmaking
　　the West: "What-If?" Scenarios that Rewrite World History*. Ann Arbor: The University of

Michigan Press, pp. 168-196.

_____. 2007. *Why Europe? The Rise of the West in World History, 1500-1800*. Boston: McGrawhill. 조지형, 김서형 옮김. 『왜 유럽인가? 세계의 중심이 된 유럽 1500-1800』 파주: 서해문집.

Gorski, Philip S. 2003. *Disciplinary Revolution: Calvinism and the Rise of the State*. Chicago: The University of Chicago Press.

Hobson, John M. 2004. *The Eastern Origins of Western Civilization*. Cambridge: Cambridge University Press. 정경옥 옮김. 『서구 문명은 동양에서 시작되었다』 서울: 에코리브르.

Hoffman, Philip T. 2015. *Why Did Europe Conquer the World?* Princeton: Princeton University Press. 이재만 옮김. 『정복의 조건: 유럽은 어떻게 세계패권을 손에 넣었는가?』 서울: 책과함께.

Huang, Philip C. 2002. "Development or Involution in Eighteenth-Century Britain and China?: A Review of Kenneth Pomeranz's The Great Divergence: China, Europe, and the Making of the Modern World Economy." *Journal of Asian Studies*, Vol. 61, No. 2, pp. 501-538.

Jones, E. L. 1987. *The European Miracle: Environments, Economies and Geopolitics in the History of Europe and Asia*. 2nd Edition. Cambridge: Cambridge University Press.

Landes, David S. 1998. *The Wealth and Poverty of Nations: Why Some Are So Rich and Some So Poor*. W. W. Norton & Company. 안진환, 최소영 옮김. 『국가의 부와 빈곤』 서울: 서울경제신문사.

_____. 2006. "Why Europe and the West? Why not China?" *Journal of Economic Perspectives*, Vol. 20, No. 2, pp. 3-22.

Lorge, Peter A. 2008. *The Asian Military Revolution: From Gunpowder to the Bomb*. Cambridge: Cambridge University Press.

Nexon, Daniel. 2009. *The Struggle for Power in Early Modern Europe: Religious Conflict, Dynastic Empires, and International Change*. Princeton: Princeton University Press.

North, Douglass C. 1981. *Structure and Change in Economic History*. New York: W. W. Norton.

North Douglass C & Barry R. Weingast. 1989. "Constitutions and Commitment: The Evolution of Institutions Governing Public Choice in Seventeenth-Century England." *Journal of Economic History*, Vol. 49, No. 4, pp. 803-832.

Parker, Geoffrey. 1996. *The Military Revolution: Military innovation and the rise of the West, 1500-1800*. 2nd Edition. Cambridge: Cambridge University Press.

Perdue, Peter. 2005. *China Marches West: The Qing Conquest of Central Eurasia*. Cambridge, MA: The Belknap Press.

Philpott, Daniel. 2001. *Revolutions in Sovereignty: How Ideas Shaped Modern International Relations*. Princeton: Princeton University Press.

Pomeranz, Kenneth. 2000. *The Great Divergence: China, Europe, and the Making of the Modern World Economy*. Princeton: Princeton University Press.

_____. 2006. "Without Coal? Colonies? Calculus?: Counterfactuals and Industrialization in Europe and China." P. E. Tetlock, R. N. Lebow & G. Parker, eds. *Unmaking the West: "What-If?" Scenarios that Rewrite World History*. Ann Arbor: The University of Michigan Press, pp. 241-276.

Rosenthal, Jean-Laurent Rosenthal & R. Bin Wong. 2011. *Before and Beyond Divergence: The*

Politics of Economic Change in China and Europe. Cambridge, MA: Harvard University Press.

Spruyt, Hendrik. 1994. *The Sovereign State and Its Competitors: An Analysis of Systems Change*. Princeton: Princeton University Press.

Thompson, William R. 1999. "The Military Superiority Thesis and the Ascendancy of Western Eurasia in the World System." *Journal of World History*, Vol. 10, No. 1, pp. 143-178.

Vries, Peer. 2002. "Governing Growth: A Comparative Analysis of the Role of the State in the Rise of the West." *Journal of World History*, Vol. 13, No. 1, pp. 67-138.

_____. 2010. "The California School and Beyond: How to Study the Great Divergence." *History Compass*, Vol.8, No. 7, pp. 730-51.

_____. 2015. *State, Economy and Great Divergence: Great Britain and China, 1680s-1850s*. London, New Dehli, New York & Sydney: Bloomsbury.

Wong, R. Bin. 1997. *China Transformed: Historical Change and the Limits of European Experience*. Ithaca and London: Cornell University Press.

_____. 2002. "The Search for European Differences and Domination in the Early Modern World: A View from Asia." *American Historical Review*, Vol. 107, No. 2, pp. 447-469.

제5장

동주의 전쟁관

조동준(서울대학교)

이 글은 동주의 전쟁관을 정리하고 경험적 자료와 부합 정도를 평가한다. 동주는 전쟁의 사용한 '자기전개'라는 개념을 사용하여, 전쟁이 절대왕정의 형성에 기여하였고 전쟁 수행의 비용 증가로 인하여 절대왕정이 시민민주주의로 변모하는 과정을 파악하였다. 동주는 이 과정을 "잠정적 근대국제정치의 유형적 양태"라고 조심스럽게 제안했지만, 전쟁이 근대국가의 형성과 변모에 미친 영향은 후학들이 경험적 자료로 뒷받침하였다. 또한 동주는 1940년대 말 현대 전쟁의 파멸성이 강대국 간 전쟁의 감소로 이어지지만 강대국 간 이익이 충돌하는 외곽 시점에서 분쟁의 가능성을 경고하였다. 동주의 예상은 냉전기 강대국가 간 전쟁의 부재, 전투 사망 인원의 증가 등 경험적 자료와 부합한다. 하지만 동주는 비국가행위자가 전쟁의 주역으로 등장하는 현상을 예상하지 못했다. 종합하면 동주는 동시대 전문가들과 비견될 수 없는 혜안을 보였고 근대국가의 형성과 변모를 가정 먼지 국기들에게는 관심을 보였지만, 근대국가의 형성을 두고 벌어지는 다양한 갈등을 이해하는 데 필요한 혜안을 보여주지는 못했다고 평가된다.

I. 들어가며

전쟁이 항상 존재하는 듯 보이지만, 인류 역사에서 전쟁이 차지하는 시간은 전쟁이 없는 시간에 비하여 짧다. 짧은 불꽃놀이가 큰 관심을 끌듯이 인류 역사에서 차지하는 시간이 짧은 전쟁은 여러 학문 분과에서 주요한 연구 주제로 탐색되었다. 불꽃놀이가 밤 하늘의 풍경을 극적으로 바꾸듯이, 전쟁이 삶의 양태에 미치는 영향이 너무 크기 때문이다. 전쟁에 관한 경험적 자료에 근거하여 전쟁의 다양한 양태를 분석한 초기 연구자들은 경제학, 법학, 사회학, 기상학 등 다양한 학문 분과에 기반을 두었지만(Singer 2000, 4-5), 제1차 세계대전(이하 1차 대전)을 계기로 국제정치학에서도 독자적 학문 분과로 서서히 성장했다.[1] 1차 대전과 같은 참상을 다시는 반복하지 말자는 규범적 목적에서 시작된 국제정치학의 지적 풍토가 이후에도 승계되어, 국제정치학에서 전쟁은 가장 중요한 연구주제로 자리를 잡고 있다.

동주 이용희(이하 동주)의 학문 세계에서도 전쟁이 중요한 연구주제였다. 소년기에는 만주사변을, 청년기에는 중일전쟁과 제2차 세계대전(이하 2차 대전)을, 중년기에는 6·25 전쟁을 직접 또는 간접으로 경험했던 동주에게 전쟁은 피해갈 수 없는 연구대상이었다. 특이하게도 전쟁에 관한 동주의 관심 초점은 전쟁의 발생 원인 또는 전선에서 직접 벌어지는 현상이 아니라 전쟁이 미치는 영향에 맞추어져 있다. 구체적으로 전쟁이 근대국가의 형성에 미치는 영향과 근대국가의 성격 변화가 전쟁에 미치는 영향을 "전쟁의

----
1   국제정치현상을 전문적으로 연구하는 교수직이 1차 대전 이후 만들어졌고(1919년 Aberystwyth University, 1924년 London School of Economics), 국제관계학과 또는 대학이 뒤를 이어 창설되었다(1919년 Georgetown 대학, 1927년 London School of Economics, 1927년 Graduate Studies of International Relations 1927).

자기전개"라는 개념을 사용하여 탐구한다.[2] 현안에 관한 짧은 저작에서도 전쟁의 발생 원인보다는 전쟁이 거시적으로 국가와 국제체제에 미치는 영향에 관심을 드러냈다. 현재 분과학의 분류에서 본다면, 전쟁에 관한 동주의 학문적 활동은 국제정치학과 역사사회학의 중간 경계에 있는 듯 보인다.

　이 글은 동주의 전쟁관을 정리한다. 구체적으로 이 글은 크게 두 부분으로 나누어진다. 첫째, 동주의 사용한 '자기전개'라는 개념을 사용하여, 전쟁이 근대국가의 형성에 미친 영향에 관한 동주의 생각을 정리하고 경험적 자료에 기반을 두어 평가한다. 일본을 통하여 수입된 독일 역사사회학의 학풍에 노출된 것으로 추정되는 동주는 근대국가가 전쟁을 통하여 형성되었고 근대국가의 성격 때문에 전쟁의 양상이 바뀌는 현상을 "잠정적 근대국제정치의 유형적 양태"로 규정하였다(이용희 2013[1962]). 동주의 '전쟁의 자기전개'는 축적한 경험적 자료에 일부 부합한다고 평가된다. 둘째, 동주와 평론가 박기준은 신천지에서 지상 토론을 통하여 현대 전쟁에 관한 동주의 생각을 정리하며 경험적 자료에 기반을 두어 평가한다. 동주는 상기 지상 토론에서 당시 핵무기와 공군력에 기반을 둔 전략적 폭격을 통하여 전쟁이 신속히게 끝날 수 있다는 통념을 논박하면서 현대 전쟁에서 군사논리보다는 정치논리가 우위를 차지하게 되었다고 주장하였다. 동주의 주장은 '안정-불안정 현상'의 원형에 근접한다. 현대 전쟁에 대한 동주의 생각은 국제전, 특히 강대국 간 국제관계를 이해하는 데 혜안을 보였고 전쟁무용론에 비하여 상대적 우위도 지니지만, 현대 분쟁의 다양한 양상을 포괄하는 데에서는 한계를 보인다.

....

2　"전쟁이 국가를 만들었고 국가가 전쟁을 만들었다"는 Charles Tilly의 언명(Tilly 1975, 42)이 동주의 전쟁관을 압축적으로 표현한다. 동주는 이 현상을 "자기전개"(이용희 2013[1962]. 251), "자기생산적 법칙"(이용희 1955, 50)이라고 표현하였다.

II. 근대 전쟁의 자기파멸적 전개

동주는『국제정치원론』을 통하여 전쟁이 근대국가의 형성과정에서 미친 영향에 관한 독특한 견해를 피력했다. 동주의 전쟁관은 이후『일반국제정치학(상)』에서 더욱 발전되었고, 이후 그의 저작에서 중요한 부분을 차지한다. 이 절에서는 근대 전쟁이 국가형성에 미치는 영향에 관한 동주의 생각을 정리한다.

1. 근대국가 형성에서의 유럽적 특수성: 경쟁하는 복수 강대국과 국제무정부상태

동주는 근대국가의 특징을 영토의 배타적 지배와 주권 개념으로 이해하였다(이용희 1955, 38-42; 이용희 2013[1962], 125-132). 동일한 공간 위에 몇 층위의 지배권이 중첩되었던 중세와 달리 16세기 초부터 절대왕정이 통치하는 공간에서는 특정 군주만이 배타적 지배권을 행사하는 관행이 정착되었다. 군주는 교회의 권위와 신성로마제국 황제의 권위를 자신의 통치 영역으로부터 배제하는 데 성공하였고, 자신의 통치 영역에 대한 배타적 권리를 주권 개념을 통하여 합리화하였다. 근대 후기 시민혁명을 통해 왕정이 민주정으로 바뀌면서 주권의 소지자가 군주에서 국민으로 바뀌었지만, 영토에 대한 배타적 지배와 주권 개념은 변함없이 이어졌다.[3]

근대국가는 현상적으로 군사적 목적과 필요를 최우선으로 구현하기 위하여 조직되고 운영되었으며(이용희 2013[1962], 138), 국부를 의식적으로 추구하는 상공업을 발달시키고(이용희 2013[1962], 167-168), 자국의 영향력을 다른 지역에 투영하려고 하였다. 근대국가는 본질적으로 군사국가이

....

3   동주는 16세기 초부터 프랑스 혁명까지를 근대 전기, 프랑스 혁명부터 1차 대전까지를 근대 후기로 구분한다(이용희 1955, 38).

며, 경제국가이고, 식민국가였다. 근대 유럽에서 등장하여 세계로 퍼져나간 국가의 양태는 인류 역사상 매우 특수했다. 근대국가는 중세국가와 선명히 대비되고, 21세기 국가와도 확연히 구분된다. 예를 들어, 근대국가에서는 전비가 국가재정의 2/3를 차지하는 것이 통상적이었는데, 인류 역사상 전비 비중이 이처럼 높은 시기를 찾기 어렵다.

동주는 근대국가가 현상적으로 군사국가, 경제국가, 식민국가의 모습을 가지게 된 근본 원인 두 가지를 유럽의 국제정치구조에서 찾는다. 첫째, 한 국가가 패권적 지위를 차지하여 유럽을 단독으로 지배한 사실이 없다는 "간단한 역사적 사실"이 근대국가가 태어날 수 있는 역사적 조건이다(이용희 2013[1962], 137). 근대 유럽에서는 복수 강대국이 경쟁하였으며, 2·3류 국가는 강대국과의 동맹 또는 중립으로써 생존을 도모하였다.[4] 둘째, 국가의 주권을 상위하는 권위가 존재하지 않았다. 중세 유럽에서 교황 또는 신성로마제국 황제가 군주에게 가졌던 영향력이 사라진 상황에서 군주는 폭력에 의존하여 생존을 위한 팽창을 도모할 수 있었다.

동주는 근대 초기 유럽에서 패권국의 부재, 복수 강대국의 병립, 무정부상태의 조합이 전쟁의 일상화로 이어졌다고 생각한다. 유럽의 국가는 생존을 위하여 서로 경쟁하여 전쟁을 경험했다. 소로킨의 전쟁 자료에 의하면 1501년부터 1700년 사이 프랑스는 총 44회 전쟁에 관여했고, 전쟁을 치른 연년수(延年數)가 185년이었다. 동시기 영국은 총 40회 전쟁에 관여했고, 전쟁을 치른 연년수가 152년이었다. 1701년부터 1899년 사이 프랑스는 총 56회 전쟁에 관여했고, 전쟁 연년수가 181년이었다. 동시기 영국은 총 60회 전쟁에 관여했고, 전쟁 연년수는 192년이었다. 유럽에서는 전쟁이 "정상 상태"로 묘사될 만큼 전쟁이 자주 일어났다.[5]

....

4   근대 초기 유럽에서 복수 강대국의 병립이 동주에게는 전쟁 연구의 출발점으로 당연히 수용된 사실이지만, 다른 시기 유럽과 다른 지역에서는 복수 강대국의 병립이 근대국가와 유사한 정치 단위와 유럽식 국제정치로 이어지지 않았다는 사실을 부정할 수 없다.

5   동주는 근대 유럽과 비슷한 시기 조선이 겪은 전쟁을 비교함으로써 근대 유럽에서 전쟁이 일상

유럽에서 강대국이 병립하는 상황에서 일상화된 전쟁으로 인하여 각국은 대규모 군대를 유지하려 하였다. 군사력이 생존 유지의 방법이자 동시에 더 많은 팽창에 필요한 재원을 확보하는 수단이기 때문이다. 유럽에서 각국은 대규모 군대를 뒷받침하기 위하여 의식적으로 국부를 추구했고, 국외 식민지를 개척하여 물자와 병력을 확보하려 하였다. 이 과정에서 근대국가가 군사국가, 경제국가, 식민국가의 모습을 가지게 되었다.

2. 근대 전기의 양상: 대규모 상비용병, 중상주의, 대항해 시대

동주는 근대국가가 스스로 변화하는 양상을 두 단계로 나누어 검토한다. 근대 전기 유럽에서 절대왕정은 용병으로 군사력을 유지하려 하였다. 절대왕정의 군사력은 용병과 귀족 전투단으로 구성되었다. 유사시 용병을 동원하던 관행은 18세기 전후 상시적으로 용병을 고용하는 상비군으로 바뀌고, 고용하는 용병의 규모도 점차 늘어났다. 용병대장을 통하지 않고 왕이 직접 용병을 고용하여 전투력을 안정적으로 유지하기 위함이었다. 타국과의 경쟁에서 우위를 차지하기 위한 선택이 전투원 고용에서 상승효과를 가져왔다(이용희 2013[1962], 147-151; 이용희 1955, 46-47).

상비용병의 증가는 전비 증가를 전제하였다. 절대왕정의 전비는 경쟁적으로 상승하기 시작하여 국가재정에 큰 부담이 되었다. 근대 전기 군비는 국가재정의 2/3 정도를 차지하였고, 전비 조달을 위한 압박은 재정개혁을 불러왔다. 절대왕정에서 재상은 더 많은 세원을 확보하면서 동시에 납세자의 반발을 통제하는 이율배반적 업무를 수행하였다(이용희 2013[1962], 151-155; 이용희 1955, 48-50). 동시에 국왕의 부를 확대할 수 있는 다양한 방법이 동원되어 심지어 사략을 허가하는 권한까지 판매되었다. 군사력으로 전

....

화되었다는 주장을 간접적으로 지지하였다. 동주의 조사에 따르면 1500년부터 1899년까지 조선은 17회 국제전에 관여했을 뿐이다(이용희 2013[1962], 147).

환될 수 있는 국부를 증가하기 위한 무한경쟁이 근대 전기에 전개되었다.

전비 확보를 위한 경쟁은 경제적 측면에서 중상국가로 귀결되었다. 즉시 용병을 고용하는 데 필요한 귀금속을 확보하기 위하여 절대왕정은 수출입을 통제하고, 무역 허가권을 판매하였다. 전비 확보를 위하여 국가의 시장 개입이 자연스럽게 수용되었다. 이 시기 절대왕정은 상업의 발달을 도모하였는데, 세금을 걷는 데 유리하였기 때문이다. 널리 분산된 농업 분야에서 세금을 걷는 일은 막대한 행정적 비용을 전제하는데, 근대 전기 유럽 국가는 분산된 세원으로부터 세금을 걷는 행정력을 구비하지 못하였다(이용희 2013[1962], 175-193).

전비 확보를 위한 경쟁은 영토 확장과 식민지 팽창으로 이어졌다. 19세기 전반까지만 하더라도 유럽 국가는 폐쇄적 자급자족적 농업국가였다. 절대왕정은 유럽에서 더 많은 세원을 확보하기 위하여 영토 확장을 계속하면서 동시에 해외 식민지 경략에 관심을 쏟았다. 유럽 안에서 제한된 세원을 둘러싼 경쟁이 국경을 마주하게 될 정도로 진행되자, 식민지 개척이 또 다른 세원 확보를 위한 출구가 되었다. 식민지 경략을 둘러싼 이해관계의 충돌이 유럽 내 전쟁으로 이어질 정도로 유럽 국가들은 해외 식민지 경략에 집중하였다. 근대 전기 신대륙에서는 식민지화가 진행되었고, 구대륙에서는 유럽 국가에 유리한 통상 조건이 관철되었다. 구대륙에 있는 정치 단위체를 압도할 정도로 유럽 국가가 해외로 군사력을 투영할 수 있는 여건이 마련되어 있지 않은 상황에서 유럽 국가는 구대륙과의 상업에서 유리한 지점을 차지하려고 하였다(이용희 2013[1962], 212-221; 이용희 1955, 54-55).

근대 전비 확보를 위한 절대왕정의 다양한 정책은 두 측면에서 절대왕정의 몰락을 배태하고 있었다. 첫째, 징세는 납세자의 적극적 동의 또는 무저항에 기반해야 하는데, 절대왕정의 징세는 필연 납세자의 반발을 초래할 수밖에 없었다. 절대왕정에게 전쟁이 향연(pleasure party)처럼 보일 수 있지만, 납세 의무를 진 시민에게 전비는 실질적 부담이기 때문이다(Kant 1795). 전비 증가는 납세자의 정치적 반발을 초래하여 시민혁명의 구조적 원인이 되었다(이용희 2013[1962], 158-159; 이용희 1955, 50-51). 둘째, "내나라"라는 생각의 발달이다. 근대 전기에는 자기 고향에 대한 애정처럼 원초적 귀속 의식이 있었지만, 후일 민족주의라고 불릴 수 있는 생각이 존재하지 않았다. 왕과 신민 간 정서적 유대감이 강하지 않기 때문에, 일반인이 민족주의적 생각을 공유할 수 없었다. 반면, 전쟁의 자기전개적 현상으로 왕가의 영토확장이 안정된 국경선 안에서 멈추자 국경 안에서 살고 있는 사람들 사이에서 치자인 왕과 피치자인 신민 사이에 유대감이 형성될 수 있는 조건이 마련되었다(이용희 2013[1962], 158-165; 이용희 1955, 50-51). 시민혁명은 국경 안 모든 구별을 없애고 하나의 공동체가 형성되는 계기가 되었는데, 이는 향후 전쟁의 자기파멸성을 더욱 강화하였다. 민족주의는 자민족 우선을 내세우는데, 민족주의와 전쟁이 결합되면서 전쟁의 파괴성이 강해졌다.

3. 근대 후기의 양상: 국민군과 국익 기반의 자유주의, 구대륙의 식민지화

동주는 프랑스 대혁명을 근대의 시기 구분에서 중요한 분기점으로 보았다.[6] 프랑스 대혁명 과정에서 전쟁은 근대 전기와 확연히 구분되는 양태로 전개되었다.[7] 첫째, 자원한 시민군이 절대왕정의 전문적 용병을 압도하는 현상이 일어났다. 자유, 평등, 박애를 기치로 프랑스인 사이에서 동류 의식이 형성되고 프랑스인과 국가로서 프랑스 내부에 유대가 만들어지자 시민이

....

6 영국에서 시민혁명에 의하여 의회민주주의가 시작되었지만 왕과 의회 간 힘겨루기는 19세기 초반까지 이어졌다. 즉, 영국에서는 왕정에서 공화정으로의 이행이 시민혁명 후에 완만하게 이루어졌다. 반면, 프랑스에서는 대혁명 시기 왕정과 공화정 간 교체가 선명하게 이루어졌다. 영국 시민혁명이 세계사적 변환의 조짐을 먼저 보였지만 프랑스 대혁명 시기 격렬한 변화가 있었기 때문에, 동주는 후자를 시대구분의 분기점으로 보는 듯하다.

7 프랑스 대혁명과 1848년 프랑스 2월 혁명에서 시민군이 등장했지만, 곧 왕정으로 복귀하였다. 시민군이 유럽에서 정착한 시점은 1870년 보불전쟁부터 1차 대전 사이로 보아야 한다.

자국을 지키기 위한 전쟁에 자원하는 현상이 일어났다. 근대 전기에도 이탈리아 도시국가와 네덜란드 독립전쟁에서 자신이 속한 공동체를 지키기 위하여 자원병이 등장하여 효과적으로 전투를 치른 사례가 있지만, 시민군은 근대 전기까지 예외였다. 시민군은 "「내」나라적 근대국가의 자기완성과정"이었다(이용희 1955, 50). 둘째, 전쟁이 단기 회전으로 그치지 않고 섬멸전의 양상으로 전개되었다. 근대 전기만 하더라도 심지어 19세기 중반까지도 전쟁은 국제분쟁을 해결하는 수단으로써 회전 형태로 진행되었다. 회전에서 승패가 갈리면, 강화조약을 통하여 승자에게 유리한 형태로 분쟁이 종결되었다.[8] 반면, 민족주의가 유럽인들의 마음을 얻게 되자, 회전에서의 승패가 전쟁의 승패로 바로 이어지지 않게 되었다. 비록 대규모 회전에서 승패가 갈렸다고 하더라도, 자국의 패배를 인정하지 않고 전투를 지속하는 현상이 일어났다.[9] 전쟁에서 승리하기 위하여 상대방의 전쟁수행능력과 의지를 동시에 약화시키기 위한 섬멸이 필요하게 되었다(이용희 2013[1962], 257-264).

동주는 근대 후기 전쟁의 규모가 증가하는 현상에 주목하였다. 전쟁에 참여하는 전투원의 규모, 전비 규모가 근대 후기 더욱 증가하였다(표 5.1 참조). 나폴레옹 전쟁 후 세계군비의 총액이 2억 달러 남짓했지만, 1차 대전 전 세계군비의 총액은 39억 달러에 육박하였다. 약소국이 계속 증가했음에도 불구하고 국가의 평균 군비도 나폴레옹 전쟁 후 7백만 달러에서 1차 대전 전 6천1백 달러로 증가하였다. 군인 수도 증가하였다. 나폴레옹 전쟁 후 세계 군인은 232만 명이었지만, 1차 대전 전 9백만 명을 넘어섰다. 평균 군

....

8   프러시아-오스트리아 전쟁(1866년)의 행방을 결정한 Königgrätz 전투는 7월 2일 10시에서 시작하여 당일 오후 3시 오스트리아의 후퇴로 끝났다. 이후 소규모 전투가 있었지만 7월 22일 맺어진 강화조약은 사실상 7월 2일 Königgrätz 전투의 행방으로 결정되었다.

9   프러시아-프랑스 전쟁(1870)은 9월 2일 Sedan 전투에서 프랑스 황제와 1군단이 항복했지만 프랑스는 공화국을 선포한 후 1871년 1월 28일까지 파리 포위전을 견디었다. 프랑스 3공화국과 프러시아 간 강화조약에 반대한 프랑스 시민과 국민방위군 소속은 봉기하여 5월까지 저항하였다.

표 5.1 군비와 군인 숫자(1812-1999)

연대	군비(US$백만달러)		군인(단위 천명)	
	군비 총액	평균 군비	세계 군인	평균 군인
1810	213	7	2316	79
1820	441	21	1802	86
1830	524	23	1788	77
1840	730	25	2018	69
1850	1159	33	2785	79
1860	1861	47	4584	115
1870	1710	44	4886	126
1880	1852	45	5019	122
1890	2400	51	6170	130
1900	3939	61	9034	139
1910	133549	166	291593	362
1920	51802	76	83552	122
1930	123101	76	188516	117
1940	903028	273	1444845	437
1950	913190	202	1102886	245
1960	1625299	217	1325693	177
1970	3690077	259	2525720	177
1980	7965086	279	4978179	174
1990	8073782	237	4402281	129

자료: Correlates of War Project 2017.

인의 수도 나폴레옹 전쟁 직후 8만 명에 미치지 못했지만 1차 대전 전 14만 명에 육박하였다.

동주는 근대 후기 경제 측면에서 자유주의가 사실상 국가의 부를 증가시키기 위한 방법이었다는 점을 드러냈다. 근대 전기 중상주의가 근대 후기에는 영국을 중심으로 하는 강대국에서 자유무역으로 변모하였는데, 강대국이 세계시장에서 경쟁력을 가진 상태에서 자유무역이 국가의 부를 증대하는 데 기여한다는 점을 파악하였다(이용희 2013[1962], 193-208). 외형상 자유무역이 국가의 부와 무관한 듯 보이지만, 자유주의 경제학의 표상인 애덤 스미스의 저작이 『국부론』임을 지적하며, 자유주의가 국가의 부를 달성하기 위한 방편이었음을 밝혔다. 이미 공장제 수공업에서 분업에 기반을 두어 혁신을 이룬 영국과 다른 나라는 산업혁명을 거치면서 다른 지역을 압도하게 되었다. 영국이 자유무역의 표상으로 각인되어 있지만, 산업혁명 전 영국은 철저한 보호무역을 유지하였다. 영국산 물품이 아프리카 시장에서 인도산 물품보다 잘 팔리기 시작하던 19세기 초반에서야 자유무역을 시작했다(Inikori 1989, 359-362).

식민지 경영 측면에서 근대 전기 유럽은 신대륙으로 팽창하였다. 1492년 유럽국가 중 포르투갈이 대서양에 있는 아조레스 제도와 카보베르데(Cape Verde), 스페인이 카나리아 제도 등을 차지했을 뿐이었다. 대항해 이후 스페인과 포르투갈이 신대륙에서 식민지를 건설했지만, 1800년까지 유럽 국가는 중국과 인도로 가는 항로에 있는 일부 지역만 차지했었다. 반면, 근대 후기에는 구대륙의 식민지화가 진행되어, 사실상 유럽 국제질서가 세계로 투영되었다. 유럽 국가를 압도했던 인도와 중국이 산업혁명 이후 열세로 접어들었고, 시세동점으로 表現되는 현상이 구대륙에서 일어났다. 19세기 말에는 구대륙의 식민지화가 거의 완성되어, 구대륙은 일부 국가를 제외하고 유럽 국가의 식민지로 전락하였다(이용희 2013[1962], 221-235).

III. 현대 전쟁의 자기당착

동주는 전쟁의 파괴성 증가로 인하여 정치에서 군사적 고려보다는 정치적 고려가 우위를 점하게 되는 현상을 『일반국제정치학(상)』 후반에 제시하였다. 근대 전쟁이 섬멸전으로 이행되고 민족주의와 결부되면서, 전쟁은 자기파괴적 성격을 가지게 되었다. 이 절은 현대 전쟁에 대한 동주의 "잠정적" 생각을 정리하고, 1948-1949년 『신천지』에서 평론가 박기준과 지상 논박을 통해 드러난 현대 전쟁관을 구체적으로 정리한다. 동주가 "현대국제정치의 제양상"을 미간된 『일반국제정치학(하)』에서 보여주겠다고 하였지만 상기 서가 미간된 상태이기 때문에, 현대전에 관한 동주의 생각을 제한된 자료에 기반하여 추출할 수밖에 없는 한계가 있다.

1. 현대전: 섬멸전의 파괴성과 정치 우위

동주는 1차 대전을 근대와 현대를 구분하는 분기점으로 보았다. 전쟁의 역사에서 1차 대전은 섬멸전이 가지는 한계를 확연하게 드러냈다. 민족주의 가 전쟁과 결부될 때, 시민들이 자발적으로 시가전을 벌이는 현상이 보불전 쟁의 후반기에 나타났지만, 19세기 후반까지도 주요한 국제전은 여전히 단 기전으로 종결되었다. 전쟁 선포 후 회전이 벌어진 장소까지 가는 데 소요 된 시간에 비하여 실제 전투 시간은 매우 짧았다. 또한, 프러시아에서 발전 된 긴급동원이 유럽 모든 국가에게 전파되면서, 유럽에서는 선제공격을 통 하여 상대방의 전투력을 섬멸하는 전략이 확산되었다. 러일전쟁과 보어 전 쟁에서 지구전 양상이 제한적으로 나타났지만, 1차 대전 전 대부분 군사전 략가들은 단기 섬멸전이 가능하다고 믿고 있었다.[10]

동주는 1차 대전의 파괴성이 근대전의 변화를 가져왔다고 본다. 동주는 전쟁이 유럽에 남긴 상처를 다양한 통계로 보여주어, 1차 대전이 미국을 제 외한 모든 국가가 결과적으로 재앙을 맞닥뜨렸던 점을 부각한다.

1차대전은 전전에 있었던 세계경제의 급격한 발전을 일시에 저지하였을 뿐만 아니라 나아가서 세계경제의 중요한 구성요소인 산업국 국민경제에 치 명적 영향을 주었으며 이로 인하여 수출국도 또한 타격을 받게 되었다(이용

....

10 1차 대전 발발 당시 포스터를 보면, 병사들이 1914년 성탄절을 집에서 보낼 수 있을 정도로 전쟁 이 단기간에 종료될 것이라고 믿었음을 추론할 수 있다.

희 2013[1962], 266).

전쟁이 최소한 승자에게 이익을 가져왔던 근대와 달리 '이익이 없는 전쟁'이 발생하였다. 동주는 전쟁이 단기적 섬멸전이 아니라 지구전으로 전개된 이유를 상세하게 설명하지 않지만, 전투 기술의 발전(참호전과 기관총), 민족주의에 기반을 둔 전투의지, 과학기술의 발전에 따른 병참 능력의 강화 등을 종합적으로 언급하였다(이용희 2013[1962], 271-272), 긴급동원의 신화가 무너지고 참호를 둘러싼 교착 상태가 지속되면서, 전쟁은 장기 지구전으로 바뀌었다. 이제 전쟁에서 승리하기 위해서는 대규모 회전에서 승리가 아니라 상대방의 전투의지와 능력을 모두 없애야만 하게 되었다. 동주가 구체적으로 언급하지 않았지만, 상대방의 전투의지와 능력을 후방에서 약화시키기 위하여 상대방의 생산능력과 인구적 자산을 없애는 '전략적 폭격'의 시대가 도래하였다.

〈표 5.2〉는 현대 전쟁의 자기파멸적 성격을 숫자로 보여준다. 1차 대전부터 2차 대전까지 국제전에서 전사하는 숫자는 근대 전쟁과 비교할 수 없을 징도로 증가히였다. 내전도 비슷한 양상을 보이는데, 양차 대전과 전간기 동안 내전이 남긴 사망자도 비교할 수 없을 정도로 증가하였다. 전쟁의 자기파괴적 성격이 그대로 드러난 시기였다.

동주는 현대전에서 군사법칙의 자기모순을 지적하였다. 전쟁의 목적이 정치적 의지를 상대방에게 강제하는 것이라면, 핵무기까지 등장한 현대전은 전쟁의 대상 자체를 말살하기에 이르렀다. 현대전의 자기모순으로 인하여 승전을 위한 군사정책이 아니라 전쟁 회피와 방지를 위한 군사정책이 등장하였다. 이 과정에서 동주는 군사정책에서 '정치 우위의 회복'에 주목하였다. 전쟁 수행이 총력전의 양상으로 바뀌었고 총력전이 엄청난 파괴를 몰고 오면서, 전쟁이 군인의 전유물이 아니라 정치책임자의 정치력에 의하여 영향을 받게 되었다. 군사행동이 정치적 고려에 의하여 비군사적으로 수행되

표 5.2 전쟁의 빈도와 전사자

연대	국제전		내전	
	발생 수	전쟁당 전사(평균)	발생 수	전쟁당 전사(평균)
1810	0	n.a.	1	11000
1820	4	32750	13	11767
1830	0	n.a.	23	18255
1840	12	2951	19	12548
1850	14	21429	8	8000
1860	28	13663	24	108510
1870	12	42265	13	17908
1880	6	3863	4	3125
1890	6	3448	17	15413
1900	18	9491	11	3843
1910	43	208524	25	87261
1920	4	1050	22	19400
1930	25	236104	12	164173
1940	31	390371	13	193303
1950	29	31759	12	10558
1960	22	48573	35	14471
1970	30	2713	53	12278
1980	10	126466	40	18081
1990	33	5708	71	13416

자료: Correlates of War Project 2015a; Correlates of War Project 2015b.

는 현상이 나타나게 되었다.[11]

동주는 아래와 같이 현대전에서의 정치 우위 현상을 표현한다.

....

11 동주는 6·25 전쟁과 수에즈 운하 위기를 정치적 고려에 의한 군사행동의 예로 든다. 6·25 전쟁
시기 미국이 전면 승전이 아니라 제한전을 추구하는 행동과 수에즈 운하 위기 당시 이집트와 이
스라엘 간 정전을 국제사회가 강제하는 모습은 군사적 목적보다는 정무적 판단에 부합한다.

18세기까지의 군왕의 전쟁, 곧 정치적 관여 아래 비군사적인 고려로 지도되는 전쟁—외교적 교섭이나 조약체결에 유리한 조건을 마련하기 위하여 감행되는 전투, 따라서 섬멸이라는 생각도 해보지 않는 고전적인 전쟁형에 되돌아가는 인상을 준다. 이것을 바꾸어 발하면 근대국가의 내인으로 존재하던 군사주의와 이에 따른 전쟁형태가 그 자체의 의의를 상실하여가고 있다는 것으로 해석될 것이다(이용희 2013[1962], 273-274).

2. 동주와 박기준 간 지상 논쟁

1948년 동주는 『신천지』 9월호에 "전쟁으로 가는 길"이라는 작은 글을 발표하였다. 박기준은 동지 12월호에 "평화로 가는 길"이라는 제목의 글로 동주의 생각을 논박하였고, 동주는 1949년 "미소위기의 의의와 군사론"이라는 제목으로 현대전에 관한 자신의 생각을 상세하게 드러냈다. 당시 유럽에서 진행된 베를린 위기를 염두에 둔 두 사람의 논쟁은 1940년대 유럽과 미국 국제정치학계에서 진행된 논쟁에 못지않을 정도로 수준이 높았다. 박기준은 전쟁의 파멸성 때문에 평화로 갈 수밖에 없게 되었음을 강조했으나, 동주는 전쟁의 파멸성에도 불구하고 전쟁의 파멸성을 극복하기 위한 군사경쟁이 지속될 것을 예상하며 전쟁의 가능성이 여전히 높다는 점을 강조하였다.

동주는 당시 유행하던 핵무기 만능론과 전략적 폭격에 대한 심각한 우려를 "전쟁으로 가는 길"에서 피력하였다. 미국이 장거리 폭격기의 성능을 선전하고 소련의 본토를 장거리 폭격기로 공격할 수 있는 전략적 포위망을 구축했지만, 실제 전쟁으로 이어질 가능성은 낮다고 주장하였다. 유럽의 위기가 아시아에서 소련의 무력도발로 이어질 수 있다는 생각이 지식인층 사이에서 돌고 있던 시점에, 동주는 단기적으로 (1) 미국이 전쟁을 시작할 준비를 마치지 못했고, (2) 미국에서 염전(厭戰) 사상의 영향으로 국내여론이 전쟁에 호의적이지 않으며, (3) 미국 대통령 선거로 인하여 미국 정계가 국내문제에 초점을 맞추며, (4) 서유럽국가가 미국에 협력하지 않을 수 있다는 점을 들어 전쟁이 쉽게 일어나지 않을 것이라고 예측하였다.

동주는 현대전의 구조적 성격에 따라 전쟁의 발생 가능성을 상당히 낮게 보는 혜안이 있었다. 동주는 강대국 간 전쟁이 일어나지 않는다고 예측할 수 있는 "지배적 원인"과 "근본적 이유"를 현대전의 자기파멸성에서 찾았다.

> 오늘날 전쟁이 일어나면 곧 장기전화할 것이요 현 군사조건에서는 장기전은 미소 양편 어느 나라에게도 승부없는 국력소모전을 의미할 뿐이요 결국 최후의 승부는 특무기와 항공발달에 의한 결전단계에 이르러야 한다는 전쟁상의 변화인 것이다(이용희 1948).

동주는 미소 간 전쟁이 장기전이 될 수밖에 없는 이유로 (1) 지상작전이 결국 최종 결과를 결정하며, (2) 항공전에 의한 결전은 이루어질 수 없으며, (3) 소련 지상군이 서유럽과 아시아를 침략할 것이라는 예상을 제기하였다. 더욱이 핵전쟁과 같은 파멸적 무기가 동원되면 양국이 감당할 수 없는 상태에 이르게 된다. 따라서 결국 미소 간 전면전의 가능성은 낮다고 평가하였다.

동주의 관심은 한반도를 향했다. 동주는 미소 간 전쟁의 가능성이 낮다고 하면서도, 전쟁이 시작된다면, 대소 포위망을 뚫으려는 소련의 선제공격이 있을 것으로 예상하였다. 대소 포위망이 이미 구축된 상태에서 소련은 장기리 폭격으로 미국의 본토를 공격하기보다는 미국의 대소포위망을 뚫어 지정학적 균형을 이루려 한다고 예상하였다. 동주는 소련의 곤란한 처지와 향후 대응 방식을 아래와 같이 표현하였다.

> 두 가지 해결 방식이라는 것은 곧 미국의 양보를 얻어 평화적으로 해결하는 것이요 또 하나는 무력에 호소하여 강력적으로 군사관계를 조정하는 것

이다. 전자의 최저의 타협점은 대일·독 강화회의가 미소간에 성립되어 포위선이 양부분에서 완화되는 것이요 전쟁의 발달은 소련이 타협을 단념하고 일년 중 가장 선공에 유리한 시기를 선택할 때에 있을 것이다. 그러므로 적어도 근근 전쟁이 난다면 그 시기는 자연히 소련이 결정하는 결과가 될 것이요, 따라서 전투는 전략지 점거의 균형이라는 점에서 전개되어 나갈 것이다(이용희 1987[1948], 81-92).

박기준의 논박은 두 가지 측면에 집중되었다. 첫째, 2차 대전 중 소련은 영토 확장을 통하여 지정학적 우위를 차지하였고, 소련의 포위망을 형성하는 미국의 해외기지는 소련에서 통일적 작전을 수행할 수 없다고 주장하였다. 따라서 1948년 말 미소관계에서 소련이 지정학적 우위를 점하고 있다고 하였다. 둘째, 소련의 항공 전력은 비밀에 가려져 있어 알려지지 않았지만, 무시할 수 없을 정도로 높다고 주장하였다. B-29기를 복사하여 만든 TU-70기가 이미 소련에 존재한다는 점을 들면서, 소련의 항공 전력을 강조하였다.

동주는 이에 대하여 TU-70의 존재를 이미 자신이 언급했다는 점을 들어, 소련 항공력에 관한 지식이 없어 소련 항공력을 언급하지 않았다는 점을 부각하였다. 미국이 항공전력을 자랑하더라도 실제 전쟁에서 결정적인 요인이 되지 않는다는 주장을 다시 언급하며, 소련 항공전력에 관한 박기준의 논박을 재논박하였다. 또한, 해외 미군기지가 미국의 군사작전용으로 안정적 자산이며, 미국은 일본, 남양제도, 그린란드, 아이스란드, 독일과 오스트리아 일부, 뉴펀들랜드, 호주 미노스 항, 구 이태리의 아프리카 군항 등을 차지하고 있음을 언급하였다.

동주와 박기준 간 논쟁의 핵심은 현대전의 파멸성이 미치는 영향이다. 동주는 현대전의 파멸성 때문에 미소 간 전면전이 일어나지 않는다고 하더라도 소련이 지정학적 불리를 극복하기 위하여 미국의 대소봉쇄망을 뚫으려 시도할 수 있다고 경고한다. 반면, 박기준은 현대전의 파멸성으로 인하여 강대국이 전쟁보다는 평화를 추구할 것으로 예상하였다. 양측이 서로를 굴복시킬 능력이 없고 의지도 없는 상태이기 때문에 양국은 외교를 모색할 수 밖에 없다고 하였다(박기준 1949, 115).

동주와 박기준 간 논쟁은 몇 달이 채 지나지 않아 결론이 났다. 미국과 소련이 전면전을 치르지는 않았지만 그리스에서 내전이 전개되었고, 1950년에는 6·25 전쟁이 발발하였다. 이후 미소 양 진영이 지리적으로 마주치는 곳에서는 대리전이 빈발하였다. 소련이 미국의 포위망을 공세적으로 뚫으려고 했는지 아니면 방어적 목적으로 뚫으려고 했는지 여전히 논쟁 중이지만, 양 진영이 만나는 지점에서 전쟁이 일어났다는 점은 역사적 사실이다. 동주가 "냉전전쟁"이라고 부르는 냉전기 전쟁 양상을, 동주는 1948년 8월에 이미 희미하게나마 파악하고 있었다고 평가할 수 있다.

3. 현대 전쟁의 양상과 동주의 예상 간 제한적 일치

현대 전쟁의 양상에 대한 동주의 예상은 국제전, 특히 강대국 간 전쟁에서 높은 적중률을 보였다. 6·25 전쟁을 예외로 한다면, 냉전 이후 강대국들이 상호 간 고강도 전쟁을 경험하지 않았다. 통계적으로 보면 강대국 간 전쟁이 예외적 현상이지만, 냉전기 강대국 간 전쟁의 부재는 이례적이다 (Siverson and Ward 2002, 688-690). 강대국 간 전쟁의 부재를 뜻하는 '장기 평화'(long peace)는 강대국 간 전쟁의 감소를 예언한 동주의 혜안과 부합한다. 또한, 6·25 전쟁을 강대국 간 전쟁으로 간주한다면, 전쟁의 지속 기간에 관한 통계 자료도 동주의 혜안과 일치한다. 1816년에서 1913년 사이 강대국 간 전쟁은 평균 10개월인 반면, 6·25 전쟁의 경우 미국-중국, 프랑스-중국, 영국-중국 간 교전 기간은 평균 33.1개월이다. 강대국의 대리전 성격을 지닌 전쟁의 지속 기간도 매우 길었다. 즉, 전쟁의 파멸성 때문에 강대국 간 전쟁이 현대에서는 매우 희귀한 현상이 되었지만, 일단 강대국이 전쟁에 직접 또는 간접으로 서로 관여하면 전쟁이 길어진다.

표 5.3 시대별 전쟁 양상의 변화

시대구분	국제전			내전		
	누적 횟수	연평균	사망자 평균	누적 횟수	연평균	사망자 평균
1816-1913	111	1.14	15616	141	1.45	20570
1914-1945	84	2.71	319057	57	1.84	57667
1946-1989	99	2.30	34155	147	3.42	12562
1990-2007	43	2.53	4641	97	5.71	3165

자료: Correlates of War Project 2015a; Correlates of War Project 2015b.

〈표 5.3〉은 동주의 예상과 상이한 두 가지 통계를 보여준다. 첫째, 동주가 내전 등 비국가행위자가 관여하는 전쟁에 관심을 표명하지 않았지만, 내전이 차지하는 비중이 점차 증가한다. 특히 냉전 이후 내전이 급증하고 있다. 또한, 비국가행위자가 국가를 상대로 전쟁을 치르는 경우도 냉전 이후 급증한다. 근대국가의 경험에 집중한 동주는 비국가행위자가 전쟁의 주역으로 등장하는 현상에 관심을 두지 않았고 또한 이 현상을 예상하지도 않았다. 둘째, 냉전 이후 국제전이 단기간에 끝나며 전투 관련 사망자도 줄어든다. 비록 냉전기 국제전과 관련 사망자 평균이 1차 대전보다 매우 높기에 현대전의 파멸성에 대한 동주의 예상이 경험적 사실에 부합한다고 평가할 수있지만, 냉전 이후에는 잠정적으로 단기 국제전이 증가하는 경향이 보인다. 이 통계가 냉전 해제 기간 중 예외적 현상을 반영하는지 장기 추세를 반영하는지 아직 평가할 수 없지만, 냉전 이후 전쟁의 양상은 동주의 예상에 부합하지 않는다. 냉전 이후 동주가 『미래의 세계정치』를 집필하면서 근대국가의 변모에 집중할 때, 근대국가의 형성을 둘러싼 갈등과 근대국가 간 갈등은 여전히 진행되었다.

종합하면, 동주의 예상은 냉전기 전쟁의 양상과 매우 높게 일치하였다. 양차 대전 사이 전쟁의 파멸성에는 미치지 못했지만, 냉전기 전쟁의 파멸성이 1차 대전 이전보다 높았다. 6·25 전쟁을 제외하면 강대국 간 전쟁이 전무했으며, 국가의 숫자가 매우 늘어났음에도 불구하고 국제전이 빈번하지 않았다. 반면, 냉전 이후 내전의 증가, 전투 관련 사망자의 감소, 전투 기간이 감소 등이 동주의 예상과 부합하지 않는다. 어쩌면 '외과 수술적 타격'(surgical strike)이 냉전 이후 화두이듯이, 인류는 전쟁의 파멸성을 극복하는 새로운 전쟁 양식을 일부 도입했을 수 있다.

IV. 나가며

동주의 전쟁관은 근대국가의 형성과 밀접하게 연결되어 있다. 근대국가가 정립되던 시기, 복수 강대국의 경쟁과 무정부상태가 역사적 조건이 되어 군사국가의 등장을 초래하였고, 그 국가는 군사적 목적을 달성하기 위하여 국가의 부를 인위적으로 추구하면서, 국가들이 부를 위해 식민지를 개척하는 결과로 이어졌다. 근대국가의 군사적 성향, 경제적 성향, 팽창적 성향은 사실상 한 원인에서 비롯되었다. 동주는 근대국가의 형성을 학제적으로 조망하는 시각을 제시하였다. 더 나아가 동주는 전쟁으로 인하여 형성된 근대국가가 자체 논리로 인하여 변모하는 과정을 잡아내는 능력을 가졌다. 민족주의의 등장과 민주주의의 성장이 전쟁과 인과관계가 있음을 보이고, 이런 현상이 전쟁의 파멸성을 강화하여 근대국가를 다시금 변모하게 만드는 과정을 설명했다. 동주의 학술 활동이 후세에 비하여 구체적 수치와 자료에서 약점을 보이지만, 근대국가의 변모를 파악하는 동주의 혜안을 엿볼 수 있다. 동주가 이를 스스로 "잠정적 근대국제정치의 유형적 양태"로 표현했지만, 후세 연구에 의하여 "잠정적"이라는 형용사를 제거할 수 있게 되었다.

동시대를 살아가는 학자로서 동주의 현실감각은 냉전 초기 냉전의 본질을 파악하는 과정에서 드러난다. 전쟁의 파멸성에 매몰되어 국제정치가 변화하는 모습에만 초점을 맞추지 않았다. 또한, 신무기의 등장에 환호하는 시류에 휩쓸리지 않으면서, 냉전의 본질을 잡아냈다. 강대국 간 공포의 균형에 기반한 전쟁 부재가 약소국에는 전쟁 위험성으로 이어질 수 있다는 점을 정확하게 지적하였다. 냉전을 바라보는 동주의 혜안은 동시대 지성을 선도하였다고 볼 수 있다. 반면, 동주는 현대 분쟁의 다양한 양상을 파악하는 데 일정한 한계를 가진다고 보인다. 국가 간 전쟁이 줄어드는 현상, 비국가 교전 당사자의 증가 등 전쟁의 양태에서 큰 변화가 발생했지만, 동주는 이를 이해하는 데에 도움을 주는 혜안을 보여주지 못했다.

동주의 전쟁관을 검토하면서 두 가지 아쉬움이 있다. 첫째, 동주가 미완성한 현대국가의 제 양상이다. 현대국가에서 복지와 민주주의의 영향이 미완성 상태로 남겨져 있다. 동주가 왕성한 지적 활동을 하던 시기 한국의 현실로 인하여 복지국가와 민주주의를 경험하지 못했기 때문이라고 추정할 뿐이다. 둘째, 동주가 한반도에서 전쟁의 자기전개를 연구하는 학문적 성과를 보이지 못했다. 자료의 미비와 현실 정치 활동이 가장 근본적인 원인으로 추정되지만, 이 부분은 아직도 한국 국제정치학계에서 미지의 영역으로 남아 있는 듯하다. 인류학, 사회학, 역사학과 같은 학문에서는, 한반도에서 일어난 전쟁의 영향을 미시적 일상 그리고 거시적 국가 형성 차원에서 연구하는 움직임이 있지만, 독자적 분석틀을 마련하기보다는 수입된 분석틀에 의존하는 듯하다. 동주가 해결하지 못한 숙제를 아직 후학이 풀지 못하고 있다.

참고문헌

박기원. 1948. "평화로 가는 길" 신천지(1949년 12월호).

이용희. 1955. 『국제정치학원론』 서울: 장왕사.

_____. 1987[1948]. "전쟁으로 가는 길." 『이용희 저작집 1』 서울: 민음사, 74-82.

_____. 1987[1949]. "미소위기의 의의와 군사론." 『이용희 저작집 1』 서울: 민음사, 83-99.

_____. 2013[1962]. 『일반국제정치학(상)』 서울: 이조.

Corrleates of War Project. 2015a. Inter-State War Data (v4.0). http://www.correlatesofwar.org/data-sets/COW-war

_____. 2015b. Intra-State War Data (v4.1) http://www.correlatesofwar.org/data-sets/COW-war

_____. 2017. National Material Capabilities (v5.0). http://www.correlatesofwar.org/data-sets/national-material-capabilities.

Inikori, Joshep E. 1989. "Slavery and the Revolution in Cotton Textile Production in England." *Science History* 13(4):343-379.

Kant, Immanuel. 1795. Perpetual Peace. https://www.mtholyoke.edu/acad/intrel/kant/kant1.htm.

Singer, J. David. 2000. "The Etiology of Interstate War: A Natural History Approach." in John A. Vasquez, ed. *What Do We Know About the War?* Lanham MD: Rowman & Littlefield, 3-21.

Siverson, Randolph M. and Michael D. Ward. 2002. "The Long Peace: A Reconsideration." *International Organization* 56(3):679-691.

Tilly, Charles. 1975. *The Formation of National States in Western Europ*, Princeton, NJ: Princeton University Press.

제3부

동주의 권역론과 전파이론

제6장

비교지역연구 서설
-동주 이용희의 '국제정치권' 논의의 발전적 검토-

신범식(서울대학교)

이미 반세기 전 동주는『일반국제정치학(상)』에서 한국적 경험이라는 장소의 주체성과 세계사적 계기에 대한 보편적 통찰을 결합하기 위하여 국제정치이론의 핵심적 개념으로서 '국제정치 권역' 논의를 제시하였고, 이는 오늘날에도 여전히 유효한 질문을 제기하고 있다. 특히 동주는 '유교권', '회교권', '기독교권' 등 국제정치권의 유형을 구분함으로써 이미 비교지역연구의 시각을 제시하였다. 이런 비교국제사회론/비교지역연구의 발전에 대한 요청은 그 후학들에 의해 충분히 발전되지 못했다. 국제정치권으로서의 광역지역을 어떻게 비교하고 평가할 것인가에 대한 방법론적 논의도 일천하고, 동주의『미래세계정치』가 유럽 광역지역의 통합 모델을 세계정치의 미래로 제시한 것과 관련해 광역지역 통합을 비교하고 평가할 분석틀의 개발을 위한 노력이나 경험적 연구 성과의 축적도 많지 않다. 이제는 동주의 국제정치 권역 개념이 가지고 있는 장소에 기초한 단위성의 한계를 넘어, 세계를 구성하는 단위로서 '지역'을 새롭게 정의하고, 그 다층적이며 유연한 '과정적 단위'로서의 속성을 사례 및 비교 연구를 통해 지역과 세계가 어떻게 '구성'(construct)되고 서로를 '해석'(translate)하는지를 규명하는 일반국제정치 이론틀의 구축을 시도해야 할 때이다. 비교지역연구를 통한 국제정치적 개념의 지구적 수준과 지역적 수준의 차이를 이해하고 양자를 종합적으로 이해하는 시각을 정립할 때에 '그들'이 아니라 '우리'가 경험하는 국제정치의 다층적 본질이 비로소 드러날 수 있을 것이다.

I. 문제 제기

오늘날 국제정치가 전환기에 들어가 있다는 것은 주지의 사실이다. 탈냉전 이후 세계는 지구화와 반지구화, 테러리즘의 확산과 이민의 보편화 그리고 지정학의 귀환 등 일견 전혀 상관성 없어 보이는 다방향적 벡터들에 의한 혼돈의 시대에 돌입해 있는 것으로 보인다. 이 과정에서 전통적으로 국제정치의 기본 단위로 인식되어 온 '국민국가'(nation state)[1]의 단위성에 도전하는 다양한 논의가 제기되어 왔다. 특히 각 분야별로는 기존에 국민국가가 향유하던 배타적 지위에 도전하거나 그 기능을 일부 잠식하면서 국제정치적 의의를 가지는 새로운 행위자가 등장하기도 했다. 이런 국제정치상의 변화를 "국제정치 행위자의 다양화" 및 "행위영역의 복합화"로 설명하려는 시도도 있었다(하영선 2011; 2012). 이 같은 상황에서 동주 선생의 "국제정치 권역"이라는 개념을 21세기 세계정치의 대격변 시기에 다시 검토하는 이유는 바로 국제정치의 기본 단위인 국가가 변화하는 한편 새로운 국제정치의 행위자가 활성화되는 상황에서 "국제정치 권역" 개념은 과연 어떤 의미를 지니고 있으며, 국제정치의 변동 발전 내지 변동을 이해하기 위한 어떤 유용성을 제시할 수 있으며, 나아가 국제정치이론의 발전을 위한 어떤 사고(思考)의 전환을 요청하고 있는가를 검토해 보고자 함이다.

최근 들어 그 중요성이 더욱 증대되고 있는 국제정치의 '단위' 문제에

....

1   영어 "nation state"를 한글 "민족 국가"라고 번역하기도 하는데, 이 경우 "민족"이란 용어는 그 다의성으로 인하여 용례상의 혼동을 일으킬 수 있다는 우려가 있으며, 동시에 1민족 1국가의 원칙에 부합하는 국가만을 지칭한다는 오해를 불러일으킬 수도 있다. 따라서 근대국가를 구성하는 기본적 구성요소로서 "국민"을 사용하는 것이 보다 적절해 보인다. 이와 관련하여 국내에서 나온 연구들로는 박상섭(2004; 2008; 2012), 박명규(2014) 등을 참조.

관한 논의는 그간 국제정치이론의 발전이란 측면에서 충분한 관심을 받아오지 못해왔다. 그 이유는 국제정치의 단위로서 국민국가의 압도적이며 배타적이기까지 한 위상 때문일 것이다. 물론 근대 국민국가의 단위성의 변화에 대한 다양한 논의가 없었던 것은 아니다. 크게는 국가 내부의 분열적 과정, 초국경화 내지 탈국경화 과정, 초국경적 광역화 통합과정, 그리고 세계단위 및 지구거버넌스의 형성 등에 대한 논의들이 진행되어 왔다.[2] 특히 지구화(globalization)의 결과와 관련된 논쟁, 특히 국민국가 영토성의 약화 및 그에 따른 국제정치 변동에 관한 논의들이 최근 주목을 끌기도 했다(Ruggie 1993; Brenner1999). 하지만 이런 지리학계의 논쟁들은 새롭게 제기되고 있는 국제정치 단위에 대한 의문에 적절히 답하기보다 "영토성의 덫"(Agnew 1994)으로부터 탈피하려는 노력에 주목하는 방향으로 전개되었다. 물론 이 같은 시도는 국제정치 단위성의 변동과 관련하여 그 내적 변화에 주목하게 만들었다는 점에서 긍정적 기여를 인정할 수 있지만, 이를 국가 외적 동학과 연관시켜 국제정치이론화로 연결시키지는 못했다는 한계는 분명하다. 게다가 최근 "지정학의 귀환"(Diez 2004; Guzzini 2012, Mead 2014)이 공공연히 회자되는 상황에서 국민국기의 제(在)강회에 대한 논의가 힘을 얻게 되면서 기존 국민국가 영토성의 재(再)강화 주장이 다시 등장하게 되었고, 이는 국제정치 단위성의 변화에 충분히 주목하지 못하게 만드는 요인이 되었다.

현실 국제정치의 동학에 따라 국민국가의 존속과 재강화 논의가 유행하게 되었다고 하더라도 그간 새롭게 부각된 국제정치 단위들에 대한 설명의 의무가 면제되는 것은 아니다. 왜냐하면 국민국가의 존속과 역할 강

....

2   지리학적 배경에서 시작된 '국경/경계연구'(border study)는 국민국가의 단위성을 결정적으로 규정하는 영토성(territoriality)의 변화에 주목하면서 국가의 변화에 대한 논의를 이끄는 데 기여하였으며, 점차 다양한 분과학문의 연구자들이 이에 참여하면서 그 적용과 연구 범위가 확대되었다. 국경/경계연구의 최근 성과는 Albert et. al.(2001), Buchanan et. al.(2003), White(2004) 등을 참조.

화는 21세기적 상황에 적응하는 가운데 이루어 졌으며, 이 과정은 그와 동시에 활성화되고 있는 국민국가 이외의 다양한 단위들과 함께 상호작용하면서 진행되고 있기 때문이다. 이처럼 다양한 행위자들의 상호작용을 다루어야 하는 상황에서 국제정치학도들이 국제정치 단위 문제에 좀 더 주의를 기울일 필요가 있음을 보여준다. 특히 탈냉전 이후 주목을 받고 있는 '지역'(region)[3]을 국제정치이론에서 어떻게 이해하고 포용해낼 것인가가 중요한 과제로 등장하고 있다. 이런 맥락에서 동주의 "국제정치권" 개념이 제기한 이론적 과제에 대한 천착은 국제정치의 단위성 문제와 관련하여, 특히 국민국가와 지역의 상호작용을 국제/세계정치를 설명하는 데 있어서 강력한 생명력을 지닌다는 점에서 오늘에도 여전히 살아 있는 분석틀로 취급되어야 할 것이다.

특히 동주가 근대 국민국가의 대체물로 예상하였던 "권역"이 과연 미래 세계정치의 중심 단위로 설정되어야 할 것인가라는 질문은 현재와 미래의 국제정치 내지 세계정치를 이해하는 데에 있어서 어떤 시사점과 한계를 지니는지 검토해 보는 작업이 대단히 중요하다. 그리고 이러한 질문에 대답하려는 노력을 넘어 '지역'의 개념을 국제정치이론에 접목시키고 발전시킬 수 있는 방안이 있다면 그것은 어떻게 궁구될 수 있는지도 검토해 볼 필요가 있다.

본 장은 이런 문제의식을 배경으로 아래와 같은 질문들을 제기하고 답함으로써 '지역'의 의미를 국제정치 권역과의 연관성 속에서 탐색해 보고자 한다. 우선, 동주의 '국제정치권'(권역)은 기존 국제정치이론이 근거하고 있는 근대 국민국가에 준하는 혹은 대체할 분석단위가 될 수 있는가? 동주의 권역 개념과 경쟁하는 다른 개념들로는 어떤 것들이 있는가? 21세기적 국

....

3   지역에 대한 용례 상의 혼동을 피하기 위하여 이 글에서 지역(region)은 국가 하부 단위를 지칭하는 지방(locale)과 구분하여 광역의 의미로 사용하기로 한다. 따라서 국가 간의 연합이나 협력 내지 초국경 상호작용으로 이루어지는 공간적 범위를 지역으로 지칭한다.

제/세계정치의 변환을 잘 해석할 수 있는 개념으로서 '지역'은 어느 정도의 타당성과 효용성을 지니는가? 그리고 미래 세계정치의 틀로서 "지역의 다층적 세계"(multiple world of regions)에 대한 이해는 비교지역연구를 위한 어떤 이론화의 방향과 과제를 제시하는가? 이상의 질문들에 답하기란 쉽지 않다. 하지만 그 해답의 단초들을 더듬어봄으로써 동주의 권역 논의가 지역을 단위로 하는 국제정치적 이해에 대하여 던지는 함의와 의의를 발전적으로 검토해 보고자 한다.

II. 동주의 '국제정치 권역' 논의

동주의 국제정치학에 대한 생각의 개관은 일찍이 그의 『국제정치원론』(1955년 출간)에서 피력되었지만, 특히 본고에서 주목하는 국제정치권에 대한 본격적 논의는 『일반국제정치학 (상)』(1962년 출간)에서 주로 다뤄지고 있다. 이 저서는 동주가 장소의 논리에 기반을 둔 일반국제정치이론을 만들고자 집필한 저서인데, 그 하편이 나오지 않았다는 점에서 후학들에게 많은 아쉬움을 남기는 저작으로 남아 있었다. 하지만 오랜 시차를 건너 동주는 서울대학교 외교학과 후학들에게 그가 이 하편을 위해 구상하였던 내용 중 일부를 소재로 하여 강의를 할 기회를 가지게 되었고, 유럽통합 현상을 중심으로 미래의 세계정치를 조망하는 그의 강의는 녹취를 통해 『미래의 세계정치』로 출간되었다. 동주의 국제정치에 대한 이론적 조망을 살피기 위해서는 이 세 권의 저서가 가장 직접적인 추적의 대상이 될 것이다.

동주는 장소의 논리에서 출발하여 국제정치의 형성과 전파 그리고 국제정치권의 형성을 그의 『일반국제정치학(상)』에서 설파하고 있다. 특히 그의 국제정치권에 대한 이해(理解)는 흥미롭다.

"국제정치는 한 개의 '나라'에서 빚어지는 정치형태가 아니라, 적어도 폐쇄적인 **정치공감권**(필자 강조)을 이룬다는 의미에서 한 나라 이상을 전제로 하고 있다. 그러나 여러 나라가 병존하고 있는 현상 자체로 국제정치의 요건이 성립되었다고 볼 수 없다"(이용희 2013, 65)"

　　동주는 그 이유를 국제정치는 단순히 객관적인 실체로 존재하는 것이 아니라 국제정치의식에서 피아(彼我)의 구분을 가능하게 하는 행위형태로 고정화되어지는 권역을 형성하는 현실 때문이라고 본다. 사실 국제정치는 그 용어에서 드러나는 바와 같이 "민족들·국가들 간의 정치"라는 의미에서 복수의 행위자를 염두에 두고 있는 것은 당연하다. 하지만 동주는 국제정치는 단순히 '국가들 간의 정치'로 환원될 수 없으며, 국가들 간의 동류의식 내지 상호교류가 가능하다고 느끼는 일종의 리그를 형성하여 그 범위를 고착화하게 된다는 점에 주목한다. 어쩌면 이러한 사고는 국제정치를 구성하는 국가 이상의 단위 혹은 범위라는 범주가 국제정치를 성립시키는 중요한 요건이 된다는 점을 그 안에 내포하고 있는 것으로 볼 수 있다. 이처럼 동주에게 있어서 국제정치권에 대한 사고는 동일한 행위 양식이 동일한 의미로 받아들여지는 일종의 리그(league)와 같은 집합체의 존재를 암시하고 있는 것이다.

　　이런 생각은 동주가 **"공동의 관념체계와 공통의 개념구조, 공유의 정치의식"**을 통해 행위의 일정한 형태와 명분이 정당화되는 정치 공간을 '권역' 혹은 '국제정치권'으로 정의하고 있는데서 잘 드러난다(이용희 2013, 66). 이같은 특정한 권역 내에서는 그에 속한 행위자들의 정치적 행위의 의미가 제도화됨으로써, "심볼과 이데올로기의 체계가 구축"(이용희 2013, 69)되는 것이다. 따라서 동주는 국제정치 권역의 구성에서 중요한 것은 복수의 행위자들의 존재 자체보다는 이념적 요소와 그 체계가 동일한 방식으로 수용되어지는 행위자들 간의 공유되는 관념체계라는 점을 강조하였다. 이를 바탕으로 특정한 권력구조와 행위양식의 표준을 형성함으로써 그 권역의 내적 질서를 형성할 수 있다고 파악한 것이다.

하지만 국제정치 권역이 형성되는 것은 이 같은 관념적 체계의 공유라는 구성의 원리 못지않게 이런 집합체가 유동적으로 변화하며 외부와의 접촉을 통해 그 형성 모티브를 강화해 나간다는 데에 있다. 따라서 권역은 고정된 것은 아니며, 권역 간의 접촉과 충돌을 통한 질서와 의식 형태의 조절이 발생하는데, **"국제정치권은 언제나 강력한 정치세력을 매개하여 특정한 정치가 다른 지역 및 사회에 전파됨으로써 형성된다"**(이용희 2013, 71)는 유명한 동주의 명제가 여기서 나오게 된다. 다시 말하면, 특정한 정치체계가 여러 권역에서 보편타당한 정치체계로 자리 잡는 과정이 곧 국제정치권이 형성되는 과정이라는 것이다.

그런데 이런 국제정치권은 그것이 단순한 정치의식에 그치는 것이 아니라 그 속에 생황 일반을 지배하는 행위양식 그리고 그 속에 담겨 있는 행위의식이 연관되기 때문에 국제적인 문화권과 밀접한 관계를 지니게 된다. 즉 국제정치적 의미의 '권역'과 문화권이 동의어는 아니지만, 정치의식은 생활 전반의 행위 및 의식과 밀접하게 연결되어 있다는 점에서 양자는 대체로 그 범주를 같이 한다고 볼 수 있다. 이런 점에서 "국제정치권은 일정한 정치행위의 의미가 보편타딩하는 권역"을 지칭한다는 동주의 국제정치권에 대한 이해는 문화·종교적 기반에 대해 깊이 의존하고 있는 개념이라 할 수 있다. 하지만 이것이 헌팅턴 류의 문명권에 대한 논의와 차이를 보이는 것은 후술하겠지만 바로 유럽을 중심으로 형성된 국제정치권의 원리가 전파되면서 보편성을 획득하게 된 역사적 조건에서 국제정치권의 기본적 성격을 찾고 있다는 점에 있다고 할 것이다. 따라서 현대의 국제정치는 기존의 유교권, 회교권, 기독교권 등이 병존하던 가운데, 19세기 이후 근대 유럽 국제정치권이 전 세계적으로 전파되면서 이루어졌음을 동주가 인정한다는 점에서 영국의 국제사회학파와 큰 유사성을 가지기도 한다.

"전파"를 통한 국제정치권의 형성에 대한 동주의 이해를 살피는 것은 매우 흥미로운데, 국제정치권의 형성이란 역사적으로 볼 때 자연발생적인 것은 아니며, 전쟁 등과 같은 여러 객관적 계기를 통해서 행위자들 간의 핵심적인 행위형태, 개념체계, 제도조직이 국제적인 것으로 전파되는 과정에서 이루어진다. 따라서 군사적 정복과 지배가 바로 즉각적으로 국제정치권을 형성하는 것은 아니며 "특정한 정치조직, 정치권력, 정치제도가 정치의식의 지지를 획득하여 정당화되고 또 합리화되어 정치행위의 국제기준으로 침전될 때 비로소 국제정치권은 형성"되는 것이다. 여기서 중요한 것은 이 같은 국제정치권의 형성의 중요한 동인이 되는 전파는 결국 **우월한 정치세력의 중압이 지속**적으로 유지되는 가운데 **전파사회와 피전파사회 양측의 지배층이 타협함**으로써 가능해진다는 것이다. 그래서 국제정치권의 형성은 언제나 강력한 정치세력을 매개로 하여 특정한 정치가 다른 지역, 다른 사회에 전파됨으로써 이루어진다는 명제는 힘을 얻는다. 이런 과정 때문에 국제정치권은 구조적으로 중심, 근접, 주변이라는 계서적 구조의 특징을 가지고 있으며, 중심부에서 주변 지역으로 법 관념과 법체계, 전쟁과 평화에 대한 제도, 개념체계나 정당성 의식과 같은 상징체계 등이 전파되는 과정과 이에 대한 주변부로부터의 저항이 상호작용하는 가운데 국제정치가를 통한 국제정치적 의미권이 형성되는 것이다.

　이 같은 국제정치권에 대한 동주의 사고는 일견 상당히 유럽 중심적이라는 비판을 받을 수도 있다. 동주는 오늘날 '세계정치'의 원형(패턴)은 유럽정치였다는 점에서 출발하여 피(被)전파 위치에 있으면서 문화의 정도가 높았던 유교권 및 회교권이 세계정치의 주변의 위치를 차지하게 되었고, 전통적으로 오랫동안 유럽의 주변이었던 러시아가 접경의 위치에 처하게 됨으로써 세계정치가 자기분열을 하게 되었다고 설명하고 있다. 이 부분을 설명할 때에 동주는 국제정치라는 용어 대신 "세계정치"라는 용어를 사용하고 있는데, 즉 유럽정치의 전파로 세계가 하나의 국제정치권을 형성하였으며, 이로써 유교권과 회교권 같은 기존의 다른 국제정치권들은 그 의미를 상실하거나 적어도 반감되었다는 의미로 읽을 수도 있을 것이다.

　하지만 동주는 권역의 개념과 전파의 개념을 설명함에 있어서 우월적 무력에 기초한 유럽의 전파자로서의 위치에 주목하기보다 지배적 헤게몬의 행위양식이 주변으로 전파되면서 형성된 단일한 국제정치권역의 형성을 설명하는 데 그의 논의의 방점을 두고 있으며, 다만 강대국의 역할이 중요한 매개가 된다는 점에서 유럽 열강의 역할에 주목하였다고 보는 것이 옳을 것이다.

동주의 유럽정치 중심성에 대한 또 다른 비판은 그가 『미래세계정치』에서 펼친 주장에 대한 문제제기에서 찾을 수 있다. 전술한 국제정치권의 적용과 변용에 대한 동주 사고의 발전은 유럽의 지역통합이라는 현실을 준거로 유럽이 경험하고 있는 변화가 다시 세계정치의 이정표가 될 것이라고 파악하는 데서도 잘 드러난다. 근대 국민국가가 내부적 분열을 일으키면서 새로운 정치형태를 조성할 조짐이 나타나고 있는 가운데, 동주가 유럽의 통합과 새로운 국제정치의 형성은 미래 세계정치 변동의 새로운 표준이 될 것으로 기대하고 있다는 것은 사실인 것으로 보인다. 동주가 그의 강의에서 유럽에서 진행되고 있는 국가연합이 장차는 정치의 새로운 모델이 될 것이며, 오늘날의 국민국가를 대체할 수 있을 것으로 기대를 피력하였던 것도 사실이다. 물론 이 과정은 오랜 기간에 걸쳐 일어날 것이며 "새로운 국가형태의 기능성과 함께 오랫동안의 과도기를 거쳐 근대국가의 성격 변화에 따른 새로운 형태의 국제정치가 전개될 것"이라고 전망하였다(이용희 1994, 5). 하지만 비록 유럽의 선진성이란 명제를 주장하지는 않았지만 새로운 표준의 형성을 주도해 가는 권역으로서 유럽에 주목한 동주의 생각은 다른 지역들도 유럽의 경로를 따르게 될 것이라는 목적론적 사고로 비판받을 가능성이 여전히 남아 있다.

그러나 동주의 유럽연합에 대한 주목은 근대 유럽 권역의 전파를 통해 하나의 국제정치권이 형성된 이후 준(准)권역적 자기분열을 경험한 세계는 또 다시 새로운 권역의 형성과 그 행위양식의 전파 과정을 통해 변용된 국제정치권을 형성할 수 있다는 점을 추적하기 위한 착목(着目)이었다고 보아야 한다. 즉 동주가 유럽연합의 통합 과정에 주목하였던 것은 국제정치권이 지니는 역동성과 자기변용성을 설명하기 위해서이지, 유럽이 반드시 그것을 주도해가고 있다는 점을 강조하려 했던 것은 아니라고 보는 것이 타당하다. 동주가『일반국제정치학(상)』에서 권역의 예로 기독교권, 유교권, 회교권만 들었던 것은 바로 이 세 국제정치권이 동주가 이야기하는 '권역다움'을 충족하는 것으로 이해했기 때문이다. 전근대 시기 형성된 권역들 간의 상호작용과 전파가 단일한 국제정치권을 형성하였던 것이 근대의 국제정치 과정의 핵심적 줄거리라면, 이제 탈근대의 이야기는 새로운 국제정치권의 형성을 위한 갈등과 변용의 과정이 되리라는 예상을 동주가 펼쳤던 것이다. 그럼에도 불구하고 동주의 국제정치를 바라보는 시각은 목적론적 태도와 인식을 견지하고 있으며, 세계 학계에 충만한 서구의 첨단성과 비서구의 추종으로 국제정치의 전개를 이해하려는 서구중심적 시각의 영향으로부터 자유롭지 못하다는 비판의 여지가 있는 것은 사실이다(조홍식 2107, 157).

하지만 이러한 비판에 대한 극복의 가능성은 동주가 보편적 내지 일반적 국제정치라 부를 수 있는 현상을 구성하는 단위와 그 조직원리를 복합적으로 파악하려는 입장에서 찾을 수 있을 것이다. 본 장이 국제정치권 논의와 관련하여 다름 아니라 세계정치를 구성하는 단위로서 권역의 위상과 그 조직원리를 어떻게 보편적 분석개념으로 발전시킬 수 있을 것인가라는 동주의 문제의식에 주목하는 이유가 바로 여기에 있다. 보다 구체적으로는 동주가 **"단일한 세계정치라는 차원 안에 준 권역적인 국제정치의 분열"**(이용희 2013, 86)이 동시에 나타나고 있다고 분석함으로써 지역정치의 준(准)권역적 위상과 그 가능성을 인정하고 있다는 점에 주목할 필요가 있다는 점을 본장은 강조하고자 한다. 바로 이런 동주의 관점은 후에 충분히 발전되지 못하였지만, 그가『미래의 세계정치』에서 세계정치의 미래를 설명함에 있어서 기존에 국민국가가 기본단위였던 국제정치가, 한편으로는 자기 한계를 극복하는 대안으로 "국가연합"으로 확대되고, 또 한편으로는 지역의 특징이 구조화되는 "지역정치체"로 구체화되는 변환이 전개될 것으로 예상하였다는 점에서, '지역'이라는 차원이 미래 세계정치에서 차지하게 될 중요한 위상에 더욱 주목할 필요가 있음을 보여주고 있다고 보아야 할 것이다.

『일반국제정치학(상)』과 『미래의 세계정치』 사이의 시간적 간극을 고려하면 자연스러울 수도 있는데, 동주의 미래 세계정치에 대한 관심은 내부적 분열을 통한 근대 국민국가의 변용으로서 국가연합 내지 지역정치체에 집중되는 방향으로 이동하였다. 하지만 동주가 떠난 이후 이 관점은 충분히 발전되지 못하였고, 이에 관련된 여러 가지 숙제가 남겨져 있는 것이 사실이다. 세계정치의 자기분열의 과정에서 나타난 중심, 접경, 주변의 구조는 오늘날 어떤 의미와 분석적 효용을 지니는가, 그 중에서도 준권역적 의미를 지닌 것으로 이해되었던 단위, 즉 소위 '지역'이라 불리는 단위가 오늘날 세계정치의 변화를 설명해 내는 데에 얼마나 중요한 의미를 지니고 있는가 등에 대한 천착은 후학들의 몫으로 남겨져 있다. 따라서 이 같은 간극을 넘어서기 위해서 우리는 동주의 국제정치권에 대한 사고를 '지역'의 단위성에 대한 논의와 연결시켜 발전시켜야 할 필요성이 있으며, 이를 위하여 다음 절들에서는 기존 영국 학파의 '국제사회'에 대한 관심이나 사무엘 헌팅턴 류(類)의 문명 충돌론 등에서 제기된 '문명'에 대한 논의를 동주의 '권역'이나 '지역' 개념과 비교함으로써 국제정치의 단위로서 '지역'의 가능성 내지 그 발전을 위한 단초를 찾는 작업을 진행해 볼 필요가 있다.

III. 국제정치권, 국제사회, 문명

앞서 동주의 국제정치권에 대한 논의를 정리하면서 국제정치권이 형성된다는 것은 특정한 권역의 법과 정치가, 바꿔 말하자면 특정한 정치적 규범 혹은 가치체계가 보편적으로 타당하다고 인정받는 것과 밀접한 관련이 있음을 보았다. 따라서 국제정치권이 형성되는 과정은 강력한 우월적 세력이 타자로 인식되는 정치체에게 자신이 통용하는 행동의 기준과 인식의 방법을 전파하는 과정에서 강력한 저항을 동반할 수밖에 없다. 이 같은 전파와 저항이 발생한다는 것은 곧 가치와 규범의 전파와 저항을 의미한다. 바꿔 말하면 특정한 국제정치권을 형성하고, 그 권역의 밖과 안을 구별하는 핵심적인 준거는 특정한 범위 내에서만 공유되는 규범과 제도라고 볼 수 있다. 이런 점에서 동주의 국제정치권 개념은 영국학파(Buzan 1993)의 '국제사회'(international society)와 더불어 장소(topos)를 중심으로 하는 특수주의적 접근법을 취하고 있다는 점에서 상당히 일맥상통하는 것으로 이해된다. 국제체제 혹은 세계사회와 구별되는 개념으로서 국제사회는 공동의 이익과 가치를 바탕으로 공동의 규칙과 규범을 공유하는 일군의 국가들을 의미하는데, 이는 국제정치권과 상당히 유사한 개념임에 틀림없다. 공유된 규범의 존재가 '국제정치 권역' 및 '국제사회'의 존재를 확인시켜준다는 점에서 두 개념상에는 유사점이 있기 때문이다.

특히 국제사회론은 유럽 국제사회의 팽창을 설명하면서,[4] "문명의 표준"(standards of civilization)에 따른 편입의 여부와 배타성에 초점을 두고 있다는 점에서, 그리고 전파의 방향을 중심으로부터 주변으로의 일방적이라고 파악하고 있다는 점에서 유럽 중심적 시각에서 벗어나지 못한다는 비판을 피하기는 어려울 것이다(박건영·민병원 2017, 101). 물론 이미 지적한 바와 같이 동주의 국제정치에 대한 조망에서 유럽의 경험에 주목하고 있는 것은 사실이다. 하지만 동주의 이론은 유럽의 정치양식의 '전파'와 '수용'의 과정에서 기존의 정치양식이 완전히 생명력을 잃지 않는 가운데 전통과 근대가 충돌하고 전파와 저항이 과정적으로 구조화되면서 혼란과 혼합 그리고 새로운 창조의 과정을 거쳐 온 비서구 지역의 국제정치적 경험을 포함하여 보편적인 세계정치의 경험을 천착해 낼 수 있는 국제정치의 이론적 기초를 제공해 줄 수 있다는 점에서 차별성을 가진다. 동주는 유럽 정치권의 팽

....

4   영국을 중심으로 한 국제사회학파 논자들의 '국제사회'에 대한 관심과 글들을 바탕으로 헤들리 불과 아담 왓슨은 국제정치이론에 대한 토론을 엮어 편집서를 출간하였는데, 이 저서에서 이들 국제사회론자들은 유럽에서 형성된 국제사회의 전(全)지구적 팽창(expansion) 과정에 주목하여 그 다양한 측면을 추적하였고, 이 논의는 동주의 전파이론과 유사한 논점을 제시한 바 있다 (Bull & Watson 1984).

창이 전파와 저항이라는 역동성을 통해서 세계적 차원에서 이루어졌으나, 여전히 각기 다른 권역에서는 유럽 정치의 전파는 정도 차가 있으나 미완결적이고 전통적 행위양식들은 "섞이고 반발하는" 복합적인 양상이 나타나고 있다는 점에 주목하였다. 유럽 권역이 지구적으로 팽창함으로써 국제정치는 세계정치라는 의미로 받아들여지게 되었지만, 다른 한편으로는 전파와 저항의 복합화는 국제정치의 준권역적 자기분열을 야기하면서 세계정치는 두 층위에서 진행된 권역의 확산과 복합화 과정을 통해 전개되었고, 이 두 층위를 포괄하는 복합적 조직원리가 형성되었다는 것이다. 하지만 동주의 논의는 구체적인 권역 간 차이를 설명하거나 이 복합적인 조직원리의 중첩과정을 역사적으로 비교하고 해명하는 작업을 후학들의 숙제로 남겨두고 있으며(전재성 2017, 115), 나아가 이를 더 보편적인 단위성의 문제로 승화하는 데에까지 이르고 있지는 못하지만, 세계정치 수준의 권역과 지역정치 수준의 준권역에 대한 동주의 시각은 오늘날 우리가 겪고 있는 세계정치의 지구화와 파편화라는 양상은 물론 그로 인한 지역(국제)정치적 특색의 새로운 발현이라는 경험을 새롭게 해석할 수 있는 이론적 조망을 제시하고 있다는 점에서 고무적이다.

한편 동주의 논의는 헌팅턴 류의 문명에 관한 논의와도 연관성을 가지는 것으로 볼 수 있다. 동주는 문화공동체로서의 "에스닉그룹"과 정치공동체로서의 "국민국가"의 관계를 논하면서 이 같은 에스닉그룹과 같은 하위 내지 초국경적 실체의 존재 양태는 근대국가 체제에 흡수된 것으로 파악하였고, 이 근대국가 체제의 변용으로서 미래세계정치의 주체를 국가연합으로 파악해야 한하고 설파하였다(이용희 1994). 그렇지만 이 같은 동주의 생각에 대하여 전적으로 동의할 수 있는 것은 아니다. 에스닉그룹으로서의 '민족'의 국제정치 상에서의 존재감은 오늘날에도 여전히 확인된다. 크루드족의 중동 지역정치에서의 폭발력과 영향은 오늘날 시리아를 둘러싼 복잡다단한 상황을 이해하는데 필수적인 요인이며, 스코틀랜드의 독립을 향한 숙고나 카탈루냐의 독립을 둘러싼 대립과 갈등은 여전히 지역정치에 영향을 끼치고 있는 중요한 변수이다. 게다가 국가의 내적 분화와 도시나 지방(locale) 단위의 초국경적 활동성 등은 근대화 과정에서 국민국가 내 흡수된 것으로 이해되었던 에스닉그룹의 존재를 재조명할 필요성을 더해가고 있으며, 특히 최근 들어 양적으로나 질적으로 새로운 단계에 들어서고 있는 국제정치 현상으로서의 "이민"과 "난민" 이슈는 에스닉그룹에 대한 새로운 차원의 정치를 논하는 중요한 동력과 기반이 되고 있다. 동주의 에스닉그룹에 대한 생각은 근대에 존재한 다양한 행위자들이 근대 국민국가의 구조 속에 '포획'(捕獲)되는 과정과 냉전시기를 통하여 압도적인 국제정치 구조 속에서 '동결'(凍結)되었던 다층적이면서 다양한 단위의 존재성이나 이슈 영역이 탈냉전 및 지구화의 조건과 더불어 다양한 양태로 재(在)활성화되고 있는 현실[5]에 대해서 적절한 의미를 부여하고 있지 못한 것으로 보인다. 오늘날 이 같은 새로운 이슈들을 이해하는 데 지역정치라는 틀은 매우 유용한 단위로 활용될 수 있으며, 특히 지역을 문명적 관점에서 파악함으로써 그 효용을 더하기도 한다.

헌팅톤(Samuel Huntington 1996)은 문명충돌 관련 논의에서 세계는 종교적 가치를 기준으로 특정한 문명적 유사성으로 구획될 수 있는 7~8개의 문명권, 즉 서구, 라틴 아메리카, 이슬람, 중화, 힌두, 정교, 불교, 일본 등으로 나뉠 수 있으며, 미래 세계는 이러한 문명들 간의 갈등과 경쟁 그리고 충돌로 야기되는 중대한 도전에 직면하게 될 것이라고 전망한 바 있다. 헌팅톤은 '문명'을 "구분되는 문화를 소유한 공동체가 가시적이고 조직적으로 이룬 구조적 산물"이며, "문화의 현상학적 표현 양태이면서 동시에 힘"이라고 정의하고 있다. 동주가 과거의 국제정치권으로 분류하였던 권역이 헌팅톤의 논의에서는 종교를 중심으로 재활성화되면서 세계정치에서 중심적인 단위로 등장하게 될 것이라는 점에서 양자 간에는 일견 유사성을 가지는 것

....

5   혹자는 이와 같은 상황을 "새로운 중세" 내지 "포스트모던"의 논의 속에서 개념화하려고 시도하였다. 이에 대해서는 Cooper(1996)와 전중명언(2000) 등을 참조.

처럼 보이기도 한다.

그런데 '문명'에 대한 논의는 사실 새로운 것은 아니다. 가깝게는 러시아의 다닐렙스키(H. Данилевский 1895)나 라만스키(B. Ламанский 1892) 그리고 슈펭글러(Oswald Spengler 1918; 1922) 등의 유럽과 타 세계에 대한 관계 및 유라시아 대륙의 "세 세계"에 대한 논의로 그 기원이 거슬러 올라갈 수 있다. 세계정치 내지 국제관계라 일컬을 수 있는 지구상 정치 단위들 간의 상호작용과 관련하여 이처럼 종교를 기반으로 하는 의미권/문화권/문명권의 관점에 기반한 논의는 다양한 방식으로 여러 논자들에 의해서 개진되어 왔다. 특히 러시아 학자들은 문명의 개념을 논함에 있어서 서구 문명을 단일하게 파악하기보다는 다양한 변이를 일으키면서 세계 속에서 재구조화되고 있는 측면에 주목하였고, 이 같은 문명적 과정 속에서 슬라브문명 내지 유라시아문명의 독자성을 강조하고 있다는 점에서 특징적이다. 그리고 이러한 사고는 세계의 정신성을 논함에 있어서 문명적 모자이크성을 인정하고 있다는 점에서 헌팅턴과 유사해 보이기도 한다. 하지만 문명들이 경쟁적이지만 동시에 공존과 병존을 통해 조화로운 세계를 구성한다는 점에서 평화적 내지 수세적이다. 이에 비해 헌팅턴은 문명을 세계정치의 구성 요소로 이해할 뿐만 아니라 갈등의 중심에 서게 될 것으로 파악하면서 서구의 문명적 정치권이 직면하고 있는 위기적 상황에 대한 경종을 울려주고 있다는 점에서 여전히 서구의 중심성과 그 지도적 지위를 중시하는 사고를 지속하고 있다는 평가는 타당해 보인다.

비교의 관점에서 볼 때에 동주의 국제정치 권역 개념은 문명충돌론의 문명 개념에 비하여 종교 등 특정 가치의 속성에 주목하기보다 좀 더 일반화된 가치로서의 의미 통용 가능성과 그것이 제도적으로 정당화될 수 있는 객관성 등을 중심으로 국제정치권의 형성을 이해하려 하였으며, 전파와 변용이 가능한 훨씬 유동적인 개념으로 이것을 사용하고 있다는 점에서 좀 더 일반화가 용이하고 국제정치의 단위를 유연하게 개념화할 수 있다는 장점을 가진다. 고정적이고 특정 가치에 고착된 문명 개념이 세계를 이해하는

데 일정한 유용성을 가지는 것이 사실이지만, 여전히 대결적이고 불가화해적 시각에서 파악되고 있는 헌팅톤의 본질주의적 '문명'은 세계정치의 단위성을 설명하는 개념으로서의 한계를 분명히 지니고 있다고 할 수 있다.

이처럼 헌팅톤의 정태적이며 고정적이고 본질주의적 문명관이 지니는 한계는 결국 다원문명론의 내적 충돌이라는 테제로 귀착될 수밖에 없으며, 이런 본질주의를 넘어서려는 노력의 필요성이 제기되기도 하였다. 즉 충돌하는 문명이 아니라 조우하고 공존하고 변용되는 과정으로서의 문명을 강조하는 다원주의적 문명론이 그같은 노력의 일환이라 할 수 있다(Katzenstein 2010). 하지만 이 같은 다원주의적 문명론의 전개도 결국 비교문명론의 한계를 벗어나기는 쉽지 않아 보인다.

이 같은 다원주의적 문명론에 비하여 유럽의 경험뿐 아니라 다양한 권역의 경험을 동시에 주목하며 피력된 동주의 국제정치권에 대한 사고는 단일한 국제정치권의 형성 과정과 그 결과 나타난 세계정치의 자기분열적 성격에 대한 천착으로부터 출발하여 "군사국가"와 "경제국가" 그리고 "식민지국가"로 연결되는 국가성격에 대한 논의까지도 포괄하면서(이용희 2013, 4장) 근대국가와 국제정치권의 중층적 이해에 도달하고 있다는 점에서 국제정치를 설명하는 보편적 틀로서의 분명한 강점을 지닌다. 이는 국제정치의 대결적이며 불가화해적인 특성에 고착하기보다는 국제정치의 "자기전개적 여건"(이용희 2013, 5장)을 바탕으로 다양하고 복합적인 국제정치적 상황에 대한 비교적 고찰을 가능하게 열어둔 사고로, 세계정치의 단위로서 권역 내지 지역에 대한 논의를 발전시킬 수 있는 기반으로서 '일반' 국제정치학의 출발점을 정초하고 있다고 할 수 있다. 이런 측면에서 동주의 국제정치권에 대한 논의는 다원주의적 문명론을 넘어서는 복합문명론적 사고를 정초하고 있다고 할 수 있을 것이다. 다만 21세기의 지역정치의 활성화라는 현실에 대면하여 어떻게 이를 비교론적 시각에서 접근할 것인가와 같은 도전적 과제에 대해서는 보완적 개념화가 필요하며, 국제사회학파의 개념적 및 이론적 발전에 비견될 만한 후학들의 노력이 요구되는 지점이 바로 여기서 발견된다 할 수 있을 것이다.

　이상의 검토를 통해서 발견하게 된 향후 일반국제정치학의 중요 과제는 결국 국제정치 분석의 단위로서 '지역'이 얼마나 유용할 개념이 될 수 있는가에 대한 답을 찾아가는 것이다. 권역이나 지역에 대한 논의들은 어느 정도는 미리 결정된 지리적 경계를 상정하고 있는 것이 사실이다. 이미 보았듯이 권역 내의 공유된 역사적 기억, 생활양식의 유사성의 존재를 언급하는 것이나, 권역이 '문화권'과 사실상 거의 일치한다는 언급에서도 확인 가능하다. 동주가 정치권의 중심과 주변을 구분함으로써 전파의 심급을 차등하여 설명하고 있으나, 그러한 동심원의 중첩과 변동의 역사를 고려할 때, 구체적으로 그 경계를 엄밀하게 구분하기란 상당히 복잡하고 어려운 문제로 보인다. 그러나 어찌되었건, 권역과 국제사회의 논의는 자연스럽게 국제사회의 지역성, 다시 말해 "지역 국제사회"(regional international society)에 대한 논의와 연결될 수밖에 없으며, 이때의 '지역'은 앞서 언급한 문화권과 불가분의 관계를 가지게 될 것이다. 이러한 논의들은 하나의 '문화권'으로서 지역을 암묵적으로 상정하면서 주로 각각의 지역 국제사회의 조직 및 작동원리를 국가 중심적으로 탐구하는 데 집중하고 있기 때문에, 상대적으로 '지역' 자체에 대한 탐구는 많이 이루어지지 못했던 것이 사실이다. 결국 이처럼 국가 수준에만 집중하는 서구의 국제정치이론은 복합적 과정으로서의 국제정치의 실제를 포착하려는 동주의 국제정치권역 이론에 비하여 그 설명력에서 한계를 드러낼 수밖에 없는 것이다.

　이는 역설적으로, 장소(topos)가 가지는 독특성과 독자성이 존재하고, 각각의 장소에 따라 다른 논리가 적용된다면, 그 '장소'를 어떠한 기준들을 통해 규정하고 개념화할 수 있을 것인가 하는 문제가 다시 중요하게 취급되어야 함을 의미한다. 특히 현대 세계정치의 장에서 나타나는 복합적인 상호작용을 고려한다면, 분석단위로서 지역을 적절하게 정의하고 그것을 설명의 수준으로 포용해 내는 과제야말로 현대 국제정치학이 당면한 중요한 과제로 인식되어야 할 것이다.

IV. 국제정치와 지역

이상의 논의를 바탕으로 동주의 국제정치권에 대한 논의를 어떻게 21세기 세계정치를 설명하는 살아 있는 개념으로 계승·발전시킬 수 있을 것인가에 대하여 비교지역연구 접근법의 개발을 위하여 생각해 볼 문제들을 제기해 보고자 한다. 우선 지역을 정의하는 문제이다. 과연 지역은 세계정치의 이해를 위한 분석개념으로 채택될 수 있을까?

전통적으로 '지역'을 정의하는 문제는 쉽지 않은 숙제로 남아 있다. 지역의 개념 자체와 그에 대한 접근법은 여전히 논쟁적인 과제이다. 지역에 대한 정의는 연구자들이나 각 학문분과들 사이에서 일관된 합의가 이루어지지 못하고 있는 것도 현실이다. '지역'(region)의 라틴어 어원으로 깊은 연관을 가지는 *rego*(=to steer), *regere*(=to direct or rule), *regio*(governance) 등의 의미는 공간의 한정과 관련된 의미 연관보다는 방향을 잡거나 통치하여 질서를 구축하는 일과 연관되어 있음을 알 수 있다. 이후 그에 더하여 지리적 의미가 결합되면서 경제적, 사법적, 사회적, 문화적 속성을 담지하는 단위로서의 의미를 점차 획득하게 된 것으로 보인다. 따라서 무엇이 그것을 구성하는 속성과 원리인가에 따라 단위로서의 지역은 다양한 방식으로 구성될 수 있으며, 이 같은 지역에 대한 이해는 세계정치의 단위에 대한 논의를 전개함에 있어서 개념적 용기로서 '지역'의 가능성과 확장성이 의미론적으로 충분히 정당화될 수 있음을 보여준다(Langenhove 2011, 1-3).

나아가 21세기 국민국가의 변화와 관련된 세계정치의 본질을 설명하기 위한 틀을 구성함에 있어서 지역이라는 개념을 활용할 수 있는 방법에 대해 고민할 필요성이 증대되고 있다. 이는 우리가 살고 있는 세계의 구성을 인식하는 사고틀의 재구성(*aggiornamento*)으로서의 '지역'의 단위화 작업의 중요성이 점증하고 있는 현 국제정치적 현실과 무관하지 않다. 지역을 구성하는 본질과 기능이 무엇인가라는 질문은 탈냉전 이후 국제정치 및 지역연구의 중심적 과제로 남아 있다. 따라서 지역의 개념이 어떻게 발전되어 왔고, 지역 및 국제 연구에서 지역 개념이 어떻게 발전적으로 변용 및 적용되고 있는지 살펴봄으로써 지역이 지니는 국제정치적 세계 인식의 현대화에 대한 함의를 찾아보아야 할 것이다.

먼저, 지역에 대한 정의는 다양하다. 전통적으로 지역은 식생이나 토양 및 지리적 환경 등과 같은 객관적이며 물적인 조건에 의하여 정의되는 공간으로 이해되며, 이 같은 본질주의적 입장을 지지하는 연구자들도 여전히 만만치 않게 다수 존재한다. 하지만 최근 들어 지역의 정의는 지역을 규정하는 물리적 조건보다 관념적 조건이 가지는 중요성을 강조하면서 구성주의적 인식을 좀 더 강조하는 추세이다. 이에 따르면 "지역이란 그 자체가 존재의의를 가지고 있는 것으로 여겨지는 범위, 더 확실히 말하면 거기의 주민이 공통적인 세계관을 가지고 있는 것으로 여겨지는 범위"라고 규정되며(다카야 요시카즈 1998), 최근에 국제정치적 변동을 고려하면서 "역사적 실재와 공간의 인식의 양면으로 구성되는 단위"로 지역을 인식하기도 한다(이철호 2001). 물질적 조건과 인식적 조건의 기반의 차이에 따라서 지리적 조건과 같은 생태적 기반에 의해 자연스럽게 형성된 이후에 의미가 부여되는 표준형 '지역'과 이질적인 소우주들의 외부적 영향에 의해 하나로 묶인 비표준형 '지역'으로 분류되기도 한다. 그 종류와 무관하게 지역은 종종은 그 속에 거주하는 사람들이 인식하는 삶의 터전으로 이해되기도 하고 연구자 등의 외부적 시선에 의해 의미를 부여받아 포착되기도 한다.

따라서 물적 조건의 영향을 인정하더라도 결국 지역을 정의하는 데 있어서 그 속의 행위자들이 인식하는 방식과 내용으로 '지역특성'(regionality: 다른 지역과의 차별성)을 포착하는 것은 중요하며, 그것은 인식의 차원에서 의미 연관과 상징체계의 구조가 작동하는 범위를 이해하는 것과 깊이 관련될 수밖에 없다.

이런 의미에서 국제정치학에서 가장 중요한 단위로 상정되는 '국민국가'야말로 가장 대표적이며 고밀도의 지역다움(regionhood: 지역이 아닌 것들로부터 지역을 구분하는 보편 속성)을 품고 가장 발전된 수준의 지역성(regionness: 단위로서의 지역다움의 제도화된 정도)을 갖춘 지역의 형태로 파악할 수 있을 것이다. 국제정치학은 영토 및 영토가 주권과 관련되는 방식에 대해서 많은 가정을 상정한다. 근대적 영토성은 끊임없이 상호배타적인 공간들을 나누고 선형적이고 고정적인 경계에 근거하고 있다고 믿어져 왔으며, 이 경계들은 외부와 내부, 국내와 국외, 시민과 외국인을 확실하게 구분해 주는 것으로 이해된다(Ruggie 1993). 영토와 경계의 단순 명료함은 주권의 단순함과 확고함을 보장하는 장치이다. 공간과 권력과 의미의 배열과 연관으로 나타나는 영토란 것은 국제정치학적 사고 속에서 "공간존재론"을 특수한 이해방식에 붙잡아 두는 경향으로 발전하였다. 문제는 이러한 사고가 국제/세계정치의 단위를 탈역사적인 존재로 규정하면서 국가만이 유일한 국제정치의 단위로 인식하게 만드는 오류에 빠지게 만들었다. 국제정치학설사에서 자주 언급되는 현실주의와 이상주의의 대논쟁에서 전자는 주권국가만이 유일하게 실효성 있는 행위자라는 관점에서 "국제적인 것"(the international)을 관념하지만, 후자는 주권 국가들이 모여 구성하는 국제공동체의 가능성과 보편적 규범의 존재를 지지한다는 점에서 가장 큰 차이점을 보인다. 따라서 국제정치학에서의 영토 개념은 하나로 수렴되기보다는 엇갈리고 있다. 현실주의자들이 전지구의 영토체계는 평평한 이차원적 권력의 지도상에 조직된 상호배타적이고 공간적으로 구획된 주권적 독립국들로 구성되어 있다고 보는 반면, 이상주의자들은 정도에 따라 층위가 다른 세계 권력의 영역화(territorialization)를 상정한다(Delaney 2005). 하지만 이상이한 사고는 많은 공통점도 가지고 있다. 애쉴리(Richard Ashley 1987)가 파악하였듯이 국제정치학은 특정한 영토 개념을 가정하기도 하지만, 동시에 질서와 혼돈, 정체성과 차이, 정치와 권력 등과 같은 이분법적 용어들을 통한 전 지구적 스케일의 선과 공간 위에서 영토를 표현하는 시도들로 이해될 수 있을 것이다.

문제는 이 같은 영토화와 경계화의 중요한 층위로서 다양한 '지역'의 가능성은 국제정치학에서 충분한 주목을 받지 못했으며, 지구상에서 존재하는 다양한 지역들을 층위별로 분류하고 이들의 특징을 비교함으로써 세계를 구성하는 중요한 차원을 발명하기 위한 노력은 더더욱 그러했다는 점이다. 물론 이는 국제정치학이 발전한 20세기적 상황과 무관하지는 않을 것이다. 제국의 시대를 마감하면서 국민국가라는 옷을 입고 새롭게 등장한 다수의 단위들을 둘러싸고 국제법적 평등성과 실존적 위계성이 얽히는 구조가 만들어졌고, 그 속에서 미, 소 초강대국의 경쟁으로 점철된 냉전의 역사는 지방이나 민족자치구역 그리고 초국경형 정치체 등과 같은 다양한 수준의 단위성을 동결(凍結)시켰을 뿐만 아니라, 국제정치에서 복수적으로 존재할 수 있는 다양한 층위(level/dimension)에 대한 사고도 냉전적 대결 논리 속에 묻어 버리고 말았다.

동구 공산권과 소련이 몰락한 이후 급변하는 세계정치의 탈냉전적 상황에서 한편으로는 이 같은 국제정치적 한계가 확장되기도 했지만, 다른 한편으로는 기존의 한계를 극복하는 데 크게 성공적이지 못했다. 이른바 지구화의 파도는 지방, 지역, 공동체 등의 존재가 딛고 있는 국제정치적 기반을 잠식하고 있다는 인식이 확산되고 또한 실제화되는 상황 속에서 '지역'이라는 단위에 대해 충분히 숙고할 기회를 앗아가 버렸다. 그 결과 "지구화되는 지역"(globalizing region)은 "지역화되는 지구"(regionalizing globe) 안에서 그저 지구적 거버넌스(governance)의 보완적 측면을 감당하는 정도의 층위에 불과하다는 취급을 받게 되었다(Fawn 2009). 그나마 이 정도는 다행이다. 지구화의 가속화는 지역적 차이를 사라지게 만들 것이며 지구적 단위의 형성이 빠르게 도래할 것이라는 생각의 확산은 지역에 대한 충분한 관심을 가지지 못하게 만드는 요인이 되었다. 특히 지역 통합의 중요한 기제인 경제적 연계성은 지역이 가진 영향의 일부분에 지나지 않을 뿐, 결국 지구적으로 연계된 자본주의 2.0의 시대를 넘어 새로운 미래에서는 더더욱 지역의 존재성이 쇠퇴할 것이라는 사고가 풍미하였다. 이런 류의 사고방식은, 지역은 하나의 제도적 형태를 가질 필요가 없으며, 따라서 지역연구의 주된 과제는 공유된 정체성을 가진 사람들이 지구적으로 공식화된 기준에 따라 상호작용과 제도화를 이루어나가는 다양한 경로와 양태를 탐구하는 것에 있다는 논리를 강화하였다. 그래서 많은 지역 연구가들은 연구의 터전을 떠나 분과학문으로 피난을 가거나 새로운 생존의 길을 모색하게 되었다(Koppel 1995).

하지만 지구화의 험난한 과정과 다층적 문제의 발생은 지역의 통합과 지구화 과정의 상보적인 측면을 강조하거나 경쟁적 측면을 강조하는 설명의 틀에 대한 관심을 촉발하였고, 특히 유럽에서 시도된 지역통합의 진전은 "지역들의 세계"가 도래할 것이라는 기대를 한껏 부풀리기도 했다. 이와 관련하여 지역주의(regionalism)가 국가가 주도하는 지역형성 내지 통합을 위한 노력과 프로그램을 지칭하는 것이라면, 지역성(regionness)이 증대되어지는 과정으로 지역화(regionalization)는 국가 이외에도 다양한 행위자들의 노력을 필요로 한다. 그런데 국민국가가 주도하는 지역주의와 다층적 노력을 엮어내는 지역화가 어떻게 결합되는지에 따라 다양한 지역통합의 패턴이 나타날 수 있다는 인식은 점차 '지역'을 국제정치의 유의미한 단위로 취급해야 할 필요성에 힘을 실어주게 되었다.[6] 이 지역성이 높은 수준에 도달한, 즉 가장 높은 제도화의 수준에 도달한 단위로서의 국가라는 정치체(polity)와 달리 광역 지역(region)은 그 형성 과정에서 상당한 투과성(porousness)을 가지고 있기 때문에, 다른 지역 및 행위자들과 끊임없는 상호작용을 주고받으면서 쟁점 영역에 따라서는 기존의 영토 경계를 무너뜨리기도 하고 새로운 경계를 설정하기도 한다. 바로 이 같은 지역의 활성화 과정은 국민국가 수준에서 정연하게 구획되어 있는 지구상의 경계에 대하여 근본적 도전을 제기하고 있으며, 새로운 세계 질서를 인식하는 데 있어서 지역을 바로 이해하는 것은 필수적인 과제로 떠오르고 있다.

....

6   유럽 통합 관련 최근의 결과들 가운데, 국가와 지역을 본질적으로 동일한 "정치중심"의 형성으로 파악하면서 하면서 국가의 형성과 유럽의 통합을 동일한 차원에서 연구하려는 노력도 나타나고 있다(Bartolini 2005). 이는 국제정치/세계정치의 단위의 문제를 어떻게 새롭게 정초할 것인가에 대해서 시사하는 바가 크다.

미국이 주도하는 지구화와 패권국 정치 그리고 지역 수준에서 진행되고 있는 변화를 포착하기 위한 카첸슈타인(Peter Katzenstein 2005)의 시도는 이 같은 시대적 상황을 반영한다. 카첸슈타인은 그의 저서 '지역으로 구성된 세계'에서 지역은 높은 투과성(porousness)을 지니며 미국의 임페리움과 밀접하게 상호작용하면서 생성되고 변화하고 있음을 아시아와 유럽을 중심으로 묘사하였다. 그에 따르면 지역은 물질적, 관념적, 행태적 차원에서 개념화될 수 있는데, '지역'을 정의하고 규정하기 위한 다양한 시도들이 이 세 가지 측면을 기반으로 각각 진행되어 왔으나, 지구화가 추동되는 상황 속에서 지역에 대한 연구는 특히 행태적 차원에서 더 활발하게 진행된 것으로 카첸슈타인은 이해하였다. 하지만 그는 지역을 관념함에 있어 지역의 존재양식 자체 보다는 미국의 임페리움이라는 지구적 구조 속에서 그것이 지니는 요구에 따른 적응 기재로 지역을 파악해야 함을 강조하고 있다는 점에서 강대국 특히 미국 중심적 사고에 경도되어 있는 것이 사실이다. 그럼에도 세계를 구성하는 단위로서 지역에 대하여 주목하면서 세계를 중층적으로 파악하려 했다는 점에서 지역에게 일정한 역할을 부여한 국제정치학자 중의 하나로 평가될 수 있을 것이다.

이처럼 세계를 구성하는 단위 내지 층위의 하나로 지역을 인정할 수 있다면 지역과 지역주의에 대한 다음과 같은 논의에 귀 기울여 볼 만하다(Larner and Walters 2002). 과거의 지적 습관 및 개념 그리고 범주의 사용으로 인해 관습적으로 사용되는 국가중심적 분석이 압도적이었지만, 점차 늘어가고 있는 초국가(supra-national) 현상의 일상화는 이를 이해하기 위하여 국민국가의 배타적 내지 고정적 단위성에 대한 일정한 수정을 요청하는 것이 사실이다. 따라서 국가와 국가가 연대하여 나타나는 광역지역은 물론 다양한 연결고리에 의하여 국제정치적으로 유의미한 행위의 주체로 작동하게 된 공간과 영역을 탐구할 필요성이 높아가고 있으며, 이러한 새로운 형태나 층위의 지역에 대한 탐구는 신지역주의(new regionalism)적 접근에 대한 이해의 필요성도 증대시키고 있다. 이에 탈냉전 이후 지정학적 고려를 바탕으로 한 국가중심적 신지역주의가 등장한 것은 이상한 일이 아닐 것이다. 신지역주의는 지리적 근접성을 지역주의 분석을 위한 기점으로 당연시하고, 지구화와 자본주의를 지역적 통합의 일반적 논리로 가정함으로써 국제 공간에 대한 한정적인 해석을 구성하고 지역의 의미를 새롭게 조명하고 있다는 점에서 주목을 받고 있다. 그런데 이 같은 새로운 지역주의의 경향은 지역에서 무엇이 특별하고 무엇이 일반적인지에 대한 경계를 모호하게 함으로써 지역에 대한 이해를 더욱 복잡하게 만든 것도 사실이다.

따라서 특정한 지리적 공간 안에 문화적, 정치적, 경제적, 안보적 차원 등의 일부 혹은 전체가 중첩되어 있는 응집성의 정도를 의미하는 지역성(regionness)에 대한 이해는 국민국가 수준에서뿐만 아니라 국가 내부의 지방 내지 지방들의 연합은 물론이고 국가를 넘어서는 다양한 초국경적 지방의 연합인 소지역, 국가들이 연계되어 형성되는 광역지역 등에 대한 탐구로 그 영역을 확장할 필요성을 높여가고 있는 것이다.

결국 지역이란 독자적인 정체성, 정당성, 의사결정 구조를 가진 역동적 주체로서 변화될 잠재력을 가진 단위이며, 다양한 척도에서 작동할 수 있다는 점은 확실하다. 따라서 지역은 담론에 선행하여 존재하는 것이 아니라, 담론적 실천 속에서 더욱 명료한 지역다움(regionhood)을 획득해 나가게 되며, 다양한 주체의 정치적 실천을 통하여 지역성(regionness)을 고도화시켜 감으로써 주체적 공간단위를 형성하게 된다는 관점에서 지역에 대한 이해를 시도하는 것이 적절해 보인다. 다시 말해 지역은 세계 공간을 구성하고 그 안에서, 혹은 그 공간을 통해 행위 하는 특정한 방식으로 정의되어야 할 것이다.

V. 변화하는 세계 인식의 수단으로서 비교지역연구의 과제

고전적으로 지역연구는 타자를 대상으로 타자성(otherness)에 대한 해명과 이해를 목표로 하는 지적인 인식체계로 이해되어 왔지만, 이것이 가지는 정책과학으로서의 성격에 대한 비판도 만만치 않았다. 또한 지역연구라는 것이 강한 공간 측의 지성주의적 문화로 성립된다고 보는 시각은 "사회과학을 기본적인 국가의 재산"으로 보았던 파슨스(Parsons 1948)의 전통에서 잘 드러나는 바와 같은 부류의 강한 정책과학적 한계를 보여준다. 그래서 사이드는 지역연구를 "추악한 신조어"라고 비판하기도 했다(Said 1978).

하지만 21세기 새로운 지역연구는 변화하는 세계를 인식하고 포착해 낼 수 있는 개념으로서 지역을 정의함으로써 다층적이며, 유연하고, 과정적인 지역을 단위로 하여 국제정치 및 세계에 대한 보편적 이해에 도달하려는 시도로 이해될 수도 있을 것이다. 이러한 정의는 지역연구를 "타국에 대한 연구"나 "타 (광)역지역에 대한 연구"라는 협소한 틀 속에서 이해하려는 한계를 넘어서 지방, 소지역, 국가, 광역지역, 그리고 세계를 모두 다층적 지역의 관점에서 포착해 내면서 재화와 사람과 생각은 물론 사상과 관념과 제도가 유통되는 세계를 국제정치적으로 이해하기 위한 세계 인식의 한 방법으로 고양될 수도 있을 것이다. 이는 기존 서구 국제정치이론이 보여주는 국민국가 중심적 사고의 협소함을 넘어서 좀 더 보편적 세계정치 이론의 구성을 위한 중요한 단초가 될 수도 있을 것이다.

이 같은 지역연구의 재(再)정의와 더불어 동주의 국제정치권이 제기한 국제정치의 새로운 단위에 대한 문제의식을 오늘날의 요구에 맞게 발전시켜 나가기 위해서는 다음과 같은 고려들을 해 볼 필요가 있다.

첫째, 일단 지역의 다양한 정의를 단순화시키기 위해서 우리는 지역을 세계를 구성하는 다양한 층위를 지닌 단위로 설정하고, 이 층위와 현상의 관계를 정리하는 작업이 필요하다.

이와 관련하여 최근 비판지리학에서 논의되는 공간에 대한 논의는 적지 않은 시사점을 제공한다. 소자(Soja 1989)의 '공간과 비판사회이론'에 근거하여 제솝(B. Jessop)과 브레너(N. Brenner) 그리고 존스(M. Jones)는 국가와 공간의 문제를 제기하면서 국가의 공간과 영토성이 변화하지 않는다는

표 6.1 사회적 공간 구성의 다양한 차원들의 예

사회공간적 관계의 차원	사회공간적 구조화의 원리	사회공간적 관계의 패턴
장소(place)	• 접근성, 공간적 뿌리내림 • 지역적 차별화	• 공간적 분업의 형성 • 중심과 주변 사이에 형성되는 수평적 사회관계의 차별화
영토(territory)	• 경계 획정, 울타리치기, 구획화	• 내부/외부의 구분 • 영토 내부에 대한 외부의 구성적 역할의 중요성
네트워크 (network)	• 상호연결성, 상호의존성, 횡단적 혹은 리좀 형의 차별화	• 결절점(nod)들 사이에 형성된 네트워크 • 위상학적 네트워크 내의 노드들 사이에 형성된 사회적 관계의 차별화
척도(scale)	• 위계화, 수직화, 차별화	• 스케일 간 분업의 형성 • 지배적/결절적/주변적 스케일들 사이에 형성된 위계적인 사회관계의 차별화 • 다중 스케일의 관점

출처: Brenner et. al. (2008).

가정을 비판적으로 검토하고 탈공간화된 역사주의를 극복할 것을 제안하고 있다(Brenner et. al. 2003; Brenner et. al. 2008). 이를 위해서 제솝 등은 사회적 공간의 차원을 장소, 영토, 네트워크, 스케일로 나누어 생각할 것을 제안하였다(표 6.1 참조). 이 같은 사고는 국민국가를 중심으로 사고하던 국제정치가 장소적 사고와 영토적 사고에서 점차 네트워크와 다중스케일의 관점으로 더 잘 이해될 수 있는 현실적인 변화에 조응하여 국제정치를 조망하는 시각이 변화해 나갈 방향에 대하여 많은 시사점을 던진다.

이런 관점에서 볼 때에 동주의 국제정치권 개념은 분석 수단으로서 장소의 사회공간적 관계의 차원을 중심으로 영토의 차원을 포괄하는 수준에서 머물고 있는 용기로 볼 수 있다. 하지만 최근 변화하는 국제정치 영역의 다층적이며 다기적 현상은 지역을 다층스케일의 관점에서 사고하면서 네트워크적 차원의 국제관계를 포괄함으로써 다양한 초경계적 상호작용을 포착하는 용기로 자리매김할 수 있는 가능성을 높이고 있다고 하겠다.

둘째, 이 같은 세계구성의 단위로서 지역이라는 개념적 설정이 가질 수 있는 현실적인 국제정치에 대한 설명력을 현실적인 사례 속에서 규명하는 작업이 축적되어야 한다. 이는 지금까지 축적되어 온 국가에 대한 연구는 물론 다양한 지역에 대한 연구들의 성과를 인정하는 데서부터 출발할 수 있다. 게다가 최근 들어 변화하는 국제정치의 면모에 대한 탐구들도 담아낼 수 있어야 할 것이다.

이런 의미에서 초국경주의(trans-nationalism)의 시각에서 파악되는 연구 주제들이 부각되고 있는 현 국제정치적 상황은 기존 국민국가 중심적 사고에 대한 중대한 도전이 되고 있음은 주지의 사실이다. 가령, 국제경제에서 나타나는 "지구적 가치사슬"(global value chain)의 형성과 변화나 새로운 단계에 진입하고 있는 초국경 이민현상 그리고 환경이나 인권과 같은 초국경 이슈들의 등장은 새로운 국제정치의 단위성에 대한 사고를 요청한다. 최근 세계 도처에서 불거지고 있는 수자원 분쟁, 접경지역에서의 초국경 상호작용 그리고 초국경 소지역주의의 발흥 등은 국가 중심의 사고와 그것을 넘어서는 사고가 함께 협력적 견지에서 종합적 시각과 사고의 틀을 구성하려는 노력을 통해서만 그 해명(Deutung)이 가능함을 강변하고 있다.

이처럼 다양한 형태로 발현되는 초국경성, 연결성, 이동성의 주제들이 '경계/국경연구'(border studies)의 주제로 부각되고 있는 상황에서,[7] 이슈 사이의 경계도 허물어지면서 학제적이며 다층적인 연구에 대한 요청도 커가고 있다. 이에 도시 내 젠트리피케이션과 같은 변화를 추적하는 연구로부터 도시 간 네트워크 및 초국경 도시 간 이동성과 이민 네트워크 등의 이슈가 함께 결합되는 양상에 대한 탐구는 지역이 고정적으로 이해되기보다는 유동적이며 과정적으로 이해되어야 함을 역설하고 있다. 따라서 최근에 주목받고 있는 경계연구, 도시연구 등과 같은 유연한 지역의 사고와 네트워크

....

7   초기 국경연구가 최근 들어 초국경성, 연결성, 이동성 등의 주제에 대한 연구로 확산되면서 나타난 대표적인 연구들로는 Diener(2010), Houtum(2005), Newman(1999), Migdal(2004) 등을 참조.

적 사고의 결합이 가능한 지역의 개념적 설정이 더욱 중요해지고 있다. 특히 최근 사이버공간과 오프라인이 결합되는 양식에 대한 연구 등은 이에 대한 분석 단위로서의 '지역'의 유연성과 초월성이 추상적이지 않고 구체적일 수 있다는 점을 보여주고 있다.

셋째, 지역연구에 대한 이해를 지나치게 확장하게 될 경우 국제정치학이 좀 더 적극적으로 해명하여야 할 주제들에 대하여 집중하기 어렵게 만들 우려가 있으므로, 중단기적으로 광역지역을 어떻게 다층적 지역의 개념 속에서 포용하고 이 스케일을 이론적으로 다듬을 것인가라는 차원에 더 집중할 필요가 있다.

최근 국내에 "동아시아 국제정치이론"에 대한 연구를 조망하려는 연구팀이 활동하면서 동아시아 지역정치의 특수성과 보편성의 문제에 대한 해명을 시도하고 있는 점은 고무적이다.[8] 하지만 이와 같은 시도는 더 나아가 비교국제사회론적 접근법의 재조명과 그 발전적 계승으로서 비교지역연구의 필요성에 대한 응답으로까지 연결되어야 할 것이다. 어떤 의미에서 동주는 이미 비교지역연구의 시각을 그의 권역에 대한 논의에서 제시하였다고 할 수 있다. 동주가 국제정치 권역의 유형으로서 '유교권', '회교권', 그리고 '기독교권' 등을 나열하면서 그 유형의 특징을 설명하고 있는 부분은 비교국제사회론적 사고의 발전에 대한 강력한 촉매제가 되었다고 할 수 있다. 하지만 이 같은 문제의식은 그 이후 후학들에 의하여 충분히 발전되지 못하였고,[9] 특히 탈근대적 변화의 특징까지도 등장하고 있는 최근 국제정치의 변화를 포괄해 내는 비교지역연구에 대한 요청이 높아가고 있다고 할 수 있

....

8   가령, 전재성(2011), 신욱희(2017), 장인성(2017)의 저작들은 이 같은 성과의 일환으로 이해될 수 있을 것이다.
9   물론 김용구(1997)의 저작 등에서 보이듯이 비교국제사회론적 국제정치 연구의 시도가 없었던 것은 아니지만, 이를 포괄적인 비교지역연구의 차원으로 승화시키려는 본격적인 시도는 지체되어 왔다. 그것은 한국국제정치학이 지닌 동아시아 지역적 특수성에의 매몰로만 설명되거나 정당화되기는 어렵다. 도리어 진정한 의미에서의 한국적 국제정치학의 성립은 비교지역연구의 맥락에서 동아시아의 경험이 객관화될 때에 가능할 것으로 보인다.

다. 특히 국제정치권으로서의 광역지역을 어떻게 비교하고 평가할 것인가에 대한 방법론적인 논의가 거의 전무한 상황이다. 대학과 연구기관 내에 비교지역연구를 지속적으로 수행할 제도의 설립이 필요한 상황이다.[10]

하지만 동주의 미래세계정치가 유럽의 광역지역 통합의 모델을 세계정치의 미래로 제시하고 있는 것이 과연 얼마나 보편적 언술로 자리매김할 수 있을 것인가에 대해서 평가할 수 있을 만큼 광역지역의 통합에 대한 비교연구의 성과는 거의 축적되어 있지 못하다. 개인적 작업이 어렵다면 집단적 지성의 구축을 통하여 이 같은 작업을 확대해 갈 필요가 있다. 새롭게 주목받고 있는 중동지역의 국제정치나 새로운 세계정치의 열점이 되고 있는 중앙 유라시아의 국제정치가 동아시아의 그것과 과연 얼마나 다르고 어떤 면에서 다른지에 대해 우리의 아는 바는 매우 일천하다. 비교지역연구 체제의 개념적, 이론적, 경험적 연구의 기반을 확대하려는 노력은 세계 국제정치학계에서 중요한 과제로 떠오르고 있을 뿐만 아니라 동아시아에서의 지역형성의 지체가 어쩌면 우리를 또 다시 역사의 수레바퀴의 뒷바퀴로 전락시킬지도 모를 것이라는 동주의 우려를 상기해 볼 때에 한국 국제정치학계의 사활적 과제로 인식되어야 할 것이다.

VI. 맺음말

현재 지구화와 지역화가 동시에 진행되면서 새로운 기준을 바탕으로 지역이 '발명'되고 변동하는 국제정치적 계기가 '발굴'되는 상황 속에서 이러한 거대한 변화를 포착하기 위한 시도들이 지속적으로 전개되는 가운데, 한

....
10 최근 들어 미국의 일부 대학에서 「비교지역연구」(Comparative Regional Studies)라는 교육 과정을 설치하고 있는 정황은 이 같은 필요를 반영하는 것이기는 하지만, 그 교과과정(curriculum)을 살펴보면 본격적인 체계를 갖추고 있다고 보기는 어렵다. 최근 서울대학교 국제문제연구소에 '비교지역질서 연구센터'가 설치된 것은 이런 의미에서 매우 고무적이라 할 것이다.

국적 경험이라는 장소의 주체성과 세계사적 계기에 대한 보편적 통찰을 결합하기 위하여 이미 반세기 전에 제시된 동주 국제정치이론의 핵심적 개념으로서의 '국제정치권'에 대한 논의는 오늘날에도 여전히 유효한 질문을 제기하며 그에 대한 해답을 찾아가는 후학들에게 도전적인 사고를 자극하고 있다. 이에 대하여 본고는 동주의 국제정치권 및 그와 유사한 개념들 그리고 새로운 세계정치 구성의 단위로 주목받고 있는 지역을 개념적 수준에서 평가하고 정리해 보았다. 단순한 평면적 비교라는 비판이 제기될 수 있지만, 적어도 이처럼 세계를 구성하는 단위로서 '지역'의 의미를 새롭게 조망하는데, 동주의 국제정치권 개념이 지니는 기초와 한계는 새로운 지역 개념의 발전을 위한 유용한 발판이 될 수 있음을 보았다. 이런 검토를 통하여 결국 세계정치의 중층적 거버넌스와 쟁점 영역의 복합화라는 상황이 빚어내는 다층적 지역성의 존재를 아우르는 설명틀의 고안은 기존 서구중심적 국제정치학의 틀을 넘어서서 동주가 꿈꾼 "일반국제정치학"의 성립을 위해서도 중요한 과제로 등장하고 있음을 알 수 있었다.

이를 풀어가기 위해서는 동주의 국제정치권 개념이 가지고 있는 장소에 기초한 단위성의 한계를 넘어서서 세계의 구성단위로서 '지역'을 새롭게 정의하고, 이 다층적이며 유연한 '과정적 단위'로서 지역에 대한 개별적 및 비교적 연구를 통하여 "링크의 연결"이라는 어원적 의미로서 지역과 세계가 어떻게 '해석'(translate)되는지를 밝히는 세계정치의 이론틀을 구축해 나가야 한다고 주장하였다. 이 같은 시도가 성공적일 경우 지역연구는 기존의 특정 지역, 특히 개별 국가나 그 하위의 지방에 고착된 연구가 아니라 세계를 인식하는 수단으로서의 자기 정체성을 새롭게 구축할 수 있게 될 것이며, 이를 위하여 '비교지역연구'의 체계를 정비하고 강화해 나갈 필요가 있다.

마지막으로 비교지역연구 체계의 구축이라는 과제의 시급성을 다시한 번 강조하는 것은 바로 우리의 동아시아 경험의 제약이 우리로 하여금 지구적 수준과 지역적 수준 그리고 소지역적 수준에서 벌어지는 동일한 강대국의 모순적이기까지 한 행동을 해석함에 있어서 동아시아적 맥락에의 환원주의적 입장에 빠져 그 객관적인 해명을 어렵게 만들고 있는 우리 국제정치적 인식의 한계를 극복해야 할 필요성 때문이다. 중국의 부상이 세계적인 화두이기는 하지만, 중국이 중동이나 유라시아 아프리카와 남미 그리고 유럽의 지역정치적 맥락에서 우리가 관념하는 만큼의 또는 그런 종류의 강대국이 아닌 것은 자명하다. 그리고 이러한 사고가 우리의 자율적 사고의 한계도 제약하고 있다는 슬픈 현실은 이 같은 비교지역연구의 필요성을 더욱 절실하게 만든다. 따라서 비교지역연구를 통한 국제정치적 개념의 지구적 수준과 지역적 수준을 구분하여 이해하고 양자를 종합적으로 이해하는 시각을 정립함으로써 우리가 경험하는 국제정치의 다층적 본질이 비로소 드러날 수 있을 것이며, 이를 바탕으로 유연하고 적절한 대응의 방법을 찾아갈 수 있을 것이다.

참고문헌

김용구. 1997.『세계관 충돌의 국제정치학: 동양의 예와 서양 공법』. 나남.

다카야 요시카즈. 1998. "지역이란 무엇인가." 야노 토루 엮음.『지역연구의 방법』. 전예원.

박건영·민병원 편. 2017.『장소의 의미: 동주 이용희의 학문과 사상』. 연암서가.

박명규. 2014.『국가 인민 시민』. 소화.

박상섭. 2004.『근대국가와 전쟁』. 나남.

_____. 2008.『국가·주권』. 소화.

_____. 2012.『국가 전쟁 한국』. 인간사랑.

신욱희. 2017.『삼각관계의 국제정치: 중국, 일본과 한반도』. 서울대학교출판문화원.

이철호. 2001. "지역의 재등장과 새로운 아시아,"『국제정치논총』41집 2호.

조홍식. 2017. "인류의 정치비전과 유럽통합." 박건영·민병원 편.『장소의 의미: 동주 이용희의 학문과 사상』. 연암서가.

장인성. 2017.『동아시아 국제사회와 동아시아 상상』. 서울대학교출판문화원.

전재성. 2007. "한국 국제정치학의 향후 과제들."『국제정치논총』46집 특별호.

_____. 2011.『동아시아 국제정치: 역사에서 이론으로』. 동아시아연구원.

_____. 2017. "권역, 전파 그리고 동주의 역사사회학." 박건영·민병원 편.『장소의 의미: 동주 이용희의 학문과 사상』. 연암서가.

전중명언 저, 이웅현 역. 2000.『새로운 중세: 21세기의 세계시스템』. 지정.

하영선 편. 2011.『위기와 복합』. 동아시아연구원.

하영선 외. 2012.『변환의 세계정치』. 을유문화사.

Agnew, John. 1994. "The territorial trap: the geographical assumptions of international relations theory," *Review of International Political Economy* 1-1.

Albert, M., D. Jacobson, and Y. Lapid (eds). 2001. *Identities, borders, orders: Rethinking International Relations Theory*. Minneapolis, MN: University of Minnesota Press.

Ashley, Richard K. 1987. "The Geopolitics of Geopolitical Space: Toward a Critical Social Theory of International Politics," *Alternatives* 12.

Bartolini, Stefano. 2005. *Restructuring Europe: Center Formation, System Building and Political Structuring between the Nation-State and the European Union*. Oxford: Oxford University Press.

Brenner, N., B. Jessop, M. Jones, G. Macleod (eds). 2003. *State/Space: A Reader*. Oxford: Blackwell.

Brenner, N., B. Jessop, M. Jones. 2008. "Theorizing Sociospatial Relations," *Environment and Planning D: Society and Space* 26-3.

Brenner, Neil. 1999. "Beyond State-Centrism? Space, Territoriality, and Geographical Scale in Globalization Studies," *Theory and Society* 28-1.

Buchanan, A., M. Moore (eds). 2003. *States, Nations and Borders: The Ethics of Making Boundaries*. Cambridge, UK: Cambridge University Press.

Bull, Hedley, Adam Watson eds. 1984. *The expansion of international society*. Oxford: Clarendon Press.

Buzan, Barry. 1993. "From international system to international society: structural realism and regime theory meet the English school." *International Organization* 47-3.

Cooper, Robert. 1996. *Post Modern State and the World Order*, Paper no. 19. London: Demos.

Delaney, David. 2005. *Territory: a short introduction*. Blackwell Pub. Co.

Diener, A. C., J. Hagen (eds.). 2010. *Borderlines and Borderlands: Political Oddities at the Edge of the Nation State*. Rowman & Littlefield Publishers, Inc.

Diez, T. 2004. "Europe's Others and the Return of Geopolitics," *Cambridge Review of International Affairs*.

Fawn, Rick. 2009. *Globalising the regional, regionalising the global*. Cambridge: Cambridge University Press.

Guzzini, Stefano (ed.). 2012. *The Return of Geopolitics in Europe? Social Mechanisms and Foreign Policy Identity Crises*. Cambridge University Press.

Houtum, Henk Van, Olivier Kramsch and Wolfgang Zierhofer (eds.). 2005. *B/Ordering Space*. Burlington, VT: Ashgate.

Huntington, S. 1996. *The Clash of Civilizations and the Remaking of World Order*. Simon & Schuster.

Katzenstein, Peter. 2005. *A World of Regions: Asia and Europe in the American Imperium*. Cornell Univ. Press.

Katzenstein, Peter. 2010. *Civilizations in World Politics: Plural and Pluralist Perspectives*. Routledge.

Koppel, Bruce. 1995. "Refugees or Settlers? Area Studies, Development Studies, and the Future of Asian Studies," *East-West Center Occasional Papers: Educational and Training Series*, No. 1.

Langenhove, Luk Van. 2011. *Building Regions: The Regionalization of the World Order*. Routledge.

Larner, Wendy and William Walters. 2002. "The Political Rationality of 'New Regionalism': Toward a Genealogy of the Region." *Theory and Society* 31-3.

Mead, W. R. 2014. "The return of geopolitics: The revenge of the revisionist powers," *Foreign Affairs*.

Migdal, Joel (ed.). 2004. *Boundaries and Belonging: States and Societies in the Struggle to Shape Identities and Local Practices*. Cambridge: Cambridge University Press.

Newman, David (ed.). 1999. *Boundaries, Territory, and Post Modernity*. New York: Routledge.

Parsons, T. 1948. "The Position of Sociological Theory," *American Sociological Review* 13.

Ruggie, John Gerald. 1993. "Territoriality and Beyond: Problematizing Modernity in International Relations," *International Organization* 47-1.

Said, Edward. 1978. *Orientalism*. New York: Pantheon.

Soja, Edward. 1989. *Postmodern Geographies*. London: Verso.

Spengler, Oswald. 1918-1922. *Der Untergang des Abendlandes I, II*.

White, G. 2004. *Nation State and Territory? Origins, Evolutions and Relationships*. Lanham: Rowman and Littlefield.

Данилевский Н. Я. 1895. *Россия и Европа : Взгляд на культурные и политические отношения славянского мира к германо-романскому*. Санкт-Петербург: Н. Страхов.

Ламанский В. И. 1892. *Три мира Азийско-Европейского материка*. Типо-хромо-литографя А. Траншел.

제7장

동주, 루만, 보즈만: 세계사회와 비교지역질서

신욱희(서울대학교)

이 글은 한국의 국제정치학자인 이용희, 독일의 사회학자 루만, 그리고 미국의 역사학자인 보즈만의 주요 저작을 검토하는 비교서평에 해당한다. 저자는 동주의 견해에 대해서 루만의 논의를 통해서는 개념적/이론적 보완을, 그리고 보즈만의 논의를 통해서는 경험적/역사적 보완을 하고자 하였다. 논문에서는 먼저 동주의 권역/전파이론을 두 학자들의 견해와 간략하게 대비시켜 보고, 다음에는 두 학자들의 저작의 내용을 통해 동주의 저서에서 등장하는 권역의 병존과 서구 국제관계의 세계화, 그리고 지역체제로의 재편 주장을 보완적으로 검토하였다. 이 글은 현재 진행 중인 국제정치의 전환적 양상을 이해하기 위해서는 세계사회의 복합적인 조직원리와 우리가 위치한 동아시아 지역체제의 창발적인 성격에 대한 이해가 요구된다고 주장하는데, 동주의 고민을 두 학자들의 논의를 통해서 조명한 결과로서, 권역의 병존을 넘어서는 공존과 복합의 양상, 하나의 유럽이 아닌 다양한 유럽의 존재와 국제사회를 포괄하는 세계사회의 측면, 그리고 열려진 진화의 과정과 지역체제 사이의 비교 필요성을 지적하였다.

I. 서론

한국의 국제정치학자인 동주 이용희, 독일의 사회학자인 루만(Luh-mann), 그리고 상대적으로 덜 알려진 미국의 역사학자 보즈만(Bozeman)을 비교하는 이 글은 기본적으로 비교서평의 형식을 취한다.[1] 동주의 여러 저작, 루만의 방대한 저작, 그리고 보즈만의 다양한 저작을 모두 읽고 세 학자를 비교한다는 것은 불가능하기 때문에, 여기서는 동주의 『일반국제정치학(상)』과 『미래의 세계정치』,[2] 루만의 『사회의 사회』와 『체계이론 입문』,[3] 그리고 보즈만의 *Politics and Culture in International History*를 주 텍스트로 해서 논의를 진행하려고 한다.[4] 비교적 검토와 연관된 문제의식 중의 하나는 냉전 이후의 '지역'과 '비서구'에 대한 관심의 증대라고 할 수 있다. 아차야(Acharya)가 회장으로 있던 International Studies Association(ISA)의 2015년 56차 연례학술회의의 주제가 'Global IR and Regional Worlds'였고, 대만에서 개최된 2017년 5차 World International Studies Committee(WISC) 연례회의의 keynote speaker였던 부잔(Buzan)의 연설 제목이 'The Post-Western World Order'였다는 사실은 이와 같은 경향의 일단을 보여준다.

하버마스(Habermas)와의 논쟁과 부르디외(Bourdieu)의 비판으로 잘

....

1   사회학자와 역사학자와의 비교가 요구되고 가능하다는 사실 자체가 동주 국제정치학의 학제적인 성격을 보여준다고 할 것이다.
2   이용희, 『일반국제정치학(상)』, 박영사, 1962; 『미래의 세계정치』, 민음사, 1994.
3   니클라스 루만(장춘익 역), 『사회의 사회 1, 2』, 새물결, 2012(1997); (디르크 베커 편, 윤재왕 역), 『체계이론 입문』, 새물결, 2014(2002).
4   A. Bozeman, *Politics and Culture in International History: From the Ancient Near East to the Opening of the Modern Age*, 2nd ed., Transaction Publishers, 1994 (1st ed., 1960).

알려진 루만은 사회이론가이고, 위에 언급된 주저 이외에 전략, 지역분쟁 등에 관한 저작이 있는 보즈만도 국제정치이론가라고 하기는 힘들다.[5] 하지만 이들의 작업은 동주가 두 책을 통해 제시한 국제정치적 논의에 대한 다양한 비교와 보완의 가능성을 제시하고 있다고 생각된다. 저자는 동주의 견해에 대해서 루만의 논의를 통해서는 개념적/이론적 보완을, 그리고 보즈만의 논의를 통해서는 경험적/역사적 보완을 하는 것을 글의 목적으로 한다. 논문에서는 먼저 동주의 권역/전파이론을 두 학자들의 견해와 간략하게 대비시켜 보고, 다음에는 두 학자들의 저작의 내용을 통해 동주의 두 저서에서 등장하는 권역의 병존과 서구 국제관계의 세계화, 그리고 지역체제로의 재편 주장을 보완적으로 검토하고자 한다.

II. 동주의 권역/전파이론

동주는 자신의 1962년 책에 보편이론의 제시를 의미하는 '일반'국제정치학이라는 명칭을 붙였는데, 이 저서는 외국의 문헌을 번역, 재구성해서 자신 이름의 개론서로 출판하던 당시의 국제정치학계에서는 중요한 학문적 공헌이었다고 할 것이다. 이 책에서 제시된 핵심적인 이론적 개념은 '권역'과 '전파'라고 할 수 있다. 동주는 '국제정치권'을 "일정한 정치행위의 **의미**가 보편타당한 **권역,**' 일정한 권력구조, 이데올로기, 고정된 행위양식으로 엮어져 있는 국제사회"라고 정의한다(이용희 1962, 53-54. 강조는 논문 저자). 이는 국제정치권을 기본적으로 '문화권'으로 보는 보즈만의 전제와 유사하며, 아래의 동주의 기독교권 설명은 루만 이론의 핵심개념인 '커뮤니케이션'의 역할을 강조하고 있다.

....

5   라트비아에서 태어나서 법학을 공부하고 법률가로 활동하던 보즈만은 1930년대 후반에 미국으로 이주했고, 1947년 이후 Sarah Lawrence College에서 역사와 국제관계를 강의하였다.

… 유럽의 기독교사회에 존재하는 국제정치란 간단히 서로 나라가 병존한다는 사실로서만 이해되고 따라서 복수국가 사이의 정치관계라는 비생산적인 추상에 그치는 것이 아니라 실은 충분히 **커뮤니케이트** 되는 공동의 관념체계와 공통의 개념구조와 공유의 정치의식으로 엮여져 있어서 그것이 마침내 행위의 일정한 형태를 낳고 또 그래야 비로소 행위의 명분이 유지되고 정당화되는 국제질서의 차원이 존재하는 정치며 정치의식이었다(이용희 1962, 52).

이와 같은 권역의 개념은 파슨스의 이론에 대한 성찰에서 출발하는 루만의 체계 개념의 논의와 맞닿아 있다. 루만은 파슨스를 원용하면서 체계의 '창발적 성격'을 다음과 같이 이야기한다.

파슨스는 행위, 즉 개개의 행위는 전적으로 **실재의 창발적 성격**이라는 전제에서 출발한다. 다시 말해 행위를 가능하게 만들기 위해 반드시 결합하여야 할 요소들이 존재한다는 것이다. 그리하여 사회학적 분석을 행하는 연구자들의 과제는 그러한 요소들을 확인하거나 그러한 요소들부터 행위에 관한 분석적 이론을 기획하는 것이라고 한다. 파슨스는 '분석적 실재론'이라는 용어를 사용하는데, 이 용어는 곧 현실의 행위의 창발성과 관련해 '실재론'을 취한다는 것을 의미한다. 따라서 파슨스의 행위이론은 개념적 구성이 아니라 행위가 가능하기 위한 조건들을 감안하고, 이 점에서 행위가 행위로 등장하는 모든 사례에 대해 서술하는 이론이라고 한다. 이에 반해 이 이론은 행위가 성립하기 위해 결합되어야 할 요소들을 확인하긴 하지만 이들 요소 자체는 행위가 아니라는 점에서 '분석적' 이론이다. 그렇기 때문에 어쩌면 이 이론은 행위라는 현상을 개별적 요소들로 분해하지만 이들 개별적 요소들 자체는 행위의 연쇄나 행위들로 구성된 체계에 편입될 수 없다고 보는 이론이라고 말할 수 있다. 즉 이 이론에 따르면 행위를 구성하는 개별적 요소들은 소단위의 행위가 아니다(루만 2014, 26).

이 전제는 아래와 같이 루만 이론의 핵심인 체계와 환경의 구별, 그리고 복잡성에 대한 설명으로 이어진다.

… 체계들이 활동하는 방식에 관해 중요하고 또한 계속 타당성을 갖는 통찰이 존재하긴 했지만 그러한 활동을 할 수 있도록 만드는 체계 자체가 과연 무엇이고 체계의 기저에 무엇이 자리 잡고 있는가라는 물음에 대한 대답은 전혀 이루어지지 않았다. 실제로 체계이론과 관련된 모든 발전은 바로 이 물음에서 시작하지 않을 수 없었다…. 이에 관련해 나는 특히 두 가지 관점을 자세히 다루도록 하겠다. 하나는 어떤 대상으로서의 체계에 대한 물음으로부터 **체계와 환경 사이의 구별**이 어떻게 성립하는가라는 물음으로 변경한다는 관점이다. 체계는 이 구별의 한쪽에 해당하고, 다른 한쪽은 환경이다. 이 관점에서는 어떻게 이러한 차이를 재생산하고 유지할 수 있으며, 또한 진화를 거쳐 어떻게 구별의 한쪽에 해당하는 체계에서 갈수록 더 높은 정도의 **복잡성**을 갖도록 발전할 수 있는가라는 물음을 다룬다. 또 다른 관점은 어떻게 그러한 구별을 재생산하고 어떠한 작동을 토대로 삼고 있는가라는 물음에 해당한다(루만 2014, 76-77).

첫째, 체계이론은 자기준거라는 개념을 수용한다. 재귀성과 예전에 주체의 특권에 해당했던 모든 것은 이제 체계 자체, 즉 **커뮤니케이션 체계** 자체가 갖는 한 가지 특성이다. 그리하여 다양한 형태의 자기준거가 존재한다. 그렇지만 체계의 전체 영역에 연결되는 일정한 유사성도 존재한다. 따라서 이러한 체계를 자기준거적 체계라고 부를 수 있다. 둘째, 체계이론은 모두 **의미라는 매체를 공유**하고 있다…. 이를 통해 체계이론은 심리적 체계뿐만 아니라 사회적 체계도, 다시 말해 의식의 작동뿐만 아니라 커뮤니케이션의 작동도 의미라고 하는 유사한 매체를 갖고 이루어진다는 점을 수용한다고 밝혔다(루만 2014, 337).

따라서 동주와 루만은 의미와 구조 사이의 관계에 대한 강조에서 공통점을 갖는데, 동주는 전파를 통한 의미권의 세계화 과정과 그에 수반되는 복잡성을 다음과 같이 지적한다.

… 따라서 국제정치화의 선행적 조건은—객관적 계기는 어떠하든 간에—심적인 행위형태, 개념체계, 제도조직이 국제적인 것으로 **전파**되었을 때 그 전파된 지역과 사회에 국제정치권이 성립한다는 것이다(이용희 1962, 55).

현대의 세계정치는 그것이 유럽정치의 확대라는 의미에서 자연히 단일한 기준에서 정치를 이해하고, 반응하고, 행위 하는 단일한 유형의 세계를 의미한다. 세계정치란 이러한 의미에서는 단일한 **커뮤니케이션의 '망'**을 전제로하여 서게 되었다. 그리고 이러한 커뮤니케이션 망 속에 들어온다는 것은 이데올로기 또는 법, 정치, 사회행위에 수반하는 의미, 가치반응의 통일을 뜻하는데, 앞서 논의한바 **'전파'**작용에는 이러한 커뮤니케이션 망의 기능을 발휘하는 것이 있다. 그러나 '전파'는 단순한 일방통행은 아니다. 전파자의 입장을 견지하여 오는 구미정치만 하더라도 그 작용에 따르는 기능 확대로 인하여 때로는 유럽정치라는 좁은 지역의 특정한 정치 양상을 일부 수정 혹은 변경하는 경우가 있을 뿐 아니라 그 자체의 비대에 따르는 내면적인 변화가 곧 전파의 작용에 영향을 주게 된다. 전파의 기능을 하는 도중에 역으로 팽창해가는 국제정치에 영향을 입고 또 유럽정치의 확대와 더불어 유럽정치의 비대에서 오는 모순이 일어난다. 더욱이 그 모순이 클 경우 이러한 면을 안고 서는(갖고 존재하는) 세계정치는 복잡하지 않을 수 없다(이용희 1962, 242-243).

보즈만 역시 이러한 세계화 과정을 아래와 같이 유사한 방식으로 묘사하고 있다.

물리적으로 불가분한 개체로서의 세계의 이미지는 대륙들이 발견되고 탐험되면서 인류의 역사에서 천천히 형성되었다. 그것은 지구의 한 때 고립되었던 지역들 사이 **커뮤니케이션**의 꾸준한 개선과 함께 새로운 의미의 차원을 획득하였다. 이러한 발전의 결과로 나타난 세계의 다양한 사람들 사이의 접촉의 증대는 전체성(wholeness) 이미지로의 전환을 제안했고, 그 안에서 이제 세계는 그들의 다양한 운명들이 복잡하게 서로 얽힌 인간들의 장소로 인식될 수 있었다. 이러한 물질적인 것과 동시에 정신적인 단일성의 견해는 유럽과 북미에서 먼저 실험되고 정의되었던 특정한 관념과 제도들이 보편적인 호소력을 가진다는 점이 명백해지자 더욱 분명해졌다(Bozeman 1994, 3).

III. 권역 간 커뮤니케이션과 복합적 권역

동주에게 있어 19세기 전반까지의 세계는 각기 다른 의미권인 아시아/유교권, 중동/이슬람권, 그리고 유럽/기독교권의 세 권역이 서로 '병존'하는 상태로 이해되었다. 그는 아래와 같이 말하고 있다.

> … 왜냐하면 19세기의 전반까지만 하더라도 유기적인 관계에서 역사적 공동감을 의식하고 또 한 개의 역사적 세계를 느낀다는 데 있어서는 그것은 기껏 해서 유교적인 것이 중심이었던 동북아시아, 이슬람을 중심한 세계, 그리고 구미세계를 벗어나지 못하였기 때문이다. 설령 동서의 교통이 아주 없었던 것은 아니며 동서의 지식이 전연 결여하였던 것은 물론 아니었다 하더라도 그것은 어디까지나 지견일 따름이고 교섭, 교류에 그쳤을 따름이지 각 문화권은 서로 역사적 세계 속에서 안연하였으며 남의 세계는 **이역의 절처**라고 개념하였다(이용희 1962, 32).

하지만 근대 이전에 대한 보즈만의 역사적 서술에서는 권역 사이의 교섭이나 교류를 넘어서는 커뮤니케이션의 존재와 그를 통한 권역 사이의 공존과 복합적 권역의 모습이 부각되고 있다는 점이 차이가 있다.[6] 여기에서 먼저 중시되는 것은 지중해 지역과 근동(Near East)의 특성과 그 역할이다. 보즈만은 국제체제의 역사적 원형으로 도시국가인 그리스의 폴리스(polis)나 이태리의 스타토(stato) 사이의 관계를 언급하는 다른 학자들과는 달리, 먼저 기원전 비서구 지역에서의 국가의 등장에 대해 다음과 같이 다음과 같이 서술한다.

> 이러한 동의가 근동과 극동에서 증폭되자, 국가는 국제적으로 공유된 형태가 되었다. 이 기능에서 이는 동양과 서양(즉 당시 서양으로 인식되던 지역)에서 모두 **국제적 커뮤니케이션의 주요 주체**가 되었으며, 첫 번째로 국제관계의 규제된 체계의 틀을 제공하였다. 국제사가 기록하고 있는 이와 같은 첫 국가들 사회의 밑그림은 이후 세대를 거쳐 정교하게 되었다(Bozeman 1994, 19).

다음 그녀가 주목하고 있는 것은 근동에서의 커뮤니케이션 체계로서의 고대 국제관계가 보여주는 '공존'의 방식이다. 보즈만은 아래와 같이 이야기한다.

> 간단히 말해서, 수세기 동안 근동 국가들은 **커뮤니케이션의 체계**와 그 안에서 그들이 독립적으로 협력하고 그를 통해 그들이 합의된 방식으로 이견을 전달할 수 있는 형태의 틀을 만드는데 협력해 왔다(Bozeman 1994, 32).

그녀는 기원전 그리스의 생활양식 역시 서로 다른 권역 간의 분리(di-

----

6   체계 간 커뮤니케이션과 그를 통한 공존은 사실상 루만이 아닌 하버마스의 논의에 가깝다는 반박이 있을 수 있다. 주지하다시피 루만의 커뮤니케이션 개념을 '소통'이라는 좁은 의미로 해석하는 것은 옳지 않으며, 체계와 체계 사이의 커뮤니케이션은 체계와 환경 사이의 관계 중 하나로 보는 것이 더 적합할 수도 있기 때문이다.

vide)가 아닌 동, 서양의 접점(meeting ground)이었다고 지적하는데, 한 체계와 그 환경 사이의 관계의 일단으로서 체계 사이의 커뮤니케이션, 그리고 매개와 융합의 결과로서 복합적 권역의 존재 사례로 보즈만은 마케도니아를 들고 있다.[7] 그리스의 가치와 헬레니즘의 문화를 반영했던 알렉산더 대왕의 국제정책에 대해 보즈만은 그것이 단순한 제국의 구상을 훨씬 능가하는 것으로 평가하면서, 다음과 같이 설명하고 있다.

하나의 국제국가(international state)로서 알렉산더의 제국을 평가하는데 있어서는 아마 두 가지의 주요한 점이 지적될 수 있을 것이다. 첫 번째, 알렉산더는 역사상 하나의 행정조직 아래 유럽, 아시아, 그리고 아프리카의 문화적 권역을 통합시켰던 최초의 **주체**(agent)였다… 두 번째, 하나의 국제공동체를 위한 알렉산더의 구상은 그것이 사람들 사이의 새로운 정치적 연대, 개인과 국제공동체 사이의 새로운 관계, 그리고 새로운 세계에 대한 관점을 제시했다는 점에서 혁명적이었다(Bozeman 1994, 95).

보즈만이 원용하는 또 하나의 복합적 권역은 박트리아의 예이다. 그녀에 따르면,

박트리아의 활력은 자신의 외교정책과 미술에서 표현되는 것처럼, 민족적이고 사회적인 다양성을 없애기보다는 포용하는 전반적인 사회적 합의에서 근원적으로 발현되었다… 보다 넓은 국제관계의 영역에서 그리스-박트리아 왕국은 지리적이고 문화적인 면에서 공히 지중해 세계와 극동지역, 특히 중국과 인도 사이의 **교량**에 해당하였다(Bozeman 1994, 116-117).

....

7   2017년 여름 예술의 전당에서 열렸던 '간다라 미술전: Alexander the Great Meets the Buddha'는 이 시기의 권역 간 커뮤니케이션이 단지 문화의 교류에 그친 것이 아니라 복합으로 이어졌다는 것을 잘 보여주고 있다.

지중해 지역과 근동에서의 문화적 복합의 양상은 동주가 좋아했다고 알려진 역사학자 토인비(Toynbee)에 의해서도 다음과 같이 지적된 바 있다.

> 해체하는 시리아 문명과 헬레네 문명의 찌꺼기가 혼합하는 데서 축적되어간 '문화복합체'는 더할 나위 없이 비옥한 토양임이 입증되었다. 문화복합체는 정교 기독교 문명, 서구 기독교 문명, 이슬람 문명이 발아하는 토양이 되었다.[8]

IV. 다양한 유럽의 존재와 세계사회

『일반국제정치학(상)』이 기본적으로 근대국제관계를 다루고 있기 때문에 동주가 자신의 책에서 중세에 대한 상세한 서술을 하지 않은 것은 어쩌면 당연한 일일 것이다. 동주는 세속적 권위와 교권의 중세 이원주의에서 국가주권의 근대 일원주의로의 전환, 즉 정치권력의 교권에 대한 종속의 제거를 근대의 특징으로 서술하고 있다(이용희 1964, 105). 그는 근대국제체제의 단위의 특성을 다음과 같이 이야기한다.

> 근대국가 관념은 유럽이라는 특정한 사회에서 발달된 독특한 유형관념이며 이에 대응하는 유형적인 양식과 제도는 특정한 역사적 동안에 나타나고 있는 특정한 정치양식이며 제도라고 해석된다. 고로 근대 후기 말에 이르러서는 유럽정치의 세계적 팽창과 더불어 정치는 대체로 국가정치로 이해되고 또 국가정치의 '국가'는 곧 '근대국가'라고 인정되는 것이 보통이 되었다. 이러

....

8   토인비(1974, 542). 한국외국어대 아랍어과 명예교수인 손주영은 동주가 한국이슬람학회 탄생의 산파 역할을 했다고 말하면서, 동주가 이슬람의 사상과 역사, 그리고 유럽 문명에 대한 이슬람의 영향에 대해 광범위한 관심과 지식을 갖고 있었다고 회고하였다. 손주영 교수와 단국대 김강석 박사의 대담, 2017. 10. 9.

한 유형관념으로서의 근대국가의 발달에 있어서 순차로 나타나는 것이 다름 아닌 국가의 영토관념이요, 주권사상이요, 또 나중에 나온 국민관념이었다….
말하자면 중세적인 국가유형으로부터의 이탈 또는 탈출로서 근대국가는 출발하였다. 이로 보면 근대국가는 그 발생과 그 기원에 있어서 먼저 유럽사 상의 중세국가유형에 대립되어 나온 관념이 아닐 수 없다(이용희 1964, 101).

하지만 비잔틴 제국의 사례는 동주가 지적했던 세 의미권 사이에서의 위치나 이후의 영향에 있어서 커다란 중요성을 갖기 때문에 동주의 권역과 전파의 논의에 있어 그 존재의 의미가 좀 더 검토될 필요가 있다.[9] 보즈만은 아래와 같이 비잔틴 제국이 가졌던 체계와 환경 사이의 특성에 대해 서술한다.

하지만 동로마 제국의 자신의 환경에 대한 정향이 정치적이고 전략적인 사고의 산물만이 아니라, 중원의 제국과 인근의 위성국들을 오랫동안 연결해 온 본능적인 **커뮤니케이션의 표현**이라는 것이 기억되어야 한다. 궁극적으로 비잔틴은 천년 이상이나 모든 방향으로부터의 다양한 문화적 영향력의 교차로를 차지하고 있었다…. 간단히 말해서 비잔틴은 외부 세계로부터 자신을 격리시킬 수 없었다. 반대로 이는 자신의 바로 그 상황과 다른 국가, 종교, 그리고 가치체계에 대한 민감한 인식을 발달시키는 문화적 유산에 의해 조건 지워졌던 것이다(Bozeman 1994, 311).

그러나 동주 자신은 이와 같은 매개의 특성보다는 비잔틴이 가졌던 위계성에 대해 주로 언급하였다. 신일철 교수와의 '사대주의'에 관한 대담에서 동주는 다음과 같이 이야기하고 있다.

....
9   『일반국제정치학(상)』에 나오는 비잔틴에 대한 유일한 언급은 "근세를 비잔틴 제국 몰락 이후로 보았다"는 켈라리우스(Cellarius)의 시대 구분에 대한 것이다. 이용희(1964, 102).

…상위체를 설정해서 국제질서를 도모하는 국제사회에서는 상하의 관계를 부자로 표현하는 예가 아주 흔합니다. 중세 기독교사회가 그런 것은 말할 것도 없고, 비잔틴 제국 중심의 국제사회에서도 그랬어요. 그뿐 아니라 자기 문명권 밖의 다른 나라, 소위 '야만인'에 대하여 그것이 강대할 경우에는 '형제'라고 칭한 것도 동북아 사회나 비잔틴 사회가 서로 같습니다…. 애당초 사대지례의 골자인 **상하세계에 의한 국제질서**의 절차, 형식은 이상스럽게도 중세 유럽, 이슬람 사회, 동로마교 사회가 모두 그랬습니다. 사대의 예는 이렇게 보면 국제정치질서의 한 역사적 유형인 면이 있죠(이용희, 신일철 대담 1972).

비잔틴의 이러한 매개와 위계의 성격은 제국의 외교에도 반영되었다. 보즈만은 비잔틴 외교와 그 영향에 대해 아래와 같이 지적한다.

비잔틴의 종교적 외교는 궁극적으로 인근의 야만적 국가 지대에 침투하고 많은 슬라브 족과 다른 종족들의 정치적 관습을 통제하는데 매우 성공적이었다. 따라서 이 예는 현대의 외교적, 문화적 관계의 역사에 있어서 흥미로운 사례 연구 중 하나로 간주될 만하다(Bozeman 1994, 315).

… 유사한 역사적 탐구가 옛 비잔틴과 이후의 서구 유럽의 외교 방식 사이의 밀접한 연결에 대한 재발견으로 이어진다는 점은 흥미롭다…. 왜냐하면 결국 강력한 정교 제국의 영향은 북쪽의 슬라브 족에게만 국한된 것은 아니었기 때문이다…. 이는 또한 그 정치적 발전의 결정적 단계에서 직간접적으로 콘스탄티노플과 밀접한 접촉을 갖고 있었던 많은 예민한 사람들에 의해 경험되었는데, 베니스인들이 특별히 그에 해당하였다(Bozeman 1994, 325).

비잔틴의 영향을 받은 베니스의 외교는 마키아벨리의 플로렌스로 대표되는 이후 이탈리아 외교와는 차별적인 방식으로 유럽 외교의 발전에 기여

하였다. 보즈만은 이에 대해 다음과 같이 설명하고 있다.[10]

> 15세기에서 20세기 사이 서구세계에서 통용된 외교의 이론과 실행을 이해하기 위해서는 그를 통해 **베니스의 방식이 전파되고 전환된 과정**을 추적하는 것이 필요하다(Bozeman 1994, 477).

> 문화적, 지리적으로 먼 국가들과의 접촉 과정에서 독립된 국가에 의해 고안된 베니스의 방식이 본질적으로 그 기능이 다른 국가의 유사한 제도들의 동시적인 작동에 의존하지 않았던 국가적 주체성이었다면, 취약하고 상호의존적인 많은 국가들에 의해 집합적으로 지원된 이태리의 방식은 그의 태생적 속성에서부터 하나의 국제적 제도에 해당했다(Bozeman 1994, 480).

보즈만은 르네상스 시기 근동에서의 창조적 학습의 전반적인 쇠퇴와 서구에서의 지적 탐구의 점진적 증대에 따라 이전에는 문명적으로 어느 정도 연결되어 있었던 동양과 서양이 소원해지고 그에 따라 갈등이 증대되는 것으로 근대 세계의 전개 양상을 서술한다(Bozeman 1994, 428-429).

비잔틴 제국이 근대 이전 유럽의 다양성을 보여준다면 근대 유럽의 다양성을 보여주는 예로는 신성로마제국의 존재를 들 수 있을 것이다. 보즈만은 신성로마제국의 특성을 아래와 같이 이야기하고 있다.

> 신성로마제국은 하나의 중앙집권적인 국가가 아니라 서로 다른 많은 자치적인 단위들의 결합체였다. 이는 국제관계에서 하나의 세력으로서의 정체성을 유지하기보다는 그 경계 내에서 개인적이고 행정적인 규제를 위한 법과

....

10 동주도 다른 저서인 『국제정치원론』에서는 유럽외교의 기원으로서 비잔틴 제국의 외교를 언급하고, 베니스 외교가 비잔틴 외교를 수용했다는 점을 지적한다. 이용희, 『국제정치원론』, 장왕사, 1955, 2부, 제2절을 참조할 것.

정의의 원칙을 개발하는 것에 관심을 가졌다(Bozeman 1994, 323).

보즈만이 기본적으로 신성로마제국 역시 서구 입헌주의의 영향 아래 있는 것으로 보는 반면, 용채영은 신성로마제국의 내부적 위계성과 외부적 제국성의 존속이 주권체제로서의 웨스트팔리안 체제가 하나의 '신화'라는 것을 보여주는 증거라고 보면서 다음과 같이 주장한다.

> 내부적, 외부적 기제를 통한 신성로마제국의 지속성은 유럽정치의 평화와 균형에 있어 필수적이었다. 신성로마제국의 위계적 구조는 자신의 구성원들을 관리하는 법률적이고 평화적인 질서를 제공하였다. 신성로마제국의 입헌적 현상유지는 제국과 유럽 내에서 쉽지 않은 세력균형을 유지하기 위한 제국의 구성원들과 유럽의 행위자들 사이의 정치적 타협을 통해 지속적으로 복원되었다(Yong 2017, 17).

중세로부터의 영향과 근대가 갖는 다양성이 고려된다면 근대 세계정치의 전개에 대한 종전의 국제체제/국제사회의 논의는 세계체제/세계사회의 논의에 의해서 보완될 수도 있을 것이다. 이와 같은 점에서 루만이 제시하는 '세계사회(world society)'와 '분화(differentiation)'의 개념에 대한 논의가 의미를 갖는다고 하겠다.[11] 루만은 "사회를 포괄적인 사회적 체계로 규정하면, 연결 가능한 모든 커뮤니케이션을 위해 **단 하나의 사회체계**만이 존재할 수 있다는 귀결에 이르게 된다"고 보며(루만 2012, 176), "지구 전체를 **의미를 기반으로 하는 커뮤니케이션의 폐쇄된 영역으로**" 발견하게 된 것이 세계사회 등장의 전환점이라고 지적한다(루만 2012, 180). 하지만 루만은 이 하나의 체계 안에 경제, 정치, 법과 같이 "서로 다른 방식으로 커뮤니케이션하는" 구별되는 부분체계들이 있다고 이야기한다(루만 2012, 182). 동주의

....

11   이 두 개념을 국제정치학에 적용한 연구로 Albert(2016), Albert et. al.(2013)을 각각 볼 것.

권역 개념과 연결되는 루만의 또 하나의 부분체계의 논의는 아래와 같은 지역체계의 차이에 대한 것이다.

> 하나의 전 세계적인 통일적 사회체계를 전제하고 출발할 때만, 체계 분화의 모습을 띠지 않는 **지역적 차이**들이⋯ 존재한다는 사실을 설명할 수 있다⋯. 그런 차이들은 세계사회체계의 지배적 구조들에 참여하는 정도의 차이로부터, 그리고 그런 구조들에 대한 반응으로부터 설명될 수 있다(루만 2012, 200-201).

이러한 세계사회와 부분체계의 관계는 루만이 설명하는 다양한 분화의 형태 논의와 연결될 수 있다. 루만은 부분체계들이 서로 평등한 '분절적 분화,' 불평등이 존재하는 '중심과 주변에 따른 분화'와 '계층적 분화,' 그리고 평등과 불평등이 모두 성립하는 '기능적 분화'의 네 가지 형태를 제시한다(루만 2012, 710-711). 국제체제나 국제사회론자들이 이야기하는 근대 국제관계의 형성은 첫 번째의 분절적 분화를 그 기반으로 하고 있다. 그에 대한 루만의 견해는 다음과 같다.

> 주권국가의 특징은 국가권력에 대한 제한들을 제한하는 데 있다. 사람들은 이제 오로지 영토적 관계만을 받아들이는데, 하지만 이 한계만은 절대적인 것으로 받아들인다. 다른 모든 제한들은 떨어져나간다. 다만 이것이 뜻하는 것은 그러한 제한들이 상황에 따라 정치화되고 '국가이성'의 정치적 계산으로 들어간다는 것이다⋯. 정치적 계산의 과제는 정치권력의 자기 보존이다. 이것은 한편으로는 통치하고 있는 왕조의 지배와 관련되지만 또한, 그리고 무엇보다도, 영토의 존속과 관련된다. 국경이라는 이 새로운 원리는 마치 그물처럼 예전의 계층화 질서를 뒤엎고, 이 질서로 하여금 이 국가 혹은 저 국가에 자신을 편입시키도록 강제한다⋯. 이제는 전쟁 수행도 하나의 정치적 문제일 따름이다. 사회는 그에 대한 결정을 정치체계에 위임한다(루만 2012, 828-829).

하지만 루만의 분화이론을 원용하는 국제정치학자들은 현재의 국제관계에 있어 아래와 같은 계층적 분화의 존재를 지적한다.

> 국가를 넘어서는 정치적 권위는 국가들 사이의 불평등을 강화시키고 따라서 국가들 간의 계층적 분화를 증대시키게 된다…. 좀 더 공식적인 의미에서는 일부 국가들은 국제제도들 내에서 위임된 특권적인 역할을 갖는다…. 이 정치적 권위의 전환이 갖는 또 하나의 의미는 각기 다른 정치적 단위 사이의 분업의 형태라고 할 것이다…. 이러한 점에서 지구적 거버넌스는 **다층적 거버넌스**로 묘사될 수 있다(Albert, et. al. 2013, 18-19).

이러한 복합적인 분화 양상은 냉전체제의 사례에 있어서도 마찬가지로 실재하였다. 동주는 양 진영 사이의 적대관계와 진영 내의 위계성으로 특징지워지는 냉전의 특성을 '유럽의 자기분열'로 해석하면서 다음과 같이 이야기한다.

> 유럽적인 세계정치가 역사와 전통을 달리하는 다른 국제정치권을 정복하면서 마침내 단일화된 것임에 반하여 공산권의 출현은 구경 **유럽적인 세계정치에 대한 체내의 도전**이라고 비유할 수도 있다. 그리고 이러한 체내적인 도전에 의하여 세계정치의 체계는 급기야 전통적인 유럽계와 공산계로 분열되고 말았으며, 그 중간에 서서 구시대적인 사회, 경제를 아직도 탈각하지 못하고 있는 여러 지역은 주변지역으로서의 동요를 금치 못하고 있다(이용희 1962, 82).

하지만 위에서 언급된 러시아에 대한 비잔틴의 영향을 고려한다면 냉전은 '이미 존재하던 차별적인 유럽의 재등장'으로 이해될 수도 있다. 보즈만은 이를 아래와 같이 서술하고 있다.

더욱이 비잔틴 체제가 몇몇 동구인들, 특히 러시아인들의 정치적 발전에 막대한 영향을 주었기 때문에 그 기록은 이 핵심적인 시기에서 현대 사회의 전조들을 발견하기를 원하는 사람에게는 특별한 관심을 내포한다…. 대서양 공동체에서 만들어진 외교 양식이 부과와 모방을 통해 모든 대륙에 **전파되었던** 까닭으로, 모든 세계인들이 외교의 실질적인 요소에 대해 모두 온전한 합의를 갖고 있을 것이라는 인식이—특히 대서양 지역의 외교 써클에서—만연하였다…. 하지만 1차대전 이후 새로운 국가들의 등장과 혁명적인 이데올로기의 확산, 그리고 구 문명들의 부활에 의해서 서구 유럽 국가들이 도전을 받게 되자, 이와 같은 제도에 잠재해 있던 모든 복잡성들이 명백하게 드러나게 되었다…. 소비에트 러시아의 행위의 근원에 대한 탐구는 서구의 학자들로 하여금 다양한 이데올로기들, 특히 동구에서 혁명적 분화를 야기했던 서구 맑시즘의 이념들을 재평가하고, 대외관계의 영역에서 현대 러시아가 그들의 혁명적인 교리를 사용하도록 유도한 것으로 여겨지는 특정한 역사적 경험들에 대해 연구를 하도록 만들었다. 비잔틴 외교가 소련 행태의 주요한 결정요인이라는 것을 인정하게끔 한 것은 이 두 번째의 탐구라고 할 수 있다(Bozeman, 1994, 324-325).

다음의 토인비의 냉전에 대한 해석도 이와 유사성을 갖는다.

이 시기(15세기부터 2차대전 이전까지)에 비서구의 열강, 이를테면 러시아나 일본은 그들이 서구화에 성공한 범위 정도에서 오직 서구적 힘의 정치에서 그 일익을 담당할 수 있었다…. 1945년부터 1972년에 이르기까지의 힘의 정치적 주조는 이미 유럽이나 세계의 지배를 둘러싼 싸움이 서구나 부분적으로 서구화한 지역국가 사이의 경쟁은 아니었고, 그것은 소연방, 미국, 중국, 일본으로 대표되는 제각기 상이한 사회 사이의 경쟁이라는 특색을 띠게 되었다…. 1945년부터 비서구의 열강은 1683년 이래 처음으로 다시 한 번 세계정치의 투기장에 나타나 서구의 틀 안에서가 아니고 자체가 내세우는 조건 밑에서 대역(大役)을 감당하기 시작하고 있다…. 1945년 이후의 국제정치 관계의 개편은 어느 점으로 보나 사실상 250년간 중단 상태에 빠져 있었던 **문명 간의 접촉**이라는 쟁점을 다시 제기시킨 결과가 되었다는 것이 더욱 명백해진다(토인비 1974, 544).

이와 같은 체제 전체의 복합성과 더불어 냉전기가 보여주는 또 하나의 특징은 세계사회와 지역체제 사이의 통일성과 차별성의 양면이라고 할 수 있다. 즉 진영 내지는 동맹 내의 비공식적 제국과 위계성의 형태, 혹은 비동맹의 분포는 루만이 이야기한 세계사회와의 구조적 결합, 그리고 그에 대한 대응으로서의 '상이한 글로벌화'의 예를 보여준다(루만 1992, 205).[12] 2차 대전 이후 아시아/태평양에서 등장한 소위 '샌프란시스코 체제'나 '한미일 삼각안보체제'는 동아시아 냉전이 갖는 지역적 특성을 잘 드러내고 있다.[13] 따라서 근대 국제관계를 분절적 분화로서의 국제체제나 이념형으로서의 국제사회보다는, 계층적 분화와 지역적 차이가 함께 존재하는 세계사회의 틀로 이해하는 것이 보다 적절할 것으로 보인다. 이와 같은 견지에서 영국의 국제정치학자인 브라운(Brown)은 루만의 이론에 대해 아래와 같이 평가한다.

함께 고려된다면 이러한 점들은 그 안에서 국제사회가 통상적으로 위치하는 규범적이거나 경험적인 틀이 다소 불안정하다는 점을 말해준다. 이러한 점이 **'사회'**의 개념과 **'체계'**의 개념 모두를 재검토하는 길을 열어주게 되고, (루만의) 체계이론이 이에 공헌할 수 있을 것이다(Brown 2017, 71).

....

12 이와 같은 시각에 따른 냉전연구의 예로 신욱희·마상윤 편(2015)을 볼 것. 인류학자인 권헌익도 냉전을 "세계적으로 전개되기는 했으나 지역적으로 다양한 형식과 관습으로 이루어진 체제였다"고 파악하고, "냉전에 대한 글로벌한 추상에서 벗어나 지역별로 상반되는 다양한 역사적 실상에 주목할 필요가 있다"고 말한다(권헌익 2013, 44, 76-77).
13 여기서 중요한 점은 이 체제가 보여주는 구조의 위계성과 주체의 타율성(heteronomy)의 부분인데, 이는 근대 국제관계의 기본 원리로 여겨지는 무정부성과 주권과는 차이를 갖는 것이다.

V. 열려진 진화 과정과 비교지역질서

마지막으로 검토될 부분은 동주의 '미래의 세계정치'에 대한 부분이다. 동주는 자신의 1993년 특강을 풀어 쓴 저서에서 다음과 같이 이야기하였다.

> 그것이 현재 세상에서 진행되고 있는 여러 가지 민족적인 문제에 대한 설명이라고 한다면, 그 반대로 현대에는 흩어지려는 것이 아니라 모이려고 하는 또 하나의 움직임이 있습니다. 여러 나라가 하나가 되려고 하는 운동이 있다는 것입니다. 사실 우리 입장에서 보면, 향후 50-100년 사이에 제기될 커다란 조류 중의 하나가 구심적이고 집결적인 운동이라는 생각이 드는데, 그 대표적인 예가 바로 **유럽공동체(European Community)**입니다(이용희 1994, 48).

> 그런데, 이제는 유럽같이 그러한 근대국가적인 요소가 먼저 나타났고 가장 발달한 지역에서 여러 나라들이 **지역주의**를 요구하고 있습니다. 다시 말하자면, 기왕의 이이사회적인 사회, 즉 옆에 살아도 누군지도 모르고 사는 그런 대도시적인 사회에서부터 지방주의 또는 지역주의같이 서로들 알고 지내고, 문제도 다 비슷하고, 피가 통하는, 서로 체감할 수 있는, 그런 어떤 사회로 가고 싶다는 것을 요구하고 있는 것입니다(이용희 1994, 295).

이러한 견해는 단순히 유럽에서의 지역주의 등장에 대한 언급을 넘어서서 지역이 근대국가를 대체하는 새로운 정치적 단위가 될 것이라고 보는 동주 진화론의 일단을 보여준다고 할 수 있다. 즉 권역의 병존에서 하나의 국제사회로, 그리고 복수의 지역체제로 이어지는, 서구의 기준에 따른 일련의 전환을 상정하는 상대적으로 단선적인 진화 과정이 제시되고 있는 것이다. 하지만 최근의 스코틀랜드와 카탈루냐의 사례와 같은 분리의 경향, 그리고 브렉시트(Brexit) 이후 EU의 양상을 볼 때 이와 같은 지역으로의 '탈근대적'

예견이 과연 어느 정도 실현될 가능성이 있는지에 대해서는 보완적 논의가 필요할 것으로 생각된다.

루만 역시 유사한 '지역의 자기조직화' 가능성을 아래와 같이 인정하였다.

> 글로벌 수준에서의 최적성과 지역적 수준에서의 최적성이 분명하게 갈라진다고 볼 경우 더 나은 출발점을 얻을 수 있을 것이다…. 세계사회의 중심들이 변동들을 산출하고 이 변동들은 지역적으로 산일한 구조들을, 그리고 **자기조직의 필요성**을 낳는다.

하지만 루만에게 있어서 진화란 목적론적인 과정이 아니라 '우연/우발성'이 작용하는 맥락적인 것으로 이해되고 있다.[14] 루만은 이어서 다음과 같이 서술한다.

> 정치체계에서는 강대국들의 지배적 위치가 무너지고, 그에 대해 지역적 단위들이 자기주장의 열망으로 반응하는 식이 될 수 있을 것이다. 특히 국민국가의 지속은 세계사회 내에서 변동들을 이용하면서 지역적 이해 관심을 대변하고 강화하려는 노력으로 이어진다…. 글로벌한 것과 지역적인 것의 이러한 차이는 특히 국가에서 가시적으로 되는데, 세계사회의 정치체계가 개별국가들을 독립적인 단위로 보는 것을 더 이상 허용하지 않는 국가들의 체계인데도 그렇다. 글로벌한/지역적인 것의 차이를 이렇게 이해할 경우, 이 차이는 동시에 전체체계가 목표의존적으로가 아니라 **역사의존적**으로 발달하게 한다고 할 수 있다…. 이미 존재하는 세계사회 안에서 전통적 유형에 따른 '제국'

....

14 루만에 있어 '우연'이란 체계에 의한 동기화를 벗어나는 체계와 환경의 연관 형식을 뜻한다(루만 1992, 527). 그는 "환경은 우발적으로 체계에 영향을 미치며, 바로 이 우발성이 질서의 창발을 위해 불가결하다"고 본다(루만 1992, 86-87).

을 건설하려는 마지막 거대한 시도는 소련체제와 함께 좌절되었다…. 이 경우를 일반화할 수 있다면, 지역적 단위들은 분명 세계사회와의 싸움에서 이길 수 없고, 그 영향을 이겨보려는 노력은 패배하게 된다. 이렇게 상당히 뚜렷한 지표들에도 불구하고, 이로부터 지역적 차이들이 더 이상 아무런 의미도 갖지 못할 것이라는 결론이 나오지는 않는다. 그 반대로, 기능적 분화라는 지배적 유형이 바로 그러한 차이들이 작용할 수 있는 출발점을 제공하는 것으로 보인다(루만 1992, 925-926).

따라서 우리는 다시 한 번 글로벌한 구조와 지역적 차이를 함께 조건적으로 탐구하는 비교지역질서 연구의 필요성에 이르게 된다고 할 수 있다.[15] 이는 미래 세계정치의 복잡성을 이해하기 위해 전통적인 지역성의 문제가 논의되어야 한다는 것을 의미하는데, 위에서 다루어진 문명이나 제국, 그리고 위계성의 요인도 그러한 대상이라고 할 것이다.[16] 보즈만은 자신의 저서를 아래와 같이 마무리하고 있다.

우리가 오늘날 처해 있는 특정한 시점은 인류 공동의 운명에 대한 서구의 영향에 대한 단정적인 하나의 평가나 국제관계의 수행을 위한 새로운 시각들의 명확한 제시를 허용하고 있지는 않다. 하지만 이는 지식인들로 하여금 현재의 **세계사회**를 만들어낸 국제관계사에서의 현실과 신화를 재고하고, 그들의 많은 선례들이 연관되어 있는 **문화 간 협의**를 위한 창조적 탐구를 재개할

....

15 루만의 스승인 파슨스의 저서 중 하나는 이 비교사회학의 주제를 다루고 있기도 하다(Parsons 1966). 이 책이 명지대 동주문고에 보관되어 있는 것으로 볼 때 동주도 읽었을 가능성이 많다고 생각된다. 보즈만도 자신의 다른 논문에서 파슨스가 이 책에서 지적하는 이슬람과 로마에 대한 고대 이스라엘과 그리스의 영향에 대해 비판적인 논의를 제시하였다. Bozeman(1975)를 볼 것.

16 이와 같은 연구로 영국의 국제정치학자인 부잔(Buzan)과 미국의 독일계 국제정치학자인 카첸스타인(Katzenstein)의 일련의 작업을 들 수 있다. Buzan and Little(2000); Buzan and Gonzalez-Pelaez, eds.(2009); uzan and Zhang(2014)와 Katzenstein(2005); Katzenstein ed.(2010); Katzenstein, ed.(2012a); Katzenstein, ed.(2012b)를 각각 참조할 것.

것을 요구하고 있다(보즈만 1994, 522).[17]

VI. 결론

동주의 국제정치이론은 현재의 주류이론에 대한 구성주의나 역사사회학의 비판에서 나타나는 관념적 요인의 중요성이나 학제적 접근의 필요성을 1960년대 초 한국에서 이미 지적하고 있었다는 점에서 큰 의미를 갖는다. 하지만 이 글은 루만 저작의 분석적인 엄격함과 보즈만 저작의 실증적인 풍부함이 우리가 동주의 작업을 발전적으로 계승하는 데 있어 도움을 줄 수 있다는 것을 보여주고 있다. 즉 루만의 체계, 환경, 커뮤니케이션, 그리고 복잡성의 개념을 통해 동주의 권역과 전파 개념을 좀 더 보완하고, 보즈만이 제시하는 유럽 내의 다양성과 복합성, 그리고 근동의 매개적 역할에 대한 이해를 통해 동주의 상대적인 서구중심적 서술을 성찰적으로 검토할 수 있는 것이다.

5년마다 독일의 소도시 카셀에서 열리는 전시회인 도큐멘타는 2017년에 예외적으로 카셀과 그리스의 아테네에서 동시에 개최되었다. 전시의 주제는 'Learning from Athens'로 헬레니즘의 과거와 현재, 그리고 미래에 대한 정치적인 질문을 던지고 있었다. SciencesPo 주최로 파리에서 열린 아시아학회에서 가장 관심을 끈 것은 세 차례에 걸쳐 마련된 일대일로(one-belt, one-road) 세션이었다. 이 패널의 참가자들은 중경에서 뒤스부르크를 잇는 네트워크(그리고 그 주변을 형성하는 중앙아시아)가 미래 세계사회 전환의 큰 축이 될 것으로 전망하였다. 국제사회의 기준을 제시해왔던 영국과 미국

....

17 주 6)에서 언급된 것처럼 루만의 이론이 세계사회에 대한 분석적인 기술에 중점을 두고 있는 것에 비해, 보즈만의 역사적 서술은 상대적으로 규범적인 결론을 내리고 있다는 차이를 보인다. 이와 비교하면 동주의 『일반국제정치학(상)』은 근대국가 간의 국제정치의 측면과 초국가적인 양상이 세계정치에 "이중적으로 투영되고 있다"는 문장으로 끝나고 있다(이용희 1962, 298).

이 세계화 과정에서 유보적인 태도를 보이면서 구 제국의 후계자인 중국과 독일이 적극적인 역할을 행사하기 시작하는 것이다.

이러한 전환의 양상은 국제관계의 역학과 변화에 대한 기존의 단선적 논의로는 파악하기 힘들다. 즉 세계사회의 복합적인 조직 원리와 우리가 위치한 동아시아 지역체제의 창발적인 성격에 대한 이해가 아울러 요구되는 것이다. 이를 위해서는 동주의 고민을 다른 학자들의 논의를 통해서 새롭게 조명해 보아야 하는데, 권역의 병존을 넘어서는 공존과 복합의 양상, 하나의 유럽이 아닌 다양한 유럽의 존재와 국제사회를 포괄하는 세계사회의 측면, 그리고 열려진 진화의 과정과 지역체제 사이의 비교 필요성을 지적한 이 연구 또한 그러한 노력의 일부라고 할 수 있을 것이다.

참고문헌

권헌익. 2013. 이한중 역.『또 하나의 냉전: 인류학으로 본 냉전의 역사』. 민음사.

루만, 니클라스. 2012(1997). 장춘익 역.『사회의 사회 1, 2』. 새물결.

_____. 2014(2002). 디르크 베커 편. 윤재왕 역.『체계이론 입문』. 새물결.

신욱희 · 마상윤 편. 2015.『세계정치 22: 글로벌 냉전의 지역적 특성』. 사회평론.

이용희. 1962.『일반국제정치학(상)』. 박영사.

_____. 1994.『미래의 세계정치』. 민음사.

이용희, 신일철 대담. 1972. "사대주의: 그 현대적 해석을 중심으로."『지성』. 2/3.

토인비, 아놀드. 1974. 강기철 역.『도설 역사의 연구』. 일지사

Albert, M. 2016. *A Theory of World Politics*. Cambridge University Press.

Albert M. et. al. eds. 2013. *Bringing Sociology to International Relations: World Politics as Differentiation Theory*. Cambridge University Press.

Bozeman, A. 1975. "Civilization under Stress: Reflections on Cultural Borrowing and Survival." *The Virginia Quarterly Review*, 51, 1.

_____. 1994. 2nd ed. (1st ed., 1960). *Politics and Culture in International History: From the Ancient Near East to the Opening of the Modern Age*. Transaction Publishers.

Brown, C. 2014. "The 'English School' and World Society." in M. Albert and L. Hikermeier, eds., *Observing International Relations: Niklas Luhmann and World Politics*. Routledge.

Buzan B. and R. Little. 2000. *International Systems in World History: Remaking the Study of International Relations*. Oxford University Press.

Buzan B. and A. Gonzalez-Pelaez, eds. 2009. *International Society and the Middle East: English School Theory at the Regional Level*. Palgrave Macmillan.

Buzan B. and Y. Zhang. 2014. *Contesting International Society in East Asia*. Cambridge University Press.

Katzenstein, P. 2005. *A World of Regions: Asia and Europe in the American Imperium*. Cornell University Press.

Katzenstein, P. ed. 2010. *Civilizations in World Politics: Plural and Pluralist Perspectives*. Routledge.

_____. 2012. *Anglo-America and Its Discontents: Civilizational Identities beyond West and East*. Routledge.

_____. 2012. *Sinicization and the Rise of China: Civilizational Processes beyond East and West*. Routledge.

Parsons, T. 1966. *Societies: Evolutionary and Comparative Perspective*. Prentice-Hall.

Yong, C. 2017. "The Myth of Westphalia and Resilience of the Holy Roman Empire: Implications to East Asia." Paper presented at the 5th Global International Studies Conference, Taipei.

제8장

전파(傳播)와 심상(心像)의 국제정치

- '한일관계의 정신사적 문제'가 던지는 문제 -

손열(연세대학교)

이 글은 한일관계 및 동아시아 국제관계의 역사를 행위자 사이 심상(心象) 지리의 형성과 상호작용으로 파악하는 동주의 분석을 소개하고 평가한다. 동주에 따르면 국가 간 정체성의 구성은 주변국에 대한 심상의 형성과 이를 통해 투영되는 자기 이미지 형성으로 이루어지는데, 심상의 형성은 대체로 그 국가가 소속된 국제정치권 혹은 문화권의 성격을 반영하는 동시에 문화권 속에서 구조적 위치(position)를 반영하고 있다. 동주는 권역의 중심부와 주변부 사이에 근접부를 설정하고 근접부와 주변부 사이의 관계를 분석하는데, 이 관계는 이른바 '해바라기 현상', 즉 해바라기가 항상 태양을 향하듯이 근접부와 주변부는 문명의 중심에 관심을 집중하고 중심을 향해 서로 경쟁하는 관계라는 것이다. 한국과 일본은 전통적으로 중국을 향해 문명적 관심을 표출하며 전파도(傳播度)의 우열을 가늠하고 정체성의 우열을 규정하는 경쟁을 벌여왔으며, 근대세계에 들면서는 신문명의 중심인 미국을 바라보며 서로에 대한 우월감과 열등감의 교차 속에서 정체성 갈등을 벌여온 관계로 규정된다.

이러한 동주의 개념과 이론은 전통(유교)문명권하에서 한-중-일 관계, 근대(식민지 및 냉전)문명권하에서 한-미-일 관계에 풍부한 뉘앙스를 담은 분석과 함께 오늘날 동아시아, 그리고 미래의 동아시아를 상상하는 데 많은 시사점을 제시하고 있다. 구체적으로 동아시아에서 국가 간 정체성의 갈등과 충돌은 한편으로 근대이행과정의 역사(즉, 제국주의 식민지 역사) 해석을 둘러싼 전략적 대결의 결과이기도 하지만, 동주의 저작처럼 보다 긴 역사 속에서 심상의 형성과 변화에 따른 지속적인 충돌로 볼 수 있다. 한일관계의 경우, 양국 간 심상의 충돌은 전파된 문화를 통한 문화적 유대감이 약한 가운데 경쟁적으로 해바라기 현상을 연출하여 상대를 무시하거나 경시하는 심상을 표출하는 데에서 발생하였고 장구한 세월 두 문화권을 거치면서 반복, 형성되어왔다는 점에서, 현실정책적으로 서로에 대한 불안정하고 자기분열적 심상을 완화하고 해소하는 데 어떠한 노력이 필요한지를 고민하게 한다.

I. 들어가며

동주 이용희의 저작 중 상대적으로 주목을 받지 못하고 있으나 풍부한 이론적, 실천적 함의를 지닌 글로『신동아』1970년 8월호에 실린 "韓日關係의 精神史的 問題: 邊境文化 意識의 葛藤에 대하여"를 꼽을 수 있다. 이 글은 1970년 5월 29-30일 전국역사학회 특별강연 속기록인데, 제목은 한일관계 논문처럼 보이지만 동아시아 국제관계의 역사를 행위주체의 정체성 구성을 둘러싼 심상(心象) 지리로 조망하는 시론(試論)적인 글이다. 동주는 엄청난 독서량을 바탕으로 한일 양국의 주요 역사서를 섭렵하면서 2000년의 전통과 근대 세계를 일관된 시각으로 분석하여 독자에게 많은 영감을 제공하고 있다.

동아시아 국제관계는 군사력이나 경제력과 같은 물질적 요인만으로 분석해서는 이해에 한계가 있다. 일의대수(一衣帶水) 관계인 한국과 일본은 안보나 경제 측면에서 명백히 전략적 이익을 공유하고 있고 민주주의와 시장경제 등 기본적 가치와 생활문화의 공통성을 지니고 있으면서도 군사적 협력에 주저하고 상호 과잉반응과 감정적 대립을 표출하고 있다. 중국과 일본 역시 오랜 문화적 동질감과 깊은 경제적 상호의존에도 불구하고 통상적인 안보경쟁을 넘는 강한 경쟁의식을 숨기지 않고 있다. 흔히 한국은 지구상에서 일본의 능력을 가장 경시하는 국가이고, 일본은 지구상에서 중국을 가장 비관적으로 보는 국가라 말하듯이 한중일 삼국은 서로에 대해 특정한 이미지를 갖고 있고 이에 따라 과민반응을 보이곤 한다. 따라서 동아시아 국제관계는 세력배분구조의 변화와 같은 지정학적 변수나 경제적 상호의존의 심화 등 경제적 변수의 작용을 넘어서 문화적 차원에서 정체성과 관련된 설명을 필요로 하는 것이다.

구성주의 전통의 연구들은 동아시아 국제관계에 내장된 비물질적, 감정적 변수에 주목해 왔다. 중국이 국가적 자신감을 회복함에 따라 근대이행기에 겪은 수치심의 기억을 일본 때리기로 전화하여 대일관계 악화를 초래하게 된 점(Callahan 2010), 일본을 희생양으로 삼아 과거 주변국을 침략했던 폭력적 역사를 덮고 중국의 새로운 정체성에 도덕성을 부여하려는 전략적 노력(Suzuki 2008), 일본의 보수적 정체성 부활 노력이 과거사 미화로 연결되면서 주변국의 위협인식을 증폭시키는 사례(Hagstrom 2015) 등에서 보듯이 동아시아 주요 행위자들은 타자(타국)와의 상호작용 속에서 자국의 정체성을 특정하게 구성하고 이를 통해 특정한 정치적 목적을 달성하고자 하는 근대적 프로젝트를 실천해 왔다.

문제는 자기와 타자 간 정체성 구성의 상호작용은 근대를 넘어 훨씬 더긴 역사과정을 통해 이루어져왔다는 점이다. 동주의 연구는 바로 이 문제에 답을 주고 있다. 동주 연구의 독특성은 심상(心象) 혹은 정서적 이미지의 형성 측면에 관심을 기울이는 데 있다. 동아시아의 경우, 국가간 정체성 구성의 정치는 주변국에 대한 심상의 형성과 이를 통해 투영되는 자기 이미지 형성으로 이루어지는데, 심상의 형성은 대체로 그 국가가 소속된 국제정치권 혹은 문화권의 성격을 반영하는 동시에 문화권 속에서 구조적 위치(position)를 반영하고 있다. 국가들은 권역 내 주어진 문명의 표준에 근거하여 상대방에 (적당한) 위치를 부여하고 자국과의 위계를 설정하며, 그 결과로 형성된 심상을 매개로 국가 간 관계를 형성한다.

동주의 글은 한일 사이 대립적, 갈등적 관계의 역사는 서로에 대한 불안정하고 자기분열적인 심상이 형성되고 충돌하는 데 기인한다고 주장하고 있다. 즉, 정체성의 정치는 미시적 수준에서 행위자의 전략적 의도가 작동하는 결과이기도 하지만 거시적으로는 장기간에 걸쳐 서로가 상대방에 대해 심상을 형성하고 자기 정체성을 구성해가는 과정으로 이해할 수 있다. 동아시아 국가들은 근대이행과정의 역사(즉, 제국주의 식민지 역사) 해석을 둘러싸고 정체성의 대립과 갈등을 연출하고 있다. 일본 지도자의 역사해석에 대해 중국과 한국이 민감한 반응을 보이는 것은 일본이 적극적인 군사적 행동을 합리화하려는 방편으로 정체성을 새롭게 구성하고 있다는 의심 때문임은 익히 알려져 있다. 그러나 동주의 저작은 보다 긴 역사적 견지에서 이들 사이의 상호작용은 심상의 형성과 변화에 따른 지속적인 충돌로 볼 수 있다는 것이다.

『일반국제정치학(상)』(2013)이 권역개념을 사용하여 국제정치의 특정한 행위 양식과 규칙, 상징의 역사적 유형을 밝히는 한편 전파이론을 사용하여 권역의 구조적 특징, 즉 중심과 주변의 교환관계와 그 형성과정을 일반론으로 설명하는 것이었다면, "한일관계의 정신사적 문제"는 행위자 중심으로 동아시아 국제정치권의 구체적 작동을 보여주고 있다. 이 글은 '전파'와 '심상'이란 개념을 매개로 하여 전통(유교)문명권하에서 한-중-일 관계, 근대(식민지 및 냉전)문명권하에서 한-미-일 관계에 풍부한 함의를 담은 분석과 함께 오늘날 동아시아, 그리고 미래의 동아시아를 상상하는 데 많은 시사점을 제시하고 있다.

II. 권역개념과 전파이론

동주에 따르면 국가 간 관계는 시공을 초월한 보편적 원리가 작동하는 것이 아니라 일정한 정치행위의 의미가 보편타당하게 받아들여지는 공간 즉, "공통의 관념체계와 공통의 개념구조, 공유의 정치의식"으로 행위의 명분이 정당화되어지는 국제정치권에서 전개된다(이용희 2013, 52). 예컨대, 권역내 행위자들은 전쟁과 평화, 외교에 관해서 대체로 서로 양해되고 정당화될 수 있는 명분을 갖추고 제도를 만든다. 이런 점에서 국제정치는 의미의 공유, 지식의 공유가 존재하는 문화권과 밀접한 관계가 있다.

국제정치권은 그것이 단순한 정치의식에 그치는 것이 아니고 그 속에 생활 일반을 지배하는 행위양식 그리고 또 그 속에 담겨있는 행위의식에 관련되어 있는 까닭에 급기야는 국제적인 문화권과의 밀접한 관계를 지니게 된다. 말할 것도 없이 문화권 곧 정치권은 아니다. 그러나 정치권의 궁극에는 행위양식이 놓여 있고 또 그 행위양식은 구체적으로 생활양식 일반의 양식 속에서 옷감의 올과 같이 짜여져 있는 까닭에 서로 도저히 떨어질 수 없다. 문화권이 성립하는 것은 두말없이 한 권역에 두루 타당하는 생활행위의 양식의 보편성인데 이러한 문화적 보편성 속에 얽혀 들어가 있는 보편적인 정치행위와 의식이야 말로 바로 국제정치권의 권역성을 규정하는 요건이었다(이용희 2013, 66-67).

동주가 유교문화권, 회교문화권, 기독교문화권 등 권역을 국제정치권의 역사적 유형으로 정의한 것은 특정한 문화적 가치가 공유되어 일정한 보편성을 획득하는 문명을 단위로 한 것으로 볼 수 있다. 오늘날 근대 국제정치권도 구미(歐美) 사회의 문화권이 권역의 질서와 행태를 재조정하며 전지구적 팽창을 거듭한 결과이다. 즉, 권역은 자연발생적으로 각처, 각국에서 공통되는 정치행위의 틀이 생기고 상징체계가 이루어지는 것은 아니라는 뜻이다.

권역은 단순히 강국에 의한 군사적 점령이나 지배로 이루어지는 것이 아니라 특정 행위형태, 개념체계, 제도조직이 정당화되고 합리화되는 결과로 이루어진다. 동주는 이 과정을 '전파'로 개념화한다. 국제정치권에는 중심과 주변이 있으며 중심은 문화가치의 기준을 제공하는 곳이고 따라서 전파가 시작되는 곳이고 주변은 전파를 수용하는 곳이다. 핵심적인 행위형태, 개념체계, 제도조직이 국제적인 것으로 전파되는 과정은 마치 상위의 문화가 물 흐르듯이 흘러내려가는 것이 아니라 언제나 강력한 정치세력을 매개하여 특정한 정치의 형태로 전달되는 것이다. 동주에 따르면 전파는 첫째, 우월한 정치세력이 매개되고, 둘째 그것이 시간적으로 상당히 지속되며, 셋째 전파는 피전파사회의 지배층을 매개로 할 때 효과적으로 이루어진다. 또한 전파자가 정치, 군사, 문화의 모든 면에서 피전파자에 대해 우월할 때 전파는 급속하고 강렬하며, 전파자가 군사, 경제적으로 우월하나 피전파자의 문화도가 높은 경우 저항이 강렬하다고 이론화하고 있다(이용희 2013, 76). 이렇듯 전파는 개념, 제도, 조직을 매개로 피전파지역의 기성체제 자체를 변환시킨다는 측면에서 지극히 정치적인 현상이며, 19세기 후반 한국이 서양의 근대 개념을 수용하는 과정이 주요 정치세력간 사활을 건 정치적 경쟁이 이루어졌던 점은 이런 까닭이다(하영선 2009; 하영선·손열 2012).

동아시아 전통 국제정치권은 유교적 윤리관과 덕치(德治)관에 근거한 국가관계로서, 구체적으로 상하의 위계질서가 무력과 지배가 아닌 왕도의 덕치로 이룩된 국제질서의 규범에 기초하여 형성되고 운영된 질서라 할 수 있다. '자소사대(字小事大)'의 禮는 중국의 문화력에 의해 주변으로 전파되었으나 전파의 힘은 중심부의 문화력과 함께 군사력과 경제력이 수반될 때 강력하게 전개되었던 반면, 후자가 약할 경우 주변부의 상당한 반발을 초래하게 된다.

주변부의 지점에서 보면 事大는 '현실적'인 사대관계와 사대관계를 정당화하는 사상과 이념의 면이 별개로 존재할 수 있다. 실제로 한국은 한중관계의 경우 송대(宋代)까지는 사대의 예를 중국측의 엄격한 요구에 대응한다는 측면 보다 스스로 부지런히 지켜 문화국으로서의 체면을 갖춘 측면이 있다(이용희 1977a. 142). 명분으로서 예는 고수할 일이나, 힘에 의한 사대는 굴욕이고 수치였다는 것이다(이용희 1977a. 152). 역으로 중국의 정권이 사대를 요구할 때 예법과 명분에만 서 있었던 것은 아니고 현실적 힘의 의해 종속관계를 공고히 할 필요가 있을 때가 있었다는 뜻이다. 주변부의 입장에서 중원의 정권이 안정되고 강성하면 사대의 예를 지키게 되고, 반대의 경우는 사대의 예란 명분을 넘어서 외교정책으로, 즉 전략적 사대를 취한다는 것이다(전재성 2012).

동주의 전파이론에서 독창적인 부분은 국가간 전파의 동학(動學)을 중심부와 주변부의 이분법을 넘어 근접부(반주변부)를 설정해 3층의 위계구조 속에서 파악하고자 한 데 있다. 전파의 중심부는 국제정치권의 중심부로서 문화가치가 생산되고 그 문명적 표준을 제공하는 곳이라면, 주변부는 "전파도가 낮고 중심세력의 정치압력이 비교적 輕하며 저항도가 강해서 다른 전파세력권으로 일탈되거나 반발의 가능성이 높아서 적응과 동조의 성적이 나쁜 지역…국제행위양식의 소화도가 나쁘고 국제정치의 틀에 어긋나는 면이 많으며, 전파자의 심볼과 개념체계, 정치가 국내정치체계로서는 완전히 침투되지 않거나 외면화에 그치고 동화적 단계에 들어가지 않는 세력"으로 정의하고 있다. 이에 반해 근접부는 "전파세력에 이미 충분히 순응하여 중심부의 견고한 외곽을 이룰 뿐 아니라 나아가서는 다른 지역에 전파자의 구실까지 하는 세력"(이용희 2013, 78)으로 정의하고 있다.

전통질서 속에서 근접부의 사례로 한국은 중심부 중화문명 수용의 우등생으로서 소중화(小中華)를 자처하며 권역 내 모범국의 위상을 추구하였을 뿐만 아니라 일본과 같은 주변부 혹은 절역(絶域)의 동화 혹은 전파를 강요하기까지는 못하더라도 이들의 악영향 혹은 도전을 차단하는 기능을 하는 측면이 있었다. 유사하게도 일본은 영미가 중심이 된 동아시아 근대국제정치권의 근접부에서 문명전파의 징검다리 역할을 수행하였으며 전후에는 미국에 대한 '이등 일본'으로서 냉전 권역의 유지와 발전에 핵심적 역할을 수행한 바 있다(Cumings 1993).

근접부의 설정으로 인해 발생하는 보다 흥미로운 시각은 근접부와 주변부 사이의 구체적인 관계이다. 동주에 따르면 이 관계는 경쟁적이고 갈등적이라서 이를 '변경문화 의식의 갈등'으로 표현한다. 이른바 '해바라기 현상'이다. 해바라기가 항상 태양을 향하듯이 근접부와 주변부는 문명의 중심에 관심을 집중하고 중심을 향해 서로 경쟁하는 양상을 표출한다는 것이다. 한국과 일본은 전통적으로 중국을 향해 문명적 관심을 표출하며 경쟁적으로 전파도(傳播度)의 우열을 가늠하고 정체성의 우열을 규정하는 경쟁을 벌여왔으며, 근대세계에 들면서는 신문명의 중심인 미국을 바라보며 서로에 대한 우월감과 열등감의 교차 속에서 정체성 갈등을 벌여왔다.

이런 점에서 동주의 전파이론은 한편으로 중심으로부터 주변으로 의식, 개념, 제도의 전파와 수용, 다른 한편으로는 중심을 향한 주변의 해바라기 현상을 통한 경쟁이 교차하는 정치과정을 설명하는 것이라 하겠다.

III. 한일관계의 정신사적 문제

동주의 "한일관계의 정신사적 문제"는 한일 양국이 서로에 대해 특정한 심상을 형성하고 변경하는 과정을 긴 역사 속에서 분석하고 있다. 그는 제1기를 상고시대로부터 기원후 통일신라시대인 9세기말까지, 제2기는 고려시대, 제3기는 임진왜란까지, 제4기는 1910년 식민지화까지, 제5기는 일제 강점기, 제6기는 해방 이후부터 1970년(당시 집필 시점)까지로 구분하고, 서로에 대한 상대적 관심의 차이, 즉 관심의 비대칭성과 이에 따른 심상의 형성, 이어지는 정체성의 충돌과 갈등을 추적하고 있다. 이런 세부적 시대구분에도 불구하고 전체적으로 큰 구분은 제1기, 제2기, 제3기의 전통 국제정치권 혹은 유교문명권과 제4기, 제5기, 제6기의 근대국제정치권 혹은 서양문명권으로 나누어진다. 서로 다른 권역에서 심상의 형성과 정체성 충돌의 양상이 급변하기 때문이다.

제1기의 경우 한국은 일본에 대해 문화적으로 거의 관심을 보이지 않는다. 동주는 삼국사기와 삼국유사를 예로 늘면서 한국(동주는 韓土라 명명함)은 오로지 중원에 관심을 기울인 나머지 일본에 대해서 특정한 심상을 형성하지 못했다. 마치 중화를 자처하던 중국이 주변국들에 대해 오랫동안 통일적인 심상 형성을 하지 못했던 역사적 사실과 부합된다 할 것이다. 반면 일본은 한국에 대해 엄청난 관심을 보여주고 있다. 당시 『古史記』나 『日本書記』를 중심으로 보면 대체로 두가지 심상을 발견할 수 있다. 첫째는 선진문명권, 즉 자기문화의 모체로서 한국인식이 존재하였던 반면, 일본 고유의 神國觀, 즉 天祖인 일본 천황의 상대는 중국의 황제일 뿐이란 점에서 한국의 문화적 지위를 낮게 보고 있다.

> 강대한 '天朝'요 '中國'인 일본에 도래한 한토의 선진 문화는 기껏해서 臣
> 屬하고 있는 이웃 문화적인 야만국이 조공으로 헌납한 것이거나 또 '天朝' 일
> 본을 向慕하여 도래한 귀화인이 가져온 것이다(이용희 1977b. 234).

이런 속에서 일본의 심상에 영향을 준 요인은 신라였다. 일본은 신라와 외교관계의 악화를 겪으면서 신라에 대한 심상이 악화일로에 들어가는 한편, 백제 왕족과 유민 등이 일본정부에 대거 유입되면서 신라를 백제와 임나의 공물을 중도에 가로채는 '惡德의 나라'로 묘사하고 있다. 요컨대, 일본의 한국에 대한 지대한 관심은 문화적 열등감과 함께 신국관에 근거한 주로 군사적 우월감을 발전시키게 되고, 이에 따라 '문화적으로 우월하나 군사적으로 유약하고 악덕한 한국'의 심상을 만들어 내었다. 이러한 심상은 현실적 갈등의 기초를 마련하게 된다.

제2기인 고려왕조기 나아가 임진왜란 이전까지도 한국의 일본에 대한 관심은 지극히 낮았다. 일본 은 권역의 주변부일 뿐이고 한국의 관심은 오로지 중국을 향해 있었다. 다만 일본에 대한 부분적인 관심은 해안에 출몰하는 '倭寇'에 대한 이야기 정도였다고 할 수 있다. 倭寇가 일본의 정체성을 상징하는 것이라면 일본이 신국관 및 황국사관의 확립을 통해 자기 정체성을 구성해 간 것과 커다란 정체성의 차이(gap)가 존재하였다고 할 수 있다. 반면, 일본의 한국(고려)에 대한 심상은 신국관과 황국사관의 확립을 통해 보다 부정적으로 변모해 간다. 한국이 선진문물을 보유한 국가임을 인정하면서도 본래 중국에 예속된 땅이며 그 문화는 중국문화의 모방이고 漕舶하다는 관념을 갖게 된다.

제3기 조선조에 들어와서도 양국의 서로에 대한 기본적 심상은 변하지 않았다. 조선은 '소중화'라 자처하며 명분으로 일본을 "下待"하고 "天涯의 絶域"이라는 주변부로 관념하였던 반면(이용희 1977b. 245), 일본의 경우 유

교문화가 강성해 지면서 한국/조선과 교류를 원했으며, 자국 내에서도 스스로를 비하하여 조선을 상국으로 부르는 경우도 있었다. 명나라에 대해 스스로를 東藩으로 부르고 臣을 칭한 사례가 나온다는 것이다.

동주에 따르면 임진왜란과 정유재란은 양국 간 정체성의 갈등을 결정적으로 악화시킨 계기로 작용하였다. 그동안 한국의 일본 심상이 대체로 무관심 속에서 미개한 왜구 정도의 것이었다면, 왜란을 겪으면서 일본에 대한 관심이 급격히 증가하였다. 두 차례 침략과 군사적 열위에 따른 굴욕감으로 일본에 대한 미움이 깊어졌고 일본은 무식하고 야만의 나라라는 인식도 강화되었다.

> '왜국,' '왜구'란 말이 이때로부터 독특한 멸시감에서 쓰이게 됩니다. 絶域의 미개 야만이라는 관념은 무력으로 굴욕을 당했던 까닭으로 더욱더 강조되었다고 할까요. 말하자면 王亂 후 대일 심상의 구조의 하나는 小華思想에서 오는 문화적 멸시, 또 하나는 침략당한 굴욕감이라는 상반된 요인이 억지로 붙어 있는 자기분열적인 것이었습니다(이용희 1977b. 247).

반면 두 차례 전쟁으로 자국의 군사적 우위를 확인한 일본은 조선의 文弱함을 비웃고 조선의 小華自尊적 태도에 반발하면서, 자국 내 신국사관과 황국사관의 틀 속에서 한국이 언제나 중국의 속국이었음을 조롱하고 자국이 한국에게 外藩처럼 멸시되는 것에 분개하는 심상을 드러낸다. 일본 역시 한국에 대한 무력적 우월감과 문화적 열등감이 공존하는 자기분열적 성향을 띠고 있었다. 양국의 서로에 대한 심상은 자기분열적 성향을 띠었기 때문에 그만큼 갈등적 상황에 놓여 있을 수밖에 없었다는 것이다.

19세기 후반 동아시아 전통질서가 구미 근대국제질서로 교체되면서 한국과 일본의 상호 심상 인식은 격렬한 갈등을 일으키게 된다. 동주는 일본이 기존 문명의 絶域에 위치하였기 때문에 비교적 용이하게 구질서로부터 탈피하여 신문명에 적응할 수 있었다고 본다. 일본은 유교적 文治主義 전통이 상대적으로 약하였고 따라서 조공체계 속에서 최변방에 위치해 있었으며, 그런 만큼 메이지 유신 이전에도 洋學(양학), 蘭學의 전통이 있어서 서양에 대한 지식이 상당히 유포되어 있었다. 이런 까닭에 서양근대의 부국강병 체제로 전환하는 데 적응비용을 적게 치렀다. 일본은 메이지 유신으로 전통 체제를 전복한 후, 왕정복고를 위해 서양의 문물을 도입한다는, 혹은 서양의 제국주의 침략을 막기 위해 서양기술을 도입한다는 슬로건 하에 신 지배층을 중심으로 서양 문명의 전파를 적극적으로 수용하였다. 심지어는 지배층이 직접 구미 지역을 순회하며 제도, 법체계, 기술 등 신문물 습득에 나섰고, 전방위적 문명개화운동과 함께 근대국가 건설에 매진하였다.

반면 문명 교체기를 맞아 한국은 신문명의 중심으로부터 직접적인 전파보다도 대체로 근접부 일본으로부터의 전파에 노출되었다. 새로운 국제 정치권의 행위와 제도를 규정하는 핵심 개념들은 일본으로 전파되었고, 일본에 의하여 번역된 개념들이 한국으로 수용되면서 한국은 변화하는 현실을 새롭게 읽어가야 했다. 전파를 둘러싼 한국 정치사회의 논쟁은 전통개념으로 근대의 변화를 읽어보려는 衛正斥邪派와 일본을 통해 도입된 유럽의 개념을 과감히 수용하여 체제의 변화와 미래를 꿈꾸는 개화파 간 양 극단의 갈등으로 전개되었음은 하영선 주도의 전파개념사 연구에서 잘 드러나 있다(하영선 2009). 여기서 정치적 대립은 근대의 파고 속에서 기왕의 명분질서와 이를 지탱하는 개념체계의 유용성을 둘러싼 사상 논쟁의 성격을 띠고 있지만, 다른 한편으로 일본을 통한 근대 전파에 대한 전통적 거부감, 다시 말해서 대일 심상의 부정적 작용이 부가되는 측면을 고려할 필요가 있다. 동주는 다음과 같은 문제를 제기한다.

'惡德 일본'의 심상이 깊이 민중의 뇌리에 박힌 까닭에 그 반동으로 일본 주도하의 근대화 운동에 대하여 전통적인 생활방식을 고수하려고 하면서 그 결과 아주 保守的인 인상을 주었는지 모릅니다. 해석에 따라서는 이런 保守는 일종의 저항적 보수일지 모릅니다. 爲政斥邪를 외치던 抗日抵抗에는 이런 심리적인 논리가 작용하였을 법도 합니다(이용희 1977b. 253).

조선의 근대화 실패는 한편으로 구 문명권에서 소중화를 자처하였을 만큼 중심(중원)에 근접해 있었던 자국의 구조적 위치 때문이라 할 수 있다. 그러나 다른 한편으로 일본 요인이 작용하였음을 지적할 수 있다. 외세에 대한 저항이 서양 문명이란 측면과 함께 이를 전파하는 일본에 대한 역사적 거부감이 작용하였다는 것이다. '왜구'관과 같은 전통적인 대일 심상, 후진 문화라는 멸시관이 존재하였기 때문에 서양 문명에 대한 반감과 일본에 대한 멸시감이 중첩되어 강한 저항으로 나타나게 되고, 결과적으로 저항을 위해 반봉건적, 반진보적 요인을 견지하게 되었다고 볼 수 있다. 이는 대단히 흥미로운 논점으로 후속연구에 의해 밝혀질 필요가 있다.

이렇듯 한국에게 일본은 식민지시기를 거치면서 예리한 항일인식과 함께 일본이 신문명 표준에 가까운 근접부로서 높은 관심도를 갖는 존재로서 자리매김하게 되고, 따라서 이중적, 분열적인 심상이 자리를 잡게 된다.

마치 일본인이 韓土의 선진문화를 흡수하면서도 그것은 중국 문화의 모방이라고 경멸하는 것을 잊지 않듯이, 한민족은 일본의 선진 문명을 열심히 흡수하면서도 그것은 일인이 서양 것을 모방한 것에 불과하다는 輕蔑感을 잊지 않았습니다. 또 마치 일본이 韓土에서 공예와 학문, 종교를 배워 갈 때 韓土 고유의 깃은 짖혀놓고 중국 것을 韓土에서 찾고 배워가듯이 한민족은 일본 속의 선진 문명을 배울 때 일본 교유의 것에 하등의 흥미를 느끼지 않고 일본에서 歐美 것을 배워 왔습니다(이용희 1977b. 258).

한편, 일본의 대한(對韓) 심상은 역전되어 야만과 후진의 것으로 자리하게 된다. 대표적인 사례는 후쿠자와의 유명한 탈아론(脫亞論)이다. 이는 조선에서 개화파를 통한 문명개화의 좌절(갑신정변)이란 상황 하에서 등장한 것이다. 이제 "我國[일본]은 隣國의 開明을 待하여 共히 亞細亞를 興하기를

猶豫할 수 없다"고 보고, 앞으로 일본은 문명의 서양과 보조를 맞추고, 조선과 중국을 오래된 이웃으로서 특별한 관계로 대하는 것이 아닌 문명과 야만의 관계로, 그리고 후자를 문명화시키는 관계로 대해야 한다는 주장을 담고 있다("脫亞論,"『福澤諭吉選集 7卷』). 다시 말해서, 일본은 중국문명의 변경에서 동양의 새로운 문명의 별로서 "亞細亞東方의 惡友"를 떠나겠다는 것이다. 여기서 일본의 대한 심상은 서양문명에 뒤떨어진 야만이고 적자생존에 낙오하는 약소국으로 비춰진다. 전통적으로 남아 있던 예의지국, 文章의 나라, 선진문화국이란 요인조차 사상되고 야만과 미몽의 약소국으로 전락하는 것이다.

한편 동주는 해방이후 한일관계에 대한 자세한 기술을 생략하였으나, 한일 양국은 새로운 문명의 중심인 미국을 바라보고 있는 반면, 서로에 대해서 관심의 정도는 크게 축소되었다. 일본의 대한 심상은 문명의 근접부로부터 주변부로 전락한 데다 식민지의 지배에 따른 문화적 멸시감이 담겨져 있는 반면, 한국은 일본에 대한 전통적인 문화적 멸시감과 식민지 지배에 대한 수치심, 그리고 선진 문명국이나 미국을 모방하고 있다는 경시(輕視) 지세가 뒤범벅되어 있다고 볼 수 있다.

요약하자면, 전통 국제정치권에서 한국은 일본에 대해 관심도가 낮았던 반면 일본의 한국에 대한 관심도는 대단히 높았으나, 근대 국제정치권으로 전환되면서는 일본에 대한 한국의 관심도가 급격히 높아진 반면 한국에 대한 일본의 관심도는 저하된다. 관심도의 높고 낮음은 문명의 전파도의 높고 낮음과 비례하는 것이어서 전통시대는 한국이 선진문화였던 반면 근대시대는 일본이 선진문화이었음을 증명해주는 것이라 하겠다.

심상 형성은 당시 권역의 성격을 반영하고 있다. 전통 문명권에서 일본은 군사적 우위를 공인하고자 하였으나 중국과 한국에게 명분 없는 무력은 야만적인 것이라 멸시의 대상이었던 반면, 서양 문명권이 도래하여 무력이 정당화되고 예의 명분이 주변화되는 문명전환하에서 일본은 오히려 문화적 선진성을 강조하는 입장이 된다. 역으로 한국이 추구한 예의 지방으로 법도는 전통 문명권의 중심부에 근접하는 요인이었던 반면, 서양 문명권에 의해 야만의 상징으로 전락한 바 있다.

일본은 과거 한국의 문화를 흡수하면서도 그것을 중국문화의 조박이라고 경시하였고 군사적 우월감이 공존하는 분열적 심상을 형성해 왔고, 근대에 들면서 서양 선진 문명의 주변부 국가로 경시해 왔다. 반면 한국은 전통적으로 문화적 멸시와 군사적 모욕감이란 분열적 심상을 배경으로 근대에 들어와서는 일본으로부터 선진 문명을 배우고 모방하면서도 그것을 구미 문명의 조박이라고 경시하였다. 이런 구조 탓에 양국은 서로 열등의식 속에서 '自尊自大'하는 경향을 보인다는 것이 동주의 결론이라 할 수 있다.

IV. 이론적 · 실천적 함의와 동아시아의 미래

동주는 자신만의 국제정치학 체계를 수립하는 시도로서『일반국제정치학(상)』에서 권역과 전파의 문제를 제기하였고 이를 동아시아의 전통 국제정치와 근대 국제정치에 적용하는 시론 수준으로 이 글을 내어놓았다. 그럼에도 불구하고 이 글이 제공하는 이론적, 실천적 함의는 놀랄 만큼 풍부하다.

첫째, 동주의 전파이론이 갖는 특징은 전파의 중심부, 근접부, 주변부라는 세 영역의 상호작용으로 구성되어 있다는 점이다. 일반적으로 인류학 등에서 논의해 온 전파는 중심과 주변의 이분법하에서 중심으로부터 전파와 주변의 반발과 수용이란 양자관계 모델(dyadic model)로 인식해 왔던 반면 동주 이론의 독창성은 근접부의 설정과 관련된다. 전통 국제정치권에서 근접부의 대표 사례로 한국(한반도 혹은 韓土)은 유교문명 수용의 우등생이자 주변부에 문명 전파의 메신저로서, 경우에 따라서는 중심에 대한 絶域의 도전을 완충하는 역할을 수행하였다고 보고 있다. 한편 근대 국제정치권에서 일본은 근접부를 구성하여 서구 문명을 적극적으로 수용하고 또 주변부에 전파하는 역할을 수행하였으며, 절역이 공산권으로 이탈(즉, 脫圈)하는 것을 막는 기능도 담당하였다. 이런 점에서 근접부는 국제정치권의 확산과 안정을 부여하는 기능을 한다고 볼 수 있다. 마치 월러스타인의 세계체제론이 중심과 주변에 더하여 반주변을 설정, 반주변부가 주변부의 상승 압력을 흡수하여 체제 전체의 안정성을 부여하는 역할을 하는 것처럼, 동주의 근접부도 중심에 근접하여 중심부에 권위와 정당성을 부여하고 체제의 역동성을 제공한다는 점에서 일정한 유사성을 갖는다.

근접부 정치는 근자에 활발히 논의되고 있는 중견국 외교론과 연결된다. 중견국 외교는 행위자의 물리력 보유 수준이나 행태적 특성을 바탕으로 개념화되어 왔으며 최근에는 관계구조 속에서의 특정한 역할 특성을 잡아내려는 시도가 대두하고 있다(손열·김상배·이승주 편 2016). 주요 강대국 사이 혹은 강대국과 약소국 사이에 끼어 있는(in-betweenness) 중견국의 구조적 위치가 부여하는 활동공간, 그리고 이에 적합한 관념과 정체성의 형성에 주목하는 것으로서, 동주의 근접부 개념은 중견국 공간개념과 맞닿아 있다. 따라서 동주가 주는 함의는 중견국 외교론이 21세기 네트워크적 환경에서의 연구대상일 뿐만 아니라 보다 긴 역사적 견지에서 논의되어야 할 필요성을 환기하는 데 있다. 중견국은 권역의 안정, 중심의 권위와 정당성을 지지하는 보수적 역할특성을 가질 수 밖에 없는 것인지, 변환기 중견국은 어떤 역할을 수행할 수 있는 것인지, 주변국과의 관계는 어떻게 개념화할 수 있을 것인지, 이상과 같은 연구과제가 기다리고 있다.

둘째, 전파의 국제정치적 메커니즘은 중심으로부터 주변으로 개념, 행위, 제도의 확산이 전개되는 동시에 근접부와 주변부 사이에는 누가 더 중심에 가까운가를 놓고 경쟁이 벌어지는 해바라기 현상이 교차하는 것이라 본다면, 전파연구가 이런 측면을 적극적으로 고려할 때 보다 풍요로워질 수 있다. 기왕의 전파연구는 19세기 문명전환기 개념의 전파에 대한 중심국과 주변국 간 저항과 수용, 변용의 갈등, 그리고 주변국 내 정치세력 간 전통의 무게, 정치경제적 이해, 미래의 전망을 둘러싼 경쟁을 규명하는 작업으로 출발하였다(하영선 2009). 나아가 19세기 개념전파 전쟁을 더 정확히 분석하기 위해 전통 국제정치권의 천하질서 연구로, 반면 근대개념의 수용을 통해 21세기 핵심 개념의 의미를 보다 체계적으로 이해하기 위해 식민지기와 전후세계로 시공간을 확장하는 연구가 이어졌다(하영선·손열 2012).

이상의 연구가 중심-주변 관계의 동학에 분석의 초점을 두고 있다면 동주의 시론은 전파에 따른 해바라기 현상으로서 중심-근접-주변의 삼각구도의 동학으로 시야를 확장하고 있다. 한일관계를 정확히 이해하기 위해서는 중심과의 관계, 즉 전통권역에서 중국과의 삼각관계, 근대권역에서는 미국과의 삼각관계의 틀 속에서 고려되어야 한다는 점을 부각하고 있으며 이런 분석틀 속에서 양자관계를 근접부와 주변부 관계로 규정하고 있다. 향후 전파연구는 이러한 관계에 주목해 공간적으로 연구의 범위를 확장할 필요가 있다. 즉, 한일관계, 중일관계, 혹은 한중일관계도 전파적 시각에서 고찰할 필요가 있다는 것이다.

셋째, 이 글은 심상 개념을 통해 국제정치에서 문화와 정체성의 중요성을 재삼 강조하고 있다. 앞서 기술하였듯이 한국/조선이 19세기 근대화, 즉 신문명의 표준에 적응하지 못하였던 이유는 신개념(유럽 개념)의 전파에 대해 전통의 언어로 세계의 변화를 읽으려 했던 세력과 수입 개념을 과감히 수용하여 체제 변화를 도모했던 세력 간의 소모적 대결의 결과라 볼 수 있으나, 다른 한편 신문명 개념의 전파자가 일본이었던 사실에도 기인했다. 즉, 기왕의 명분질서와 이를 지탱하는 개념체계의 유용성을 둘러싼 사상 논쟁의 성격과 함께 일본에 대한 전통적 심상, 즉 후진문화에 대한 멸시감이 개입되어 일본 주도의 개화를 받아들이지 못한 측면이 있다는 것이다. 훗날 민족주의가 반일(反日)의 모자를 쓰고 저항민족주의 성격을 띠게 될 때, 대외적으로 철저한 저항을 위해 대내면에서 적대관계에 설 수밖에 없는 봉건적 잔재를 일소하지 못하고 오히려 이를 저항의 수단으로 나아가 이들과 공동전선을 펼치게 되는 역사적 현실도 일본에 대한 부정적 심상이 작용했던 까닭이다(한국민족주의 대심포지엄 기조연설 1966).

동아시아 국제정치는 지정학적 권력 각축과 경제적 이익의 작동과 함께 정체성 요인이 동등하게 고려되어져야 함은 주지의 사실이다. 여기서 정체성 요인으로서는 주로 지역 공통의 문화가치, 국가 단위 민족주의적 정체성의 확산, 과거사 및 영토문제를 둘러싼 정체성의 충돌 등이 거론되지만, 긴 역사과정 속에서 상호작용하며 형성된 상대국에 대한 심상의 내구성에도 주목할 필요가 있다. 특히 동주의 이론적 기여는 특정하게 고착된 '정형화된 이미지(stereotype)'로서 타자의 심상이 주는 효과만큼이나 불안정하고 분열적인 심상을 강조하는 데 있다. 대일 심상, 열등의식과 감정적 요소 등이 가져다주는 외교정책적 영향은 천착되어야 할 연구분야라 하겠다.

넷째, 심상 형성을 매개로 한 한일관계 설명은 한일관계의 미래를 전망하는 데 흥미로운 시각을 제공한다. 기왕의 한일관계 연구들은 예외 없이 근대 이행과정에서 야기된 과거사의 기억을 둘러싼 대립, 그리고 이를 통한 정체성의 갈등을 강조해 왔다. 이들은 과거사 변수와 정치경제 변수가 상호 연계되어 있고 이 연계가 악순환 구조(예컨대, 과거사 갈등이 안보·경제협력 저해)를 이루고 있기 때문에 진정한 한일협력은 과거사 문제의 극복에 달려 있다는 저빙을 내어 놓는다. 일본군 위안부 문제에서 보듯이 과거사 문제는 한일 양국에게 자기 정체성을 부정하는 기제로서 관계 악화의 주범인 것은 분명하나 이 문제가 해결된다 해서 비로소 양국간 심상의 충돌이 해소된다고 보기는 어렵다. 왜냐하면 한일이 서로에게 갖는 불안정하고 자기분열적 심상은 주변문화 의식의 발로이어서 그 뿌리가 깊다. 양국 간 심상의 충돌은 전파된 문화를 통한 문화적 유대감이 약한 가운데 경쟁적으로 해바라기 현상을 연출하여 상대를 무시하거나 경시하는 심상을 표출하는 데에서 발생하였고 장구한 세월 두 문화권을 거치면서 반복, 형성되어왔기 때문에 하루아침에 바뀌기는 어려울 것이다. 따라서 현실정책적으로 서로에 대한 불안정하고 자기분열적 심상을 완화하고 해소하는 데 어떠한 노력이 필요한지를 고민하는 과제가 제기되어야 한다.

이 과제는 최종적으로 동아시아의 미래에 대한 전망과 연결된다. 동아시아 질서는 고전지정학적 힘의 논리, 초국경적 상호의존을 추구하는 이익의 논리, 그리고 구성주의적 정체성의 논리가 각각 안보, 경제, 문화 공간에서 주로 작동하는 동시에, 실제로는 이들이 서로 교차하고 연계되어 넥서스(nexus)를 이루고 있으며 이들 간 긍정적 혹은 부정적 연쇄반응 혹은 파급효과(spillover effect)가 초래되고 있음은 다른 지면에서 소개한 바 있다(Sohn 2015; 손열 2018). 따라서 경제적 번영을 위한 초국적 상호의존의 심화가 이루어지고 이에 따라 안보경쟁이 완화되어 협력 안보(cooperative security)가 성취되며, 나아가 지역의 집합정체성 구성을 추동하는 선순환 구조가 성립하려면, 안보와 경제 영역에서의 노력과 함께 국가 간 정체성 변화를 위한 공동 진화가 필요하다.

21세기 동아시아 혹은 아태 지역의 신문명은 동주가 전망하듯이 기존 질서의 핵심 행위자인 근대국가의 역사적 전개가 자기모순에 직면하는 한계를 넘기 위한 다양한 시도의 결과로 드러날 것일 터인데, 기성 문명의 중심인 미국이 또다시 신문명을 주도할지, 주변에서 중심으로 급속히 부상한 중국이 대안적 문명 표준을 제시할 수 있을지, 근접부의 최상층부를 지켜온 일본이나 근접부로 진입한 한국이 가능성을 보여 줄 수 있을지가 관건이다. 미국은 장기적 쇠퇴과정 속에서 트럼프 정부 들면서 자국중심주의를 기치로 동아시아 혹은 아태지역에 대한 선택적 개입을 추진하면서 지역질서를 주도하는 위신(prestige)를 스스로 상실해 가고 있으며, 반대로 중국의 시진핑 정부는 위압적인 자국 중심 공동체의 꿈을 전파하고자 하나 상승하는 물리력에 걸맞는 위신, 즉 질서 조성의 권위와 정당성을 획득하지 못하고 있다. 이런 가운데 한국과 일본이 또다시 신문명의 근접부 혹은 주변부를 구성하여 서로 해바라기 현상을 보이며 경쟁하게 될지, 혹은 중견국으로서 연대를 통해 신문명의 전파자 지위를 모색할 것인지, 후자로 상승하기 위해서는 열등감과 우월감의 교차에 따른 과잉의식을 넘는 새로운 심상의 형성으로부터 출발이 필요하다.

참고문헌

손열. 2018. 김상배 편. "동북아시아 공간의 복합지정학: 안보-경제-정체성 넥서스."

손열·김상배·이승주 편. 2016. 『한국의 중견국 외교』. 명인.

이용희. 1967. "한국민족주의 대심포지엄 기조연설." 『국제정치논총』 6.

_____. 1977a. "민족사의 맥락에서." 『한국민족주의』. 서문당.

_____. 1977b. "한일관계의 정신사적 문제." 『한국민족주의』. 서문당.

_____. 2013. 『일반국제정치학(상)』. 박영사.

전재성. 2012. "'시대'의 개념사적 연구." 하영선·손열 편. 『근대한국의 사회과학개념 형성사 2』. 창비.

하영선 편. 2009. 『근대한국의 사회과학개념 형성사』. 창비.

하영선·손열 편. 2012. 『근대한국의 사회과학개념 형성사 2』. 창비

하영선·이헌미 편. 2017. 『사행의 국제정치』. 아연.

Callahan, William. 2010. *China: The Pessoptimist Nation*. Oxford: Oxford University Press.

Hagstrom, Linus. 2015. "Japan and Identity Change." *The Pacific Review* 28, 1.

Sohn, Yul. 2015 "The Abe Shinzo Effect in Northeast Asia" *Asian Perspective* (Fall 2016).

Shogo Suzuki. 2008. "Ontological Security in Sino-Japanese Relations." mimeo, April 2008.

제4부

동주의 외교사·민족주의론

제9장

동주의 국제정치 질서 해석과 19세기 한국외교사

김수암(통일연구원)

19세기 중반 이전 조선은 근대국제질서와는 전혀 다른 '事大의 禮'에 기반하여 국제적인 삶을 영위하여 왔다. 그런데 우월한 힘을 앞세운 유럽 정치세력들이 국제법과 세력균형의 원칙을 앞세워 자신들의 관념을 전파하면서 수용을 강요하여 왔다. 19세기 국제정치질서의 본질적 교체기에 처한 조선은 국제정치의 삶을 새롭게 정립해나가야 하는 어려운 과제를 풀어나가야 했다.

19세기 조선이 처한 전환기적 본질은 동주의 국제정치권과 전파 및 저항의 이론을 통해 재조명될 수 있다. 특히 전파의 내용과 체계 및 그에 따른 저항의 이론은 '사대의 예'에 기반한 유교적 국제정치권에서 국제적인 삶을 영위하였던 조선이 새롭게 유럽의 근대국제질서가 전파되는 현실을 조망하는 데 중요한 통찰력을 제시해주고 있다.

다만, 동주의 전파 및 저항이론은 권역 내에서 전파와 저항을 통해 국제정치권이 형성되는 데 중점을 두고 있기 때문에 권역 간 전파에 따른 현상을 분석하는 데는 한계가 있다. 19세기 한국외교사를 보다 적실성 있게 조망하기 위해서는 권역 간 전파에 따른 저항, 그리고 그러한 저항에 따른 피전파지역 내 수용 및 변용과 복합화 현상을 조망할 수 있는 분석틀이 보완될 필요가 있다.

I. 들어가며

우리가 19세기 한국(조선)의 외교에 주목하는 이유는 무엇인가? 잘 알고 있듯이 19세기 중반 이전 조선은 근대국제질서와는 전혀 다른 '事大의 禮'에 기반하여 국제적인 삶을 영위하여 왔다. 그런데 우월한 힘을 앞세운 유럽 정치세력들이 국제법과 세력균형의 원칙을 앞세워 자신들의 관념 및 제도를 전파하면서 수용을 강요하여 왔다. 19세기 동아시아 국제정치와 대외관계는 그야말로 근대 서구의 국제규범과 제도 및 질서를 어떻게 인식하고 그 대응전략과 정책을 수립하려 했는가로 집약될 수 있다. 그런 점에서 조선의 근대외교는 서구에서 태동된 근대국제질서에 대한 인식과 대응방향 설정이 거의 전부였다고 해도 과언이 아니다.

이와 같이 19세기는 전혀 이질적인 국제규범과 제도에 대응하여 생존을 모색하고 새롭게 국제적인 삶을 정립해야 하는 치열한 역사적 시공간이었다. 이러한 치열한 생존과 싸움의 현장이었던 19세기 한국 '외교사'는 어떻게 다루어야 할 것인가? 유럽 중심의 근대국제질서가 전 세계적으로 확산되는 과정에서 흔히 이해하고 있는 교섭사로서의 외교사 서술 방식으로 19세기 조선의 외교문제의 본질을 드러낼 수는 없다(김용구 2001, 6).

이 글에서는 근대국제질서의 규범과 제도에 대응하여 새롭게 국제적인 삶을 모색했던 19세기 조선의 대응의 본질에 대해 동주의 국제정치권과 전파이론을 통하여 분석하고자 한다(이용희 1962).[1] 또한 이러한 문제의식을 바라보는 데 있어 '사대의 예'에 대한 동주의 국제정치적 해석은 어떠한 의미를 지니는지도 살펴보고자 한다. 또한 동주의 국제정치권과 전파이론이

....

1   이 글에서는 이용희(1962)를 새롭게 편집하여 출판한 이용희(2013)를 활용한다.

19세기 한국외교사에서 갖는 함의와 한계도 고찰하고자 한다. 아울러 19세기 한국외교사 관련 동주의 업적에 대해 국제정치권과 전파이론의 관점에서 그 의의를 분석하고자 한다.

II. 동주의 국제정치권 및 전파이론

1. 국제정치권 이론

1) 국제정치권

동주 이용희의 '국제정치권'의 이론은 19세기 한국외교의 시각에서 어떠한 의미를 지니는 것일까? 동주는 국제정치가 적어도 폐쇄적인 정치공감권을 이룬다는 의미에서 '한나라' 이상을 전제로 한다고 설정한다. 그렇지만 여러 '나라'의 '병존'만으로 국제정치의 요건이 성립되는 것은 아니라고 강조한다. 국제정치는 국제정치에서 피아의 유동(類同)이 행위형태로 고정화하는 권역을 형성할 때 성립된다고 주장한다(이용희 2013, 65). 동주는 구체적으로 '국제정치권'을 다음과 같이 정의한다.

> "국제정치권은 말하자면 일정한 정치행위의 의미가 보편타당하는 권역(圈域)을 가리킨다. 이 까닭에 권역 내에 있어서 세력의 경합문제라든가 전쟁과 평화 또 외교와 교섭의 문제에 관하여는 대게 양해되고 정당화될 수 있는 명분을 정하고 이 명분 위에 제도화하는 양식을 취하며 심볼과 이데올로기의 체계를 구축한다"(이용희 2013, 69).

이러한 국제정치권의 역사적 유형에 대해 동주는 유교적 국제정치권, 회교 국제정치권, 유럽 국제정치권을 들고 있다. 19세기 한국 외교는 유교적 국제정치권과 유럽 국제정치권의 만남 그 자체에서 발생하는 현상이라고 할 수 있다. 이러한 의미에서 유교적 국제정치권에 대한 동주의 논지를 살펴볼 필요가 있다.

2) 유교 국제정치권에 대한 해석
국제사회 규범과 제도로서의 '사대(事大)의 예(禮)'

동주는 중국을 중심으로 한 유교 국제정치권에 대해 다음과 같이 설명하고 있다.

> "중국을 중심으로 한 유교정치권에서 보면 세력의 경합은 정통과 혁명의 명분으로 장식되고 전쟁은 정(征)·벌(伐)·의전(義戰)으로 명분을 따지고 외교와 교섭은 사대와 교린의 예를 들었는데, 그 뒷받침으로는 유교의 예교(禮敎) 사상이 있어서 현실을 호도(糊塗)하였다"(이용희 2013, 69-70).

그러한 질서를 규율하는 규범과 제도에 대해 동주는 '事大의 禮'를 기반으로 설명하고 있다. 예교(禮敎)의 질서가 통행하는 천하 안에 존재하는 상하와 질서의 명분을 규율하는 제도가 '事大字小'의 '禮'로서 그러한 예(禮)를 규율하는 제도로는 조근(朝覲)과 빙문(聘問), 공헌(貢獻)과 사뢰(賜賚), 봉삭(奉朔)과 책봉(冊封) 등이라고 정리하고 있다. 이러한 제도가 작동되더라도 번국(藩國)의 내정에 대해서는 자율권을 보장하였다고 설명하고 있다. 즉 "'조빙예문'(朝聘禮文)일 뿐이시 ⏊ 외는 藩國에 '一兵一役'을 괴롭히지 않는 것이라고 인정되는 것"이 보통이었다는 것이다. 다만 군사와 무력에 의한 경우에는 '명분'은 어그러지게 되고 사대의 '예'가 '예'가 아닌 '힘'의 지배로 변하게 되는데, 권역 내의 '헤게모니'의 변동으로 인해 이런 긴장상태가 발생한다고 보았다(이용희 2013, 87).

동주는 국제정치학자로서 '사대'에 대해 현실적인 사대관계라는 '사실'의 면, 사대의 '제도'라는 면, 사대관계를 정당화하는 '사상과 이념'의 면, 즉 사대주의라는 가치관의 복합적 측면을 강조하고 있다(이용희 1977, 140). 특

히 국제정치와 한국외교를 이해하는데 있어 사대에 대한 동주의 해석의 중
요성은 규범과 제도라는 관점에서 정의하고 있다는 점이다. 동주는 "사대는
나라 사이의 관계를 상하의 서계적(序階的) 관계로 놓고 그 관계를 조공·
빙문(朝貢·聘問)의 예(禮)로 제도화하는 것"이라고 국제정치질서를 규율하
는 규범과 제도의 관점에서 사대의 예를 규정하고 있다(이용희 1977, 140-
141). 동주가 '사대의 예'를 국제사회의 법으로 해석한다는 데 또 다른 의의
가 있다. 동주는 제도와 가치관의 측면에서 '나라 사이의 법'인 동시에 '천하
의 법'이라고 '사대의 예'를 해석한다. '사대의 예'는 국제 간의 법이며 오늘
의 공법(公法) 같은 것으로 왕도(王道)의 덕치(德治)로써 이룩된 질서 있는
'국제사회의 법'이었다. 즉, '예'(禮)는 현재 의미와는 달라서 오늘의 '국제공
법'(國際公法) 같은 의미였다는 것이다(이용희 1977, 141-142, 148).

19세기 한국외교사의 관점에서 볼 때 사대의 예의 적용을 '문명'이라는
관점에서 접근하고 있는 데 또 다른 의의가 있다. 나라 사이의 법으로서 '사
대의 예'는 본래 좁은 의미의 천하에만 적용되고 오랑캐(夷狄)에게도 적용
된다고는 생각되지 않았다. 조공·빙문(朝覲·聘問) 등의 예(例)는 엄밀히 천
자와 제후 간에 실시되었고 권외의 오랑캐와의 관계는 준용할 따름이었다.
외국 이민족에 대하여도 사대의 예를 소상히 규정해서 적용한 것은 명나라
이후의 일이었다. '사대의 예'는 문명국 사이의 법으로 오랑캐(蠻夷)에게도
준용하는 것이기 때문에 동북아 사회에서 사대의 예를 적용한다는 것은 상
대가 문화권에 들어왔으며 문명국으로서 대우하는 것을 의미하였다(이용희
1977, 142).

'사대의 예'로 규율되는 국제질서에서 나라 사이의 관계는 근대국제질
서와 다르게 관념되었다. 천하질서에서 나라 사이의 관계는 신분적인 유교
의 예(禮) 사상을 따라 그 구조가 서계적(序階的)인 특성을 갖는다(이용희
2013, 87). 유교적 국제정치권은 중조(中朝)와 번국(藩國) 간 상하 서계적인
질서가 본질적이지만 동반(同班)의 제국간(諸國間)은 '교린·상빙'(交隣·相
聘)의 관계이다.

동주는 유럽의 세력균형이 명분으로도, 국제정치의 체제로도, 그리고 외교정책으로도 기능하였듯이 사대의 예도 명분 외에 국제정치 체제로도, 또 외교정책으로도 기능하였다고 해석하고 있다. 태조 이성계가 사대의 예를 외교정책으로 이용한 대표적 사례로 들고 있다. 또한 좌전(左傳)의 회맹(會盟)의 장면을 보면 그 회맹에 알맞은 신분의 대표가 오지 않으면 사대의 예에 어긋난다고 해서 징벌의 대상이 되었는데 이러한 사례에서 보듯이 사대의 예는 외교 방식의 측면도 내포한다고 설명하고 있다(이용희 1977, 146, 163).

다만, 동주는 패어뱅크의 『중국의 세계질서』(*Chinese World Order*)를 대표적 예로 들면서 사대의 이념과 현실의 괴리 문제에 대해 언급하고 있다. 사대의 가치관은 '큰 나라는 작은 나라를 사랑하고 작은 나라는 큰 나라를 섬긴다'(字小事大)는 유교의 윤리관·덕치관에 기반하고 있으므로 이러한 윤리 가치관이 현실에 그대로 타당하기 어렵다는 점도 강조하고 있다(이용희 1977, 141, 150).

행위자(단위) 및 국내·국제정치 관계에 대한 해석

유럽외교는 명분상으로 대등한 '근대국가' 사이의 교섭이라고 상정한다. 그런데 동주는 유교적 국제정치권에서 행위자는 다른 속성과 개념을 내포하고 있었다고 해석하고 있다. '사대의 예'에 기반한 조선이 유럽 근대국제질서를 만났을 때 행위자(단위)의 속성이 19세기 외교에 영향을 미치는 핵심요소가 된다.

중국 문화권에서는 '天下' '國'의 두 개의 나라로서의 단위체가 있다. '유럽질서는 '대등'인 반면 유교 국제정치권에서는 '서계적'(序階的)이다. 사대의 예는 서계적인 나라 관념을 전제로 하고 있으며, 서계적으로 규정된 나라의 위치에 따라 '조'(朝), '공'(貢), '빙'(聘) 등 존비(尊卑)의 관계를 표상하는 행위방식이 규정되었다(이용희 1977, 147-148).

또한 '天下' '國'의 두 개의 나라도 별개의 존재가 아니다. 근대국가와는 다른 단위체의 개념으로서 단위의 속성을 규정하는 핵심요소에 대해 동주는 천하는 '단원적'(單元的), '포섭적'(包攝的)이라고 규정하고 있다. 나라 관념 속에 상하의 두 단위를 내포하고 있을 뿐만 아니라 상위의 나라가 천하의 중심이며 천하는 단원적이라고 관념하였다. 또한 상하관계로서 '천하' 속에 '국'이 있어야만 된다는 식의 포섭(包攝) 관계로서 단위를 이해하였다(이용희 1977, 147, 149).

이러한 단원적이고 포섭적인 관계를 상정하는 '나라' 관념이므로 유교 국제정치권에서는 안과 밖을 구분하는 유럽질서와는 달리 국내질서와 국제질서의 관계를 다르게 규정하고 있다. 국내질서와 국제질서의 관계에 대해 동주는 책봉과 조공이라는 요소에 기반한 국제적인 예교(禮敎)질서가 국내질서로 포섭되는 개념이라고 설명하고 있다. 사대체제는 단순한 국제정치체제일 뿐 아니라 일국의 국내정치, 왕권의 계승에까지 미치는 정치체제 일반과 관계된 체제로 규정하고 있다. 포섭적인 관계에서는 신분적인 사회구조를 반영하여 사대의 예는 국제공법적 측면과 더불어 천명을 받은 군주간의 예법의 측면도 내포하고 있다. 즉, 사대의 예는 국제질서의 측면만이 아니라 국내외를 포괄하는 정치질서의 가치관이라는 것이다. 국제질서가 예(禮)에 기반하고 있기 때문에 사대교린은 예부(禮部) 소관의 국법으로 규율하게 되었다(이용희 2013, 88; 이용희 1977, 88, 166, 168).

2. 국제정치권의 형성: '전파'와 '저항'

국제정치권 이론에서 권역 간의 만남에서 발생하는 정치적 현상에 대한 동주의 해석은 천하질서에서 삶을 영위하던 조선이 유럽의 근대국제질서와 조율할 때 발생하는 국제정치적 현상을 조망하는데 중요한 통찰력을 제공해 준다.

이러한 만남에서 발생하는 정치적 현상에 대해 동주는 '전파'와 '저항'으로 개념화하고 있다. 동주는 우월한 힘을 바탕으로 '전파'에 의해 국제정치권이 형성된다고 규정하고 있다.

"국제정치권은 언제나 강력한 정치세력을 매개하여 특정한 정치가 다른 지역, 다른 사회에 전파됨으로써 이룩된다"(이용희 2013, 71).

동주는 국제정치권의 일원으로서 국제적인 행위형태에 적응하는 경우 필수로 인정되는 전파의 요건을 세 가지로 들고 있다.

첫째, 우월한 정치세력이 매개되어야 된다는 것.

둘째, 그것이 시간적으로 상당히 지속되어야 한다는 것.

셋째, 전파는 피전파사회의 지배층을 매개로 하여야 한다는 것이다(이용희 2013, 72).

동주는 전파의 형태에 대해서도 설명하고 있다.

첫째, 먼저 법관념이나 법체계로 전파된다. 유럽의 국제정치가 팽창할 때 앞세운 것이 국제법 관념이었다는 것이 대표적인 사례이다.

둘째, 전쟁과 평화에 따른 제도가 전파된다. 전쟁에 관한 제도·관례법, 평시의 외교·통상·교통·협력에 관한 제도의 전파는 권역(圈域)의 형성과정에서 필수불가결한 요소이다.

셋째, 심볼체계라 부를 수 있는 관념체계·정당성 의식의 전파이다. 그 중에서도 국가관념, 정치개념, 정치적 정부정(正不正), 권위와 표식(標識)에 관한 심볼체계의 전파가 중요하다. 심볼체계는 국제정치를 한 개의 국제적 '의미권'으로 만드는 중요한 역할을 한다(이용희 2013, 74-75).

우월한 힘을 바탕으로 전파를 하더라도 그것을 받아들이는 정치세력은 대응할 수밖에 없는데, 동주는 이를 '저항'으로 개념화하고 있다. 우월한 정치세력이 압박을 가한다고 하더라도 토착적인 정치와 이에 따른 심볼체계는 대단히 완강해서 반드시 저항하는 것이 상례(常例)이다. 새로운 정치의 전파는 기존의 정치지배 체계의 변동을 초래하기 때문에 정치가치를 대표하는 지배층의 치열한 저항을 가져오게 된다. 이에 따라 국제정치적인 의미의 전파는 표면상 국내정치와 국제정치를 구별함으로써 지배층의 국내정치에 무관한 척 위장하게 된다. 국내지배에 대한 직접적인 관여를 회피함으로써 전파와 피전파 양측 지배층이 타협하게 된다는 것이다. 이러한 관점에서 볼 때 유럽정치에서 국내정치와 국제정치를 구별하는 사상과 국제법의 국내정치 불간섭 원칙, 유교권의 사대주의 원칙에서 속번(屬藩)의 내정불관여 같은 것이 이러한 합리화의 대표적인 사례이다(이용희 2013, 72-73). 그렇지만 실제 현실에서는 국제정치의 행위양식만을 따르고 전통적인 국내질서만을 유지하는 역사는 존재하지 않는다고 강조하고 있다. 무엇보다도 동주는 국제적 전파 압력이 지속되는 동안 국내정치가 일변한다는 점을 간과하고 있다(이용희 2013, 74).

19세기 한국외교사를 고찰하는 데 있어 동주의 전파와 저항이론에서 전파-피전파자의 관계 및 속성도 핵심 고려 요소이다. 이에 대해 동주는 두 가지 전파자-피전파자 관계를 제시하고 있다.

첫째, 전파자가 정치·군사·문화의 각면이 모두 강력하며 발달되어 있고 피전파자는 반대로 무력에도 약세일 뿐이 아니라 정치·문화에도 뒤졌을 때 전파는 급속하고 강열하며 시일이 지속되면서 국내정치체계에까지 쉽게 파급된다.

둘째, 전파자가 군사·경제적으로 우월하더라도 피전파자의 문화도(文化度)가 높은 경우 피전파자가 문화·정치의 전통적 가치를 고수하려는 데에 있어서 문화·정치적 저항이 강렬하다. 무엇보다도 피전파자가 문화권의 중심세력인 경우나 중심세력 가까이에 있는 세력인 경우는 한층 저항이 치열하다(이용희 2013, 74).

따라서 피전파자의 저항에 따라 전파의 속도와 심도가 달라지게 된다. 전파세력의 입장에서 중심세력의 안전과 근역(近域)의 안정을 위하여 가장 중요하다고 인정되는 지역에는 정치적 압력이 가중할 것이며 중요도가 낮은 지역에는 압력이 약할 것이다. 이에 따라 전파의 강도나 속도도 영향을 받게 될 것이다. 전통적인 정치와 문화를 자랑하면서 저항하여도 정치적 압력이 지속되면 결국 전통적인 국제정치의 개념을 버리고 새로운 국제정치에 적응하며 동시에 국내정치체계도 체계로서 흔들리게 된다(이용희 2013, 76-77).

동주는 전파세력의 입장에서 국제정치권을 중심·근접·주변의 지대로 구성되어 있다고 설명한다. 전파의 중심부는 국제정치권의 중심으로서 우세한 정치세력의 소재지이며 국제정치질서의 심볼이나 개념체계의 근원지가 된다. 근접세력(근접지역)은 전파세력에 대해 이미 충분히 순응하여 중심부의 견고한 외곽을 이룰 뿐 아니라 나아가 다른 지역에 전파자의 구실까지 하는 세력이다. 유교권에 있어서 조선의 위치가 근접세력에 해당될 수 있다. 반면 주변세력(주변지역)은 전파자의 견지에서 국제행위 양식의 소화도가 나쁘고 국제정치의 틀에 어긋나는 면이 많으며, 전파자의 심볼과 개념체계나 '정치'가 국내정치체계로서는 완전히 침투되지 않거나 외화면에 그치고 동화단계에 들어가지 않은 세력 혹은 지역이다. 메이지 유신 이전의 일본이 주변세력에 해당될 수 있다(이용희 2013, 77-78).

III. 국제정치권 및 전파 이론과 19세기 한국외교사

1. 19세기 한국외교사와 동주의 전파 및 저항이론의 함의

동주의 국제정치권 이론과 전파이론은 19세기 한국외교사를 이해하는 데 어떠한 의미를 지니는 것일까?

외교사는 국제사회 행위자들의 교섭에 관한 역사라고 알려져 있다. 이런 개념 규정은 19세기 이래 아무런 의심도 없이 보편화되었고 국제정치에서는 강대국의 역할이 절대적이기 때문에 외교사는 강대국 중심으로 서술되어야 한다는 것도 당연시되었다. 이와 같이 그동안 우리는 '교섭사', '사건사'라는 협의의 관점에서 외교사를 바라보는 데 익숙해져 있었다.[2]

동주 국제정치학은 한반도의 삶이 당면하는 어려움을 슬기롭게 풀기 위해 구미국제정치학이나 한국국제정치학과 같은 특수국제정치학을 넘어서서 국제정치의 의미를 공유하는 권역들의 전파와 변용을 통해 끊임없이 새롭게 형성되는 국제정치의 모습을 복합적으로 추적하는 일반국제정치학을 모색한다(하영선 외 2009, 1, 7). 동주의 이러한 국제정치권의 형성과 전파이론은 19세기 한국외교사를 새롭게 조망해야 한다는 통찰력을 제공해주고 있다.

동주의 국제정치권과 전파이론은 협의의 '교섭사' 중심으로 19세기 외교사를 보는 시각에서 탈피해야 한다는 새로운 인식의 지평을 제공해주고 있다. 동주의 전파이론의 통찰력을 고려할 때 한국외교사는 단순한 대외교섭사가 아니라 19세기 유럽문명의 근대적 삶을 따라 잡으려는 우리 나름의 삶의 총체사와 대외적 노력으로 분석돼야 한다. 19세기 중반 이래 전통적 중국 중심의 천하질서는 구미 중심의 근대국제질서와 정치, 군사, 경제, 사회, 문화의 복합적 영역에서 새로운 만남을 겪게 된다. 따라서 한국외교사도 이러한 총체적 만남의 일부로서 재구성되어야 한다(하영선 외 2005, 12).

다만 동주의 전파와 저항이론이 19세기 한국외교의 본질을 이해하는 데 중요한 통찰력을 제공해주고 있지만 실제 19세기 조선의 현실을 조망하는 데 보다 정교한 보완이 필요할 것으로 본다. 동주의 전파와 저항은 국제정치권의 형성에 대한 주된 논리이다. 즉, 중심-근접-주변으로 구조화된 정치권이 전파와 저항이라는 과정을 통하여 어떻게 국제정치권이 형성되는지를 설명하는 이론체계이다. 그런데 권역 간 전파에 따른 저항의 문제는 바로 19세기 한국외교의 본질적인 현상이다. 따라서 우월한 정치세력을 앞세운 권역 간 전파와 저항에 대해서는 동주의 이론을 바탕으로 새롭게 이론이

....
2   니콜슨은 외교에 대해 교섭으로 보고 국제적인 교섭을 수행하는 '교섭의 술(術)로 개념화하고 있다. *Oxford English Dictionary*에 따르면 외교라 함은 교섭에 의하여 국제관계를 다루는 일이며, 국제관계가 대사나 사절에 의해 조정·처리되는 방법이며, 외교관의 업무 또는 기술로 정의하고 있다. 니콜슨(1992, 19-21); 김용구(2002, 29) 참조.

재구성될 필요가 있다.

피전파지역이 별도의 국제정치권을 형성하고 상당히 오랫동안 독자적인 규범과 제도에 따라 질서가 운영되어 왔을 때 전파세력과 피전파 국제정치권의 중심-근접-주변세력 사이의 전파는 보다 복잡하게 전개될 것이다. 권역 간 전파와 저항의 경우 피전파 국제정치권에서 형성되었던 중심-근접-주변세력 간의 관계가 전파세력의 전파에 저항하는 행태에 영향을 미치는 핵심 요소로 작용한다. 따라서 우월한 힘을 앞세운 새로운 국제정치 심볼과 개념체계의 전파에 대응하는 경우 피전파 국제정치권 중심-근접-주변세력 간의 상호 작용도 핵심 요소로 고려되어야 한다.

동주의 구분대로 유교 국제정치권의 중심(청), 근접세력(조선), 주변세력(일본)의 상호 작용이 19세기 한국외교의 핵심의 하나를 구성하게 된다. 청과 조선의 경우 앞에서 언급한 전파-피전파자 관계에서 볼 때 두 번째 유형에 해당되고 일본은 첫 번째 유형에 가깝다. 일본은 근대국제정치의 전파세력(유럽)의 관점에서 볼 때 근접세력에 해당되고 조선은 주변세력에 해당된다고 할 수 있다. 그리고 유교 국제정치권의 중심이었던 청의 대응양식도 조선의 저항과 수용에 영향을 미치는 변수였다. 즉, 전파와 저항이라는 이론체계에서 볼 때 조선의 경우 동일한 피전파 세력으로서 청과 일본이라는 매개 세력의 존재라는 특수성이 있다. 이런 특수성을 고려할 때 동주의 전파이론은 권역 간 전파가 이루어지는 과정에서 피전파 국제정치권 내의 역동성에 대해서는 명시적인 논리를 제공하지 않고 있다. 따라서 19세기 한국외교사를 조망할 때 동주의 전파이론은 피전파지역이었던 유교 국제정치권 내의 역동성이 드러나는 방향으로 보완될 필요가 있다.

동주의 국제정치권과 전파의 이론의 관점에서 볼 때 19세기 한국외교사가 주목해야 할 연구주제로서는 만국공법의 도입, 세력균형외교, 일본 동양평화론을 우선적으로 들 수 있다(하영선 외 2005, 12-13). 구체적으로 동주의 전파내용 및 형태를 19세기 한국외교에 적용할 경우 한국외교사 연구영역은 첫째, 서양 국제법(만국공법 혹은 국제공법)의 전파와 저항(수용)에 관한 문제이다. 만국공법의 도입사는 단순히 법과 제도의 전파·변용으로서 중요한 것이 아니라 전통과 근대의 복합화를 가장 대표적으로 보여주는 초기 사례로서 중요하다.[3] 이와 관련하여 예(禮)를 국제질서의 규범과 제도로 설정하고 공법과의 충돌 현상에 대한 분석이 19세기 한국외교사 연구영역의 하나가 되고 있다. 서양의 국제법이 중국과 조선에 언제, 어떻게 전파되었으며 또 전파과정에서 어떻게 수용되고 굴절되었는지를 따져보는 연구가 19세기 한국외교사의 주된 연구주제가 된 것이다.[4]

둘째, 전쟁과 평화에 따른 제도의 전파와 저항(수용)의 문제이다. 구체적으로 예(禮)와 단선적·포섭적 단위관계에 기반하여 '예조'가 외교업무를 수행하였는데 근대국제질서 전파에 따른 업무를 담당할 새로운 조직의 수용이 19세기 한국외교사 연구의 주요 연구영역이 된다. 무엇보다도 근대 국제정치의 교섭을 수행하는 사절제도를 어떻게 받아들일 것인지가 주요 연구영역이 된다.[5] 또한 속방, 자주, 독립 등의 개념수용 및 이러한 개념에 기반한 생존전략으로서 국제질서의 작동원리인 '균세'(均勢, 세력균형)에 대한 이해와 실제 현실에서의 적용의 문제가 19세기 한국외교사가 다루어야 할 주요 연구영역에 해당된다. 19세기 생존전략으로서 만국공법의 활용에 대해 회의를 품으면서 개화세력들은 근대 국제정치의 생존수단으로 폭력에 주목하는 현실주의적 대안을 모색하게 된다. 19세기 조선은 외세와 충분히 맞설 만한 군사력이나 경제력을 제대로 마련하지 못한 상황에서 다른 나라의 힘을 빌려 자국의 생존을 도모해 보려는 세력균형론을 추진한다. 1880년대에서 1890년대에 걸쳐 세력균형을 통해 자국의 생존을 꾀한 시도들은 한

....

3   김용구(1997)의 제4장 조선과 서양공법에서 활용론, 회의론을 다루고 있다. 하영선 외(2005, 13).

4   김용구는 '세계관'이 정형화된 형태를 그 국제사회의 법체계라고 정의하고 법체계의 전파에 따른 현상을 세계관 충돌이라고 개념화하면서 19세기 한국외교사는 이러한 세계관 충돌의 역사로 분석한다(김용구 1997, x, 15). 조선은 만국공법의 전파에 직면하여 실제 현실을 만국공법을 통해 대응하는 과정에서 활용론, 회의론 등의 인식을 보이고 있다.

5   김수암(2000); 김원모(1984); 송병기(1972); 이광린(1987); 전미란(1989); 전해종(1962) 등.

국외교사 연구의 주요영역으로서 재구성될 필요가 있다(하영선 외 2005, 13-14; 장인성 2009).

균세를 전략적 측면에서 현실에 적용한 구체적인 사례로 미국에 대한 사절 파견을 들 수 있다. 미국에 사절을 파견하는 문제는 제도적 측면에서 서양의 사절 수용, 미국을 활용한 조선의 생존전략이라는 균세적 측면을 포괄적으로 내포하고 있다. 미국에 대한 상주사절 파견은 서구세력을 활용한 청의 견제라는 균세전략의 일환으로 추진되었다. 상호 격이 높은 상주사절을 파견함으로써 서구의 전권사절이 청을 견제할 수 있다는 균세전략의 일환으로 상주사절을 파견하였던 것이다(김수암 2000, 185-186). 그렇지만 균세전략은 조선의 국내역량, 상대국의 의지와 역량이 결합될 때 성공할 수 있다. 이러한 생존전략으로 조선이 추진한 균세전략의 모습을 재구성하는 것이 19세기 한국외교사의 주요 연구영역이 되어야 할 것이다.

셋째, 심볼체계의 전파와 수용에 관한 문제이다. 동주도 '개념체계'를 강조하고 있듯이 개념의 전파와 저항(수용)의 문제가 19세기 한국외교사의 주된 연구영역으로 설정되어야 할 것이다. 이미 동주의 전파내용의 관점에서 여러 장소들의 개념들의 충돌과 개념에 대한 저항과 수용을 다루는 연구들이 다수 수행되고 있다(김용구 2014; 하영선 외 2009; 하영선·손열 2012).

동아시아의 경우 19세기 중반 조선, 청, 일본 모두 개념에 대한 수용의 문제에 직면하게 되는데, 이후 권역 간 전파와 더불어 유교 국제정치권 내 3국 간 개념의 전파와 저항이 복합적으로 나타나고 있다. 이러한 복합적 전파현상을 다루는 문제로 19세기 한국외교사의 연구영역이 확대되고 있다. 특히 19세기 청에 의한 서양국제법과 질서의 변용을 통한 개입에 대해 치열한 개념싸움이 전개되었는데, 이러한 개념 싸움에 대한 연구가 활발하게 수행되고 있다. 유길준의 양절체제라는 천재적인 직관은 사대질서의 개념들을 서양공법질서의 개념으로 전환시키려는 중국에 대한 조선의 처절한 저항으로 평가할 수 있다(김용구 2014, 7).

서양 국제질서와 국제법의 전파에 따라 동아시아 3국관계도 전통과 근대의 충돌이라는 현상 속에서 새롭게 재편되고 있다. 그러한 충돌의 근저에는 '속방'과 '자주', '독립'이 핵심 개념으로 자리 잡고 있다. 청조는 한편으로 조선의 근대적 자주권을 인정하면서도 다른 한편으로는 전통적인 병번(屛藩)으로 대우하려는 복합적 태도를 취하고 있다. 조선의 지위를 둘러싸고 조선, 청, 일본 사이에 치열한 싸움이 전개되고 있었다. 그러한 싸움의 근간은 바로 유럽 근대국제정치의 전파에 따라 전통질서 속에서의 조선의 지위가 근대국제질서 아래 조선의 지위에 어떠한 연관성이 있는지에 대한 싸움이었다. 조일수호조규 제1조에 '자주의 나라'(自主之邦)를 명문화함으로써 일본이 먼저 그 싸움을 걸었다. 이후 조선이 서양과 새로운 방식의 관계를 설정하면서 조선의 지위에 대한 싸움은 동아시아 3국 및 서양 사이에 복합적으로 얽히게 되었다. 이러한 싸움에는 자주와 독립에 대한 개념의 싸움이 근저에 깔려 있다. 김윤식은 근대국가라는 행위자의 속성인 '독립'이라는 관점에서 자주를 인식하지는 않았다. 미국도 이해할 수 있고 조선으로서도 만족스럽다는 '교섭상의 편의'(兩便)에 관한 의미로 자주개념을 인식하였다(김성배 2009, 180). 반면 일본주재 청국공사 허위장(何如璋)은 『主持朝鮮外交議』에서 근대국제질서의 규범으로 조선에 대해 직접적으로 관여하는 전략을 개진하고 있다(臺灣中央研究院 近代史研究所 1972). 그리고 현실적으로 조선이 서방과 체결한 다른 조약보다 우대하도록 강요하는 속방 규정을 명문화한 '朝淸商民水陸貿易章程'이 체결되었다. 이러한 청의 전략 변화에 대응하여 유길준은 조약체결 및 사절파견의 권리를 행사하면 조공이라는 증공국의 지위가 국제법적 독립 지위에 영향을 미치지 않는다고 조선의 국제법적 지위를 '양절체제'(兩截體制)로 개념화하였다.

　　동주는 전파와 저항이 전개되는 과정에서 국내정치체계의 변동도 강조하고 있다. 동주는 전통적인 국제정치의 개념을 버리고 새로운 국제정치에 적응하며 동시에 국내정치체계도 체계가 변화한다는 점을 강조하고 있다. 따라서 전파에 대한 저항의 과정에서 개념의 포기와 적응과 동시에 국내정치체계의 변화가 어떻게 작동하는지를 밝히는 것이 19세기 한국외교사의 주된 연구영역으로 설정되어야 할 것이다.

　동주는 전파에 따른 저항의 이론을 제시하고 있기는 하지만 저항의 과정에서 전파의 내용이 피전파지역에서 어떻게 수용되고 굴절되는지에 대해서는 정교한 논리를 제시하지 않고 있다. 19세기 중반 조선은 '문명사적 변환'을 맞이하여 끈질긴 '저항'에도 불구하고 새로운 주인공으로 등장한 유럽의 근대 국제질서 개념들의 '전파'에서 벗어날 수 없었다. 따라서 동주의 전파와 저항이론에 입각하여 19세기 한국외교사를 분석하는 경우 전파되는 규범, 개념, 제도가 어떻게 굴절되고 수용되는지에 대한 보다 정교한 논리가 정립될 필요가 있다. 전통의 무게가 근대의 수용에 어떤 영향을 주었으며 전통과 근대의 긴장이 어떻게 해소되어 가는지를 분석해야 한다. 근대의 전파는 조선이라는 백지에 모사되듯이 이루어지는 것이 아니고 전통과의 상호 작용 하에 진행되었으며 전통과 근대 간의 긴장 속에서 수용이 이루어진다. 개념논쟁은 근대 이래 국제정치의 중심국과 주변국 간의 '전파와 변용'의 틀 속에서 진행되어 왔다. 전파 중심국들의 개념들을 받아들여 쓰는 과정에서 국내 정치사회 세력들은 전통의 무게, 현재의 정치경제적 이해, 미래의 전망 등의 영향 속에서 각자 다른 형태로 개념들을 '변용'하려는 노력을 해왔다. 문명 개화세력은 '전통과 근대의 복합화'라는 시각에서 개념의 수용에 접근하였다. 19세기 한국의 근대국가 형성을 위한 제도화과정을 되돌아보면 철저하게 전파와 변용이라는 틀 속에서 진행됐던 것을 알 수 있다. 1880년의 통리기무아문의 설치나 1890년대 갑오개혁기의 다양한 제도는 각각 청과 일본의 구체적 영향하에서 이루어졌다. 동시에 국내의 전통적 제도와의 조정이 불가피했다(하영선 외 2009, 7, 22-24, 44; 하영선 2004, 20; 김성배 2009, 20). 따라서 동주의 전파이론을 원용하더라도 19세기 한국외교사를 분석할 때 전파와 변용, 전통과 근대의 복합화라는 새로운 시각의 정립을 통해 동주의 전파이론은 보완될 필요가 있다.

　동주는 '사대의 예'가 문명국 사이의 법이라고 '문명의 표준'의 관점에서 '사대의 예'를 해석하고 있다. 이와 같이 동주의 전파와 저항이론에는 '문명'의 관념이 내재되어 있다. '문명의 표준'이라는 관점에서 19세기 한국외교사를 바라보도록 새로운 시각을 제공해주고 있다. 동아시아는 19세기 중반에 들어서서 전통적으로 야만으로 불러왔던 서양을 문명이라고 부르는 혁명적 변화를 겪게 된다. 19세기 조선의 저항은 이러한 '문명의 표준' 간 충돌 현상이라고 할 수 있을 것이다. 19세기 한국외교사는 국제관계 단위로서 국가 간의 관계를 기본으로 하지만 '문명'의 관점과 권역 간 만남이라는 보다 본질적인 현상을 다루어야 한다. '문명의 표준'이라는 관점에 설 때 전파자인 유럽의 입장에서는 문명과 야만 간의 대립에 관한 연구이며, 피전파자인 청과 조선의 입장에서는 중화와 이적의 충돌에 관한 연구이다.[6] 동주의 국제정치권은 여러 유형의 문명권과 세력들을 전제로 하고 있는데 동주의 국제정치권 이론은 '비교 문명권의 시각'에서 한국외교사를 바라보게 하는 단초가 될 수 있다(김용구 2002, 2-3).

동주의 국제정치권과 전파이론은 19세기 한국외교사를 생성사, 형성사의 관점에서 바라보아야 한다는 통찰력을 제공해주고 있다. 외교사가 과거와 현재, 나아가 과거와 미래의 접목을 시도하는 학문분과라면 외교사 연구자는 분석대상의 현실을 생성사의 시각에서 보아야 한다. 오늘의 국제정치 구조 속에서 행위자들이 사고하고 행동하는 양식은 오랜 역사 속에 형성된 전통과 19세기 중반 이래 전파된 구미 중심의 근대와의 만남 속에서 이루어진 것이다. 오늘 우리 현실 속에 중첩되어 있는 과거, 현재, 미래라는 복수의 시제를 염두에 두고 행위자와 구조의 상호 작동관계를 드러내려고 하면 단순히 전통과 현대를 이분법으로 대비시키는 수준의 연구를 넘어서서 서양의 근대가 동양의 전통 속에 전파·변용되는 과정을 생성사적으로 추적해야 한다. 이런 관점에서 볼 때 국제정치권과 전파 및 저항이론은 19세기 한국외교 자체를 이해하는 데 교섭사를 넘어서는 통찰력을 제공할 뿐만 아니라

....

6   하영선(2003); 하영선(2004, 14); 김용구(1997, 13). 이러한 '문명'의 관점에서 19세기 정치를
     분석하는 업적들은 정용화(2004); 강상규(2013) 등의 업적이 있다.

오늘날 한반도를 살고 있는 우리의 삶의 역사성과 오늘날의 의미라는 현재적 관점과 미래적 관점에서 한국외교사를 바라보게 하는 인식으로 연결되고 있다(하영선 2005, 11-12; 김용구 1997, v-vi).

2. 동주의 한국외교사 업적과 19세기 한국외교의 핵심 논점

동주는 19세기 한국외교사와 관련하여 많은 글을 쓰지는 않았다. 19세기 한국외교사에 대한 동주 논문은 다음의 두 편에 불과하다.

- 이용희. 1964. "거문도 占領外交 綜攷." 『이상백박사 회갑기념 논총』. 서울: 을유문화사.
- 이용희. 1973. "東仁僧의 行蹟(上)-金玉均派 開化黨의 形成에 沿하여." 서울대학교 국제문제연구소 『논문집』 창간호.

이러한 두 편의 논문 이외에 동주는 1966년에 간행된 『近世韓國外交文書總目』의 서문으로 해제의 글을 남기고 있다.

거문도사건의 경우 동주는 점령외교와 철거외교로 시기를 구분하고 있는데, "거문도 점령외교 종고"는 전편으로 점령외교 시기를 다루고 있는데, 안타깝게도 철거외교에 대한 후속 글을 남기지 않았다. 마찬가지로 "동인승의 행적(상)"도 '상'편만을 쓰고 '후'편을 남기지 않고 있다. 비록 두 편에 그치고 있지만 '국제정치권'과 '전파'에 기반한 동주의 국제정치인식을 잘 보여주는 글로 평가된다.

동주의 국제정치권 이론, 전파 및 저항이론, 세편의 글을 바탕으로 19세기 한국외교사에 대한 동주의 생각을 읽어보고자 한다. 동주가 '거문도사건'과 '동인승'(東仁僧)의 행적을 중심으로 한 '개화당'에 주목하는 글을 쓴 의도는 무엇일까?

1) 근대한국외교사의 시기 구분

한국외교사에 대한 동주의 생각은 국제정치권 및 전파의 이론에서 볼 때 한국외교사의 시기 구분에서 출발하는 것으로 보인다. 동주는 대원군시대로부터 한국외교사가 새로운 시대로 접어들었다고 시기 구분을 한다. 대원군 시대를 기점으로 한국외교사의 시기를 구분하는 논거에 대해 동주는 조선이 처한 국제관계가 본질적으로 변화하였다는 점을 들고 있다. 그러한 본질적 변화는 동서의 나라와 근대적 외교관계를 맺는 개국문제에 직면하는 것으로 규정하고 있다. 국제정치권의 전파라는 동주의 이론에 따라 살펴보자면 동주는 개국에 대해 단순히 새로운 방식의 외교관계를 다른 나라와 맺는다는 의미를 넘어서 전통적인 사대교린의 국제정치 질서가 허물어지고 대신 유럽의 근대적 국제정치 질서가 새로 도입되는 역사적 사건으로 규정한다(이용희 1977, 200). 국제정치 질서의 교체기라는 관점에서 19세기 근대한국외교사의 시기를 설정하고 특징을 규명하고 있다.

> "근대한국외교사는 대원군시대로부터 이씨 왕조의 종말까지를 다루거니와 그것은 단지 한말(韓末)의 대외관계사라는 일반적인 면에 있어서만이 아니라 이질적인 국제정치질서의 교체기의 외교사인 까닭으로 해서 독특한 성격을 띠고 있다"(이용희 1977, 201).

2) 거문도 사건: '피동성'과 균세전략

동주는 유럽의 근대국제정치질서가 전파되는 과정에서 교섭의 당사자로서 조선이라는 행위자의 대응양식에 대해 '피동성'으로 규정하고 있다. 그는 조선이 「사대교린」의 정치질서에 대한 의존도가 높았기 때문에 전통적 질서와 유럽형 정치의 갈등을 다루는 조선의 외교는 사건의 와중에 있는 경우에도 외교교섭의 당사자로는 매우 피동적이거나 혹은 사건에 마치 관계 없듯이 안여(晏如)한 일이 많았다고 평가하고 있다. 이러한 피동적 대응의 대표적인 사례로서 개국외교, 거문도사건을 들고 있다. 동주는 이러한 인식에 기반하여 국제정치질서의 교체기 피동적인 근대한국외교의 대표적인 사례에 주목하여 거문도 사건에 대한 논문을 쓴 것으로 보인다(이용희 1977,

201).

그렇다면 동주는 거문도 점령외교 관련 글을 통해 전파라는 본인의 이론을 어떻게 투영하여 거문도 사건을 바라보고 있는지 살펴보고자 한다. 동주는 영러의 대립이라는 세계정치의 큰 틀과 조청관계라는 전통외교, 이러한 전통외교에 대한 영국의 인식 및 대응, 새로운 서양제도에 기반한 조선의 대응이라는 복합적인 관점에서 거문도 사건을 조명하고 있다.

동주는 점령외교 시기의 교섭 당사자로서 영·청·한 삼국 간의 교섭과정에 전통질서와 근대질서의 만남과 전파가 잘 드러나고 있는 점에 주목한다. 청은 조청 간 사대자소의 전통적 외교관계가 잔존하고 있는 상황을 활용하여 자소(字小)의 명분과 실리를 동시에 획득하려는 전략으로 교섭에 임하였다. 사대자소의 전통적 주종관계가 청국 조정과 주변국 사이에 상존하고 있다는 사실을 구미열강으로 하여금 인정케 함으로써 한편으로는 현실적인 우위를 주변국에 대하여 유지하고 다른 한편으로 중국의 '체면'과 '위신'을 지탱하려는 전략이었다. 더구나 청의 국방상 중요한 전략적 우위를 점하고 있던 한반도에 대하여는 마침 갑신정변 처리를 계기로 하여 청조의 반도내의 우위가 부정되는 상태에 있었으므로 외교관계에서나마 그 우위를 유지한다는 노력은 청의 대한정책의 근간이었다. 따라서 청 조정은 거문도 점령 초기 청 조정의 '위신', 곧 종주권이 공인받는 데 교섭의 초점을 두고 있다고 분석한다(이용희 1964, 475).

한편 영국은 전통외교관계에 입각한 청조의 자존자대(自尊自大)를 활용하려는 전략으로 교섭에 임하였다. 동주는 영국의 거문도 교섭 전략에 대해 영청동맹설을 배경으로 하고 친영 일변도인 영국주재 청국 공관을 이용하여 청조의 대한종주권의 국제적 확인이라는 허명(虛名)으로 착수하여 거문점령의 비공식 양해를 청국 조정으로부터 얻어내는 데 주력하였다고 보고 있다(이용희 1964, 481). 그러나 우호적인 주영 청국공사관과 달리 북양대신 리홍장(李鴻章)은 조선과 영국의 직접 교섭을 유도하려 하였다. 그런데 리홍장은 한러밀약사건이 발생하게 되자 거문도문제를 가능한 한영교섭으로 유도하려는 생각을 바꾸어 좀더 대국적인 견지에서 청일러한관계로 인식을 바꾸게 되었다. 이에 따라 한영 직접 교섭의 여지가 없어지면서 거문도사건에 대한 교섭은 다시 청과 영국 양국사이의 주교섭으로 방향이 바뀌게 되었다(이용희 1964, 496). 이러한 사실에서 보듯이 피해당사국으로서 거문도 사건 교섭에 임하는 조선의 지위는 사실상 청 조정, 특히 리훙장의 전략에 좌우되었다고 동주는 분석하고 있다.

조선은 양으로는 사대, 음으로는 자주를 꾀하는 전략으로 교섭에 임하였다. 근대국제질서의 관점에서 거문도 사건에 대한 조선의 처리를 보면 먼저 공식적인 교섭 창구는 근대국제관계를 처리하기 위해 신설된 통리아문이 담당하고 있다. 통리교섭통상사무아문 독판 김윤식은 만국공법을 활용하여 영국의 거문도 점령의 불법성에 항의하고 있다. 통리교섭통상사무아문 독판 김윤식은 주청영국임시대리공사 오커너에게 보낸 서한에서 "이 섬은 우리나라의 지방으로서 타국이 점유할 수는 없으며 만국공법에도 이러한 이치는 없다(於萬國公法原無此理)…귀방(貴邦)과 같이 우의에 돈독하고 공법에 밝은 나라가 어찌 이런 의외의 일을 하리라 알았으랴?"라고 항의하였다. 또한 김윤식은 중국 총판(總辦)과 조선주재 각국 공사관에 보낸 서한에서 "이번 일은 의외(意外)에서 나왔고 공법이 허락하지 않는 바인데(實公法之所不許)… 귀 공사는 과연 영국의 소위(所爲)를 어떻게 보느냐?"고 체약국 공관의 의견을 비공식으로 청취하고 본 문제처리에 대한 각국 협력가능성을 구두로 타진하였다(이용희 1964, 484).

동주는 거문도 사건을 통해 국제정치권과 전파이론의 관점에서 법체계의 전파와 함께 국제정치질서 규율 원칙으로서 균세를 동시에 복합적으로 고려하야 한다는 점을 드러내고자 하였다. 이러한 복합적 요소를 고려할 때 동주는 법체계가 전파되면서 조선이 근대국제법 규범에 기반하여 거문사 사건 교섭에 대응하고 있지만 균세라는 현실적 측면에 대해서 조선조정은 제대로 이해하지 못하였던 것으로 보고 있다. 즉, 조선은 청과 영국의 교섭 전략을 제대로 간파하지 못하였다고 평가하고 있다(이용희 1964, 460).

이와 같이 동주는 '균세적'(均勢的) 관점에서도 거문도 사건은 중요한 의미를 지닌다고 보고 있다. 특히 거문도 사건은 세계정세와 복합적으로 연계되어 있다고 분석하고 있다. 그러한 세계정세로는 가장 1차적으로 영국의 가상 적국으로서의 러시아와 영국의 대립, 특히 아프가니스탄에서의 대립, 영러 대립에 따라 러시아를 대상으로 하는 영청동맹안의 모색, 청불전쟁, 갑신정변에 따른 청일 간 천진회담, 한러밀약사건 등을 들고 있다. 이러한 정세를 종합적으로 고려해야 거문도 사건을 둘러싼 '균세'의 전체 모습이 재구성될 수 있다고 보았다.

3) '東仁僧'의 행적: 개혁과 정치세력 형성을 위한 국내여건의 조성

국제정치권 및 전파이론의 관점에서 동주는 사대교린의 예로부터 새롭게 유럽 외교로 전환하는 국제질서의 교체기였던 19세기 한국외교문제를 분석할 때 정치명분의 변개(變改), 정치체제와 행위양식의 국내적 여건의 조성이 필수적이라고 보았다. 동주는 중국과 일본의 신외교가 만청(滿淸)의 멸망, 덕천(德川) 막부(幕府)의 종결로써 매듭짓는 국내정치에의 신질서 도입이라는 조건에서 비로소 가능하였듯이 나라 안의 새 정치 세력의 출현으로만 타개할 수 있는 본질이었다고 강조하고 있다. 한말외교는 국제정치질서의 교체기였기 때문에 단순한 외교의 대응을 넘어 새로운 국제정치질서에 효과적으로 대응하기 위해서는 국내조건의 조성이 필수적이었다(이용희 1977, 201). 아마도 동인승의 행적을 중심으로 한 개화당을 고찰하는 논문을 쓴 것은 유럽근대국제정치 질서에 대응하기 위해서는 국내정치 질서의 개혁 및 정치세력의 재편이 필수불가결하다다는 인식의 발로가 아닐까 생각한다.

동주는 개화사상을 지닌 일파(一派)라는 의미가 아니라 정치사적 의미에서 개국, 개항, 개화의 정치적 세력 내지는 운동이라고 개화파를 정의하고 있다. 특히 개화파는 정치사적인 각도에서 볼 때 국내정쟁과 불가분의 관계에 있으며, 척사위정(斥邪衛正) 혹은 폐관자수파(閉關自守派)에 대립하는 세력이다. 김옥균 등 개화당은 권력체제의 유지가 아니라 개화이념에 의한 '국정의 혁신'과 '정권의 장악'이 목적이라고 분명하게 규정하고 있다. 동주는 이러한 인식에 따라 정치세력으로서의 개화파 형성을 위한 국내여건의 조성이라는 관점에서 승려 東仁僧의 행적을 살펴보고 있다. 특히 일본과의 연계를 통해 국내적으로 개화당 형성을 위한 여건을 조성하는 데 중점을 두고 東仁僧의 행적을 분석하고 있다.

먼저 동주는 국내 개화파 형성을 위한 규범과 개념의 싸움 차원에서 김옥균 등 개화파가 東仁僧을 일본에 파견한 목적에 주목하고 있다. 개국 전후의 조선조정이 대일교섭에 있어서 가장 약점으로 느끼고 당황한 것은 만국공법이라는 국제법 지식과 외교절차라는 신외교지식의 결여였다. 국내에서 정치세력화를 도모하려는 개화파로서는 만국공법에 대한 지식이 필요하였다. 동주는 東仁僧이 일본 도항의 목적으로 '열국공법'(列國公法)의 학습을 내세운 것은 당시 옥균 일파의 관심의 일단을 추측하는 단서가 된다고 강조한다(이용희 1973, 9, 20).

동주는 당시 조선조정이 당면한 현안 해결을 위한 정세 파악 및 정보 수집을 위해 東仁僧이 일본으로 도항하였다는 점에 주목한다. 당시 조선조정으로서는 일본의 개항지 결정 요구, 공사 주재 요구, 조선정부의 부산해관 설치와 해관세 징수 및 일본의 무력 시위 등으로 인한 새로운 외교교섭의 문제에 봉착하고 있었으므로 일본의 대조선 인식과 정책에 대한 정보가 필요하였다.

또한 동주는 조선에 대한 일본의 인식을 우호적으로 변화시킴으로써 국내적으로 개화파가 정치세력으로서 입지를 강화되는 데 중점을 두고 東仁僧의 활동을 분석하고 있다. 무엇보다도 일본에 파견된 수신사 김홍집과 접촉하여 수신사의 인식 및 활동 그리고 국내에 귀국한 이후 수신사의 보고가 국내적으로 개화파의 정치세력화와 개혁활동에 유리한 방향으로 유도하는 데 중점을 두고 활동하였던 것으로 보고 있다(이용희 1973, 23-24).

"기실 옥균과 개화당의 형성은 이러한 국내적인 상황 가운데 일본정부의 관여라는 새로운 계기에서 비롯되는 변화가 가져온 문제이며 바로 동인은 이 계기에 깊이 연결되었던 것으로 인정된다"(이용희 1973, 36).

4)한국외교사와 사료

동주는 19세기 한국외교사 연구에 있어 사료의 중요성을 강조하고 있다. 다만 동주는 국제정치질서 교체기 조선이 접하고 있던 위치로 인해 외교 사료가 빈약하다는 점에 주목하고 있다. 19세기 한국외교사를 분석하는 데 조선왕조의 자료가 주자료(主資料)임에도 불구하고 조선조정의 피동적인 대응으로 인해 특정 외교교섭이나 외교문제의 경우 조선왕조가 남긴 자료가 대단히 빈약하다는 점을 지적하고 있다. 이로 인해 근대 한국외교사 연구에 관계되는 외국 자료가 중요할 뿐만 아니라 주자료의 위치를 점하는 일도 발생하게 되었다고 주장하고 있다. 그러면서 외교사료 발굴과 간행의 중요성을 강조하고 있다. 이와 같이 동주는 국제정치질서 교체기 조선의 독특한 위상으로 인한 우리 외교 사료의 빈약한 요인에 대해서도 분석하고 있다(이용희 1977, 202).

근대한국외교사를 연구하는 데 있어 사료의 중요성에 대한 동주의 강조는 이후 근대한국외교연구에서 사료에 관심을 환기하는 데 기여하고 있다. 또한 동주는 일국사적인 견지 혹은 자국사적인 입장을 극복할 것을 주문하고 있다. 한말 외교사 연구는 한반도사의 의미를 넘어서 세계사의 흐름과 연관 속에 접근해야 한다는 점을 강조하고 있다. 이러한 일국사적적인 관점을 넘어 세계외교사와 연관 지어 한말외교사 연구가 활성화되기 위해서는 국내사료의 정비와 더불어 외국자료의 정리 이용이 필요하다고 강조하고 있다(이용희 1977, 204).[7]

....

7   한말외교사와 세계외교사를 연결 지어 연구해야 한다는 동주의 문제인식은 김용구 교수의 인식에서 보다 명료하게 드러나고 있다. 한말외교사와 세계외교사와 연결 지어 연구하기 위해서는

IV. 나오며

19세기 한국외교사는 19세기 조선이 처한 현실의 본질을 정확하게 드러낼 수 있는 방향으로 재구성되어야 할 것이다. 또한 한국외교사는 한반도 중심의 우리의 삶을 제대로 풀어나가는 현재와 미래의 관점에서 접근할 필요가 있다. 당시 조선이 처한 현실은 근대국제정치에서 당연시 하고 있는 교섭사로서의 외교사 개념으로 접근해서는 그 전체상을 제대로 드러낼 수 없다. 19세기 국제정치질서의 본질적 교체기에 처한 조선은 국제정치의 삶을 새롭게 정립해나가야 하는 어려운 과제를 풀어나가야 했다. 그러한 과제를 풀려는 조선의 노력은 단순히 국제사회 주인공들의 교섭에 관한 역사를 문서를 기반으로 하여 복원될 수는 없다.

19세기 한국외교사는 19세기 조선이 처한 국제질서 전환기의 성격과 본질을 제대로 읽어낼 수 있어야 한다. 19세기 조선이 처한 전환기적 본질은 동주의 국제정치권과 전파 및 저항의 이론을 통해 재조명될 수 있다. 특히 전파의 내용과 체계 및 그에 따른 저항의 이론은 '사대의 예'에 기반한 유교적 국제정치권에서 국제적인 삶을 영위하였던 조선이 새롭게 유럽의 근대국제질서가 전파되는 현실에 어떻게 대응했는지 조망하는 데 중요한 통찰력을 제시해주고 있다. 특히 단순히 교섭사를 넘어 국제법(만국공법), 전쟁과 평화에 따른 제도, 개념체계라는 세 가지 영역에서 19세기 한국외교사가 중점을 두어야 할 연구영역을 정립하는 데 학술적으로 기여하고 있다.

다만, 동주의 전파 및 저항이론은 권역 내에서 전파와 저항을 통해 국제정치권이 형성되는 데 중점을 두고 있기 때문에 권역 간 전파에 따른 현상을 분석하는 데는 한계가 있다. 19세기 한국외교사를 보다 적실성 있게 조

....

열강의 문서를 적극적으로 활용해야 하는데, 특히 김용구 교수는 한말외교사가 세계외교사의 연계 속에서 연구되기 위해서는 외교사가 열강의 외교문서를 분석하는 학문 분야이므로 열강의 문서에 대한 분석이 강화되어야 한다고 강조하고 있다(김용구 2001, 8).

망하기 위해서는 권역 간 전파에 따른 저항, 그리고 그러한 저항에 따른 피전파지역 내 수용 및 변용과 복합화 현상을 조망할 수 있는 분석틀이 보완될 필요가 있다.

끝으로 동주가 한국외교사 관련 글을 두 편밖에 남기지 않았기 때문에 그의 국제정치권 및 전파이론이 한국외교사 연구에 어떻게 투영되고 있는지 제대로 밝히기는 쉽지 않다. 앞으로 국제정치권과 전파이론에 기반을 둔 한국외교사 연구영역을 확대해나감으로써 19세기 한국외교사와 그의 전파이론의 학문적 연계성을 확보해나가야 할 것이다.

참고문헌

강상규. 2013. 『조선정치사의 발견: 조선의 정치지형과 문명전환의 위기』. 서울: 창비.

김성배. 2009. 『유교적 사유와 근대 국제정치의 상상력』. 서울: 창비.

김수암. 2000. "한국의 근대외교제도 연구: 외교관서와 상주사절을 중심으로." 서울대학교
　　박사학위논문.

김용구. 1997. 『세계관 충돌의 국제정치학: 동양 禮와 서양 公法』. 서울: 나남출판.

＿＿＿. 2001. 『세계관 충돌과 한말외교사』. 서울: 문학과지성사.

＿＿＿. 2002. 『외교사란 무엇인가』. 서울: 원.

＿＿＿. 2014. 『만국공법(한국개념사총서 1)』. 서울: 소화.

김원모. 1984. "박정양의 대미자주외교와 상주공사관 개설." 『남사 정재각박사
　　고희기념동양학회논총』. 서울: 고려원.

송병기. 1972. "소위 三端에 대하여." 『사학지』 6.

이광린. 1987. "통리기무아문의 조직과 기능." 『학술원논문집』(인문사회과학편) 26.

이용희. 1962. 『일반국제정치학(상)』. 서울: 박영사.

＿＿＿. 1964. "거문도 占領外交 綜攷." 『이상백박사 회갑기념 논총』. 서울: 을유문화사.

＿＿＿. 1966. 서문. 『近世韓國外交文書總目』.

＿＿＿. 1973. "東仁僧의 行蹟(上) - 金玉均派 開化黨의 形成에 沿하여." 서울대학교 국제문제연구소
　　『논문집』 창간호.

＿＿＿. 1977. 노재봉 편. 『한국민족주의』. 서울: 서문당.

＿＿＿. 2013. 『일반국제정치학(상)』. 서울: 도서출판 이조.

장인성. 2009. "근대한국의 세력균형 개념." 하영선 외. 『근대한국의 사회과학 개념 형성사』. 서울:
　　창비.

전미란. 1989. "통리교섭통상사무아문에 관한 연구." 『이대사원』 24 · 25합집.

전해종. 1962. "통리기무아문의 설치의 경위에 대하여." 『역사학보』 제17 · 18합집.

정용화. 2004. 『문명의 정치사상』. 서울: 문명과 지성사.

하영선. 2003. "문명의 국제정치학: 19세기 조선의 문명개념 도입사." 국제관계연구회 엮음.
　　『국제정치와 한국 1: 근대국제질서와 한반도』. 서울: 을유문화사.

하영선 엮음. 2004. 『21세기 한반도 백년대계』. 서울: 풀빛.

하영선 외. 2005. 『한국외교사와 국제정치학』. 서울: 성신여자대학교출판부.

＿＿＿. 2009. 『근대한국의 사회과학 개념 형성사』. 서울: 창비.

하영선 · 손열 엮음. 2012. 『근대한국의 사회과학 개념 형성사 2』. 서울: 창비.

해롤드 니콜슨. 1992. 신복룡 옮김. 『외교론』. 서울: 평민사.

臺灣中央硏究院 近代史硏究所 編. 1972. 『淸季中日韓關係史料』.

제10장

이용희의 국제정치학 체계와 냉전인식

─ 냉전과 분단 기원에 대한 인식을 중심으로 ─

남기정(서울대학교)

* 이 글은 『개념과 소통』 29호 2017년 겨울호에 실린 "이용희의 냉전인식: 냉전과 분단 기원에 대한 이해를 중심으로"를 수정 보완한 것이다.

이 글은 냉전과 분단 기원에 대한 이용희의 인식을 다룬다. 이때 이용희의 주된 논적들을 끌어와 그 논쟁을 소개함으로써 이용희의 인식이 기원하는 곳을 찾아내고자 한다. 한국의 냉전 인식에서 이용희의 위치를 확인하기 위해서는 박기준, 조효원 등과의 논쟁이 특히 중요하다.

이용희는 냉전의 전개를 둘러싼 박기준과의 논쟁에서는 낭만적 민족주의를 경계하면서, 객관적 실체로 존재하는 국제정치의 논리를 드러내는 데 집중했다. 한편 분단의 기원을 둘러싼 조효원과의 논쟁에서는 국제정치적 계기를 우연으로 처리하는 것을 거부하고, 강대국의 책임소재를 확인하기 위해 노력했다.

이 논쟁들을 통해 획득된 이용희의 냉전인식은 다음과 같은 특징을 지니고 있다. 첫째, 이용희의 냉전인식은 철저히 '군사적 현실주의'의 입장에서 전개된다. 둘째, 이용희의 냉전인식은 '구미 중심주의'의 입장에 서 있다. 이는 이용희의 '체계'가 '한국 대 세계'라는 관점을 채택하고 있다는 데서 본질적 원인을 찾을 수 있다. 그러나 이는 오히려 '지역'을 '한국 대 세계'의 대립을 극복하는 매개항으로 고민하게 하는 이유가 되었다.

I. '이용희 국제정치학'과 냉전

이 글은 이용희의 냉전과 분단 기원에 대한 이용희의 인식을 다룬다. 국제정치학자 이용희의 기본 관심사는 '민족국가로서의 한국의 세계사적 위치' 찾기였다(이용희 1987, 1). 냉전에 대한 인식을 체계화하려던 이용희의 관심이 바로, '냉전 속의 한국의 위치 찾기'였으며, 이용희 국제정치학의 출발선이었다. 또한 이용희의 저작활동의 대부분이 냉전을 배경으로 한 것이었기에 이용희 국제정치학은 바로 그의 냉전론이기도 했다. 그런 의미에서 냉전과 분단의 기원 찾기를 시도했던 이용희의 작업을 읽어내는 일은 이용희 국제정치학을 정립하는 일에 다름 아니다. 『일반국제정치학(상)』이 미완의 '이용희 국제정치학'의 체계였다고 하면, 그의 냉전론은 그 체계 속에 담고자 했던 '이용희 국제정치학'의 내용이었다.

지금까지 이용희의 국제정치학에 대해서는 서울대학교 외교학과 50년사 간행위원회(2006, 16-21), 김형국·조윤형(2007, 21), 하용출(2008, 320-321), 권영민 외(2013, 178-179), 강동국(2014, 35-86) 등에서 다루어 왔다. 이를 보면, 그에 대한 언급과 연구가 2000년대 중반 이래 활발해졌던 것을 알 수 있다. 이는 이용희에 대한 관심이라기보다는 한국 국제정치학의 성립에 대한 관심에서 나온 현상이었다. 한국 국제정치학의 성립은 이용희 국제정치학에 대한 언급 없이 논할 수 없는 것이었기 때문이다.

옥창준(2017)은 이용희 국제정치학 성립에 대한 지성사 차원의 해명을 시도하여, 그 역사적 기원과 경로 등을 검토한 체계적, 종합적 연구로서 현재까지 나온 이용희 연구로서 가장 완성도가 높다. 이용희의 냉전 인식을 다루는 본고의 관심과 관련하여, '다수의 수입상'과 '소수의 고물상'의 대조 속에서 이용희를 포착하려는 그의 시도는 참고할 만하다.

한편, 이용희의 냉전 인식 그 자체를 다룬 연구로서 김영호의 연구를 들 수 있다. 김영호는 이용희의 「38선 획정 신고」에서 "강대국 국제정치학적 경향을 비판하려는 강한 의지"를 읽는다(김영호 2010, 1-25). 이용희는 강대국의 공식적 입장이 무비판적으로 우리 학계에 유입되고 있는 현실을 비판하고 있다(이용희 1987, 11).[1] 김영호는 이용희가 미국이라는 강대국 정치의 입장을 대변한 군사편의주의설에 함몰되지 않으면서 동시에 그 이후 등장한 수정주의적 편향성을 극복할 수 있는 독창적 입장을 제시하고 있다는 점을 논증하려 했다(김영호 2010, 3).

이 글은 이러한 김영호의 선행연구를 이어받아, 이용희의 냉전론을 입체화하는 것을 목표로 한다. 이때 이용희의 논적들을 끌어와서, 그 논쟁을 소개함으로써 이용희의 위치를 확인하는 방법을 취하고자 한다.[2] 첫 번째 논쟁은 1948년 가을 평론가 박기준과의 사이에서 잡지 『신천지』를 무대로 전개된 '전쟁이냐 평화냐'의 논쟁이다.[3] 두 번째 논쟁은 1955년 1월 연희대 교수 조효원과의 사이에서 벌어진 것으로, 38선 획정에 대한 '우연이냐 필연이냐', 즉 '군사적 편의론 대 정치적 의도론'의 논쟁이다.

그리고 그 시이에 1948년 9월 『신천지』 3권 8호에서 지상 중계된 좌담

....

1   원 저작은 이용희. 1965. "38선 획정 신고." 『아세아학보』 1.
2   이용희가 1970년대 중반, '대화 없는 사회과학의 비학문성'을 비판하고 있는 것은, 1940년대 후반에서 1950년대 중반, 치열하게 전개했던 논쟁들 속에서 자신의 학문체계가 마련되었음을 자각하고 있었기 때문이라 생각된다. 이용희(1974) 참조.
3   잡지 『신천지』에 대해서는 이희정(2016), 이봉범(2010) 등의 연구가 있는데, 모두 문학 잡지로서 『신천지』를 접근한 연구들이다. 이 가운데 이 글의 취지와 관련하여 이희정의 연구(2016)가 참조할 만한데 이희정은 잡지 『신천지』가 문예지의 성격을 갖는다는 점에 주목하여 『신천지』에 나타난 '전후' 의식의 형성과 그 내용을 추적한 연구이다. 자연히 연구의 중심은 '전쟁'과 '전후'의 문제에 집중되어 있으며, '분단'과 '냉전'의 개시라는 사태진전에 대한 당대 식자들의 인식에 대해서는 크게 다루지 않고 있다. 『신천지』는 해방 후 발간된 잡지 중에서 한국전쟁기까지 비교적 오래 지속적으로 간행되면서 주류 담론 형성에 막강한 영향을 미쳤던 '핵심매체'였다. 잡지 『신천지』는 1946년에 창간되어 1950년 5월까지 매월 간행되었고, 한국전쟁으로 발행이 중단되었다가 1951년에 다시 간행되기 시작해서 1956년까지 총 69호가 발간된 잡지이다. 초대 발행인은 하경덕이었고, 서울신문사에서 발행했다. 이희정(2016, 40-43, 62) 참조.

회와 미발굴 원고 「미국 극동정책의 변모」를 배치하여 당시 지식인들의 지형에서 이용희의 위치를 확인하고자 한다. 이용희가 참가한 좌담회 「세계는 어디로 가나」와 이용희가 『민성』 5권 4호(1949.3.)에 발표한 「미국 극동정책의 변모」는 이용희 저작집에 포함되어 있지 않은 것으로, 박기준과의 논쟁 이후 이용희 국제정치론의 기본 체계가 제시되어 있으며, 이러한 인식이 조효원의 주장을 '주체적으로' 읽어내는 데 준거점이 되고 있다는 점에서 중요한 텍스트들이라 생각된다.

민족적 각성과 각오를 통해 한민족이 세계정치의 주체로 일어설 희망을 비장하게 토해내는 열혈지사 박기준,[4] 그리고 강대국 미국의 주류 학계 논의를 대변하는 미국 유학파 조효원,[5] 이들 두 사람 사이에 이용희를 배치해 놓고 보면, 그것은 마치 나카에 초민(中江兆民)이 『삼취인경륜문답』에서 호걸군과 양학신사 사이에 남해선생을 앉힌 것과 비슷한 모양을 보이고 있어서 흥미롭다.[6]

········

4   박기준(朴琦俊)은 1946년 이래 동아일보사 통신부장으로 재직하고 있었다. 1963년에 그의 부고
     가 신문에 나오는데, 대구적십자병원에서 뇌일혈로 입원가료 중, 1월 14일 급서했다는 내용이다.
     향년 49세였다. 그는 대구사범학교, 도쿄외어학교(재학중 고문합격[고등문관시험]) 등에서 수
     학했으며, 해방 뒤 『동아일보』 외신부장, 고대, 단대 강사, 유네스코 이사, 평화일보 외 신문사 논
     설위원 등을 역임했다(『경향신문』, 1946년 11월 5일; 『동아일보』, 1963년 1월 24일; 『동아일보』,
     1963년 1월 29일).
5   조효원은 1917(1918?)년 해주에서 태어났다. 해주 고보를 거쳐 연전 상과를 졸업하고, 위텐벨
     그 대학에서 경제학'(학사), 덴버대학에서 정치학(석사)을 수학하고, 오하이오 주립대학에서
     『미국 금융재건청의 재정금융학적 연구(The Evolution of the functions of the Reconstruction
     Financd Corporation)』로 정치학 박사를 취득했다. 연세대학교 교수를 역임하다 1960년 이후
     교수직을 떠나 건설부 지역사회개발국장(농림부 지역사회국장이라는 기록도 있음), 농협 이사
     를 역임했으며, 1963년에 공화당 창당에 참여하여 공화당 초대 기획부장을 지냈고, 국무총리 기
     획조정실장, 경희대 산업대학원장, 공화당 영등포구 을구 당위원장 등을 역임, 1974년 4월에 주
     콜롬보 통상대표부 총영사(대사)에 임명되면서 외교관 생활을 시작했다(『매일경제』, 1970년 6
     월 2일; 『동아일보』, 1974년 4월 3일.; 『조선일보』, 1970년 3월 15일). 이후 주 몰디브 대사로 나
     갔다가 다시 콜롬보 통상대표부 대사를 역임 중에 1현지에서 풍토병인 세균성간장염에 걸려 고
     생하다 1977년 4월 14일 콜롬보를 떠나 본국으로 후송 도중인 쿠알라룸푸르에서 사망했다(향
     년 60세, 『경향신문』, 1977년 4월 15일).

II. 박기준과의 '전쟁과 평화' 논쟁:「전쟁으로 가는 길」과「평화로 가는 길」

1. 이용희,「두 개의 중국과 한국의 장래」(1946.11.)

박기준(朴琦俊)과의 논쟁을 검토하기에 앞서, 이용희의 냉전론의 맹아적 형태를 확인해 둘 필요가 있다. 이하는「두 개의 중국과 한국의 장래」(1946.11.)에 나타난 이용희의 냉전 인식의 단편들이다.

이용희는 중국에서의 국공 내전이 동아시아의 국제정세를 군사적 성격이 우세한 구도로 만들었다고 인식했다. 따라서 한반도 분단은 이러한 군사적 고려에서 나온 것으로, 38선은 순전히 '작전적 처리'였던 것이며 '작전면을 고정시키려는 타협선'으로 확인되었다. 이용희가 보기에, 중국과 한국은 지리적으로 이어져 있기에 군사작전상의 고려가 우선된다면 한국은 국공 내전으로 상징되는 군사적 대결의 '작전지구'에서 예외가 아니었다. 38선은 '확실히 군사적 대치'선이었으며, 실제 아무런 군사적 충돌은 없으나, "군사력의 대립임에는 추호도 변함이 없다"는 것이 이용희의 38선 인식이었다. 이 군사력의 대치라는 점이 가장 강렬하게 표현되는 것이 곧 남북한의 정치면이었다(이용희 1987, 112-113).[7] 여기에서 보이는 특징은, 38선이 군사적 고려에서 만들어진 '작전적 처리'였긴 하지만, 그것이 정치적 성격을 갖는다는 인식이었다. 이러한 점이 후에 조효원 등의 '군사적 편의설'의 문제점을 민감하게 포착하는 촉수 역할을 했던 것으로 생각된다.

이용희는 이어서 다음과 같이 말하고 있다. "미·소는 극동에 있어 일대 위기에 당면하였다. 그렇기는 하나 세계적으로 잠정적이나마 타협을 보려는 기색이 농후한 금일 아세아의 일부에서만 미·소의 교전을 생각하는 것

....

6   中江兆民. 1965. (桑原武夫, 島田虔次 訳·校注)『三酔人経綸問答』. 岩波書店.

7   원 저작은 이동주. 1946. "두 개의 중국과 한국의 장래." 출판사 미상.

은 상식적이 아니다. 다만 지금까지의 경과는 정치적 타협이 작전적 타협에 너무 앞선 양으로 보일 뿐이다"(이용희 1987, 116). 또한 이용희가 모스크바 삼국 외상회담과 관련해서 독자의 주의를 환기하고 있는 것은 "정치적인 완전 일치가 1년 전에 모스크바에서 성립되었음에도 불구하고 작전면 담당으로써 최대 임무로 삼는 양장군이 대표가 되는 공동위원회에서는 미·소는 아무러한 진보도 보이지 못한 것"이라는 점이며, "정치적 타협은 질주"하지만, "작전면의 타협은 만보한다"는 점이다. 이런 상황에서 국내의 사정을 돌아보면, "자기 힘으로 일본이 격파된 것도 아니고, 한국의 의사로서 38선을 획정한 것도 아닌 현상에서 아마도 가장 필요한 대외적 활동이 기대될 시기에 이른바 정치가는 당당한 듯한 강령과 애국적으로 보이는 열정으로 '국내 투쟁'에 영일이 없었다"(이용희 1987, 116-117).

결국, '한국의 장래'는 "중국-만주-한국의 미·소 극동작전지역이 적어도 군사적 균형지역으로 변화하는 때", "두 개 중국의 문제가 미·소에서 타협을 보는 때"에 시작될 것이며, "이러한 때가 중국내 전투의 추이로 보아 또한 국제적인 타협 분위기로 보아 근근 오리라"고 이용희는 주장하고 있다. 나아가 그는 "그 때에 비로소 한국은 정치를 필요로 하게 될 것이며, 종래의 이른바 정계는 일변하게 될 것"을 기대하고 있었다(이용희 1987, 118). 또한 이용희가 보기에 국제정치의 전개는 중국을 중심으로 전개될 것인바, "그러므로 오늘 날 한국의 최대 문제는 즉 중국의 최대문제이요, 두 개 중국의 존재는 곧 두 개 한국의 존재이다. 현하 한국·중국의 제문제는 예컨대 단 한 개의 문제"라는 것이 1946년 말의 시점에서 이용희가 다다른 결론이었다(이용희 1987, 118-119).

2. 이용희, 「전쟁으로 가는 길」(1948.9.)

박기준과 벌인 논쟁의 대립지점을 확인하기 위해 우선 이용희의 「전쟁으로 가는 길」의 내용을 확인해 두고자 한다. 이용희는 "소련은 어찌하여 미국과 타협을 하지 아니하느냐"고 묻고 "소련은 무엇보다 먼저 전략적으로 미국의 공격을 받고 있다"고 하여 "군사적 비중이 불리하게 변화하는 데" 대해 대응하려 하기 때문인 것으로 설명했다(이용희 1987, 74).[8] 이어서 이용희는 "중국의 국공전은 이러한 각도에서 해석되어야"한다고 하여 미국 포위망에 대한 소련의 대응이 낳은 산물로 이해했다(이용희 1987, 76).

또한 이용희는 '선전국' 미국이 대외적으로 선전하는 만큼의 무장력을 실제로 구비했다고 보기는 어려우나, 그럼에도 미국은 도전받을 수 없는 군사적 우위를 지키고 있다고 보았다. 이를 배경으로 "미국은 동서남북에서 소련을 포위"했고 이것이 소련의 발발을 불러온 것, 이것이 냉전이었다. 소련은 미국에 의해 포위당한 현실을 '군사 비중상' 참기 어려운 상태에 빠져 있다고 평가했다. "이러한 군사적 악조건에서 소련은 무슨 미국의 제의에도 노-라고 응할 수밖에 없다-이것이 소련의 심중일 것"이며, 이것이 냉전의 본질이라는 것이다(이용희 1987, 74-76).

이렇듯, 대포를 사용하지 않는 '냉정정책'에 있어서 이용희가 파악하기에, 이 '구주 제패전의 클라이막스'는 1948년 5월의 이탈리아 총선거였다. "미국의 대소포위선이 완성하느냐 붕괴하느냐의 일대 위기에서 소련은 의외로 양보했"던 것이다. "결국 소련의 반격은 실패하였고, 마침내 동서남북에서 조여드는 올가미에 붉은 곰은 걸리고 말았다"고 하여 미국의 군사적 우위가 정치적 우위를 가져온 결과로서 이탈리아 총선거를 거론했던 것이다(이용희 1987, 77).

"그러면 왜 포석전에 성공한 미국이 전쟁으로 아니 나오느냐. 왜 백림 사태 같은 소련도전에 응하지 아니하였느냐." 사람들은 미국의 전쟁준비 부족, 전쟁에 부정적인 미국 여론, 미국 대통령 선거, 서유럽 국가들의 미적지근한 태도 등을 이유로 들고 있으나, 이용희가 생각하는 가장 지배적 근본적 이유는 "오늘날 전쟁이 일어나면 곧 장기전화할 것이요 현 군사조건에서

....

8   원 저작은 이동주. 1948. "전쟁으로 가는 길." 『신천지』 9월호.

는 장기전은 미소 양편 어느나라에게도 승부 없는 국력 소모전을 의미할 뿐이요 결국 최후의 승부는 특수무기와 항공발달에 의한 결전단계에 이르러야 된다는 전쟁사상의 변화"(강조는 이용희 자신)였다(이용희 1987, 78-79). "그런데 포석전에 성공한 오늘날 졸렬한 장기전의 발발을 회피하는 것이 미 정책의 안목이라면, 따라서 전쟁이 만일 근간 일어난다면 그것은 반드시 소련의 선수로 시작될 수밖에 없을 것"으로 보았다. "전쟁의 발발은 소련이 타협을 단념하고 일년중 가장 선공에 유리한 시기를 선택할 때에 있을 것이다. (개행) 그러므로 적어도 근근 전쟁이 난다면 그 시기는 자연히 소련이 결정하는 결과가 될 것이요, 따라서 전투는 전략지 점거의 균형이라는 점에서 전개되어 나갈 것"으로 예상했다(이용희 1987, 81-82).

그런데, "타협이 가능하다면 적어도 거물 회의에서는 대독/일 강화문제까지가 우호적으로 논의되어야 하고 총회에서는 원자 관리안이 협의조로 토의되어야 될 것"인데, "이러한 문제가 협의적 태도로 토론된다는 것은 적어도 결전시대까지는 평화의 수년이 있다는 것이요 토의가 없든지 혹은 협의적 태도가 아니라는 것은 전쟁이 얼마 아니하여 도래한다는 예조인 것이다"(강조는 이용희 자신)(이용희 1987, 82). 이렇듯 이용희는 1948년 가을 시점에서 소련에 의한 미소전쟁이 '얼마 아니하여' 발발할 가능성이 있음을 예고하고 있다.

3. 박기준의 반론: 「평화로 가는 길」

이에 대해 박기준이 반론에 나섰다. 박기준은 이용희의 「전쟁으로 가는 길」이 "다분히 충격적인 논문"이며, "이 시대의 지식인을 대변하는 가장 전형적인 하나의 시국담이오 미소관"이어서 비판적 검토를 가하게 되었다고 글의 집필 의도를 밝히고 있다.[9] 그는 모두에서부터 이용희의 반론을 의식

....
9   박기준. 1948c. "평화로 가는 길: 이동주씨의 『전쟁으로 가는 길』에 대한 논평." 『신천지』 11·12

한 듯, 「평화로 가는 길」이 미소 냉전 와중의 현실을 도외시하는 것도 아니며, 희망적 관측에서 나온 것도 아니라고 강조하고 있다(박기준 1948c, 109-110).

간단히 말하면 그 결론은, 미군과 소련군의 군사적 형세를 봤을 때 전쟁이 가능한 상태가 아니라는 것이었다. 먼저 미군의 경우, "본시 그다지 많지 않은데다가 팽대한 인원이 군수공장과 전시수송과 정예부대의 조종에 배치될 것"이기 때문에, "대륙전선에서 적군과 대진할 수 있는 미군의 실수는 상상이상으로 적을 것"으로 보고 있다. 더구나 수자상의 열세에 더해 "미군 군대의 사기를 저류하는 국민적 기질"이 더욱 대소 대륙작전에서 불리하게 작용할 수밖에 없다고 보고 있다. 또한 미군이 "측전즉결"에 능한 군대이며, 포위하여 농성하며 대기하는 장기적 참호전에 적합하지 않다는 점도 단점으로 지적되었다. 이에 반해 소련 군대의 특징으로 "거대한 상비군 이외에 팽대한 수효의 예비군이 보충을 기다리고 있으며, 아세아적 인내성은 방어전 내지 수비전에 있어서 초인적 효과를 나타낼 것"이라는 점을 들고 있다. 결국, 박기준은 "현재의 미소 군대는 쌍방이 모다 상대편을 무력으로서 굴복시길 민한 힘이 없다"는 점을 들어, "양진영이 포장하는 전력의 한계를 따지어 보아도 미국이나 소련이 덮어놓고 전쟁을 시작하지 않는 한 합리의 싸움은 생각할 수 없는 일"이라고 결론을 내리고 있다(박기준 1948c, 114).

이는 이용희의 '군사론'의 시각에 대응한 '군사론'의 반박이었다고 할 수 있다. 그러나 그는 모두에서 전제하고 있는 것과는 달리, 그 자신의 '평화론'이 도덕주의의 발로로 나오고 있음을 의식하고 있었을 것으로 생각된다.

박기준의 다른 논설에서는 '인간'에 대한 강조가 두드러진다. 박기준은 「냉정전쟁 이후 7,8월 세계조감도: 세계는 어디로?」에서 미소가 '냉정전쟁'[10]

....

월호.

10 냉정전쟁이라는 용어의 최초의 용례를 『경향신문』 1947년 7월 29일자, 1면 최상단 기사, "UN을 통하여 세계 긴장 상태를 해소하라, 소(蘇)의 '열광적 전쟁' 방지"라는 제목의 기사에서 확인할 수 있다. 기사는 미 민주당 상원의원 브라이언 맥마흔(맥마흔=Brien McMahon의 잘못)씨

을 하고 있는 상황에서 "문제는 인간의 심령에 있는 것이오, 무력이나 권모술수에 있는 것은 절대로 아니다"고 강조하고, "인간의 이상, 인간의 행복, 세계의 번영을 깊이 누리게 하는 그러한 지향모색만이 세계인민의 신뢰와 협동을 기대할 수 있을 것"이라는 전망을 제시하고 있다. "산산히 흐터진 세계문제를 수습하는 유일의 길은 득세자들의 독선적인 정치지도를 꺼내 맞추는 데 있지 않"고, "인간의 창조적 영감을 살리기 위한 '인간중심의 새로운 이데올로기!'만이 능히 인류를 구제하고 세계를 발전시키는 원동력이 될 것"이라고 선언하고 있다(박기준 1949b, 68).

그의 인간적 도덕주의의 국제정치관은 민족의 자주적 요구의 정당성 주장과 동일 선상에 놓여 있다. 박기준은 이용희의 논설이 게재되기 전인 1948년 7월, 「『평화의 수인(囚人)』조선: 남북정부와 철병문제」이라는 글을 발표하고 있다(박기준 1948a). 박기준은 소련의 정책적 일관성을 찰나적이고 임기응변적인 미국의 대 조선정책에 비교하고 있다. 글의 전반부에서 박

....

가 프-담대학(포담대학[Fordham University]의 잘못) 졸업식에서 행한 연설 속에, 냉정한 전쟁, 열광적 전쟁에 대한 언급이 있었다고 전하고 있다. 기사 내용은 다음과 같다. "과반 우리는 소련과 냉정한 전쟁에 종사하였는대 만약 이 냉정한 전쟁을 저지(원문은 조지=阻止)할 방법수단이 발견되지 않는다면 열광적 전쟁이 올 것이며 이로써 세계는 참담한 회진(灰燼)으로 돌아갈 것이다." 『동아일보』 1947년 11월 20일자도 '냉정한 전쟁'에 대한 미국 측 인사의 언급을 소개하고 있다. 미 특별상하원 합동군비세출위원회 위원장인 공화당 하원 의원 에베렛트 M 더-크센(Everett M. Dirksen)이 하원 연설에서, "미국이 공산주의 만연에 대하여 독일을 방어하지 않는 한 미소간의 냉정한 전쟁은 독일에서 발사전(發射戰)으로 발전될 것이다"고 발언했다는 보도이다. 이후 1948년 봄부터 '냉정전쟁'이라는 용어가 활발히 쓰이기 시작했다. 이와 동시에 냉전이라는 용어도 1948년 여름부터 사용되고 있다. 1948년 7월 31일자 『경향신문』 1면에 "냉전을 종결시킬 협의의 가능성"을 언급한 기사, 같은 해 10월 12일자 『동아일보』에 "냉전에 전 세계 관심이 집중되고 있는" 현실에 대한 보도에서 그 용례를 확인할 수 있다. 냉정전쟁이라는 용어는 1953년까지도 신문기사에서 빈번히 사용되고 있었으나, 1949년부터 냉전이라는 용어가 이를 대체해 나갔다. 냉정전쟁이라는 용어는 한국전쟁 직전까지도 사용되고 있었다. 이영림은 신경향 1950년 2월호 논설 「일엽상식(一頁常識), 냉정전쟁은 계속될 것인가」에서 새삼 '냉정전쟁'이 'Cold war'의 번역어이며, 1947년에 월터 리프맨이 사용하면서 널리 쓰이게 되었다는 점, 그 발단과 전개, 유럽에서의 사태진전 등을 소개하고 있다(이영림 1950). 리프맨의 논설은 한국에는 『신천지』, 1948년 7월호(3권 6호)에 소개되었다(왈터 립맨 1948).

기준은 조선에서의 미국과 소련의 정책적 차이를 조목조목 지적하고 있다. 이어서 철군 문제를 언급하고 있는데, "조선독립은 미소양군의 철퇴를 전제하고 미소양군의 철퇴는 오늘에 와서는 미국측의 이러한 '심산(즉 한반도의 세력균형을 깨뜨리지 않을 것이라는 확신)'을 전제로" 하고 있으며, "철병을 당장이라도 실시할 수 있게 하는 이 '심산'이야말로 조선독립노선의 중대한 관건이 되는 것"으로 파악하고 있다. 한편 정국은 심각하게 돌아가고 있어서, "'남정'과 '북벌'이 공공연하게 떠돌게 되면 조선의 수습할 수 없는 내란상태는 불가피하며, 그 막다른 골목은 새로운 외세의 도입"일 수밖에 없다. 이러한 "민족적 위기에 처한 우리"로써 "천재일우의 기회가 우리의 정치적 지혜로써 자주통일을 가져오는 성(스)러운 계기가 되기를 바래마지 않은다"고 희망을 피력하고 있다. 박기준에게 그 정치적 지혜는 "양보하는 정치"다. 북이 남에게, 남이 북에게 서로 양보하는 것이야말로, "양보할 수 없는 '민족적 자아'"와 "국가로서의 자주"를 회복하자는 조선정치의 철칙이라고 주장하고 있다. 따라서 남북협상은 "통일적 자구운동"으로서 조선의 운명을 결정하는 거대한 지향을 의미하는 것이었다. 글의 마지막은 지사조(志士調)로 비장히다. "우리는 '삶'을 요구한다. 자주와 독립을 부르짓는 것은 조선민족의 '삶'에 대한 본연적 욕구이다. 우리의 신성한 이 요구는 이 순간에 와서는 벌서 최후통첩적인 그 무엇을 느낄 수 있다. 생(生)이냐 사(死)냐? 양군 철퇴의 기운과 통일공작에 대한 거족적 지향을 규합하여서 천재일우의 이 호기를 포착하지 못한다면 민족 천년의 원한을 면할 수 없게 될 것이다"고 맺고 있다.

　이러한 그의 논조는 이국취향이라는 이상에 침잠했던 과거를 반성하는 데에서 나오는 것이었다. 평론가 박기준의 자기 고백은 치열하다. 자신의 평론을 "통속에 대한 반발", "범용에 대한 최대의 야유인 무관심"이라던 박기준은 한국의 예술가나 작가들의 작품에 대해 "한번도 성실하게 관심이 간 예가 없었다"고 고백했다. 그는 그것을 "슬픈 숙명"으로 받아들였고, 그로 인해 "자기소외"되어가는 데에서 "일종의 쾌감"을 느끼고 있었다. 자연히 그는 "엑소틱 exotic한 것에 대한 고조된 탐구"의 과정에서 만나는 먼 이국의 작가와 음악가들에 탐닉했고, 급기야는 그에 대한 흥미도 잃고 말았다. 그의 "엑소틱한 것에 대한 관심은 사실 도메스틱 domestic한 것의 불만으로 마련된 미식가의 반작용이었으며 뒤이어 온 일종의 조건반사는 허망한 무위의 자독(自瀆)"이었던 것이다(박기준 1958, 214-215).

한편, 박기준의 논조에는 분명히 '평화주의'를 지향하는 태도가 보인다. 인문학자 최재희의 평화주의는 한국적 평화주의의 효시라고 할 만한 것인데, 이는 당대 지식인의 공명을 얻었을 것으로 생각되며, 최재희는 「평화주의의 역사 이론 실제」에서 "전쟁을 위한 전쟁"에 반대하며 "인도적 평화주의"를 옹호하며, 이를 정립하려는 시도이다. 그가 주장하는 "인도적 평화주의"의 방책은 "남북을 망라한 의회"의 구성이었다. 글의 마지막에서 최재희는 "인도적 평화주의는 비록 국제적 2대 세력 간에 어떠한 알력 각축 마찰이 있다 할지라도 적어도 국내에 있어서는 남북을 관통한 자주적 통일의회주의에 의해서 평화적으로 사회혁명 계급혁명을 이룰 수 있을 것이라고 단언하고 확언"하고 있다(최재희 1948, 53-54).[11]

최재희의 인도적 평화주의는 다분히 사회주의적 맥락에서 주장되는 평화주의를 의식한 것으로 보인다. 사회주의적 맥락에서 소련을 옹호하는 평화주의를 오기영(1948)에서 발견할 수 있다.

오기영은 미국의 세계원조는 세계 평화와 기아 구제를 위한 것이 아니

....

11 최재희가 경성제대 법문학부에서 철학을 전공했다는 것을 고려하면, 그와 아베 요시시게(安倍能成, 1926-1940년 경성제대 재직), 우카이 노부시게(鵜飼信成, 1931-1945년 경성제대 재직)와의 사이에 접점이 있었을 수 있다는 추론이 가능하다. 해방 직후의 시기에 직접적인 접촉이 없었다고 해도, 전쟁 이후 냉전이 격화되는 상황에서 이들 사이에 모종의 교감이 있었던 것은 아닌지 생각해 볼 수 있다. 최재희가 위의 글을 발표한 1948년 7월은 유네스코 과학자 성명이 나온 바로 그 시점이며, 이에 촉발되어 일본에서 평화문제담화회 결성의 움직임이 개시된 시점이다. 최재희가 남한의 현실에서 '평화주의'의 문제를 고민하고, 이론화하여 이를 현실에 적용해 보려한 시도 또한 국제적 넓이 속에서 파악될 문제라 생각된다. 최재희의 사상과 이력에 대해서는, 임종명(2013, 2014) 참조. 아베 요시시게와 우카이 노부시게, 평화문제담화회에 대해서는 남기정(2010) 참조.

라, "공산주의에 대한 냉전전쟁의 동맹군" 만들기라는 냉전 정책의 일환이며, 소련식 경제체제를 거부하고 미국식 경제체제 속에 "세계를 유폐"시키는 것이라 주장하고 있다. 그러나 2차 세계대전 이후 세계는 미국이 생각하는 것보다 훨씬 "좌경화"되어 있는 사실을 미국은 놓치고 있다고 비판하고 있다. 오기영은 자본주의에서 사회주의로의 이행을 실패를 수정해 나가는 자연스러운 추세로 인식하고 있다. 그런 오기영에게 냉전은 이미 실패가 확인된 자본주의적 독점경제체제를 지키려는 미국과 사회주의 경향으로 기울고 있는 인민들의 대립으로 파악되었으며, 그래서 냉전의 실상은 "정권을 장악한 반동적인 인물들이 미국원조와 이익을 독점하고 인민은 냉정전쟁에 휘몰아 넣고 있는" 것으로 파악된다. 그런 의미에서 오기영은 일본의 부흥 내지 재무장이나 장개석 정권에 대한 원조 등이 과연 동양평화에 기여할 것인지 "깊은 의아를 아니 가지지 못한다"(오기영 1948, 8-10). 오기영은 이승만의 단정 노선, 즉 "공산주의화한 북조선은 우리 몸에서 떼어버리는 것도 부득이하고 가능한 지역에서만이라도 반공정권을 세워야 할 것"으로 주장되는 데 대해 반대하고, 이러한 "심리현상"을 이용해 분단을 항구화하려는 데 맞서는 "오직 하나"의 방법으로 "민족자결의 원칙"을 주장하고 있다(오기영 1948, 11).

이와 같이 이용희가 「전쟁으로 가는 길」을 쓰면서 의식했던 상대들은 박기준이라기보다는 최재희와 오기영 등이었을 것으로 생각된다. 그러나 반론은 박기준으로부터 나왔다.

4. 이용희의 재반론: 「미소위기의 의의와 군사론」

박기준의 반론에 대해 이용희는 이에 대해 "뜻밖에 심상치 않은 무고(誣告)가 전편에 산재하여 또한 '논평'자의 심사를 이해하기 곤란하였다", 이에 "유감의 뜻을 표하겠다"고 반발했다(이용희 1987, 83).[12] 박기준의 글에서 특히 문제가 된 것은 미소 양국 군용기 기종에 대한 논박이었다. 이들 부분은 "내 논설의 대지를 어딜 것이 못되나, 「평화로 가는 길」 제5단 이하는 내 논지조차도 곡필조작하는 한심한 '논평'이다"고 혹평했다(이용희 1987, 85).

여기에서 다시 박기준의 비판을 확인해 보자. 박기준은 이용희가 말하는 바의 소련이 미국과 타협한다는 것은, 소련이 미국에 '굴복'한다는 것인데, "굴복을 예상케 하는 소련이 전쟁을 결정하는 주동이 된다는 것은 명백한 인식부족"이라는 것이었다(이용희 1987, 86).

이에 대해 이용희는 박기준이 이용희의 글의 벽두에 나오는 글과 말미에 나오는 글을 직접 연결시켜서 논지를 곡해하고 있다고 반박했고, 이에 더해 박기준은 현대의 전쟁관이 장기전 사상에서 결전사상으로 옮겨가고 있다는, 동주가 제기하는 논지의 근원을 이해하지 못한 것 같다고 지적했다(이용희 1987, 86-87).

이어서 이용희의 박기준 논설 논평이 이어지고 있다. 박기준 논설에 대한 첫 번째 반론은 박기준의 글이 군사적 견해가 대부분이지만 논지의 저류에는 일종의 외교사상이 흐르고 있다는 점이었다(이용희 1987, 87-88). 박기준의 논지는 "미소관계는 전쟁이 아니면 평화인데, 전쟁을 못할 것이니 평화적 노력(외교)으로 나가는 수밖에 없다"는 것으로, 이는 '국제적 협조'의 시대의 전쟁과 평화를 이야기하고 있다는 것이다. 그러나 '외교 위기', '국제 위기'의 시대, '국제적 무정부시대'에 "외교관계는 항상 긴장하고 있고, 제3국의 알선은 대체로 실패요 국제기구의 권위는 땅에 떨어져서 보잘 것 없는 때"이다. 미소를 중심으로 하는 국제정세는 현재 '국제협조'가 아닌 '국제적 무정부 상태'에 있음을 직시해야 한다고 강조했다(이용희 1987, 89). 그래서 이용희는 「전쟁으로 가는 길」에서 "이 국제적 무정부상태를 전제로 하고 평화 외의 또 하나의 가능성인 전쟁을 검토"했던 것이다. 즉 미소 사이에 "<u>외교 관계가 위기에 처한 고로 '군사적 측면'을 검토하게 되는 것</u>"(강조는 동주 자신)"임을 강조했다(이용희 1987, 91).

....

12 　원 저작은 이동주. 1949. "미소위기의 의의와 군사론." 『신천지』 2월호.

박기준 논설에 대한 두 번째 논평은, 이용희가 '소련은 무엇보다 먼저 군략적으로 미국의 공격을 받고 있다'고 보는 데 대해 박기준은 '군략적 비중이 불리하게 변화했다면 그것은 미국이지 결코 소련은 아니라'고 주장한 데 대한 것이다. 이용희는 박기준이 소련의 일방적인 지정학적 공간의 확장과 변화에 대해 이야기할 뿐이며, 문제는 미소간의 상대적인 것인데 이를 간과하고 있다고 비판했다. 이용희는 "낸들 소련의 '지정학적 조건'이 그 절대적 의미에 있어서 '유리'라게 된 사실을 무어라 시비하랴"며, 그러나 미국도 대전을 통해 방대한 지정학적 변모를 하게 되었다는 사실을 간과하지 말 것을 주문하고 있다. 그 팽창의 폭정(幅程)이 소련을 누르고도 나머지가 있는 것이며, 이것을 이해하지 못하고 박기준은 논평에서 오류를 범하고 있다고 비판했다(이용희 1987, 91-95).

또한 이용희는 박기준이 현대전쟁에서 항공기, 기지론, 신무기론이 중요하면서도, 그 발전 단계가 단기 결전을 기대하기에는 어려운 단계에 있음을 이해하지 못하고 있다고 하여 초보적 이해 부족을 비판했다. 이용희는 현대의 항공전의 의의는 중대하다는 것을 이해하면서도, 항공기를 주도하는 결전온 아직 기대하기 어렵다고 보았다. 결국 미소간의 전쟁이 발발한다면 전쟁형태는 장기전으로 상정할 수밖에 없다는 결론을 이끌어 내고 있다(이용희 1987, 98).

결론에서 이용희는 다음과 같이 정리하고 있다. "현재 국제적 분규는 산적하여 있으되 평화적 해결방법에 의하여 잘 처리되지 아니하는 시기에 있다"는 정세분석에 이어, "현재에 있어서는 또한 꼭 평화만이 지속되고 국제협조는 반드시 온다고 한다는 것도 감상적이오 현실적이 아니다. 평화야 뉘 싫어하리요마는 이런 국제위기에 처하여서는 평화 이외의 다른 가능성도 추구하고 논구하는 것이 현시대에 처하는 사람의 일종의 의무이기도 하다"고 경고하고 있다(이용희 1987, 99).

III. 평론에서 체계로: '정세로서의 평화' 대 '체제로서의 전쟁'

1. 좌담회: 「세계는 어디로 가나」(1948.9.)

이 시기 이용희의 위치를 확인하기 위해서는 이용희의 논설 「전쟁으로 가는 길」이 게재된 『신천지』 같은 호에 실린 좌담이 참조가 된다(이동주 외 1948, 5-10). 『신천지』의 정현웅이 사회를 보았고, 이동주(평론가), 임명삼(평론가), 이갑섭(합동통신 편집국장), 박기준(국제문제연구회 회장), 설국환(합동통신 편집부장), 홍종인(『조선일보』 주필) 등이 참석했다.[13]

먼저 정현웅(사회)이 국제정세가 '평화에의 길'보다도 '전쟁의 길'로 다가가고 있는 것 같다고 진단하고 이갑섭에게 의견을 구했다. 이에 대해 이갑섭은 "위험하기는 상당히 위험한 것이 사실"이지만, "전비도 충분치 않을 뿐 아니라 역시 외교로 문제를 처리할 여지는 남아 있다"며, '평화에의 길'의 가능성에 무게를 두고 있었다. 그 근거로 제시한 것이 스탈린의 메시지였다. 즉 'AP논평'에 따르면 얼마전 스탈린은 '견인(堅忍)'의 태도로 세계문제를 유리하게 처리할 것이라고 했는데, 이에 대해 '깊이 음미'할 필요가 있다는 것이었다(이동주 외 1948, 5).

이에 대해 박기준이 동조하고 나섰다. 박기준은 '역사적 나열(歷史的 羅

....

13 해방 직후 전개된 냉전 담론의 전반적 지형에 대해서는 김봉국의 연구(2017a, 2017b)를 참조. 김봉국(2017a)은 한민당을 중심으로 한 우파가 민족을 단위로 한 세력균형 논리를 통해 전후 세계를 이해하고, 그 연장선상에서 미소대립을 냉전이라는 개념을 통해 규정한 반면, 조선공산당을 중심으로 한 좌파는 국제주의 계급노선에 기초해서 전후 세계를 '민주 대 반민주'의 진영론으로 규정하고, 1947년 2차 미소공위 결렬 이후 분단이 가시화되자 세계를 '제국주의적 반민주주의 대 반제국주의적 민주주의' 진영 간의 대립으로 규정했다고 보았다. 결론적으로 김봉국은 세력균형의 논리와 그 연장선에서 출현한 '냉전'이라는 개념이 당대 세계를 바라보는 복수의 시각 중 특정 정치세력에 의해 채택된 당파적 해석 틀인 것으로 파악했다. 그럼에도 그는 당대 냉전논리의 확산이 집권세력에 의한 위에서 아래로의 일방적 선전과 강요에 의한 것이 아니라, 위와 아래가 동시에 냉전논리에 긴박되어 가는 양상을 주목하고, 지배정당성 확보를 위한 냉전담론이 거꾸로 비판세력의 저항논리와 자원으로 전유되기도 했음을 밝혀냈다(김봉국b).

列)'을 근거로 삼았다. 박기준은 "평화 대신 무시무시한 소위 냉전이란 것이
전개되어 있"는 현실에서, 과거 "나치즘과 쏘베트가 비밀암투를 하였을 때
는 전쟁이 안 일어나고 파시즘과 나치즘이 콤미니즘과 악수를 할 것같은 그
러한 시기에 제2차전이 일어났었"다는 것을 '역사적 나열'의 예로 들었다.
즉 박기준은 "각국이 우호관계를 맺고 있을 듯한 때가 위험하다는 것"이며,
오히려 "UN, 히랍, 유-고 등등 서로 안에서 맹렬한 싸움을 하고 있는데-이
러한 때에 전쟁은 도저히 상상할 수 없다는 것"이 그 결론이었다. 나아가 그
는 모스크바 삼국외교장관 회의와 베를린회담, 마셜플랜 등을 '외교의 힘'이
발휘된 예로 들고 있었다(이동주 외 1948, 5-6).

　　이에 대해 『신천지』 같은 호에 「전쟁으로 가는 길」을 투고, 게재했던 이
용희가 반론에 나섰다. '박선생'은 "역사성과 연락시켜서" '외교의 가능성'
에 기대고 있지만 "역사가 지날수록" 드러나는 현실은 "전쟁에서 전쟁에 이
르는 기간이 (중략) 아주 짧아졌다는 것"이다. 여기에서 이용희가 그 이유로
들은 것이 '무기발달'이다. 동주는 무기발달의 속도로 보아, 즉 군사적 견지
에서 보아 미국과 소련은 시기를 기다리고 있으며, '실제적 사건'이 일어나
면 언제든지 전쟁이 일어날 수 있다고 보고 있다. 동주가 볼 때, 미국이 일본
과 타이완, 인도에서 군사기지를 건설하고 있고, 유럽과 중앙아시아에서도
마찬가지로 소련의 군사적 팽창에 대응한 전략을 취하고 있는 현실은 '역사
적 대관(大觀)'에서 볼 때, '외교' 운운하기보다는 '기지'를 중심으로 한 '예
각적 결전(銳角的決戰)'으로 봐야 한다는 것이다. '예각적 결전'에 대해 동주
는 다음과 같이 설명하며 말을 이어갔다. 즉, 현대가 '마키아벨리적 외교'의
시대임을 감안할 때, 우리는 외교 뒤에서 벌어지는 '기지 싸움'에 주목해야
하며, 기지의 확보라는 형태로 '전력에 준비'가 진행되고 있는 것을 현실로
받아들여야 한다는 것이다. "동서남북에서 소련의 심장부에 비수를 겨누고
있"는 미국에 대해 "미국의 여하한 제안에도 부인권을 사용하고 있는" 소련
이 대치하고 있는 형국은, "정치전(政治戰)도 경제전(經濟戰)도 외교전(外交
戰)도 아니오 오직 기지의 포석전(基地의 布石戰)"이라는 것이 동주의 진단

이었다.

이러한 동주의 진단에 대해 설국환은 '전쟁의 성격' 문제를 들고 나왔다. 즉 제2차 세계대전의 주요 특징으로 후방전, 즉 게릴라전쟁의 성격이 있었다는 사실에 주목할 때, 앞으로의 전쟁은 "국가간의 분명한 이해대립에서 일어나는" 것이 아니라, "분명한 전쟁 목표가 없이 흐미하게 알수 없는 사이에 전쟁상태에 놓여지게 될 것"임을 환기하고, 그런 의미에서 '정규군의 제1선전(第一線戰)'의 형태로 일어나는 '미소전(米蘇戰)'은 없을 것으로 보았다. 설국환은 더 나아가 미국과 소련이 전쟁을 원하지 않는다고 진단했다. 설국환은 중국 문제를 둘러싼 영국과 미국의 미묘한 입장 차이나 오스트레일리아 양모고객으로서의 소련의 존재 등을 들어 미국과 소련이 양진영으로 대립하는 것은 '확연한 것이 아닌 것'으로 파악했다. UN총회가 소련의 반대로 성과없이 종료했을 때, 소련제외론이 대두한 데 대해 미국이 이에 반대한 사실, 베를린 봉쇄를 무력으로 돌파하자는 군부 의견을 트루먼과 마셜이 반대한 사실 등은 "미소(米蘇)가 다 전쟁을 하려고 하지 않고 있는 몇가지 증거"였다(이동주 외 1948, 8).

설국환은 소련 또한 대규모 전쟁은 원하지 않고 있다고 보았다. 소전쟁, 즉 "그들 식으로 말하면 투쟁이라고 하는 그런 싸움"은 실제로 그리스, 중국, 말레이 등에서 이미 전개되고 있고, 따라서 이러한 소전쟁들이 오히려 대규모 전쟁을 못일어나게 하는 요인이 되고 있다는 것이다(이동주 외 1948, 8-9).

이에 임명삼이 설국환의 논지를 이어받아 전쟁 불가설을 이어갔다. 임영삼은 각지에서 일어나는 내란의 원인에 대해, 소련이 평화외교를 펼치는 데 대해 미국이 "증병법과 딸라 정책으로 대하려는 그 차이가 있"기 때문이라고 분석하고, 미국 내에서도 이러한 정책이 인기가 없는 상황에서 미국 내 여론이 소련과 타협을 원하는 방향으로 움직일 것이라는 논리를 펼치고 있다. 결국 식민지와 약소민족 사이에서의 전쟁 다발에도 불구하고, "우리가 개념적으로 말하는 소위 미소간의 전쟁은 안 일어날 것"이라고 단정했다. 이에 대해 이용희가 "백림에 폭탄 한 개만 떨어져도 당장에 전쟁이 일어날" 기세라고 반론을 전개하자, 바로 이갑섭이 다시 "폭탄이 떨어져도 결코 전쟁은 안 일어날 것"이며, 소련이 담판에 공세적으로 나서면서 미국이 이에 끌려가는 형국으로 담판이 진행되고 있는데 이는 쌍방이 "외교적 방법으로 처리하려는 것"의 증거로 들었다(이동주 외 1948, 9).

이에 대해 이용희는 다시 이탈리아에서의 사례를 들어, "소련이 양보적으로 나온 것"을 어떻게 해석해야 하는지 물었다. 이에 대해 설국환이 대답에 나서, 이를 오히려 소련의 유연한 태도의 증거로 간주하며, 결국 "양국이 다 전쟁의 필연적 이유가 성립되기 전에는 결코 전쟁할여고 안한다"고 강조했다. 이용희는 "각처에 양국간의 이해는 발서 나타났기 때문에 전쟁은 시간에 있다"고 다시 반론에 나섰다. 게다가 이용희가 보기에 형세는 결코 미국에 불리하지 않았다. 오히려 소련이 기지의 확보가 유세하지 못하다는 것이 약점으로 작용하고 있고, 미국은 대독강화나 대일강화에서 상당히 유리한 입장에 있다고 주장했다. 즉 이용희가 보기에 소련이 지금처럼 계속 공세적으로 나가면 결국 미국과 충돌할 수밖에 없을 것이라는 전망이 가능했다. 군사적 견지에서 볼 때, 다수의 기지를 확보해서 유리한 입장에 있는 미국이 소련과 응전할 준비와 각오가 되어 있다는 것이었다.

이에 다시 설국환은 전시산업으로부터 평시산업으로의 전환을 매끄럽게 이루지 못하는 미국의 사정을 들어, 미국이 무기 판매를 위해 대륙(유럽)에서의 전쟁을 원할 수는 있다고 주장했다. 이에 이용희는, 무기를 팔기 위해서는 유럽 국가들이 미국의 무기를 살 수 있는 여력이 있어야 하는데, 과연 그런가 물으면서, 미국이 평시산업으로 전환했다가 다시 전시산업으로 전환하는 것은 '전쟁 준비' 때문이라고 주장했다. 이후 미국이 전시산업으로 재전환하고 있는 데 대한 해석의 응수가 오고간 뒤, 이번에는 박명삼이 새로운 논리로 전쟁불가설을 제기했다. 박명삼에 따르면, 미소는 각각 자신감을 갖고 있으며, 그 대신에 상대방은 10-15년 안에 망할 것이라는 전망을 양측이 공히 갖고 있기 때문에 굳이 전쟁을 일으킬 유인이 양측에 없다는 점을 강조했다. 그런 의미에서 '자신전(自信戰)'으로서 '냉전'은 가까운 시일 내에는 일어나지 않을 것으로 단정했다(이동주 외 1948, 12).

이후 이용희는 거의 발언하지 않았다. 발언의 기회가 주어지지 않았는지, 발언할 의미를 느끼지 못했는지 알 수 없지만 이후 이용희는 의미있는 발언을 하지 않았다. 다만 이 좌담은 이용희에게 '평론으로서의 국제정치론'의 한계를 뼈저리게 느끼게 했을 것으로 생각된다. 그리고 이용희는 냉전의 본질에 다가서는 '체계로서의 국제정치학'의 필요성에 눈뜨게 된 것으로 생각된다.

2. 이용희의 예측과 절반의 성공: 「미국 극동정책의 변모」

1949년 봄에 발표된 「미국 극동정책의 변모」에서 '체계로서의 국제정치학'의 맹아를 확인할 수 있다. 이용희는 이 글에서 여러 사실들을 체계 속에 담아, 그로부터 일정한 예측을 내 놓으려 하고 있다.

박기준의 반론에 대한 재반론에 이어 바로 발표된 이 글을 통해 이용희는 '군략적' 관점을 전면에 배치하여 냉전의 군사적 성격을 강조했다. 먼저 이용희는 극동에서 미국의 상대가 일본에서 소련으로 변모한 상황에서 미국의 극동정책에 어떠한 변화를 가져왔는가에 대해 분석하고 있다. 여기에서 이용희는 "본래 일본은 극동에서 발생하여 극동에 근거를 둔 극동태생의 국가"이지만, "소련은 극동에 일부 국토를 가졌다고는 하나 원래 근본은 원동밖의 세력"이라고 규정하고, 따라서 "극동에 있어서의 미소의 각축은 자연히 세력「권」(강조는 이용희)의 문제"이며, 이에 따라 미 극동정책에 변화가 생겼다고 보고 있다. '가상적'이 일본일 때 미국은 소련 중국과 더불어 일본을 '포위'하여 '고립화'하는 전략을 취했지만, 소련은 극동에 '몸'이 있는 세력이 아니라서 일본처럼 극동에서 고립화할 수도 포위할 수도 없는 상대라는 점이 일본과 결정적으로 다른 점이었다. 따라서 미국이 취할 수 있는 길은 "극동이 소련의 영향권에 들어가는 것을 막는 것"이며, "극동의 잠세적 주동력(潛勢的主動力)을 미국이 파악하거나 적어도 잠세적 주동력이 소련의 영향권 밖에 있도록 꾀하여야 할 것"으로 분석했다. 전자는 "소련에 대한 적극적 방어선-즉 공격선을 극동에 형성하는 것"이며 "후자는 극동 전역을 중립지대화"하려는 결과를 낳을 것으로 전망했다(이동주 1949, 15).

이용희는 그 구체적인 정책으로 다음과 같은 선택지들을 들고 있다. 첫째, 장개석(국민당)에 대한 대규모 원조를 재개하여 주도권을 재장악하는 것, 둘째, 일본을 미군기지로서 확장증강하여 태평양 방어의 최첨단으로 하는 것, 셋째, 신중국 세력을 승인하고 조성하여 극동의 중립세력으로 극동 전체에 영향력을 갖게 하는 것 등의 세 가지 방안이다. 이 가운데 이용희는 첫째 선택지가 미국의 재정적 이유로 인해 이미 단념되었으며, 둘째 선택지는 가능성이 있되, 미국으로서는 이익에 비하여 손해가 커서 실현성이 희박하다고 보았다. 셋째 선택지는 미국에게 "미쩌야 본전(밑져야 본전)"인 선택지로서 성공하면 중공정부가 대미 위협세력이 되지 안는 한 극동이 세력 균형을 이루어 안정될 것이고, 최악의 경우에도 극동을 소련이 독점할 위험은 제거될 수 있기에, 결국 이용희는 "3개방안 중 최후의 정책이 민주당 미 정부 극동정책의 기간이 될 가능성이 많다고 믿는 자"임을 천명했다(이동주 1949, 19).

요컨대, 이용희는 1949년 3월(양력 3월 6일) 시점에서 "미국은 극동을 미국의 영향권 내에 두는 것을 단념하는 동시에, 소련의 영향권화하는 것도 배제하고, 신중국의 주도권을 인정함으로 의하여 극동을 미소간의 중립지대화하랴 할 것"이라고 보았다. 그 결과 당분간 동북아 지역은 미소간의 세력균형으로 사태가 진전될 가능성이 있고, 중국 대륙에서 진행되는 국공화평은 중국의 승리로 귀결되어, 중공의 중국이 "최단거리"로 국제사회의 일원으로 참가하게 될 것인바, 그 시점부터 미국의 극동정책이 명백해질 것이라는 게 이용희의 결론이었다(이동주 1949, 19).

이용희의 '최단거리'의 예측은 들어맞았다. 그러나 미국이 중공의 주도권을 인정하여 미소 사이에 중립지대로 설정하는 현실이 동아시아에 출현하는 것은 1970년대 초반이었다. 그리고 실제로 이 시기에 드러난 미국의 정책은 이용희가 제시한 두 번째 선택지를 내용으로 한 것이었다.

「미국 극동정책의 변모」는 이후 「세력권」과 「세력균형」으로 파악하는 이용희 국제정치학의 기본적인 체계가 제시되어 있어서 주목할 만한 글이라고 할 수 있다. 그러나 이 글이 체계를 세워 논리를 전개한 결과로서 예측을 제시하고자 했던 것이라는 점에서는 절반의 성공과 절반의 실패였다고 할 수 있다. 최단거리 예측이 들어 맞았음에도 불구하고 세 번째 선택지가 아닌 두 번째 선택지가 취해진 배경에 무엇이 있었는가? 그것은 한국전쟁이었다. 분단에 이은 전쟁. 이를 예측하지 못한 절반의 실패를 만회하기 위한 노력이 『국제정치원론』이 아니었을까 생각해 본다.[14]

IV. 조효원과의 '우연과 필연' 논쟁: 「38선은 누가 획정?」 대 「38선 획정의 시비」

1. 군사적 편의설의 등장: 조효원의 「38선은 누가 획정?」

다음으로는 이용희와 조효원이 전개한 '38선 획정의 시비'를 둘러싼 논쟁을 통해 이용희의 위치를 확인하고자 한다. 조효원이 1955년 1월 21일자 『서울신문』에 실린 「38선은 누가 획정?」이라는 글을 작성한 의도는 1월 16일자 모 신문지상에 모 유력인사(조병옥)가 발표한 외교논설을 논파하고자 하는 것이었다. 그 외교논설은, 38선이 1945년 2월의 얄타협정과 7월의 포

....

14 「미국 극동정책의 변모」에서 드러나는 일본 인식과, 이후 이용희 국제정치학에서 중요한 개념으로 등장하는 '권역' 이론 등에서 전전 일본 지정학의 영향이 느껴진다. 이에 대해서는 후에 다시 검토하기로 한다. 특히 다나카 나오키치(田中直吉)가 전후 출판한 국제정치학 교과서들에 '권역'에 대한 언급들이 들어 있는데, 다나카 나오키치는 전전에 교토학파 지정학의 계보에 속하는 사람이었다. 田中直吉 1942; 1955a; 1955b; 1956; 1957 참조.

츠담협정에서 "결정되었다"고 주장하고 있는데, 조효원은 이를 '오신(誤信)'이며 '오전(誤伝)'이라고 비판했다. 조효원은 스테티니어스의 저서 *Roosevelt and the Russians*, 로버트 셔우드(Robert Sherwood)의 저서 *Roosevelt and Hopkins* 등에 의거해서 얄타회담에서는 한국문제가 전혀 논의되지 않았다고 결론 짓고 있다. 이어 미국정부 인쇄국에서 1950년에 발행한 "극동총서" 제37권 3971호, "1945년 이래의 미국 외교정책의 비평" 574면을 근거하여, 1945년 8월 11일부터 14일(미국 시간으로 10일부터 13일) 사이에 워싱턴에서 이루어진 것이라고 결론 짓고 있다. 그 이유는 소련의 참전과 원자탄 투하로 일본이 급하게 항복의사를 전해오자, 급격하게 남하해 오는 소련군의 형세를 보면서 미국이 38선을 "일본군이 무장해제를 실시하기 위한 구역획정"으로 획정했다는 것이다.[15]

2. 강대국 정치의 의도에 대한 독해력의 요구: 이용희의 「38선 획정의 시비」

이에 대해 이용희는 『조선일보』 1월 26일자 지면을 통해 조효원의 주장을 비판하고 있다. 이용희는 38선이 얄타와 포츠담에서 결정된 것이라 믿고 있는 사람들을 '속론가'로 부르고, 이를 계몽하는 것이 조효원 논설의 취지라고 파악했다. 그러나 이용희는 조효원이 이용한 스테티니어스의 저서를 인용하여 "극동 문제에 관하여는 외상들의 참여 없는 삼거두 밀담이 진행되었으며", 회담 후의 내용에 대해서도 알려주지 않았다고 적고 있음을 지적하여, 외상을 거치지 않고 3 정상들에 의해 직접 38선 문제가 토의되었을 가능성을 제기했다. 또 1949년 1월의 *World Politics* 제2호에 게재된 섀넌 맥쿤(Shannon McCune)의 논문 "한국의 38선"(The Thiry-Eighth Parallel in Korea)에, "38선 획정이 얄타 포츠담 양 회담에 참가한 미쏘 양국 참모장교

....
15 조효원. "38선은 누가 획정?" 『서울신문』 1955.1.21.

에 의하여 논의되었을 가능성"을 추가로 언급했다. 그 밖에 이용희는 *World Affairs* 1950년 10월호의 그린의 논문,[16] 1953년에 파리에서 발간된 듀로셀(Jean-Baptiste Duroselle)의 『최신외교사(*Histoire diplomatique de 1919 à nos jours*)』 등을 근거로, 얄타 및 포츠담에서의 38선 획정설을 부정하는 조효원 교수의 결론에 대해, 이를 시기상조라 규정하고, 38선이 "군사적만이 아니라 정치적으로까지 토의되고 결정된 것이 아닌가 췌마판단(揣摩判斷)하는 것"이 "차라리 정객(政客)다웁다"고 하여 꼬집고 있다.[17]

3. 조효원의 재반론과 '실증주의' 외교사 방법론의 주장: 「『38선 획정 시비』에 답함」

이용희의 비평에 대해 조효원은 다시 서울신문 1월 29일자 지면을 빌어 "본래의 소신을 재천명하는 의미에서 간단히 부언"하고 있다. 그 내용은, 본인이 주로 1차자료에 의거하고 있으며, 미국 정부의 보다 책임있는 지위에 있는 사람의 증언과 회고에 입각하고 있는 데 비해, 이용희가 2차 자료, 그것도 38선 문제를 직접 다루지 않은 하급 외교관들이나 외교사가의 주장을 인용하고 있는 것, 그리고 그러한 인용들이 서로 모순되고 있다는 점 등을 들어 이용희의 주장을 논박하고 있다. 조효원의 1월 21일자 논설에 대해서는 이용희 말고도 관동군 장교로서 장춘에서 해방을 맞은 김영국(전남 나주읍 거주)이라는 사람도 서신을 보내 비평을 했던 것으로 보인다. 이에 대해 조효원은 논설 말미에 김영국의 서신을 통해 나진과 용산의 일본군 정황에 대해 알 수 있었다고 하여 감사하고 있다.[18]

....

16 *World Affairs* 1950년 10월호에는 그린이라는 필자의 논문은 존재하지 않는다. 같은 호에는 맥쿤과 그레이의 저서 *Korea Today*에 대한 올리버(Robert T. Oliver)의 서평이 있을 뿐이다.

17 이용희. "38선 획정의 시비." 『조선일보』 1955.1.26.

18 조효원. "『38선 획정 시비』에 답함." 『서울신문』 1955.1.29.

4. 이용희의 재비판: 「(속) 38선 획정의 시비」

이에 대해 이용희는 다시 『조선일보』 1955년 2월 17일에서 19일에 걸쳐 게재된 글, 「(속) 38선 획정의 시비」에서 반론을 전개했다. 그 가장 큰 논지는 얄타 이후의 사태진전을 보면, "소군이 극동에 참전하는 때에 야기될 정치 군사적 중대사태를 미정부(특히 미군)는 충분히 인식하였던 것이 분명하며 따라서 얄타 포츠담에서 미측이 한국에 대하여 군사적 정치적 고려를 아니하였다고 믿기 어렵다"는 것이었다. 이는 후에 새로운 자료에 대한 분석을 더해 「38선 획정 신고」라는 글로 정리되어 나온다.

그러나 이용희가 「38선 획정 신고」를 집필하게 된 배경에는 조순승의 등장이 있었던 것으로 생각된다. 1965년 8월, 조순승의 글이 「남북분단이 전말서-38선 획정의 시비문제」(1965.8.)에 실려 발표되었다. 영어로 된 그의 박사학위 논문을 발췌 요약해서, 조효원, 이용희의 글들과 병렬로 게재하고 있었다(이용희·조효원·조순승 1965, 66).

편집부에서 작성한 것으로 생각되는 「남북분단이 전말서-38선 획정의 시비문제」는 모두에서 38선 획정이 "강대국들에 의해 계획 연출된 타산의 산물"인가, "우연적 시발에 불과한 것"인가를 묻고, 대부분의 사람들이 "진주군인 미국과 쏘련의 비밀조약에 의한 것"으로 믿고 있는 가운데, 일부 학자들 사이에 새로운 학설이 파급되고 있는데, 그것은 38선이 일본군 무장해제를 위해 잠정적으로 그어진 "순수한 군사적 분계선"이라는 것으로 이른바 '군사적 편의주의설'이라고 할 수 있는 것이다(이용희·조효원·조순승 1965, 66).

이는 미국과 소련이 책임을 면제시켜 주는 것으로 그 "본원적 책임은 우리 한민족의 못난 소치"에 돌려지는 것이라고 할 수 있다. 대체로 이러한 학설은 "미국과 미국에 유학한 일부 국내학자들" 가운데 지지자들이 많으며, 미국을 제외한 구미 각국과 중국 일본의 시각은 38선을 미국과 쏘련의 정치적 타협의 산물로 보는 것이라 할 수 있다(이용희·조효원·조순승 1965,

67).

전말서는 조순승의 논설 (「트루만 정부의 대한정책」, 『아세아연구』), 이용희의 논설(38선 획정의 시비, 『조선일보』 1955.1.26.), 조효원의 논설(38선은 누가 획정?, 『서울신문』 1955.1.21.)을 병렬 게재하여 그 논의를 소개하고 있다.

조순승은 '군사적 편의설'을 트루먼의 회고록 등을 통해 다시 확인하고 있다. 즉 조순승은 8월 10일부터 14일까지의 어느 시점에서 결정된 것으로, "있을 수 있는 정치적 결과에 대한 고려는 전혀 없었고 단지 군사적 입장에서만 취해진 것"을 미국이 '실수'한 것이라는 결론이다. 미국이 제안에 대한 소련의 회신을 아울러 검토해도 38선이 막상 그 "생성과정에선 논난되거나 흥정된 일은 없는" 것으로 정치적 타협의 산물이 아니었다는 주장을 펴고 있다.

5. 강대국 정치의 재확인: 이용희의 「38선 획정 신고」

이와 같이 조순승의 등장은 이용희가 다시 38선 획정 문제에 몰두하는 계기가 되었을 것으로 생각된다. 「38선 획정 신고」는 조효원과의 논쟁이 있던 1955년으로부터 10년 후에 작성된 논고이다. 이용희는 이 글을 통해 새로 공개된 자료를 통해 1955년 당시의 주장을 다시 논증하고 있다. 그 동안에도 여전히 '군사적 편의설'은 힘을 얻고 있었다. "대국 측의 자료 출간에는 일종의 정책적 고려를 감수할 수 있거니와, 동시에 강대국의 외아(外衙) 및 학자의 논의 중에는 왕왕히 38선 획정을 마치 항복문제로 인하여 돌발적으로 구상된, 그야말로 단순하고 기술적인 항복접수선으로 설명함으로써 그 의의를 극소화하여 도말하려는 한 경향"이 있는데, "우리 학자와 논객 중에도 간혹 여기에 동조하여 정책취의 일단을 거들고 있는 결과"를 보이고 있다는 데 대해 개탄하고 있다(이용희 1987, 11).

「38선 획정 신고」에 대해 김영호는, 이용희가 미국이라는 강대국 정치

의 입장을 대변한 군사편의주의설에 함몰되지 않으면서 동시에 그 이후 등
장한 수정주의적 편향성을 극복할 수 있는 독창적 입장을 제시하고 있다는
점을 논증하려 했다고 평가했다(김영호 2010, 3).

조효원으로 대표되는 '군사적 편의설'에 대한 이용희의 비판은 다음과
같다. 트루먼 회고록과 웹(James E. Webb)의 증언 등에 의거해 1945년 8월
초 일본의 패망이 확인된 시점에서 38선이 그어졌다고 해석하는 입장은, 38
선 획정의 우연성과 돌발성을 강조함으로써 강대국의 한반도 분단의 영구
화와 한국전쟁에 대한 책임을 극소화시키고 회피하려는 정치적 의도를 갖
고 있다는 것이다(김영호 2010, 3; 이용희 1987, 56).

이용희는 군사편의주의설을 비판하기 위해, 38선이 한반도 군사작전을
위한 군사구획선으로 포츠담회담에서 미국에 의해 구체적으로 제시되었다
는 가설을 제기했다(이용희 1987, 14). 또한 이용희는 「신고」의 부제가 분명
히 그 의도를 나타내고 있듯이, 38선 획정의 연원이 소련의 대일전 참전과
밀접하게 관련되어 있다는 또 다른 가설을 제기하고 있다.

김영호는 이용희가 주장하는 바, 포츠담회담에서 미 육군 작전국장 헐
(John E. Hull) 중장에 의해 한반도 분할이 검토되었고, 상륙작전을 위한 작
전구획선이던 '헐 계획선'이 한반도 지역이 소련에 의해 완전히 점령되는
것을 방지하고 소련과 신탁통치에 관한 합의가 이루어질 때까지 잠정적인
조치로 취해진 것이라는 결론을, 이완범의 새로운 연구와 1990년대 이후 새
로 공개된 소련 측 자료에 비춰 검토하고, 그 설득력이 증대되었다고 평가
했다. 다만 이용희는 미국이 '헐 계획'을 소련에게 제시하여 양국이 합의를
이루었다는 '미소의 포츠담 밀약설'에 대해서는 그 근거를 찾기 어렵다고
유보적이다.

김영호는 조선에 외국 군대를 주둔시키지 않겠다고 했던 루즈벨트의 발
언에 대해 주목하고, 소련의 참전이 기정사실화된 포츠담회의에서 이 입장
이 번복되어, 미국이 주도적으로 한반도 위에 지상군의 작전구획선을 구상
했다는 이용희의 주장을 강화하는 논거로 들고 있다(김영호 2010, 15).

분단의 기원을 둘러싼 조효원과의 논쟁에서 이용희는 국제정치적 계기를 우연으로 처리하는 것을 거부하고, 강대국의 책임 소재를 확인하기 위해 노력했다. 즉, 이용희의 주장은 한반도 분할이 '어쩌다가' 이루어진 것이 아니라, '면밀히' 계산된 결과였다는 것이고, 김영호는 이를 새로 진행된 연구와 새로 공개된 외교사료로 검증하여 그 설득력이 유지되고 있음을 확인했다. 이용희가 주장하는 바의 핵심은 한반도가 "해방되는 그 순간에도 국제정치의 압도적 영향으로부터 결코 벗어날 수 없었다는 사실"을 일관되게 확인할 수 있다 것이었다(김영호 2010, 15).

또한 이용희의 주장은 38선 분할의 과정이 한반도 차원 뿐만 아니라, 미소의 동북아 정책과 전세계적 차원의 냉전 전략이 서로 맞물리면서 복합적 요인들에 의해 진행되었다는 것, 따라서 분단을 극복하는 통일이 국제정치 현실에 능동적으로 대처해 나가는 과정으로서 가능하다는 것을 강조하는 데 있다. 또한 김영호는 이용희가 『일반국제정치학(상)』의 마지막 부분에서 소련이 이념적으로 계급이라는 명분을 내세워 대외정책을 결정한다고 하지만, 실제로는 엄연히 강대국들이 행하는 강력정치(power politics)의 틀 내에서 자국의 국가이익을 관철시키기 위해 노력하고 있다고 지적했는데, 이는 모겐소가 말하는 '국가적 보편주의(nationalistic universalism)'를 연상하게 하는 것이며, 이용희는 「38선 획정 신고」에서 이를 논증하려 했다고 지적했다(이용희 1962, 298; 김영호 2010, 19).

그러나 동북아 수준의 미국의 정책을 이해하기 위해서는 일본에 대한 미국의 정책과 이에 대한 일본의 인식과 대응을 이해하는 것이 필수적이다. 이에 대해서도 이용희는 「38선 획정 신고」의 마지막 부분에서 지적하고 있다. 한반도 남부가 미국이 아시아에서 가장 중요한 동맹국가로 설정한 일본을 엄호하기 위한 일종의 외곽지역, 즉 완충지대라는 점이 한반도 통일의 한계점을 이루고 있다는 인식이다(이용희 1987, 52).

분단 기원에 대한 최신의 연구들은 대체로 '군사적 편의설'을 비판하는 이용희의 주장을 뒷받침해 주고 있다. 먼저 2006년에 초판 1쇄, 2007년에 초판 3쇄가 발간된 정병준의『한국전쟁: 38선 충돌과 전쟁의 형성』(돌베개)은 2차대전 말기 미군부 정책 브레인들이 한반도에 대한 4분할 점령안, 2분할 점령안 등을 검토하기 시작했다는 점을 들어, 미국의 38선 분할과 진주가 1945년 8월 초순에 불현듯 제기되고 결정된 것이 아니라, 최소한 수년간 준비되어온 정책의 발현이었다고 결론 짓고 있다(정병준 2007, 122-126). 또한 이완범은 이 문제에 대해 현재수준에서 완결판이라고 할 수 있는 2013년의 저서『한반도 분할의 역사: 임진왜란에서 6.25전쟁까지』(한국학중앙연구원출판부)에서, 회의록 등 문서 자료에 나타난 바로는 1945년 8월 11일 이전에는 '결정'이 이루어지지 않았다고 할 수 있지만, 한반도 점령에 대한 검토는 1944년부터 이루어졌으므로, '즉흥적이었다'는 표현은 자신들의 책임을 호도하기 위한 변명에 불과하다고 주장하여, '군사적 편의설'과 '정치적 의도설'의 중간에서 '정치 군사 배합설'이라고 스스로 명명한 입장에 가까운 주장을 펴고 있다(이완범 2013, 164).

V. 이용희의 냉전인식과 한국의 위치

이상 이용희의 냉전론의 특징과 한계로 다음과 같은 점들을 지적할 수 있다. 이용희는 냉전을 '군사적 비치에서 열세에 놓인 상태에서 힘의 균형을 이루려는 소련의 행위'로 설명하고 있다. 그런 의미에서 첫째, 이용희의 냉전론은 철저히 '군사적 현실주의'의 입장에서 전개되고 있다. 이는 '반공주의'와 '평화주의'라는 두 가지 이념주의와의 대결 속에서 형성되어 이후 일관되게 유지된 입장이다. 둘째, 이용희의 냉전론은 냉전에 관한 한 '구미 중심주의'의 입장에 서 있다. 이용희에게 냉전은 유럽에서 발원한 것으로 인식되었고, 상대적으로 아시아적 맥락은 무시되어, 중국과 일본은 유럽 기원의 냉전을 한반도에 '전파'하는 중간 매개였다. 이용희는 미소 대립이 국공 내전에 반영되어 있고, 그 군사적 성격이 한반도 분단의 군사적 성격을 규정하고 있다고 인식하고 있다. 한편 미국의 대일점령정책의 의미에 대한 고려가 이용희에게 산견되지만, 일본 상황에 대한 체계적인 인식을 시도한 흔적은 없다. 동주의 냉전론을 구성한 정보들이 구미의 문헌들이며, 일본으로부터의 정보 유입이 차단된 상태였기 때문인 것으로 생각된다. 또한 해방 이후의 탈-일본 경향이 이용희의 냉전론에도 영향을 미친 것으로 생각된다. 이것이 동아시아에 대한 이해의 불균형 또는 결락으로 나타난 상황적 요인이었다. 그러나 이용희의 '체계'가 '한국 대 세계'라는 관점을 채택하고 있다는 데서 본질적 원인을 찾을 수 있겠다. 그러나 이는 오히려 '지역'을 '한국 대 세계'의 대립을 극복하는 매개항으로 고민하게 하는 이유가 되었을 것으로 생각된다.

한편, 이용희의 냉전론은 '미국 사회과학'으로서 국제관계론의 문제점을 의식하고 이를 극복하려는 의지에 기반했던 것이라고 할 수 있다. 호프만이 지적하는 '미국 사회과학'으로서 국제관계론의 문제점은 '국내정치와 국제적 사건들의 상호관계의 경시', '대국 중심적 관점에 의한 관심의 편향과 약자의 경시' 등이었다. 이에 대한 대응으로 세 가지 거리두기를 호프만은 제안하고 있는데, 그것은 현재에 대한 거리두기로서 과거의 시점을 도입하고, 초강대국에 대한 거리두기로서 현상타파세력의 시점을 도입하며, 정책과학에 대한 거리두기로서 전통적 정치철학으로의 이행 등을 시도할 것을 주장하고 있다(Hoffman 1977).

이용희는 '미국 사회과학'으로서 국제관계론 그 자체에 거리두기를 시도했던 약소국의 지식인이었다. 영국과 독일, 프랑스, 일본 등에서 '미국 사회과학'의 극복을 의식하며, 각각 독특한 국제정치 인식의 틀을 마련하고 있을 때,[19] 거의 같은 수준의 학문적 성취를 이용희가 달성하고 있었다.[20]

....

19   葛谷彩他. 2017. 『歴史のなかの国際秩序観－「アメリカの社会科学」を超えて』, 晃洋書房. 특히 일본의 경우, 初瀬龍平. 2017. 『国際関係論の生成と展開－日本の先達との対話』, ナカニシヤ出版.
20   김태현이 이용희를 프랑스의 아롱, 미국의 모겐소, 영국의 불에 비견했던 것은 이러한 맥락에서 자연스러운 것으로 받아들여진다(김태현 2008, 320).

그것은 한반도 분단이라는 '지구적(global)이면서 민족적(national)'인 사건을 마주하여 이를 극복하는 방안을 수립해 보려는 시도로서 이루어지고 있었다.

민족적 과제에 임하는 과정에서 취해지는 두 가지의 극단, 즉 일국적 시야에 문제를 제기하되, 지구적 초강대국의 시야에 매몰되는 것을 거부하는 '중용'의 방법이 이용희의 방법이었다고 할 수 있다. 이용희의 냉전 인식은 이를 반영하여 이용희 국제정치의 '체계'를 준비하고 있었다. 그것이 '지역'에 대한 강조였으며, 이용희의 언어로 그것은 '권역'이라는 용어에 담겼던 것이다.

김영호는 『일반국제정치학(상)』의 이론과 「신고」의 외교사를 잇는 다리로 모겐소의 '국가적 보편주의'의 개념을 동원했다. 미소 냉전의 외교사가 냉전 시기에도 관철되는 전통적 현실주의의 견고함을 논증하고 있으며, 거꾸로 소련의 외교정책에서도 나타나는 전통적 현실주의의 관점이 냉전의 외교사를 구성하고 있다는 생각이다. 그랬기에 미국이 주도하는 냉전 이후는 소련에서 준비될 수 없었으며, '미래의 세계정치'를 전망하는 이용희의 시야는 유럽의 광역적 단위체의 등장에 향했던 것이다(김영호 2010, 19). 김영호는 명시적으로 이를 주장하지는 않았지만 김영호가 서론에서 언급했던 「신고」의 독창성, 즉 전통주의와 수정주의를 극복할 수 있는 제3의 새로운 입장의 가능성이 여기에 있다는 것으로 이해된다. 그것이 '지역주의'의 등장이었다고 할 수 있다. 이는 이용희가 『일반국제정치학(상)』에서 제기한 또 다른 한국적 국제정치학의 방법론인 '권역'이론과 다시 만나는 지점이었다고 할 수 있다. 김영호가 2010년에 던진 숙제, 즉 "탈냉전 시기에 그의 논문을 다시 읽는" 과제는(김영호 2010, 21) 2010년 이후 급격히 진행되는 탈-탈냉전의 시기에도 여전히 새로운 숙제로 제기되고 있다.

참고문헌

이용희의 저작

이동주. 1946. "두 개의 중국과 한국의 장래." 출판사 미상

_____. 1949. "미국 극동정책의 변모." 『민성』 5(4).

_____. 1950. "세력균형과 국제연합." 『학풍』 2(9).

이용희. 1962. 『일반국제정치학(상)』. 박영사. 1962.

_____. 1965. "38선 획정 신고." 『아세아학보』 1.

_____. 1967. "38선 획정 신고: 소련 대일 참전사에 연하여." 『공군』 99.

_____. 1974. "한국 사회과학의 전통: 대화 없는 사회과학의 비학문성." 『다리』 5(1).

_____. 1987. 『이용희 저작집 1, 한국과 세계정치』. 민음사.

이용희 · 조효원 · 조순승. 1965. "남북분단의 전말서: 38선획정의 시비문제." 『청맥』 2(7).

이동주 · 정현웅(사회) · 박기준 · 설국환 · 이갑섭 · 임명삼 · 홍종인. 1948. "(좌담회) 세계는 어디로
　　　가나." 『신천지』 3(8).

박기준의 저작

박기준. 1948a. "'평화의 수인' 조선: 남북정부와 철병문제." 『신천지』 3(6).

_____. 1948b. "남한 신국가와 세계: 대한민국과 UN." 『신천지』 3(7).

_____. 1948c. "평화로 가는 길: 이동주씨의 전쟁으로 가는 길에 대한 논평." 『신천지』 3(10).

_____. 1949a. "그 다음에 오는 것: 전환기에 선 미쏘 외교와 세계정세 연두전망." 『신천지』 4(2).

_____. 1949b. "냉정전쟁 이후, 7 · 8월 세계 조감도: 세계는 어디로." 『신천지』 4(7).

_____. 1949c. "국제연합의 과거업적과 금후의 사명." 『신천지』 4(9).

_____. 1950. "하계 위기설의 정체." 『민성』 6(5).

_____. 1951. "한국 내전과 세계의 동향." 『신천지』 6(1).

_____. 1952. "세계는 어디로: 자유의 수인 한국." 『자유세계』 1(4).

_____. 1958. "평론무궁." 『自由文學』 3(7).

조효원의 저작

조효원. 1954. 『국제정치학』. 문종각.

_____. 1955. 『아세아정치론』. 문종각.

趙孝源(李達憲抄訳). 1959. "韓国政党の性格糾明." 『朝鮮研究年報』 1.

기타

『경향신문』, 『동아일보』, 『매일경제』, 『서울신문』, 『조선일보』 등의 기사.

강동국. 2914. "한국 국제정치학과 개념사: 매개항 '문명'의 방법론적 재구축." 『개념과 소통』 13.

권영민 외. 2013. 『한국 인문 사회과학 연구, 이대로 좋은가』. 푸른역사.

김경훈(역) 월터 리푸맨. 1948. "냉정전쟁의 전도." 『신천지』 3(6).

김봉국. 2017a, 『1945-1953년 한국의 민족 민주주의론과 냉전담론』. 전남대학교 사학과
　　박사학위논문.
　　　　. 2017b. "이승만 정부 초기 자유민주주의론과 냉전담론의 확산." 『한국사학보』 66.
김영태. 1948. "냉정전쟁의 주동인물." 『신천지』 3(8).
김영호. 2010. "탈냉전과 38선 획정의 재조명: 동주 이용희의 「38선 획정 신고」를 중심으로." 『국가와
　　정치』 16..
김윤성. 1965. "신문부수를 육박했던 『신천지』." 『현대문학』 128..
김준현. 2010. "단정 수립기 문단의 재편과 『신천지』." 『비평문학』 35..
김태현. 2008. "후기, 한국 국제정치 이론 개발을 위한 과제." 하용출 편. 『한국 국제정치학의 발전과
　　전망』. 서울대학교출판부.
김형국·조윤형. 2007. 『현대 국제정치학과 한국』. 인간사랑.
남기정. 2010. "일본 '전후지식인'의 조선경험과 아시아인식: 평화문제담화회를 중심으로."
　　『국제정치논총』 50(4).
박상섭. 2013. "한국 정치학, 자아준거적 정치학은 영원한 숙제인가." 권영민 외. 『한국 인문 사회과학
　　연구, 이대로 좋은가』. 푸른역사.
박지영. 2008. "해방기 지식 장의 재편과 번역의 정치학." 『대동문화연구』 68.
서울대학교 외교학과 50년사 간행위원회. 2006. 『서울대학교 외교학과 50년사, 1956-2006』.
　　서울대학교 외교학과.
오기영. 1948. "민족위기의 배경: 냉정전쟁에 희생되는 조선 독립." 『신천지』 3(4).
옥창준. 2017. "이용희의 지식 체계 형성과 한국 국제정치학의 재구성." 『사이』 22.
왈터 립맨. 1948. "냉정전쟁의 전도." 『신천지』 3(6).
이봉범. 2010. "잡지 『신천지』의 매체 전략과 문학." 『한국문학연구』 64.
이영림. 1950. "냉정전쟁은 계속될 것인가." 『신경향』 2(2).
이완범. 2013. 『한반도 분할의 역사: 임진왜란에서 6.25전쟁까지』. 한국학중앙연구원출판부.
이희정. 2016. "잡지 『신천지』를 통해서 본 '전후인식' 양상." 『세계문화비교연구』 55.
임종명. 2013. "해방 직후 남한 엘리트의 이성 담론, 규율 주체 생산과 헤게모니 구축." 『개념과 소통』
　　12.
　　　　. 2014. "해방 직후 최재희와 개인 주체성 담론." 『역사학연구』 53.
정병준. 2007. 『한국전쟁: 38선 충돌과 전쟁의 형성』. 돌베개.
최재희. 1948. "평화주의의 역사 이론 실제." 『신천지』 3(6).
하용출 편. 2008. 『한국 국제정치학의 발전과 전망』. 서울대학교출판부.

葛谷彩他. 2017. 『歴史のなかの国際秩序観—「アメリカの社会科学」を超えて』. 晃洋書房.
田中明. 1998. 「倭人の呟き(45), 李用熙先生のこと」. 『現代コリア』. pp.44-47.
田中直吉. 1942. 『大東亜国防論』. 立命館大学出版部.
　　　　. 1955. 『国際政治論』. 三和書房.
　　　　. 1955. 『近代国際政治史』. 有信堂.
　　　　. 1956. 『国際政治学概論』. 弘文堂.
　　　　. 1957. 『世界外交史』. 有信堂.
　　　　. 1963. 『(日本を動かす)日韓関係』. 文教書院.

中江兆民. 1965. (桑原武夫, 島田虔次 訳・校注) 『三酔人経綸問答』. 岩波書店.
初瀬龍平. 2017. 『国際関係論の生成と展開－日本の先達との対話』. ナカニシヤ出版.

Hoffman, S. 1977. "An American Social Science: International Relations." *Daedalus*, 106-3.

제11장

동주 이용희의 민족주의론 재고찰*
- 근대국가와 민족주의의 국제정치학을 찾아서 -

김용직(성신여자대학교)

* 이 글의 초고는 서울대학교 국제문제연구소 특별학술회의 〈한국국제정치학, 미래 백년의 설계〉에서 "민족주의론의 일반화와 유형론: 이용희의 한국민족주의론"이라는 제목으로 2017년 10월 27일 제2 세션에서 발표되었다. 당시에 유익한 비평과 커멘트를 해주신 하영선 선생님과 안외순 박사님 그리고 플로어에서 질의를 해주신 선생님과 사회를 맡아주신 조현석 교수님의 지적들을 반영하기 위해 노력 하였고 이후 원고 수정 작업에 크게 도움이 되었기에 필자로서 심심한 감사를 드린다.

이 글은 동주 이용희의 민족주의론을 국제정치학의 권역전파이론의 큰 틀 안에서 조명하고 그의 민족주의론의 주요 개념과 논점들을 한국근현대사와 국제정치사에 입각하여 고찰하였다. 동주의 이론에서 주요 민족주의 유형은 서구근대국제정치의 전개에 따라서 그 제1시기의 유형으로 서구의 18세기 시민민족주의, 제2시기 유형으로 동구와 아시아의 1차 대전기의 저항민족주의, 제3유형으로 2차 세계대전 이후 현대한국의 전진민족주의의 특징을 살펴보았다.

동주는 민족주의를 기본적으로 근대국가의 이데올로기나 명분으로 정의하였고 국제정치적 관점에서 역사나 문화적 기반을 가지면서도 정치적 운동의 개념으로 접근하였다. 시기적으로 일제시기까지는 저항민족주의가 주도적 유형이었지만 대한민국 수립 이후에는 외교와 통일 등의 부문을 대상으로 한 전진민족주의 문제와 과제들에 큰 관심을 가졌다.

국제정치학자이면서 현실에 대한 실천적 관심을 가진 동주의 민족주의론은 비판이론적 성격과 역사이론적 성격을 동시에 가졌는데 그의 실천적 관심은 현대한국의 민족주의의 문제를 해결하는 것이었다. 21세기 현대한국에도 동주의 민족주의론은 전진적 민족주의 과제를 중심으로 두 가지 측면으로 적용될 수 있다. 하나는 시민민족주의적 측면의 대내적 민족주의의 전개와 발전의 과제이다. 또 하나는 분단극복과 평화적 통일외교의 달성이라는 대외적 민족주의의 완성이라는 목표이다. 이용희의 민족주의론은 오늘날에도 유용성이 큰 연구로 평가된다.

I. 서

　동주 이용희는 한국의 국제정치학뿐만 아니라 민족주의 분야 연구에서
도 그 큰 이론적 관점을 정립하고 후학들에 학문적 어젠다를 제시한 선구적
학자로서 평가될 수 있다. 이 글은 동주의 탁월한 민족주의론에 대한 연구
업적들이 어떻게 후학들에게 이해되어야 하는지를 염두에 두고 그의 민족
주의론을 체계적으로 정리해 보려는 목적에서 집필되었다. 동주의 민족주
의 개념정의는 초창기 한국 정치외교사학계에서 비교적 잘 알려졌던 반면
에 후학들에게는 잊혀지고 있는 안타까운 측면이 있기 때문이다. 필자는 그
가 파악한 민족주의의 개념과 정의 그리고 유형들을 그의 국제정치학의 체
계 안에서 살펴보고자 한다. 그에게는 민족주의는 국제정치의 가장 중요한
개념적 원리로 이해되었기에 이 글에서 필자도 국제정치 연구와의 연관성
의 범위 안에서 민족주의 문제를 다루는 것에 역점을 두어야 할 것으로 판
단하였다.
　동주는 그의 저작에서 여러 가지 민족주의의 이론적 중요성, 그리고 그
실천적 문제들을 동시에 지적하였다. 그는 또한 세계사와 국제정치에서 등
장한 다양한 유형의 민족주의들을 늘 지적하면서 한국의 민족주의의 위상
과 과제를 객관적으로 보려고 노력하였다. 그 과정 중에 그가 제시한 민족
주의 유형에는 서구 시민민족주의, 저항민족주의, 일국민족주의, 다민족 민
족주의, 초국가적 민족주의, 전진민족주의 등이 있다. 이러한 다양한 개념들
을 통일적으로 파악하는 이론적 체계를 가졌다는 것이 동주의 민족주의 연
구의 특징인데 그는 민족주의 개념이 필연적으로 국제정치적인 개념—즉
그것이 "국제정치와 연관되어 파악되지 않으면" 이해될 수 없는 것—이라
고 생각했기 때문이다(이용희 1983, 217).

동주는 국제정치학자이면서 국제정치사에 탁월한 식견을 가진 학자였다. 그러기에 그의 연구는 역사적 쟁점 자체를 천착하기보다는 국제정치사의 전개 과정과 그 발전 단계에서 나타나는 민족주의 문제에 연구의 초점을 맞추었다. 동주는 한국의 민족주의의 가장 대표적 이념형으로 저항민족주의 유형과 전진민족주의 유형을 제시하였다. 우리는 이 두 가지의 유형의 민족주의 모델이 현재까지 한국의 민족주의 관념과 담론의 전통에 어떠한 의미를 가지며 아울러 한국의 미래에 어떠한 시사점을 주는 것인지를 고찰해 보려 한다.

동주는 대한민국 수립 후의 한국의 민족주의는 식민지시기의 저항민족주의 단계를 벗어나서 발전해야 한다고 생각하였다. 그가 일찍이 1960~1970년대에 제기한 한국민족주의론은 21세기에 와서도 많은 도전과 시련을 맞고 있는 한국민족의 실존적 상황에서 타당하고 유효한 문제제기로 간주될 수 있으며 한국민족의 미래에 여전히 민족주의적 실천을 추구하기 위해 필요한 사상과 전략을 제시할 것으로 보인다. 비록 한국의 국제적 위상이 1987년 이후 지속적으로 향상되어 왔고 대내적 민주사회의 발전도 상당히 그 진전이 이루어지고 있지만 민족주의적 과제들은 여전히 미완성으로 남아 있다. 남북한 사이의 분단 대치적 상황이 탈냉전시대에 들어와서도 해소가 되지 않았을 뿐 아니라 최근의 북핵미사일 위기상황은 민족의 미래뿐만 아니라 유엔과 국제사회에서도 21세기의 가장 큰 위협적 요인으로 꼽히는 상황이다.

동주는 사회과학자들 중 포괄적인 국제정치이론의 틀 안에서 세계적인 민족주의의 제 현상을 가장 체계적으로 살피고 비판적으로 연구한 학자였다. 그의 학문은 체계적인 동시에 비판적이라는 점에서 독특한 성격을 띠었다. 그는 구미의 각국의 민족주의를 총괄할 뿐만 아니라 아시아와 비서구사회 전반의 민족주의들까지도 포괄적으로 설명할 수 있는 가장 광범위한 일반이론을 구축하려 하였고 "장(場)이론" 또는 "권역전파이론"이라는 독특한 자신의 국제정치적 모델을 제시하였다.

이 글은 동주의 민족주의론을 그가 제기한 일반국제정치학의 보편적 관점에서 재조명하고 그의 민족주의론의 주요 논점들을 더 철저하게 따져 보고자 한다. 이에는 세계적인 민족주의의 기원부터 서구형 민족주의, 그리고 동구 및 저항적 민족주의 유형을 먼저 살펴볼 것이다. 그리고 나서 대한민국 수립 후의 한국의 "전진민족주의" 문제를 심층적으로 고찰하여 한국민족주의의 올바른 방향을 모색하고자 한다.

II. 근대국가의 등장과 민족주의의 등장

1. 근대국가와 민족주의의 연계성 연구

동주는 민족주의, 즉 내셔널리즘(nationalism)을 근대국가체계라는 독특한 서구의 국제정치 세계에서 특정한 시기에 특정한 국가들에서 등장한 독특한 이념이라고 규정하였다.[1] 근대국제체제에서 처음 등장한 민족주의 유형은 서구 근대국가들에서 발견된 것으로 서구형 유형 또는 시민민족주의 유형이다. 그것은 서구에서 18세기 말에 등장한 유형으로 이후 상당기간 동안 전파된 기본모델이라는 점에서 큰 의의가 있는 것으로 간주되었다. 그는 민족주의를 "단순한 애족심이 아니라 민족을 최고의 가치로 보고 그것에 맞춰서 정치, 문화의 체계를 바로잡으려는 주의(主義)"라고 정의하였다. 동주에게 민족주의란 "민족주의자나 집단의 이념이며 가치관"으로 이해되었고 동시에 그것은 "운동이며 집단의 정책"으로도 이해되었다(이용희 1983, 213).

동주에게 있어서 민족주의 개념은 무엇보다도 그것이 국제정치의 관점을 통하여 체계적으로 정립된 이론이라는 점에서 다른 학자들의 개념이나

....
1   이 글에서 필자는 동주 이용희를 편의상 간단히 동주라고 지칭하기로 한다.

정의와 구분되는 것이었다. 동주는 민족주의를 위한 큰 틀과 프레임을 그의 주저 『일반국제정치학(상)』(1962)에서 정립하였다. 동주는 해방 이후 한국의 외교의 학술적 기반을 조성하려는 가장 선구적 국제정치학자로서 한국의 민족주의 연구의 중요성을 누구보다 심각하게 인식하고 그 이론적 모델을 정립하려 하였다.[2]

주지하다시피 그의 독특한 학문은 국제정치권이라는 중심개념을 통해 국제정치를 이해하려는 이론적 접근법을 중심으로 구축되었다.[3] 그는 민족주의를 "그것을 내세운 문화의 주체의 관점에서, 그리고 동시에 역사와 국제정치의 입장에서" 그 문맥을 설정하고 고찰하였다(이용희 1983, 215). 동주는 문화전파론의 관점에서 19세기까지 세계는 단일 세계가 아니라 적어도 문명단위의 국제정치권들, 즉 유럽기독교문화권, (중화)유교문화권, 이슬람문화권이라는 3대 문명권으로 분할되어 있었으며 민족주의(내셔널리즘)는 이 중 특히 근대 유럽의 형성전개과정에서 등장한 가치관이요 이데올로기였음을 강조하였다.[4]

동주는 유럽에서 18세기에 등장한 민족주의가 이후 근대국가의 자기발전이나 모순적 전개와 맞물려서 전 세계로 전파, 확산되는 흐름을 몇 가지 단계로 구분하여 설명하였다.

....

2   동주 이용희는 민족주의를 실천적인 차원에서 체험적인 성찰을 통해 먼저 터득하였다고 밝힌다. 이런 점에서 그는 분명히 3·1운동의 33인 대표 중의 유력한 지도자였던 부친 이갑성의 영향 등으로 이론보다 실천적으로 먼저 민족주의 문제에 접하였다고 한다. 그는 그럼에도 보편적, 객관적 입장에서 사회과학적 현상으로 민족주의를 바라보고 그 문제점을 냉철하게 과학적으로 연구하려 하였다. 특히 그의 연전시절의 국학운동에의 참여 경험이 그의 민족주의관의 형성에 상당한 영향을 준 것으로 보인다.

3   동주는 인류학의 전파이론에서 차용하여 국제정치학에서 중심과 주변으로 이루어진 국제정치권역이론이라고 부르는 이론적 기본 분석 틀을 제시하였다. 자세한 논의는 김용직(1999)을 참조할 것.

4   동주 이용희는 국제정치권을 "일정한 권력구조, 특정한 이데올로기, 고정된 행위양식으로 엮어져 있는 국제사회"라고 규정하였다(이용희 1962, 54). 이와 유사한 관점은 영국학파의 국제사회론자들에게도 나타난다. 대표적인 학자들은 Watson(1992), Bull(1984) 등을 들 수 있다.

2. 서구형 민족주의: 시민민족주의

유럽국가들에서 조국과 조국애 관념이 형성되기 시작한 것은 근대초
기였고 그 정치적 배경에는 강력한 군주정치의 등장과 국가 간의 대치상황
및 지속적인 전쟁의 빈번한 발생이라는 국제정치적 상황이 있었다(이용희
1962, 142, 144).[5] 특히 근대 유럽에서는 18세기말 프랑스혁명을 전후하여
제3계급의 정치참여와 연관되어 조국은 곧 나씨옹(nation), 즉 국민으로 해
석되기 시작하였다. 국민=민족=국가라는 3위일체적 근대국가의 이데올로
기로 내셔널리즘이 확고한 정치적 원리로 확립된 것이다(이용희 1962, 145).
이 점을 동주는 다음과 같이 설명하였다.

> 국민(Nation)이 … 오늘날 같이 한 국법아래 사는 모든 인민이라는 뜻으
> 로 채택되는 것은 대체로 프랑스혁명 이후의 일인데… 이러한 역사적 사태는
> 한편 국민군의 등장, 제3계급의 정치참여 또는 쟁취, 관료의 국민화 및 국민
> 경제체제의 완성과 대개 때를 같이 한다. 이에 따라 조국(Patrie)은 곧 '나숀'
> 으로 해석되고, 조국애는 바로 '나쇼날리즘'에 직결하게 된다. 근대적 국가의
> 식은 이러한 국민, 민족(Nation)과 대립된다는 습성화된 반응에서 "내나라"
> 관념이 확립된다(이용희 1962, 146).

동주는 이와 같이 등장한 민족주의가 대외적으로는 자주와 독립을 요구
하고 대내적으로는 시민계층을 중심으로 정치적 권리와 평등의 주체인 주
권자 단체로 국민을 확립하였다고 보았다.[6] 이와 같이 세계 역사에서 서구

....

5   동주는 근대유럽의 민족관념이 "좁은 향토의식도 아니오 일시적인 공동방위의식도 아닌 "내나
　　라"관념"으로 등장하였고 이것은 "타국과 대치하거나 혹은 전쟁상태에 있었"기에 "'남'에 대립
　　되는 '나의 나라'라는 습성을 기르는데 알맞았을 것"이라고 설명하였다(이용희 1962, 143).

6   이 점을 동주는 다음과 같이 간결하게 지적했다. "요컨대 민족주의는 민족 또는 국민이 정치의
　　근원이요 문화의 기본이라는 가치관에서 옵니다. 이 까닭에 역사에서 보면 민족주의는 남에 대

세력은 가장 먼저 내셔널리즘, 즉 근대적 민족주의 이념을 개발하고 이를 국가체제의 근간을 이루는 명분이자 원리로 받아들였다. 즉 그가 강조하였듯이 민족주의는 "오로지 유럽의 특정한 지역에서 특정한 나라 체제에서만 발달된 가치관이며 명분으로서 유럽세력의 세계제패와 더불어 세계화되었다"(이용희 1983, 215).

동주는 서구의 민족주의 또는 내셔널리즘은 대내적으로는 국민이 자유와 평등의 주체가 되는 국민주의를 중심으로 강력한 통합의 이념이 되어서 봉건적 구질서—그것이 과거의 신분제나 절대왕정이든지—를 타파하는 강력한 것이라는 점을 강조하였다. 바로 이것이 그가 제시한 민족주의 이념형 중 첫 번째 것, 즉 시민민족주의 유형이다. 동주는 민족주의는 서구근대국가와 그들이 구성한 근대국제정치체제와 밀착한 것, 즉 분리될 수 없는 것이라는 점을 강조하였다(이용희 1983, 215).

여기서 그가 지적한 서구 근대국가들은 독특한 국제정치 질서—즉 근대국제정치체제—를 형성하였다고 하는데 그것은 무엇인가? 그것은 다름 아닌 "원자적 개별국가의 절대권을 주권적 독립으로 표시"하면서, "어떠한 국제적 서열도 인정하지 않는" 독특한 국제체제이다. 또한 그것은 "군사적 강약의 질서로 유지되고 군사동맹, 세력균형 원칙" 등이 그 세계의 구성원리가 되는 다자적 체제, 즉 베스트팔렌체제를 지칭하는 것이다(이용희 1975, 12; Kissinger 2014, 27).

전근대시기에 세계의 3대문명권 중 유럽기독교권이 가장 강성하여 다른 문명권에 월등한 국제정치권을 형성하고 그것은 서구문명권을 넘어서 비서구지역으로 팽창하기 시작하였다. 19세기에 동아시아는 해외 무역과 식민지배를 찾아 팽창하는 유럽국가들과 충돌하였다. 동아시아도 이러한 서구와의 역사적 조우, 즉 "서구의 충격"(impact of the west)은 가히 충격적

....

해서 자주와 독립을 요구하고, 안으로 국민평등의 관념을 낳고 국민주권의 생각으로 발전하게 마련입니다"(이용희 1983, 214).

인 것이었다. 한, 중, 일 등 동아시아 국가들은 영국, 프랑스, 독일, 미국, 러시아 등을 필두로 하는 유럽국가들과의 조우 과정에서 저항도 하였으나 서구제국의 우월한 군사력을 앞세운 침탈에 효과적인 대응방안을 찾지 못하고 군사적 패배를 경험하고 타율적인 서구의 개국 요구를 받아들여야 했다.

III. 서구 근대국가의 변형과 민족주의의 변형

1. 19세기의 서구 근대국가의 문제: 제국주의와 식민주의

동주는 서구의 시민층이 주권자로 등장하는 18세기형 시민민족주의의 유형과는 다소 이질적인 유형으로 19세기에 후발산업화를 추진하며 등장하는 국가의 민족주의를 시민민족주의의 아류(sub-type)로 간주하였다. 그는 독일의 민족국가로의 통일이 시민층의 역할의 부재 가운데에 비스마르크와 같은 관주도적 방식, 즉 위로부터의 개혁에 의해서 진행되었던 것의 차이를 인식하였다. 그는 이들을 최초의 저항적 민족주의의 사례로 간주하였다.

근대 유럽 후기에 이탈리아와 독일의 근대국가적 통일과 아시아에서 일본의 메이지유신에 의한 국가변환은 공통적으로 19세기 중후반기에 달성되었으며 그들이 추구한 것은 서구의 영미의 성공적 국민국가 모델이었다. 그러나 이들은 서구의 시민사회의 역사적 경험이 미비하였고 위로부터의 개혁을 통하여 보수적인 체제적 성격을 완전히 타파하지 못하는 한계를 가졌다. 그리하여 이들은 저항적 영웅상을 내세우고 실지회복이나 고래의 민족의 신화, 신성, 영예 같은 이상을 중심으로 낭만적, 문화적 유형의 민족주의를 추구하게 되었다.

근대의 이탈리아 통일은 16세기 마키아벨리 이래 이탈리아 민족주의자들의 오랜 숙원사업이었다. 그러던 이탈리아인들의 숙원이 3세기 만인 19세기 중반에야 비로소 성취되었다. 근대초기 시기에 이탈리아는 르네상스의 발원지로서 탁월한 문화대국의 국제적 명성과 지위에도 불구하고 프랑스, 스페인 등의 북부의 더 크고 강력한 근대국가들에 비하여 정치적으로 분열되고 군사적으로 유약한 상태에 놓여 있었다. 이탈리아 반도는 이후 3세기 동안 잡다한 소국가들의 할거체제로 분열되어 있었고 19세기에 와서 비로소 사르디니아의 국력과 카부르의 외교적 리더십에 기초하여 성공적인 정치적 통일운동을 추진할 수 있게 되었다.

2. 유럽 근대국가의 자기 모순적 전개

동주는 유럽정치의 관념들은 독특한 유럽근대국가들 사이의 "장소(To-pos)적" 의미를 지니는 것이라는 점을 지적하였다. 이는 서구의 시민민족주의가 프랑스대혁명 이래 서유럽에서 보편적으로 대내적 국민통합적 원리로 시민혁명적 과정을 거쳐 채택된 것이지만 유럽이라는 경계를 넘어서서 팽창할 경우에는 매우 전투적이고 배타적인 양상을 띠는 위험한 속성도 가지고 있다는 것이다. 동주는 근대국가의 근본 속성 중에서 군사국가와 식민지국가라는 특성에서 비롯되는 것이라는 점을 그의 주저에서 상세히 밝히고 있다.[7]

19세기 중반기부터 동아시아에 진출한 서구제국의 존재는 이 지역에서 강력한 충격을 주었다. 중화질서 개념을 중심으로 오랜 전통적 국제적 지배체제를 구축해왔던 동북아의 질서체계가 뿌리부터 흔들리는 지각변동의 충격을 경험을 하게 된 계기는 중국의 아편전쟁의 사건을 비롯한 서구의 군함들에 의한 충격적 양요사건들이었다. 뒤로젤은 19세기 말 서구 민족주의는 식민지 제국주의(colonial imperialism)의 형태를 띠었다고 지적한다(Re-

....

7   동주는 그의 저술 『일반국제정치학(상)』에서 근대국가의 3가지 성격을 군사국가, 경제국가, 식민지국가로 규정하였다. 이 중 대외팽창적 속성은 근대초기부터 지속적인 전쟁을 수행하는 복수의 영역국가의 각축경쟁관계로 구축된 근대체제로부터 유래하는 군사국가적 속성에서 유래한다고 보았다(이용희 1962, 116-137).

nevin & Duroselle 1967, 173). 이 단계에서부터 그는 선발근대화를 이룬 선진강국과는 달리 후발주자로 등장하는 지구촌의 국가들을 이해하기 위해 역사의 전개를 위로부터 보는 동시에 아래로부터 볼 것을 제안한다.

동주는 한국형 민족주의의 특징적 설명을 하는 과정에서 우리 역사에서 왕조사와 민족사의 이중적 관점을 도입할 것을 제안하였다. 근대국제정치 체제가 강대국 위주로 전개되고 약소국의 강대국에 대한 대응과정은 절대적인 힘의 열세의 상황적 요인 때문에 왕조적 쇠퇴라는 구조적 결과를 벗어나지 못하였다. 그렇지만 한민족은 민족의 위기 시에 특유의 민족집단의 적응력을 발휘하여 국경선을 넘어서 생활근거를 찾아 타국가로 이주해 생존 번창하는 디아스포라형 공동체를 건설하는 면모를 보였다. 그는 약소국의 비판적 지식인으로 역사와 민족문제를 고민하기 시작한 자신의 학문적 뿌리에서 출발한 독특한 실학적 학문관을 줄기차게 이어간 학자였다.

중국의 경우 19세기 중반 아편전쟁에서 패배와 서구제국에 의한 타율적, 강제적 개항의 충격에 반발한 태평천국의 난이 발생하였다. 서구열강은 중국에 대한 경제적 이권과 정치적 지배력을 추구하였고 중요 거점지역에 군대를 파견하여 조차지를 설정하였다. 청왕조의 서양제국에 대한 군사적 저항은 실패로 돌아갔고 위화단 사건에서 청조의 군사적 저항의 실패는 열강의 더욱 강고한 중국에서의 이권진출과 청조의 천문학적 배상금 부가라는 결과를 낳았다.

서구의 근대국가가 민족주의 원리에 기반하여 형성 전개되었음에도 그들이 비서구권으로 제국주의적 팽창을 함에 있어서 보여준 가장 큰 자기 모순적 행태는 유럽인들에게 식민지국가라는 현실의 등장이었다. 서구의 제국주의정책기에 유럽의 제국가들이 우월한 그들의 문명을 전파하기 위해 열등한 문명지에 있어서의 군사적 팽창과 정치경제적 지배와 착취가 정당하다는 이론과 관념을 주장하였던 것은 주로 19세기의 특징적 현상이었다.

그의 저서에서 구체적으로 분석하지는 않았지만 동주는 이탈리아와 독일의 통일 문제에 대하여 상당한 관심을 가지고 있었다고 보인다. 그가 기본모델로 삼은 시민민족주의는 정치적 민족주의의 요소가 강한 것이었다. 19세기 독일과 이탈리아의 민족주의자들은 자민족의 통일에 있어서 자민족 중심의 민족주의적 감성에 호소하였고 이들은 통일국가의 수립에 성공하였다.[8] 한스 콘은 특히 독일의 민족주의가 시민층에 기반한 것이 아니고 문화적 민족 개념에 기반한다는 점에서 서구형과 구분되는 독특한 유형임을 밝혔다. 문제는 이들 국가의 정치적 민족주의가 20세기에 접어들어서 파시즘으로 발전하였다는 점이다.[9] 극단적인 개인의 가치를 부인하는 전체주의적인 유형의 팽창적이며 배타적인 민족주의를 받아들여 히틀러와 무솔리니 같은 파시스트 지도자들이 진두지휘하는 가운데 제2차세계대전의 길에 들어섰다. 가장 근대적이며 선진적인 이념체계라고 믿었던 민족주의가 인류의 가치체계를 부인하고 반인류의 선택을 한 민족주의사 최악의 비극이 발생한 것이다.

　　서구 근대국가의 자기전개 과정에서 서구세력은 19세기 후반기부터 급격히 제국주의 정책의 추진과 더불어 식민지개척전쟁에 뛰어들어 식민지국가의 본격적 양상을 보였다. 그뿐만 아니라 서구 근대국가들은 20세기로 접어들면서 공멸의 대전쟁(The Great War)으로 불리는 제1차 세계대전을 일으켰는데 이 대전쟁의 가공할 파괴력에는 각국의 민족주의적 대중동원과 대중참여가 큰 몫을 차지하였다. 민족주의가 대중에게 확산되어 본격적으로 국민군이 만들어진 후에 발발한 이 전쟁에서 국가들은 대중들을 철저히

....

8　이탈리아 통일은 매우 복잡한 국내외적 환경과 대내적 분열 등으로 매우 지난한 과정이었는데 전 19세기 중반 이탈리아 통일운동의 진전과정은 무엇보다도 이탈리아 민족주의운동가 마치니의 영향이 가장 두드러졌다. 그러나 그의 1848년 혁명기의 로마진주는 일단 실패로 판명되었다. 이탈리아 통일의 과제는 주목할 정치가인 카부르에게 부가되었다. 그는 정치적 전략가로 중도 좌파와 중도 우파를 결집시키는 데에 성공하였다. 그는 혁명실패 후에 피드몽에서 10년의 준비기를 거쳐 이태리 민족주의의 중흥을 이루어냈고 통일로의 길을 연 장본인이었다(Riall 2009, 29).

9　파시즘의 민족주의적 성격에 대해서는 카(Carr 1939, 228), 그리고 뒤로젤의 2부 8장 "민주주의와 전체주의"(뒤로젤 1976, 245-259)를 참조할 것.

동원하고 산업력을 전쟁에 쏟아 붓는 총력전(The total war)을 전개하였다.

이 시기에 서구 근대국가는 대부분 식민지를 보유한 식민지국가로서 자신이 일찍이 확립한 "국민주의, 민족주의, 민주주의의 사상과 원칙과 제도"는 "일국주의적이면서 보편주의적이어야 된다는 자기 모순에 명백히 빠지게 되었다"고 동주는 통렬히 비판하였다(이용희 1962, 272). 이 단계에서 동주의 민족주의론은 서구제국주의의 모순을 예리하게 비판하는 "비판이론(critical theory)"적 성격을 띠는 것이라고 하겠다. 영국의 외교관 출신의 역사학자 카(E. H. Carr) 교수는 1차 세계대전과 2차 세계대전 사이의 시기를 〈20년간의 위기〉라고 지적하며 이 시기의 유럽국가들이 지나친 경제적 민족주의의 정책을 추구하여 국제적 위기가 더욱 고조되었다고 비판하였다(Carr 1939).

3. 새로운 유형의 민족주의: 저항민족주의

동주는 위에서 보았듯이 민족주의라는 현상을 서구 근대국가의 장(場), 즉 근대국제정치체제의 자기전개 과정에서 필연적으로 지구적으로 전파, 확산되는 현상으로 파악한다. 그는 전파론적 관점에서 내셔널리즘을 서구라는 세계정치의 중심지에서 특정한 시기에 나타난 독특한 이데올로기로 정의한다. 동주는 민족주의를 서구의 근대국가의 이데올로기로 출발하였음을 중시하며 다음과 같이 말한다. "민족주의는 오로지 유럽의 특정한 지역에, 또 특정한 나라 체제에서만 발달된 가치관이며 명분으로서 유럽세력의 세계제패와 더불어 세계화되었다"(이용희 1983, 215). 그는 한스 콘 등의 서구 민족주의 사가들의 연구를 받아들여 근대민족주의의 대표적 유형을 프랑스혁명 이후에 등장한 시민민족주의로 규정하였다. 자유와 평등과 참정권의 주체로서의 국민들의 국가, 국민국가가 그 결과 등장한 것이다. 그러나 비서구지역에서 서구와는 다른 유형의 민족주의가 등장하였으니 그것은 다름 아닌 저항민족주의이다. 동주의 민족주의 사상의 또 하나의 특징을 보여주는 저항민족주의는 어떤 것인가?

동주는 민족주의라는 근대국가의 이데올로기가 서구에서 등장하여 몇 가지 지구적 확산단계를 거치는 과정에서 비서구지역에서 독특한 유형의 민족주의가 등장하였음을 지적하였다. 앞에서 보았듯이 근대 민족주의가 근대국가 전개과정에서 프랑스 혁명을 계기로 등장하여 지구적 확산을 거쳐 유럽국가들 사이에 제1차 세계대전 직전까지 근대국가의 주도적 이데올로기로 확립되었다. 한편, 제1차 세계대전 후부터 동유럽, 아시아, 중·남아메리카에서 새로운 유형의 민족주의가 등장하였다. 제1차 세계대전의 결과로 유교권과 이슬람문명권은 해체되었고 비서구지역은 유럽적 세계질서에 편입되게 되었다. 제1차 세계대전 직전 만주족의 청제국은 민족주의혁명에 의해 손문과 원세개의 공화주의 정부에 자리를 내주고 멸망하였다. 또한 제1차 세계대전의 패배를 통해 오스만터키 제국은 방대한 제국의 영토를 상실하고 붕괴하였다. 마침내 서유럽 근대국가들이 주도하는 전 지구적 보편적 국제정치권이 형성된 것이다. 근대국가, 즉 국민국가(nation-state)를 기본 단위로 하는 국제 공법질서가 전 세계적으로 공인되게 되었고 바로 이러한 변화 과정 중에 비서구권 국가들도 서구의 근대국가 이념인 내셔널리즘을 받아들이기 시작하였다.[10]

동주는 이 시기에 아시아의 전통국가체제에 기반한 전통적 중화적 국제질서는 일제히 붕괴하였음에도 아시아의 저항민족주의는 같은 시기에 새롭게 등장하였고 점차 대중들과 지식층에 강력하게 전파되었던 점에 주목하였고 그것이 특별한 의미를 가지는 것임을 지적하였다.

중국의 민족주의적 대응은 왕조의 무능과는 대조적으로 19세기 말부터 양무운동기를 거쳐 변법적인 급진적 성향의 신민족주의 지식층의 출현으로

....

10 영국학파의 학자들은 이러한 1차 세계대전기의 국제사회의 변화는 유럽근대국가체제의 지구적 확장에 의한 보편적 국제사회의 도래였다는 현대사적 해석을 제시하였다. 이에 대해서는 불과 왓슨(Bull & Watson 1984)을 참조할 것.

나타났다. 이를 대표하는 인물은 손문이었고 그는 1911년 새로운 공화주의 체제를 지향하는 민족주의적 정치혁명으로 청조를 붕괴시켰다.

중국과 거의 같은 시기인 19세기 마지막 십여 년의 시기에 조선에서도 민족운동이 등장하였다. 이 시기에 최초의 민족주의적 운동은 민중적 동학운동과 보수적 유생들의 위정척사운동, 그리고 신지식층의 개화운동으로 삼분되어서 등장하였다. 이들은 각기 다른 세계관과 계층적 기반을 가지고 있었기에 통합된 민족주의운동은 바로 성취되지 못하였다(김영작 2006; 김용직 1999). 이들 중 가장 근대적인 세력은 개화파들을 중심으로 등장한 민족주의자들이었다. 조선의 경우는 구한말 개화기의 〈독립협회(1896-98)〉를 중심으로 하여 최초의 근대적 민족주의자들이 대거 등장하였다. 이들은 1898년에 개혁운동에서 최초의 의회제를 도입하려 하는 정치적 실험을 시도하였으나 고종의 탄압으로 실패하였다. 그러나 한국민족주의자들은 1919년 1차 세계대전 직후에 대대적인 대중적 참여가 이루어진 3·1민족독립운동을 성사시키는 데에 마침내 성공하였다(신용하 1975). 러일전쟁 후 수년간 일본의 조선지배가 가중되어 갈 때에 조선의 지식층은 뒤늦지만 서구의 개혁적 정치이념과 근대적 민족주의적 가치를 받아들였고 그것은 대중의 민족주의적 각성을 고취시켰다(Schmid 2002).

4. 한국의 3·1운동과 저항민족주의

유럽국가들은 나폴레옹 전쟁기 이후 상호 경쟁적으로 제국주의세력으로 변모하여 아시아 아프리카 등의 비서구지역에 식민지를 확보하고 영토적 팽창을 추구하였다. 동주는 점차 서구가 비유럽지역으로 팽창하면서 비서구 지역이나 후발 서구국가들의 경우에 등장하는 또 하나의 유형으로 저항민족주의를 분류하였다. 그는 이를 "외적의 침략에 대한 자기방어로서의 민족주의"의 유형이라고 정의하였다.[11]

동주는 아시아와 비서구지역의 민족주의의 대표적 유형으로 저항민족주의를 꼽았고 한국의 일제식민지 시기의 민족주의도 이러한 범주로 이해하였다. 그것은 보편적 서구의 근대국제체제의 모순적 전개인 제국주의/식민주의와 맞물려 비서구지역에서 등장하는 특수한 유형으로 일반적으로 민족주의 연구자들 분류로는 반(反)식민민족주의(anti-colonial nationalism) 유형이라고 할 수 있다.[12] 한국과 중국 일본 등의 동아시아 국가들은 아프리카나 중남미 등의 지역과는 달리 오랜 역사 민족(historic nation)이 선행적으로 존재해왔던 지역이었고 이에 독특한 유형의 민족주의의 관념이 등장하였다.

한국을 비롯한 동아시아 국가의 민족주의가 정치적인 세력으로 분명하게 등장한 것은 바로 1차 세계대전 직후였다. 이 시기의 한국의 민족주의의 대발전을 이룩한 획기적인 사건이 국제사회에 충격을 주며 등장하였는데 그것은 다름 아닌 1919년 3월의 3·1민족독립운동이었고 거의 민족주의 혁명을 방불케 하는 수개월간의 반일대중시위운동이 전개되었다. 동주에 따르면 3·1운동이나 이 시기에 비서구 지역에서 등장한 민족주의는 "내 나라라고 하는 정치, 경제, 문화 체제의 형성과 고양을 "민족–국민"이라는 인적인 면에서 정당화하려는 집단의사"라는 점에서 서구의 유형과 본질적으로 같은 것이었다(이용희 1977). 그리고 이 시대의 한국의 민족주의 상은 저항과 투쟁의 인간상이었음을 상기시키며 그 예로 최익현의 창의, 이준열사, 의병무력항쟁, 안중근의사, 장인환, 안명근 의사, 3·1운동 민족대표 33인, 유관순, 동3성독립군 의열단, 윤봉길의사, 상해 임정 지도자, 재만, 재로, 재미의 독립단체, 국민회, 흥사단 등이 관련되어 있다고 지적하였다(이용희 1973, 19). 이러한 민족주의 정치운동의 과정 중에 결성된 해외망명정부에 의한 한국민족주의자들의 독립운동은 국제적 이목을 끌었다. 동주는 3·1운

....
11 동주는 한국의 저항민족주의의 특성을 "저항과 생활력", "정권[정치권력]에의 불신 혹은 소원", 그리고 "자율적인 투쟁력"이라고 지적하였다(이용희 1973, 25).
12 반식민민족주의(anti-colonial nationalism)에 대해서는 존 브루일리(Breuilly 1982, 125-166)를 참조할 것.

동에 민족이 비로소 총체적으로 참여한 정치적 민족주의 운동이 등장하였음을 중시하였다(이용희 1983, 237). 이외에도 한국독립 민족운동의 대표적 기관이라고 할 수 있는 대한민국임시정부의 수립이 바로 3·1운동의 대중적이며 민족주의적 참여 열기에 힘입어 결성된 것이다.

당시에 유럽국가들이 민족주의 원리의 모순적 현상인 식민지 지배체제를 혼용하면서 내부적 모순이 심각해졌던 것에 반해서 아시아의 민족주의자들은 서구적 모델을 여전히 중시하면서도 서구의 식민지배에 저항하여야 하는 독특한 모순을 경험하였다. 조선의 민족주의자들의 궁극적 목표는 서구적 유형의 근대국가의 수립이었고 이 점을 밝혀 이들은 민주공화정의 체제를 선포하고 국호 "대한민국(Republic of Korea)"을 결정한 것이다. 그런데 이때에 등장하는 민족주의는 서구를 모방하여 이전 시기 중화문명권의 하위 변방국가로 간주되었던 일본의 제국주의와 식민주의적 침탈에 저항하는 독특한 유형의 민족주의였다. 그리고 1920년대 이후에 러시아의 공산주의와 사회주의 사상이 유입되면서 동아시아에 조선과 중국의 민족주의는 좌우파로 분열하게 되었다.

동주 이용희의 장이론과 민족주의론의 결합은 민족주의의 형성의 일원적 설명보다는 근대국가의 장의 전개와 이에 대응하는 저항민족주의의 전개라는 식의 이원적 설명 방식으로 전개되었다. 그는 민족주의 또는 내셔널리즘이 서구제국주의 침탈에 대항하면서도 그것이 서구에서 유래하는 시민민족주의의 모델을 받아들이는 정치이데올로기라는 점을 주목하였다. 그는 민족운동과 민족주의운동의 개념을 구분하여 이전 시기의 민족운동은 민족주의적 세계관을 가지고 있지 않았지만 19세기 후반부터 저항민족주의자들은 민족주의적 저항을 주조해 내기 시작하였음을 지적하였다.

동주는 민족주의의 핵심현상으로의 국민국가(nation-state)의 유럽적 기원과 세계적 확산의 문제를 동시적으로 바라보고 있었다. 이에 동주는 3·1운동이 한국의 민족주의를 통해서 세계사의 흐름에 적극적으로 동참한 민족주의적 대사건이었음을 지적하였다. 주지하다시피 한국의 민족주의자들은 1차 세계대전 종전기의 급변하는 국제정세에서 윌슨의 민족자결주의 원칙 선언에 큰 자극을 받아 파리강화회담의 열강 대표들에게 민족의 결집된 독립의사를 알리기 위해 사회각계각층의 참여를 이끌어내어 1919년 초 기미년 독립만세운동을 주조해냈다(구대열 1995; 조지훈 1993). 여러 가지 식민지 민족주의단체를 대표한 한국의 민족주의자들은 제1차 세계대전 종전기를 맞아 민족독립운동을 전개하기 위한 새로운 기회를 찾고 있었다. 미국의 우드로 윌슨 대통령이 민족자결주의의 원칙을 천명한 데 이어서 그의 특사가 중국을 방문하는 것에 큰 자극을 받은 한국의 민족주의자들은 거대한 대중들의 참여를 유발하는 민족운동을 계획하였고 그것이 1919년 3월 마침내 기미독립만세운동으로 분출한 것이다(김용직 1999).

동주는 민족주의의 등장과 전개를 근대국가의 자기전개적 과정의 관점에서 필연적인 것이며 국제정치에서 근본적인 현상이라고 간주한다. 서구 근대국가의 자기모순 현상인 식민주의의 확산에 따른 동아시아의 민족주의의 독특한 경험은 서구 근대국가의 국민주권과 이에 따른 국민통합이라는 국민주의적 내적 과정은 생략한 채 외적 저항과 투쟁이라는 현상이 두드러지게 나타났다는 점을 지적하였다(이용희 1962, 147-148, 각주 10). 결국 아시아의 저항민족주의의 경우 서구 시민민족주의에 나타났던 "국민주의의 확립"이라는 현상은 독립 이후의 시기의 역사적 과제로 천연되게 된다는 것이다.[13]

19세기 말 유럽 강대국들은 동북아에서도 무력을 앞세워 강력하게 군사적 진출을 하면서 중국과 아시아 국가들을 압박하였고 이로 인해 중화질

....

13 동주의 권역전파론의 틀 안에서 민족주의 역시 전파의 현상으로 인식되는 것은 한스 콘(Hans Kohn), 헤이에스(Carton Hayes) 카(E. H. Carr) 등의 주류 민족주의 사가들의 견해와 큰 차이가 없다. 프랑스 대혁명 이후 민족주의의 1차파도가 국제사회를 강타했고 1차 세계대전 이후 제2차파도가 도래했다면 2차 세계대전 이후에는 민족주의의 3차파도가 도래했고 그 과정에서 한국의 민족주의도 크게 발흥한 것이라는 설명이 가능하다(Snyder 1964, 40-43; Hutchinson & Smith 1994, 243-245). 동주의 민족주의 단계와 전파의 개념에 대하여서는 이용희(1983, 218)와 김용직(1999)을 참조할 것.

서와 각국의 왕조적 전근대적 질서체계가 붕괴하였다. 서구의 충격이 동아의 근대성의 핵심적 현상이었고 동아 내에서도 한, 중, 일에서 보듯이 다양한 대응이 나타났다. 한국의 민족주의는 서구 모델의 적용이라는 단순한 과정이 아니라 서구의 팽창에 대한 반발, 특히 그 제국주의와 식민주의에 대한 반발과정에서 민족주의적 각성이 확산되는 양상으로 나타났다.

동북아 지역 국가들은 새로운 통치명분으로 네이션, 즉 민족/국민 개념을 내세우는 정치이데올로기를 선택하였고 이후 유럽세력이나 일본이 주도한 외세의 침탈에 대항하여 극렬한 저항주의적 민족주의를 선택할 수밖에 없었다. 동주는 제국주의와 식민주의의 위협 아래 비서구 지역의 민족주의는 "시민적 민족주의의 공존"이 아니라 "적과 나와의 극한적 대립"으로 이해되는 저항이 제기될 수밖에 없었다고 분석하였다. 이러한 비서구지역의 민족주의는 그들의 "단일민족의 역사적 존재를 전제"로 하면서 이와 동시에 유럽적 시민민족주의 양식을 모범, 즉 모델로 받아들이는 경향도 가진다는 점을 지적하였다.

민족대표 33인으로 대표된 한국의 민족주의자들은 비록 당시 일본의 승전국 지위라는 위세에 눌려서 열강의 즉각적인 독립승인을 득하는 데에는 실패하였지만 1919년 봄 3·1민족운동과 망명정부, 즉 대한민국임시정부 등의 민족주의 독립활동을 주창할 수 있었다.[14]

....

14 한국민족주의자들은 통합상해임시정부를 수립하였고 이승만을 임시대통령으로 임명하고 민주공화정의 수립을 위한 해외망명정부운동을 전개하였다. 세계대전의 전간기에 한국의 민족주의자들은 민족독립의 이념과 운동을 대외적으로 활성화하는 데 크게 기여하였으나 일본의 한반도 지배체제는 강고하였으며 민족독립은 태평양전쟁 이후로 미루어져야 했다. 동주는 민족 33인 대표 중 청년대표 이갑성의 차남이었고 국학연구를 통하여 위당 정인보 등과 교류하면서 민족주의 의식과 사상을 키워갔던 것으로 보인다.

IV. 현대민족주의의 전개와 한국의 대응: 전진민족주의론

1. 현대민족주의의 전개와 전진민족주의론

민족주의는 1차 세계대전의 종전을 거치면서 우드로 윌슨(Woodrow Wilson) 미대통령의 지도적 영향력 아래서 민족자결주의라는 이념으로 전후 국제적 신질서 구축의 기본이념으로 거듭나게 되었다. 윌슨 대통령의 14개조 선언 이래 민족주의(nationalism)는 전후 국제사회에서 국가 간의 관계를 재조정하는 기본원리로 간주되었다. 유럽 다민족국가의 지배의 해체를 위하여 유럽지역의 소수 민족의 민족주의의 정당성을 승인하기 위하여 윌슨은 민족자결주의(national self-determination)를 전후 국제질서의 구성원리로 선포하였다.

2차 세계대전 이후의 국가 형성의 추세에 탈식민지 민족주의는 세계적으로 가장 큰 정치적 원리로 등장하였다. 여기에는 1941년 루스벨트 대통령과 처칠 수상이 전쟁의 목표로 공동 선언한 대서양선언과 전후 국제사회의 근대국가의 대표적 국제기구인 국제연합이 중요한 기여를 한 것만큼이나 탈식민 민족주의운동 자체가 강력한 위력을 발휘하였던 것은 부인할 수 없다(Holsti 1996, 73; Carrie 1973, 565).

동주는 2차 세계대전 이후 근대국가를 수립한 대한민국의 외교 문제를 민족주의의 주체적 관점에서 이해하려 하였다. 서구 강대국의 권력정치의 관점과 불가분의 관계에서 전개되는 한반도 주변의 엄중한 국제정세의 전개를 그는 약소국가의 입장에서 날카로운 현실주의 관점에서 꿰뚫어 보려 하였다. 무엇보다 그는 국제정치의 주요 강대국의 관점과 그 주장들의 이데올로기성을 극복하기 위해 한국의 위상과 좌표를 국제정치의 세계에서 객관적으로 바라보려 하였다. 그는 약소국으로서 한국의 독특한 현실주의 관점을 가지고 국제정치를 강국정치라고 불렀으며 약소국으로서의 한국의 민족주의적 관점을 전진적 발전적으로 모색하여야 함을 강조하였다. 그는 국제정치 주도세력들 사이의 갈등과 긴장의 발생과 그 지구적 확장 및 충격을 이해하기 위해 국제정치권역의 확장과 전파라는 권역정치 가설을 제시했을 뿐 아니라 강대국정책의 위험성을 경고하며 국제정치세계에서 약소국의 국가이익의 관점을 독립적으로 이해하고 타개하려는 이론적 노력을 기울였다.

2차 세계대전 이후 일제로부터 독립을 성취한 대한민국의 민족주의는 건국 이후부터는 저항민족주의와는 다른 단계로 이행하여야 하는 것으로 동주는 인식하였다. 전후 대한민국은 저항의 시기로부터 이행하여 그 다음 단계인 근대국가체제를 확고히 발전시키는 단계로 진입하였고 그는 이 시기의 민족주의 문제는 이전 단계와는 다른 과제들에 직면하였고 다른 양상으로 발전해 나갈 것이라고 간주하고 이를 "전진민족주의"라고 명명하였다.

20세기 초 한국의 민족주의는 식민지 민족주의로 출발하였지만 1945년 2차 세계대전 종전 이후에는 탈식민 단계(Decolonial Era)로 접어들었고 이제 신생국 민족주의 단계에 접어든 것이다. 근대국가를 수립한 대한민국의 정치 이데올로기가 되는 전후의 민족주의는 민족생존의 과제들을 해결하기 위한 운동적 성격을 가지지만 더 이상 저항적 성격에 머물러서는 안 된다고 보았다. 그는 강대국정치가 지배하는 국제정치의 세계에서 약소국들은 민족국가로 출발하면서 대내적으로 주도권 싸움의 문제가 발생한다는 점을 지적하였다.

2. 전진민족주의의 대내적 과제: 시민계층의 참여와 요구의 반영

동주의 민족주의관은 당초에 그의 권역전파론과 긴밀하게 연관되어 있었다. 20세기 후반기에 냉전적 세계질서가 구축되었고 전파의 축은 미국과 소련이라는 양극체제로 변하였다. 동주는 2차 세계대전 이후에 국제질서가 급격하게 미소 두 초강대국을 중심으로 하는 양극체제로 개편되는 혁명적 변화를 겪으면서 강대국 중심의 국제정치 관념이 무비판적으로 수용되는 것에 대해 경계하였다. 이런 점에서 정치적 정통성의 이데올로기인 민족주의의 양상도 자연히 자유주의와 공산주의 사이의 경쟁적 전파의 과정과 깊게 연관되게 되었다. 특히 냉전의 중심지역으로 떠오른 한반도에서 민족주의는 남한과 북한 간의 민족적 정통성의 경쟁이 치열하게 전개되면서 남북한의 두 개의 한국 사이의 갈등적 경쟁 과정과 맞물려 전개되었다. 남북한의 경쟁에 있어서는 남북의 민족주의는 서로간의 문화적, 역사적 동질성을 공유하는 것을 인정하였다. 물론 북한은 민족주의를 그들의 공산주의 체제의 선전을 위해, 그리고 남한은 민족주의를 자유주의 및 자본주의 체제의 우수성을 입증하기 위한 체제경쟁으로 받아들였다.

그는 지도층이 어떠한 계층의 상을 통하여 민족주의적 정서를 동원하려 하는지에 관심을 나타낼 수도 있고 아니면 대내적 대동단결을 주장하여 대외적 적을 강조할 수도 있다고 보았다. 중남미 지역국가들같이 강대국 자본에 대하여 저항적 민족의식을 이어가려는 전략을 선택할 경우 저항민족주의가 계속 유지될 수 있다. 반면에 미소의 이념적 대결이 첨예하게 전개되는 한반도 지역에서는 남북의 국가체제는 국제정치적 구조와 밀접하게 연결될 수밖에 없다. 해방 후 북한지역은 반미적 이념을 추종하였고, 남한지역은 반소적 이념을 민족주의의 원리로 선택한 것은 한반도를 둘러싼 미소 초강대국 사이의 경쟁과 대립이라는 냉전적인 요인이 그 근본원인이었다.

수십년 동안 한국의 민족주의는 각 정권의 공식적 이데올로기로서 작동하였고 앤더슨이 지적했듯이 공식적 민족주의(official nationalism)의 측면이라고 할 수 있다. 이승만과 박정희 정부는 종류는 다소 달랐지만 공통적으로 민족주의를 기본 관점으로 채택하였다. 이승만의 경우 권위주의적 리더십의 약점을 지적할 수 있지만 소련의 반대를 무릅쓰고 근대국가를 수립한 것은 그의 강력한 한국민족주의 이념에 기반한 것이었다. 건국기에 대한민국이 국제사회에서 지지를 획득하는 데는 유엔을 통한 이승만의 외교(승인외교)가 중요한 역할을 했다. 소련의 결의안은 부결된 반면 미국 발의의 대한민국을 지지하는 결의안은 압도적 지지로 통과된 것이 빛난 외교적 성과이다. 남한의 정통성을 부인하고 6·25전쟁을 일으킨 북한과 소련에 대하여 반공적 사상을 강화해 국민국가체제를 강화하려한 초대대통령의 정책은 민족주의 관점에서 이해할 수 있는 것이다(김일영 2006; 박의경 2016). 국가건설의 과제가 해결된 1960년대 초에 등장한 박정희의 경우에 산업화와 근대화의 관점에서 민족주의 문제를 규정하려 하였다(Shin 2006; 전재호 2012; 강정인 2014).

동주는 대한민국 수립 이후의 한국민족주의의 핵심적 모델로 전진민족주의라는 유형을 제기하였다. 그렇다면 전진민족주의란 과연 무엇인가? 우선 전진민족주의는 서구 정통모델과 수렴하는 점에서 시민민족주의의 한 유형이라고 할 수 있다. 그리고 그 주도적 현상은 자유와 평등의 개념을 중심으로 한 민족주의의 전개이다. 단 한국의 시민민족주의는 서구와의 역사적 경로에서 차이를 보이고 있는데, 한국은 2차 세계대전 이후에 근대국가로 출발하였고 이후 후발산업화를 경험한 역사적 경로에 기반한 모델이라고 할 수 있다. 영불로 대표되는 서구 사례는 시민계층의 형성이 매우 이른 시점인 17-18세기에 이루어졌던 것에 비해 한국은 동구형 민족주의와 같이 근대국가적 경험은 선발국에 비해 뒤처졌다. 한국의 중산층을 중심으로 하는 시민계층의 형성은 1970년대에 이루어졌다고 평가되듯이 그 이전 시기인 3~4공화국 시기에는 관주도의 위로부터의 민족주의의 성격이 두드러진 특징을 보였던 것이다.

1940년대 후반과 1950년대는 한국은 북한과의 분단 이후 독자적인 국민국가의 수립을 위한 처절한 노력을 기울였고 미국과 국제연합 등 국제적 자유진영과의 공조하에 반공노선을 통해 국가형성에 성공하였다. 비록 3년간의 북한과의 내전을 치르긴 하였지만 이후 미국과의 동맹을 체결하고 자유민주주의 국가체제를 유지하여 왔다.

동주는 제2차 세계대전 종전과 해방 이후 한반도 분단상황을 맞아서 남북한이 두 개의 상이한 민족의 상을 추구하는 분열을 맞게 된 것이 한국의 민족주의의 최대 불행이라고 보았다. 저항민족주의기와는 달리 공산진영 대 자유진영의 적대적 대치상황이 미소냉전의 연장선에서 발생하였던 것이라는 지적을 한다. 남한의 민족주의는 우파민족주의 진영이 대표하였는데 여기에는 미주에서 민족운동을 이끌던 이승만계와 국내의 문화민족주의운동 후예인 한민당을 들 수 있다(송건호 1982, 166). 해방정국에서 이승만과 김구는 한민당과 연합하여 우익민족주의 진영을 이끌었고 미소가 합의한 모스크바3상회의의 신탁통치정책을 반대하는 강경민족주의 노선을 천명하여 소련의 반대는 물론이고 하지의 미군정과도 심각한 갈등관계에 들어갔다(김용직 2009, 208; 올리버 2008, 79). 태평양전쟁기와 그 이전부터 이승만은 대한민국임시정부 승인외교활동을 전개하였기에 그는 국제사회에서 신생국의 탄생이 통과해야 하는 관문이 기존 주요 서구국가들의 승인이라는 점을 잘 인식하였다. 이승만은 결국 1948년 건국과 유엔에 의한 대한민국의 정통성을 승인하는 결의안을 이끌어내어 1919년 3·1운동에서부터 시작된 건국의 대장정을 완성할 수 있었다(김용직 2009; 유영익 2008; 김영호 2014).

남북한 사이의 민족주의적 대립과 충돌은 결국 6·25전쟁이라는 동족 간의 비극적인 국제화된 내전으로 비화하였고 그 대가는 남한에서는 평화통일론이 당분간 봉쇄되었던 것이고 북한에서는 박헌영의 남로당계가 숙청된 것이다(심지연 2006, 327-329). 첸지안은 1950년대 동아시아의 이승만, 장제스 등의 지도자는 결코 미국의 주구가 아니고 보수적 민족주의자였다고 평가하였다(첸지안 2009, 743).

동주는 독일의 사례를 지적하면서 남북한 사이의 민족주의 주도권을 쥐기 위한 리더십 경쟁은 계속될 것이라고 전망하였다. 그의 전망과 같이 남북한의 체제경쟁은 1950년대 한국전 휴전기부터 시작되어 1970년대 중반부터 본격적으로 남한에 유리한 국면으로 전개되었다. 천관우는 한국민족주의의 경쟁은 결국 "공포 아닌 자유, 궁핍 아닌 번영, 부정부패 아닌 사회정의, 국제상의 고립 아닌 유대"에 있어서 압도적인 우위에 있는 남이 북을 체제 면에서 총체적으로 압도하고 우위를 과시해야 할 것이라고 분석했다(진덕규 1976, 91)

1960년대에 박정희 대통령의 집권으로 시작된 산업화의 과정은 한국의 체제를 본격적으로 발전적 체제로 전환하는 대변화와 변혁의 과정으로 전개되었다. 70년대 중반의 인도차이나반도의 적화의 대대적인 공산권의 공세로 인해 병영형 국가체제를 도입하는 일시적인 대응과정에 의해 군부권 위주의 정권이 확립되기도 하였다.

전진민족주의 초기 전개 단계에서는 근대화가 주요 과제로 설정되었던 1960년대 상황을 재고해 보지 않을 수 없다. 한국의 민족주의가 전근대적 봉건적 유제들을 털어내는 데에 박정희 정부의 개발주의 노선이 크게 작용한 점이 인정된다. 박정희 시대의 한국민족주의는 근대화 민족주의적 성격을 띠기 시작하였다. 이런 변화는 한국의 국가발전에서 박정희 대통령의 선택의 결과로부터 유래한 측면이 크다. 박정희는 5·16 이후 근대화정책을 위하여 한일관계의 청구권문제를 활용하고 한일관계를 발전적인 방향에서 풀어 나가려 하였다. 그는 국내의 반일정서가 강하였지만 근대화정책을 더 상위의 정책으로 설정하여 강력하게 추진하여 나갔고 그것은 결국 20세기 한강의 기적이라는 성공적 산업화를 이루는 근원적 힘이 되었다. 그리고 1970년대를 통과하면서 한국민족주의는 전근대성을 털어버릴 수 있었다. 박정희 시대 때 한국민족주의는 상의 균열을 겪게 되었다.

동주는 남북한 사이에 〈7·4선언〉을 통해 상위의 정치개념으로 민족을 설정한 것은 프랑스의 까스텔리용(Castellion)방식이라고 지적하면서 통일을 지향하는 원리로서 〈민족〉의 당위성을 제기하여야 할 필요성을 인정하였다(이용희 2015, 20).[15] 그는 이것으로 기존의 적의 이미지가 애매해지는 문제가 있지만 대화를 통한 평화적 경쟁의 차원으로 남북한 관계가 발전할 필요를 인정하였다. 물론 동선언은 통일의 당위적 가치를 선언하면서 현실적으로는 평화공존, 즉 분단의 안정화를 중시한 것이라고 지적한다(김학준 1982, 247).

....

15 주지하다시피 동주는 1970년대 중후반부터 통일분야 기구인 국토통일원의 장관으로서 정부의 통일-외교분야의 정책실무의 책임을 담당하게 되었다.

박정희는 20세기 후반에 가장 빈곤한 후진국 중 하나였던 대한민국을 고속산업화에 의해서 경제개발에 성공한 근대화 민족주의자다. 그는 2단계 통일론자였기에 남북한 관계는 "선공존 후통일" 되어야 한다는 점에서 보수적 민족주의자였다고 할 수 있다(김일영 2006, 347). 그러나 남한의 진보진영에서는 이러한 후통일의 입장을 반통일이라고 비판하여 왔다. 이런 점은 한일국교정상화를 반대한 학생과 진보적 지식인층이 박정희 정권을 반민족주의라고 비판하며 자신들만이 진정한 민족주의자라고 주장한 것과 궤를 같이 하는 것이다. 1960년대 중반 이래 한국 민족주의는 이차분열을 일으키기 시작한 것이다.

　　21세기 한국의 민족주의를 전진적 민족주의로 유형화한다는 것은 앤소니 스미스교수의 구분을 빌려서 보면, 종족형(Ethnic Nationalism)과 시민형(Civic Nationalism) 중에서 시민형 민족주의로 나가야 한다는 입장임을 알 수 있다. 전진민족주의는 시민형 민족주의로 전개되어야 하지만 여전히 대한민국 국내사회의 지도층과 대중에 공히 저항민족주의적 정서가 잔존한다. 특히 한일관계에서 반일감정이 높아지는 정치외교적 위기의 시기에는 전진민족주의에도 적지않은 어려움이 제기되었다. 역사적으로 크고 작은 한일관계의 위기들이 발생하였는데 이에는 국교정상화 문제, 독도 문제, 위안부 문제 및 역사교과서 파동 등이 있었다. 전진민족주의에는 크게 볼 때에 두 가지의 과제가 발견된다. 첫째, 전진민족주의는 국내의 민족주의가 서구의 시민민족주의의 실상에 도달하기 위해 필요한 자유주의와 민주주의와의 연계를 강화해 나가야 한다. 이 과정에서 더 많은 계층에게 정치적 자유와 경제적 평등 및 사회적 복지의 혜택이 주어지는 일련의 국가정책이 전개되어야 한다.

　　대한민국이 주도하는 민족주의는 1987년 한국민주화를 계기로 전환점을 넘어섰다. 이제 민주화가 공고화된 기반 위에서 2000년대부터 한국사회의 민족주의는 저항적 정서가 기반이 되는 것이 아니라 자유와 평등이라는 진취적인 정서가 기반이 되는 시민형 민족주의가 작동할 조건이 갖추어졌다. 시민민족주의 시대의 상징으로는 2000년대의 월드컵 붐을 타고 번진 신세대층의 민족주의적 관심의 폭발적 분출이다. "오 필승 코리아!"라는 로고송이 상징한 신세대층의 요구는 더 많은 대중들이 정치, 경제, 사회적으로 자기 행복과 삶의 질의 향상을 추구할 수 있는 것이었다. 이것은 민주화 시대의 요구를 한국 민족주의가 적극적으로 받아들여야 함을 말한다.

한국의 민족주의는 민족국가가 중심이 되는 정치적 이데올로기이자 정치운동이며 전진민족주의 또한 마찬가지로 인식된다. 다만 해방 이후의 민족적 정서(national sentiment) 내지 민족의식이라는 심리적 요소와 밀접한 관련이 있는 것이라는 범위를 가정할 수 있다. 또 그것은 다른 이데올로기, 예컨대 자유주의, 사회주의, 제국주의, 군국주의와 결합할 수 있는 것이다.

전진민족주의는 다른 어떤 것보다도 통일지향성을 가지는 이데올로기라고 할 수 있다. 통일의 당위성이 한국인들에게 널리 받아들여지는 이유는 한민족이 강대국 중국이나 소련 등의 세력에 둘러싸여 있으면서 이런 지정학적 조건에서 강렬한 문화적 정체성의 전통을 이어왔기 때문이다. 대다수의 한국인들에게 해방 직후의 38선 분단은 민족사에서 예외적인 현상으로 시정되어야 할 대상으로 이해되었다.

V. 21세기 민족주의의 전망과 한국민족주의의 과제

1. 전진민족주의의 대외적 과제: 분단극복과 통일

20세기 후반에 유럽국가들은 근대국가의 탈민족주의 단계로 접어들어 복합국가체제를 형성하는 유럽통합의 운동에 박차를 가하기 시작하였다. 1989년에 시작된 소련 동구체제의 붕괴와 탈냉전기의 도래라는 새로운 국제정치 시대로의 전환기에 접하여서 동주는 민족주의의 새로운 유형으로 유럽통합 현상에 대하여 비상한 관심을 가졌다. 그는 역사라는 수레의 앞바

퀴가 새로운 방향으로 굴러가는 변화를 뒷바퀴에 해당하는 나라들도 직간
접적으로 영향을 받을 가능성에 대비하려 하였다(이용희 1983, 234). 그는
그러한 변화의 충격이 우리 한반도에 어떠한 형태로 다가올 것인가에 대한
우려와 함께 대응 방안을 모색하고자 하였다. 근대국가의 새로운 유형이 일
민족일국가가 아니라 다민족복합국가로 이행하는 조짐으로 볼 수 있는지를
그는 정치하게 따져보았고 그 연구는 그의 마지막 저작 『미래의 세계정치』
(1994)에 잘 나타나 있다(이용희 1994; Hobsbawm 1990, 161).

탈냉전의 세계적 변화과정에서 구 동유럽 지역에서의 민족주의의 재등
장은 서유럽과는 매우 다른 양상을 보이고 있다. 민족주의의 유형이 서유럽
과는 전혀 다른 환경에 따라서 오히려 강화되는 추세가 나타나면서도 이들
은 유럽연합에 가입하여 복합적 근대국가적 적응과정을 배제하지 않는 것
이다. 물론 이러한 과정에는 구 유고지역에서의 비극적인 인종적 분규와 전
쟁도 발생하였지만 중유럽의 사회주의체제에서 성공적으로 자유주의체제
로 이행한 비세그라드 4개국―체코, 슬로바키아, 폴란드, 헝가리―의 사례
들은 매우 흥미롭다.

통일은 민족주의론의 관점에서 보면 한국 민족주의의 분열된 상을 통합
하는 문제이다. 2차 세계대전의 종전으로 인해 형성된 미소 냉전체제의 국
제적 정착으로 말미암아 한반도에도 타율적인 분단체제의 등장이 이루어졌
다. 이후 남북한 간 민족분단의 역사가 70년의 세월을 흐르면서 분단의 고
착화로 이어지는 것이 아닌가 하는 우려의 목소리가 높다.

한국통일의 열쇠는 주변 강대국가들의 복잡한 대립과 갈등의 이해관계
의 틈새에서 어떻게 대한민국이 평화적 통일에 대한 대외적 지지를 얻어내
는가 하는 것이다. 한국의 통일은 "한반도정치의 이중구조"적 상황을 감안
할 때에 남북한 간의 긴장완화와 평화진작뿐만 아니라 강대국정치, 특히 남
한의 동맹국인 미국과 북한의 동맹국인 중국 사이의 이해관계와 외교적 계
산이 합치하여야 한다는 두 조건을 만족시켜야 한다(박봉식 1983, 159).

통일을 원하는 한국 민족주의자들은 대내적으로 민주주의자와 보수주

의자들의 연대세력을 구축할 수 있어야 할 것이다. 반면에 한국 민족주의자들의 정치적 상승에 대하여 이를 결집할 수 있는 합리적이고도 탁월한 경륜의 정치지도자가 나와야 한다. 그의 과제 중 하나는 지역패권국인 중국의 정치 지도부도 거부감을 가지지 않도록 한국의 평화적 통일 방안을 보편 타당한 방안으로 만드는 것이다. 그것이 통일의 국외적 퍼즐의 요체이다. 통일과 관련된 정치적 목표를 적절한 외교적 수단과 경제적 지원체제의 틀로 지원하고 연계정책을 개발하여야 할 것이다. 민족의 올바른 공동체적 목표를 재설정하고 이를 신속하고 효과적으로 추구하는 것은 민족주의의 본질적 활동이다. 물론 통일의 전과정에서 한국은 동맹국 미국의 지원과 협력이 필수적으로 중요한 요인임을 간과할 수 없고 필요하다면 일본과도 북핵미사일 제제의 국제적 공조를 위한 신속하고 과감한 협력, 협상안이 시도될 필요가 있다(김용직 2005, 5-6).

저간의 사정을 볼 때에 남한의 민족주의적 정서의 강화는 국내정치세력의 주도권 능력의 재확보가 먼저 이루어져야 할 것이고 그 이후에 이를 기초로 하여 장기적 통일 외교를 전개하여야 할 것이다.

2. 독일 통일의 민족주의적 교훈

독일의 통일은 19세기와 20세기에 두 번에 걸쳐서 이루어졌는데 그중 20세기 후반에 이루어진 두 번째 통일은 거의 불가능해 보였던 독일의 분단 상황을 극적으로 극복한 놀라운 사례라고 할 수 있다. 19세기의 통일에 비하여 훨씬 어려웠던 정황은 두 차례의 공멸적 세계대전의 전력과 패배로 인해 열강들의 개입에 의한 분단국가였던 독일이었기 때문이다. 19세기와 공통점은 독일의 경제력과 독일인들의 민족의식의 변수라고 할 수 있다. 20세기 후반 독일민족주의의 숙원의 재통일 달성과정에서 분명히 드러나는 것은 국제적 요인의 중요성이다. 동맹국 미국의 막후의 지원역할과 소련 고르바초프의 협조적 역할의 중요성은 가장 중요한 요인으로 지적될 수 있다.

헬무트 콜 수상의 추진력과 뚝심 그리고 그의 민족주의 리더십은 독일 통일에서 가장 중요한 요인이었다. 그는 합리적이며 조용한 그러나 확신에 찬 독일의 가장 유연하고 세련된 민족주의자였던 것이다. 그는 결정적인 순간에 독일인들에게 전할 메시지에 민족주의적 비전과 목표를 제시하는 역할을 늘 빠뜨리지 않았다. 1989년 당시 서독수상 헬무트 콜의 자유민족주의적(liberal nationalistic) 지도력은 크게 주목받지는 못한 것 같다. 물론 아데나워부터 빌리 브란트에 이르기까지 전임 서독정치지도자들의 통일정책의 누적 효과를 과소평가해서는 안 될 것이다.

통일에 소요되는 모든 재정적 비용을 감당할 수 있었고 파산상태의 동독을 포용할 수 있었던 견실한 독일의 경제력의 기반이 없었다면 분명 쉽게 동독붕괴 상황이 독일의 통일로 이어질 수 없었을지 모른다. 기실 독일은 이미 유럽 통합(EU)의 주축세력이며 통합을 위한 재정적 기여를 할 수 있는 대단한 경제력을 보유한 나라였기에 동독정권의 붕괴를 감당할 수 있었다. 꾸준히 자유민주주의를 모범적으로 실시하며 홀로코스트 과거사 문제에 대하여 지속적인 사과를 반복하는 독일인의 역할은 콜 수상의 가톨릭과 자유주의에 깊이 뿌리를 둔 개인적 배경의 민족주의적 이미지와도 잘 조화를 이루었다(Wicke 2013).

한편, 동독지역의 민주화운동 단체 〈뉴 포럼〉의 역할 또한 동독 정권의 붕괴에 결정적인 기여를 하였다. 그리고 무엇보다도 배후의 서독의 최고의 동맹국가 미국과의 군건한 외교적 결속이 없었다면 미국의 지속적인 지원은 기대할 수 없었을지 모른다. 그렇다면 독일의 통일은 불가능했을 것이다.

한국민족주의의 분열이란 남과 북의 분열뿐 아니라 남남갈등을 보이는 남한 내의 혼란상이 심각한 수준에 이르고 있다는 점에서 매우 심각하다는 지적이 많다. 진보진영의 민중민족주의와 보수진영의 영웅적 자유민족주의의 통합이 과연 통일이란 대승적 목표를 놓고서 이루어질 수 있느냐 하는 것이다. 이것은 민족주의적 의제를 제기하고 이를 위한 대중들의 호소와 지지를 끌어내는 탁월한 민족주의 정치지도자의 출연 여부의 문제다.

대한민국에서 21세기 한국의 통일을 주도적으로 추진할 수 있는 새로운 정치지도자와 지도자그룹이 반드시 나와야 한다. 여야의 정당지도자들 중에서 통일에의 강력한 의지를 가진 지도자가 나와야 할 것이며 그들은 한국대중들의 통일에의 염원을 잘 이해하고 그 동력을 적절히 규합해 나갈 경륜과 추진력을 가진 자라야 할 것이다.

19세기 이탈리아는 정치분야에서 마찌니와 군사분야에서 가리발디, 그리고 외교분야에서 카부르 등의 지도자들이 나왔고, 이들 이탈리아민족주의자들은 결국 사르디니아를 중심으로 하나로 힘을 모아서 역사적인 통일의 대과업을 성공적으로 달성하였다. 21세기 전진민족주의에는 가리발디나 카부르, 콜 등의 정치 외교 군사 부문의 지도자도 필요하며 마치니 같은 시민운동이나 지식층의 지도자도 필수적으로 요청된다. 가장 중요한 것은 이들이 서로 연대하여 큰 통일의 틀을 조성하고 완성하는 데에 기여하여야 한다는 것이다.

전진민족주의자들은 격렬한 반일감정이 지배적 요인이 아니며 어떤 면에서 주변 강대국에 대한 경계심은 가지되 이를 극복할 수 있다는 자신감과 긍정적 의식이 있어야 한다. 21세기 한국민족주의의 대과제인 분단극복과 평화적 통일의 달성에는 외교적 역량이 집결될 수 있는 탁월한 리더가 반드시 출현해야 한다. 동북아 국제정치의 패권적 강국인 미국과 중국의 갈등과 대결 구도를 꿰뚫고 그 사이에서 우리의 국익을 실현하는 경륜의 지도자의 역할이 전진민족주의의 필수적 요인이다. 그는 대한민국의 국민국가체제원리인 자유민주주의 체제에 의한 통일정책을 양보할 수 없는 근본원칙으로 고수하여야 한다.

VI. 결

동주의 민족주의에 따르면 21세기에도 한국의 민족주의는 여전히 정치적 유형의 민족주의로 그 역사적 역할을 다하여야 하며 그는 이런 문제를 전진적 민족주의라고 개념화하였던 것이다. 이런 지적은 한국의 민족주의를 자칫 과거지향적이고 협소한 종족적 민족주의(ethnic nationalism)의 문제로 축소해석할 낭만적 민족주의의 위험에 대한 경계를 촉구하는 의미도 있다. 한국민족주의는 종족적 전통과 정체성과 긴밀한 연관이 있지만 국민국가의 정치지도자들이나 정치적 민족주의의 지도층의 역할도 대단히 중요한 것이라고 볼 수 있다.

21세기의 한국의 민족주의자들은 한국민족주의의 분열과 혼란을 종식시키고 통일의 과업을 포함하는 국가적 과제와 국민적 가치의 구현을 달성할 수 있는 거국적인 관점과 전략을 구축하여야 한다. 한국민족주의에 있어서 국내적 정쟁보다 훨씬 더 중요한 시대적 과제가 바로 지속적 국가발전, 국민행복의 추구, 그리고 통일의 달성이라고 할 수 있다. 한국의 민족주의 문제를 전근대적 감성적 민족론이나 저항민족주의론의 재현적 유형으로 이해하려는 일각의 관점들은 재고되어야 한다. 한국민족주의자들은 21세기의 한반도를 둘러싼 국제정치의 급변하는 제 국면에서 객관적이며 과학적으로 역동적인 국제적 상황전개를 면밀하게 분석한 기반 위에 우리 민족과 국민의 주체적인 해결책을 끊임없이 모색하고 제시하는 지난한 작업을 하여야 한다. 여기에는 미래의 통일을 위한 체계적 접근과 관점의 수립도 포함되어야 한다.

이렇게 본다면 한국의 전진민족주의가 통일에 대하여 가져야 할 기본적 태도는 조급한 연방제 통일이 되어서는 안 된다. 통일의 여건이 무르익기까지 문화적 민족의 공통의 상을 인정하되 현실적 두 개의 정치적 민족의 공존을 급격히 변화시키려는 시도를 경계해야 한다. 반면에 급변사태에 대한 대비는 철저히 하여야 한다. 미북관계나 국제사회의 격변 또는 북한의 내부사정에 의한 북한의 붕괴에 대비하고 만반의 준비를 하여야 한다는 뜻이다.

20세기 주요 전쟁의 원인을 제공했다는 비판을 받았던 유럽국가들의 경우에 더 이상 민족주의적 갈등을 부추기면서 국제문제를 해결하려 하지 않는다. 그래서 당연히 초국가주의나 글로벌리즘적 사고를 통하여 민족주의 문제를 극복하려는 흐름이 서유럽에는 강하다. 동주의 전진민족주의 모델은 한국의 정치지도자들이 식민지시대의 저항민족주의의 상을 극복하고 주변국가들과 더 큰 연대를 구축하여 지역공동체 문제를 해결해 나가야 한다는 거시적 관점을 제시하여 준다. 이제 21세기는 국가를 넘어서는 초국가적 흐름이 비단 정보나 커뮤니케이션 분야뿐만 아니라 거의 모든 분야에서 눈에 띄게 발달하고 있다. 동북아시아와 한반도 주변의 정세의 전개과정에서 한국의 민족주의자들은 국제사회의 흐름을 적절히 활용하는 외교적 경륜을 보일 수 있어야 한다.

북한의 최근 핵개발과 미사일개발에 따른 한반도의 위기상황에 대한 국제사회의 대응은 북핵개발과 미사일개발에 대한 강력한 제재를 부가하려는 미국과 서구열강의 활동과 유엔안보리의 국제공조활동으로 나타나고 있다. 이런 최근의 국제정세의 흐름은 한국의 민족주의의 잠재적 파트너가 대북제재공조체제의 적극적 지지국가들로 확대될 가능성도 높아지는 것이다. 이런 국제적 공조협력은 한국민족주의가 고립적 상태를 벗어날 기회를 제공하는 것이라는 점에서 중요한 것이다. 한국정부는 평화통일정책을 정립하고 한반도에서 한국 주도의 통일이 주변 동북아정세의 안정에 긍정적으로 기여할 것이라는 인식을 대외적으로 주변국가들에게 확산시킬 수 있어야 한다. 한국의 통일은 이 지역의 고질적인 불안정성을 타파할 뿐 아니라 동북아경제권의 비약적 성장을 주도할 허브지역을 창출하고 유라시아를 잇는 가교망의 수립으로 이어질 수 있다는 비전을 주변국가들에게 설득력 있게 제시하여야 한다.

참고문헌

1. 동주 이용희 저작

이용희. 1962. 『일반국제정치학(상)』. 서울: 박영사.
_____. 1973. "현대민족주의." 『신동아』 9월호.
_____. 1983. "한국민족주의의 개념." (1977년 강연) 노재봉 편. 『한국민족주의와 국제정치』. 서울:
　　　민음사.
_____. 1987. 『이용희저작집 1: 한국과 세계정치』. 서울: 민음사.
_____. 1994. 『미래의 세계정치』. 서울: 민음사.
_____. 2015. 옥창준 편. 『이용희저작집 4: 한국민족주의와 한국외교사』. (컴퓨터 파일 버전)
이용희 · 노재봉. 1977. 『한국민족주의』. 서울: 서문당.
이용희 외. 1975. 『한국의 민족주의』. 서울: 한국일보사.

2. 기타 저작

강정인. 2014. 『한국현대정치사상과 박정희』. 서울: 아카넷.
구대열. 1995. 『한국 국제관계사 연구1: 일제시기 한반도의 국제관계』. 서울: 역사비평사.
김영작 편. 2006. 『한국 내셔널리즘의 전개와 글로벌리즘』. 서울: 백산서당.
김영호. 2014. "대한민국 정부 승인과 외교기반 구축." 김용직 편. 『대한민국 정부수립과 국가체제
　　　구축』. 서울: 대한민국역사박물관.
김영호 편. 2008. 『대한민국 건국 60년의 재인식』. 서울: 기파랑.
김용직. 1994. "민족주의, 국제관계, 근대성." 박상섭 외 편. 『국제정치학의 새로운 영역과 쟁점』. 서울:
　　　나남출판.
_____. 1996. "한국민족주의의 정치이념과 국제주의: 진로와 과제." 『사회과학논총』 제9집. 성신여대
　　　사회과학연구소.
_____. 1998. "문명전파와 동아시아 근대이행: 동주와 토인비의 전파론을 중심으로." 『사회과학논총』
　　　제11집. 성신여대 사회과학연구소.
_____. 1999. "문화권과 국제정치: 동주의 전파이론의 재고." 『사회과학논총』 제12집. 성신여대
　　　사회과학연구소.
_____. 2004. "1920년대 일제 문화통치기 민족언론의 반패권 담론투쟁에 관한 소고." 박섭 외.
　　　『식민지 근대화론의 이해와 비판』. 서울: 백산서당.
_____. 2005. "탈냉전기 동북아 영토분쟁-신민족주의 문제와 국제협력: 동아시아국제사회론 관점."
　　　한국동아시아 문명학회 2005년 춘계학술회의 발표문.
_____. 2006. "민족주의 진영의 독립운동 노선과 대중운동 전략." 김영작 편. 『한국 내셔널리즘의
　　　전개와 글로벌리즘』. 서울: 백산서당.
_____. 2009. "대한민국 건국의 정치외교사적 소고: 1919년 3 · 1운동에서 1948년 건국까지."
　　　이인호외 편. 『대한민국 건국의 재인식』. 서울: 기파랑.

_____. 2013. "남남갈등과 국민통합." 『새로운통일교육내용체계』. 통일원통일교육자료집.

김일영. 2006. "박정희 시대와 민족주의의 네 얼굴." 김영작 편. 『한국 내셔널리즘의 전개와 글로벌리즘』. 서울: 백산서당.

김학준. 1982. "남북한에 있어서 통일논의의 전개." 송건호 · 강만길 편. 『한국민족주의론 1』. 서울: 창작과비평사.

노재봉 편. 1983. 『한국민족주의와 국제정치』. 서울: 민음사.

뒤로젤. 1976. 노재봉 역. 『구주외교사』. 서울: 박영사.

로빈슨, 마이클. 1990. 김민환 역. 『일제하 문화적 민족주의』. 서울: 나남.

박봉식. 1983. "전진적 민족주의의 과제: 그 대외면." 노재봉 편. 『한국민족주의와 국제정치』. 서울: 민음사.

박의경. 2015. "한국민족주의의 두 얼굴: 국가로의 통합과 민족의 통일." 『한국동양정치사상사연구』 14집 1호.

손세일. 1983. "한국민족주의의 과제." [전진적 민족주의의 과제: 대내면]. 노재봉 편. 『한국민족주의와 국제정치』. 서울: 민음사.

송건호 · 강만길 편. 『한국민족주의론 1』. 서울: 창작과비평사.

신용하. 1975. 『독립협회연구』. 서울: 일조각.

심지연. 2006. "건국과 내셔널리즘: 1940~50년대." 김영작 편. 『한국 내셔널리즘의 전개와 글로벌리즘』. 서울: 백산서당.

양호민. 1995. 『한국민족주의와 민주주의의 시련』. 서울: 효형출판.

연세대학교 국학연구원 편. 2003. 『미주한인의 민족운동』. 서울: 혜안.

올리버, 로버트. 2008. 박일영 역. 『이승만 없었다면 대한민국 없다』[구 이승만비록]. 동서문화사.

이인호 외 편. 2009. 『대한민국 건국의 재인식』. 서울: 기파랑.

이택휘. 1990. "한국의 민족주의와 민주주의-그 갈등과 통합." 『한국민족주의와 민주주의의 갈등구조』 한국정치외교사학회 논총 제7집.

전재호. 2012. "한국민족주의의 반공 국가주의적 성격-식민지적 기원과 해방직후의 전개 양상." 정근식 · 이병천 편. 『식민지 유산, 국가 형성, 한국 민주주의 1』. 서울: 책세상.

정용길. 2013. "독일 통일과정에서의 동서관계와 남북관계에의 시사점." 『저스티스』 통권 134-2호.

정영훈 외. 2014. 『한국의 민족주의와 탈민족주의』. 한국학중앙연구원 출판부.

젤리코, 필립, 콘돌리자 라이스. 2008. 김태현 외 공역. 『독일 통일과 유럽의 변환』. 모음북스.

조지훈. 1993. 『한국민족운동사』. 서울: 나남.

진덕규 편. 1976. 『한국의 민족주의』. 현대사상사.

첸지안. 2009. "급진적 민족주의 대 보수적 민족주의: 냉전 초기 동아시아에서의 국가건설 담론." 이인호 외 편. 『대한민국 건국의 재인식』. 서울: 기파랑.

토인비, 아놀드. 1998. 『(도설) 역사의 연구 A Study of History』[토인비와 제인 카플란 공저]. 일지사.

플라토, 알렉산더 폰. 2010. "독일의 통일-유럽을 둘러싼 국제적 권력게임." 『독일연구』 20.

하영선 · 김영호 · 김명섭 편. 2005. 『한국외교사와 국제정치학』. 성신여대출판부.

Albrecht-Carrie, Rene. 1973. *A Diplomatic History of Europe Since the Congress of Vienna*. New York: Harper & Row.

Anderson, Benedict. 1983. *Imagined Communities: Reflections on the Origin and Spread of*

Nationalism. London: Verso.

Balakrishan, Gopal, ed. 1996. *Mapping the Nation*. London: Verso.

Breuilly. 1982. *Nationalism and the State*. New York: St. Martin's Press.

Bull, Hedley & Adam Watson. 1984. *The Expansion of International Society*. Oxford: Clarendon Press.

Carr, E. H. 1939. *The Twenty Years' Crisis, 1919-1939*. New York: Harper & Row.

Dawson, Christopher. 2002. *Dynamics of World History*. Wilmington, Delaware: ISI Books.

Glaessner, Gert-Joachim. 1992. *The Unification Process in Germany: From Dictatorship to Democracy*. New York: St. Martin.

Hayes, Carlton. 1950. *The Historical Evolution of Modern Nationalism*. New York: MacMillan.

Hobsbawm, E. J. 1990. *Nations and Nationalism Since 1789: Programme, Myth, Reality*. Cambridge: Cambridge University Press.

Holsti, Kalevi J. 1996. *The State, War and the State of War*. Cambridge: Cambridge University Press.

Hutchinson, John & Anthony D. Smith, eds. 1994. *Nationalism* [Oxford Readers]. Oxford: Oxford University Press.

Jones, Charles. 1998. *E. H. Carr and international relations*. Cambridge: Cambridge University Press.

Kennedy, Paul. 1989. *The Rise and Fall of the Great Powers*. New York: Vintage Books.

Kissinger, Henry. 2014. *World Order*. New York: Penguin Books.

Kohn, Hans. 1969. *The Idea of Nationalism*. New York: Collier Books.

Myers, Ramon & M. Peattie, eds. 1984. *Japanese Colonial Empire, 1895-1945*. Princeton University Press.

Oppenheim, L. 1947. *International Law: A Treatise*. Ed. by H. Lauterpacht. London: Longman.

Renouvin, Pierre & J. B. Duroselle. 1967. *Introduction to the History of International Relations*. Tr. by M. Ilford. N.Y.: F.A. Praeger.

Riall, Lucy. 2009. *Risorgimento: The History of Italy from Napoleon to Nation State*. London: Palgrave Macmillan.

Schmid, Andre. 2002. *Korea Between Empires, 1895-1919*. New York: Columbia University Press.

Shin, Gi-Wook. 2006. *Ethnic Nationalism in Korea*. Stanford: Stanford University Press.

Smith, Anthony D. 1983. *Theories of Nationalism*. London: Duckworth Co.

Snyder, Louis L., ed. 1964. *The Dynamics of Nationalism*. New York: D. Van Nostrand Co.

Watson, Adam. 1992. *The Evolution of International Society*. London, Routledge.

Wicke, Christian. 2013. "The Personal Nationalism of Helmut Kohl." *Humanities Research*, vol. 19, no. 1.

제5부

동주의 미래 세계정치론

제12장

미래 국가모델과 유럽연합의 실험

이옥연(서울대학교)

본 연구는 유럽의 구성원이라는 사실을 부인하지 않으면서도 유럽에 의한 구속에 항명하려는 영국이 선택한 유럽연합 탈퇴의 배경을 검토하고 지역공동체로서 유럽과 대표적 기관인 유럽연합에 어떤 함의를 지니는지에 대해 논하고자 한다. 우선 "하나의 유럽"을 둘러싼 논의와 유럽의 정체성 공론을 정리한다. 원론적으로 "테러와 난민은 서로 다른 문제"이고 특히 테러 행위 자체를 이슬람 문제로 단순화해 극적 효과를 더하려는 정치적 음해를 저지해야 한다는 주장은 정당하다. 그럼에도 불구하고 엘리트층은 공세적으로 테러와 난민을 동일한 선거 의제로 활용하는 데 주저함이 없었다. 그 결과 예측을 뒤엎고 유럽 지역통합을 폐기하더라도 영국이라는 정치 체제 통합을 보전하겠다는 의지가 구현된 셈이다. 결국 유럽연합이란 인위적 공동체는 회원국의 동의로 탄생하는 데 성공했으나 궁극적으로 주권은 회원국에게 잔류된 채 극히 제한된 권역에서만 보조성(subsidiarity) 원칙이 작동하는 태생의 한계를 극복하지 못했다고 볼 수 있다. 이에 미래국가모델로서 유럽연합의 향방에 대해 관측하며 결론을 내리고자 한다.

I. 유럽의 정체에 관하여

유례없는 총체적 위기를 맞이한 유럽에서는 2008년 미국발 금융위기를 시발점으로 지속되는 장기적 경기 침체가 회원국 간 격차와 더불어 회원국 내 격차를 심화시켰다. 또한 소득 격차 악화와 만성적으로 높은 실업률 등으로 사회 전반의 불만이 증폭되었다. 게다가 2010년 아랍의 봄 이후 늘어난 유럽으로의 이주민은 2015년 시리아 내전을 겪으며 중동이나 북아프리카 지역의 정세 불안으로 인해 급격하게 늘어나기에 이르렀다. 그 결과 폭증하는 이주민에 대한 해법과 대처 비용 분담을 둘러싼 회원국 간 이견이 커졌고 이를 지켜보는 유권자들의 불안감과 불만도 동시에 불거졌다. 특히 난민 문제를 둘러싼 회원국 간 첨예한 대립은 2015년 쾰른 사태, 파리 테러에 이어 2016년 브뤼셀 테러, 니스 테러, 앙카라 테러, 베를린 테러로 이어지면서 난민 유입에 부담이 가중된 유럽의 회의주의가 심화되었다(최진우 2016, 112-113). 무엇보다 난민 중 절대 다수를 차지하는 무슬림 집단에 대한 저항과 반발이 궁극적으로 유럽통합의 위기를 초래하고 유럽의 정체성에 근본적으로 도전할 수 있다는 우려가 커졌다.

유럽의 정체성에 대한 모호성은 유럽연합의 정체와 유럽시민권에 대한 불확실성으로 이어졌고 급기야 유럽연합의 의결안에 대한 불신을 야기했다. 일찍이 유럽연합은 "통합 과정에서 〈경제 유럽〉이 〈사회 유럽〉보다 너무 앞서나가고 있다"는 우려를 자아냈다. 따라서 "…〈내 갈 길을 간다(going my way)〉는 독자노선을 가지고 그대로 가겠다는 입장"을 취하는 영국에게 "메타네이션 스테이트(meta-nation-state)"라는 다원적 정체성을 상정한 소위 초국가적 공동체는 몸에 잘 맞지 않았다(이용희 1994, 281). 즉, 단순히 경제적 이해관계의 상충뿐 아니라 유럽의 정체성을 둘러싼 경계 짓기는 비록 새로운 형태는 아니나 새로운 정치 풍경을 만들어내었다. 아이러니는 이 새로운 정치 풍경에서 거대 정당들이 극단주의 성향 소수 정당들에게 수세로 몰리면서 유럽연합의 기본정신이라고 자부하는 "다양성의 연합(union of diversity)"을 저해한 결과가 영국의 유럽연합 탈출 투표라는 점이다.

그 결과, 영국 유권자들은 지역통합보다 체제통합, 즉 유럽연합의 규제로부터 자유로워지면 그레이트브리튼 북아일랜드 연합왕국(United Kingdom of Great Britain and Northern Island)이 결집될 수 있다는 정치적 판단을 내렸다. 근본적으로 이 양자택일이 가능했던 이유는 바로 유럽연합이 구조적으로 국가 간 이해관계를 초월하는 강제성을 결여했기 때문이라고 볼 수 있다. 이는 바로 공유 연방주권(shared federative sovereignty)을 통치 원칙으로 명시하더라도 권력의 쏠림 현상은 완전하게 해소되지 못한다는 역설에 기인한다(이옥연 2015, 56). 결국 유럽연합에는 "어떤 것이 공동으로 할 수 있는 것이고 어떤 것이 각국들이 처리해야 하는 것인지 그 경계선이 모호하다"는 이외에도, 오랜 기간에 걸쳐 중층으로 "각국의 이해가 조정되도록 구조화"된 복합성으로 인해 정교한 운용의 묘를 요구한다(이용희 1994, 234). 문제는 "각국의 국민들에게 선전이 잘 안 되고 있어 이들에 대한 동원이 잘 안 되고 있다"는 이유로 예산 증액을 요구할 뿐 아니라, 심화와 확대가 진행되면서 유럽 역외로부터 역내로 유입되는 이주민이 점증하자 유럽 "정치통합의 정당성…왜, 어떤 이유에서 통합해야만 하는가에 대해서 애매한 입장을 취하고 있다"는 데 있다(이용희 1994, 277). 바로 이 애매함으로 인해 영국 유권자들은 분노를 드러냈으나, 브렉시트 이후 영국과 유럽, 나아가 세계와의 관계 설정은 복합적으로 드러난 채 표류하는 실정이다.

지역통합과 체제통합 간 양자택일에서 후자를 택한 영국의 탈(脫)유럽연합 실험은 2017년 3월 영국 메이 수상이 나머지 27개 유럽연합 회원국 대표에게 영국의 탈퇴 의사를 명시한 서한을 보냄으로써 유럽연합조약(EU Treaty) 50조 탈퇴조항을 발동시키는 일차단계를 거쳤다. 그리고 그 27개국 회원국 대표가 유럽집행위원회를 주요 중재자로 지명해 영국 탈퇴에 대한 동의 여부를 결정하도록 위임해야한다. 그렇게 발안된 초안에 27개국의 가중다수인 15개국 이상과 회원국 거주민 55퍼센트 이상이 동시에 영국 탈퇴안에 동의하면 유럽집행위원회에서 통과된다. 그러나 이는 독일, 프랑스, 이탈리아, 스페인이 영국 탈퇴안 통과를 저지할 수 있다는 의미이기도 하다. 또한 영국 탈퇴안은 유럽의회에서 단순다수결로 통과되어야 하며, 만약 2년 이내 동의안이 채택되지 않으면 영국에 대한 유럽연합조약의 효력은 자동 정지되어 영국은 역외국 지위를 갖게 된다. 물론 영국을 포함해 28개국 회원국이 모두 협상 마감 연장에 동의할 수는 있으나, 일단 탈퇴 협의가 시작하면 설령 영국이 잔류 의사를 표명해도 이에 대한 규정이 부재한 상태에서 탈퇴 없는 협상 종결에 대한 절차도 또한 부재하다.

본 연구는 유럽의 구성원이라는 사실을 부인하지 않으면서도 유럽에 의한 구속에 항명하려는 영국이 선택한 유럽연합 탈퇴의 배경을 검토하고 지역공동체로서 유럽과 대표적 기관인 유럽연합에 어떤 함의를 지니는지에 대해 논하고자, 우선 "하나의 유럽"을 둘러싼 논의와 유럽의 정체성 공론을 정리한다. 원론적으로 "테러와 난민은 서로 다른 문제"이고 특히 테러 행위 자체를 이슬람 문제로 단순화해 극적 효과를 더하려는 정치적 음해를 저지해야 한다는 주장은 정당하다(이동기 2016). 그럼에도 불구하고 엘리트층은 공세적으로 테러와 난민을 동일한 선거 의제로 활용하는 데 주저함이 없었다. 그 결과 예측을 뒤엎고 유럽 지역통합을 폐기하더라도 영국이라는 정치체제 통합을 보전하겠다는 의지가 구현된 셈이다. 결국 유럽연합이란 회원국의 동의로 탄생하는 데 성공했으나, 궁극적으로 주권은 회원국에게 잔류된 채 극히 제한된 권역에서만 보조성(subsidiarity) 원칙이 작동하는 태생의 한계를 극복하지 못했다고 볼 수 있다. 이에 미래국가모델로서 유럽연합의 향방에 대해 관측하며 결론을 내리고자 한다.

II. "하나의 유럽"을 둘러싼 논의

주지하듯 "하나의 유럽"을 형상화하는 중간 단계 결과물인 리스본조약은 기존 3개로 분화된 조직체계를 단일한 조직체계로 대체해 역외정책분야, 역내 의사결정절차 및 인권헌장을 포괄하는 다양한 정책에 대한 피드백(feedback) 창구 개조를 통한 체질 변화를 지향했다. 그 결과 유럽연합에게 역외정책을 독자적으로 추진할 수 있는 권한을 부여하고 단일 창구와 절차를 제공했다. 구체적으로 유럽연합에게 독자적 조약체결 권한을 부여했고, 상원에 준하는 유럽연합이사회(Council of EU) 또는 EU 각료이사회로부터 유럽이사회(European Council)를 분리해 유럽이사회 의장(President of the European Council)에게 2.5년 임기의 선출직 지위를 부여했다. 또한 유럽연합의 외무대표직을 유럽연합 외무안보정책 고위대표(High Representative of the Union for Foreign Affairs and Security Policy)로 단일화했고, 회원국 외무부를 포함해 EU 각료이사회와 집행위원회 사무총장실 관련부처 등과 공조하는 단일한 창구로 유럽대외관계청(EEAS, European External Action Service)을 신설했다. 더불어 유럽연합 외무안보정책 고위대표는 집행위원회의 부위원장도 겸직한다.

또한 2014년 11월 이후부터 유럽이사회와 유럽연합이사회에 공통된 역내 의사결정절차로서 이중 다수결방식을 채택하고, 유럽연합이사회와 유럽이사회 내 회원국에 배정하는 가중치를 재조정했다. 무엇보다 '민주주의의 결핍'을 보완하는 수정절차로서 회원국 의회의 기능이나 시민발의 및 회원국의 참여 유보(opt-out) 및 나아가 50조에 탈퇴 절차를 명시했다. 그렇다면 이러한 조직체계의 통합을 통해 기대하는 효과가 과연 만족할 만한 수준으로 구현되었는가. 결론부터 말하자면 영국의 유럽연합 탈퇴는 그렇지 않다는 단편적 증거다. 본 소절에서는 유럽과 영국 간 체감 온도 차이의 연원을 리스본조약의 한계에서 추론할 수 있다는 점을 강조하고자 한다.

힉스는 유럽연합조약체계가 헌법에 준하는 문서로서 정부체계, 구성원

선출방식, 권한영역 등 최소한의 요건을 갖추고 있으나 이를 활용하려는 의지나 헌신까지 강제할 수 없다는 한계를 시사했다(Hix, 2008, 164-165). 따라서 유럽헌법조약의 인준과정에서 드러난 문제점도 헌법적 통합과 정치과정에 의한 통합 간 괴리라고 볼 수 있다. 왜냐하면 개별 국가에 충실한 이해관계로 묶여있는 유럽연합 회원국 간 공식적으로 합의를 도출하려면 교착상태에 빠질 가능성이 높기 때문이다. 예컨대 2014년부터 2017년까지 기존 표결방식을 채택할 수 있는 여지를 회원국에게 허락했다. 특히 조세, 사회보장, 외교, 국방, 경찰작전 협조 등 분야에서 만장일치 방식을 유보했고, 법무, 내무 등 분야에 관한 한 유럽의회와 일반 입법절차로서 공동결정(co-decision) 방식을 연장했다. 그러나 이는 동시에 유럽 차원 의결과정에서 불만을 제기하는 소수결이나 의사진행 방해로 천착될 가능성을 내포했다. 예컨대 유럽이사회 초대 선출직 의장인 헤르만 판 롬푀이를 향해 영국독립당 당수이자 유럽의회 원내교섭단체인 자유·민주주의 유럽(Europe of Freedom and Democracy) 대표와 자유·직접민주주의 유럽(Europe of Freedom and Direct Democracy) 의장을 역임한 나이젤 파라지(Nigel Farage)의 인신공격을 들 수 있다. 이는 유럽에 대해 회원국이 지니는 불신을 유럽연합 회의주의로 포장한 대표적 사례다.

더불어 영국을 비롯해 폴란드와 체코 등 일부 회원국에게 유럽연합 기본권헌장에 참여하는 것을 유보(opt-out)할 수 있게 했으나, 이는 오히려 입헌주의에 입각한 권력의 이중성을 단적으로 드러내었다. 왜냐하면 설령 유럽 헌법이 제정되더라도 그 최종적 권한의 소재지로서 주체가 누구인지 명확하게 규정했는지, 또는 명시된 정부체계와 권한영역이 과연 헌법이 표명하는 기본정신 또는 이념체계를 충실하게 반영 또는 구현했는지에 대한 논란 자체를 잠재우는 데에 한계가 있기 때문이다(Walker 2007, 248). 물론 유럽헌법에 준하는 조약의 수정절차를 명시함으로써 헌법의 기본 틀을 민주정치를 구현할 수 있는 실질적 내용으로 채운 기여도는 크다. 구체적으로 회원국 또는 회원국의 속령, 자치령 등이 유럽연합으로부터 탈퇴하는 절차를 간소화했다는 점은 획기적이다. 그러나 '브렉시트' 직후 불거진 문제는 그 탈퇴 조항조차 실행에 옮기기까지 개별 회원국의 국내 정치과정에 노출되는 취약점을 안고 있다는 데 있다. 무엇보다 유럽연합조약 50조는 탈퇴 의사를 공식적으로 전달해 발동되면 탈퇴만 가능한 일방통행 조항이다.

특히 백만 명의 유권자가 서명한 발안을 집행위원회를 통해 제안하도록 요구할 권한을 부여함으로써 시민발의를 제도화한 덕/탓에 유럽의 비전이 일면 악몽으로 나타났다고 볼 수 있다. 구체적으로 2014년부터 '체감적 비례대표성(degressive proportionality)'에 의거해 각 회원국에게 배정된 유럽의회 의석을 재조정한 결과, 영국을 포함해 큰 나라에 상대적으로 불리하게 배정되었다. 이는 결국 유럽회의주의가 주창하는 유럽의 동맥경화증을 회원국 유권자에게 재확인시켜줌으로써 유럽연합의 비효율성을 비판하는 대중영합주의 노선에 유리하게 작동했다고 볼 수 있다. 더불어 아일랜드 국민투표로 리스본조약이 부결된 후에는 각 회원국에게 집행위원직이 고르게 배정되던 종전 방식으로 환원해 유럽연합은 심근경색 직전이라는 비방에 노출되었다. 그 결과 통치체계를 정비하기 위한 목적으로 설정된 리스본조약의 권한영역 분류가 역설적으로 지역통합의 현실에 그다지 부합하지 않다는 인식이 팽배해졌다(Christiansen and Reh 2009, 69-82). 나아가 이 헌법상 권한영역 분류가 궁극적으로 개별 회원국의 특수성을 제대로 투영하는 지침이 될 수 없다는 비관론으로 이어졌다(Héritier 2001, 57).

기능 면에서 유럽연합은 의결기구로서 태생적 한계를 내포한다. 즉 "하나의 유럽"을 제도화하는 과정에서 안보와 경제 측면에 모두 분할된 형태로 통합 공동체를 구축했다. 안보 측면에서는 냉전에 대처하기 위해 이질적 북대서양조약기구(NATO)를 핵심 기구로 내재화시키는 과정에서 EU와 NATO 간 공식적 가입이 분절된 양상으로 나타난다. 예컨대 덴마크는 NATO 창설 회원국이면서 마스트리히트조약에 명기된 참여 유보를 통해 EU의 유럽안보방위정책(ESDP)에 불참했다. 반면 경제 측면에서는 쉥겐 지역(Schengen Area)을 통한 국경통제 폐기와 유로존(Euro Zone)에 의한 금융·화폐통합에 참여유보(opt-out)를 선택사양으로 포함시켜 연성절차를 제공함으로써 분절 폭이 안보 측면보다 작았다. 특히 마스트리히트조약이 유럽연합조약체계로 편입되면서 그 일부로 쉥겐 지역도 수용했기 때문에 2009년부터 신규 유럽연합 가입국은 자동적으로 쉥겐 지역 가입 대상이다. 또한 2010년부터 비유럽연합회원국인 스위스도 쉥겐 지역에 참여해왔다. 그럼에도 영국, 덴마크, 스웨덴은 유로존 가입 자체를 유보해 "하나의 제도, 하나의 정책"과 "하나의 시장, 하나의 화폐"로 분리해 "하나의 유럽"을 통한 이득을 극대하려는 속셈을 드러내었다.

더불어 유럽연합의 공식적, 비공식적 기구에 가입하려는 의지를 표명한 시점과 가입 승인이 이뤄진 시점 간 격차가 두드러지는 경우, 분절 폭이 증가한다는 점을 볼 수 있다. 특히 유럽연합이 정부간 협약에 의해 지역통합의 계기를 마련했기 때문에, 통합이 이뤄진 이후에도 통합 이전 시기에 미처 이루지 못한 위업에 대한 불씨를 남겨둔다. 예컨대 영국은 중립국인 덴마크, 노르웨이, 스웨덴, 스위스, 오스트리아, 그리고 포르투갈을 중심으로 유럽경제공동체를 주도한 창립국가 6개국에 대한 반발로 1960년 스톡홀름회의에서 유럽자유무역연합(EFTA)을 창설했다. 이후 1986년 핀란드가 추가 가입했으나, 노르웨이와 스위스를 제외하고 영국을 포함해 나머지 모두 유럽경제공동체 또는 유럽연합에 가입과 동시에 유럽자유무역연합에서 탈퇴해 그 기능은 유럽연합으로 이관되었으나, 유럽자유무역연합은 현재까지도 기구로 건재하다. 흥미로운 사례로 스위스는 1957년 로마조약에 의해 관세동맹이 1968년부터 출범하면서 유럽경제공동체 또는 유럽공동 또는 유럽연합 회원국은 자동적으로 가입된다는 원칙에서 제외되었다. 반면에 유럽연합 공식 회원국도 아니고 심지어 유로존에 가입하지도 않았지만, 쉥겐 지역에 포함되어 유로를 통용하는 안도라, 산마리노, 모나코 등 소국가가 버젓이 병존한다.

이렇듯 유럽의 다양성을 유럽의 정체성과 연계하려는 정치적 노력은 40여 년에 걸쳐 공동체와 협의체로 양분되어 발전했다. 특히 영국의 경우 공동체와 대립각도에 입지를 표명하는 동시에 공동체 가입도 신청하는 이중적 행보를 보였다. 이러한 영국의 이중성에 반발해 프랑스는 영국의 가입 신청을 거부했고 이에 대해 영국은 공동체를 부인하면서도 그 유효성을 지속적으로 인지했다(Ludlow 2010, 10). 이는 마스트리히트조약 체제 정립 이후 유럽 정체성에 대한 공감대를 구축하려는 의지만 결집된다면 "하나의 유럽"이 가능했다는 증거다. 그러나 동시에 외면적 확대와 내부적 심화를 거치면서 유럽연합은 유럽의 다양성과 유럽의 정체성 간 양자택일을 강요받는 영합적 성향을 띠었다. 특히 무슬림이 중대 규모(critical mass)를 구성하는 회원 후보국이 늘어나면서, 종교적 다양성은 유럽의 정치적 통합에 중대한 도전을 제기하는 요소로 활용되는 양상이다.

무엇보다 터키는 유럽연합 문제를 단적으로 보여주는 사례라고 할 수 있다. 터키는 유럽연합의 상징적 기구인 유럽평의회의 창립 회원국이고, 1995년부터 유럽연합의 핵심 경제 동력인 관세동맹에도 참여한다. 더불어 1952년부터 유럽연합의 핵심안보기구로 작동하는 NATO 회원국이다. 유럽연합의 핵심과 주변에서 분절된 형태로 머무르는 터키는 공식적으로 1987년에 가입을 신청했지만, 유럽연합은 유럽연합조약체계가 천명하는 원칙을 충족시키지 못한다는 이유로 현재까지도 가입 논의를 간헐적으로 진행하는 중이다. 주목할 점은 비록 터키에는 공식적 지정종교가 없으나 인구의 99퍼센트 이상이 회교도이며, 나아가 잠재 후보가입 대상국인 알바니아와 보스니아-헤르체고비나에도 회교도가 과반수 이상이다. 이는 한편으로 유럽의 정체성을 규정하는 일환으로 종교적 다양성을 포용하는 데 있어서 역내 이슬람 문화권에 대한 반발심으로 드러날 수 있는 가능성과 연계된다(Karolewski 2009; Triandafyllidou 2010). 게다가 만약 통합의 확대와 심화가 "고향"을 잃게 만들었다는 상실감으로 연계되는 경우, 예컨대 역외 이슬람 문화권으로부터 이주민이 폭증해 삶의 터전이 위협받고 있다고 인지한다면, 그 책임을 유럽연합으로 돌려 추궁할 역설적 상황이 가시화될 수 있다.

왜냐하면 유럽의 정체성은 언어, 종교 등에서 드러나는 차이점 그 자체보다 특정 집단이 세계와 관계를 설정하는 신념과 실행으로부터 파생되는 차이점에 기반을 두는 조직된 정체성과 불가분의 관계를 지니기 때문이다. 달리 말하자면, 문화적으로 내재된 다양성은 집단 간 이질성을 제도화하는 인지의 정치(politics of recognition)에 의해 정체성이 규정되므로 극단적으로 치우치는 경향이 크다(Checkel and Katzenstein 2009, 11-15). 비록 2017년 현재 유럽연합의 공식 언어는 25개에 달하니 그 언어적 다양성이 두드러지나, 그 자체가 유럽의 정체성을 규정하는 다양성(diversity)으로 바로 연계되지는 못한다. 오히려 유럽의 공식적 공통어 부재로 인해 민족국가를 초월하는 정체성보다 민족국가의 정체성을 유럽 차원에서 재구성하는 정치적 공동체의 비중이 커진 역설적 상황이 전개된다. 더욱이 언어적 다양성과 대조적으로, 종교적 다양성은 유럽의 다양성과 정체성 간 연결고리를 만드는 유럽화(Europeanization) 작업을 저해할 잠재력도 소지한다.

최근 경제 불황이나 안보 불안 또는 그러한 위기감이 팽배해지면서, 배타적 대중영합주의가 유럽의 다양성에 연원을 둔 유럽의 문화적 유산과 유럽의 정체성 확립을 연계하려는 정치적 의지를 잠식하는 현상을 빈번하게 목격할 수 있다. 유럽회의주의 지지자들은 "하나의 유럽"을 구축하기 위해 단일한 정체성을 강제하는 정치적 합의를 도출하는 데 기득권이 전력을 기울인다고 비난해왔다. 마침내 주류라고 명명된 다수 또는 지배집단의 정체성을 소수에게 강요해 전체를 대표하는 유일한 정체성으로 정립하려는 정치적 압력을 가한다며 공론화하기 시작했다. 특히 "하나의 유럽"으로 동화하도록 종용하고 반발세력에 대한 억압을 정당화하고 불평등관계를 영구화시키려는 제도화에 저항하는 탈유럽화 물결이 거세졌다. 다음 소절에서는 유럽의 다양성이 유럽 정당 정치의 균열구조와 조우하는 과정에서 유럽의 정체성으로부터 유럽의 다양성이 분리되어 투영되는 탈유럽화의 정치 풍경을 영국의 일탈이라는 맥락 속에서 보고자 한다.

III. 유럽연합의 정체성 공론

유럽의 다양성(diversity)이 유럽의 정체성으로 형상화되는 경로는 평탄하지 않을 뿐 아니라 각기 다른 제도화 경로를 거쳤다는 특성을 지닌다. 우선 유럽에 공통적으로 중세부터 사회통제의 주요기제로 작동한 종교는 2차 세계대전 이후 집단 공동체 의식을 정치과정에 접목한 개념으로 정착했다 (Mechi 2010, 154; Stjernø 2004, 83). 따라서 종교적 정체성이 유럽사회가 세속화된 이후에도 정치적 정체성으로서 탈세속화된 사회의 근저에서 작동할 수 있는 잠재력이 크다는 점에 유의할 필요가 있다. 왜냐하면 비록 종교가 근대화 및 세속화 과정을 거치며 권위체로서 사회적 기능을 상실했으나, 그 상실 자체가 사회적 영향력과 연계성의 소멸로 이어지지는 않았기 때문이다. 특히 근본주의 세력의 극단적 언행이 정보화시대에 빠르게 전파되면서, 기존의 언론, 이익단체, 싱크탱크(think tank) 및 정당이 선점한 공공영역(public sphere)에 종교기관이나 그 연계조직을 통해 종교나 종교성이 정치적 도구로 등장하기 시작했다. 게다가 이주민 유입이 폭증하자, 정치인들은 종교의 다양성과 생활방식으로서 다원주의 간 불편한 동거에 반발하던 유권자들의 분노를 활용해 이질 집단 문화와 주류사회 문화 간 우위 서열을 설정하는 등 국가통합 문제를 정치쟁점으로 표출하는 창구를 만드는 데 성공했다(Habermas 2008, 61-65).

더불어 유럽 차원에서 복수의 "유럽 정치 공간(European political space)"를 창출해 개별 회원국의 특수성을 극대화시키는 맥락에서 유럽의 다양성이 유럽의 정체성으로 제도화되는 경로가 제공되었다(Sweet, Sandholtz, and Fligstein 2001, 12). 특히 소위 "kitchen politics"라는 비공식적이고 유동적으로 작동시킬 수 있는 제도화 경로를 통해 교착상태로부터 돌파구를 찾으려는 "유럽 정치 공간"에서 유권자들의 분노를 불쏘시개로 사용하려는 대중 영합적 정치 열풍이 휩쓸 우려가 있다는 점에 주목할 필요가 있다(Héritier 2001, 59-68). 이는 이해관계의 충돌 소지가 있는 각종 안건을 공식적 의결절차의 한계를 극복하려는 취지에서 광범위한 합의를 이끌어내려던 창업주 정신의 역습이라 할 수 있다. 왜냐하면 하버마스가 우려하듯, 지역통합의 내실을 제고하려는 지도층과 그 필요성을 인지하고 참여하려는 일반인 간 간극은 리스본조약이 체결된 이후에도 해소되기 어렵기 때문이다(Habermas 2008, 105). 게다가 지역통합의 확대와 심화 과정에서 기독교 교리와 이를 지지 기반으로 형성된 유럽의 공동체의식이 탈세속화된 유럽차원의 정치과정을 통해 종교가 근간이 되는 공동체의식으로 부활해 소위 "고향의 정치"를 주요 정치쟁점으로 부각시키는 이변을 목격했다. 이러한 이변은 기독교가 신·구교 간 갈등을 완화시키는 데 많은 시간을 허비했고 민족국가의 정체성이 성립되던 근대 산업사회 전환기에는 급격한 세속화에 밀려 사회적 영향력의 기반을 잠식당했다는 스케르뇌(Stjernø 2004)의 주장이나 2차 세계대전이 종료되면서 유럽통합은 기본적으로 경제통합에 의해 영향을 받았다는 라스무센(Rasmussen 2010)의 주장에 반박한다고 볼 수 있다.

이러한 역설적 발전을 어떻게 설명할 수 있을까? 어떻게 탈세속화된 유럽사회가 극단적 정치세력을 배양하는 토양을 제공할 수 있었을까? 구체적으로 2차 세계대전과 냉전 및 탈냉전을 거치면서 사회적 영향력을 상실한 종교가 지역통합의 심화와 확대 과정에서 유럽 정체성을 논의하는 공공영역에서 어떠한 모습으로 재탄생했는가? 이러한 '유럽 다양성 조립의 정치' 현주소를 유럽의 내폭이라고 명명한다면, 그 진원지를 공공영역에서 목격할 수 있는 이상 징후에 근거해 규명할 수 있다(Risse 2010, 226). 엄격하게 말하자면, 체제 유지와 공적 기능 수행을 위해 공동체의식으로서 정체성을 명분으로 내세우는 작업은 모든 정치 체제의 필연적 숙명이라고 볼 수 있다(이옥연 2011, 231-276). 다만 미국과 달리 세속화된 사회라고 명명되던 유럽에서 종교 또는 종교성이 공공 영역에서 지역통합에 대한 반발심과 결합해 유럽의 정체성을 규정하는 데 막강한 영향력을 발휘해 정당의 지지 기반을 재편성하는 새로운 분층 축이 형성된 "탈세속화된" 유럽의 정치풍경은 경이롭다(Castiglione 2010, 46; Risse 2010, 239). 왜냐하면 탈세속화된 유럽에서 '하나의 유럽'을 구성하는 과정에 종교를 정치도구로 활용해 새로운 연대의식을 고양하려는 "문화적 인종주의"가 작동하면서 지역통합의 찬반 의견을 결정하는 현상이 전개되기 때문이다(홍태영 2011, 214-241). 더욱이 국내 의회선거에서 의석을 확보하지 못하더라도 유럽의회선거에서 의석 확보에 성공한 정당은 대체로 단일의제(single-issue) 정당인 경향이 크나, 공통적으로 강제된 '하나의 유럽'에 반발하면서 통합 확대를 반대하거나 거부하는 소수정당이 많다(Kaelble 2010, 205).

이들 소수정당 중에는 국내 선거제도나 정당등록 및 선거자금 규제 등과 관련한 법제도로 인해 원내진출이 좌절된 경우도 있다. 이는 비록 유럽의회선거가 정당명부나 단수투표 등 비례대표제로 치러지지만 각 회원국이 여건에 맞춰 각기 채택하므로, 국내의회선거와 유럽의회선거 결과 간 간극을 법제도적 장애 자체보다 정치과정의 기폭제가 무엇인지 어떻게 작동하는지를 규명할 필요성을 가리킨다. 따라서 유럽의 다양성을 조립하는 정치가 탈세속화된 유럽의 정체성과 맞물려 유럽차원에서 국내보다 더 큰 폭으로 작동하는 이점을 활용해 국내로 유턴해 유럽화를 역공하는 유럽의 내폭 현장을 분석하고자 한다.

구체적으로 1979년부터 2014년까지 유럽의회 선거 결과를 이념분포에 따라 정당 단체별로 확보한 의석수를 살펴보면, 35년 간 유럽연합 회원국은 3배 조금 넘게 늘었고 유럽의회 의석수는 1.8배 정도 늘었다. 그렇다면 각 정당 단체는 이 기간에 어떠한 변화를 보였을까? 극좌파는 1989년 선거까지 보합세를 보이다가 1994년 선거에서는 2/3로 감소했으나 이후 회복세로 돌아섰고 2009년 선거에서 다시 소폭 감소했다가 2014년 최근 선거에서는 예년의 보합세로 복구되었다. 사회민주주의 좌파는 2004년까지 꾸준히 의석을 늘려 총 의석수 증가에 준했으나 2009년 선거에서 10퍼센트 정도 감소했다가 최근 2014년 선거에서 약간 확보 의석을 회복했다. 반면 1979년 당시 존재하지 않던 녹색당은 1984년 선거부터 의석을 두 배로 확보하면 다음 선거에서는 다시 반으로 감소하는 추세를 보이다 1999년부터 두 배로 증가한 상태를 유지하다가 점차 증가 추세를 보였다. 자유주의 중도파는 1984년과 1999년 선거에서 주춤했으나 꾸준하게 의석수를 증가시키다 최근 2014년 선거에서 3/4으로 감소되었다.

기독민주주의 보수파는 1979년 선거에서 사회민주주의 좌파보다 조금 작으나 엇비슷한 의석수를 확보했으나 향후 1984년과 1989년 선거에서는 의석수 자체를 증가시켰지만 사회민주주의 좌파에 못 미쳤지만, 이후 1999년부터 최근 2014년까지 사회민주주의 좌파보다 많은 의석을 확보하는 데 성공했다. 흥미롭게도 유럽 회의적인 국수주의 보수파는 1979년부터 1999년 선거까지 지속적으로 의석을 상실하다 2004년과 2009년 선거에서는 증가세를 보였으나 최근 2014년 선거에서 다시 감소세로 돌아섰다. 반면 1984년 선거부터 등장해 2009년 선거까지 지속적으로 성장해 두 배로 증가한 유럽 회의주의와 극우 국수주의는 2014년 최근 선거에서 초창기보다 6배가 넘는 의석을 확보하기에 이르렀다. 1979년 최초로 직선 의원으로 구성된 유럽의회에서 특이하게도 무소속을 표명한 경우 1984년과 1989년을 거치며 이념분포에 의거해 다른 정당 집단으로 유입되었다가 1994년부터 2009년까지 보합세를 유지했고 2014년 최근 선거에서 1.5배 증가했다.

이 중 유럽연합의 개혁을 요구하거나 유럽연합에 대한 회의를 표한 정당이 득세한 2009년과 2014년에 주목할 필요가 있다. 크리스찬센이 "신 유럽(new Europe)"에 대한 실질적 청사진을 제시하지 못한 니스 정상회의를 "니스의 악몽"이라고 비난할 정도로 유럽 차원의 정치 과정에 변고가 발생했다(Christiansen 2009, 30). 우선 기존의 정치 이념 상 분류로 통합의 심화와 확대에 대한 강도를 정확하게 측정하기 어려워졌다. 더불어 새로 부상한 종교·문화적 분층이 사회경제적 분층과 중첩되지 않고 작동하는 경우가 비일비재했다. 특히 유럽연합의회 내 특정 정당 집단에 소속되길 거부한 무소속 유럽연합의원의 경우, 국내 정치 과정에서 무소속으로 분류되는 경우도 있지만 그보다 대중 영합적 성향이 강한 탓에 극단적 정치공세를 공공영역에서 전파해 당선된 경우가 빈번해졌다(Medrano 2009, 106). 그 결과 극소수라는 열세에도 불구하고 정치판을 근간부터 흔들어놓는 데 성공함으로써 심각한 후유증을 양산하는 현상이 점차 증가했다.

그렇다면 2005년 헌법조약에 대한 인준을 거부한 프랑스와 네덜란드로부터 점화된 "하나의 유럽"에 대한 저항을 규명할 필요가 있다(Zowislo-Grünewald 2009, 15). "니스의 악몽"은 바로 불발에 그친 제도개혁의 잔영에 해당한다. 유럽화는 근본적으로 의사결정구조를 재편성해 공식적 규정변경을 통해 통합의 제도화를 모색하는 어려운 길보다 빠르고 쉬운 길을 택했다. 유럽연합의 심화와 확대를 거치면서, 연성 프로그램이나 비공식적 규정변경, 심지어 비공식적 제도화를 획책하는 앞서 언급한 'kitchen politics'에 오롯이 의존해 돌파구를 찾곤 했다. 또한 비선출 전문직인 재판관의 판결에 준하는 규정 해석권한을 지닌 관료의 재량권 전횡이 증대했다. 동시에 이러한 "민주주의의 결핍"을 해소하고자 투명한 민주주의적 의사결정과정을 정착시키겠다는 명분으로 의사결정과정의 회원국 비중치를 인구비례에 의해 재조정하려는 제도개혁도 시도되곤 했다(Tsebelis 2009, 66). 그러나 이러한 노력은 제살 깎아먹기라며 기존 회원국의 반발을 악화시켰을 뿐 아니라 신입회원국의 불안도 진정시키기에 역부족이었다.

바로 그 분위기 속에 유럽연합의 개혁을 요구하거나 유럽연합에 대한 회의를 표한 정당이 증가했다. 유럽연합에 회의적 성향을 띤 정당의 의석수 변화를 회원국과 정당별로 2009년과 2014년 선거 결과를 대조하면, 우선 키프로스를 제외하고 기존 15개 회원국과 종교·문화적 분층에서 상당히 이질적 국가인 루마니아와 불가리아가 2007년에 유럽연합에 가입하면서 잠정적으로 785개로 불어난 유럽의회 의석을 니스조약에서 736개로 급격히 감축한 사실이 보여진다. 비록 이 감소폭은 인구비례에 준하나, 폴란드를 제외하고 영국, 프랑스, 이탈리아 등 회원국에게 유럽연합의 폭주로 인한 피해의식을 촉발시켰다고 볼 수 있다. 그 결과 2009년 유럽의회 선거에서 영국의 경우 하원 의석점유율이 미미한 영국독립당(UKIP)의 유럽의회 의석점유율은 무려 18%(=13/72)에 달했다. 이탈리아의 경우에도 북부동맹(LN)의 하원 의석점유율이 낮은 데 비해 유럽의회 의석점유율은 12.5%(=9/72)로 훨씬 컸다. 프랑스의 국민전선(FN) 경우 하원 내 의석점유율과 유럽의회 의석점유율 0.4%(=3/72) 간 격차는 크지 않으나 국내보다 유럽 차원에서 선전한다는 점에서 공통점이 나타났다.

이러한 격차는 2014년 유럽의회 선거에서 더욱 두드러졌다. 특히 아일랜드 국민투표에서 리스본조약이 부결되자, 급감한 의석수를 751석으로 증가시켜 영국은 상실한 6석 중 2석, 프랑스와 이탈리아는 각 1석을 되찾았으나, 유럽연합에 대한 불신은 최고조에 달했다. 유럽연합을 반박하는 데 총력을 기울인 영국독립당은 24석, 프랑스 국민전선은 23석, 새로운 국수주의파 이탈리아 국가연대(MSS)는 17석을 확보했다. 이외에도 상실한 의석을 돌려받은 오스트리아의 경우 2009년에 이어 2014년 유럽의회 선거에서도 자유당(FPÖ)이 약진했다. 또한 아일랜드, 벨기에, 포르투갈, 루마니아를 제외하고 2009년에 이어 2014년에도 의석수를 상실한 헝가리, 폴란드, 그리스, 체코, 리투아니아 등에서 새로운 유럽회의주의 세력이 구축되었다. 독일의 경우 비록 2009년에는 의석 변화가 없었으나 2014년에 4석을 상실하면서 소수이나 유럽회의주의가 결집되었다. 흥미로운 점은 스웨덴의 경우 2009년에 삭감된 의석보다 많은 의석을 확보해 오히려 늘어났음에도 불구하고 유럽회의주의를 내세우는 스웨덴 민주당(SD)의 의석점유율은 10%로 증가했다.

그렇다면 왜 유럽연합 회원국은 신입회원국의 증가로 인한 유럽의회 의석 조정에 이러한 신경과민 반응을 보였을까? 유권자들의 분노가 어떠한 경로로 자국 국내 정치과정을 건너뛰어 유럽 차원에서 표출될 수 있었을까? 유럽연합의 내폭 진원지는 개별 회원국이 아니라 유럽이라는 상상의 조직된 공동체라는 의미인가? 왜 그렇게 굴절된 방식으로 유권자의 이익이 대변되었을까? 유럽의 시민권은 주권을 근간으로 하는 근대민족국가에 반하는 것일까, 아니면 시민권 안에 상충하는 순기능과 역기능이 동시에 작동하는 것일까(Karolewski, 2009)? 그 결과물이 결국 유럽에 어떠한 영향을 끼칠까? 이러한 질문들에 답하기 위해 최근에 발생한 브렉시트, 즉 영국의 유럽연합 탈퇴를 중심으로 영국의 일탈을 사례로 들어 검토하고자 한다.

IV. 영국의 탈(脫)유럽연합 실험

1. 지역공동체를 바라보는 유럽과 영국 관점 차이

영국은 일찍이 1950년 영연방을 유럽공동체보다 우위에 두었고, 이어 1962년과 1967년 두 차례나 회원국 가입을 고사해 1973년에서야 유럽연합의 전신인 유럽경제공동체(EEC)에 가입했다. 그러나 불과 2년 후 유럽공동체 잔류 여부를 묻는 국민투표를 실시해 근소한 차이로 잔류가 채택되었다. 그리고 40여 년 후 2016년에 유럽연합 잔류와 탈퇴를 묻는 국민투표에서 과반수를 넘는 유권자가 탈퇴를 채택해 결국 2017년 3월 29일에 유럽연합 조약 50조를 공식적으로 발동시켰다. 흥미로운 사실은 영국이 유럽을 지향하면서도 동시에 유럽의 구속에 얽매이지 않으려는 이중 성향을 보인 경향이 유럽통합의 초기부터 나타났다는 점이다. 물론 유럽합중국의 결성을 주창하던 처칠의 연설과 달리 유럽 지역통합이 제도화되고 20여 년이 경과된 후에야 영국의 가입이 성사되기까지 상실한 20년의 책임은 일차적으로 영국의 가입에 반감을 가진 프랑스 드골 대통령의 방해에 있다고 볼 수 있다. 그러나 실질적으로 영국 내부에서 유럽 지역연합 가입에 대한 조건으로 최대한 유리한 고지를 선점하려는 공감대 형성의 어려움이 발목을 잡았다는 평가가 더 설득력을 지닌다고 볼 수 있다.

결국 영국 히쓰(Heath) 보수당 내각의 주도로 유럽경제공동체 가입이 성사되었음에도 불구하고 과도한 양보를 수용했다는 비난이 탄력을 받았다. 그리고 이듬해인 1974년 2월 하원의원 선거에서 소수당으로 집권한 윌슨(Wilson) 노동당 수상은 유럽경제공동체(EEC) 가입 조건에 대한 재협상을 국민투표에 붙이겠다는 공약을 내세워, 8개월 후 10월 하원의원 선거에서 과반수 의석을 확보하지는 못했으나 재집권에는 성공했다. 이어 공약을 실행에 옮겨 1975년 8월에 치러진 국민투표에서 유럽 공동시장, 즉 유럽 공동체에 잔류해야 한다고 생각하느냐는 질문에 대해 67.2% 찬성으로 유럽 탈출은 불발에 그쳤다. 이후 경제침체가 악화되면서 1977년 노동당은 실각했고 유럽회의주의 기류를 도약의 발판으로 삼아 정치적 발언 창구를 모색하려는 스코틀랜드 분리주의가 심화되었다.

이어 1979년부터 유럽의회 의원을 직접 선출하는 제도가 정착되면서 유럽연합의 확대와 심화가 단계적으로 진행되었다. 매 4년마다 개최되는 유럽의회 의석 배정에서 영국은 독일이나 프랑스에 준하는 지위를 확보함으로써 외형상 유럽강국의 격에 맞는 유럽 지역통합의 주도적 역할을 할 수도 있었다. 그럼에도 무늬만 유럽강국에 머무른 영국은 큰 덩치를 활용해 실익 추구에 탐닉한 양상을 띠었고 이에 반발하는 독일과 프랑스 등 실질적으로 유럽통합의 주축을 형성하는 회원국들의 빈축을 샀다. 그렇다면 이러한 영국의 일출은 태생적인가 아니면 점진적으로 굳어진 부산물인가? 우선 1973년 이후 유럽의회 의석이 배정된 추세를 살펴보면, 영국의 상대적 박탈감 또는 상실감의 배경을 이해할 수 있다.

영국을 포함해 아일랜드, 덴마크가 가입해 9개국으로 확대한 1973년부터 1981년 그리스 가입으로 10개국, 1986년 스페인과 포르투갈 가입으로 12개국으로 확대하기까지 영국은 독일, 프랑스, 이탈리아와 더불어 동일한 유럽의회 의석을 배정받았다. 그러나 1994년 암스테르담 조약과 1995년 스웨덴, 오스트리아, 핀란드 가입으로 15개국으로 확대하면서 독일 의석은 증가한 반면, 영국에게는 프랑스, 이탈리아와 동일한 의석이 배정되는 데 그쳤다. 게다가 2004년 폴란드, 체코, 헝가리, 슬로바키아, 슬로베니아, 리투아니아, 라트비아, 에스토니아, 키프로스, 몰타가 가입하며 25개국으로 확대된 후 영국은 프랑스, 이탈리아와 마찬가지로 의석을 상실했다. 이어 2007년 루마니아, 불가리아가 가입해 27개국으로 확대하고 2009년 니스 조약이 체결되면서 의석을 추가로 상실했다.

또한 1979년부터 1986년까지 독일, 영국, 프랑스, 이탈리아는 모두 81석이었으나 1994년 독일은 99석으로 증가한 반면 영국, 프랑스, 이탈리아는 87석으로 증가하는 데 그쳤다. 1994년부터 독일 배정 의석은 그대로였으나 2004년에 영국, 프랑스, 이탈리아는 78석으로 감소했고 이어 2009년에 72석으로 더 감소했다. 2011년부터 프랑스는 74석, 영국과 이탈리아는 73석으로 미미하게 증가했고 2014년부터는 독일도 96석으로 감소했다. 그 결과 2011년부터 영국은 이탈리아와 동등한 의석을 배정받는 데 비해, 프랑스는 영국보다 많은 의석을 배정받아 현재까지 이어진다. 그리고 2013년 크로아티아 가입으로 28개국으로 확대되면서, 독일 의석도 감소되어 전체적으로 조정된 결과 2017년 현재 총 751석 중 영국에게 73석, 즉 9.7%가 배정되어 있다.

　결국 이렇듯 꾸준하게 유럽의회 내 영국의 정치적 입지가 불균등하게 줄어드는 데 대한 반발을 불러일으킬 여지가 있다고 볼 수 있다. 특히 2011년 1월에 유럽의회가 주관해 '캠브리지 의석조정회의(Cambridge Apportionment Meeting)'에서 과거 "정치적 물물교환에 의한 의석 배분" 방식을 지양하고 대신 "지속적이며 투명하고 정치편향성을 배제한" 공식으로 모든 회원국에게 기본 5개 의석에 인구 비례 준거로 의석을 추가해 최소 6석부터 최대 96석까지 배정하는 소위 "캠브리지 타협안(Cambridge Compromise)"이 제시되었다. 이 타협안은 27개국, 크로아티아를 포함한 28개국, 크로아티아와 아이슬란드를 포함한 29개국을 상정하고 총 751석을 전제로 각각 81석, 80석, 79석을 영국에게 배정했다. 그러나 실제로 영국은 현재 유럽연합 28개 회원국을 기준으로 80석보다 훨씬 작은 73석을 배정받은 데 그친다. 이렇듯 유럽의회 의석 감소가 유독 영국에게 불균등하게 적용되었다는 반발에 더해 영국이 유럽연합에 지급하는 기여금과 비교해 환급금이나 공공부문 수령액이 마찬가지로 불균등하게 할당되었다는 의혹이 제기되었다.

　물론 1973년 영국이 유럽연합에 가입한 직후부터 1979년까지 환급금은 지급되지 않았다. 그러나 실제로 영국은 1973년부터 유럽연합으로부터 공공부문 수령액을 지급받았으며 실기여금 대비 수령액 비율은 최저 40퍼센트, 최고 120퍼센트까지 평균 절반 이상을 돌려받았다. 또한 매년 돌려받는 배당금을 재산정하기 시작한 1985년 이전에도 협상을 통해 환급금을 돌려받았다. 결국 영국의 엘리트가 주장한 국민의 불만은 실기여금 대비 환급금과 수령액 총액 비율이 아니라 회계장부상 기입하는 총 기여금 대비 환급금 비율을 영국 유권자들에게 부각시키려는 데 기인한다고 볼 수 있다. 이

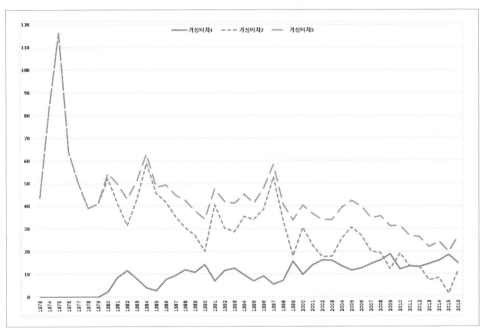

그림 12.1 영국의 유럽연합 기여금 부담/수혜 인식 차이, 1973년~2016년

출처: Table 3 유럽연합 예산에 기여하는 영국의 기여금 대비 환급금 및 공공부문 수령액 비율을 아래 세 가지 방식으로 환산한 후 각 비율 간 수혜 또는 부담 인지 차이를 비교함. http://researchbriefings.parliament.uk/ResearchBriefing/Summary/CBP-7886 (최종검색일: 2017. 5. 9).지표, http://www.index.go.kr/potal/main/PotalMain.do

1. 환급금은 유럽연합이 영국에게 할당하는 기여금과 수혜를 받는 수령액 간 차액의 66%를 보전함으로써 영국의 부담을 경감시키고자 구비한 잠정 기제다. 반면 실 기여금은 영국에게 할당된 기여금 총액에서 환급금으로 돌려받은 금액을 제한 실제 액수다.

2. 1973년부터 1979년까지는 환급금이 부재했고, 1980년부터 1985년까지 협상에 따른 환급금이 지급되었다가 1985년 이후 공식 환급금 지급이 정착되었다. 1985년에는 유일하게 협상에 따른 환급금에 추가해 공식 환급금이 지급되었다.

3. 가성비는 다음과 같은 세 방식으로 환산할 수 있다.
   • 가성비1=(공공부문 수령액/실 기여금)*10 / • 가성비2=((환급금+공공부문 수령액)/기여금 총액)*100
   • 가성비3=(환급금/기여금 총액)*100

4. 이에 따라 가성비차도 다음과 같은 세 방식으로 산출할 수 있다.
   • 가성비차1=가성비2-가성비1 / • 가성비차2=가성비1-가성비3 / • 가성비차3=가성비2-가성비3

러한 인식의 차이는 〈그림 12.1〉을 분석하면 명확하게 드러난다.

〈그림 12.1〉에서 '가성비1'은 실기여금, 즉 총 기여금에서 환급금을 제한 실질적 기여금 대비 공공부문 수령액 비율을 가리키며, 1973년부터 2016년까지 평균 55.7%에 해당한다. '가성비2'는 표면상 기여금 총액 대비 환급금과 공공부문 수령액을 합한 지급액 비율을 가리키며, 평균 65.3%로 '가성비1'보다 훨씬 높다. 이에 비해 '가성비3'는 '가성비2'와 마찬가지로 표면상 기여금 총액을 분모로 하고 가시적으로 수령하는 환급금을 분자로 한 비율을 가리키며, 평균 22.2%로 가장 낮다. 다시 말하자면 '가성비3'는 다른 두 가성비에 비교해, 재정 부담을 포괄적으로 산정해서 가시적 수혜만 대비한 결과 유럽연합 운영을 위해 영국이 부당하게 높은 재정 부담을 진다는 방증 자료로 활용될 수 있다는 추론이 가능하다. 더불어 '가성비3'을 과장해 노출시키는 경우 영국의 부당한 대우를 입증하는 수치로서 정치 의제 또는 선거 의제로 부각시킬 수 있다는 점을 보여준다. 예컨대 '가성비3'과 간극을 측정하는 '가성비차2'와 '가성비차3'은 '가성비차1'보다 훨씬 극심한 간극을 보여준다. 즉 '가성비1'이나 '가성비2' 대신 '가성비3'을 강조하는 경우, 영국은 유럽연합에 가입한 혜택을 전혀 받지 못하고 오히려 유럽연합 운영만 부담하게 되었다고 주장할 수 있다.

2. 지역통합보다 체제통합을 택한 영국

실제로 1973년부터 1974년에 걸쳐 노동당은 영국이 지급하는 기여금 중 실질적으로 공공부문 수령액을 배당받는다는 사실 대신 표면상 드러나는 총 기여금과 환급금을 더한 수치만 내세우며, "(유럽으로부터) 벗어나 세계로 뻗어가자(Out! and into the world)"는 구호를 통해 유럽으로부터 분리해 세계 강국으로서 통합된 영국을 구현하자는 주장을 펼칠 수 있었다. 그러나 1975년 6월 국민투표에서 유럽연합 잔류를 담은 "유럽 속 영국(Keep Britain in Europe)" 구호에 67.2퍼센트가 동조했다. 그리고 40년이

지날 무렵 유럽으로부터 분리함으로써 체제통합을 꾀하려는 영국의 시도가 재현되었고 마침내 탈유럽은 일단 성공적으로 이뤄졌다. 그 배경에는 영국 독립당의 역할도 컸으나 무엇보다 양 거대정당인 보수당과 노동당의 정치적 오산이 복합적으로 연동되어 가능했다(Yi 2016).

2010년 5월 하원선거에서 제 3 정당들이 총 35 퍼센트 득표율을 보인 가운데 캐머런 보수당은 자유민주당과 가까스로 연립정권을 수립했고 무엇보다 영국독립당(UKIP)의 지위가 부각되었다. 2009년 유럽의회 선거에서 보수당이 구성원인 ECR은 영국독립당이 구성원인 EFD보다 2배 많은 26석을 확보했다. 그러나 노동당이 구성원인 S&D가 확보한 13석과 동등한 의석을 확보한 영국독립당의 약진은 비록 영국 총선에서는 3.1퍼센트 득표율과 의석을 전혀 확보하지 못했음에도 불구하고 보수당에게 지지층 잠식을 위협하기에 이르렀다. 이러한 극우성향의 급성장에 위협을 느낀 보수당은 반유럽연합 정서에 호소하는 영국독립당에게 지지층을 잠식당하지 않으려는 전술로서 2013년에 유럽연합 잔류 여부를 국민투표에 회부하겠다는 공약을 내세웠다. 그러자 이러한 영국의 분리 행보에 반기를 들며 2014년 9월에 스코틀랜드 독립에 대한 국민투표가 실시되었으나, 44.7 대 55.3 퍼센트로 간신히 부결되었다.

게다가 앞서 5월에 실시된 유럽의회 선거에서 영국독립당은 노동당이나 보수당을 제치고 32.9퍼센트에 해당하는 높은 의석 점유율을 과시했다. 2014년 유럽의회 선거에서는 영국독립당이 구성원인 EFDD가 73석 중 24석, 노동당 S&D 20석, 보수당 ECR 19석을 확보하며 정치적 충격을 가져왔다. 결국 일 년 후 2015년 5월 하원선거에서 자유민주당 의석은 1/3로 줄었고 보수당과 노동당은 보합세인 반면, 영국독립당은 4배, 스코틀랜드 독립당은 3배 가까이 의석을 늘렸다. 이어 마침내 2016년 6월에 실시한 국민투표에서 51.9 퍼센트를 득표하며 유럽연합 탈퇴라는 이변이 발생했다. 그렇다면 2016년 유럽연합과 결별을 선언한 영국의 분리 행보인 브렉시트(Brexit)가 정치적 이변일까? 결론부터 말하자면 2016년 브렉시트는 유럽연합과 분리를 통해 영국의 통합을 도모한 1975년과 비교해 비록 결과에서 달라졌지만 정치적 동기 측면에서 크게 다르지 않다고 볼 수 있다. 예컨대 보수당 내 유럽연합 잔류와 탈퇴에 중립적인 보리스 존슨(Boris Johnson) 전 런던시장은 지도부에 대해 반발하면서 탈퇴를 주창하는 선봉에 나섰고, 이에 보리스 존슨과의 맞대결에 부담을 느낀 캐머런 수상은 고사하기보다 차라리 TV 토론에서 존슨의 허점을 노출시킬 수도 있었다. 이러한 일련의 과정에서 선거유세 책임자인 로즈경(Lord Stuart Rose)은 연이은 홍보 실책을 범했다. 더불어 유럽연합 잔류 진영이면서도 유럽연합회의주의자인 제러미 코빈(Jeremy Corbyn) 노동당수는 유세에 미온적이었다.

다만 2016년에는 그보다 앞서 2004년 동구권 10개국의 유럽연합 가입에 따른 이주노동자의 증가에 더해 2015년 시리아 사태의 악화로 비유럽국가 이주민의 증가 등 외부적 요인이 내부적 요인보다 더 강하게 작동했다고 볼 수 있다. 무엇보다 이 외부적 요인에 동요하는 영국의 자제를 촉구하는 유럽연합에 대한 영국 유권자들의 불만이 증폭된 결과, 외부적 요인과 내부적 요인 간 경계가 허물어지며 외부적 요인으로 인한 피해 사실 자체보다 인식이 지배하는 형상으로 치달았다. 구체적으로 2016년 초반에 이주노동자에 대한 고용복지 수혜를 제한하려는 보수당의 조치를 저지하려는 메르켈총리와 올랑드대통령 간 신 "불독연맹"은 영국에 대한 유럽연합의 탄압으로 인식되어 영국독립당은 반유럽연합 정서를 부추기며 백인 노동자 지지층을 잠식하는데 성공했다. 실제로 대학 이하 학력소지자의 65퍼센트, 경제빈곤층의 64퍼센트, 65세 이상의 61퍼센트, 2015년 당시 보수당 지지자의 58퍼센트가 유럽연합 탈퇴에 기표했다(우드 경, 2016).

그러나 이렇게 반유럽연합 정서를 자극하는데 활용된 경제상황 악화가 주요 원인이라는 주장이 설득력을 지닐까? 경제번영지표(Barclays' prosperity map)는 GDP, 고용, 기업 수, 주택 가격, 가정 지출, 고소득자 수, 기부금 등 11개 공식 통계수치를 집계한 복합 지수로 영국 지역별 경제 번영을 가늠할 수 있는 자료이다. 비록 경제번영지표의 유효성에 대한 논란이 있긴 하나, 브렉시트에 반대한 런던, 스코틀랜드 및 북아일랜드뿐 아니라 모든 지역이 경제성장을 경험했다는 점을 확인할 수 있다. 구체적으로 유럽의회 영토 단위 통계 분류(NUTS 1)에 따른 선거구 획정에 근거해 2016년 영국의 경제번영 지표와 브렉시트 주민투표 결과를 살펴보면, 경제번영 수치와 무관하게 탈퇴 찬성 비율이 높은 지역이 관찰된 이유는 무엇일까? 특히 유럽연합 구조조정기금에 의존해 지역 개발 재원을 충당한 카운티도 브렉시트에 찬성했고 여전히 그 결정을 번복하지 않는 현상을 어떻게 설명할 수 있을까? 더구나 유럽연합 구조조정기금을 대체해 중앙정부가 소위 공유번영기금을 설립하는 경우, 탈중앙 지방분권이 제대로 보존될 수 있을지에 대한 우려에도 불구하고 유럽연합으로부터 분리함으로써 영국의 통합을 도모할 필요성에 공감하는 집착을 어떻게 이해할 수 있을까? 경제적 동기에 반하는 정치적 선택을 강행한 배경에 이주민 또는 난민의 급증이 야기할 해법을 둘러싼 유럽의 분열로 인한 긴장감이 극대화되었다는 주장의 근거는 타당할까(최진우 2016)?

이전에도 유고슬라비아 내전과 알바니아 내정 불안뿐 아니라 크로아티아 내전과 보스니아 내전 및 코소보 내전으로 인해 발칸반도로부터 서유럽으로 대규모 난민 유입이 발생했다. 〈그림 12.2〉는 2008년부터 2015년까지 유럽 12개국을 두 개 유형으로 분류해 독일, 프랑스, 이탈리아, 스웨덴, 오스트리아, 헝가리를 한 그림으로 묶고 영국, 벨기에, 네덜란드, 핀란드, 노르웨이, 스위스를 다른 그림으로 묶어 난민 추세를 보여준다. 이 기간 동안 총 난민 수는 지속적으로 증가했으나, 다양한 유형이 국가별로 나타났다. 리히텐슈타인과 아이슬란드를 제외하고 노르웨이와 스위스를 합쳐 2008년 당시 281,995명에서 2015년 1,393,375명으로 유럽 전체 총 난민 신청자는 약 5배 증가했다. 스웨덴과 오스트리아는 완만한 증가폭을 보인 반면, 독일은 동기간에 3배 이상, 헝가리는 7배 정도 증가폭을 보였다. 스웨덴이나 오스트리아보다 훨씬 약소하나 핀란드에서도 난민 신청자 수는 완만하게 증가했다. 이탈리아는 2008년, 2011년, 그리고 2014년 전후로 급락을 반복하는 반

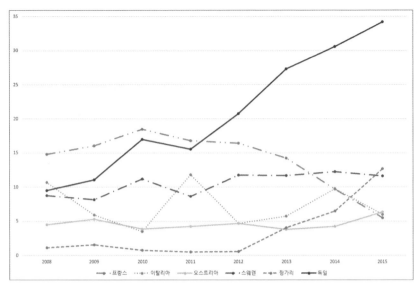

1) 독일, 프랑스, 이탈리아, 스웨덴, 오스트리아, 헝가리

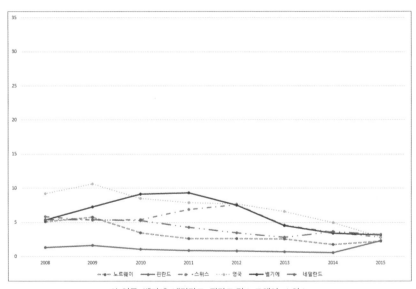

2) 영국, 벨기에, 네덜란드, 핀란드 및 노르웨이, 스위스

그림 12.2 유럽연합 순위별 회원국 난민 신청자 추세, 2008년~2015년 (%)

출처: Eurostat, "Asylum and first time asylum applicants," http://ec.europa.eu/eurostat/tgm/table.do?tab=table&init=1&plugin=1&language=en&pcode=tps00191 (검색일: 2016. 8. 10).

1. 노르웨이와 스위스는 공식적 유럽연합 회원국은 아니나, 관세협정과 쉥겐 지역에 참여한다.

2. (%) 수치는 노르웨이와 스위스를 포함한 유럽 28개국 난민 총수 대비 해당국 난민 수 백분율이다.

면, 프랑스, 벨기에, 네덜란드, 영국 및 노르웨이, 스위스는 2010년, 2011년, 2012년을 정점으로 감소세를 보인다. 즉 영국에서도 다른 유럽 국가들과 마찬가지로 난민 신청자의 감소가 관찰된다. 이 감소세가 보수당을 비롯한 정치권의 선제적 조치로 인한 결과라고 주장할 수도 있으나, 이 감소세에도 불구하고 유권자들의 불만이 좀처럼 잦아들지 않는 배경에는 난민 또는 이주민 폭증 자체보다 그 이면에 영국 유권자의 분노를 촉발시킨 요인들이 작동했다고 볼 수 있다.

V. 미래국가모델로서 유럽연합

리스본 조약의 전문은 유럽이 자부하는 유산을 천명하며 '유럽은 무엇인가'에 답하고자 한다. 그러나 그 답은 필연적으로 소속 여부뿐 아니라, 구성원 자격 또는 자질 충족 여부나 미래상 공유 여부 등 전제가 충족되어야 가능하다. 주지하듯 유럽의 모든 구성원은 양 세계대전을 절대로 반복하지 않겠다는 정치적 의지를 결집해 국가 간 지역통합을 출범시켰다. 그럼에도 유럽 지역통합은 국가주권을 우위에 두려는 간헐적 반발로 인해 반세기에 걸쳐 점진적으로 추진되었다. 그리고 비록 경제적 논리로 미흡하나 정치적 논리에 입각해 마침내 지역통합체로서 유럽연합은 단일화폐체제를 구축하는데 성공했다. 그러니 2011년 유로 위기를 시발점으로 통합된 금융통화 체계에 대한 불신이 심화되었고, 이어 시리아 내전으로 인한 난민의 증가로 인해 국경통제를 부활시켜야 한다는 목소리도 높아졌다. 결국 2016년 6월 23일 영국은 유럽에 소속되어 있음에도 불구하고 그 구성원의 자격 또는 자질에 대한 합의가 불충분하다고 판단한 결과, 미래상을 공유하지 않겠다는 대내외 선언을 통해 유럽 소속을 스스로 폐기하는 결정을 내렸다. 이후 외견상 다수결이라는 민주주의적 절차에 의거한 유럽연합 탈퇴, 소위 '브렉시트(Brexit)'가 구체적으로 어떤 노정을 예견하는지에 대한 논의가 분분하다.

'브렉시트' 사례는 유럽을 '하나의 유럽'으로 정의하려는 강박증에 사로잡힌 정치인 집단과 그 정치엘리트 세력에 반기를 드는 정치인 집단이 유권자의 표를 빌어 전개한 알력싸움으로 생긴 희생양이라고 볼 수 있다. 또한 '브렉시트' 사례는 앞서 리스본조약에서 천명한 보편적 가치를 절차상 민주주의에 의거해 강압적으로 방기한 엽기적 사건의 연속선이라고 할 수 있다(Cooper 2003, 165-172). 다만 이전에는 유럽의 단일화 요구가 미국이 제시한 중동문제 해결법에 대한 반발을 무력화시키려는 시도였다면, '브렉시트' 사례에서 나타난 유럽의 단일화 요구에 대한 저항은 역내에서 발생했다는 차이가 있다. 따라서 지역통합을 경제-무역-재정-통화정책이나 정치-군사-안보정책의 관점으로 접근하면서 "하나의 유럽"을 상정해 유럽연합의 발전 전망을 제시한 선행연구는 '브렉시트'를 설명하는 데 제한적이다(조홍식a 1998; 김세원 2004; 강원택·조홍식 2009; 이규영 2010; Fligstein 2008). 마찬가지로 유럽의 미래를 그 과거에 의거해 처방하고자 유럽 정체성에 초점을 맞춘 선행연구나 유럽화된 정치과정에 역점을 두는 선행연구도 설명력이 미흡하다(Stjernø 2004; Habermas 2008).

　이에 유럽화된 정치과정에 투영된 "탈세속화된 유럽"의 정체성과 유럽 다양성(diversity)을 조립하는 정치풍경을 그려낸 선행연구를 '브렉시트'에 연계해 설명하고자 했다(이옥연 2011; 이옥연 2014). 여기서 명명하는 다양성이란 단수가 아닌 복수로서 다채롭다는 의미의 다양성(variety)보다 단일하지 않다는 의미의 다양성(diversity)을 가리킨다. 더불어 앞서 2004년 유럽연합헌법조약의 인준을 둘러싼 갈등에서 드러난 "하나의 유럽"에 가린 이면을 활용해, 역내 극진세력이 유럽 차원에서 정치세력을 집결한 이후 유럽회의주의를 국내 차원으로 정치 의제로 설정한 데 성공한 점에 주목해 이를 '브렉시트'에 적용했다. 구체적으로 나이젤 파라쥐가 주동해 난민문제에 대한 해법으로 유럽연합 탈퇴를 주창한 영국독립당(UKIP, UK Independence Party)이나 그 정치쟁점에 동조한 보수당 일부 정치인 집단의 균열구조로 초점을 좁힐 수도 있다. 결론적으로 '브렉시트'를 설명하기 위해 "탈세속화된" 유럽 사회의 다양성을 재조립하는 정당 집단 정치의 다단계 균열구조로 초점을 넓힐 수 있다.

결론부터 말하자면, 조직은 초국가적인데 실무는 국가 간 이해관계에 충실한 유럽연합의 실체에서 단서를 찾을 수 있다. 이는 1985년 단일의정서가 채택되는 순간부터 내포된 문제점으로서, 유럽 연방화를 지향하기보다 지역 통합의 장애물을 우회해 정치적 합의를 도출한 부산물이라고 볼 수 있다. 스피넬리나 장 모네가 주도한 유럽통일이 "크로커다일"안의 주요 골격이라면, 이를 희석하는 의미에서 물타기에 해당하는 "캥거루"안이 궁극적으로 단일의정서의 근간으로 채택되었다(이용희 1994, 208-218). 이는 한편으로 장애물이 보일 때마다 건너뛰는 장치, 예컨대 참여 유보(opt-out)를 허용하는 관례를 남겼고, 다른 한편으로 거부권 행사를 조건부로 허용해 회원국의 개별 의견이 초국가적 의사진행과정에 침투하는 여지를 남겼다. 그럼에도 불구하고 역내 단일시장에 관한 한 사안별 타결이 아닌 일괄타결안이 채택되어 단일의정서가 출범했지만, 이후 다시 마스트리히트조약이 덴마크 국민투표 부결로 일시 좌절된 적이 있다.

결국 영국의 탈유럽연합 실험은 유럽연합이란 회원국의 동의로 성립되었고 각 회원국은 주권을 유럽연합에 양도하지 않았기 때문에 회원국이 개별적으로 해결하기 어려운 공동 대응 사안에 제한된 권역에서만 운용한다는 보조성(subsidiary) 원칙이 건재하다는 방증이라고 볼 수 있다. 이는 비록 주권의 핵심 요소들에 해당하는 조세결정권이나 예산권이 초국가적 기구로 실질적으로 상당 부분 이양되었음에도 불구하고 근본적으로 의사결정과정의 주요 행위자는 각 회원국에서 파견되거나 선출된다는 모호성에 기인한다.

과반이 조금 넘는 영국 유권자는 보조성 원칙에 근거해 유럽연합으로 이양한 권한이 역으로 영국민의 이해에 반해 압박한다고 판단한 결과 탈유럽연합을 선택했다. 이는 유럽연합의 형성을 가능하게 한 보조성 원칙이 확대와 심화를 거치며 유럽연합의 운영을 어렵게 만드는 부메랑으로 돌아올 수 있다는 점에서 미래국가 모델의 취약점이라고 볼 수 있다. 궁극적으로 유럽연합의 실험은 한편으로 국제기구에 근접한 통치구조와 의결과정을 보전하면서 다른 한편으로 일국 체계에 준하는 단일한 국가성을 구축하려는 데 있다. 따라서 유럽연합은 복합적 국가 정체성에 대한 헌법적 근거를 정비하는 동시에 그에 대한 정치적 매력을 전파할 부담을 해소해야 하는 과제를 여전히 안고 있다.

참고문헌

강원택·조홍식. 2009. 『하나의 유럽: 유럽연합의 역사와 정책』. 서울: 푸른길.

김미경. 2016. "유로존 경제위기의 정치적 기원에 대해: 역사적 제도주의 시각에서." 『현대정치연구』
　　9(1), 5-39.

김세원. 2004. 『EU경제학: 유럽경제통합의 이론과 현실』. 서울: 박영사.

김준석. 2011. "프랑스-독일 관계의 변화와 유럽통합: 회고와 전망." 이옥연 외. 『유럽의 정체』, 111-
　　158. 서울: 서울대학교 출판문화원.

마들렌 호슬리. 2011. "유럽 화폐통합과 유로." 이옥연 외. 『유럽의 정체』, 159-190. 서울: 서울대학교
　　출판문화원.

요하네스 헬름라트. 2011. "중세의 유럽: 기독교 유럽의 문제." 이옥연 외. 『유럽의 정체』, 1-38. 서울:
　　서울대학교 출판문화원.

이규영. 2010. 『유럽통합과정과 지역협력』. 서울: 집문당.

이동기. 2016. "21세기와 유럽의 싸움이 시작되었다." 8월 10일. 『창비주간논평』.

이옥연. 2010. "스위스 다문화주의의 도면: 연방 법제도와 정당제를 중심으로." 『국제정치논총』 49(5),
　　333-355.

_____. 2011. "유럽의 종교, 정치, 그리고 정체성." 이옥연 외. 『유럽의 정체』, 231-276. 서울:
　　서울대학교 출판문화원.

_____. 2014. "자유 민주주의의 역기능, 네덜란드 '고향의 정치'." 조홍식 외. 『유럽의 민주주의:
　　새로운 도전과 과제』, 107-151. 서울: 사회평론아카데미.

이용희. 1994. 『미래의 세계정치: 국가연합론 강의』. 서울: 민음사.

조홍식. 2011. "화폐와 정체성: 유로와 유럽의 사례." 이옥연 외. 『유럽의 정체』, 191-230. 서울:
　　서울대학교 출판문화원.

최진우. 2016. "난민위기와 유럽통합." 『문화와 정치』 3(1), 109-137.

홍태영. 2011. 『정체성의 정치학』. 서울: 서강대학교 출판부.

Caporaso, James and Alec Stone Sweet. 2001. "Conclusion: Institutional Logics of European
　　Integration." In *The Institutionalization of Europe*, edited by Alec Stone Sweet, Wayne
　　Sandholtz, and Neil Fligstein, 221-236. Oxford: Oxford University Press.

Castiglione, Dario. 2009. "Political Identity in a Community of Strangers." In *European Identity*,
　　edited by Jeffrey Checkel and Peter Katzenstein, 29-51. Cambridge: Cambridge University
　　Press.

Checkel, Jeffrey, and Peter Katzenstein. 2009. "The Politicization of European Identities." In
　　European Identity, edited by Jeffrey Checkel and Peter Katzenstein, 1-25. Cambridge:
　　Cambridge University Press.

Christiansen, Thomas. 2009. "The EU Treaty Reform Process since 2000: The Highs and Lows
　　of Constitutionalising the European Union." In *Rejecting the EU Constitution?: From the
　　Constitutional Treaty to the Treaty of Lisbon*, edited by Anca Pusca, 29-40. New York:

International Debate Education Association.

Christiansen, Thomas, and Christine Reh. 2009. *Constitutionalizing the European Union*. New York: Palsgrave Macmillan.

Cooper, Robert. 2003. *The Breaking of Nations: Order and Chaos in the Twenty-First Century*. New York: Grove Press.

Dalferth, Ingolf U. 2010. "Post-secular Society: Christianity and the Dialectics of the Secular." *Journal of the American Academy of Religion* 78(2): 317-345.

Fligstein, Neil. 2008. *Euro-Clash: The EU, European Identity, and the Future of Europe*. Oxford: Oxford University Press.

George, Susan. 2008. *We the Peoples of Europe*. London: Pluto Press.

Habermas, Jürgen. 2008. *Europe: The Faltering Project*. translated by Ciaran Cronin. Cambridge: Polity.

Héritier, Adrienne. 2001. "Overt and Covert Institutionalization in Europe." In *The Institutionalization of Europe*, edited by Alec Stone Sweet, Wayne Sandholtz, and Neil Fligstein, 56-70. Oxford: Oxford University Press.

Hix, Simon. 2008. *What's Wrong with the European Union & How to Fix It*. Malden: Polity.

Hynková-Dvoranová. 2009. "The Lisbon Treaty and the Future of EU Enlargement." In *Rejecting the EU Constitution?: From the Constitutional Treaty to the Treaty of Lisbon*, edited by Anca Pusca, 71-87. New York: International Debate Education Association.

Kaelble, Hartmut. 2009. "Identification with Europe and Politicization of the EU since the 1980s." In *European Identity*, edited by Jeffrey Checkel and Peter Katzenstein, 193-212. Cambridge: Cambridge University Press.

Karolewski, Ireneusz Pawel. 2009. *Citizenship and Collective Identity in Europe*. London: T&F Books.

Kraus, Peter. 2008. *A Union of Diversity*. Cambridge: Cambridge University Press.

Ludlow, N. Piers. 2010. "Governing Europe: Charting the Development of a Supranational Political System." In *European Union History: Themes and Debates*, edited by Wolfram Kaiser and Antonio Varsori, 109-127. New York: Palgrave Mcmillan.

Mechi, Lorenzo. 2010. "Formation of a European Society? Exploring Social and Cultural Dimensions." In *European Union History: Themes and Debates*, edited by Wolfram Kaiser and Antonio Varsori, 150-168. New York: Palgrave Mcmillan.

Medrano, Juan D. 2009. "The Public Sphere and the European Union's Political Identity." In *European Identity*, edited by Jeffrey Checkel and Peter Katzenstein, 81-107. Cambridge: Cambridge University Press.

Rasmussen, Morten. 2010. "European Rescue of the Nation-State? Tracing the Role of Economics and Business." In *European Union History: Themes and Debates*, edited by Wolfram Kaiser and Antonio Varsori, 128-149. New York: Palgrave Mcmillan.

Risse, Thomas. 2010. *A Community of Europeans? Transnational Identities and Public Spheres*. Ithaca: Cornell University Press.

Stjernø, Steinar. 2004. *Solidarity in Europe: The History of an Idea*. Cambridge: Cambridge

University Press.

Sweet, Alec Stone, Wayne Sandholtz, and Neil Fligstein. 2001. "The Institutionalization of European Space." In *The Institutionalization of Europe*, edited by Alec Stone Sweet, Wayne Sandholtz, and Neil Fligstein, 1-28. Oxford: Oxford University Press.

Triandafyllidou, Anna. 2010. *Muslims in 21st Century Europe: Structural and Cultural Perspectives*. London: T&F Books.

Tsebelis, George. 2009. "Thinking about the Recent Past and the Future of the EU." In *Rejecting the EU Constitution?: From the Constitutional Treaty to the Treaty of Lisbon*, edited by Anca Pusca, 42-70. New York: International Debate Education Association.

Walker, Neil. 2007. "Post-Constituent Constitutionalism? The Case of the European Union." In *The Paradox of Constitutionalism: Constituent Power and Constitutional Form*, edited by Martin Loughlin and Neil Walker, 247-267. Oxford: Oxford University Press.

Yi, Okyeon. 2016. "Awakenings from the Historic 'Brexit' Referendum." *The Postech Times*, 9월 28일. http://times.postech.ac.kr/news/articleView.html?idxno=9274 (최종 검색일 2016. 9. 28).

Zowislo-Grünewald, Natascha. 2009. "On Europe's Representation: A Symbolic Interpretation of Rejecting the Constitution." In *Rejecting the EU Constitution?: From the Constitutional Treaty to the Treaty of Lisbon*, edited by Anca Pusca, 16-28. New York: International Debate Education Association.

http://bruegel.org/2016/10/beyond-hard-soft-and-no-brexit/?utm_content=buffer5d444&utm_medium=social&utm_source=twitter.com&utm_campaign=buffer+(bruegel (최종검색일 2017. 11. 15)

http://researchbriefings.parliament.uk/ResearchBriefing/Summary/CBP-7886 (최종검색일: 2017. 12. 9).

http://www.europarl.europa.eu/thinktank/en/document.html?reference=EPRS_BRI(2016) 577973 (최종검색일: 2017. 12. 9).

http://www.lisbon-treaty.org/wcm/the-lisbon-treaty/treaty-on-european-union-and-comments/preamble.html (최종검색일: 2017. 8. 10)

http://www.lisbon-treaty.org/wcm/the-lisbon-treaty/treaty-on-european-union-and-comments/title-6-final-provisions/135-article-48.html (최종검색일: 2017. 8. 10)

http://www.lisbon-treaty.org/wcm/the-lisbon-treaty/treaty-on-European-union-and-comments/title-6-final-provisions/137-article-50.html (최종검색일: 2017. 8. 10)

http://www.nytimes.com/2014/05/18/magazine/nigel-farage-and-his-uk-independence-party-want-out-of-europe.html?_r=0 (최종검색일: 2017. 8.10)

http://www.statslab.cam.ac.uk/~grg/papers/cam-report-final2.pdf (최종검색일: 2017. 5. 9).

제13장

미국 연방국가의 궤적과 미래의 변화상

손병권(중앙대학교)

연방제도의

역사적인 발전과정에서 미국은 연방정부의 권한이 상대적으로 더 커지는 경로를 밟아왔다. 이후 뉴딜 자유주의가 쇠퇴하기 시작한 1960년대 말과 1970년대 초 '신연방주의'가 등장하면서 연방정부의 영향력을 줄여보려는 시도가 시작되었고, 1990년대 중반 연방정부에서 주정부로의 부분적인 '권한이양' 과정을 경험하기에 이르렀다. 그러나 안보 및 세계화와 관련하여 연방정부의 권한을 축소시키는 것은 사실상 불가능해진 것도 사실이다. 다만 권한이양 이후 연방정부가 주도할 수밖에 없는 정책영역은 그대로 남아 있으면서도 특정 영역에서 주정부가 자신의 자율적 권한을 강하게 주장하는 현상이 지속적으로 등장하였다. 여기에 더하여 2000년대 이후 극도로 심화된 '파편화된 연방제도' 혹은 '정파적 연방제도'는 미국 연방제도의 복잡성을 더욱 증대시키고 있다. 즉 정책영역별로 연방정부와 주정부의 권한의 배분이 상당한 편차를 보일 뿐만 아니라, 동일한 정책영역에서도 주정부와 연방정부 간의 권한배분이 양대 정부의 정권담당자가 바뀔 때마다 변화하는 현상을 보이는 '수직적 양극화'가 등장한 것이다. 따라서 미국 연방제도와 미래의 향방은 단순히 '정부 간 관계'를 넘어서서 미국이 예전에 일찍이 경험하지 못했던 정당 간 대립과 이념적 갈등, 그리고 정체성의 정치와 결부되어 설명되어야 한다.

I. 서론

1. 연구의 목적과 문제의식

미국은 권력의 분산을 특징으로 하는 반국가주의(anti-statism)의 이념을 토대로 성립한 국가였다. 미국의 영국계 식민지인들은 독립전쟁 이전 수십년 동안 영국에서 서서히 발생한 '권력의 집중'이 '참을 수 없는 법'(Intolerable Acts)의 통과 등 자신들이 받아들일 수 없는 식민지 정책을 귀결했다고 믿기에 이르렀다. 이들 미국의 식민지인들은 북미대륙 동해안에 식민지를 개척한 이후 계속해서 지켜져 왔던 식민지인의 자율적인 조세결정권이 위기에 처하게 되었다고 느끼면서 영국발 '정부의 폭정'을 서서히 그러나 분명히 지각(知覺)하기 시작했다. 그리고 이러한 '지각'에서 더 이상 반전의 가능성이 없다고 생각되었을 때 미국독립전쟁이 시작되었고, 이어서 1787년 새로 만들어낸 미국국가는 '무국가의식'을 특징으로 하는 국가로 나타날 수밖에 없었다(Hartz 1955; Lipset 1963, 1996; Skowronek 1982).

미국이 표방한 '무국가의식'과 '반국가주의'는 건국과정에서 권력의 집중을 최대한 방지하는 방식의 정부구성으로 등장했다. 필라델피아 헌법회의가 불가피하게 새로운 중앙정부를 만들어 내기 위해서 소집된 것이기는 하나, 중앙정부는 시민의 자유를 억압하는 정부의 폭정을 용인하지 않는다는 조건 내에서만 가능한 것이었다. 해밀턴(Alexander Hamilton), 매디슨(James Madison), 제이(John Jay) 등 이러한 우려를 잘 알고 있었던 '연방주의자'들은 '주들간의 계약' 이상의 연방제도를 용인하지 않으려는 '반연방주의자'들을 설득하지 않으면 안 될 입장에 서 있었다. 그리고 이러한 설득은 미국이 '통합국가'적인 측면이 있음에도 불구하고 '주의 자율성'을 인정하고 있다는 점을 상기시키는 양면적인 방식으로 진행되어야 했다. 따라서 반연방주의자에 대한 매디슨의 접근방식은 미국이라는 신생공화국이 통합뿐만 아니라 자치를 추구하며, 연방정부의 권한강화와 동시에 주정부의 자율성을 충분히 보장하는 '연맹'적인 성격도 있음을 강조하는 것이었다 (Diamond 1993; Madison 1787-1788). 그리고 이러한 연맹적인 성격을 강조하는 것은 미국이 연방국가라는 점, 즉 정부의 권력이 중앙정부와 지역정부, 연방정부와 주정부에 나뉘어져 있다는 것을 강조하는 것이었다. 견제와 균형, 권력의 분립과 함께 미국의 연방제도는 권력의 집중을 최소화하고 권력의 분산을 충분히 실현하여, 새로 등장하는 미국국가가 시민의 자유를 침해하여 폭정으로 치닫지 않는 국가임을 보장하는 방법 가운데 하나였다.

이 글은 이와 같이 권력의 분산을 도모하면서도 강력한 중앙정부가 필요하다는 인식에 따라서 도입된 미국의 연방제도가 어떠한 역사적 궤적을 따라서 변화되어 왔으며, 그리고 그 미래상은 어떠한 모습을 띠게 될 것인지를 검토해 보고자 한다. 이러한 검토는 또한 궁극적으로 미국에서 연방제도가 도입될 당시의 목표와 연방제도의 도입과 함께 발생한 우려에 대한 '현재'적 답변을 시도하는 작업이 될 것으로 보인다.

연방제도가 도입될 당시의 미국의 목표는 기본적으로 연방정부 수립 이전에 존재했던 연합헌장체제하에서는 효과적인 중앙정부의 수립이 어려우므로 이를 극복할 수 있는 강력한 중앙정부의 수립이었다. 개별적인 13개의 '공화국'(commonwealth)이 연맹이라는 구심력 없는 느슨한 형태로 병립하고 있는 것보다는, 강력한 중앙정부가 만들어져서 신생공화국의 대외적 안전을 보장하고 대내적으로 여러 주정부 사이에 발생한 문제를 주도적으로 조정해 낼 수 있어야 한다는 것이 당시 새로운 연방헌법의 필요성을 설파한 연방주의자들의 주장이었다. 이는 개별 국가의 단위를 뛰어넘는 연방국가라는 새로운 창의적 단위가 미국이라는 신생공화국의 대외적 그리고 국내적인 과제의 해결에 더욱 적합하다는 인식의 소산이었다. 그리고 이러한 인식은 미국의 강대국화 과정에서 목격할 수 있듯이 적어도 미국의 대외정책의 측면에서는 대체로 올바른 판단이었다고 보인다. 그러나 그 대내적인 조정의 목적은 현재 점점 더 달성되기 어려워지는 형편이며, 여기에 대한 분석이 지속적으로 필요하다고 보인다. 미국 연방제도의 발전과정과 미래에 대한 조망은 건국 당시 연방제도의 도입 목표와 관련된 현재 미국의 대내적 난제에 대한 이해와도 관련되어 있다.

한편 새로운 중앙정부의 창설은 또한 신생국가인 미국이 정치적 혹은 사회적 폭정에 다시금 노출되지 않고 '공화국'으로서, 즉 '시민의 자유'를 보장해 주는 대의정부체제로서 무사히 성장해 나갈 수 있을 것인가라는 우려를 동반했다. 사실상 1787년의 필라델피아 헌법회의를 포함하여 미국혁명 및 미국건국 전야의 주요한 논쟁은 중앙정부의 출현에 대한 필요성만큼이나, 13개의 공화국이 일정 부분 권력을 이양하여 수립한 연방정부로 하여금 어떻게 하면 폭정을 수행하지 않게 할 수 있을 것인가 하는 문제였다. 즉 새로운 중앙정부의 수립 이후 이러한 정부의 권력행사 양태에 대한 불안이 연방국가 수립의 필요성에 대한 요청만큼이나 절박한 해결을 필요로 하는 것이었다. 그리고 이러한 불안 역시 연방주의자와 반연방주의자 간의 대립을 촉발한 중요한 이슈였다.

이들 양자 간 대립의 결과는 정부형태의 측면에서 권력의 분산과 견제와 균형, 사회적 측면에서 미국의 영토적 광역성이 보장해 주는 이익의 균형으로 인해서 이러한 불안이 해소될 수 있다는 매디슨적 설득의 승리였다. 즉 한편으로는 정치권력의 분산과 권력 간의 견제와 균형, 다른 한편으로는 사회적인 이익의 상호균형으로 시민의 자유가 보장되는 '광대한 공화국'이 가능하다는 연방주의자의 논리가 승리하면서 미국은 연방국가로 출범할 수 있게 되었다.

그러나 연방국가로서 미국의 등장을 가능하게 한 이러한 매디슨의 논리는 1990년대 중반 이후 정당 양극화 현상의 심화, 그리고 2016년 트럼프 대통령의 당선으로 표면화된 백인민족주의의 등장으로 인해서 현재 심각하게 도전받고 있다. 즉 정당 간 갈등의 심화와 백인민족주의 위력은 현재 정치적 권력기관 간의 상호 견제와 균형, 사회적 이익 간의 상호충돌과 그 결과로 나타나는 조화와 균형을 매우 어렵게 만드는 극단적이고 분열적이며 또한 전국적인 폭풍이 되어 가고 있다. 즉 권력과 이익이 존재하더라고 이것이 분산되어 있고 상호 견제하면서 시민의 자유는 보장될 것이라는 매디슨의 기대는 적어도 현재의 시점에서 보면 정당양극화와 백인민족주의의 극단적 힘에 의해서 도전에 처해 있는 실정이다. 따라서 미국 연방제도의 현재와 미래에 대한 분석은 미국이라는 '광대한 공화국'의 실험이 얼마나 지속적으로 성공할 것인지에 대한 질문과도 연관되어 있는 것이다.

2. 1930년대 이후 미국 연방제도 개관 및 글의 순서

연방제도의 역사적인 발전과정에서 미국은 점차 중앙정부인 연방정부의 권한이 상대적으로 더 커지는 경로를 밟아왔던 것이 사실이며, 이는 남북전쟁 이후 미국이 산업화과정을 거치면서 더욱 본격적으로 진행되었다. 연방정부 중심의 협조적이지만 비대칭적인 연방제도의 발전은 1930년대 민주당 행정부와 민주당 의회 주도의 '뉴딜'(New Deal) 프로그램 등장 이후 '협조적 연방주의'(cooperative federalism)를 거쳐 1960년대 존슨(Lyndon B. Johnson) 민주당 행정부가 민주당 의회와 함께 만들어낸 '위대한 사회'(Great Society) 프로그램의 진행과정에서 '창조적 연방주의'(creative federalism)로 극대화된다. 전체적으로 연방정부의 팽창은 연방정부의 지침에 충실한 주정부 및 지방정부의 역할 역시 확대시키는 것이었으며, 연방교부금(federal grant) 형태로 주정부로의 대규모 재정지원을 포함하는 것이었다.

그 후 뉴딜 자유주의가 쇠퇴하기 시작한 1960년대 말 닉슨(Richard Nixon) 공화당 행정부의 '신연방주의'(new federalism)가 등장하면서 처음으로 연방정부의 영향력을 줄여보려는 시도가 개시되었으며, 이후 레이건(Ronald Reagan) 행정부를 거치면서 연방정부의 팽창은 서서히 둔화되기 시작하였다. 그리고 마침내 1996년 클린턴(Bill Clinton) 민주당 행정부와 의회다수당인 공화당과의 타협을 통해서 복지제도가 개혁되면서, 미국 연방제도는 연방정부로부터 주정부로의 '권한이양'(devolution) 과정을 겪게 되었다. 그 후 부시(George W. Bush) 행정부와 오마바(Barack Obama) 행정부를 거치면서 미국의 연방제도는 오늘날에 이르러 매우 파편화된 양상을 보이면서 정파적으로 운영되기에 이르렀다.

전체적으로 볼 때 1990년대 중반 연방정부에서 주정부로의 부분적인 '권한이양' 과정을 경험한 이후 오늘날까지 미국 연방제도는 주정부와 연방정부 간에 힘의 배분에 있어서 어떤 가시적인 방향성을 특정하기 어려울 상황에 처해 있다. 이는 결코 연방정부의 권한이 매우 취약해져서 주정부가 연방정부에 동등한 권한을 지니게 되었다는 것을 의미하지는 않는다. 사실상 이미 많은 정책영역에서 연방정부의 역할이 불가역적(不可逆的)으로 공고화된 상황에서 이러한 주장은 사실일 수 없다. 1990년대 중반 권한이양 이후 미국 연방제도의 방향성을 특징적으로 포착하여 설명하기 어려워졌다는 주장은, 연방정부가 주도할 수밖에 없는 정책영역은 그대로 남아 있으면서도 특정 영역에서 주정부가 자신의 자율적 권한을 강하게 주장하는 현상 및 이에 부수되는 연방제도의 복잡한 기타 현상을 지칭하는 것이다.

특히 1990년대 중반 권한이양 현상이 나타난 이후 주정부의 자율권 증대와 함께 미국 연방제도를 더욱 복잡하고 불안정하게 만드는 것은 부시 행정부의 출현과 함께 나타나기 시작하여 오바마 행정부를 거치면서 극도로 심화된 '파편화된 연방주의'(fragmented federalism) 혹은 '정파적인 연방주의'(partisan federalism)의 문제이다. 즉 정책영역별로 연방정부와 주정부의 권한의 배분이 상당한 편차를 보일 뿐만 아니라, 동일한 정책영역에서도 주정부와 연방정부 간의 권한배분이 양대 정부의 정권담당자가 바뀔 때마다 변화하는 현상을 보이기 시작한 것이다. 즉 연방정부와 주정부를 어떤 정당이 장악하고 있느냐에 따라서 주정부와 연방정부의 권한배분 문제가 더욱 복잡하게 전개되기 시작하였으며, 이와 함께 소위 미국 연방제도에서 '수직적 양극화'(vertical polarization)가 등장하기 시작한 것이다.

이렇게 볼 때 결국 현재의 미국 연방제도는 특정 정책영역별로 연방정부와 주정부의 권한배분의 수준만을 분석해서는 잘 설명될 수 없는 성질의 것으로 변모해 버리고 말았다. 즉 현재의 미국 연방제도와 미래의 향방은 1990년대 연방정부에서 주정부로의 권한이양 이후 미국이 예전에 일찍이 경험하지 못했던 정당 간 대립과 이념적 갈등, 그리고 정체성의 정치와 결부되어 설명되어야 한다. 다시 말하자면 의회정치나 선거정치 등과 마찬가지로 미국 연방제도에 대한 현재와 가까운 미래에 대한 설명 역시 정당대립 혹은 이념대립이라는 연방제도 '외부'적인 요소에 대한 분석에서 시작해야 할 상황에 이르렀다. 이러한 상황이 미국의 미래국가에 어떠한 함의를 던지는가 하는 것도 이 글이 분석해야 할 과제 가운데 하나이다.

이러한 개괄적인 배경설명 하에서 이 글은 다음의 순서로 진행될 것이다. 먼저 다음 제II절에서는 미국 건국 이후 남북전쟁 이전까지의 시기, 남북전쟁 이후 혁신주의시대를 거치면서 뉴딜에 이르는 시기, 뉴딜 이후 존슨 행정부의 창조적 연방주의의 등장까지의 시기, 그리고 마지막으로 닉슨 행정부와 레이건 행정부의 신연방주의 시기 등으로 시기를 구분하여 각각의 시기에 나타나 미국 연방제도의 특징을 개괄적으로 살펴보고자 한다. 이어서 제III절에서는 1990년 중반에 나타난 미국 연방제도의 '권한이양' 현상에 대해서 집중적으로 논의하고자 한다. 이 절에는 1970년대와 1980년대 '작은 정부론' 및 신연방주의에 이어서 등장한 연방정부로부터 주정부로의 권한이양의 개괄적인 내용과 이를 둘러싼 논쟁을 검토하고자 한다. 이어서 제IV절에서는 이미 언급한 절에서 논의된 내용을 토대로 미국 연방제도의 현재를 분석하고 미래상을 전망해 보고자 한다. 마지막으로 결론에 해당하는 제V절에서는 결론 이전에 논의된 내용에 더하여 현대 미국이 안고 있는 문제를 검토하면서, 이러한 문제가 서론에서 제기한 문제, 즉 건국 당시 연방제도가 주창된 이유 그리고 건국 당시 연방제도 도입으로 인한 '공화국'의 유지에 대한 우려 문제와 어떻게 조응하는지를 논의해 보고자 한다.

II. 1990년대 권한이양 이전까지의 미국 연방제도의 역사적 발전[1]

미국 연방제도의 역사를 통해서 볼 때 연방정부와 주정부 간의 관계는 고정되어 있었다기보다는 미국 정치발전 과정에서 나타난 시대와 상황의 요구에 따라서 지속적으로 변화해 왔다. 미국 헌법제정 당시 건국의 아버지들은 연방정부가 오늘날처럼 팽창하리라고는 상상하지 못했을 것이며, 대통령의 권한과 영향력이 현재와 같이 비대해지리라고는 전혀 짐작하지 못했을 것이다. 특히 '정당'이라는 금기시된 '괴물'이 극단적으로 성장하여 연방제도의 순기능을 잠식시킬 것으로는 전혀 예상할 수 없었을 것이다.

그러나 19세기 초반 이후 전국적인 도로, 통신, 교통망이 정비되고 남북전쟁 이후 북부를 중심으로 산업화가 진행되면서, 미국은 서서히 연방정부의 다양한 정책을 통해서 '하나의 국가'로 통합되어가기 시작했다. 이와 함께 19세기 말과 20세기 초에 이르러 연방정부의 정책이 전국적인 영향력을 발휘하기 시작하면서 미국 역시 '규제국가'(regulatory state)라는 이름으로 합리적 근대국가의 모습을 보이기 시작했다.

주정부와 연방정부 간의 권한배분을 통해서 보면 전반적으로 19세기 말에서 1960년대까지는 지속적으로 연방정부의 권한이 확대되어 가는 시기였다. 그리고 이 기간 동안 연방정부는 주정부와 다양한 정책협의 네트워크를 구성하면서 연방제도의 원활한 운영을 위해서 협력해 갈 수 있었다. 특히 뉴딜정책이 실현된 1930년대 이후 경제, 복지, 민권 등의 측면에서 미국 국민의 생활 속에서 연방정부가 시행하는 정책의 실질적인 영향력이 느껴지기 시작했으며, 이러한 영향력은 1960년대 민주당 행정부 주도의 '위대한

....

1 　미국 연방제도의 발전을 개괄적으로 검토하는 이 절을 작성하기 위해서 필자는 Conlan(1988, 1998); Derthick(2001); Donahue(1997); Hamilton and Wells(1990); O'Toole(1993); Walker(1995, 1996); Wright(1988) 등을 참조하였다.

사회' 프로그램이나 민권법 제정 등에 이르러 정점에 이르렀다고 볼 수 있다. 이어서 뉴딜 자유주의의 피로감에 불만을 제기한 '조용한 다수'의 지원에 힘입어 닉슨 공화당 행정부가 등장하는 1960년 말에 이르면 민주당 행정부와 의회가 주도했던 팽창적 성격의 연방제도는 상당히 둔화되기 시작한다. 이러한 역전현상은 닉슨 대통령이나 레이건 대통령 등 공화당 행정부의 등장이 강력하게 시사하는 바와 같이 미국의 전반적인 보수화 경향과 맞물려 있는 것이었다. 이와 함께 미국이 겪게 되는 재정적자의 증대 역시 연방정부의 재원을 감소시키면서 미국 연방제도가 '작은 정부론'으로 회귀하게 만드는 계기를 제공해 주었다. 아래에서는 이러한 미국 연방제도의 변화를 1990년대 중반 '권한이양'(devolution) 이전 시기에 국한하여 크게 4개 기간으로 구분하여 개괄적으로 검토하기로 한다.[2]

1. 건국에서 남북전쟁까지

1787년 미국의 헌법제정 이후 남북전쟁이 종료되는 1860년대 중반까지의 시기는 미국이 본격적인 산업화 단계에 진입하기 이전의 기간으로 농업사회적인 특징을 보이는 시기였다고 할 수 있다. 산업화와 도시화 그리고 본격적인 이민의 유입에 따른 사회문제와 정부의 대응조치에 대한 요구가 크지 않은 시기였기 때문에, 연방정부의 역할이 확대될 환경이 아직 조성되지 못한 시기였다. 따라서 이 시기는 주정부와 연방정부의 권한이 분리된 채 유지되는 전형적인 이중 연방제도에 가장 유사한 시기였다고 할 수 있다.[3] 즉 연방정부와 주정부의 역할이 상호 침투과정을 겪지 않은 채 유지되는 양상이 이 시기의 연방제도의 일반적인 양상이었다. 보다 정확히 말하자

....

2   권한이양은 본문의 제III절 '1990년대 중반 권한이양과 그 결과'에서 자세히 논의될 것이다.

3   미국 연방제도의 발전과정에서 건국 초기부터 결코 엄밀한 의미에서 연방정부와 주정부의 권한이 명확히 구분되는 이중 연방제도는 없었다는 설득력 있는 주장에 대해서는 Grodzins(1966)을 참조하기 바람.

면 산업화와 도시화, 경제활동의 전국적 권역화 등이 아직 현실화되지 않아서 연방정부의 확대에 대한 필요성이 크게 대두되지 않았다고 보는 편이 옳을 것이다.

이 시기 미국인들의 삶은 대체로 주정부 내에서 카운티 단위의 지방정부를 중심으로 영위되었다. 19세기 전반기를 거치면서 등장한 연방정부와 주정부 간의 문제는 주로 본격적인 산업화 이전 미국 내부의 개척지에 대한 주민의 이주 그리고 상공업의 발전과정에서 연방은행의 필요성 등을 중심으로 전개되는 수준에 그쳤다. 즉 새로운 개척지의 개발과 이를 위한 국가소유 토지의 불하과정에서 대체로 주정부와 연방정부는 큰 갈등을 겪지 않고 협력하는 것이 일반적이었다. 양대 정부 간에 연방정부의 재원이 이전되는 현상은 거의 없었으며, 있었다고 한다면 이는 대체로 연방정부가 소유하는 토지의 불하와 관련된 것에 그치는 수준이었고 그 규모도 크지 않았다. 그럼에도 불구하고 연방정부는 서부개척 및 미국 내지개발을 위해서 일정 수준 역할을 수행했으나, 그 규모는 주정부의 심각한 반발을 불러올 성격은 아니었다. 주식회사 형태의 대형기업이 등장하기 이전의 상공업 발달의 수준에서, 미국의 교역은 주간교역보다는 주내교역에 머물고 있었으며, 따라서 교역의 문제를 둘러싸고 연방정부와 주정부 간에 분쟁이 발생하는 경우도 드물었다.

2. 남북전쟁 이후 연방정부의 팽창과 혁신주의 규제의 도래

1865년 남북전쟁이 종식된 이후 미국의 북부를 중심으로 등장한 산업화, 도시화, 이민의 증대 등은 연방정부에 대해서 산업사회에 걸맞은 정책을 제시할 것을 요구하기에 이르렀다. 대농장 중심의 경제체제를 지속하고자 하는 남부를 제외하고 미국은 전국을 단일 경제공동체로 엮어 가는 작업을 수행했으며, 이는 산업화에 따라서 성장한 대형기업들의 요구를 반영하는 것이기도 했다. 즉 산업화의 진행과 함께 미국경제는 단순히 개별 주의 경계 내에서만 운영될 수 없을 정도로 성장하였으며, 유럽 제국(諸國)과의 경쟁을 위해서 전국단위의 경제운영이 불가피하게 되었다. 전국단위로 통합된 미국경제 운영은 '주간교역'(interstate commerce)이라고 하는, 미국이 일찍이 경험하지 못한 새로운 경제 네트워크를 만들어가기 시작했으며, 연방정부는 새로운 법률의 제정을 통해서 미국경제가 전국단위로 활동할 수 있는 토대를 마련해 주어야 했다. 이러한 시대적 요구는 주정부와 연방정부의 권력관계가 비대칭적으로 발전하는 단초를 제공했으며, 연방정부의 권한이 팽창하게 만드는 토대가 되었다.

이러한 산업화의 요구에 더하여 산업화의 부작용으로 나타난 독점과 과점의 문제, 그리고 이민의 증대와 이에 따른 도시화의 급속한 진행은 연방정부로 하여금 다양한 형태의 법률을 통해서 '규제국가'로서의 역할을 수행하도록 압박하였다. 주식시장을 통해서 거대자본을 마련한 주식회사 형태의 대형기업(corporation)이 등장하여 기업합병을 통해서 자신의 규모를 무차별적으로 확대하고 가격을 임의로 결정하면서, 미국에서 본격적으로 자본주의의 부정적 양상에 대한 대한 규제의 요구가 등장하기에 이르렀다. 이러한 요구에 따라서 셔먼 독점금지법(Sherman Anti-Trust Law) 등이 제정되어 기업의 불법적인 기업합병이나 가격담합 등을 규제하기에 이르렀다.

이와 함께 이민의 증대에 따른 도시화의 부작용에 대처하고 산업화가 제기하는 다양한 사회적 요청을 해결해야 하는 과제도 동시에 등장했다. 노동자의 권리보호 및 작업장의 안전에 관한 요구, 아동 및 여성노동 등 불법적 고용관행의 금지에 대한 요구, 도시보건 및 위생관리에 대한 요구, 다양한 복지 등에 대한 요구가 증대되면서 연방정부의 역할은 확대되기 시작하였다. 이러한 다양한 문제들은 전국적으로 표준화된 정책을 통해서 연방정부가 일관된 방침을 가지고 처리해야 할 문제였다. 따라서 이의 시행을 위해서는 연방의회에 의한 법률의 제정이 요구되었다.

이러한 요구에 직면하여 미국은 연방정부의 운용을 과학적으로 방법의 도입으로 합리화하는 등 공무원 개혁조치를 취하기 시작하였다. 복잡다기한 산업화시대의 사회적, 경제적, 행정적 요구에 대응하기 위해서 합리적이고 과학적인 지식과 전문성을 구비한 공무원의 충원과 승진제가 요구된 것이다. 그 결과 19세기 전반기를 거치면서 선거에 승리한 정당이 '엽관주의'(spoils system)에 입각하여 선거에 대한 기여도에 따라서 임의로 선발하던 공무원 채용 및 승진방식에 일대 변화가 일어났다. 연방 및 주정부를 망라한 각급 수준의 정부에서 방만하게 나타나고 있었던 행정 비효율, 낭비, 부패, 무책임성을 개혁해야 한다는 운동이 전국적으로 나타나기 시작하였다. 그러한 공무원제도 개혁을 포함한 행정개혁운동은 부패와 비효율의 근저에 있는 정당보스 중심의 엽관주의적인 인사제도를 혁파해야 한다는 신념을 중심으로 설득력을 얻게 되었다. 그리고 마침내 1883년 펜들턴법(Pendleton Act)의 등장을 계기로 연방공무원의 선발 및 승진과정이 정당의 영향력에서 벗어나게 하여 전문성을 중심으로 실행되는 계기가 마련되었다.

전체적으로 1880년대 농민운동의 실패 이후 대형기업 중심의 산업화과 급격히 진행되면서, 그리고 이민자의 증대 및 이에 따른 도시화 등 제반 문제가 불거지면서, 미국은 경제의 전국적인 통합, 다양한 규제체제의 정비, 연방공무원제도의 합리화 등을 표방하는 개혁운동을 전개하는 방식으로 반응하였고, 이러한 '혁신주의 운동'(Progressive Movement)은 미국국가를 근대적인 규제국가로 변모시키기에 이르렀다. 그리고 이러한 변화는 궁극적으로 연방정부 권한의 현저한 증대로 귀결되면서, 미국의 연방제도는 일대 전환기를 맞이하게 되었다. 그리고 이와 같이 확대된 연방정부의 역할은 이후 1929년 대공황이 시작되고 민주당 행정부와 민주당 의회가 주도한 뉴딜체제가 구축되면서 그 역전이 사실상 불가능한 새로운 형태의 연방제도를 불러오게 된다.

3. 뉴딜 등장 이후 창조적 연방주의의 도래

익히 알려져 있는 바와 마찬가지로 대공황과 이를 해결하는 과정에서 등장한 루즈벨트(Franklin D. Roosevelt) 민주당 행정부의 뉴딜정책은 미국의 연방제도를 근본적으로 변화시킨 계기가 되었다. 뉴딜연합을 탄생시킨 1932년의 전기(轉機)적 선거(critical election) 이후 민주당은 사실상 1960년대 말까지 미국정치를 주도하면서 연방정부의 역할을 팽창시켜왔다. 민주당 행정부와 민주당 의회는 경제, 복지, 교육, 민권 등의 이슈에 있어서 민주당의 진보적 이념을 담은 정책을 지속적으로 추진하기에 이르렀다. 이러한 민주당 주도의 연방정부 팽창정책과 함께, 주정부와 연방정부의 상호 주권을 바탕으로 권력을 분점한다는 고전적인 이중주권의 의미가 퇴색되면서 연방정부의 역할 팽창과 함께 주정부의 대응적 권한도 증대하여 연방정부와 주정부가 상호 긴밀히 협력하는 연방제도가 등장하기에 이른 것이다. 이제 이중주권을 시사하는 '단층형 연방제도'(layer cake federalism)는 더 이상 현실을 적절히 묘사하는 개념이 될 수 없었다. 미국의 연방제도는 그로진스(Morton Grodzins)가 이미 오래전에 언명한 '융합형 연방제도'(marble cake federalism)(Grodzins 1966) 혹은 '3개정부협조형 연방제도'(picket fence federalism)로 변모하였고,[4] 그 결과 미국은 더딕(Martha Derthick)이 언명한 바 연방정부, 주정부, 지방정부가 서로 상호 협조하고 침투하여 작동하는 '융합공화국'(compound republic)으로 변모하였다(Derthick 2001).

먼저 뉴딜정책을 표방하면서 등장한 루즈벨트 민주당 행정부 이후 미국은 대공황을 극복하는 과정에서 연방정부의 영향력이 전국민에게 강하게 감지되는 정책을 지속적으로 실시하였다. 이와 함께 대공황에 연이은 미국의 제2차 세계대전 참전과 냉전의 전개는 이제 연방정부가 국내외 정책에 있어서 미국국가를 전면적으로 주도하는 정부로 자리매김하게 하는 지속적인 동인이 되었다. 이는 19세기 말에서 20세기 초에 걸쳐서 존재했던 혁신

....

4 '3개정부협조형 연방제도'란 특정 정책을 실시하는 데 있어서 연방정부, 주정부, 지방정부 등 3개 정부가 모두 협력하여 이를 추진한다는 것을 비유하는 것으로, 하나의 수직말뚝을 세 개의 목재판이 수평으로 지탱하고 있는 말뚝울타리의 모습을 본따서 사용하는 용어이다.

주의 규제국가의 시기부터 감지되기 시작한 현상이기는 했지만, 1913년 연방소득세를 가능케 만든 제16차 헌법수정을 통해서 연방정부의 재원이 증가하고 그 결과 주정부에 대한 연방정부의 재정이전이 본격적으로 증대하면서 주정부와 연방정부의 관계는 더욱 긴밀한 관계로 변화되었다. 그리고 이와 같이 연방정부과 주정부가 협력적 관계는 1960년대 중반 존슨 행정부의 등장과 함께 더욱 강화되기 시작하였다.

1964년 대통령 선거에서 압승한 민주당의 존슨 대통령은 의회 양원에 대한 민주당의 지배에 힘입어 미국의 정치, 경제, 사회적 문제해결에 대한 연방정부의 공약을 더욱 확대하기 시작하였다. 이는 결국 연방정부가 다양한 정책을 통해서 미국 사회의 도처에 침투해 들어가는 현상을 의미하는 것이며, 이는 바로 '창조적 연방주의'라고 불리는 연방정부와 주정부간의 협조적인 밀착현상을 지칭하는 것이었다. 민주당 행정부가 추진한 '위대한 사회'(Great Society)의 건설과 '빈곤과의 전쟁'(War on Poverty)을 위해서 연방정부가 추진한 프로그램이 다양해지고 양적으로 늘어나면서 미국 국민의 생활현장에서 연방정부의 정책을 실현할 수 있는 주정부 및 지방정부들의 협조가 절대적으로 필요한 상황에 이르렀다. 이러한 새로운 현상은 연방정부의 역할 확대뿐만 아니라 주정부와 지방정부의 협력이 매우 긴요한 상황이 전개됨을 의미하는 것이었다. 즉 연방정부의 역할 확대는 주정부의 상응하는 영향력 확대를 수반하는 것이었다고 할 수 있으며, 이는 결국 주정부가 연방정부의 프로그램 수행에 적극적으로 협력하는 '창조적 연방주의' 혹은 연방정부, 주정부, 지방정부 등 3대정부 상호 협력하여 연방정부 프로그램을 시행하는 '3개정부협조형 연방주의'를 만들어 내기에 이르렀다.

이러한 모든 형태의 '협력적 연방주의'는 1960년대 뉴딜 자유주의에서 그 정점에 이른 정책으로서 주정부에 대한 연방정부의 지속적인 재원이전을 바탕으로 가능한 정책이었다. 즉 미국 연방정부는 세계적인 경제호황 속에서 획득한 재정능력을 바탕으로 민주당의 진보적인 이념을 실행하기 위해서 복지, 민권 등의 분야에서 적극적인 재분배정책을 연방제도의 틀 내에서 활용할 수 있었다. 연방정부는 주정부에 대한 교부금의 확대를 통해서 주정부로 재원을 이전해 가면서 자신이 원하는 정책을 실시해 나갈 수 있었고, 주정부 혹은 지방정부 역시 연방정부의 정책에 따라서 빈곤, 복지, 교육 등의 문제에서 연방정부의 지시를 잘 준수해가면서 자신들이 당면하고 있는 문제를 해결해 갈 수 있었다.

그러나 1960년대에 절정에 달한 이러한 협력적이고 융합적인 연방제도가 문제가 없었던 것은 결코 아니었다. '창조적 연방주의'라는 이름하에서 연방정부가 자신의 정책적 비전에 따라서 대규모의 재원을 연방정부에서 주정부로 이전하여 다양한 사회적 문제를 선도적, 선제적, '창조적'으로 해결하려고 한 점은 높이 평가될 만하다. 그러나 주정부의 입장에서 볼 때 각 주의 사정에 따른 자율적인 정책실행은 연방정부의 표준제시와 각종 지침으로 인해 불가능한 경우가 많았다. 다시 말해서 확대된 재정 이전에도 불구하고 연방정부의 정책적 비전이 우선시되고 현장의 사정에 익숙한 각 주정부나 지방정부의 정책적 자율성은 주장될 수 없었다. 연방교부금의 형태역시 세부항목지정교부금(categorical grant)의 형태가 주종을 이루고 있어서 광역지정교부금(block grant)보다 주정부나 지방정부가 자율적으로 재원을 활용할 수 있는 여지가 매우 적었다.[5]

....

5   대체로 1900년대 초반부터 연방정부는 교부금 지원을 통해서 주정부에 영향력을 행사하기 시작했는데, 전통적인 이중연방주의의 옹호자들은 이러한 교부금이 연방정부의 월권을 가져올 수 있다는 반론을 제기하기도 하였다. 이러한 반론에도 불구하고 연방대법원이 내린 여러 판결은 연방정부의 교부금은 자발적인 합의이며 두 정부 간의 권력분립을 위반하지는 않는다고 취지의 것으로 나타나서, 이후 교부금은 연방정부에 의해서 활발하게 사용되기 시작하였다. 이러한 연방교부금은 교부금의 용도를 지정하는지의 여부와, 용도를 지정한다면 어느 정도까지 지정하는지의 여부에 따라서 세부항목지정교부금, 광역지정교부금, 용도미지정교부금 등으로 나눌 수 있다. 세부항목지정교부금은 재정지원 정부가 수혜정부의 사업목적 및 재정지출 용도를 명시하는 교부금으로서, 미국 연방제도의 경우 연방정부의 개입을 극대화하는 효과를 가져 올 수 있었다. 한편 광역지정교부금은 주정부의 권한이 상대적으로 보장되는 교부금으로, 재정을 지원하는 정부는 광역의 용도를 지정하고 수혜정부가 융통성 있게 이를 사용할 수 있게 한다. 용도미지정교부금(revenue sharing)은 1970년대 닉슨 행정부 등장 이후 새로 도입된 방식으로 사실상 재원

4. 신연방주의

1960년대 창조적 연방주의를 거치면서 절정에 달한 미국 연방정부의 권한확대와 이에 비례하여 활성화된 연방정부와 주정부 간의 밀접한 협력 관계는 1970년대에 들어서면서 약화되기 시작하였다. 제2차 세계대전 이후 전세계적으로 달러화가 지나치게 많이 유통된 결과 닉슨 행정부가 달러의 금태환 정지를 선언하면서 미국경제의 지속성장에 대한 적신호가 등장하기 시작한 시기가 바로 1970년대 초반이었다. 또한 중동전쟁이 발발하면서 오일쇼크가 발생하고 미국이 전례에 없던 경제적 어려움에 직면하기에 이른 것도 1970년대 초반이었다. 미국의 국제적 위상이 이렇게 변화하면서 뉴딜 자유주의의 방만한 운영에 불만을 지닌 '조용한 다수'의 지지에 의해 1968년 닉슨 공화당 대통령후보가 당선되었고 연방제도 역시 서서히 변화하기 시작하였다. 방만하게 지출된 연방교부금의 지출에 비해서 민주당 행정부가 그동안 시행한 정책의 성과가 매우 부족하다는 여론이 백인 중산층을 중심으로 확산되기 시작하였고, 그 결과 민주당 주도의 뉴딜연합이 마침내 닉슨 대통령의 당선을 변곡점으로 하여 하강국면에 접어들기 시작한 것이다.

주정부에 대한 연방정부의 재정지원에 따른 연방 프로그램의 지나친 확대와 이와 관련된 연방정부의 비대화 현상에 대한 반성이 나타나면서, 닉슨 행정부는 연방정부의 개입을 줄이고 연방교부금의 규모를 축소하면서 주정부의 자율성을 일정 수준 증대시키고자 노력하기 시작하였다. 닉슨 행정부는 연방정부의 교부금 규모를 줄여가는 동시에 용도미지정교부금이라는 새로운 교부금을 도입하여 주정부가 이전보다 자율적으로 재원을 활용할 수 있도록 노력하였다. 이러한 정책은 '작은 정부'를 지향하는 공화당의 보수주의적인 이념과도 통하는 것으로서, 전통적으로 공화당 행정부는 정부의 지출규모를 줄이고자 했으며 정부가 개입할 경우 연방정부보다는 주정부가

....

의 용도가 지정되지 않는 교부금을 의미한다.

더 적절한 행위자로 보고 있었다.

이러한 닉슨 행정부의 신연방주의는 이후 1980년대를 거치면서 레이건 행정부에 와서 더욱 강화되는 경향을 보이기 시작하였다. '정부는 해결책이 아니라 문제'라고 여기면서 탄생한 레이건 행정부가 본격적으로 감세정책을 추진하고 '작은 정부론'을 주창하면서, 연방정부의 역할 축소는 '탈규제'라는 이름으로 더욱 본격적으로 전개되기 시작하였다. 이와 함께 레이건 행정부는 소련과의 군사적 경쟁을 마다하지 않는 적극적인 군비확장과 감세정책을 추진하였는데, 그 결과 대외무역 적자가 누적되면서 연방정부의 재정적자가 본격적으로 증가하기 시작한 것도 이 시기부터였다.

그러나 닉슨 행정부와 레이건 행정부가 추진한 신연방제도, 즉 연방정부의 역할을 감소시키고 주정부의 자율성을 제고하며 연방보조금을 줄이면서 재정적자에 대처하려는 노력은 본격적으로 실현될 수 없었다. 그 이유는 행정부를 공화당이 장악하고 있다고 해도 민주당이 여전히 의회 다수당의 위치를 점하고 있는 상황에서 법률개정이나 제정을 통해서 연방제도에 일대 혁신을 가할 수 없었기 때문이었다. 이와 함께 1930년대 뉴딜정책이 시작된 이래 수십 년이 경과하면서 이미 미국 전역에 연방 프로그램과 교부금에 의존하여 생존하고 있고 이러한 프로그램이 지속되도록 정치적 영향력을 발휘하고자 하는 다수의 이익집단, 주 및 지방정부, 싱크탱크 등이 뿌리를 내리고 있는 것도 문제였다. 그 결과 기존의 연방 프로그램을 폐지하는 것은 현실적으로 매우 큰 저항에 직면할 수밖에 없었다. 따라서 뉴딜연합의 토대가 되었던 다양한 연방 프로그램의 종식이나 개혁을 통한 연방제도의 본격적인 변화는 여론의 강력한 개혁요구를 바탕으로 공화당이 의회를 장악하기 전까지는 실현될 수 없었다. 불가능할 것 같던 이러한 '기회의 창'이 클린턴 제1기 행정부 2년 만에 치러진 1994년 중간선거에서 마련되었는데, 이 선거를 통해서 양원의 다수당으로 등장한 공화당은 신자유주의적인 방향으로 연방제도에 일대 혁신적인 변화를 시도하게 된다. 이러한 시도는 1990년대 중반 공화당 의회가 제정한 연방제도의 '권한이양' 관련 법률로 나타났다.

III. 1990년대 중반 권한이양과 그 결과

1. 1990년대 중반 권한이양의 등장

뉴딜 이후 미국 현대 연방제도의 전개와 관련하여 연방정부로부터 주정부로의 '권한이양'(devolution)이라는 개념은 존슨 대통령의 위대한 사회 프로그램이 추진된 1960년대를 거쳐 창조적 연방주의가 절정에 이른 이후 닉슨 대통령이 신연방주의를 전개하면서 사실상 그 최초의 모습이 나타났었다고 보인다. 그러나 연방제도의 개혁과 관련하여 '권한이양' 현상이 '혁명'으로까지 불리면서 본격적으로 인구에 회자된 것은 1994년 클린턴 민주당 제1기 행정부 당시 중간선거에서 공화당이 양원을 장악한 이후였다. 이는 1994년 중간선거에서 공화당이 압승을 거두고 의회권력을 장악한 이후 깅그리치(Newt Gingrich) 하원의장을 중심으로 '권한이양 혁명'(devolution revolution)을 전격적으로 추진했던 사실에서 기인한다.[6]

물론 이와 같은 '권한이양'이 미국 현대 연방제도에 있어서 정말 '혁명적' 성격을 지닌 것인지, 아니면 보다 '온건한' 이행과정이었는지의 여부는 논쟁의 대상이다. 그러나 주목할 만한 사실은 과거 닉슨 행정부나 레이건 행정부 시기에는 단순히 행정부 차원에서 연방정부의 역할 축소가 주창되었으나 민주당 의회의 저항을 무마할 수 없었던 것과는 달리, 1994년 중간선거 이후 공화당이 지배하는 의회에서는 구체적인 입법을 통해서 전통적인 연방 프로그램에 대한 축소와 주정부의 권한 강화가 진행될 수 있었다

....

6   이러한 공화당 의회의 권한이양의 노력에 관해서는 Bader(1997); Gingrich(1995) 등을 참조하기 바람.

는 점이다. 즉 1954년 이래 소수당의 지위에 머물러 있던 하원의 공화당이 1994년 중간선거를 통해서 다수당에 등극하면서, 비로소 연방법률의 개정을 통해서 주요한 연방 프로그램의 개혁이 본격적으로 시도된 것이다.

이 과정에서 권한이양의 큰 분수령이 된 사건은 공화당 의회가 1996년 클린턴 민주당 행정부와의 타협을 통해서 성사시킨 개인책임법(Personal Responsibility and Work Opportunity Reconciliation Act)의 제정이라고 할 수 있다. 즉 1930년대 뉴딜 자유주의 국가가 등장한 이후 1935년 사회보장법(Social Security Act)의 일부분으로 그 골격이 계속 유지되어 왔던 아동보유 빈곤가정지원(Aid to Families with Dependent Children, AFDC)이라는 빈곤가정에 대한 연방지원 수혜자 자격 프로그램(entitlement program)이 종식되기에 이른 것이다.

뉴딜 자유주의 당시 민주당 행정부와 민주당 의회가 지속적으로 추진한 아동보유 빈곤가정지원 프로그램은 극빈층 무상의료부조(Medicaid)나 식권(food stamp) 프로그램과 같이 일정한 '자격'을 유지하면 연방정부가 법률에 의해서 자동적으로 수혜자를 지원하는 프로그램이었다. 이러한 수혜자자격 프로그램은 주정부가 연방정부로부터 법률에 규정된 공식에 따라서 재원을 부여받을 경우 그 법률의 규정에 따라서 수행할 수밖에 없는 일종의 세부용도지정교부금 프로그램이었다. 그런데 이러한 아동보유 빈곤가정지원 프로그램이 세부용도가 지정된 수혜자자격 프로그램에서 광역지정교부금(block grant) 성격의 '빈곤가정에 대한 임시지원'(Temporary Assistance to Needy Families, TANF) 프로그램으로 변모하면서, 주정부가 연방정부로부터 제공받는 재원에 대해서 상당한 자율성을 확보하기 시작한 것이다. 빈곤가정이 실제로 빈곤의 감소를 위해서 스스로 노력하지 않고 있다는 백인 중산층의 반발을 배경으로 하여 복지개혁을 공약한 중도적인 민주당 대통령인 클린턴과 공화당 의회가 협상을 통해서 개인책임법이라는 새로운 법률을 제정하기에 이른 것이다. 법률의 제정과정에서 민주당 내 진보주의자들은 강한 불만을 제기하기도 하였으나, 이러한 복지개혁은 연방 재정적자의 증대, 실효성 없는 복지 프로그램에 대한 백인 중산층의 반발, 복지정책을 개혁하겠다는 클린턴 대통령의 공약이 어우러져 만들어진 시대적인 산물이었다.

개인책임법을 통해서 뉴딜 자유주의의 주요한 복지정책의 하나로서 아동보유 빈곤가정지원이라는 수혜자 자격프로그램이 사실상 종식되면서, 복지분야에 대한 연방정부의 재정지출은 이제 통제가 가능하게 되었다. 이와 같이 1994년 중간선거 이후 공화당이 의회 다수당으로 부상하면서 보수세력의 주요 비판대상이었던 복지정책에 있어서 수혜자 자격프로그램은 종식되었다. 대신 주정부가 일정 수준의 금액을 연방정부로부터 이양 받아 자신의 재량하에서 근로, 탁아시설 운영, 직업훈련 등을 전개하는 광역지정교부금 중심의 프로그램이 등장하기 시작한 것이다.

1994년 중간선거 이후 공화당의 의회 장악과 복지개혁에 대한 전향적이었던 클린턴 행정부 간의 타협을 통해서 1996년 마침내 연방정부의 복지프로그램이 종식된 것과 함께, 공화당 의회는 그 이전인 1995년 이미 규제영역에서 재정미비명령법(Unfunded Mandates Reform Act)을 통해 재원마련이 미비한 연방정부 규제조치—연방정부 부서가 주정부 등에 대해서 수행을 요구하는 규칙—를 주정부에 대해서 무조건적으로 강제하지 못하도록 하는 법률을 통과시켰다. 연방정부에 소속된 행정기관이 일정한 규제규칙을 주정부나 그 이하의 정부에 부과할 경우에는 대부분 이들 정부가 짊어져야 할 재정적 부담이 발생하게 되는데, 이러한 부담에 대한 재원조달 문제, 가장 효율적으로 이러한 정책을 실행할 수 있는 방법 등을 연방정부가 주정부나 지방정부의 선거직 행정책임자와 사전적으로 상의하는 제도가 마련된 것이다. 이와 같은 재정미비명령법이나 이미 설명한 개인책임법 등은 누적되는 연방정부 재정적자 현상과 함께 주정부로의 권한이양을 촉진시키는 법률로서 평가될 수 있다. 이러한 법률들을 통해서 뉴딜 자유주의 당시 지속적으로 추진되었던 협조적 연방제도가 퇴조되면서 미국의 연방제도는 새로운 국면에 접어들게 되었다.

2. 권한이양에 관한 다양한 논의와 잠정적 결론

협조적 연방제도의 종식을 불러온 1990년대 중반 이후 '권한이양'은 미국의 현대 연방제도에 있어서 매우 중요한 의미를 지니고 있다. 그 이유는 권한이양 이후 연방정부와 주정부 간의 권한배분에 있어서 매우 복잡하고도 복합적인 변화가 지속적으로 전개되어 왔기 때문이다. 물론 권한이양 이후의 미국 연방제도가 주정부 우위로의 새로운 권한배분을 가져온 것은 결코 아니었다. 그러나 동시에 연방정부의 우위 속에서도 정당정치의 변화에 따라서, 그리고 정책영역에 따라서 연방제도가 매우 파편화되고 불안정적하게 진행되는 단초가 권한이양에 의해서 마련된 것이다. 따라서 권한이양에 대한 1990년대 중반의 다양한 논의를 통해서 주정부와 연방정부 간의 권한 배분의 성격을 검토해 볼 필요가 있으며, 이는 향후 미국 연방제도의 경로를 예측하는 데에 매우 중요하다.

1) 권한이양을 강조하는 주장

'권한이양 혁명'이라는 용어를 처음 사용한 것으로 알려진 네이선(Richard Nathan)[7]은 그의 논문 "미국 연방주의에서 주의 역할"(The Role of the State in American Federalism)에서 보수주의 개혁의 토대가 된 제104대 의회 이후 명백히 권한이양 현상이 전개되고 있다고 보고 있으며, 이러한 인식에 따라 '혁명'이라는 단어를 사용하고 있다(Nathan 1996a: 14). 그는 '극적인 이전'(dramatic shift), '권력이전'(power shift) 등의 표현을 사용하면서, 헌법 제1조에 나타난 연방정부의 '명기된 권한'을 축소해석하고 수정헌법 제10조상의 주와 인민의 권리를 광범위하게 해석할 수 있게 하는 역사적 추세가 이미 진행되고 있으며, 또한 이러한 추세가 쉽사리 역전되지는 않을

....

7   미국 연방제도의 1990년대 후반의 변화와 관련하여 최초로 '권한이양 혁명'이라는 용어를 사용한 네이선의 논문은 라커펠러 연구소의 회보에 게재된 글이었다(Nathan 1996b).

것이라고 주장하였다. 아울러 네이션은 이러한 현상이 발생하게 된 이유를 분석하면서 권한이양 현상은 연방정부가 예산지출을 축소하는 대신 주지사에게 권한과 책임을 부여하는 타협의 과정에서 발생하였다고 보고, 이러한 '혁명'의 목적은 바로 광역지정교부금을 창출하는 데에 있다고 주장했다. 이와 함께 네이션은 권한이양에 의해서 촉발된 주정부의 활성화로 인해 궁극적으로 주정부가 20세기 미국 연방제도에서는 일찍이 볼 수 없었던 새로운 역할과 책임을 떠맡는 계기가 되었다고 주장하였다. 계속해서 네이션은 탈중앙화의 경향은 그 역사적 중요성에 있어서 뉴딜이나 위대한 사회 프로그램에 버금가는 것이라고 보았다.

한편 루리(Irene Lurie)는 그녀의 논문 "빈곤가정에 대한 임시지원: 주에 대한 청신호"(Temporary Assistance for Needy Families: A Green Light for the States)에서 1996년 개인책임법이라는 복지개혁법에 주목하면서 이 법의 등장은 연방정부의 권한을 줄이고 주정부의 권한을 증가시킨 계기가 되었다고 주장하였다. 루리는 1994년 이후 의회 다수당으로 등장한 공화당이 주장하는바 연방정부의 복지지출 통제의 필요성과 주지사들의 요구인 복지정책 집행의 자율권 주장이 부합하여 등장한 것이 1996년 개인책임법상의 빈곤가정에 대한 임시지원이라는 광역지정교부금이라고 파악하고 있다. 다시 말해서 연방정부는 무제한 대응교부금(open-ended matching grant)을 통해서 유지되었던 아동보유 빈곤가정지원 프로그램 대신, 지출규모의 상한선이 부과된 광역지정교부금에 의해 집행되는 빈곤가정에 대한 임시지원 프로그램을 도입함으로써 복지지출의 지나친 팽창을 통제하게 되고, 대신 주정부는 아동보유 빈곤가정지원과 같은 세부항목지정교부금을 통한 연방정부의 규제에서 벗어나 광역지정교부금의 수령을 통해서 좀 더 자유롭게 복지정책을 실시할 수 있게 되었다는 것이다.

한편 도나휴(John D. Donahue)의 『느슨해지는 연방공화국: 워싱턴이 사라지고 주가 주도하면서 무엇이 관건인가』(Disunited States: What's at Stake as Washington Fades and the States Take the Lead)에서도 발견된다.

도냐휴는 특히 1996년의 개인책임법과 1995년 재정미비명령법 등에 주목하고 있다. 특히 전자의 경우 도나휴는 복지수혜 기간에 대해서 시간제한을 두고 복지수혜자로 하여금 근로에 종사하게 하는 것 외에는 특별한 조건이 부과되지 않은 광역지정교부금이 도입됨으로써 연방정부로부터 주정부로의 권한이양 현상이 나타났다고 보고 있다. 그리고 후자, 즉 재정미비명령법에 관해서 도나휴는 재원확충이 되지 않은 연방정부의 명령조항들이 금지됨으로써 주정부의 행동반경이 확대되었다고 점을 부각시키고 있다.

2) 권한이양에 대한 유보적 논의

권한이양 현상의 실질적인 등장 혹은 심지어 권한이양 혁명의 전개를 주장하는 위의 논의와 대조적으로, 권한이양 혹은 권한이양 혁명이 사실은 수사만큼 실질적인 것은 아니라고 주장하는 논의 역시 다수 존재한다. 네이선의 글에 등장하는 '혁명'이라는 표현이 상징하는 것만큼 극적인 권한이양이 과연 발생했는지에 대한 의구심과, 권한이양 현상을 인정하더라도 그것이 실질적인 주정부의 권한강화와 연방정부의 권한약화를 야기하였는지에 대해서 유보적인 태도를 보이는 글들이 적잖게 발견된다.

먼저 더딕(Martha Derthick)과 같은 학자는 미국에서 정부 간 관계의 일반적인 역사적 경향은 중앙집중화 현상이었으며, 이러한 역사적 경향이 1990년대에 역전되었다고 주장한다면 이는 성급한 결론이라고 말하고 있다(Derthick 1996). 더딕이 특히 제104대 의회에서의 아동보유 빈곤가정지원 프로그램의 철폐논의를 목격하면서도, 정부 간 관계가 분권화의 경향으로 반전된다고 보기 어려운 근거로 제시하는 내용을 요약하면 대략 다음과 같다. 첫째, 분권화될 것으로 예견되는 아동보유 빈곤가정지원 프로그램이 사실상 그 이전에도 주정부의 자율적인 집행을 허용하여 왔기 때문에 전국화와 표준화를 거부하는 경향은 이미 오랜 기간 관찰되어 왔다는 것이다. 그녀에 의하면 사실상 아동보유 빈곤가정지원 프로그램은 주지사들이 이용한 연방명령의 유보조항(waivers) 등을 통해서 점진적인 권한이양(piecemeal devolution) 과정을 거쳐 온 것이어서, 제104대 의회에서 논의되었던 권한이양은 그다지 새로울 것이 없다는 것이다. 둘째, 더딕은 제104대 의회에서 아동보유 빈곤가정지원 프로그램 등을 폐지하는 정책개혁을 추진한다고 해도, 여전히 주정부는 연방정부가 규정한 엄격한 틀 내에서 자신들의 프로그램을 운영할 수밖에 없다고 보고 있다.

이러한 반론을 통해 결론적으로 더딕은 표면상 주정부로 상당한 권한을 이양하는 듯한 조치들은 실은 공화당이 연방예산의 지출을 줄이려는 노력의 일환으로 주정부를 이용한 '정치적 기회주의'에서 기인한 것이라고 본다. 즉 소위 권한이양이라고 불리는 내용들은 연방정부의 재정적인 부담요인들을 주정부에 귀속시킨 것에 불과한 것으로서 '시대의 필요에 적응한 것'(an adjustment to the exigencies of the time)이지 진정 주정부 중심의 새로운 연방주의질서로의 방향전환의 계기는 아니라는 것이다. 그녀가 말하고 있듯이 1996년 개인책임법을 통해 권한이양의 상징으로 받아들여지는 광역지정교부금도 여전히 연방정부가 주정부에 수여하는 '교부금'인 것은 분명하며, '분권화'(decentralization) 역시 결코 주정부와 연방정부의 '결별'(divorce)을 의미하는 것은 아니라는 것이다.[8]

한편 컨란(Timothy Conlan)과 같은 학자는 소위 네이선이 1996년 라커펠러 연구소(Rockefeller Institute of Government) 회보에 게재한 "권한이양 혁명: 개관"(The 'Devolution Revolution': An Overview)을 비판하면서, 권한이양이 존재했다고 해도 이는 결코 네이선이 주장하는 바대로 혁명적인 것은 아니며 오히려 점진적(evolutionary) 성격을 띠고 있다고 말하고

....

8   더딕의 견해의 연장선상에서 슈람(Sanford F. Schram)과 와이서트(Carol S. Weissert)는 '권한이양 혁명'이라는 비유는 연방정부가 여전히 주정부에 대해서 일정한 권한을 행사하는 상황에서는 적절하지 못하다고 주장하였다. 이들은 빈곤가정에 대한 임시지원 프로그램의 등장으로 인해서 연방주 내에 불확실성이 도래한 것은 사실이지만, 이것이 사실이 결코 국민주의 대 분권화 같은 이분법적 개념이 적용될 계기를 마련하는 것은 아니라고 보고 있다(Schram and Weissert 1997).

있다(Conlan 1998). 특히 그는 1995년에 제정된 재정미비명령법과 1996년 개인책임법을 언급하면서 소위 '권한이양 혁명'의 상징으로 간주되는 이 두 법률이 사실은 혁명적인 것이 아니며, 따라서 연방정부의 권한이 크게 위축된 것은 아니라고 파악하고 있다. 그렇다면 과연 무엇에 근거해서 컨란은 이 두 법이 결코 혁명적인 것은 아니라고 보고 있는 것일까?

먼저 재정미비명령법에 관해서 컨란은 이 법이 모든 종류의 연방명령을 전적으로 금지시킨 것은 아니며, 특정한 이슈에 관해서는 유보조항을 다수 남겨 두고 있다고 보고 있다. 즉 컨란에 의하면 민권분야, 연방회계와 감사 요구 사항, 연방지원과 관련된 대부분의 조건사항들, 그리고 주와 시정부에 대한 비재정적 비용에 관한 연방정부의 규제 등은 모두 권한이양 혁명이라는 주장을 그대로 받아들일 수 없게 만드는 내용들이었다. 이에 덧붙여 컨란은 재정미비명령법의 통과에도 불구하고 이 법을 만들어낸 제104대 의회는 기타 주요한 새로운 연방명령을 만들어 낸 사실을 주목하고 있다. 여기에 더하여 개인책임법의 내용을 분석하면서 컨란은 여전히 이 법안에도 복지 수혜기간, 복지수혜자의 취업, 아동보육시설 등에 관해서는 새로운 연방정부의 명령이 포함되어 있음을 지적하고 있다.

3) 권한이양에 관한 종합적 판단

이상의 논의를 종합해 보면 권한이양 현상에 대한 상반된 논의들은 1990년대 중반 이후 권한이양의 상징이 되는 '법률의 등장 그 자체'에 상당한 의미를 부여하는 주장들과, 이러한 법률의 등장에도 불구하고 권한이양 현상은 이러한 법률들의 상징성이나 수사만큼 '실질적이지는 않다'라는 주장으로 대별된다. 전자의 주장들은 개인책임법상 주정부에 복지정책 재량권을 부여한 광역지정교부금의 등장을 강조하거나 재정미비명령법에 나타난 새로운 재정미비명령 제정의 한계를 부각시키고 있다. 반면 후자의 주장들은 이러한 법률의 등장에도 불구하고 주정부의 복지정책 실행에 대해 여전히 남아 있는 연방정부의 권한을 부각시키거나 재정미비명령법에도 불구하고 그 안에 남아 있는 예외조항이나 이 법률을 우회해서 만들어질 수 있는 새로운 명령창출의 가능성 등을 강조하고 있다. 아울러 전자의 주장들은 1970년대 이후 등장 꾸준히 진행되어 온 주정부로의 권한이양의 요구가 결국 1990년대 중반 이후 의회에 의해서 수용되어 새로운 분권화의 경향이 도래했음을 강조하고 있고, 후자의 주장들은 역사적인 추세에 의해서 강화되어 온 연방정부로의 중앙집중화 경향이 권한이양 현상에 의해 쉽사리 역전되기는 어려울 것이라는 예상을 중심으로 전개되고 있다.

전체적으로 볼 때 1990년대 중반에 추진된 권한이양은 1970년대 닉슨 행정부 등장 이후 1980년대 레이건 행정부를 거치면서 지속적으로 추진되어 온 '작은 정부론'의 연속선상에서 고려되어야 할 것으로 보인다. 그러나 이러한 권한이양이 실제로 '혁명'적인 성격을 띠고 있는 것인지는 의문의 여지가 있다. 권한이양을 '혁명'적인 성격의 정부간 권한배분으로 파악하는 시각은 1990년대 중반 공화당 의회가 추진한 정책이 뉴딜 자유주의 당시의 현대 연방제도의 방향을 역전시킨 점에 크게 주목하고 있고, 특히 복지 등 특정 국내정책 분야에서 주정부의 권한과 자율성이 크게 신장된 측면을 강조하고 있다. 사실 권한이양이 등장한 클린턴 행정부 당시의 1990년대는 전 세계적으로 글로벌화가 급격하게 진행되면서, 지방분권화, 워싱턴 컨센서스에 따른 탈규제와 신자유주의, 사적 영역의 강화, 정부규모 축소, 행정간소화 등의 개념이 유행처럼 번져가던 시기였다. 이러한 일련의 추세는 미국의 경우 '신민주당'(New Democrats)이라는 민주당 실용주의 노선이 등장하게 만들었으며, 이 과정에서 연방정부의 재정적자를 줄이려는 공화당이 의회를 장악하면서 민주당 행정부와의 협력과 타협을 통해서 권한이양이 진행되었다고 할 수 있다.

그러나 이러한 정책의 역전이 모든 정책에 걸쳐서 일어난 현상도 아닐 뿐만 아니라, 권한이양 혁명이 일어났다고 여겨지는 영역에서도 여전히 일정 수준 연방정부의 권한과 역할을 유지되고 있는 것도 사실이다. 또한 주정부의 권한이 신장되었다고 해도, 주정부는 여전히 다양한 국내정책의 집행에 있어서 연방정부의 재정지원에 의존하는 경우가 많다. 이에 더하여 미국의 세계적 지위에 따른 요구, 국가안보와 관련된 문제, 세계화의 과정에서 등장하는 정보통신의 문제, 글로벌 금융체제의 정비, 에너지 확보 등의 분야에서 연방정부의 역할이 오히려 강화되는 추세도 보이고 있다.

따라서 권한이양 현상의 등장이 인정되고 특정 정책영역에서 주정부의 영향력이 분명히 신장되었으며 또한 지속적으로 신장되고 있는 영역이 존재한다고 해도, 1990년대 중반의 권한이양은 결코 연방정부와 주정부 간의 권한배분이 평형에 이르는 혁명적인 성격의 상황일 수는 없다. 또한 여전히 특정 정책영역에서 연방정부는 불가역적으로 그 권한이 이미 확보되어 있기도 하다. 이와 함께 세계화, 정보화, 테러 대처 등 국가안보와 관련하여 꾸준히 연방정부의 영향력이 특정 영역에서 지속적으로 증가하고 있다고 판단된다.

IV. 현재와 미래의 미국 연방제도[9]

1990년대 중반 권한이양의 도래 이후 미국의 현대 연방제도는 분명히 커다란 변화를 겪고 오고 있다. 그러나 이미 언급한 바대로 글로벌 표준화에 따른 각종 경제적 규제, 정보.통신혁명 분야의 세계화 추세와 관련되어 있는 정책, 그리고 테러에 대한 대처 등 국가안보와 관련된 영역 등에서 과연 연방정부의 역할이 약화한 것으로 볼 수 있는지는 의문이다. 따라서 1990년대 중반에 진행된 권한이양 현상이 미국의 현대 연방제도에 변화를 초래한 것은 분명한 사실이지만, 이러한 권한이양이 혁명적인 것은 아니라고 판단된다. 오히려 다양한 영역에서 연방정부의 역할이 불가역적으로 미

....

9   이 절을 작성하기 위해서 필자는 Bowling and Pickerill(2013); Conlan(2017); Conlan and Posner(2011, 2016) 등을 참조하였음.

국 전역에 침투되어 있다고 보아야 한다.

그렇다면 1990년대 중반 권한이양을 경험한 이후 현재의 미국 연방제도의 모습은 어떠하며 향후 연방제도의 모습은 어떠한 식으로 변모할 것인가? 전체적으로 볼 때 1990년대 중반 이후 미국의 연방제도는 일종의 '교착상태'에 직면한 것으로 보인다. 이러한 '교착상태'가 의미하는 바는 정책영역별로 연방정부와 주정부의 권한배분을 일률적으로 정의하여 논의할 수 없는 상황에 봉착했음을 의미한다. 국토안보나 정보통신 등의 분야에서 연방정부의 권한이 불가역적으로 신장되어 있는 상황 속에서도 연방정부와 주정부의 권한배분은 다양한 정책영역에서 매우 다른 형태로 전개되고 있는 것이 사실이다. 그리고 이와 같이 정책별로 다르게 전개되는 연방제도는 양대정부의 권한배분을 정확하게 정의할 수 없게 만드는 다양한 제도적 장치의 활용과 아울러, 정당양극화 현상에 의해서 더욱 복잡한 양상을 보이고 있다. 이를 좀 더 자세히 설명하자면 다음과 같다.

1930년대 이후 1960년대까지 진행되었던 협조적 연방주의는 닉슨 행정부의 신연방주의와 레이건 행정부의 작은 정부론을 거치면서 상당 수준 연방정부의 권한을 제한하고 연방정부의 재정지출을 줄이는 방향으로 역전되었다. 이후 1994년 공화당의 의회 장악 이후 복지정책 등의 분야에서 주정부의 권한이 상당히 신장된 것은 사실이며, 이후 다양한 국내정책 분야에서 주정부가 연방정부에 대해서 자신의 재량권 및 독립적인 위상제고를 꾸준히 주장해 온 것도 사실이다.

그러나 이와 같이 주정부의 자율성이 일정한 정책영역에서 신장한 것과 함께, 여전히 연방정부의 권한이 특정 정책영역에서 매우 강하게 그리고 때로는 불가역적으로 영향력을 발휘하고 있는 것도 사실이다. 더 나아가 특정 영역에서는 글로벌화와 함께 연방정부의 영향력이 더욱 증대되는 모습도 보였다. 전체적으로 국가안보, 통상, 정보화, 민권 등의 분야에서 연방정부의 권한은 지속적이고 흔들림 없이 강화되어 온 것이 사실이며, 이러한 현상은 연방정부의 규제 철폐를 강조하고 작은 정부론을 주창하는 공화당 행정부의 경우에도 지속되었다. 이에 더하여 과거 9·11사태와 테러와의 전쟁 당시 부시(George W. Bush) 대통령은 애국자법(Patriot Act)을 통해서 감청 등 인권침해 소지가 있는 정책을 통과시키면서 테러세력의 국내침투에 대한 전국적인 감시망을 더욱 확대시킨 바도 있다. 또한 국토안보 및 이민문제 등에 있어서 현재 트럼프(Donald Trump) 대통령은 오히려 연방정부의 권한을 매우 강화시키고 있는 실정이라고 하겠다.

따라서 본문에서 중점적으로 언급한 복지 등의 분야에서는 1990년대 중반 이후 주정부의 권한이 신장되어 왔다고 해도, 국가안보, 국토안보, 통상, 정보화 등의 분야에서는 미국의 세계적인 지위, 중동 테러세력의 준동, 경제의 글로벌화, 정보화시대의 도래 등으로 인해서 연방정부의 역할이 백악관의 주인이 누가 되든지에 상관없이 증대되어 왔다. 이러한 점에서 전체적으로 미국의 연방제도는 양대정부의 권한배분이 특정 정책영역별로 상대적으로 상이하게 나타나는 '파편화된 연방주의'(fragmented federalism)의 모습을 보이고 있다고 생각된다.

이와 같이 파편화된 모습뿐만 아니라 미국의 연방제도는 부시 및 오바마 행정부를 거쳐서 현재의 트럼프 행정부에 이르러 매우 '불안정한 연방주의'(patchwork federalism), 더 나아가 '정파적인 연방주의'(partisan federalism)의 모습을 보이기도 한다. 부시 행정부가 등장한 2000년대를 넘어서면서 미국의 연방제도는 백악관과 의회의 주인이 누가 되는가에 따라서 동일한 영역에서의 정책방향이 급변하는 양상을 나타나기 시작했다. 즉 동일한 정책영역에서도 공화당이 백악관의 주인이 될 경우에는 보수적인 정책이 시행되면서 주정부의 권한이 신장되고, 민주당이 백악관의 주인이 될 경우에는 기존의 보수적인 정책이 진보적인 정책으로 변화하면서 주정부에 대한 규제가 다시 강화되는 양상이 반복적으로 나타나기 시작하였다. 그런데 대통령이 누가 되는가 혹은 의회다수당을 누가 차지하는가의 문제와 함께, 연방제도를 더욱 복잡하고 불안정하게 만드는 것은, 의회와 대통령이 협력과 타협을 통해 법률을 제정하여 연방정책이 추진되어도, 주정부의 정파적인 성격에 따라서 이러한 정책의 시행이 불가능해지는 경우가 발생하기도 한다는 점이다. 이는 미국 전역에 걸쳐서 정당 간 이념적 대립이 심화되면서 미국 연방제도가 매우 불안정한 성격으로 변화하는 데 크게 기여하고 있다.

예컨대 환경정책의 경우 오마마 행정부는 전임 부시 행정부의 정책을 개정하면서 연방정부 주도의 온실가스 억제정책 등을 적극적으로 추진하고자 하였다. 그러나 의회를 장악한 공화당은 오바마 행정부의 이러한 정책에 동조하지 않았으며, 따라서 오바마 행정부는 의회의 동의가 필요 없는 행정명령을 통해서 주정부의 정책을 선별적으로 규제하고자 하였다. 그 결과 대통령의 행정명령이라는 법적 근거가 취약한 불안정한 연방정부의 정책이 각 주의 온실가스배출을 규제하는 상황이 도래했다. 그러나 문제는 정당 간의 이념적 갈등이 극도로 심화된 결과, 행정명령에 의지한 연방정부의 규제에 대해서 공화당이 지배하는 보수적인 주정부가 그 이행을 거부하고 반발하는 현상이 빈번하게 등장하였다.[10] 이는 위에서 언급한 정책영역별 파편화된 연방제에 더하여 매우 불안정하고 정파적인 연방제도가 미국사회에 도래했음을 시사하는 것이다.

따라서 1990년대 중반 이후 현재까지 이르는 미국의 현대 연방제도는 1960년대에 목격할 수 있었던 연방정부와 주정부 간의 협력적인 모습을 찾아보기가 매우 어려운 지경에 이르렀다. 그 대신에 정파적이고 불안정하고 동시에 파편화된 연방주의가 일반화되었고, 현재 미국의 연방제도는 국가적인 정책의 추진에 있어서 조정과 조율의 기능을 예전처럼 원만하게 수행

....

10 특히 오바마 행정부 등장 이후 보수적인 공화당 주지사들이 오바마 행정부의 연방교부금 수령을 거부하는 등 정파적 연방주의가 강화되는 현상에 대해서는 Nicholson-Crotty(2012)를 참조하기 바란다. 니콜슨-크로티(Sean Nichoson-Crotty)는 연방교부금 거부 현상은 정파적 연방주의가 도래하기 이전에도 발생하던 일반적인 현상이기는 하지만, 오바마 행정부 등장 이후 교부금 거부의 빈도가 과거보다 훨씬 자주 발생하고 있으며, 대부분 공화당 주지사에 의해서 이념적인 이유로 이루어지고 있다는 점을 강조하고 있다.

하지 못하고 있다.

한편 이와 같이 불안정하고 정파적인 연방제도의 등장으로 인해 주정부와 연방정부의 정당일치 여부가 관건이 되기 시작했다. 즉 주정부와 연방정부의 행정부 수장 간에 정당소속이 일치할 경우에는 매우 신속하고 효율적으로 양대정부 간 협력을 유도하는 효과를 보이기도 한다. 그러나 반대로 연방정부와 주정부 행정부 간에 정당의 불일치가 있을 경우 연방정부의 각종 정책이 주정부의 강력한 반발에 직면하게 된다. 오바마 행정부 당시 연방환경보호국의 행정명령을 통한 온실가스 규제정책이 보수적인 공화당 주지사의 집단적인 반발에 부딪치거나, 오바마케어의 등장 이후 보수적인 주지사들이 이의 수용을 거부한 사례, 그리고 중동의 특정국가에서 입국하는 사람에 대한 트럼프 대통령의 입국금지 행정명령을 몇몇 자유주의적인 주에서 행정소송을 통해서 잠정적으로 효력을 중지시킨 경우 등이 이에 속한다고 할 수 있다.

전체적으로 볼 때 현재와 가까운 미래의 미국 연방제도는 1930년대 이후 1960년대까지 유지되어 왔던 협조적 연방주의의 모습을 상실해 가면서, 정파적이고 파편화된 연방주의의 모습을 지속적으로 드러낼 것으로 보인다. 그럼에도 불구하고 통상, 국가안보, 국토안보, 정보.통신 등의 정책분야에서 연방정부의 우위는 지속될 것으로 보이는데, 이는 미국이 세계정치에서 차지하는 위상에 기인하는 것이기도 하고, 미국이 주도하는 세계경제의 변화의 일반적인 방향에 기인하는 것이기도 하다. 반면 교육이나 환경, 보건, 복지 등 국내정책의 특정 영역에서는 주정부와 연방정부의 이념적, 정파적 동질성 혹은 차별성에 따라서 갈등과 협력이 교차하는 양상을 반복할 것으로 보인다. 즉 연방정부와 주정부의 행정부서의 정당이 다를 경우 연방정부의 정파적 갈등이 주정부 차원에서 지속되는 '수직적인 양극화'(vertical polarization)현상이 지속될 수 있다.

V. 결론

그렇다면 이러한 연방제도의 이러한 변화상이 미국 국가의 미래에 대해서 시사하는 바는 무엇일까? 미국에서 보수적인 주와 자유주의적인 주 간의 이념적, 정파적 격차가 점점 더 심화되고, 또한 연방정부와 주정부의 정당 차이에 따라서 연방정부와 주정부 간의 대결이 심화되면서 미국 전역에 걸쳐서 어떤 표준화된 정책을 실시할 수 있는 여지가 점점 더 줄어들 것이라는 점이 이러한 질문에 대한 답변이 될 것이다. 연방정부 수준에서는 대통령과 의회 간에, 그리고 연방제도의 정부 간 관계에서 주정부와 연방정부 간에, 그리고 미국 내에서 보수적인 주와 자유주의적인 주 간에 이념적, 정파적 갈등이 점점 더 커짐에 따라, 외교, 국방, 통상 등을 제외한 분야에서 미국 국내의 표준화된 정책의 실시는 점점 더 어려워질 것이다. 따라서 이의 조정을 위한 비용은 점점 더 커질 것으로 예상된다. 이는 적어도 국내적인 차원에서 미국 국가의 문제대처 능력, 내적 응집력을 약화시키는 요인이 될 것이다.

이와 같이 정파적인 대립을 통해서 연방제도가 파편화되고 그 기능이 약화된다는 측면에서 보면, 미국 국가의 미래상에 대한 예측은 결국은 연방제도 자체에서 찾기보다는 정당양극화 현상, 전국적으로 전개되는 극단적인 이념적 대결, 백인민족주의로 표상되는 정체성 정치의 등장 등 현대 미국의 고질적인 병폐에서 그 단초를 찾는 것이 옳다고 보인다. 정부 간 관계에 대한 연방대법원의 판결, 연방정부의 재정적 능력, 연방정부와 주정부 간의 협력을 위한 타협적 법률조항의 마련 여부 등 연방제도에 고유한 요소만으로 미국 연방제도의 문제점이 설명될 수 있다면, 현대 미국의 연방제도의 문제는 공정한 사법제도, 경제회복와 재정확충, 연방제도의 신축적 관리를 위한 법률조문의 합리적 조절 등을 통해서 해결될 수 있을 것이다. 그러나 현대와 미래의 미국 연방제도의 문제는 이러한 기술적인 문제라기보다는 양당 간의 이념적인 대립에 더하여 백인민족주의라는 정체성 정치가 가미되면서 그 해결이 매우 어려운 형태로 발전해 가고 있다.

과거 미국이 국제정치의 강대국으로 부상하는 과정에 긴요하게 작용했던 요소는 연방제도를 통해 국력이 결집되고, 남북전쟁을 제외하고는 미국 정치사에서 헌정위기가 없었다는 점 등에서 발견된다. 이와 함께 자유주의적 합의의 문화가 작동하면서 '미국적 신조'(American Creed)를 중심으로 미국의 정체성이 정의될 수 있어서, 미국은 다양한 원심력적 요소의 작동에도 불구하고 단일의 정치체로서 유지될 수 있었다. 어떠한 인종, 종파, 민속집단이라도 '미국적 신조'에 동의하면, 미국은 인구구성의 다민족성과 다인종성에도 불구하고 자유주의적 합의를 통해서 미국의 국가적 정체성을 유지할 수 있었다. 그러나 이러한 합의의 문화와 헌정질서에 도전이 될 만한 부정적 요소들이 1990년대 이후 지속적으로 속출하고 오고 있는 것이 사실이며, 현재 트럼프 대통령의 시기에 이르러 이러한 도전은 백인민족주의라는 이름으로 더욱 강화되고 있는 실정이다.

2050년대 이후에는 미국의 백인이 과반수 이하로 줄어들 것이라는 미국의 인구 변화 전망은 국가적 응집력 수준과 관련하여 미국의 미래진로에 상당히 중요한 변수가 될 것이다. 즉 백인민족주의라는 새로운 형태의 정체성 정치의 도전이 미국의 내적 응집력을 약화시키는 요인이 될 수 있을 것으로 보인다. 이와 관련하여 '이념'(미국적 신조에 대한 동의)과 '문화'(개신교 중심의 서유럽 백인문화 구축)라는 측면에서 미국의 정체성을 각각 서로 다르게 정의하고자 하는 진보적 백인 및 소수인종의 연합형 자유주의세력 대(對) 민족주의에 편승한 백인중심의 보수세력 간의 갈등이 점점 심해질 것으로 보이며, 이는 트럼프 행정부 등장 이후 더욱 현실화되고 있는 상황이다.

또한 안정적인 헌정질서 역시 사소하지만 지속적인 도전을 받고 있는 것도 사실이다. 사실상 현재 미국의 헌정질서가 무너지리라고 예상하는 사람은 거의 없고 그럴 근거도 크지는 않다. 그러나 오바마 행정부 등장 이후 의료보험개혁이 추진되는 과정에서 반오바마 성향의 티파티운동(tea party

movement)이 등장하고, 남부 백인 유권자의 불만이 가중되는 가운데 연방
으로부터의 이탈을 공공연히 언급하는 페리(Rick Perry) 전 텍사스 주지사
와 같은 선동적인 정치인이 나타나기도 했다. 그리고 연방이민법이 불비한
상태에서 아리조나(Arizona)주는 2010년 4월 독자적으로 이민법을 개정하
여 당시 오바마 행정부 및 히스패닉 유권자와 대결의 길로 들어선 바도 있
다. 한편 남부의 일부 주는 공화당 행사에서 지속적으로 연맹기(the Confed-
erate flag)를 게양하기도 하고, 트럼프 행정부의 등장 이후 버지니아 샤를로
츠빌(Charlottesville, VA)의 폭력사태에서 목격한 바 있듯이 백인의 인종주
의적 민족주의가 공공연히 민낯을 드러내기도 했다.

한편 미국이 연방제도를 통해서 신생공화국을 구성해 나갈 당시 건국
의 아버지들이 미처 예견하지 못했던 오늘날의 극단적인 정당정치는 건전
한 민주적 경쟁을 저해하고 이념적 대립을 강화시키면서 통합과 조정이라
는 연방제도의 순기능을 잠식하고 있다. 정당양극화의 과열로 인해 당면 국
가적 문제의 시급한 해결을 위해서 요구되는 다양한 법률—예컨대 조세제
도 개혁조치 및 재정적자 감소방안 혹은 이민법 개정—의 통과가 좌절되는
등, 미국은 산적한 현안문제에 대해서 신속하게 대응하지 못하게 하고 있다.
그 결과 이러한 극단적인 정파적 갈등은 미국의 대외적 평판에 부정적인 영
향을 미치고 있으며, 더 나아가 국내적으로 표준화된 정책의 제정과 실시를
어렵게 하여 미국을 정책적 작동불능(policy immobilism)의 수렁으로 몰아
가고 있다.

이와 함께 건국 당시의 백인 중심의 동질적인 사회에서는 크게 문제로
부각되지 않았던 인종과 민속집단의 문제가 현재 미국에서 점점 더 폭발적
잠재력을 더해 가고 있다. 즉 1960년대 중반 민권법과 선거권법으로 일단락
된 것으로 여겨졌던 흑백 간의 인종갈등을 넘어서서, 1990년 이후 점증되
어 온 백인 대 타 민속집단 간의 갈등은 남미 이민자들의 증가와 중동발 국
제테러의 발생으로 인해서 마침내 트럼프후보의 대통령 당선으로 상징되는
백인민족주의가 등장하는 배경이 되었다. 백인 중심의 민족집단과 기타 외

부집단을 강하게 구분하는 백인민족주의는 정당갈등의 양극화 현상과 함께 미국 내부에서 정책적 합의를 점점 더 어렵게 하고 있다.

이와 같은 정당양극화 현상 및 백인민족주의를 발흥을 놓고 볼 때, 건국 당시 연방주의자들이 주장한 연방제도의 해법은 현재적 관점에서 어떻게 평가할 수 있을 것인가? 서론에서 제기한 두 개의 요소, 즉 연방정부의 필요성과 시민의 자유가 보장되는 공화국의 유지라는 두 관점에서 볼 때, 헌법제정 당시 도입된 미국의 연방제도는 우선 연방정부의 대외적 필요성이라는 각도에서 미국의 국방과 외교상의 요구를 성공적으로 충족시켰다고 판단된다. 13개의 병립된 공화국으로 구성된 연맹체제로는 결코 미국의 안전이 확보될 수 없으며 유럽열강의 강력정치에 대항할 수 없다는 연방주의자들의 논리는 옳은 것이었다. 외국의 위협에 대한 즉각적인 대응의 필요성으로 인해 1인 연방 대통령의 필요성 등을 강조한 연방주의자 해밀턴(Alexander Hamilton)의 견해는 변화된 관료정치 등으로 인해 현재적 적실성에 일부 문제가 있음에도 불구하고 상당히 설득력이 있다고 보인다. 또한 미서전쟁 이후 미국의 강대국으로의 부상 역시 미국이 연방정부를 중심으로 효과적으로 국내적 자원을 동원하고 산업발전을 추구할 수 있는 각종 제도를 정비한 이후에 가능한 것이었다.

그러나 연방정부 필요성의 대내적인 측면과 시민의 자유가 보장되는 공화국의 유지라는 관점에서 연방주의자들의 주장은 현재 상당한 도전에 직면해 있다고 보인다. 이미 본문에서 설명한 것처럼 수직적 연방주의, 파편화된 연방주의, 정파적 연방주의 등의 문제는 연방정부와 주정부 간에 갈등이 발생할 경우 이러한 갈등이 근본적으로 조정되고 해결될 수 없다는 사실을 지적하는 것이다. 따라서 대내적인 조정의 필요성이라는 각도에서 볼 때, 연방주의자들이 역설한 연방주의적 해법은 상당 수준 연방제도 이외의 요소나 방법으로 보완되어야 할 것으로 보인다. 이것이 연방의 분열로 해결이 될 것인지—혹은 파국으로 치달을 것인지—혹은 새로운 형태의 헌법제정을 귀결할 것인지, 아니면 미국정치사에서 보기 드문 제3당의 출현을 가능하게 할 것인지, 아니면 현재의 교착상태가 상당 기간 지속되다가 어떤 새로운 정치적 균형을 찾을 것인지는 현재로서는 쉽게 예측하기 어렵다.

또한 시민의 자유가 보장되는 공화국의 유지라는 헌정주의적인 요구 역시 정파적, 이념적 양극화와 백인민족주의의 발흥으로 인해서 상당한 위기에 처해 있다. 정당과 이념으로 인한 극단의 갈등, 인종적 갈등, 혹은 민속집단 간의 갈등 등은 건국 당시 미국의 헌법제정자들이 미처 예상하지 못한 문제들이었다. 미국의 헌법제정자들, 특히 연방주의자들에게 있어서 주요 관심사는 인간의 사악한 본성을 인정한 후, 이를 토대로 개인의 이익추구 현상을 엄연한 현실로서 받아들이고 이를 실용적으로 조정함으로써 폭정을 방지하고 시민의 자유가 유지될 수 있는 정치제도를 창안하는 것이었다. 따라서 이들에게 있어서 전국적이고 압도적인 어떤 '일원'(一元)적 요소에 편승한 다수의 압승과 소수의 희생은 금기시되는 것이었다. 권력의 분산, 견제와 균형, 이익의 전국적인 세력균형 등의 요인에 기대어 국가권력의 자의적인 행사가 방지되는 헌정주의적 대의정부를 통해서 시민의 자유가 확보되는 '광대한 공화국'이 가능하다고 본 것이 연방주의자들의 본연의 입장이었다. 그러나 정당과 이념의 양극화, 그리고 백인민족주의, 그리고 이로 인한 갈등의 전국적 확산과 충격은 견제와 균형, 힘의 분산을 통해서 시민의 자유를 보장해야 한다는 공화국 미국의 존립 근거를 본원적으로 침해하고 있다. 맹목적인 정파적 대립, 외국 이주민에 대한 인종주의적 배척현상 등은 시민의 자유를 보장하기에는 본원적인 불안과 배척에 근거해 있는 요소들이다. 따라서 이러한 요소들은 사회적 다양성을 훼손하고 다양한 이익의 상호견제 현상을 대체하면서 전국적으로 일원화된 갈등을 불러올 가능성을 지고 있다.

현재 미국의 정체성 문제를 둘러싼 민속적, 인종적 갈등과 정당정치의 양극화 현상은 단기적으로 해결이 어려운 문제로서 미국의 대외적인 '상대적 쇠퇴'와 상관없이 국내적으로 미국의 '절대적 쇠락'에 기여하고 있다. 이러한 문제의 해결을 위해서 새로운 국내적 합의의 창출이 중요한데, 이를 위한 조건으로서 정당정치의 양극화 현상의 완화를 기대하기가 현재로서는 어려운 것이 현실이다. 또한 트럼프 대통령으로 표상되는 백인의 자민족 중심주의 역시 학습효과로 인해서 그 위력이 약화될 수는 있어도 단기적으로 쉽게 사라질 것으로 예상되지는 않는다. 국내외적으로 미국이 현재 안고 있는 딜레마를 극복하기 위해서 정치적 혁신(political innovation)이 적극적으로 요청되는데, 이러한 혁신은 미국정치가 정체성 정치와 중첩된 정당정치의 포로가 되어 버린 현재 상태에서 그 실현이 쉽지 않은 상태이다.

참고문헌

이용희. 1994. 『미래의 세계정치』. 서울: 민음사.

Bader, John B. 1997. "The Contract with America: Origins and Assessments." in *Congress Reconsidered*, sixth edition, eds. by Lawrence Dodd and Bruce I. Oppenheimer, Washington, D.C.: Congressional Quarterly Press.

Beer, Samuel H. 1993. *To Make a Nation: The Rediscovery of American Federalism*. Cambridge: The Belknap Press of Harvard University Press.

Bowling, Cynthia J. and J. Mitchell Pickerill. 2013. "Fragmented Federalism: The State of American Federalism 2012-13." *Publius* 43(3): 315-346.

Brown Lawrence D., James W. Fossett, and Kenneth T. Palmer. 1984. *The Changing Politics of Federal Grants*. Washington, D. C.: The Brookings Institution.

Conlan, Timothy. 1988. *New Federalism: Intergovernmental Reform from Nixon to Reagan*. Washington, D.C.: The Brookings Institution.

____. 1993. "Federalism and Competing Values in the Reagan Administration." in O'Toole, Jr., Laurence J., ed., *American Intergovernmental Relations*. Washington, D.C.: Congressional Quarterly Press.

____. 1998. *From New Federalism to Devolution: Twenty-Five Years of Intergovernmental Reform*. Washington, D.C.: Brookings Institution Press.

____. 2017. "Intergovernmental Relations in a Compound Republic: The Journey from Cooperative to Polarized Federalism." *Publius* 47(2): 171-187.

Conlan, Tomothy and James D. Riggle. 1999. "New Opportunities/Nagging Questions: The Politics of State Policymaking in the 1990s." Sawicky, Max B. ed., *The End of Welfare?: Consequences of Federal Devolution for the Nation*. Armonk: M. E. Sharpe.

Conlan, Timothy J. Conlan and Paul L. Posner. 2011. "Inflection Point? Federalism and the Obama Administration." *Publius* 41(3): 421-446.

____. 2016. "American Federalism in an Era of Partisan Polarization: The Intergovernmental Paradox of Obama's New Nationalsim." *Publius*, 46(3): 281-307.

Derthick, Martha. 1996. "Whither Federalism?" http://webarchive.urban.org/publications/306767.html

____. 2001. *Keeping the Compound Republic: Essays on American Federalism*. Washington, D.C: Brookings Institution Press.

Diamond, Martin. 1993. "What the Framers Meant by Federalism." in O'Toole, Jr., Laurence J., ed., *American Intergovernmental Relations*. Washington, D.C.: Congressional Quarterly Press.

Donahue, John D. 1997. *Disunited States*. New York: Basis Books.

Gingrich, Newt. 1995. *To Renew America*. New York: Harper & Collins.

Grodzins, Morton. 1966. *The American System: A New View of Government in the United States*.

Chicago: Rand McNally & Company.

Hamilton, Christopher, Donald T. Wells. 1990. *Federalism, Power, and Political Economy*. Englewoods Cliffs, NJ: Prentice Hall.

Hartz, Louis. 1955. *The Liberal Tradition in America: An Interpretation of American Political Thought since the Revolution*. New York: A Harvest/HJB Book.

Lipset, Seymour Martin. 1963. *The First New Nation: The United States in Historical and Comparative Perspective*. New York: Basic Books.

_____. 1996. *American Exceptionalism: A Double-Edged Sword*. New York: W. W. Norton & Company.

Lurie, Irene. 1997. "Temporary Assistance for Needy Families: A Green Light for the States." *Publius*, Spring, 73-87.

Madison, James. 1982. *The Federalist Papers*, No's. 10, 14, 39, 47, 48, 18-20, 47-51. in Alexander Hamilton, James Madison, and John Jay, *The Federalist Papers*, edited and with and Introduction by Garry Wills, New York: Bantam Books(originally published in 1787-1788).

Mead, Lawrence M. 2001. "The Politics of Conservative Welfare Reform." in *The New World of Welfare*, eds. by Rebecca Blank and Ron Haskins, Washington, D.C.: Brookings Institution Press.

Nathan, Richard, P. 1996a. "The Role of the State in American Federalism." in *The State of the States*, 3rd edition, ed. by Carl E. Van Horn, Washington, D.C.: A Division of Congressional Quarterly Almanac.

_____. 1996b. "The Devolution Revolution: An Overview." Rockefeller Institute Bulletin, Albany, N.Y.: Nelson A. Rockefeller Institute of Government.

Nicholson-Crotty, Sean. 2012. "Leaving Money on the Table: Learning from Recent Refusals of Federal Grants in the American States." *Publius* 42(3): 449-466.

O'Toole, Jr., Laurence J., ed. 1993. *American Intergovernmental Relations*. Washington, D.C.: Congressional Quarterly Press.

Posner, Paul L. and Timothy Conlan. 2014. "The Future of Federalism in a Polarized Country." http://www.governing.com/columns/smart-mgmt/col-states-polarized-politics-variable-speed-federalism.html

Read, James H. 2016. "Constitutionalizing the Dispute: Federalism in Hyper-Partisan Times." *Publius* 46(3): 337-365.

Sawicky, Max B. ed. 1999. *The End of Welfare?: Consequences of Federal Devolution for the Nation*. Armonk: M. E. Sharpe.

Schram, Sanford F. and Carol S. Weissert. 1997. "The State of American Federalism, 1996-1997." *Publius*, Spring 1-31.

Schram, Sanford F. and Samuel H. Beer, eds. 1999. *Welfare Reform: A Race to Bottom?* Washington, D.C.: Woodrow Wilson Center Press.

Schram, Sanford F. and Joe Soss. 1999. "Making Something Out of Nothing: Welfare Reform and a New Race to the Bottom." in Schram, Sanford F. and Samuel H. Beer, eds., *Welfare Reform: A Race to Bottom?* Washington, D.C.: Woodrow Wilson Center Press.

Skowronek, Stephen. 1982. *Building a New American State: The Expansion of National Administrative Capacities, 1877-1920*. Cambridge: Cambridge University Press.

Walker, David B. 1995. *The Rebirth of Federalism: Slouching toward Washington*. Chatham, NJ: Chatham House Publishers, Inc.

_____. 1996. "The Advent of an Ambiguous Federalism and the Emergence of New Federalism III." *Public Administration Review*, May/June, Vol. 56, No. 3, 271-280.

Winston, Pamela. 2002. *Welfare Policymaking in the States: The Devil in Devolution*. Washington, D.C.: Georgetown University Press.

Wright, Deli S. 1988. *Understanding Intergovernmental Relations*. Pacific Grove, CA: Brooks/Cole Pub. Co.

제14장

사이버 공간의 국가변환과 세계정치

- 동주 국제정치학의 탈근대적 지평 -

김상배(서울대학교)

이 글은

동주(東洲) 이용희의 근대국가의 변환과 미래 세계 정치에 대한 논의를 살펴보았다. 특히 동주가 1960년대 초반 『일반국제정치학(상)』에서 제시한 근대국가의 자기모순적 전개에 대한 문제제기와 1990년대 중반 『미래의 세계정치: 국가연합론 강의』에서 제기한 미래 국가모델에 대한 논의를 현재적 맥락에서 재검토하였다. 이 글은 동주 국제정치학의 텍스트(text) 자체에 대한 단순한 분석을 넘어서, 동주의 문제제기가 딛고 선 당시의 상황(context)에 대한 이해와 함께, 과거와 현재, 그리고 미래의 '간(間)텍스트적(inter-textual)' 시각에서 동주 국제정치학을 되새겨봄으로써, 후학들이 이어갈 연구의 방향을 제시하였다. 다시 말해, 당시 동주가 제기한 논제들이 이후 학계의 연구에 어떻게 투영되어 진화해 왔으며, 그러한 동주의 논의로부터 여전히 추출할 수 있는 요소는 무엇이고, 또 다른 한편으로 극복해야 할 과제는 무엇인가를 성찰하였다. 특히 이 글은 21세기 국가변환의 사례로서 사이버 공간의 국가변환과 세계정치에 주목하였다. 동주가 전근대 동아시아 공간과 대비되는 새로운 국제정치의 공간으로서 근대국가 공간을 논했다면, 오늘날 사이버 공간의 부상은 근대 국제정치 공간에 비견되는 탈근대 세계정치 공간의 출현을 의미한다고 볼 수 있다. 이러한 사이버 공간에서의 국가변환과 세계정치는, 동주가 말한 '근대국가의 자기모순의 신테제(Synthese)'를 극명하게 보여준다. 이 글은 이러한 양상을 근대 국민국가 중심의 '국제정치'를 넘어서는 '네트워크들 간의 세계정치', 즉 '망제정치(網際政治, internetwork politics)'로 파악하였다.

I. 머리말

근대 국민국가의 쇠퇴 또는 변환은 20세기 후반 이래 국내외 국제정치학계에서 가장 많이 다루어진 이론적 논제들 중의 하나이다. 1970-90년대의 연구가 주로 글로벌화와 정보화, 민주화 등의 추세 속에서 근대국가의 쇠퇴 가능성을 지적하는 데 초점을 맞추었다면, 최근의 연구는 좀 더 분석적인 시각에서 국가의 역할 재조정 과정과 그 결과로서 부상할 탈근대 국가의 구체적인 형태와 거버넌스에 주목하는 경향을 보이고 있다. 사실 국가는 예전과 같이 절대적 지위를 누리는 것은 아니더라도 단순히 쇠퇴한다고 보기는 어려우며, 부단한 조정의 과정을 거치면서 새로운 모습을 찾아갈 것으로 전망된다. 이러한 국가변환의 양상은 이미 경제와 산업 영역뿐만 아니라 사회와 문화의 영역에서도 나타나고 있으며, 최근에는 정치와 외교, 안보 등의 영역에서도 관찰되고 있다. 19세기 후반 유럽정치에서 유래하여 전파된 근대 국민국가의 도전에 제대로 대응하지 못해서 수난을 겪을 수밖에 없었던 한반도의 역사를 되돌아 볼 때, 21세기를 맞이하여 펼쳐지고 있는 탈근대 국가변환의 지평을 읽어내는 것은 앞으로 다루어야 할 중요한 연구주제이자 더 나아가 국가전략의 사안이 아닐 수 없다.

이러한 이론적·실천적 과제에 답하기 위한 방편으로서 이 글은 동주(東洲) 이용희의 근대국가의 변환과 미래 세계정치에 대한 논의를 살펴보고자한다. 특히 동주가 1960년대 초반 『일반국제정치학(상)』에서 제시한 근대국가의 자기모순적 전개에 대한 문제제기와 1990년대 중반 『미래의 세계정치: 국가연합론 강의』에서 제기한 미래 국가모델에 대한 논의를 현재적 맥락에서 재검토하고자 한다(이용희 1962/2013; 1994). 이 글은 동주 국제정치학의 텍스트(text) 자체에 대한 단순한 분석을 넘어서, 동주의 문제제기가 딛고 선 당시의 상황(context)에 대한 이해와 함께, 과거와 현재, 그리고 미래의 '간(間)텍스트적(inter-textual)' 시각에서 동주 국제정치학을 되새겨봄으로써, 후학들이 이어갈 연구의 방향을 제시해 보고자 한다. 다시 말해, 당시 동주가 제기한 논제들이 이후 학계의 연구에 어떻게 투영되어 진화해 왔으며, 그러한 동주의 논의로부터 여전히 추출할 수 있는 요소는 무엇이고, 또 다른 한편으로 극복해야 할 과제는 무엇인가를 성찰해 볼 것이다.

동주 국제정치학이 제시하는 근대국가 변환의 탈근대적 지평에 대한 논의의 단초는 1960년대 초에 제시되었다. 『일반국제정치학(상)』의 말미에서 동주는, "이러한 근대국가의 자기모순의 신테제(Synthese)는 아직 무엇인지 모른다… 근대국가간의 국제정치로서의 면과 초국가적인 국가군 대 국가군의 양상은 마치 겹쳐서 박혀있는 사진과 같이 세계정치에 2중으로 투영되어 있다…"고 적고 있다(이용희 1962/2013, 303). 1960년대에 예견한, 2중으로 투영된 사진의 내용은 '근대국가간의 국제정치'라는 옛 사진과 '초국가적인 국가군 대 국가군의 양상'이라는 새 사진이 겹쳐 있는 '세계정치의 이중구조화'이다(하영선 2011, 281). 1990년대 중반에 출판된 『미래의 세계정치』에서 동주는 이러한 '모델 케이스로서 근대국가의 변환'을 좀 더 구체적으로 논했는데, 옛 사진에 겹쳐지는 새 사진의 내용을 유럽 국가들이 추진하던 국가연합의 사례에서 찾고 있으며, 더 나아가 신테제(Synthese)로서의 2중 사진을 '메타-네이션-스테이트(meta-nation-state)'라는 용어를 인용하여 설명하였다(이용희 1994, 280).

오늘날 세계정치의 현실에 비추어 볼 때, 1960년대에 문제제기를 하고 1990년대에 제시했던, 동주의 '새 사진'은 얼마나 적실성이 있을까? 그리고 반세기가 지난 지금, 동주가 제시한 '2중 사진,' 즉 '근대국가의 자기모순의 신테제(Synthese)'의 내용을 현재적 맥락에서는 어떻게 평가할 수 있을까? 물론 1960년대에 예견한 '새 사진'이 2010년대 중후반 실제로 드러나고 있는 '새 사진'과 완전히 일치할 수는 없을 것이며, 텍스트 분석의 관점에서 이 둘을 비교하는 것 자체는 큰 의미가 없을 수도 있다. 오히려 좀 더 의미가 있는 것은, 흐릿하나마 두 사진의 윤곽을 비교해보는 작업을 통해서 동주가 던진 문제제기가 그 이후 후학들의 연구에 있어서 어떠한 지평을 열어왔는지를 살펴보는 작업일 것이다. 다시 말해, 반세기 전 동주의 문제제기가 그동안 학계의 연구에 어떠한 형태로 스며들어 지속되고 발전되어 왔으며, 이러한 동주의 틀이 오늘날 세계정치의 변환을 분석하는 데 어떠한 유용성을 갖는지, 아니면 어떠한 한계를 지니고 있는지, 그리고 동주의 논의를 어떻게 개작해서 사용해야 하는지 등의 문제를 살펴보는 작업일 것이다.

이러한 문제의식의 연속선상에서 이 글은 '새 사진'의 사례로서 사이버 공간의 국가변환과 세계정치에 주목하고자 한다. 이 글에서 말하는 사이버 공간이란 단순히 컴퓨터 네트워크로서 인터넷이 만들어낸 온라인의 기술공간 또는 현실과 분리되어 별개로 존재하는 버추얼 공간을 의미하는 것은 아니다. 오히려 오늘날 사이버 공간은 온라인 공간과 오프라인 공간의 '복합 공간'으로 부상하면서 다양한 초국가적 이슈들뿐만 아니라 지정학 이슈들도 관여하는 공간으로 자리매김하고 있다. 앞으로 점점 더 사이버 공간을 매개로 하지 않은 현실공간을 상상할 수는 없을 것으로 예견된다. 이러한 사이버 공간의 면모를 보여주는 사례들은 이미 전쟁과 안보, 산업과 경제, 사회와 문화, 정치와 외교 등의 분야에서 나타나고 있다. 동주가 전근대 동아시아 공간과 대비되는 새로운 국제정치의 공간으로서 근대국가 공간을 논했다면, 오늘날 사이버 공간의 부상은 근대 국제정치 공간에 비견되는 탈근대 세계정치 공간의 출현을 의미한다고 볼 수 있을 것이다.

이러한 사이버 공간에서의 국가변환과 세계정치는, 동주가 말한 '근대국가의 자기모순의 신테제(Synthese)'를 극명하게 보여준다. 그렇다면 사이버 공간의 국가변환과 세계정치를 이해하는 데 있어 동주 국제정치학이 주는 유용성과 한계는 무엇일까? 물론 1990년대 후반 타계한 동주가 지금의 사이버 공간을 상상할 수는 없었겠지만 그의 문제제기를 사이버 공간의 세계정치에까지 연장하여 음미해 볼 수는 있을 것이다. 실제로 오늘날 사이버 안보, 신흥산업 경쟁, 인터넷 거버넌스 등에서 보이는 초국가적 세계정치의 양상은 동주가 지적한 '새 사진'이라고 할 수 있으며, 이는 국가 행위자들이 주도하는 부국강병 게임이라는 오프라인 국제정치의 '옛 사진'과 겹쳐지는 양상을 나타내고 있다. 궁극적으로 미래 세계정치는 이러한 두 사진이 중첩되는 '이중구조화'의 과정을 통해서 근대국가를 넘어서는 새로운 국가모델의 신테제(Synthese)를 모색하게 될 것이다. 이 글은 이러한 양상을 근대 국민국가 중심의 '국제정치'를 넘어서는 '네트워크들 간의 세계정치', 즉 '망제정치(網際政治, internetwork politics)'로 파악하고자 한다(김상배 2014).

사실 이 글에서 주목하는 '사이버 공간의 세계정치'에 대한 관심은 체험사적으로 동주 국제정치학이 딛고 선 목적론 및 실천론과는 상이한 고민을 바탕에 깔고 있다. 1950-60년대의 현실에서 동주가 던진 질문이 "우리 겨레가 왜 이렇게도 취약하냐?"였다면(하영선 2011, 270), 이 글이 던지는 질문은 "중견국으로서 한국이 무엇을 할 수 있을 것이냐?"이다. 사실 반도체, 정보화, 인터넷, 온라인 게임, 한류, 그리고 사이버 공간 등과 같은 영역은 한국이 그나마 잘하고 있는 분야들이다. 이러한 분야에서 벌이고 있는 중견국으로서 한국의 행보는 동주의 시대와는 다른 실천적 문제의식을 우리에게 던져준다. 다시 말해 약소국이었던 동주의 시대가 서구의 '일반'이 '보편'이 아니라 한국은 '특수'하다는 것을 강조하고 구별하기를 요구했다면, 오늘날 중견국을 논하는 한국의 현실은 한국의 '특수'를 '특수'로서 구별하는 차원을 넘어서 '보편'이라는 이름으로 강대국뿐만 아니라 여타 국가들에게도 설득해야 하는 과제를 제기하고 있다.

이 글은 크게 세 부분으로 구성되었다. 제2절은 『일반국제정치학(상)』과 『미래의 세계정치』에 담겨 있는 동주의 근대국가론과 근대국가의 자기모순에 대한 지적, 그리고 그 연속선상에서 보는 미래 세계정치론을 살펴보았다. 제3절은 동주가 제기한 문제의 맥락에서 국내 학계, 특히 '정보세계정치연구회'로 대변되는 일군의 학자 그룹에서 진행해 온 국가변환과 미래 세계정치에 대한 연구를 소개하고 그 의미를 평가하였다. 주로 지난 20여 년의 연구를 통해서 정보세계정치연구회가 펴낸 작업 중에서 주로 세 편, 즉

『네트워크 지식국가』,『네트워크 세계정치』,『복합세계정치론』에 주목하여, 근대국가의 자기모순의 신체제에 대한 동주의 문제제기가 어떠한 지평으로 발전해 왔는지를 살펴보았다. 제4절은 근대국가의 자기모순의 신체제로서 사이버 공간의 국가변환과 세계정치의 사례를 살펴보았다. 정보세계정치연구회에서 2018년 출판을 목표로 진행하고 있는 책,『신흥무대의 미중경쟁』의 내용이 근간을 이룬다. 끝으로, 맺음말을 대신하여 미래 세계정치의 변환에 대응하는 실천론의 시각에서 보는 중견국 한국의 미래전략과 국가모델에 대해서 간략히 언급하였다.

II. 동주의 국가변환론과 미래 세계정치론

1. 근대국가의 자기모순에 대한 지적

『일반국제정치학(상)』에서 동주는 "오늘의 국제정치를 다루려면 부득이 그 연원이 되는 유럽정치의 핵심인 근대국가와 그 사이에 빚어진 국제정치 관념을 규명하지 않을 수 없다"는 문제의식에서 논의를 시작하고 있다(이용희 1962/2013, 123). 동주는 강조하길, "근대 후기 말에 이르러서는 유럽정치의 세계적 팽창과 더불어 정치는 대체로 국가정치로 이해되고 또 국가정치의 '국가'는 곧 '근대국가'라고 인정"되었다고 한다(이용희 1962/2013, 125). 이러한 문제의식하에 『일반국제정치학(상)』은 근대 국제정치는 기본적으로 그 주체가 되는 근대국가 자체의 성격에서 나온다는 전제를 설정하였으며, 그러한 근대국가를 군사국가, 경제국가, 식민지국가라는 세 범주로 나누고, 그 세 범주에서 본 근대국가의 전개과정에서 근대 국제정치의 제 문제가 발생한다는 작업가설을 가지고 논리를 전개하였다.

동주가 말하는 '군사국가'는 군사적 목적과 필요를 구현하기 위한 군사정책이 다른 것에 우선되어 있으며, 이에 따라 사회구조, 국가재정, 국가정책에 이러한 목적과 필요가 반영되어 있는 국가이다. 이러한 의미에서 근대 국가는 무엇보다도 먼저 군사국가로서 성립하고 군사국가로서 발전하고 군사국가로서 현대에 이르렀다. 군사국가의 가장 대표적인 증거는 방대한 상비군의 창설에 있으며, 이른바 국가이익을 유지하는 최후의 수단으로서 군사력을 사용하는 정책에서 발견된다. 이러한 군사국가로서의 근대국가는 '영토국가'의 면모를 띠는데, 여기서 영토국가라는 의미는 단순히 영토를 구성요건으로 한다는 뜻의 국가가 아니라, 일정한 광역의 토지를 분할 점령하여 나라가 어깨를 맞대고 서로 접경하여 있는 유럽의 역사적 환경을 배경으로 하여 출현한 근대국가를 지칭하는 다른 말이다(이용희 1962/2013, 138-140).

또한 근대국가는 군사국가와 밀접히 관련된 '경제국가'로서 발전하였다. 여기서 경제국가라는 의미는 "단순히 경제적 영위(營爲)가 나라살림에 중요하다는 것이 아니라 국가의 대외정책이 명시적이며 또 의식적으로 '부(富)' 추구와 상공정책에 치중"한다는 뜻으로 이해되어야 한다(이용희 1962/2013, 167). 다시 말해 "근대국가의 형성과 발달에는 이재(理財)와 '부' 추구에 골몰하고, 이것을 대외정책의 지침으로 삼는 상업국가·산업국가의 모습이 현저하였는데 이 점이 오늘날의 세계정치의 일면을 결정하는 요인의 하나"가 되었다는 것이다(이용희 1962/2013, 168). 왕조분규 및 종교전쟁 등의 명분이 국제정치의 표면에서 후퇴한 17세기 중엽 이후 유럽 강국들이 벌인 국제 분규는 기본적으로 상업전쟁이었다는 것이다. 경제적 이해관계가 유럽의 모든 국가정책을 지배하였는데, 이는 흔히 '중상주의'라 부르는 면모였으며, 이 과정에서 자본 활동의 확대와 군사력 증가는 서로 밀착되어 있었다.

한편, 동주는 근대국가를 군사국가이자 경제국가로 규정하는 동시에 '식민지국가'로서 판단하였다. 설령 식민지를 실제로 획득하지 못하였던 시기와 경우에 있어서도 근대국가의 성향은 식민지국가였으며, 이런 의미에서 근대국가의 팽창사는 바로 식민지의 역사이기도 하다. 이 경우 식민지란 의미는 단순히 국외 이주와 이민지의 영토화라는 좁은 의미로 이해될 수도 있겠지만, 일정한 지역과 그 주민이 정치경제적으로 차별적으로 예속되는 상태라는 넓은 의미로 해석될 수도 있다. 이러한 의미로 이해된 식민정책이란 이러한 지역의 조성을 목적으로 하는 것이며, 이러한 맥락에서 볼 때, "식민지국가란 그 정책이 이러한 식민지의 획득을 꾸준히 목적"으로 하는 국가를 의미한다. 이러한 식민지정책의 결과는 "'본국의 이익을 위한 영유(possession)'의 관념 그리고 차별적인 정치 경제의 지배관계 설정"이었다고 동주는 지적한다(이용희 1962/2013, 209-211).

동주는 『일반국제정치학(상)』의 마지막 장에서 군사국가, 경제국가, 식민지국가로 파악된 근대국가의 전통에서 나타나는 새로운 변화의 양상에 대한 논하고 있다(이용희 1962/2013, 제5장). 먼저, 군사국가로서의 근대국가의 성격은 19세기 후반 제국주의 시대를 고비로 하여 적어도 대의명분으로는 유행을 멈추었다고 평가한다. 1차대전 이후 국제연맹 등이 표방하는 평화사상과 또 그것을 가능케 하는 주요 전승국의 현상유지 정책은 여러 모로 탈군사국가의 경향을 시작케 했다는 것이다. 예를 들어, "나토군 같은 지역군사조직에 편입된 각국군의 성격 또 혹은 국제군의 지휘아래 있는 군대의 예에 있어서와 같이 초국가적인 면모가 나타나는 것도 그 성질상 근대국가적이라고 할 수 없는 것"이라고 지적한다. 특히 핵무기와 우주무기의 운반수단의 연구개발에 따른 군비의 팽창은 강대국들로 하여금 핵전쟁의 가능성을 스스로 부인케 했는데, 이는 이른바 군사국가의 논리에 기반을 두고 있는 근대국가의 자기모순이 아닐 수 없다는 것이다(이용희 1962/2013, 251-271).

둘째, 경제국가로서 근대국가의 면모도 자기모순에 봉착하게 되었는데, 유럽경제의 기반이 세계경제의 장에서 그것도 '계급'이라는 틀을 빌어서 해소되지 않으면 아니 되는 상황의 출현에 주목하였다. 동주의 지적에 의하면, "유럽경제의 고도산업화 그리고 금융자본의 세계적 활동과 보조를 같이 하여 근대국가의 기본전제인 '국가'보다도 상위의, 그 자체가 비국가적인 '계급'이 궁극 개념으로 경제를 통하여 정치에 나타났다는 사실은 경제국가로서의 근대국가가 스스로 겪는 모순 중의 모순이 아닐 수 없다"는 것이다. 이러한 "'계급' 관념의 출현은 그 유래로 보아 경제국가로서의 근대국가의 자기관철의 과정에 필연적으로 나타난 '경제'의 국제주의적 성격"을 반영하는 것인데, 지금 문제되는 것은 국제 카르텔에 반영된 자본, 특히 미국 해외투자자본의 국제적 성격이며, 이러한 측면은 국내시장에 있어서의 국내 카르텔의 형성과는 달라서 국가경제를 손상할 수 있다는 것이었다(이용희 1962/2013, 297-302).

끝으로, 일국주의에 기반을 둔 근대국가의 식민지국가로서의 모습도 자기모순을 드러내게 됐다고 지적한다. 사실 근대국가의 식민지주의는 발전해가는 근대국가의 국민경제와 군사국가의 요청에 의하여 이루어진 현실적인 타협의 측면이 매우 강했다. 왜냐하면 근대국가의 내셔널리즘은 "정치상의 명분, 정책상의 원칙이로되 현실로는 국민 아닌 국민을 식민지에 가짐으로서 명분과 현실과의 괴리를 가교"하려 했기 때문이다. 그런데 민족주의(자결권), 민주주의(참정권·인권), 사회복지사상 등과 같은 내셔널리즘의 원칙과 제도는 그것이 서구의 근대국가들에 적용되는 동시에 다른 지역의 국가들에도 이데올로기로 작용해야 하기 때문에, 일국주의적이며 동시에 보편주의적이어야 된다는 자기모순에 빠지고 만다. 일국주의적이었던 까닭에 남의 희생 위에 이 사상·제도가 관철되는 사례가 허다했던 반면, 다른 민족에게는 보편주의적인 위장 아래 전파되는 것이 상례였기 때문에 필연적으로 저항을 유발할 수밖에 없었다는 것이다(이용희 1962/2013, 276-301).

이상에서 언급한 근대국가의 자기모순에 대한 논의를 바탕으로, 동주는 "근대유럽의 국제정치가 온 지표에 걸치는 세계정치로 옮겨짐에 따라 근대국가의 형성, 발전기에는 예상하지 못했던 사태가 출현함으로 말미암아 세계정치는 원심적이며 원자적인 국가적 요인만이 아닌 초국가적 요인을 가미하게 되었다"고 주장한다. 그런데 이러한 초국가적 요인은 "단순히 '국제주의'라고 하여 유럽의 근대사로부터 맥락을 찾을 수 있는 따위도 아니고 또 막연히 '국제사회'라는 개념"을 내세워서 이해할 수 있는 것이 아니라고 한다. 동주의 설명에 따르면, 그러한 초국가적 요인은 "근대국가의 활동 속에서 태어나는 변증법적인 성질의 것"이었다. 다시 말해, "근대국가의 성숙 없이 현대의 세계정치도 있기 어려울 것이나 또 한편 근대국가 자체의 성격 중에는 필연적으로 초국가적 요인"을 초래하는 면이 있었다는 것이다(이용희 1962/2013, 288).

그렇지만 동주에 의하면, 『일반국제정치(상)』을 집필할 당시까지 "이러한 근대국가의 자기모순의 신테제(Synthese)는 아직 무엇인지 모른다"고 한다. 덧붙여 주장하길, "현재 사람은 '국제사회'라는 말을 빌어, 혹은 국제법에서 혹은 국제정치에서 하나의 세계를 생각하여 보려고 하고 있기는 하나 그것은 어디까지나 상금(尙今) 개념론이 아니면 국제기구에 대한 기대일 따름이지 강력한 통합원리로서 과거의 유교사회, 기독교사회, 회교사회와 같은 구실을 인간의식에 미치기에는 너무나 앞날이 요원하다"는 것이다. 그러한 이유 중의 하나를 동주는 근대국가의 잔존에서 찾는다. "비록 근대국가의 모순이 사방에서 터져 나오고 그것을 단위로 한 국제정치의 양상이, 마침내 모순의 심화와 더불어 변모하여 간다 하더라도, 그래도 근대국가의 관념은 아직도 강력히 인간의 정치적 행위에 있어서 깊이 뿌리박고 있으며 국제정치의 근대국가적 양상은 근대적 강국정치로서 상금(尙今)도 세계를 휘덮고 있고 '계급'을 내세우는 정치체도 이러한 환경에 있어서 그 현실정책은 근대국가의 포즈"를 취하고 있다는 것이다. 종합컨대, 1960년대 초반 동주의 눈에 비친 세계는 '근대국가간의 국제정치로서의 면'과 '초국가적인 국가군 대 국가군의 양상'이 겹쳐있는 2중 사진이었다(이용희 1962/2013, 302-303).

2. 미래 국가모델로서 국가연합

1994년에 출간된 『미래의 세계정치』는 『일반국제정치학(상)』에서 제기했던 근대국가의 변환에 대한 논의의 연속선상에서 새로이 부상하는 세계정치의 행위자, 즉 동주가 말하는 '새 사진'에 대한 논의를 담고 있다. 그런데 여기서 한 가지 유의할 점은 『일반국제정치학(상)』과 『미래의 세계정치』에 걸쳐서 동주가 논하고 있는 주제는 현실태로서 특정 국가의 변환이 아니라 이념형으로서, 동주의 표현을 그대로 빌면, 이른바 '모델 케이스'의 변환이라는 사실이다. 동주는 설명하길, 단일국가 개념이 모순을 가지고 있다고 해서 이것이 단일국가체제가 다 깨진다는 의미로 이야기하는 것은 아니고, '모델 케이스'로 유지되어 온 것이 이제 더 이상 모델로서 기능할 수 없다는 것이다. 다시 말해, "단일국가 개념이 프랑스에서도 깨지고 가령 독일에서도 깨졌다는 의미가 아니라, 그런 것이 모델이었는데 이제는 모델로서 가지는 그 효용성이 사라지게 되어 다른 모델을 요구하게 되었다"라는 것이다(이용희 1994, 25).

이와 관련해서 동주는 부연설명을 하고 있는데, 옛날에 연방 형태에는 연방국가(federal state) 같은 것도 있고, 20세기 국제정치에서도 독립국가연합(CIS) 혹은 유럽공동체 같은 국가연합 형태도 있지만, 그러한 나라의 형태는 단지 아주 소수의 사례일 뿐이라는 것이다. 오히려 여태까지의 근대 국제정치에서는 단일국가 개념이 '모델 케이스'였고 연방 개념이나 국가연합 개념은 '모델 케이스'가 아니었다는 것이다. 그런데 오늘날에 이르러 이제 점차 그 '모델 케이스'의 개념이 바뀌고 있으며, 이러한 시각에서 볼 때 예전에는 아주 소수에 불과했던 연방이나 국가연합 형태의 나라들이 새로운 '모델 케이스'로 부상할 가능성이 있다고 설명한다(이용희 1994, 44). 이러한 '모델 케이스'의 부상과 관련하여, 동주는 유럽지역에서 나타나고 있는, 지역정치체로의 세분화 현상과 국가연합으로 확대 현상의 두 가지 경향에 주목한다.

먼저, 지역정치체로의 세분화 현상과 관련하여 동주는 "장래의 새로운 나라 개념은, 그때 스테이트가 될지 뭐가 될지 모르겠지만, 지금보다는 작아질 것"이라고 한다. 이러한 나라는 "에스니시티, 네이션, 문화공동체가 가지고 있는 요소가 한 곳에 가장 잘 모일 수 있는 정도로 조그마한 규모"일 것이라고 한다. 흥미롭게도 동주는 이 대목에서 루소의 국가 개념에 주목한다. 『미래의 세계정치』에서 동주는 다음과 같이 강연하였다. "루소가 원래 스위스 사람이라서 그런지 루소는 국가연합이론을 많이 주장했던 사람인데, 그는 에스닉 그룹 같은 것을 단위로 자기 나라를 생각했던 것입니다. 직접민주주의가 실행될 수 있는 정도로 크기가 작은 나라, 살기 편하고 말도 잘 통하고 서로의 관습이 같아서 말하지 않아도 충분히 알아볼 수 있는 그런 국가를 생각했던 것입니다"라고 적고 있다(이용희 1994, 42).

이와 짝을 이루는 개념으로서 동주가 주목한 것은 국가연합(confederation)으로서 유럽연합인데, 동주는 유럽연합의 시도를 국경이 점차 사라지는 새로운 형태의 나라로 이해하고 있다(이용희 1994, 42-43). 유니언(union)이라고 명명된 유럽연합은 국민국가를 하나의 구성단위로서 포괄하는 큰 형태의 나라라고 할 수 있는데, 동주는 "새로운 나라형태 속에 들어가는 조그만 세포 같은 것으로 내셔널, 스테이트, 네이션 스테이크를 위치 짓고" 있다고 한다(이용희 1994, 43). 유럽연합이 옛날의 국가연합과 가장 크게 다른 점은, "명분상으로 국가연합이면서도 부분 구성국의 주권을 어느 정도 제한하고 오히려 중앙에 일부 주권을 이양"한다는 사실이다. 게다가 이러한 새로운 성격의 국가연합이, 과거 근대국가 형성 이후에 국제정치의 주 무대가 되었던 서구에서, 그것도 규모가 아주 크게 전서구를 포함하는 규모로 이루어지고 있다는 점에 주목해야 한다고 강조한다. 이것이 마치 서구의 근대국가가 전세계로 파급되었듯이 역시 전세계로 파급되어 21세기의 새로운 정치형태가 될 가능성이 있기 때문이라는 것이다(이용희 1994, 63-64).

동주가 상정한 새로운 정치체는 "국가간의 유니언 형태, 즉 근대국가가 구성단위가 되고 그 구성단위국 상위에 있는 광역의 유니언"이 형성되는 모습이다(이용희 1994, 64). 사실 이러한 정치체를 무엇이라 부를지는 매우 중요한 개념적인 논제인데, 동주는 『미래의 세계정치』에서 다음과 같이 말하였다.

"유럽공동체를 보통 초국가주의(supranationalism)라고 하는데 프랑스의 보고서에 의하면 초국가(supra-nation)이라는 말은 적당하지 않고 '메타-네이션-스테이트(meta-nation-state)'라는 말이 보다 적합하다고 주장하고 있습니다. 왜 메타-네이션-스테이트라는 용어를 쓰는가 하면, 그 개념이 다원적인 정체성(pluralistic identity)을 가지고 있기 때문에 그렇다는 겁니다. 이건 참 재미있는 암시를 가지고 있는 말입니다. 이 용어가 앞으로 적합한 용어가 될 수 있는 것이, 주권 개념을 가지고 국가에만 정체성을 가지는 것이 아니라 장차 유럽에도 정체성이 생기고 또 자기 나라에 대한 정체성이 생기고, 자기가 소속해 있는 지역에 대한 정체성이 생기는 식으로 다원적인 정체성이 형성될 수도 있음을 시사하기 때문입니다"(이용희 1994, 280).

　　이러한 개념적 이해의 연속선상에서 동주가 그리고 있는 새로운 '모델 케이스'로서의 정치단위체의 모습을 살펴보면, 새로운 탈근대국가는 그 개념적 외연과 내포에 있어서 기존의 근대국가를 넘어서는 두 가지 경향이 공존하는 모습으로 파악된다. 이러한 두 가지 경향에 대한 개념적 파악의 문제와 관련하여 동주는 "국민국가의 한쪽에서는 울트라내셔널리즘(ultranationalism)이라고 부를 정도로 초국가적인, 메타-네이션-스테이트적인 요소로 가려고 하는 면"이 있는데, 이것을 현재 유럽연합의 한 가지 경향이라고 파악한다. 또한 유럽연합의 다른 한 가지 경향은 작은 크기의 지역공동체에서 찾고 있다. 동주에 의하면, "사람들이 이해 중심의 이익사회체제에 견디지를 못해서 고독을 느끼고 오손도손한 다정함을 서로 느끼지 못하게 되는 발전된 이익사회로부터 탈피하여 좀 편하고 다정하며 자기 일상생활적인 그런 느낌을 회복하려는 경향"이 지역주의로 나타나고 있다는 것이다(이용희 1994, 295-296).

　　이러한 동주의 시각은 유럽연합의 실험을 단순히 옛날의 국가제도를 고치려는 것이 아니고, 역사상 새로운 형태의 국가를 실험하고 있는 것으로 파악하는 그의 인식을 반영한다. 부연컨대, 근대국가의 질적 변환이라는 시각에서 유럽연합의 실험을 보아야 한다는 동주의 인식은 근대 유럽정치사와 세계사의 맥락에서 본 정치단위체의 순환적 진화라고 하는 문제의식을 바탕에 깔고 있다. 특히 동주는 유럽연합의 대두를 '역사의 역전'이라고 부를 정도의 의미를 부여하고 있다. 이와 관련하여 동주는 다음과 같이 매우 흥미로운 전망을 펼치고 있다.

> "역사는 참 재미있는 것이라는 생각이 듭니다. 역사상 300년 동안 국민국가 중에 가장 완전한 것이 단일국가라고 생각해 왔고 그것보다 조금 떨어지는 것이 연방이고 제일 떨어지는 것이 국가연합이라고 생각해 왔습니다. 따라서 유럽의 300년 역사를 회고해 보면 국가연합이었던 나라도 연방을 거쳐 단일국가로 전화하였거나 혹은 단일국가에 가까운 연방으로 전환되어 왔습니다… 그런데 재미있는 것은 지금 유럽공동체에서 나오는 과정을 보면, 역사가 거꾸로 역전되는 것 같은 인상을 줍니다. 아마 향후 100년 단위로 생각하면, 단일국가에서 연방을 거쳐 국가연합으로 전화될 것 같은 느낌이 듭니다"(이용희 1994, 293-294).

이러한 '역사의 역전'이 실현되는 데는 "앞으로 아무리 빨라도 30-40년 이후에야 이루어질 것이고 전세계적으로 주류가 되기까지는 아마도 100년을 두고 생각해 봐야" 한다는 것이 동주의 전망이다(이용희 1994, 68). 지난 100여 년 동안 서구에 기원을 두는 근대 국제정치의 모델 케이스로서 근대 국가 완성의 과제를 아직 이루지 못한 한반도의 상황을 염두에 둘 때, 유럽의 변화를 예의주시하지 않을 수 없는 이유는 바로 이 대목에서 발견된다. 다시 말해, 한국의 입장에서 유럽의 새로운 실험에 주목해야 하는 이유는 이러한 국가연합 형태의 '모델 케이스'가 마치 19세기 후반에 그러했던 것처럼 동아시아에도 전파될 가능성이 있다는 점 때문일 것이다. 이와 관련하여 동주도, 만일 유럽에서 국가연합의 새로운 형태가 탄생한다면, 그것이 또 다른 지역에 전파될 가능성이 많으며, 그것이 그대로 전파가 되지 않고 '일

그러진 형태'로 전파될 가능성이 있음을 지적하고 있다.

III. 국가변환론과 미래 세계정치론의 진화

1. 네트워크 지식국가론: 미래 세계정치의 행위자

미래 세계정치 연구는 2000년부터 시작한 공부모임인 정보세계정치 연구회의 주요 테마였다. 특히 동주가 제기한 논제의 연속선상에서 근대국가의 자기모순에서 비롯되는 국가변환과 그 결과로 출현할 미래 국가의 역사적 위치와 유형적 양태를 탐색하는 데 초점이 맞춰졌다. 이러한 탐구는 2006년에 출판된 『네트워크 지식국가: 21세기 세계정치의 변환』으로 결실을 보았다(하영선·김상배 편 2006). 『네트워크 지식국가』는 정보혁명으로 대변되는 물적·지적 변화를 바탕으로 발생하는 21세기 세계정치의 변환을 경험적·이론적으로 천착함으로써 새로운 국가모델을 개념화하고자 시도하였다. 기존의 국가는 단순히 쇠퇴하기보다는 부단한 역할조정과 형태변환의 과정을 통해서 새롭게 거듭날 가능성이 크지만, 동주가 예견한 것보다는 좀 더 넓은 지평에서 이러한 탈근대 국가의 부상을 이해해야 한다는 논의들이 진행되었다. '네트워크 국가(network state)'의 개념은 바로 이러한 맥락에서 제기되었다.

네트워크 국가란 대내적으로는 위계적 관료국가, 대외적으로는 영토적 국민국가의 모습을 하는 기존의 국가모델이 글로벌화와 정보화 및 네트워크 시대의 변화하는 환경에 맞추어 자기변화와 조정을 해나가는 국가이다 (Carnoy and Castells 2001; Ansell and Weber 1999; Ansell 2000; 하영선·김상배 편 2006; 김상배 2014). 대내적으로는 민간 및 사회 영역과의 관계를 재설정하고, 대외적으로는 네이션의 경계를 유연하게 넘나드는 국가변환을 개념화하려는 시도이다. 네트워크 국가의 부상은, 한편으로 국가는 자신의 기능과 권한을 적절하게 국내의 하위 단위체에게 분산·이전시킴으로써 그 구성원들로부터 정당성을 확보하고, 다른 한편으로 개별국가 차원에 주어지는 도전에 효과적으로 대처하기 위해서 영토적 경계를 넘어서 국제적이고 지역적이며 경우에 따라서는 초국적 차원의 제도적 연결망을 구축하는 과정에서 발생한다. 이러한 네트워크 국가에 대한 논의는 국가권력의 기본 자원과 행사방식의 변환에 초점을 맞춘 '지식국가(knowledge state)'에 대한 논의와 짝을 이루는데, '네트워크 지식국가'라는 이름은 이러한 맥락에서 붙여졌다.

네트워크 국가는 대내외적으로 몇 가지 층위에서 새로운 국가모델로서의 형체를 드러내고 있는 것으로 파악된다. 이러한 모습은 동주가 『미래의 세계정치』에서 논한 유럽지역에서의 국가변환의 사례보다는 좀 더 폭넓은 범위에서 발생하는 것으로 이해할 수 있다. 예를 들어, 대외적인 차원에서 이해되는 네트워크 국가의 부상은, 동주가 논한 바와 같이 영토국가의 단위를 넘어서 형성되는 지역통합체의 부상을 지칭하는 이외에도, 글로벌 사안을 놓고 공조하는 비상설적인 정부간협의체(예를 들어, G20)의 부상이나, 국가 행위자뿐만 아니라 국제기구와 다국적 기업, 글로벌 시민사회 등이 모두 참여하는 글로벌 거버넌스의 양식 등에서도 발견된다. 또한 대내적 차원에서 파악되는 네트워크 국가는, 동주가 논한 국가 단위 하위에서의 에스닉(ethnic) 집단들의 활성화 현상 이외에도 정치경제학적 시각에서 본 정부-기업 관계의 재조정, 정치사회학적 시각에서 본 지배 엘리트 연합과 관료제의 변환, 정치·행정학적 시각에서 본 중앙-지방 관계의 재정비 등에서도 발견된다.

이러한 개념적 이해를 바탕으로 『네트워크 지식국가』는 근대국가의 변환을 세 가지 측면에서 살펴보았다. 군사국가의 변환을 미국의 군사변환과 변환외교의 전개, 그리고 글로벌 테러 네트워크의 부상이라는 맥락에서 검토하였으며, 경제국가의 변환을 글로벌 무역 네트워크와 세계 금융 중심도시 네트워크의 형성 및 글로벌 생산 네트워크의 작동이라는 초국적 현상 속에서 이해하였다. 이러한 연속선상에서 과학기술과 문화산업 분야에서 나타나는 지식국가의 변환도 검토하였는데, 특히 세계정치 변환의 동력이 되는 물적·지적 조건, 즉 정보혁명 변수의 역할에 주목하였다. 이러한 탐구의 과정을 통해서 다듬어진 '네트워크 지식국가'의 개념은 동주가 제기한 '근대국가의 자기모순의 신체제'를 개념적·경험적으로 밝히려는 시도의 일환으로 이해할 수 있다. 아울러『네트워크 지식국가』는 19세기 동아시아의 맥락에서 전근대 천하예의지방(天下禮儀之邦)이 근대 국민부강국가로 변환하는 과정을 21세기의 사례와 대비해서 보는 역사적 시각도 제시하였다.

『네트워크 지식국가』의 작업은 그 성과만큼이나 향후의 연구 과제를 다수 제기하였다. 무엇보다도 '은유'의 차원에서 네트워크 국가의 개념을 원용하는 차원을 넘어서 '분석'의 차원에서 네트워크 국가의 개념을 발전시켜야 할 필요가 있었다. 특히 네트워크의 개념을 은유적으로 사용함으로써 근대국가의 '위계조직' 모델로부터 탈근대국가의 '네트워크' 모델로의 변환을 쉽게 묘사하기는 했으나, 사회과학 전반에서 거론되고 있는, 일종의 트렌드로서 네트워크 '행위자'의 부상을 보는 일반론을 넘어서, 21세기 세계정치에서 창발(emergence)하고 있는 '구조'와 '과정'으로서의 네트워크에 대한 엄밀한 개념화나 다양한 유형화를 시도하는 이론적 노력이 부족했다. 이러한 지적의 연속선상에서 보면, 네트워크 국가가 발휘하는 중심성(centrality)과 메타 거버넌스(meta-governance)의 역할 및 권력 메커니즘에 대한 논의가 상대적으로 부족했다고 평가할 수 있다(Jessop 2003; Grewal 2008).

한편『네트워크 지식국가』의 시도는 경험연구의 차원에서도 과제를 남겼다. 그 중에서 대표적인 것은, 동주가 논한 바와 같이, 유럽정치에 기원을 두는 단일 국민국가가 근대 국제정치의 '모델 케이스'였던 것처럼, 현대 유럽연합의 사례에서 보는 바와 같은 네트워크 국가의 형태가 탈근대 세계정치의 '모델 케이스'가 될 것이냐를 경험적으로 살펴보는 과제였다. 이러한 문제의식을 기반으로『네트워크 지식국가』의 필자들은, 동주가 다룬 유럽의 정치지리적 공간을 넘어서 글로벌 차원, 특히 북미 공간과 동아시아 공간까지도 포함하는 지역에서 발견되는 국가변환의 사례를 비교의 시각에서 검토하였다. 잠정적인 결론은, 21세기 세계정치에서 네트워크 국가의 출현은 국가별로 또는 지역별로, 그리고 분야별로 그 진행속도와 발현형태가 다르게 나타나고 있다는 것이었다. 여러 가지 유형의 네트워크 국가들이 서로 경합을 벌이면서 새로운 거버넌스의 방식을 모색하는 양상이 벌어지고 있다.

2. 네트워크 세계정치론: 미래 세계정치의 구조

『네트워크 지식국가』의 작업과 비교할 때, 『네트워크 세계정치: 은유에서 분석으로』는 좀 더 체계적인 분석이론의 틀을 가지고 국가변환과 미래 세계정치를 보려는 시도였다(하영선·김상배 편 2010). 정보세계정치연구회 10주년을 기념하여 펴낸, 『네트워크 세계정치』에서는 동주의 문제제기를 역사적 맥락에서 성찰하는 작업에서 시작하였다. 개화기의 양절론(兩截論), 식민지의 국제협조론 비판, 근대국가 건설기의 전진민족주의론, 오늘날의 복합 네트워크 세계정치론으로 이르는 경로를 밝혔다. 특히 자연과학과 사회과학에서 축적되어 온 복잡계 및 네트워크 이론의 개념들을 원용하여 이른바 '네트워크 세계정치이론'을 이론화하는 작업을 진행하였다. 『네트워크 세계정치』에서 필자들이 특별히 염두에 둔 것은 네트워크의 관념에서, 단순한 은유가 아닌, 분석이론의 유용성을 찾고자 함이었다. 이를 위해서 네트워크를 행위자와 구조 및 과정의 차원에서 파악되는 복합개념으로 이해하고, 이를 보는 시각도 네트워크 조직 이론(network organization theory), 소셜 네트워크 이론(social network theory), 행위자-네트워크 이론(actor-network theory)의 세 가지를 복합적으로 원용하였다.[1]

....

1   네트워크 이론을 국제정치의 이론과 현실에 적용한 사례로는 Hafner-Burton, Kahler and Montgomery(2009), Kahler, ed.(2009), Maoz(2010), Nexon(2009), Goddard(2009) 등을 참조하라. 주로 소셜 네트워크 이론을 원용한 미국 학계의 시각과는 달리 세 가지 네트워크 이론의 시각을 복합적으로 원용하여 네트워크 세계정치이론을 모색한 사례로는 김상배(2014)를 보라.

네트워크 이론을 원용하는 작업을 통해서『네트워크 세계정치』가 의도한 바는 동아시아 국제정치이론의 개발이라는 시각에서 기존 국제정치이론의 기본전제들에 대한 수정과 보완이었다. 특히 현실주의 국제정치이론 전통이 상정하고 있는 이론적 전제들을 네트워크 시각에서 '번역'하는 작업을 펼쳤다. 예를 들어, 권력중심 가정, 국가중심 가정, 무정부질서 가정에 도전하여 네트워크 권력, 네트워크 국가, 네트워크 질서의 개념을 제시하였다. 이러한 대비의 작업을 펼친 이유는, 기성 구미 학계의 이론적 논의와 정보세계정치연구회의 이론적 작업이 서로 소통하는 접점을 만들고자 했기 때문이었다. 이렇게 개발된 네트워크 세계정치이론을 통해서 동아시아와 한반도가 안고 있는 '특수'의 현실을 '보편'의 이론적 언어로 담아내고자 했다.『네트워크 세계정치』에서 시도한, 동아시아 세력망의 작동 메커니즘, 동아시아 네트워크 국가의 거버넌스, 동아시아 네트워크 질서의 아키텍처, 그리고 네트워크 시각에서 보는 한반도 통일론 등에 대한 분석은 이러한 문제의식을 바탕으로 했다.

『네트워크 세계정치』가 이룬 성과 중의 하나는 네트워크 세계정치이론의 분석틀을 적용하여 미래 세계정치의 전략과 행위자 및 구조에 대한 경험적 논의를 펼쳤다는 데 있다. 우선, 네트워크의 시각을 원용하여 한반도 주변4국, 그 중에서도 특히 미국, 일본, 러시아의 국가전략을 검토하였다. 구체적인 사례로는 주로 미국의 세계전략에 주목했는데, 글로벌 및 동아시아 네트워크 동맹전략과 정부간협의체의 확산과정에서 나타나는 미국의 네트워크 전략을 살펴보았다. 또한 에너지 분야에서 드러난 러시아의 네트워크 국가전략, 그리고 동아시아 지역 차원에서 전개된 일본의 네트워크 외교전략의 사례를 살펴보았다. 그렇지만『네트워크 세계정치』은 중국의 국가전략을 네트워크의 시각에서 본격적으로 다루지 못한 점은 크게 아쉬운 부분으로 남았다고 할 수 있다.

둘째, 네트워크의 시각에서 전통적인 국가 행위자에 도전하는 초국적 네트워크 행위자들의 권력 메커니즘을 분석하였다. 글로벌 차원에서 본 금융 네트워크의 사례 이외에도 동아시아 차원에서 관찰되는 환경 네트워크와 시민사회 네트워크의 사례를 검토하였다. 이러한 과정에서 국가권력에 도전하는 비국가 행위자들의 망제정치(網際政治, inter-network politics)에 대한 구상을 구체화했으며, 특히 환경과 인권 분야의 사례에 대한 검토를 통해서 중국의 국가권력이 담지하고 있는 근대 국제정치적 측면과 신흥 무대에서 창발하는 초국적 비국가 행위자들이 대변하는 탈근대 세계정치의 동학이 서로 경합하는 양상을 그려내고자 했다. 이러한 사례들은 '자원권력의 근대 국제정치'를 넘어서는 '네트워크 권력의 탈근대 세계정치'를 단적으로 보여주는 의미가 있었다.

끝으로, 네트워크의 시각에서 글로벌 및 동아시아 세계정치의 '구조'를 분석하는 작업을 펼쳤다. 주로 '행위자' 수준에서 네트워크를 이해했던『네트워크 지식국가』의 작업에 비해,『네트워크 세계정치』의 가장 큰 특징이자 성과는 바로 이 대목에서 발견된다. 은유 차원에서 네트워크 행위자의 등장을 거론한 이전 작업과는 달리,『네트워크 세계정치』는 구조의 수준에서 네트워크를 분석적으로 이해하고 네트워크 세계정치의 작동방식을 분석했다. 특히 신현실주의 국제정치이론이 상정하는 '구조' 개념(Waltz 1979)을 넘어서 소셜 네트워크 이론에서 제시하는 '관계적 구도'로서의 '구조' 개념을 도입하였으며, 이를 실제로 규명하기 위해서 사회연결망분석(Social Network Analysis, SNA)을 시도하기도 했다. 이러한 개념과 방법론에 입각하여 무기이전 네트워크, 북핵 문제 해결을 위한 베이징 6자회담, 일본의 생산 네트워크 등에 대한 구조분석을 수행하였다.

『네트워크 세계정치』의 가장 큰 의미는 네트워크 이론의 국제정치학적 원용을 단순히 외래이론의 수입이 아니라 국내 학계에서 창발한 문제의식을 바탕으로 시도했다는 데 있다. 사실 이 부분은 동아시아의 현실에 기반을 둔 이론개발의 필요성을 제기한 동주 국제정치학의 문제의식과 통하는 면이 있다. 1960년대 초반 제기된 동주의 이론적 문제의식은 1990년대의 '복합'의 시각을 거쳐서 2000년대의 '네트워크'의 시각으로 이어져 오면서 이론적·경험적으로 숙성되어 왔다고 할 수 있다. 그럼에도『네트워크 세계정치』가 극복하지 못한 한계도 지적하지 않을 수 없다. 예를 들어, 유럽 학계에 기원을 두는 행위자-네트워크 이론(ANT)에 대한 이해가 다소 피상적으로 이루어짐으로써 분석이론의 개발이라는 명목 하에 소셜 네트워크 이론으로 기우는 면이 없지 않았다. 이러한 문제는 부제로 내건 '은유에서 분석으로'에서 극명하게 드러났는데, 분석이론으로서 네트워크 이론에 대한 관심을 부각시킨 것은 성과였지만, 이와 더불어 '해석'의 관점에서 네트워크를 보는 시각의 적극적인 통합이 부족했다.

3. 복합세계정치론: 미래 세계정치의 과정

앞서 살펴본『네트워크 지식국가』와『네트워크 세계정치』가 각각 행위자와 구조 차원에서 국가변환과 미래 세계정치를 분석한 연구였다면,『복합세계정치론: 전략과 원리, 그리고 새로운 질서』는 '과정'으로서 네트워크의 개념을 적극적으로 원용하여 21세기 세계정치의 작동방식을 살펴본 시도였다(하영선·김상배 편 2012). 탈냉전 이후 복합과 탈근대의 문제의식이 출현한 역사적 맥락 속에 복합세계정치론의 위상을 설정하였으며, 이를 바탕으로 복합세계정치론의 이론적 구성요소들을 다듬는 작업을 진행하였다. 아울러 이렇게 개발된 이론틀을 탈근대 국가변환과 미래 세계정치의 경험적 사례들을 분석하는 데 적용하였다.

『복합세계정치론』의 가장 큰 의미는 1990년대 초반 탈냉전의 초창기에 잉태된 '복합'의 개념과 앞서 언급한 네트워크 이론의 논의를 접목시켰다는 데서 발견된다. 다시 말해, 단순히 행위자 차원에서 구사되는 전략이라는 관점에서 '복합'의 개념을 이해하던 종전의 시각을 넘어서는 계기를 네트워크 이론에서 찾았다고 할 수 있다. 또한 소셜 네트워크 이론의 '구조' 개념을 원용하여 행위자 차원에서 추구하는 '복합전략'에 영향을 미치는 '복합구조'의 속성과 그 독특한 구성원리를 살펴보는 작업을 펼쳤다. 그리고 여기서 더 나아가 행위자와 구조가 서로 영향을 미치면서 형성하는 세계정치의 동태적 과정을 이해하는 개념적 틀을 마련하였다. 이렇게 파악된 '복합'은 '집합(集合, collection)'과 '혼종(混種, hybrid),' 그리고 '공진(共進, co-evolution)'의 세 가지 측면에서 개념화되는데, 21세기 세계정치의 '전략'과 '원리' 및 '질서'를 분석하는 작업에 적용하였다.

첫째, '집합'으로서 복합의 시각에서 21세기 국가 행위자들이 추구하는 새로운 외교전략을 분석하는 경험적 작업을 벌였다. 여기서 복합이란, 이슈영역의 측면에서 볼 때 정치군사 일변도의 단순전략이 아니라 정치경제, 더 나아가 여타 분야까지도 포함하는 전략을 의미하며, 전략의 추진방식에 있어서도 물리력으로 상대방을 밀어붙이는 '하드 파워'의 전략이라기보다는, 매력으로 상대방을 끌어들이는 '소프트 파워'의 전략을 의미한다. 뿐만 아니라 가장 포괄적인 의미에서 보면 주어진 자원변수들을 상황에 맞게 잘 활용하는 '스마트 파워'의 전략과도 맥이 닿는다. 이러한 시각에서 미국과 한국의 복합외교 전략 일반에 대한 논의와 한미 FTA에 임하는 미국과 한국의 경제전략 등을 사례로 다루었다.

둘째, '혼종'으로서 복합의 시각에서 21세기 세계정치의 독특한 구성원리를 보여주는 새로운 행위자들의 부상을 검토하였다. 주로 복합의 구성원리가 구현된 사례들을 안보 분야에서 살펴보았다. 1990년대 초반부터 복합의 시각에서 본 국가변환과 미래 세계정치의 화두를 장식했던 '복합안보'의 개념을 전통안보의 개념과 비교·분석하는 이론적 논의를 펼쳤다. 또한 당시 새로이 관심을 끌었던 사이버 안보의 이론적·경험적 쟁점들에 담긴 복합세계정치의 구성원리를 탐구하였다. 한편 글로벌 정치경제 분야에서 부상하고 있는 세계 금융 패러다임의 변화를 '시스템'에서 '네트워크'로의 변환이라는 시각에서 살펴보았다. 이들 사례연구는 근대 국제정치의 주 무대였던 안보와 경제 분야에서 부상하는 새로운 구성원리의 내용을 탐구했다는 점에서 의미가 있다.

끝으로, '공진'으로서 복합의 시각에서 새로운 세계질서의 창발 과정을 살펴보았다. 여기서 원용되는 '공진'으로서 복합의 개념은 일종의 '메타개념'으로서, 상이한 요소들이 섞이는 '집합'이나 새로운 원리가 부상하는 '혼종'과는 달리, 한 층위 높은 수준에서 이들을 모두 아우르는 의미를 지닌다. 구체적으로 말해, 공진이란 21세기 세계정치에서 관찰되는 두 가지 경향들, 즉 국가 행위자와 비국가 행위자, 위로부터의 네트워크화와 아래로부터의 네트워크화, 그리고 근대와 탈근대를 모두 포괄하며 진화하는 변환의 양상을 의미한다. 이러한 사례들로서 세계경제 거버넌스의 복합네트워크와 국가형태의 변화, 복합네트워크화와 동아시아 지역주의의 맥락에서 본 생산과 무역의 네트워크, 그리고 자유무역협정(FTA) 문제, 그리고 전형적인 근대와 탈근대의 복합안보 이슈인 원자력 문제의 구조와 거버넌스를 살펴보았다.

한편, 『복합세계정치론』은 한국의 미래 세계정치에 대한 논의가 추구할 규범전략의 필요성을 제기했다는 점에서 의미가 있었다. 이는 탈근대 국가가 추구할 외교전략의 규범적 지평을 여는 것이었는데, 그 지평 위에서 중견국 한국이 추구할 외교전략의 정당성을 확보하는 문제로 연결되었다. 근대 국제정치의 구조 하에서도 아무리 강대국이라도 노골적으로 패권만을 추구할 수는 없고 상황에 따라 권력의 정당성을 의식한 규범전략을 추진해야 한다. 그러나 강대국 국제정치의 속성상 국가중심성과 권력우선성을 극복하기란 쉽지 않다. 이에 비해 오히려 중견국이 나서서 강대국들이 벌이는 패권추구 경쟁의 맹점을 지적하고, 비(非)강대국의 시각에서 본 보편적 규범을 제시할 수는 없을까? 이러한 인식을 바탕으로 『복합세계정치론』은 중견국으로서 한국이 모색할 규범전략의 이론적 자원을 검토하려는 시도를 펼쳤다(손열·김상배·이승주 편 2016).

이러한 성과에도 『복합세계정치론』은 풀지 못한 몇 가지 과제들을 안고 있다. 예를 들어, 전략과 원리 및 질서의 차원에서 모색할 '복합성'에 대한 인식론적·실천론적 논의를 넘어서, 미래 한국이 추구해야 할 국가모델에 담겨야 할 '복합성'에 대한 존재론적 고민이 필요했다. 또한 전략과 행위자 및 구조의 복합성을 탐구하는 '복합이론화'의 차원을 넘어서 '메타이론'의 측면에서 이들 다층적 복합을 엮어내는 이론화의 과제가 제기되었다. 이는 전통과 근대, 탈근대의 복합이라는 맥락에서 본 동아시아 국제정치의 복합 구성원리와 작동방식을 이론화하는 문제로 연결된다(전재성 2011). 이러한 메타이론화 작업은 과거와 현재를 품는 미래 연구의 과제로 연결되며, 궁극적으로 '복합 네트워크'의 이론화 문제로 귀결된다고 할 수 있다.

IV. 사이버 공간의 국가변환과 세계정치

현재 정보세계정치연구회의 연구는 복합과 네트워크의 이론적·개념적 탐구의 경계를 넘어서 미래 세계정치의 경험적 사례에 대한 분석으로 그 지평을 넓혀가고 있다. 특히 2015년 12월 한국국제정치학회 총괄패널 '신흥권력의 부상과 한반도'에서도 제기된 바 있는 문제의식을 바탕으로 구체적인 사례연구들을 진행하고 있는데, 2016-17년에는 신흥권력의 부상이라는 시각에서 21세기 세계정치의 변환과 미중 패권경쟁을 살펴보았다. 좁은 의미에서 본 세계정치 변환의 사례로서 '사이버 공간의 미중경쟁'을 살펴보았으며, 구체적으로는 반도체, 인공지능, 인터넷 플랫폼 경쟁, 핀테크, 전자상거래, 사이버 안보, 군사기술, 디지털 공공외교, 인권규범, 전략경제대화 등의 주제를 탐구하였다. 또한 넓은 의미에서 본 세계정치 변환의 사례로서 '신흥무대의 미중 규범경쟁'을 분석했는데, 구체적인 사례로 정치군사질서, 무역·금융·자본의 정치경제질서, 유엔외교, 해양패권경쟁, 정치경제모델 등을 다루었다. 이러한 연구는 조만간 〈신흥무대의 미중경쟁〉이라는 제목으로 출판될 예정이다.

1. 사이버 공간의 부상과 근대국가의 변환

신흥권력의 부상이라는 시각에서 본 미중경쟁 연구의 주제 중에서 이 글이 특별히 강조해서 조명하고 싶은 것은 '사이버 공간의 국가변환과 미래 세계정치'에 대한 논의이다. 동주가 전근대 동아시아 공간과 대비되는 새로운 국제정치의 공간으로서 근대국가의 공간을 논했다면, 사이버 공간은 탈근대 세계정치의 지평을 잘 보여주는 새로운 공간의 사례라고 할 수 있다. 앞서 언급했듯이, 여기서 사이버 공간은 단순히 컴퓨터 네트워크가 창출하는 온라인의 기술공간만을 의미하는 것은 아니다. 오히려 오늘날의 사이버 공간은 온라인 공간과 오프라인 공간의 '복합공간'으로 부상하면서 다양한 초국가적 이슈들뿐만 아니라 지정학 이슈들도 관여하는 세계정치의 공간이라고 할 수 있다. 예를 들어, 국가 간 갈등과 연계된 사이버 테러와 공격, 글로벌 생산 네트워크와 지식경영, 글로벌 시민사회의 초국적 정체성과 연대, 정보산업과 전자상거래질서, 온라인 금융의 핀테크, 개인정보의 보호와 빅데이터 주권, 디지털 외교와 매력 네트워크 등은 사이버 공간의 세계정치를 보여주는 현상들이다(김상배, 2010).

이러한 사이버 공간은 21세기 세계정치를 가늠케 하는 선도부문(leading sector)인 동시에 탈근대 세계정치의 지평을 엿보게 하는 선행지표의 의미를 가진다. 특히 사이버 공간은 신흥권력의 공간, 즉 국가 행위자 이외에도 비(非)국가 행위자들이 전면으로 나서는 공간이다. 실제로 사이버 공간의 활동에 적합한 행위자는 국가 행위자보다는 초국적으로 활동하는 비국가 행위자들이다. 이들 미시권력(micropower)의 행위자들이 네트워크를 구성하여 거대권력(macropower)에 대항하는 힘을 발휘하면서, 이른바 '비대칭 전쟁'을 벌이고 있다. 이는 인터넷이 없던 예전에는 상상하기 힘들었던 현상인데, 예를 들어 인터넷과 소셜 미디어를 활용하는 테러 네트워크, '재스민 혁명'과 촛불집회로 상징되는 민주화 시위대, 네티즌들의 인터넷 커뮤니티, 크라우드 펀딩, 그리고 이밖에도 이른바 '집합지성'을 활용한 다양한 온라인 활동 등은 예전에는 미미했던 소수자들이 네트워크를 형성하며 득세하는 대표적인 사례들이다.

그러나 사이버 공간이 미시권력에만 우호적인 네트워크 공간으로 작동하는 것은 아니다. 기존의 거대권력이 그 지배의 메커니즘을 좀 더 교묘하게 재생산하는 현상도 벌어진다. 후술하는 바와 같이, 기성 권력으로서 '공식권력(즉 국가권력)'은 분산되지만 민간 영역의 '비공식 권력(또는 사적 권력)'은 오히려 비대화되고 있다. 사실 네티즌들의 미시권력이 발휘되는 사이버 공간은 이미 PC시대의 마이크로소프트와 IBM뿐만 아니라 네트워크 시대의 이른바 GAFA, 즉 구글(G), 아마존(A), 페이스북(F), 애플(A) 등과 같은 글로벌 인터넷 기업들이 설계해 놓은 판이다. 클라우드 컴퓨팅이나 빅데이터 세상의 다양한 사례들을 보면 더욱 그러하다. 최근에는 GAFA와 같은 미국 다국적 기업들 이외에도 BATX로 대변되는 바이두(B), 알리바바(A), 텐센트(T), 샤오미(X) 등의 중국 기업들이 부상하는 기세도 만만치 않다. 이러한 거대 사적권력은 서로 경합 내지는 연대하면서 사이버 공간에 대한 지배력을 강화 및 정교화하고 있으며, 그러한 과정에서 각기 해당 분야에서 근대국가의 아성에 도전하고 있다.

이렇듯 사이버 공간에서의 비국가 행위자들의 부상에 직면하여 근대국가의 역할과 권한은 약화되고 있는 추세인데, 이는 국가의 정책능력, 법정치적 권위, 집합적 정체성이라는 세 가지 측면에서 살펴볼 수 있다. 첫째, 영토국가의 경계를 넘어서 발생하는 활동을 통제하는 정부(government)의 정책능력이라는 측면에서 볼 때, 글로벌화와 정보화 및 네트워크의 시대를 맞이한 오늘날에는 정부의 직접적 통제하에 놓이지 않은 국내외 활동들이 늘어나고 있다. 예를 들어, 자본의 흐름에 대한 통제 약화나 기술경제적 교환의 초국경화는 대표적 사례이다. 특히 주로 기술의 발달에 의해서 가능해진 다양한 현상들, 즉 경제적 상호의존의 증대, 다국적 기업의 영향력 증대, 국제기구와 정부간협의체의 증대된 외교적 역할, 급증하는 세계적 차원의 커뮤니케이션 등은 국가의 정책주권을 침식하는 주된 원인들이다. 사이버 안보 분야에서 활발해지고 있는 해커들의 활동이나 테러리스트들의 공격도 대표적인 사례이다.

둘째, 국가(statehood)의 법정치적 권위라는 측면에서 볼 때 근대 국민국가가 누려왔던 법정치적 권위는 침식되고 있다. 누가 정당한 행위자로 인정받는지, 그리고 그 인정의 근거가 무엇인지를 묻는 문제에 있어서 전통적으로 알려져 있는 바와 같이 대내적으로 지고하고 대외적으로 독립적인 국가 본연의 권위에 대한 의문이 발생한다. 예를 들어, 정치적 차원에서 글로벌 인권과 인도주의적 개입의 관념은 국가의 국내법적 권위를 인정하는 내정불간섭의 원칙에 도전한다. 경제적 차원에서 지적재산권이나 탄소배출권 등의 문제를 처리하는 국제규범의 형성도 유사한 사례이다. 또한 국내외의 경계를 넘나들며 발생하는 테러리즘, 범죄행위, 시민분쟁 등은 국가가 정당하게 폭력을 행사하는 유일한 행위자라는 전제를 의문시한다. 최근 국경을 넘어 그 활동범위를 급속히 확산하는 글로벌 인터넷 기업들은 국가의 법정치적 권위와 계속 충돌하고 있다.

끝으로, 네이션(nation)의 차원에서 공유된 집합적 정체성이라는 측면에서 보아도 주권을 행사하는 정치적 단위체에 대한 국가관념은 변화을 겪고 있다. 영토국가 단위를 중심으로 사람들의 정체성과 충성심이 귀속되는 근거로서 국민정체성의 관념과 이에 기반을 둔 근대적인 의미의 국제질서의 이미지는 다소 퇴색했다. 글로벌화와 정보화의 시대를 맞이하여 새로운 초국적 정체성도 늘어나고 있다. 예를 들어 탈냉전 이후 등장한 종족적, 인종적, 종교적, 급진적 정체성의 발현이 나타난다. 이러한 과정에서 사이버 공간의 부상은 이른바 탈(脫)노드 정체성 또는 네트워크 정체성의 형성을 추동한다. 이러한 문제는 이미 동주가 근대국가의 자기모순으로서 지적했던 개별 정체성의 발현이라는 문제제기와 일맥상통하는 것으로 글로벌 차원에서 사람들을 연결하는 네트워크의 의미뿐만 아니라 긴밀한 공감의 공간으로서 사이버 공간이 기능하고 있음을 보여준다.

2. 국가주권의 반격과 네트워크 국가의 부상

그렇지만 사이버 공간에서 기존의 국가 행위자들이 완전히 쇠퇴한다고 볼 수는 없다. 아무리 초국적 비국가 행위자들의 도전이 거세어지더라도 근대국가를 원형으로 하여 발생하는 국제정치의 면모가 완전히 사라져버리는 것은 아니다. 이는 앞서 원용한 국가변환의 세 가지 범주에서 살펴 볼 수 있다. 첫째, 정책수행의 차원에서 본 통제의 능력이라는 점에서도 국가는, 예전처럼 절대적이진 않더라도, 여전히 다른 행위자들에 비해서 가장 많은 능력을 가진 행위자이다. 특히 군사안보 영역에서 국가는 여전히 가장 힘이 센 행위자이다. 해커들의 분야로 인식되었던 사이버 테러 분야에도 최근 국가의 그림자가 점점 더 짙게 드리워지고 있다. 초국적 맥락에서 발생한 무역과 금융 문제를 해결할 해법도 G7/8이나 G20 등과 같은 정부간협의체가 나서서 모색하고 있다. 사회문화 활동의 초국적 흐름도 국가가 궁극적으로 방향을 틀어 놓을 수 있다. 인터넷 거버넌스 분야에서도 국가는, 초창기에는 '다중이해당사주의(multistakeholderism)'라는 민간 주도 담론에 밀려서 제 역할을 찾지 못하다가, 최근에는 본격적으로 목소리를 높이고 있다.

둘째, 법정치적 권위라는 차원에서도 여전히 국가가 행사하는 권위는 살아있다. 다양한 민간 행위자들의 이해관계를 조율하는 과정에서 그러한 권위가 빛을 발한다. 권력이 분산된 자리에 생기는 공공성 문제를 해결하려는 명목으로 국가 행위자들이 귀환하고 있다. 어떠한 민간 행위자도 기존에 국가가 담당했던 공익(公益)의 역할을 대신하는 것은 아니기 때문이다. 이러한 국가의 역할은 다양한 행위자들의 이해관계를 조정하고 협력을 이끌어냄으로써 중심성(centrality)을 제공하는 일종의 중개자(broker)이자 조정자(coordinator)의 역할을 의미한다. 초국적 공간으로서 사이버 공간에서 나타나는 빅데이터 주권의 관철 문제도 최근에 관건이다. 미국의 다국적 인터넷 기업에 대한 유럽연합과 중국의 대응에서 나타나는 차이에 주목할 필요가 있는데, 최근 2010년 구글의 중국 시장 철수 사건이나 2015년 유럽 법정의 세이프 하버 협정 무효화 판결 등이 이러한 양상을 보여준다.

끝으로 공유된 관념이라는 차원에서도 네이션 단위의 집합정체성, 즉 국민정체성은 여전히 국가의 통제력과 법정치적 권위로서의 주권을 뒷받침하는 기반이다. 사실 정체성의 보유는 순전히 개인적 선택을 통해서만 이루어지지는 않는다. 자발적으로 기꺼이 참여하거나 또는 심리적·물질적 보상을 받고서 수용한 것도 있지만, 경우에 따라서는 외부에서 부과되어 충성심을 요구하는 정체성도 있다. 글로벌화와 정보화의 시대를 맞이하여 여러 가지 종류의 정체성들이 발흥하고 있지만 이들을 관통하여 중심을 잡는 것은 여전히 국민정체성이다. 특히 평상시에는 개별적이고 다양한 정체성의 모습을 빌어서 활동하다가도 국가 단위체 간의 갈등이 발생할 경우 국민정체성은 전면에 나선다. 특히 익명성으로 대변되는 사이버 공간에서도 이러한 국민정체성의 응집성은 여전히 살아 있어서, 최근에는 한중일 사이에서 벌어지는 민족주의적 갈등이 사이버 공간으로 전화되기도 하였다.

이러한 맥락에서 볼 때, 사이버 공간의 국가쇠퇴 또는 국가변환에 대한 논의에서 시급하게 필요한 것은, 이러한 양상을 어떻게 하나의 개념틀 안에서 포괄해서 보느냐의 문제이다. 이는 동주가 『일반국제정치학(상)』의 말미에서 제기한 '2중 사진'의 초점을 어떻게 하나로 맞추어 볼 것이냐 라는 과제를 떠올리게 한다. 이러한 시각에서 보면, 향후 미래 국가론 연구의 관건은, 기존의 근대국가론과 새로이 부상하고 있는 탈근대국가론의 요소들을 하나의 개념 안에 엮어서 보는 이론의 개발과 이를 입증하는 구체적인 경험적 연구의 수행에 있다고 할 수 있다. 이 대목에서 앞서 소개한 네트워크 국가론 또는 네트워크 지식국가론이 주는 시사점을 다시 한 번 되새겨 볼 필요가 있다. 네트워크 국가론은 '네이션'의 안과 밖에서 '국가'가 기능과 형태를 변환시킴으로써 대외적 환경변화에 대응하는 현상을 분석하려는 작업이며, 국가 및 비국가 행위자들 간에 발생하는, 능력의 공유와 권위의 중첩, 그리고 정체성의 복합을 이해하려는 시도이기 때문이다.

한편 미래 세계정치론의 시각에서 볼 때, 사이버 공간에서 이들 네트워크 국가들이 벌이는 권력게임의 성격은 기존의 근대 국제정치 권력게임과는 다른 양상을 드러내고 있음에 주목할 필요가 있다. 사이버 공간의 권력게임은, 현실주의 국제정치이론이 설명하는 바와 같이 단순히 군사력과 경제력의 자원권력을 놓고 벌이는 게임이 아니라, 기술·정보·지식·문화 등과 같은 비(非) 물질적 자원을 기반으로 할 뿐만 아니라 행위자들이 구성하는 관계적 맥락, 즉 네트워크상에서 또는 그러한 네트워크를 매개로 해서 작동하는 새로운 권력, 즉 네트워크 권력의 게임이라고 할 수 있다. 이는 경제학이나 경영학과는 달리 국제정치학에서 주목하는 '다차원 표준경쟁'의 논의와 통하는데, 예를 들어, 정보통신산업이나 인터넷 서비스 분야에서 나타나는 다양한 형태의 기술표준경쟁, 이와 병행해서 발생하는 정책과 제도 차원의 '모델 케이스' 경쟁, 그리고 좀 더 포괄적인 의미에서 이해한 사이버 공간의 규범경쟁 등을 떠올려 볼 수 있다(김상배 2007; 2018).

3. 사이버 공간의 미중 신흥권력 경쟁 사례

이러한 다차원 표준경쟁의 시각에서 보면 선도부문으로서 사이버 공간에서 벌어지는 미국과 중국의 신흥권력 경쟁은 탈근대 국가변환과 미래 세계정치의 면모를 잘 보여주는 사례라고 할 수 있다. 사실 선도부문에서 벌어지는 강대국들의 패권경쟁은 국제정치 구조의 변동을 반영하는 사례라는 점에서 국제정치이론의 오래된 관심사 중의 하나였다. 실제로 역사적으로 해당 시기 선도부문에서 나타났던 경쟁력의 향배는 세계패권의 부침과 밀접히 관련된 것으로 알려져 있다(Gilpin 1987; Thompson 1990; Modelski and Thompson 1996; Rennstich 2008; Akaev and Pantin 2014). 가장 비근한 사례로는 20세기 전반 전기공학이나 내구소비재 산업, 또는 자동차 산업 등을 둘러싸고 벌어진 영국과 미국의 패권경쟁을 들 수 있다. 좀 더 가까이는 20세기 후반 가전산업과 컴퓨터 하드웨어 및 소프트웨어 산업에서 벌어진 미국과 일본의 패권경쟁을 들 수 있다. 이러한 연속선상에서 21세기 선도부문인 사이버 공간에서의 미중 패권경쟁을 이해할 수 있다(김상배 2007).

그런데 앞서 살펴본 국가변환과 미래 세계정치에 대한 이론적 논의의 연속선상에서 보면, 향후 미중 신흥권력 경쟁의 양상이 기존의 근대 국제정치에서 국가 행위자들을 중심으로 벌어졌던 전통권력 경쟁의 양상을 그대로 답습할 것인지에 대해서는 의문을 제기할 필요가 있다. 다시 말해 미래의 미중 패권경생을 이해하고 예측함에 있어서 과거 패권경쟁에서 나타났듯이 국제정치의 지배적 행위자로서 국민국가를 설정하고 그들이 벌이는 경쟁의 양상에만 시야를 고정하는 것이 적절할까? 미중 패권경쟁의 미래를 굳이 근대적인 의미에서 본 군사력과 경제력 추구의 경쟁, 즉 부국강병 게임의 양상과 그 결과에만 의거하여 예견할 필요가 있을까? 그리고 미국과 중국 중에서 어느 나라가 21세기 패권을 잡는다고 하더라도, 19세기의 영국과 독일이나 20세기의 미국과 소련 또는 미국과 일본 등의 관계에서 발생했던 것과 같은 '세력전이' 형태의 구조변동이 발생할 것이라고 전제하는 것은 맞을까?

첫째, 사이버 공간에서 벌어지는 미중경쟁을 전통적인 근대국가 행위자들이 벌이는 경쟁으로만 이해할 수는 없을 것이다. 미중경쟁이라고 할 경우, 좀 더 구체적으로 말해 미국과 중국이라고 할 경우, 여기서 '국(國)'으로 통칭한 행위자의 성격은 무엇일까? 미국과 중국에서 '국(國)'은 현실주의가 상정하는 근대 국민국가와 같은 단일 행위자(unitary actor)일까? 미중경쟁을 '두 나라 간 경쟁'이라고 보는 것은 맞는데 이를 두 근대 국민국가의 경쟁이라고 볼 수 있을까? 이러한 시각에서 보면, 현재 관찰되는 '두 나라'라는 행위자들은 단일국가라기보다는 일종의 '연방'(또는 '국가연합') 또는 국가와 기업 및 사회의 복합체로 이해할 수 있는 복합 네트워크 행위자라고 할 수 있고, 이를 국가 행위자에 중심성을 주어 재명명하면 일종의 '네트워크 국가'일 가능성이 크다. 이러한 시각으로 보면 사이버 공간을 중심으로 벌어지는 미중경쟁은 '국가 간 경쟁(inter-national competition)'이라기보다는

네트워크 국가들이 경합을 벌이는 '네트워크 간 경쟁(inter-network compe-
tition)'으로 개념화할 수 있다.

둘째, 사이버 공간에서 미국과 중국이 벌이는 권력게임의 양상은 전통
적인 물질적 자원권력의 게임으로 보기에는 현재 훨씬 더 복잡한 양상으로
진행되고 있다. 실제로 사이버 공간의 미중경쟁은 앞서 설명한 네트워크 권
력 게임의 전형적인 모습을 내보이고 있다. 실제로 컴퓨터 산업과 인터넷
비즈니스의 사례를 보면, 미국과 중국은 단순한 가격경쟁이나 품질경쟁의
차원을 넘어서는, 네트워크 권력 경쟁으로서 표준경쟁을 벌이고 있다. 최근
들어 구글, 알라딘, 페이스북, 애플 등으로 대변되는 미국의 다국적 인터넷
기업들(일명 GAFA)과 알리바바, 바이두, 텐센트 등으로 대변되는 중국 인터
넷 기업들(일명 BATX) 간의 표준경쟁 또는 플랫폼 경쟁이 치열하게 벌어지
고 있다. 물론 이러한 기업 간 표준경쟁의 이면에 존재하는 소셜 네트워크
행위자들과 양국 정부 행위자들의 역할에도 주목해야 한다. 이렇게 양국 간
에 다차원으로 발생하는 신흥권력 경쟁은 정책과 제도의 보편성을 놓고 벌
이는 매력경쟁, 또는 더 나아가 신흥무대의 세계질서를 설계하는 규범경쟁
으로 나타나기도 하다(김상배 2018).

끝으로, 이상에서 개괄한 미중 신흥권력 경쟁의 결과로서 등장할 미
래 권력구조 변동의 모습을 읽어내는 데 있어서도 기존 권력전이론의 설명
은 미흡하지 않을 수 없다(Organski and Kugler 1980). 신흥권력의 시각에
서 보면, 사이버 공간에서 네트워크 국가 행위자들이 벌이는 경쟁과 협력의
양상, 그리고 그 와중에 발생하는 미래 세계정치의 구조변동을 무정부 질서
(anarchy)하에서 벌어지는 세력균형의 게임으로만 볼 필요는 없을 것이다.
적어도 권력의 소재가 두 나라 중 어느 하나에게로 '이동(shift)'하는 세력전
이의 모습이 아니라, 네트워크의 형태를 띠는 두 나라가 서로 얽히면서 경
쟁과 협력을 동시에 벌이는 복합적인 양상을 잡아내려는 이론적 노력이 필
요하지 않을까? 이러한 노력의 와중에 그려지는 권력구조의 모습은 단순
계의 발상을 전제로 한 세력균형(Balance of Power, BoP)의 상(像)이 아니

라, 복잡계의 발상을 바탕으로 하여 개념화하는 이른바 '세력망(Network of Power, NoP)'의 상일 수는 없을까? 이렇게 벌어지는 '네트워크 간 정치(inter-network politics)' 또는 망제정치(網際政治)의 구조와 동학, 그리고 이러한 밑그림 위에서 두 강대국이 건축하려고 하는 세계질서의 내용을 살펴보는 작업은, 향후 한국 국제정치학이 추구해야 할 연구과제가 아닐 수 없다.

V. 맺음말: 중견국 한국의 미래 국가모델

이 글은 동주가 제시한 국가변환에 대한 논의가 국내 학계의 미래 세계정치 연구에 남긴 영향 및 그 영향을 받아 펼쳐진 동주 국제정치학의 탈근대적 지평을 살펴보았다. 동주의 지적대로 21세기 국가는 최근 첨단무기의 확산에 따른 물리력 독점의 약화, 다국적 기업의 확산에 따른 권위의 약화, 네이션 단위의 정체성에 대한 안팎의 도전 등을 겪으면서 그 형태와 역할에 있어서 양적·질적 변환을 겪고 있다. 이러한 변환은 유럽연합과 같은 근대국가의 상위에서 부상하는 초국가주의의 움직임과 근대국가의 내부에서 발생하는 지역적 세분화의 현상이 동시에 발생하는 복합적인 모습으로 그려진다. 동주에 의하면, 이러한 국가변환은 미래 세계정치의 새로운 '모델 케이스'의 등장을 예견한다는 점에서 한국 국제정치학이 주목해야만 하는 중요한 논제이다. 그러면 새로운 국가모델의 부상 가능성에 직면하여, 19세기 중반 이래 유럽 근대국가 모델의 수용을 모색해 왔음에도, 지금도 여전히 단일민족주의의 강한 영향력 아래 놓여 있는 동북아 국가들은 어떠한 실천전략을 추진해야 할까?

이와 관련하여 동주는 동북아의 상황을 "골치 아픈 문제"로 설정하고 있다. 동주에 의하면, 동북아 지역은 유럽 지역과 같이 초국가주의로 가기에는 너무 민족국가적인 요소가 강하다는 것이다. 그렇다고 스위스같이 지역주의로 나갈 수 있는가 하면, 그것도 쉽지 않다고 자탄한다. 『미래의 세계정치』에서 동주는 말하길, "100년 후를 내다보는 경우에, 동북아 지역에서는 지역주의로 가는 것에 대해서도 초국가주의로 가는 것에 대해서도 부정적입니다. 새로운 움직임에 저항적인 단일민족주의가 가장 센 국가들이 동북아에 집결되어 있는 겁니다. 세계에서 동북아처럼 단일민족주의를 신봉하는 세 나라가 한 곳에 집결되어 있는 곳이 없습니다. 이것이 참 역사의 아이러니입니다. 단일민족주의로 되지 않은 비극을 느껴서 국민국가로서 뒤떨어졌다고 느꼈는데 유럽공동체의 나가는 방향을 보고 100년 후를 내다보는 경우에 우리는 또 뒷바퀴로 갈 수밖에 없을 것 같은 느낌이 듭니다"라고 하였다(이용희 1994, 299-300).

사실 동주는 1960-70년대에 제기했던 한국민족주의에 대한 논의에서 근대적인 단일민족주의의 과제가 던지고 있는 모순적 측면을 인식하고 이러한 상황을 타개하는 실천론적 문제의식을 밝힌 바 있다(이용희 1977). 한국이 민족주의를 완전히 탈피할 수 없다면 어떠한 민족주의를 추구해야 하는가? 동주의 눈에 한국이 추구할 민족주의는 지배층과 기층을 분리시키는 민족주의는 아니었다. 특히나 박정희 식의 민족적 민주주의는 안 된다는 것이었다. 그렇다고 20세기 초 식민지 시대에 제기되었던 신채호 식의 저항민족주의는 20세기 후반 한국의 현실에서는 통하지 않는다고 생각했다. 따라서 결론은 한국이 추구할 미래 민족주의의 길은 '전진민족주의'에 있으며, 이는 밖으로는 민족의 경계에 갇히지 않는 유연한 정체성을 지향하고, 안으로는 지배층과 기층이 연계되는 '열린 민족주의'를 내용으로 했다.

이러한 문제의식을 21세기 한국의 맥락에 도입하면, 최근 학계의 주요 논제로 떠오른 중견국의 외교전략과 국가모델의 문제와 연결된다(손열·김상배·이승주 편 2016). 이제 한국을 중견국이라고 규정할 수 있다면, 이를 뒷받침하는 국가모델을 어떻게 설계해야 할 것인가? 한국이 대내외적으로 중견국의 역할을 제대로 수행하기 위해서는 기존의 국가모델에 대한 재고가 필수적임은 물론이다. 그렇다면 개도국 시절 상정하던 단일국가 모델을 고수해야 할 것인가, 아니면 새로운 시대의 변화에 부응하는 새로운 국가모델을 추구해야 할 것인가? 새로운 국가모델을 모색할 경우, 이에 담기는 국가이익의 관념과 민족주의의 정체성 및 구체적인 제도설계의 내용은 무엇일까? 전통적으로 중견국이라고 불린 나라들이 대부분 국내체제의 정비와 이에 대한 국민적 합의를 도출했다는 점을 상기하면, 이 시점에서 한국은 어떠한 형태로건 새로운 국가모델에 대한 고민을 풀어 놓아야 할 것이다.

이러한 맥락에서 앞서 언급한 동주의 한국민족주의론의 연장선상에서 미래 국가모델로서 네트워크 국가론을 좀 더 면밀히 살펴볼 필요가 있다. 다시 말해, '상이한' 맥락에서 제기되었지만 '동일한' 성격의 문제의식을 바탕에 깔고 있는 두 가지 관념, 즉 동주의 한국민족주의론과 네트워크 국가의 중견국 외교론을 연결시켜 볼 필요가 있다. 예를 들어, 단일민족주의를 넘어서는 전진적 성향을 강조했던 동주의 논의를 21세기 한국의 현실에 적용하면 어떠한 논의의 지평을 펼칠 수 있을까? 아마도 통합적 국민주의나 저항적 민족주의를 넘어서는 복합모델로서 '열린 민족주의'가 네트워크 국가로서 미래 한국이 채택할 실천적 담론이 될 수 있을 것이다. 이러한 열린 민족주의의 실천적 문제의식은, 이 글에서 사례로 다룬, 사이버 공간에서 패권경쟁을 벌이는 미국과 중국 사이에서 한국이 추구할 미래전략의 방향과도 일맥상통한다.

참고문헌

김상배. 2007. 『정보화시대의 표준경쟁: 윈텔리즘과 일본의 컴퓨터산업』. 한울.

_____. 2010. 『정보혁명과 권력변환: 네트워크 정치학의 시각』. 한울.

_____. 2014. 『아라크네의 국제정치학: 네트워크 세계정치이론의 도전』. 한울.

_____. 2018. 『버추얼 창과 그물망 방패: 사이버 안보의 세계정치와 한국』. 한울엠플러스.

손열·김상배·이승주 편. 2016. 『한국의 중견국 외교: 역사, 이론, 실제』. 명인문화사.

이용희. 1962/2013. 『일반국제정치학(상)』 복간본. 이조.

_____. 1977. 노재봉 편. 『한국민족주의』. 서문당.

_____. 1994. 『미래의 세계정치: 국가연합론 강의』. 민음사.

전재성. 2011. 『동아시아 국제정치: 역사에서 이론으로』. 동아시아연구원.

하영선. 2011. 『역사속의 젊은 그들: 18세기 북학파에서 21세기 복합파까지』. 을유문화사.

_____. 2013. '들어가는 글.' 이용희. 1962/2013. 『일반국제정치학(상)』 복간본. 이조. pp.5-17.

하영선·김상배 편. 2006. 『네트워크 지식국가: 21세기 세계정치의 변환』. 을유문화사.

_____. 2010. 『네트워크 세계정치: 은유에서 분석으로』. 서울대학교출판문화원.

_____. 2012. 『복합세계정치론: 전략과 원리, 그리고 새로운 질서』. 한울.

Akaev, Askar and Vladimir Pantin. 2014. "Technological Innovations and Future Shifts in International Politics." *International Studies Quarterly* 58(4): 867-872.

Ansell, Christopher K. 2000. "The Networked Polity: Regional Development in Western Europe." *Governance* 13(3): 303-333.

Ansell, Christopher K. and Steven Weber. 1999. "Organizing International Politics: Sovereignty and Open Systems." *International Political Science Review* 20(1): 73-93.

Carnoy, Martin, and Manuel Castells. 2001. "Globalization, the Knowledge Society, and the Network State: Poulantzas at the Millennium." *Global Networks* 1(1): 1-18.

Gilpin, Robert. 1987. *The Political Economy of International Relations*. Princeton, NJ: Princeton University Press.

Goddard, Stacie E. 2009. "Brokering Change: Networks and Entrepreneurs in International Politics." *International Theory* 1(2): 249-281.

Grewal, David Singh. 2008. *Network Power: The Social Dynamics of Globalization*. New Haven & London: Yale University Press.

Hafner-Burton, Emilie M., Miles Kahler, and Alexander H. Montgomery. 2009. "Network Analysis for International Relations." *International Organization* 63(3): 559–592.

Jessop, Bob. 2003. *The Future of the Capitalist State*. Cambridge, UK: Polity Press.

Kahler, Miles. ed. 2009. *Networked Politics: Agency, Power, and Governance*. Ithaca and London: Cornell University Press

Maoz, Zeev. 2010. *Networks of Nations: The Evolution, Structure and Impact of International Networks, 1816-2001*. Cambridge and New York: Cambridge University Press.

Modelski, George and William R. Thompson. 1996. *Leading Sectors and World Powers: The Coevolution of Global Politics and Economics*. Columbia: University of South Carolina Press.

Nexon, Daniel. 2009. *The Struggle for Power in Early Modern Europe: Religious Conflict, Dynamic Empires, and International Change*. Princeton, NJ: Princeton University Press.

Organski, A.F.K. and Jack Kugler. 1980. *The War Ledger*. Chicago: University of Chicago Press.

Rennstich, Joachim K. 2008. *The Making of a Digital World: The Evolution of Technological Change and How It Shaped Our World*. New York: Palgrave Macmillan.

Thompson, William R. 1990. "Long Waves, Technological Innovation and Relative Decline." *International Organization* 44(2), pp.201-233.

Waltz, Kenneth N., 1979. *Theory of International Politics*. New York: Random House.

찾아보기

ㄱ

강대국 국제정치학 316
개념전파 279
개화파 307, 308
거문도사건 303, 304, 306
거울 이론 107
경제국가 145, 147, 148, 470-472, 479
공법 290
공식적 민족주의 370
관심의 비대칭성 271
교린 119, 134, 289, 290, 292
교섭사 287, 295, 296, 310
구미 중심주의 342
구성주의 259
국가연합 473, 475, 494
국가주권 491
국민국가 465
국제법 293
국제사회 212, 213, 240, 252
국제정치권(권역) 205, 206, 208, 212, 264,
    267-269, 286-293, 295-297, 302-304,
    306, 310, 311
『국제정치원론』 54, 59
국제정치의 분열 211
국제질서 249
국제체제 252
군사국가 145, 146, 148, 469, 471, 479
군사적 편의설 335
군사적 현실주의 342
군사혁명 166
권역 240, 244, 252, 256, 260, 268, 272, 276,
    277
권역개념 267

권한이양 422, 428, 430, 438-443, 445, 447,
    449
균세 298, 299
균평 126, 129
근대국가 143-153, 160, 165, 171
근대국가의 자기모순 366
근대의 주박 109
근대 전쟁 179, 186, 188
근대화 민족주의 373, 374
근동(Near East) 245, 250, 259
근접부(반주변부) 264, 269, 270, 276-279
기독교권 211, 229, 244

ㄴ

난민 389, 391, 411, 413
내셔널리즘 472
냉전 176, 193-196, 253, 315, 316, 342
냉전과 민족주의 370
냉전론 315, 318, 343
냉전의 군사적 성격 333
네트워크 국가(network state) 478, 482, 491,
    498
네트워크 권력 482, 493
네트워크 이론 481
네트워크 지식국가 478
네트워크 질서 482
노스(Douglass C. North) 162

ㄷ

다국체제 160, 163, 169, 170
다닐렙스키 216
다민족복합국가 376
다중이해당사주의(multistakeholderism)

491
단위 203
단위성 214
대내적 과제 369
대분기(大分岐, Great Divergence) 155, 168
대외적 과제 375
대한민국임시정부 365
독립 111, 114, 124, 125, 135
독일민족주의 360, 377
독일 통일의 교훈 377
동아시아 265, 277, 280
동인승(東仁僧) 303, 307, 308
동주 243, 248, 256

ㄹ

라스키(H. Laski) 43, 44, 53
로야마 마사미치(蠟山政道) 43, 44, 55, 58
루만(Luhmann) 239, 243, 252, 255, 257

ㅁ

마케도니아 246
만국공법 297, 298, 306, 308, 310
망제정치(網際政治, internetwork politics)
    468, 483, 496
매체 242
메이지 유신 274
메타 거버넌스(meta-governance) 480
메타-네이션-스테이트(meta-nation-state)
    466, 476
멸시감 273
목적론적 257
무정부 질서(anarchy) 495
문(P. T. Moon) 16, 56-59
문명 212, 214, 216, 258, 290, 301, 302
문명개화 275
문명의 표준 266
문화권 264, 266, 268
문화력 269

문화적 민족 개념 360
미국 연방제도 422, 426-430, 443, 449, 451,
    453
미래의 세계정치 256
『미래의 세계정치』 239, 465, 496
미중 패권경쟁 487
민족자결주의 366, 368
민족주의 183, 184, 186-188, 195
민족주의 연구와 비판이론 361
민족주의와 1차 세계대전 360
민족주의와 평화통일 377
민족주의의 분열 365, 378
민족주의의 상의 정립 364
민족주의의 전파 362
민족주의 정의 353

ㅂ

박기준 317, 318, 321, 327, 329
박정희 373
박트리아 246
변경문화 의식 270
변용 286, 296, 298, 299, 301, 311
보링거(W. Worringer) 42
보조성 391, 415
보즈만(Bozeman) 239, 243, 250
복잡성 242, 258, 259
복합성 255, 486
부국강병 146, 171, 274
부분체계 251
분단 318, 341
분열적 심상 277
분화 252
비교지역연구 206, 219, 225
비교지역질서 258
비대칭 전쟁 488
비서구 민족주의 367
비잔틴 248, 253

ㅅ

사대 103-105, 108-120, 122, 123, 127-129,
　　132-135, 286-292, 301, 306
사대주의 101-110, 116
사소 111-113, 116-120, 127-129, 133, 134
사유재산 162, 164
사이버 공간 467, 487, 488, 493
사회체계 251
산업혁명 156, 157, 162
삼원 사고 117
새로운 유형의 민족주의 376
샤프와 커크(Sharp and Kirk) 54, 56, 57
서구중심주의 86, 87
서구형 민족주의 355
서양 문명 275
선도부문(leading sector) 488
세계사회 247, 255, 258, 260
세계패권 493
세계화 260
세력균형(Balance of Power, BoP) 291, 298,
　　495
세력망(Network of Power, NoP) 496
소분기(小分岐) 167
소프트 파워 485
시리아 내전 389, 413
시민민족주의 355, 356, 371, 374
식민주의 366
식민지국가 145, 148, 149, 470, 471, 472
식민지 제국주의 358, 359
신문명 281
신성로마제국 144, 251
신연방주의 422, 426, 428, 437-439, 449
신지역주의 224, 225
신흥권력 487
심상(心象) 265, 266, 271-273, 275, 276, 280,
　　281

ㅇ

惡德 일본 274
양절체제 299, 300
연결성 228
연방 494
연방국가(federal state) 474
연방정부 422, 424-426, 428-438, 441, 443,
　　445, 447, 449, 451, 453, 456
연방정부로부터 주정부로의 권한이양 427,
　　439
열린 민족주의 497, 498
영국학파 213
영역화 221
영토국가 470
예(禮) 116-120, 122, 133, 135
예부 292
예조 298
왕조사와 민족사의 이중성 359
외교사 295
우발성 257
울트라내셔널리즘(ultranationalism) 476
위계 113, 119, 123, 125, 128-132
유교권 209, 229, 244
유니언(union) 475
유럽공동체 256
유럽 근대국가의 자기 모순적 전개 358
유럽연합 475, 477
유럽연합조약 390-392, 394, 396, 404, 414
유럽의 발흥 144, 154, 155, 160, 171
유럽 정체성 389, 391, 395-399, 414
유럽통합 153, 206
유럽헌법조약 393
유럽회의주의 389, 393, 394, 397, 403, 405,
　　410, 414
의미 240
이동성 228
이슬람권 244
이용회 국제정치학 315

이용희의 냉전인식 342
이원(二元) 사고 110, 117
인간적 도덕주의 323
『일반국제정치학(상)』 54, 59, 239, 247, 465, 466, 469, 492

ㅈ

자기분열 266, 273
자기전개 176, 178, 183, 196
자립 114, 125
자소사대 269
自尊自大 277
자주 103, 108, 111-117, 119
저항 286, 292-301, 303, 310, 311
저항민족주의 279, 361, 363, 365
전진민족주의 368, 369, 371, 374, 375, 380, 381, 497
전통개념 274
전파 243, 250, 254, 267, 268, 274, 277, 278, 281, 286-288, 292-301, 303, 304, 306, 310, 311
전파개념사 연구 274
전파이론 267, 269, 287, 288, 295-297, 301, 306, 311
절역(絶域) 270, 273
정당성 66
정서적 이미지 266
정신사적 문제 263, 267, 271, 282
정인보 35, 36, 39, 40, 42
정체성 264, 265, 272, 273, 279, 280, 282
정치,
    와 고대 72-74
    와 근세 77-81
    와 실증주의 97
    와 역사주의 97
    와 정치사상 67-71
    와 중세 76, 77
    의 개념 66

정치적 의도설 342
정파적 연방주의 427, 450, 456
정화(鄭和) 161
제도주의 경제학 162
조공 290, 292
조공 체제 108, 113, 115, 120, 129, 133
조선 개화기 민족주의 363
조효원 317, 335, 337
종족민족주의 374, 380
좋은 삶 90, 91
주권 113-116, 119, 123-129, 248
주변부 264, 269, 272, 276, 277
주정부 422, 424, 428-431, 433-438, 440-443, 446-453, 456
주체 246
준권역적 212
중개자(broker) 491
중견국 468, 496
중견국 외교 278
중국의 민족주의 362
중상주의 147, 470
중심부 264, 269, 277
중심성(centrality) 480, 491
지구화 204, 230
지식국가(knowledge state) 479
지역 205, 206, 212, 217, 219, 223, 225, 226, 239
지역다움 220
지역성 218
지역주의 223
지역체제 256
지역특성 220
지역화 223
지정학의 귀환 203, 204
지혜,
    관조적/철학적 88, 89, 91, 92, 93, 94, 96, 97
    실천적 88, 89, 92, 93, 96

정책적 88, 89, 92, 93, 96
진화 257

ㅊ

창발(emergence) 480
창조적 연방주의 426, 428, 433, 435-437, 439
책봉 289, 292
체계 242, 259, 315, 317, 329, 343
초국가주의(supranationalism) 476
초국경성 228
초국경주의 228
최남선 36, 37

ㅋ

카(E. H. Carr) 16, 23, 54-57
카첸슈틴 224
커뮤니케이션 240, 243, 248, 251, 259
케네스 포메란츠(Kenneth Pomeranz) 156

ㅌ

탈냉전과 민족주의 376
탈식민 단계 민족주의 369
탈식민 민족주의 368
토인비(Toynbee) 247

ㅍ

파슨스 241
파편화된 연방주의 427, 450-452, 456
평등 113, 116, 125-128, 130
평행 126, 129
평화통일정책 381

ㅎ

한국 국제정치학 315
한국 대 세계 343
한국민족주의 497
『한국민족주의』 59
한일관계 263-265, 267, 271, 279, 280, 282

해바라기 현상 264, 270, 271, 278-280
헌팅톤 215
헬레니즘 246, 259
현대민족주의 368
현대 전쟁 176, 178, 186-188, 193
협조적 연방주의 426, 449, 452
화약무기 167, 168
환경 242, 259
환급금 406-408
회교권 209, 229
후왕박래(厚往薄來) 122

3·1운동 363, 366
BATX 489, 495
GAFA 489, 495

지은이

강동국

나고야대학교 법학부 교수

서울대학교 외교학과 학사, 일본 도쿄대학교 정치학 박사

"청(淸)의 무(武) 전통과 근대동아시아 안보공간." 2005.

"中国的世界秩序の変容と言説." 2002.

박성우

서울대학교 정치외교학부 교수

서울대학교 외교학과 학사 및 석사, 미국 시카고대학교 정치학 박사

"플라톤의 〈국가〉에 나타난 국제정치사상." 2016.

『영혼 돌봄의 정치』. 2014.

김봉진

기타큐슈시립대학 국제관계학과 교수

서울대학교 영어영문학과 학사, 서울대학교 외교학과 석사, 일본 도쿄대학교 총합문화연구과 박사

『인권의 정치사상』. 2010.

김준석

가톨릭대학교 국제학부 교수

서울대학교 외교학과 학사, 미국 시카고대학교 정치학 석사 및 박사

"위기의 국제정치사상." 2016.

『근대 국가』. 2011.

조동준

서울대학교 정치외교학부 교수

서울대학교 외교학과 학사 및 석사, 미국 펜실베이니아 주립대학교 정치학 박사

"Bargaining, Nuclear Proliferation, and Inter-state Dispute." 2009.

"사회세력과 담론 간 이합집산." 2015.

신범식

서울대학교 정치외교학부 교수

서울대학교 외교학과 학사 및 석사, 러시아 국립모스크바국제관계대학 정치학 박사

"Russia's Place in the Changing Strategic Triangle in the Post-Cold War Northeast Asia" From an Outcast to a Strategic Player?." 2015.

『중국의 부상과 중앙아시아』. 2015.

신욱희

서울대학교 정치외교학부 교수

서울대학교 외교학과 학사, 미국 예일대학교 국제관계학 석사, 예일대학교 정치학 박사

『삼각관계의 국제정치』. 2017

"Second Image Reconsidered." 2016.

손 열

연세대학교 국제학대학원 교수

서울대학교 사범대학 학사, 미국 시카고대학교 정치학 석사, 박사

『한국의 중견국외교』. 2016.

Understanding Public Diplomacy in East Asia. 2015.

김수암

통일연구원 부원장

서울대학교 정치학 석사 및 박사

『국내적 통일준비 역량 강화 방안』. 2016.

『남북한 통합과 북한의 수용력』. 2015.

남기정

서울대학교 일본연구소 교수

서울대학교 외교학과 학사 및 석사, 일본 도쿄대학교 총합문화연구과 박사

"Recognizing and Accomplishing the Double Mission." 2016.

『기지국가의 탄생』. 2016.

김용직

성신여자대학교 정치외교학과 교수

서울대학교 외교학과 학사 및 석사, 미국 노스캐롤라이나 대학원 정치학 박사

"Politics of Communication and the Colonial Public Sphere in 1920s Korea." 2013.

『하와이에서 만주까지』. 2009.

이옥연

서울대학교 정치외교학부 교수

서울대학교 외교학과 학사, 미국 미시간대학교 정치학 박사

『만화경 속 미국 민주주의』. 2014.

『통합과 분권의 연방주의 거버넌스』. 2008.

손병권

중앙대학교 정치국제학과 교수

서울대학교 외교학과 학사, 서울대학교 정치학과 석사, 미국 미시간대학교 정치학 박사

『기후변화 대처와 미국 패권의 딜레마』. 2012.

"미국 의료보험 개혁법안의 최종 통과과정." 2012.

김상배
서울대학교 정치외교학부 교수
서울대학교 외교학과 학사 및 석사, 미국 인디애나대학교 정치학 박사
『아라크네의 국제정치학』. 2014.
『정보혁명과 권력변환』. 2010.